Castelot · Wunderbare Joséphine

André Castelot

Wunderbare
Joséphine

Aus dem Französischen von Brigitte Kahr

Diederichs

Die Originalausgabe erschien unter dem Titel
Joséphine
bei der Librairie Académique Perrin, Paris
Die deutsche Übersetzung erschien zuerst im Paul List Verlag,
München

＊

Die Deutsche Bibliothek – CIP-Einheitsaufnahme
Castelot, André:
Wunderbare Joséphine : die Frau an Napoleons Seite /
André Castelot. [Aus dem Franz. von Brigitte Kahr]. – Kreuzlingen ;
München : Hugendubel, 2000
(Diederichs)
ISBN 3-7205-2152-4

Umschlaggestaltung: Zembsch' Werkstatt, München
Produktion: Maximiliane Seidl
Satz: E. C. Baumann, Kulmbach
Druck und Bindung: Wiener Verlag, Himberg
Printed in Austria

ISBN 3-7205-2152-4

INHALT

I
Vicomtesse, Bürgerin und Generalin

Sie war eine echte Frau...
Napoleon

Als Joséphine noch Rose hieß . . .

Es geschah auf Trois-Ilets de la Martinique, eines Morgens, unter der Herrschaft Ludwigs XVI. Da sah die karibische Wahrsagerin Eliama zwei junge Kreolinnen ihre Hütte betreten. Eine der beiden kannte die Seherin, denn das junge Mädchen war die Tochter von Monsieur Tascher de La Pagerie, dessen Plantage in nächster Nähe von Eliamas Hütte lag.

Sie hieß Rose.

Die andere, eine entfernte Kusine und Freundin aus dem Pensionat, trug den Namen Aimée du Buc de Rivery. Verlegen lachend, erklärten die beiden jungen Mädchen den Zweck ihres Besuches: Sie wollten einen Blick in ihre Zukunft tun. Die Karibin faßte nach Aimées Hand, betrachtete sie und erklärte dann: »Du wirst Königin.«

Als sich Aimée du Buc nicht allzu lange Zeit darnach auf einer Seereise befand, wurde das Schiff von türkischen Seeräubern geentert. Aimée wird auf dem Sklavenmarkt zu Algier an den alten »Dey« verhandelt, der das junge Mädchen dem »Beherrscher der Gläubigen«, Sultan Selim III., zum Geschenk macht. Als Favoritin wird die »französische Sultanin« – die Sultanin Valdé, die »Erste des Palastes« – Mutter von Mahmud II.

Dann besah Eliama lange und aufmerksam die Hand, die ihr Mademoiselle de La Pagerie, vor Erregung bebend, überließ. Schließlich hob Eliama den Kopf und blickte Rose fassungslos vor Staunen an.

»Du wirst bald heiraten«, murmelte sie. »Diese Verbindung wird keinesfalls glücklich sein. Du wirst Witwe, und dann . . .«

Sie hielt inne, und sekundenlang hörte Rose nichts als den Schlag ihres eigenen Herzens. Aber die Wahrsagerin fuhr fort: ». . . und dann wirst du mehr sein als Königin.«

Nach einer ersten, unglücklichen Ehe wird aus Rose Tascher de La Pagerie jene Joséphine, deren Schicksal einem Märchen gleicht, Joséphine, Königin von Italien und Kaiserin eines Frankreich, das von Brest bis Warschau und von Hamburg bis Rom reicht. Ihr Mann wird nicht nur der erste Kaiser der Franzosen sein, sondern zugleich auch der Herrscher über den Rheinbund, über die Schweiz, das Königreich Neapel, Spanien und Portugal; ihre Tochter wird Königin von Holland, ihr Sohn der Vizekönig von Italien; eines ihrer Enkelkinder trägt als Napoleon III. Frankreichs Krone. Die Königin von Portugal, die Kronprinzen von Schweden und Norwegen, der Kaiser von Brasilien, der Prinz von Hohenzollern, die Großfürstin Maria Nikolajewna von Rußland und der Graf von Württemberg verbinden sich mit ihren anderen Enkelkindern. Heute fließt Joséphines Blut in den Adern fast aller königlichen und fürstlichen Familien Europas . . .

Das erstaunlichste Schicksal, mit dem die Geschichte aufzuwarten hat, nahm ganz nahe bei Trois-Ilets seinen Anfang, in einem düster romantischen Tal: auf dem Besitz der »de La Pagerie«. Heute sind die Ruinen der Zuckerraffinerie freigelegt, die Mauern der Küche und des Boudoirs der Madame de La Pagerie wieder aufgerichtet, und selbst ein kleines Museum gibt es da, in dem der Blick zuerst gefesselt wird durch ein schmales Holzbett, das, so wird versichert, Joséphines Bett gewesen sei, jener Joséphine, deren Mann Napoleon eines Tages schreiben wird: »Keinen Tag habe ich verbracht, ohne dich zu lieben. Keine Nacht habe ich verbracht, ohne dich fest in meine Arme zu schließen. Keine Tasse Tee habe ich getrunken, ohne dem Ruhm und dem Ehrgeiz zu fluchen, die mich zwingen, der Seele meines Lebens fern zu sein.«

Wie sie wurde er auf einer Insel geboren, und als er zur Welt kam, war Korsika noch ein wenig genuesisch. Auch Martinique, das die Briten Ludwig XV. zu Beginn des Jahres 1762 geraubt hatten, wurde erst neun Tage vor der Geburt Joséphines, am 14. Juni 1763, auf Grund des Pariser Vertrages von den Engländern an Frankreich zurückgegeben.

Noch heute steht die kleine Kirche von Trois-Ilets mit dem hölzernen Kirchturm. Unter ihrem kronleuchtergeschmückten Gewölbe – dem kieloben gestürzten Rumpf eines Schiffes – hat an einem Morgen im Juli 1763 ein Kapuzinerpater – der Bruder Emmanuel – die Tochter des herrschaftlichen Nachbarn getauft, die am 23. Juni in der Pagerie zur Welt gekommen war. In seinem Pfarrhaus hat der geistliche Herr dann die folgenden Zeilen zu Papier gebracht: »Heute, am siebenundzwanzigsten Juli 1763, habe ich ein fünf Wochen altes Mädchen getauft, legitime Tochter des Messire Joseph Gaspard de Tascher, Chevalier Seigneur de La Pagerie, reformierter Artillerieleutnant, und der Madame Marie-Rose des Vergers de Sanoix, ihrer Eltern. Sie erhielt den Namen Marie-Josèphe-Rose, unter der Patenschaft des Messire Joseph des Vergers, Chevalier Seigneur de Sanoix, und der Madame Marie-Françoise de la Chevallerie de La Pagerie.« Die Unterzeichneten: Tascher de La Pagerie, des Vergers de Sanoix, La Chevallerie de La Pagerie und Bruder Emmanuel, Kapuzinerpater.

Eine Frau unterzeichnete das Register nicht, und doch war sie die Ergriffenste von allen. Es war die Sklavin Marion – die üppige schwarze Amme –, die seit fünf Wochen die Tochter ihrer Herrschaft reichlich von ihrer Milch nährte. In ihrem großblumigen Kleid, dem Hemd mit den kurzen, ajourierten Ärmeln, große goldene Ringe an den Ohren, trug sie an diesem Tag stolz den kleinen Täufling.

In derselben Kirche war die Mutter der künftigen Joséphine, Rose-Claire des Vergers de Sanoix, die aus einer alten, seit 1644 auf den Inseln ansässigen Familie stammte, getauft worden und hatte daselbst am 9. November 1761 Joseph-Gaspard de Tascher, Seigneur de La Pagerie, geheiratet. Die Taschers – französisch »Taché« ausgesprochen – waren 1726 aus dem Blésois gekommen und gewiß eine weniger alte Familie als die Vergers de Sanoix, doch entstammte ihrem Geschlecht jener berühmte Pierre de Belain, Seigneur d'Esnambuc, der im 17. Jahrhundert die Antillen für Frankreich erobert hatte.

Monsieur Tascher de La Pagerie kümmerte sich wenig um seine Plantage, die einhundertfünfzig Sklaven beschäftigte und recht ansehnlich war. Er zog es vor, seine Tage in Fort-Royal zu verbringen, wo er, wie Rose-Claire verbittert meinte, »mehr Vergnügen findet als bei mir und seiner Tochter«. Die unglückliche Frau litt unter der Gleichgültigkeit ihres Gatten, und als sie wieder ein Kind erwartet, hofft sie, es möge ein Junge werden. »Vielleicht«, seufzt sie, »könnte dies seinem Vater freundschaftlichere Gefühle für mich einflößen.«

Es wurde wieder ein Mädchen – Catherine-Désirée –, und Monsieur de La Pagerie empfand keine »freundschaftlicheren Gefühle« für seine Frau . . . Schon gar nicht, als ein drittes Mädchen, Marie-Françoise – Manette –, das Licht der Welt erblickte. Gewiß waren dem Herrn von der Pagerie die schwarzen Schönheiten, die Mestizinnen in Fort-Royal oder auch nur die Gesellschaft seiner Schwester und seines Bruders, die »in der Stadt« wohnten, lieber als die Melancholie der Trois-Ilets und die Zweisamkeit mit seiner Frau.

Rose – noch nannte man sie Yéyette – war etwas über drei Jahre alt, als ein Karibenhäuptling namens Pakiri, Eliamas Vater, am 13. August 1766 der Herrschaft meldete, er habe auf einem der erloschenen Vulkane rings um die Plantage einen Scheiterhaufen aus grünem Holz angezündet. Der dicke Rauch sei kerzengerade zum Himmel aufgestiegen und habe sich erst in großer Höhe plötzlich gen Norden gewandt. Überdies sei die Sonne am Vorabend »im Blute« versunken. Gewiß werde ein Zyklon – der Häuptling nannte ihn »ioüallou« – auf die Insel stürzen.

Vom Kirchlein der Trois-Ilets läutete die Sturmglocke. Mückenschwärme stoben durch die Luft, die Vögel ließen sich flügelklatschend nieder, um in der Nähe der menschlichen Behausungen Schutz zu suchen; die bewegte See ging hoch, und die Fische des Meeres schwammen die Flüsse stromaufwärts. Durch das dunkle Gewölk zuckten Blitze.

Der Zyklon nahte.

Die Familie Tascher, umdrängt von ihren Sklaven, floh in die aus Steinen erbaute Raffinerie, die den entfesselten Elementen trotzen konnte. Alle warfen sich auf die Knie und flehten, Litaneien betend, die heilige Jungfrau um Schutz an. Draußen brandete die See über die Insel, eine Sintflut ging nieder, und der

Sturm peitschte die Kokospalmen zur Erde, als wären sie Grashalme. Dächer flogen davon, Häuser wurden weggerissen und die Schiffe im Hafen an Land geschleudert.

Als der Sturm sich gelegt hatte, gab es das große, von einer Veranda umgebene Holzhaus nicht mehr, und die Tascher zogen in das erste Stockwerk der Raffinerie.

Das war die erste Erinnerung der späteren Joséphine.

Im Tal, das der zur Plantage gehörige Croc-Souris-Fluß durchfließt, verlebt das Mädchen eine glückliche, sorglose Kindheit. Einen ganzen kleinen Hofstaat, den die Kinder der Sklaven bilden, hat Yéyette um sich.

Eines Morgens — Yéyette ist zehn Jahre alt — folgt sie mit ihrer Mutter dem Weg, der sich durch das Zuckerrohrdickicht hindurchwindet, um sich in Trou-Morin an Bord eines »Gummikahns« zu begeben, der die Kleine nach Fort-Royal, der Hauptstadt der Insel, und ins Pensionat des Ordens von der Göttlichen Vorsehung, zu den »Dames de la Providence«, bringen soll. Artig sitzt Rose an der Seite ihrer Mutter, fährt an den drei winzigen Inselchen, den »Trois Ilets«, vorbei, die ihrem Heimatdorf seinen Namen gaben, den Inselchen Charles, Sixtain und Tebloux, dann geht es die »Kuhinsel« entlang, die im Gegensatz zu den Inselchen eine echte, große Insel ist und ihren Spitznamen »Mandoline« ihrer buckeligen, aus dem Meer aufsteigenden Kuppenform verdankt. Eine Stunde später erreichen Madame de La Pagerie und ihre Tochter die »Savane«.

Auf dieser großen, sich den Hafen von Fort-Royal entlangziehenden Esplanade, der Lieblingspromenade der Bewohner der Stadt, wird sich dereinst Joséphines Standbild erheben, eine weiße, in der Sonne leuchtende, von einem Palmenhofstaat umgebene Statue, vor der heute manche der kleinen Bäuerinnen, die mit dem Omnibus nach Fort-de-France kommen, um Arbeit zu finden, das Kreuzzeichen schlägt . . .

Rose geht durch die engen Gassen, deren Holzhäuser die Abhänge des Carbet säumen. Die Mutter küßt sie zum Abschied — und die Klosterpforte schließt sich hinter Rose . . .

Vier Jahre lang unterwarf sich die kleine Rose — schon hieß sie nicht mehr Yéyette — den Regeln, die R. P. Charles-François de Coutances, apostolischer Vizepräfekt der »amerikanischen Inseln unter dem Wind«, erlassen hatte und denen zufolge es gelte, »die jungen Mädchen schon in zartem Alter zu jener Schamhaftigkeit und jener von Herzen kommenden Bescheidenheit anzuhalten, welche der schönste Schmuck ihres Geschlechts sind, und in ihnen jene Sanftmut und Gutwilligkeit zu entwickeln, welche sie zur Zierde der Gesellschaft erheben«.

Als die künftige Kaiserin aus der Obhut der »Damen von der Göttlichen Vorsehung« entlassen wird, besitzt sie »Anmut und Haltung und Benehmen«, kann singen, Gitarre spielen und weiß um die »Orthographie des Herzens«.

Wieder daheim, im Schoße der Familie auf Trois-Ilets, gibt sie sich von neuem dem »süßen Nichtstun« hin, umsorgt und bedient von der Mulattin Euphémie, der Amme Marion und ihrer Vertrauten, der Sklavin Brigitte. Oft erhebt sich Rose nicht einmal zum Essen aus ihrer Hängematte. Zu ihren Lieblingsgerichten zählen die großen, schmackhaften Krebse, die man auf Martinique fängt, rote Landkrabben, die mit Reis aufgetragen werden, und Fische, die so herrlich munden, daß die Fischer sie nicht immer verkaufen wollen. Zum Nachtisch ißt Rose am liebsten Ananas. »Hier wird die Erde zu Gold«, sagt man. Und wenn sie Hunger hat oder sich erfrischen will, braucht Rose nur die Hand auszustrecken. Ein Brotbaum ernährt ganze Familien, und in manchen Dörfern sieht man vielhundertjährige Brotbäume, die einem runden Dutzend Familien gehören, wobei jeder »ihr« eigener Ast zusteht.

Ein seltsames, ein erstaunliches Land!

Nun ist Rose fast fünfzehn Jahre alt . . . Ein Zeitgenosse beschreibt sie uns als »gänzlich von Anmut durchdrungen«, wenn auch »eher verführerisch als eigentlich hübsch«. Sie besitzt einen strahlenden Teint, seidiges, hellbraunes Haar — das später nachdunkelt und kupfern schimmert — und Augen, deren Farbe unbeständig scheint. Wenn Zeugen sie dunkelblau sahen und die Maler sie meist braun, wie die Farbe gebrannten Kaffees, darstellen, so werden sie in den beiden 1795 ausgestellten Pässen mit »orangefarben« und »schwarz« angegeben. Diese Widersprüchlichkeit rührt wohl daher, daß Rose ihre Augen »fast immer halb geschlossen hält, verborgen unter schweren, leicht geschwungenen Lidern, welche die schönsten Wimpern der Welt säumen«. Roses Ausstrahlung, der Zauber, den sie entfaltet — und zwingender noch entfalten wird —, liegt in ihrem samtenen Blick, ihrem schwerelosen Gang, der Ungezwungenheit ihrer Bewegungen, in ihrem Lächeln und ihrer Stimme. Wir wollen ihre Pässe nicht aus der Hand legen, ehe wir uns nicht über ihre bald schon erreichte Körpergröße informiert haben: fünf Fuß, also ein Meter zweiundsechzig. Das eine der beiden Signalements bezeichnet Mund und Nase als »klein«, das andere als »wohlgestaltet«, was der Wahrheit näher kommt. Einer der beiden Schreiber empfindet ihr Kinn als »rund«, der andere als »etwas vorspringend«.

Für den Augenblick ist Rose verliebt. Verliebt in ihre Hängematte, wo sie stundenlang vor sich hinträumt, verliebt in das süße Fruchtgelee aus Goyaven, verliebt in den Anislikör, den Marion braut, verliebt in Versailles, von dem ihr der Vater erzählt, der als Page in den Diensten der liebreizenden Schwiegertochter Ludwigs XVI., der Prinzessin Maria-Josepha von Sachsen, stand.

Aber ist sie auch in die Liebe verliebt?

Wie wäre sie es nicht, in diesem Land, wo alles an die Liebe denken läßt? In diesem Land, wo das Gefühl der Scham unbekannt ist?

Will man einem gewissen Tercier, einem aus der Vendée stammenden französischen General, Glauben schenken — doch wäre Mißtrauen eher angebracht —, so hatte er ein Abenteuer mit der künftigen »Madame Napoleon«. Als kommandierender Regimentshauptmann auf Martinique hatte Tercier bei der besten Gesellschaft der Insel Aufnahme gefunden. »In ihren Kreisen«, schreibt er, »machte ich die Bekanntschaft des Fräuleins Tascher de La Pagerie, der berühmten Kaiserin Joséphine. Ich stand mit ihrer Familie sehr gut. Oft verbrachte ich einige Tage als Gast auf dem Besitz ihrer Frau Mutter. Sie war jung damals, ich war es auch...« Die drei Punkte stammen von der Hand des Generals, der seine Memoiren sehr viel später schrieb und zu einer Zeit, da er sich zu den glühendsten Gegnern Napoleons zählte.

Während des Karnevals 1779 lag die Schwadron des Comte d'Estaing sechs Wochen lang in Fort-Royal vor Anker. D'Estaing hatte hundert bis hundertfünfzig Offiziere, die »man zum Tanz lud«, und es ist möglich, daß sich Rose in völliger Unschuld von einem neunzehnjährigen Leutnant, der an Bord der »Marseillais« diente und Scipion du Roure hieß, den Hof machen ließ. Mademoiselle de La Pagerie begegnet ihm später wieder... und dann wird er ihr Geliebter. Vorderhand hat sich zwischen ihnen noch nichts ereignet. Rose ist übrigens verlobt, und dieses Ereignis beschäftigt die gesamte Pagerie.

Ein Ereignis, das sich in mehreren Episoden abspielen wird.

Man bilde sich selbst ein Urteil! Der in Frankreich lebende Marquis de Beauharnais, Geliebter der Marie-Eugénie Tascher, die mit einem in den Adelsstand erhobenen Renaudin verheiratet war, hatte für seinen Sohn um die Hand von Roses Schwester Catherine-Désirée angehalten. Alexandre? Gewiß, jedermann kannte Alexandre, denn auch er war auf Martinique geboren worden, 1760, drei Jahre vor Joséphine, da sein Vater als Generalleutnant das Amt eines Gouverneurs der französischen Antillen bekleidete. Als seine Eltern und Madame de Renaudin Martinique verließen, war der kleine Alexandre in der Obhut der Madame Tascher de La Pagerie, der Großmutter der künftigen Joséphine, zurückgeblieben. Selbstverständlich hatte Madame de Renaudin diese für eine vermögenslose kleine Tascher unerwartete günstige Verbindung angebahnt. Doch ist, als der Antrag des Marquis die Tascher erreicht, Catherine-Désirée bereits an der Schwindsucht gestorben. Der Vater schlägt als Ersatz seine dritte Tochter, Manette, vor, »deren Gesundheit und fröhliche Wesensart« sich mit einer »Erscheinung, die ansprechen wird« vereinen. Aber Manette ist erst elf Jahre alt, und Madame de La Pagerie will sich noch nicht von ihr trennen. Also offeriert Gaspard Tascher de La Pagerie am 24. Juni 1778 Rose. Sie hat am Vortag ihren fünfzehnten Geburtstag gefeiert und ist, wie ihr Vater stolz ausführt, »sehr entwickelt für ihr Alter und seit fünf bis sechs Monaten so kräftig, daß man ihr achtzehn Jahre geben könnte«. Sie sei mit einem ausgesprochen sanften Charakter begabt. Im übrigen »klimpere sie auf der Gitarre« und habe »eine hübsche Stimme, eine schöne Haut, schöne Augen und schöne Arme«.

Der Marquis antwortet: »Ich schreibe Ihnen keineswegs vor, welche Ihrer beiden Demoisellen Sie meinem Wunsch gemäß zu begleiten haben; jene, von der Sie selbst meinen, daß sie am besten zu meinem Sohn paßt, wird auch unserem Wunsch entsprechen. Gehen Sie von diesen Voraussetzungen aus und teilen Sie uns mit, welche der beiden Sie uns bringen.«

Monsieur de La Pagerie »teilt mit«, daß er sich für Rose entschieden habe, und somit verlobt sich das junge Mädchen mit Alexandre de Beauharnais. Am 11., 18. und 25. April 1779 wird das Aufgebot in der Kirche von Trois-Ilets verkündet. Sogleich entspinnt sich ein reger Briefwechsel zwischen Bruder und Schwester. Madame de Renaudin gefällt sich darin, Monsieur de La Pagerie den künftigen Schwiegersohn zu schildern. »Der junge Mann« habe mit allen nur erdenklichen Vorzügen aufzuwarten: mit »angenehmem Gesicht, gefälligem Körperbau, Geist, Begabung, und, was unschätzbar ist, alle Vorzüge der Seele und des Herzens finden sich bei ihm vereint: Seine ganze Umgebung liebt ihn«. Überdies besitzt er ein ansehnliches Vermögen: 40 000 Livres Rente und Aussicht auf weitere 25 000.

Fragt man einen weniger parteiischen Zeugen – seinen zukünftigen Regimentskameraden mit dem für die Zeit typischen Vornamen Louis-Amour Bouillé –, so erfährt man, daß Alexandres Aussehen wohl nur durchschnittlich sei, daß er jedoch, von der Natur mit »vielen Annehmlichkeiten in seinem Äußeren, ruhigen und liebenswürdigen Umgangsformen und anmutigen Manieren« begabt, bereits den Frauen gefalle. Er hat zahlreiche Abenteuer hinter sich, und »diese Art von Verdiensten schmeichelt seinem Stolz und beschäftigt ihn ausschließlich«.

Dis Diskretion ist keineswegs Alexandres Stärke, und er hält seine Kameraden über seine Erfolge auf dem laufenden. »Er ließ mich sogar seine Beweisstücke sehen«, erzählt Louis-Amour, »die er säuberlich geordnet aufbewahrte wie ein anderer seine Auszeichnungen.«

»Ach könnte ich fliegen und Euch holen!« schreibt Madame de Renaudin ihrem Bruder. »Kommt, kommt, Eure liebe Schwester bittet Euch inständigst darum.«

Aber Frankreich liegt mit England im Krieg, und Monsieur de La Pagerie ließ sich zum Hauptmann der Milizdragoner ernennen. Ist dies der geeignete Augenblick, Martinique zu verlassen, wo sich die Engländer bereits der Nachbarinsel Sainte-Lucie bemächtigt haben? Und wäre es nicht tollkühn, sich jetzt mit diesem ganz jungen Mädchen an die lange Überfahrt zu wagen, da die Schiffe der britischen Majestät den Ozean durchpflügen? Madame de Renaudin zuckt die Achseln. Was aber, gibt sie zu bedenken, wenn »der junge Mann«, des Wartens überdrüssig, »sich in seinen leidenschaftlichen Gefühlen abkühlte«?

Die Entscheidung drängt. Und Ende August 1779 verlassen Monsieur de La Pagerie, seine Schwester Rosette, die Mulattin Euphémie und, die wichtigste von allen, Rose endlich Fort-Royal.

Während der langen Überfahrt auf dem Frachtensegler Ile-de-France, der im Geleitschutz der Fregatte »La Pomone« seinen Kurs steuert, kann Rose mit Muße von ihrem neunzehnjährigen Bräutigam träumen, dem königlichen Offizier, mit dem sie als Kind wohl gespielt hat, als er der Obhut der Großmutter Tascher anvertraut war. Leibhaftig sieht sie ihn vor sich, im Glanze seiner Uniform aus weißem Tuch mit silbergrauen Aufschlägen und Besätzen...

Vierzehn Jahre zuvor hatte der Chevalier de Beauharnais, ein auffallend hübsches Kind, dieselbe lange Überfahrt auf sich genommen, um zu seinen Eltern zurückzukehren. Neunzehn Monate nach dieser Rückkehr sollte seine Mutter sterben. Den kleinen Chevalier zog Madame de Renaudin auf, die bereits seine Taufpatin war. Sie hatte sich in der Zwischenzeit von ihrem Gatten getrennt und lebte nun in wilder Ehe mit dem ehemaligen Gouverneur. Das Paar überließ die Erziehung Alexandres einem von ungesundem Ehrgeiz getriebenen, anmaßenden Hauslehrer, der den seltsamen Namen Patricol trug. Dieser begleitete Alexandre und seinen Bruder François zunächst ins Collège von Plessis und dann an die Universität Heidelberg. Aus den schwülstigen Briefen des Hauslehrers wissen wir, daß dem jungen Alexandre die Grammatik bald nicht mehr »mit der runzeldurchfurchten Stirne und dem entstellten Gesicht« erscheint, »die ihn anfänglich abstießen«. Als Anhänger Voltaires fügt Patricol – zweifellos mit hämischem Grinsen – hinzu: »Es ist bemerkenswert, wie er dem Katechismus an die Angel gegangen ist... Von sich aus hat er den Knoten jeder Schwierigkeit mit einem Hieb durch die Entdeckung jenes Prinzips durchhauen, das da lautet, man dürfe nicht versuchen, in die heiligen Mysterien einzudringen, welche die heilige Kirche uns glauben heißt, und man müsse seine Vernunft opfern, denn sie könnte in die Irre führen. Ein völlig falsches Prinzip, das ich jedoch respektiere und unendlich schätze ob des Dienstes, den es mir zu dieser Gelegenheit erweist.«

Erst fünfzehn Jahre alt – und seit einem Jahr »Musketier von des Königs Gnaden« –, ist der junge Chevalier bereits ein Liebhaber, dessen Bravourakte der Hauslehrer mit besonderem Lob bedenkt. »Doch«, bemerkt er, »was mich am meisten wundernimmt und mir sehr am Chevalier mißfällt, ist die besondere Sorgfalt, mit der er die Gefühle seines Herzens zu verbergen sucht, und die Leichtigkeit, mit welcher er diese zu maskieren weiß.«

Am 8. Dezember 1776 wird Alexandre – sechzehneinhalb Jahre alt – Leutnant bei der Saar-Infanterie und übt tatsächlich seine militärischen Funktionen aus. Natürlich ist er verliebt. Zunächst in eine gewisse Madame de Caumont, die ihn ihr »Zicklein« nennt. »So ruft sie mich immer«, erklärt Alexandre seiner heißgeliebten Patin Renaudin, »wegen der widerspenstigen Barthaare, die ich an der Kinnspitze habe, so daß man mich auch beim Regiment Zicklein oder kleinen Ziegenbock heißt.«

Das Zicklein wird nach Le Conquet, drei Meilen von Brest, in Garnison geschickt. »Bedauern Sie mich«, schreibt er seiner Tante, »denn ich bin am abscheulichsten Ort, den man sich denken kann. Hier ist das Ende der Welt. Weiter kann man nicht gehen, und das Meer umgibt uns von fast allen Seiten. Stellen Sie sich ein von armen Leuten bewohntes Dorf vor, deren Sprache wir nicht verstehen und die uns als Logis nichts weiter zur Verfügung stellen können als Löcher, die man sündteuer bezahlt . . .«

Doch bald schon ist Le Conquet nicht mehr »das Ende der Welt«, denn der Chevalier macht die Bekanntschaft der Marie-Françoise-Laure de Girardin de Montgérald, die sehr hübsch und elf Jahre älter als ihr junger Liebhaber ist. Der Geliebten seines Vaters schildert er sein Glück mit folgenden Worten: »Wer hätte gedacht, daß ich in Le Conquet noch so glücklich werden sollte? Ja, ich verhehle es Ihnen nicht: Ihr Chevalier hat in diesen Breiten vom Glück genascht. Er wird von einer bezaubernden Frau geliebt . . . Ihr Gatte, der vor drei Tagen wieder abkommandiert wurde, sagte mir, er habe Order, drei Wochen lang fortzubleiben. Ich wünsche mir von Herzen, daß ihn nichts zu einer früheren Rückkehr zwingen möge.«

Marie-Françoise ist tatsächlich verheiratet, mit einem Le Vasseur de La Touche de Longpré, einem entfernten Verwandten der La Pageries, der als Marine-offizier den unleugbaren Vorteil hat, nicht in Le Conquet, sondern in Brest Dienst zu tun. So häufig und so lange ist er der ehelichen Wohnung fern, daß Madame de Longpré bald ein Kind erwartet, dessen Vater nur ihr Liebhaber sein kann. »Die wahre Liebe habe ich nie zuvor erfahren«, schreibt Alexandre an Madame de Renaudin. »Diese Frau, die sie mich zum ersten Mal empfinden läßt, ist so reich an Tugend und Gefühl, daß mich die größte Verzweiflung übermannt, denke ich an den Augenblick, der mich für längere Zeit von ihr trennen könnte.«

In der Tat muß er seine Geliebte verlassen, um seinem Kommandanten, dem Herzog de La Rochefoucauld, zu folgen. Als das Zicklein – zum Hauptmann befördert – wiederkehrt, hat Madame de Longpré bereits seinen Sohn zur Welt gebracht. Sie ließ ihn Alexandre taufen – der Name ihres Geliebten wie auch ihres Gatten . . .

Doch nun ist es für den jungen Beauharnais an der Zeit, in den Schoß der Familie zurückzukehren, um Rose zu heiraten. Diese Heirat ist für ihn nur ein Gebot der Vernunft. Und der Umstand, daß er die Nichte jener Frau heiratet, die ihm seit nahezu zwölf Jahren eine zweite Mutter ist, verleiht der Vernunft-heirat einen familiären Anstrich. Aus Zuneigung zu seiner Tante – und vor allem, weil ein neunzehnjähriger Hauptmann einfach heiraten muß – findet sich Alexandre darein, die von Madame de Renaudin Auserwählte zu ehelichen. Keineswegs auf den Tod betrübt, verläßt er die Bretagne und begibt sich nach Paris.

Dort, im Palais seiner Familie in der Rue Thévenot, erfährt der Chevalier am 20. Oktober 1779, daß seine Verlobte und sein Schwiegervater in Brest – unweit des ihm so lieb gewordenen Le Conquet – am 12. des Monats an Land gegangen sind. Sogleich besteigt Beauharnais wieder die Postkutsche und fährt mit Madame de Renaudin den Ankömmlingen entgegen. Monsieur Tascher de La Pagerie ist erkrankt, und sein Leberleiden hat sich so sehr verschlimmert, daß man um sein Leben bangt. In Morlaix schwingt sich Alexandre aufs Pferd, nicht, um schneller bei seiner vielleicht schon Trauer tragenden Braut zu sein, sondern um »Madame de Renaudin schonungsvoll vorzubereiten, falls es so weit ist«. Glücklicherweise hat sich Roses Vater in den vierzehn Tagen, seit er in Brest an Land ging, etwas erholt.

Vierzehn Tage!

Vierzehn Tage schon ist Rose, immer noch durchglüht von der Sonne Martiniques, in Frankreich. Aber dieses Frankreich, das es zu entdecken gilt, ist für sie eine düstere, kalte Herberge im Viertel Saint-Louis. Und in all dieser Zeit ist sie nicht von ihres Vaters Bett gewichen. Wenn wenigstens Alexandre da gewesen wäre! Als sie ihn Mittwoch, den 27. Oktober, vor sich sieht, einen schönen, vornehmen, eleganten jungen Mann mit dem Auftreten der Höflinge zu Versailles, da glaubt sie gewiß ihre Jungmädchenträume wahr geworden. Vielleicht präsentierte sich der Verlobte an jenem Tag in seiner hübschen Uniform.

Und Alexandre?

Sein Herz schlug nicht schneller, als er zum ersten Mal jene sah, die seinen Namen tragen wird. Und auch seine Neugierde konnte er bezähmen. Wie kalt ihn die erste Begegnung mit seiner Braut ließ, geht aus dem Brief hervor, den er tags darauf an seinen Vater schreibt: »Seit dem Aufstehen bin ich unermüdlich auf den Beinen. Ich hatte viel Ärger und Sorgen, denn unsere Neuankömmlinge benötigten eine Unmenge von Dingen, und die trostlose Stadt, die wir bald zu verlassen hoffen, hat nur wenig zu bieten. Endlich ist das Nötigste getan. Ich habe ein ordentliches Kabriolett erstanden, für das man mir vierzig Louis abverlangte. Unsere Abreise ist für Dienstag morgens so gut wie sicher. Doch können wir noch nicht abschätzen, wie lange wir unterwegs sein werden. Eines nur kann ich Ihnen mit Sicherheit sagen, daß wir alle vor Ungeduld brennen, endlich bei Ihnen zu sein.«

Dann erst entschließt er sich, zum Wichtigsten zu kommen:

»Mademoiselle de La Pagerie wird Ihnen vielleicht weniger hübsch erscheinen, als Sie es von ihr erwarten, doch glaube ich, Ihnen versichern zu können, daß sie an Aufrichtigkeit und Sanftheit ihres Wesens alles übertrifft, was man Ihnen bisher schilderte.«

Sehr überschwenglich klingen diese Worte nicht . . .

Am 2. November 1779 – dem Allerseelentag – macht man sich auf den Weg. Es ist kalt, und Joséphine zittert in ihren leichtern Kleidern, denselben, die sie daheim trug, auf der Insel des ewigen Sommers... Vier Tage dauert die Reise von Brest nach Rennes. Vier Tage lang haben die Verlobten, die sich im engen Kabriolett wohl etwas drängen müssen, Gelegenheit, einander kennenzulernen. Alexandre ist keineswegs in seine Braut verliebt – dies wäre in den Augen jener frivolen und zynischen Epoche die reinste Geschmacklosigkeit –, doch scheint der Charme der Kreolin seine Wirkung nicht gänzlich verfehlt zu haben. Aus Rennes schreibt der Chevalier seinem Vater: »Das Vergnügen, das mir die Gesellschaft der Mademoiselle de La Pagerie bereitet, war der einzige Grund für mein Schweigen.« So langsam kommt die kleine Karawane voran, daß sich ihre Reisekosten auf fast 3800 Livres belaufen.

Mitte November zieht Joséphine in Paris ein, betritt zum ersten Mal den Boden jener Stadt, die sie dereinst beherrschen wird. Nichts ist über ihre Eindrücke bekannt... Doch darf man sich wohl ihre leise Enttäuschung ausmalen. Gewiß war es kalt und neblig, vielleicht regnete es sogar? Wie weit war sie doch hier, in dieser düsteren, engen, kalten Rue Thévenot, zwei Schritte nur von der Cour des Miracles, von den lichtvollen, bunten Landschaften ihrer Jugend entfernt! Doch ist das Palais des Marquis de Beauharnais elegant möbliert, und sein »Komfort« – der freilich nicht dem Vergleich mit dem Paradies der »Drei Inselchen« standhält – läßt die kleine Rose wohl ein wenig ihr Heimweh vergessen. Vor allem aber denkt die sechzehn Jahre und vier Monate junge Braut daran, daß sie ihrem schönen, liebenswürdigen Ritter gehören wird, der sich, bereits im Hinblick auf die Hochzeit, mit dem Titel eines Vicomte ziert. Die kleine La Pagerie wird Comtesse! Was um so schöner ist, als Alexandre nicht das geringste Anrecht auf einen derartigen Titel besitzt...

Schon am Tag nach ihrer Ankunft schleppt Madame de Renaudin ihre Nichte in Modegeschäfte und Wäscheläden, um ihre Aussteuer zu besorgen. Das junge Mädchen scheint nicht viel von Martinique mitgebracht zu haben, denn die Tante legt 20 872 Livres aus, die zweifellos aus der Tasche des Marquis stammen. In aller Eile wird das Aufgebot in der Pariser Kirche Saint-Sulpice, zu deren Pfarre die Rue Thévenot gehört, und in Noisy-le-Grand bestellt, wo Madame de Renaudin wohnt und die Hochzeit stattfinden wird. Der Erzbischof von Paris erteilt die Dispens für die letzten beiden Aufgebote – so eilig hat man es, das »Heerlager« in der Rue Thévenot zu verlassen. Roses Vater hat einen Rückfall erlitten und hütet das Bett. Am 10. erscheint denn auch der Notar, Maître Trutat, »in der Wohnung, die Monsieur de La Pagerie bei der Dame de Renaudin innehat«. Dem Brauch folgend hören die Gäste, die als Zeugen den Brautleuten die Ehre ihrer Unterschrift erweisen werden, die Verlesung des Ehekontraktes mit an. Eine nicht eben illustre Gesellschaft! Da wäre zunächst Alexandres älterer

Bruder, der sich gleichfalls, ohne die geringste Berechtigung, den Titel eines Marquis zugelegt hat; dann ein Onkel, der Comte des Roches-Baritand, Kommodore, dessen Sohn Claude, dem Beispiel seiner Vetter folgend, eigenmächtig Comte de Beauharnais wird, schließlich der Marine-Intendant Michel Bégon, ein entfernter Onkel des Bräutigams. Auf seiten der Beauharnais wäre dies alles. Kein einziger der großartigen und umständlichen Titel ist darunter, die das alte Frankreich repräsentieren und die man zu jener Zeit unter so vielen Ehekontrakten findet. Aber auch auf seiten der Braut fehlt es an prunkvollen Titeln. Man sieht nur die Unterschrift eines gewissen Tascher, Prior von Sainte-Gauburge, Hofgeistlicher des Herzogs von Penthièvre, und schließlich die Namenszüge der beiden Demoiselle Ceccouy, die zweifellos Freundinnen der Madame de Renaudin sind.

Alexandre bringt seine 40 000 Livres Rente aus dem – im übrigen noch ungeteilten – Erbteil seiner Mutter in die Ehe mit; Einkünfte aus bedeutenden Besitztümern in San Domingo, die auf 800 000 Livres geschätzt werden.

Die künftige Kaiserin hat nichts als die von Madame de Renaudin finanzierte Aussteuer und eine Rente von 5000 Livres, die sich Monsieur de La Pagerie seiner Tochter auszuzahlen verpflichtet – sobald er dies kann! Die Tante, Madame de Renaudin, erweist sich als großzügiger und schenkt ihrer Nichte – wieder auf Kosten des Marquis – ihr vollständig möbliertes Haus in Noisy, das sie, wie sie selbst sagt, »aus dem Erlös ihrer Diamanten« gekauft hat, womit sie schamhaft die Großzügigkeit ihres Liebhabers bemäntelt ... Gewiß, sie behält sich die Nutznießung an dem Hause vor. Schließlich überschreibt die Tante der Braut einen auf den Namen des Marquis de Saint-Léger lautenden Schuldbrief über 120 000 Livres, eine Summe, die wenigstens tatsächlich aus dem persönlichen Vermögen der Madame stammt, doch behält sie sich auch diesmal das Nutznießungsrecht vor. Kurz, Rose erhält nichts als »Hoffnungen« und »Aussichten«.

Am 13. Dezember bleibt der immer noch leidende Monsieur de La Pagerie in seinem Bett in der Rue Thévenot und kann der in der Kirche von Noisy-le-Grand stattfindenden Trauung nicht beiwohnen. Der Prior von Sainte-Gauburge vertritt ihn. Im Register der Pfarrer findet man die Namen der Trauzeugen wieder, darunter auch jene des Hauslehrers Patricol sowie einiger Freunde und entfernter Verwandter. Selbt ein gewisser Nouël de Villamblin hat sich verewigt, und diese Unterschrift wird ihm unter dem Kaiserreich den Titel eines Comte und die Würde eines Präfekten eintragen ...

Das Haus in Noisy ist im Winter nicht bewohnbar, und die »hochedle und mächtige Dame Marie-Josèphe-Rose de Tascher de La Pagerie« wird sich in Gesellschaft des »hochedlen und mächtigen Seigneur Messire Alexandre-François-Marie, Vicomte de Beauharnais, Hauptmann im Saar-Regiment«, ihres Gemahls, beim Marquis in der trostlosen Rue Thévenot einquartieren.

Die künftige Joséphine ließ sich von ihrem verführerischen Gemahl blenden, von seinem edlen Wuchs, seiner eleganten Erscheinung und selbst von jenem Zynismus, der unter Marie-Antoinette zum guten Ton gehörte und sehr geschätzt war. Mehr noch, er enthüllt ihr die Geheimnisse der Liebe und schenkt ihr die ersten Schmuckstücke, die sie von einem Mann erhält: eine Uhr, Armbänder und Ohrgehänge. Wenn sie ihre Schätze nicht trägt, hat sie sie in der Tasche ihres Kleides und liebkost sie hingerissen ... Rose ist verliebt, aber er hat nicht im mindesten den Kopf verloren. Wie hätte dieser Dandy sich auch für eine kleine Sechzehnjährige begeistern können, die aus einem Strohhüttendorf an der karibischen See kam? Die frischgebackene Madame de Beauharnais weiß sich kaum zu benehmen, weniger noch Konversation zu machen und ist meilenweit vom weiblichen Ideal der Epoche entfernt, von jener gänzlich von Anmut, gänzlich von Charme durchdrungenen Frau des 18. Jahrhunderts, die vor allem geistreich zu sein hat und es sich schuldig ist, einen hellwachen Sinn für das Lächerliche zu besitzen und meisterlich die Waffen des Spotts und des frechen Witzes zu führen! Was die Begierden der Männer entfachen wird – die unvergleichliche Grazie Joséphines, ihr zärtlich verschleierter Blick, die schläfrige Sinnlichkeit der Exotin –, ist erst ein Versprechen. Selbst ihr Körper, der so viele Männer berauschen wird, soll sich erst später zur vollen Blüte entfalten.

Marie-Rose hoffte, ihr Mann würde sie in die große Welt und in Versailles bei Hof einführen. Schon sah sie sich in Hoftoilette – dem schweren, panzergleichen Gewand, das die Etikette vorschrieb – und im dreifachen Hofknicks vor der Königin versinken.

Sie sollte sich täuschen.

Monsieur de Beauharnais – Vicomte von eigenen Gnaden – hatte weder das Recht, eine Hofkarosse zu besteigen noch Seiner Majestät auf der Jagd zu folgen, und wurde auch nicht zu den Empfängen bei Hof geladen. Wie so viele ihrer Zeitgenossen hatten die Beauharnais sich eigenmächtig das Adelsprädikat angeeignet und konnten keinen Anspruch darauf erheben, »vorgestellt« zu werden. Doch tanzt Alexandre so gut, daß er eines Tages dennoch – freilich ohne seine Frau – zu einem der berühmten Bälle der Königin Marie-Antoinette geladen wird. Ein einziges Mal! Und die Enttäuschung darüber, daß es bei diesem einen Mal bleibt, treibt den Bürger Beauharnais später dazu, sich voll Feuereifer in die Revolution zu stürzen ...

Alexandre »geht« also keineswegs »zu Hofe«, doch auch das weniger glanzvolle gesellschaftliche Leben, das er führt, enthält er seiner Frau vor. Er ist der Meinung, sie habe nicht die nötige Erziehung genossen: »Ich habe beschlossen, ihre Erziehung von Anfang an neu zu beginnen und mit ihrem Eifer die verlorenen fünfzehn ersten Jahre ihres Lebens, die vernachlässigt wurden, nachzuholen.«

Rose möge sich denn schleunigst an die Arbeit machen, um ihren schulmeisterlichen Gatten zufriedenzustellen! Und vor allem solle sie ihm nicht unablässig ihre Liebe beweisen und schon gar nicht zeigen, daß sie eifersüchtig ist. Das ist wohl das Abgeschmackteste! Die kleine Rose wagt es, ihren Gatten, der ein echter Lebemann ist, der Untreue zu verdächtigen? Derartige Gefühle werden zu jener Zeit als höchst unpassend angesehen, gerade recht fürs niedere Volk – und gar erst, wenn es sich um eine Vernunftehe handelt. Aber es kommt noch schlimmer! Sie wagt, es ihm zu schreiben! Welch ein Verstoß gegen den guten Ton! »Baue auf meine Korrektheit«, empfiehlt er ihr, »und vergälle nicht das Vergnügen, das ich beim Lesen dessen empfinde, was Du mir schreibst, durch Vorwürfe, die mein Herz niemals verdienen wird.«

Die arme Rose weiß, daß sie für ihren Mann allzu ungebildet ist, und das hält er ihr beständig vor... Alexandre hat studiert und sich gründlich gebildet, und die kleine »Vicomtesse« ist unwissend wie eben eine Kreolin, die unter der Sonne gereift ist! So verspricht sie ihm denn voll Sanftmut und guten Willens, alles zu tun, um zu lernen, was sie nicht weiß, und ihm, dessen Name sie trägt, Ehre zu erweisen. »Ich bin entzückt«, antwortet ihr Alexandre, »ob des mir gegenüber geäußerten Wunsches, Dich zu bilden; diese Begierde, die man immer zu stillen vermag, schenkt unvergänglich reine Freuden und hat den unschätzbaren Vorteil, daß ihr keine Reue auf dem Fuß folgt, so man ihr nachgibt. Beharre auf Deinem einmal gefaßten Entschluß, und die Kenntnisse, die Du Dir aneignest, werden Dich über die anderen erheben. Wenn Du dann Dein Wissen mit Deiner Bescheidenheit vermählst, bist Du eine vollkommene Frau.«

Die kleine Kreolin vergoß wohl ihre ersten Tränen über diese Zeilen, die ihr ein zwanzigjähriger Lehrmeister und getreuer Schüler des unausstehlichen Patricol geschrieben hatte. Mit Wonne und erstaunlicher Selbstzufriedenheit schmiedet der eitle Vicomte schwülstige, tönende Phrasen, die er seiner – ungeliebten – jungen Frau zudenkt. Und er entblödet sich nicht, zu schreiben: »In Wahrheit bewundere ich meine Eigenliebe; ich spreche als Mann, der sich dessen sicher ist, daß er geliebt, daß er begehrt wird.«

Arme Rose!

»Er ist sehr zärtlich, sehr hübsch, der Brief, den man mir eben von Dir gebracht hat, und das Herz, das ihn diktierte, muß wohl sehr reich an Gefühlen sein und wert, geliebt zu werden. Das ist es auch...«

Unter diesen überraschenden Zeilen steht der Name Alexandres, der nach Brest zu seinem Regiment zurückgekehrt ist, und die zärtlichen Worte sind an seine Frau gerichtet... Er schreibt ihr weiter: »Mein Vertrauen muß mir das Deine eintragen, und wenn ich es noch nicht besitze, so verzweifle ich dennoch nicht an der Hoffnung, es mir zu erringen. Leb wohl, mein Herz. Wenn ich Dich so fest abküssen könnte, wie ich Dich liebe, täten Dir hinterher wohl deine runden Bäckchen weh. Leb wohl, tausend Mal, leb wohl. Dein treuer Freund und zärtlicher Gemahl.«

Roses Tränen sind getrocknet. Es scheint ihr gelungen zu sein, ihren Mann zu bezwingen oder ihn zumindest dadurch zu entwaffnen, daß sie ihm nicht mehr allzusehr mit ihren Liebesbezeugungen zur Last fällt.

Alexandres Regiment verläßt die Bretagne und zieht nach Verdun in Garnison. Rose ist überglücklich, als ihr schmucker Gemahl auf der Durchreise im düsteren Palais in der Rue Thévenot auftaucht. Einige Wochen später, als Alexandre bereits in Verdun ist, weiß Rose, daß sie ein Kind erwartet.

Doch ist das Glück, das ihr Alexandres unverhoffter Urlaub bescherte, nur von kurzer Dauer. Bald verdüstert sich der eheliche Himmel wieder. Alexandre zieht es keineswegs in die trostlose Rue Thévenot. Seine freie Zeit verbringt er lieber in Gesellschaft seiner Eroberungen, in Schlössern und Salons, wo er ein Publikum findet, das seiner Eitelkeit schmeichelt. Madame de Renaudin empfindet Mitleid für ihre Nichte. Sie beauftragt den unausstehlichen Patricol, dem ehemaligen Schüler die Leviten zu lesen. Der Schulmeister tut seine Pflicht, und Alexandre antwortet seinem Lehrer, er habe ursprünglich gemeint, mit seiner Frau glücklich und in Frieden leben zu können, und überdies sei es ihm darum gegangen, »ihre Erziehung von Anfang an neu zu beginnen« und »die verlorenen fünfzehn Jahre aufzuholen«. Aber Roses »mangelnder Bildungswille« habe ihn zur Überzeugung gebracht, »daß er seine Zeit nur vergeude«.

Patricol übermittelt Alexandres Erklärungen Madame de Renaudin und rät ihr, »die Nichte mit unserer Literatur vertraut zu machen, sie zur Lektüre anzuhalten und mit ihr unsere vortrefflichen Dichter zu lesen«. Sie täte gut daran, fügt er hinzu, »ihr Gedächtnis mit den markantesten Stellen aus unseren Theaterstücken auszustatten«. Und da der Herr Vater immer noch in Frankreich sei, könnte auch er sich nützlich machen und seine Tochter in der Rechtschreibung und in der Geographie unterweisen. In Paris, macht sich Patricol erbötig, werde er jemanden zu finden wissen, der »*Madame la Vicomtesse* während des ganzen Winters bei ihren Studien anleitet«. Alexandre habe gewiß ein »zärtliches Herz«, doch könne niemand von ihm verlangen, daß er sich an eine Frau gebunden fühle, die unfähig sei, mit ihren Vorzügen »die Langeweile, die sich nach den Freuden der Leidenschaft einstellt, zu verscheuchen«.

Am 3. November 1781 jedoch weicht Alexandre nicht vom Lager seiner Frau, als sie in der Rue Thévenot einen Sohn zur Welt bringt, der einst Prinz Eugène und Vizekönig von Italien sein wird. Zwei Monate lang dauerte der häusliche Friede, leistete Alexandre seiner Frau Gesellschaft. Doch dann treiben ihn »Freiheitsdrang und ein unverbrüchlicher Wille«, die ihn taub gegen Roses Beschwörungen sein lassen, nach Italien. Erst am 25. Juli 1782 kehrt er wieder.

Mittlerweile sind sein Schwiegervater und Tante Rosette nach Martinique abgereist, und der Vicomte findet seine Frau in Gesellschaft des Marquis de Beauharnais und der Madame de Renaudin in einem Palais in der Rue Neuve-Saint-Charles wieder – der heutigen Rue de la Boétie –, zwischen der Rue de Courcelles und dem Faubourg Saint-Honoré.

Während Alexandres langer Abwesenheit hat Rose sich dem kleinen Eugène gewidmet. Bei Anbruch der schönen Jahreszeit übersiedelte sie mit ihrem Kind aufs Land nach Noisy. Sie hat außer den wenigen Freunden der Familie niemanden zu Gesicht bekommen und kein gesellschaftliches Leben geführt. Alexandres Rückkehr könnte das Ende ihrer Einsamkeit bedeuten, aber er bleibt kaum länger, als nötig ist, ein zweites Kind zu zeugen. Von den dreiunddreißig Monaten, die Alexandre nun verheiratet ist, hat er nur zwölf bei seiner Frau verbracht. Diesmal wagt er es nicht, Rose seine neuerliche Flucht vorher anzukündigen. Beim Erwachen empfängt Madame de Beauharnais einen Brief ihres Gatten, den dieser um drei Uhr morgens in Paris schrieb und worin er sie um Verzeihung bittet, daß er sie ohne Abschied verlassen habe – »ohne Dir noch ein letztes Mal zu sagen, daß ich Dein bin«. Weshalb ist er fort? Weil – wiederholt er – zwei Gefühle sich sein Herz streitig machen: »die Liebe zu meiner Frau und die Liebe zum Ruhm.« Und diesen Ruhm glaubt er auf Martinique erringen zu können, da die ihnen beiden teure Insel wieder einmal von den Engländern bedroht wird.

Die junge Frau nimmt die grausame Enttäuschung, die ihr die Flucht ihres Gatten bereitet, gelassen und mit Sanftmut hin und beweist damit ihre Größe. Was ihr Gatte mit folgenden Zeilen zu würdigen weiß, die er in Brest schreibt, während er darauf wartet, daß das Schiff die Anker lichtet: »Ergriffen habe ich Deine Klagen gelesen und Deine so teuren Versprechen. Wieder danke ich Dir, wieder küsse ich Dich mit all der Inbrunst meiner Liebe, anbetungswürdige Freundin, meine liebe Frau, wieder bitte ich Dich, an mich zu denken und mir mit jedem Kurier zu schreiben, der mich vor meiner Abfahrt erreichen kann. Ich habe nichts als Deine Briefe und Deine mir so teuren Nachrichten, um meine Sehnsucht ein wenig zu stillen und meinen Schmerz zu lindern, weil ich dem Liebsten, das ich auf dieser Welt besitze, fern sein muß. Leb wohl hundertmal.« Unglücklicherweise versäumt Rose die Abreise eines Kuriers, und Alexandre scheint von ehrlichem Schmerz erfüllt, als er seine Enttäuschung in Worte faßt, die typisch für den Stil seiner Zeit sind: »O hüte Dich davor, mich zu vergessen! Hüte Dich vor allem, wenn Du Vergessen suchst, um Dich zu zerstreuen, mich aus Deiner Erinnerung zu verbannen! Bald werde ich Deinem Herzen fern sein und wünschte doch, es niemals zu verlassen. In Deiner Seele will ich fürderhin meine wonniglichsten Freuden finden.«

Doch ein zweites Mal – ist es Nachlässigkeit, zeigt sich bereits die Schreibfaulheit, über die sich ihr zweiter Gatte so sehr zu beklagen haben wird, oder ist sie ihres Beauharnais schon ein wenig überdrüssig? – läßt sie den Kurier in die Bretagne abreisen, ohne ihm einen Brief anzuvertrauen, und Alexandre hat die – nicht unwillkommene – Gelegenheit, sich zu beklagen und seiner Frau neuerlich eine Jammerepistel zu schreiben. Ja, er habe gut daran getan, sie zu verlassen! Rund um ihn hätten alle, die mit ihm an Bord gingen, Briefe von ihren Gattinnen erhalten, »die ihren Gatten nachtrauerten und ihnen ihren Schmerz bezeugten«. Alexandre habe geglaubt, mehr Anrecht auf »die Zärtlichkeit seiner ehelichen Hälfte« zu besitzen als die anderen. Nun aber zeige es sich, daß er der Verlassenste von allen sei!

Endlich erreicht ein Brief Alexandre in Brest, Rose aber verfällt nach vollbrachter Leistung neuerlich in ihre Apathie, die ihr weitere Vorwürfe einträgt: »Diese unfaßbare Nachlässigkeit versetzt mich in eine Laune, gegen die ich nicht ankämpfen kann. Ach, wie leicht wiegen doch Ihre Gefühle! In Ihrem Herzen empfanden Sie niemals Liebe für mich. Ich werde mich bemühen, es Ihnen gleichzutun. Wenn, wie ich dies zu befürchten beginne, unsere Ehe Schiffbruch erleidet, dann haben Sie allein sich die Vorwürfe zu machen.«

Alexandre ist um so ungerechter, als er in Brest Madame de La Touche de Longpré wiedergefunden hat, die inzwischen Witwe geworden ist und nun auch nach Martinique fährt, um die Erbschaft ihres in Fort-Royal verstorbenen Vaters, Monsieur de Girardin, den Rose »Onkel« nannte, anzutreten. Monsieur de Beauharnais und Madame de Longpré haben in Brest ihre alten Beziehungen wieder aufgenommen, und als wäre es die natürlichste Sache der Welt, bittet Alexandre seine Frau, sich um die beiden Kinder seiner Geliebten zu kümmern, um den kleinen Alexandre, der sein leiblicher Sohn ist, und um die kleine Betzy.

Die Fregatte, mit der Alexandre nach Martinique fahren soll, lichtet noch immer nicht die Anker – die englischen Kreuzer blockieren die Reede seit einem Monat –, und Beauharnais kann endlich einige Briefe seiner Frau empfangen. Alexandre zeigt sich wieder von seiner liebenswürdigsten Seite: »Die Tränen stiegen mir in die Augen, als ich die Schriftzüge las, die Deine Hand im bittersten Schmerz schrieb und die Deine Tränen netzten. Er ist tausendfach inniger als alle anderen, dieser eine Brief. Weshalb aber, meine gute, meine teure Freundin, klagst Du nicht mehr wie früher? Weshalb ist Dein Herz nicht mehr so voll der Liebe für mich? Ich will Dir die Wahrheit sagen: Oft glaubte ich, daß ich mich jetzt ernstlich in Dich verliebte, ohne daß mein Gefühl Erwiderung fände, und erfüllt vom Schmerz, Dich nicht mehr zu sehen, pries ich mich mehr als einmal glücklich, auf eine lange Reise gehen zu können, die mir Gelegenheit bot, meine Gefühle für Dich erkalten zu lassen, jetzt aber schütze mich Gott davor, solches zu begehren! Die Liebe will ich erfahren und von Dir mein Glück empfangen. Leb wohl, meine liebe Frau, lebe wohl. Küsse Eugène und laß Dich zärtlich von mir umarmen und Dir versichern, daß ich mein Herz bei Dir zurückgelassen habe und es nie wieder an mich nehmen will. Leb wohl hundertmal.«

Die englischen Kriegsschiffe kreuzen immer noch vor Le Goulet, was Alexandre gestattet, seine Frau zu ermahnen: »Ach, meine liebe Freundin, denke an das kleine Wesen, das Du trägst. Schone Dich um seinetwillen, schone vor allem Deine Gesundheit. Sei lieb zu Eugène und pflege ihn wohl. Denke oft an Deinen Mann. Er liebt Dich und wird Dich sein ganzes Leben lang lieben.«

Am 18. November gehen Alexandre und Madame de La Touche de Longpré endlich an Bord der »Venus«, die jedoch nicht geradewegs die Antillen ansteuert, sondern die »Baskenreede«, nahe der Insel von Aix, wo sie eine geraume Zeit vor Anker liegt.

Am 21. Januar wirft die »Venus« Anker vor der herrlichen schönen Bucht von Fort-Royal. Als Alexandre an Land geht, erfährt er, daß am Vortag ein Präliminarfriede unterzeichnet wurde und daß der »Ruhm«, den er an der Küste der karibischen See zu erringen hoffte, Gefahr läuft, recht unansehnlich auszufallen. Vorderhand verblüfft ihn dieses »einzigartige Land« mit seiner »unschicklichen Mode« – Sklavinnen und Sklaven bewegen sich häufig mit nacktem Oberkörper in der Öffentlichkeit –, und die »Freizügigkeit der Sitten«, die auf der Insel herrscht, stimmt ihn bedenklich.

Alexandre begibt sich nach Trois-Ilets, wo er Monsieur de La Pagerie bei der Zuckerbereitung überrascht. Wahrscheinlich enttäuschte ihn die Plantage, auf der seine Frau zur Welt gekommen war, wegen ihrer Einfachheit.

Beauharnais gesteht es: Er bleibt nur eineinhalb Tage auf der Pagerie, da er »Verpflichtungen nachkommen muß«. Gewiß hat er dem Hafendirektor und Onkel seiner Frau, dem Baron Tascher, seine Aufwartung zu machen und sich vor allem um den Gouverneur und General de Bouillé zu bemühen, der sich bereit erklärt, Monsieur de Beauharnais zu seinem Adjutanten zu machen. Und da es auf Martinique keinen kriegerischen Ruhm mehr zu ernten gibt, zeigt sich Alexandre sehr an der »Jugend« interessiert und hofiert mehrere Frauen gleichzeitig, zu denen nach wie vor Madame de Longpré zählt. Zu seiner Entschuldigung sei gesagt, daß Roses Schweigen andauert. Am 12. April 1783 schreibt er ihr denn auch: »Ich erinnere mich, meine liebe Freundin, Sie haben mir vorausgesagt, ich würde, sollten Sie mir untreu sein, dies entweder aus Ihren Briefen merken oder aber aus Ihrem Verhalten mir gegenüber. Nun dürfte es zweifellos so weit sein, denn seit drei Monaten, die ich nun schon hier bin, sind zwar Schiffe aus allen Häfen der Welt angelaufen, doch kein einziges hat mir auch nur ein Wort von Ihnen gebracht . . . Küssen Sie meinen lieben Sohn für mich. Und haben Sie wohl acht auf den Kommenden . . .«

Zwei Tage zuvor, am 10. April, hatte Rose den »Kommenden« zur Welt gebracht, der jedoch kein Sohn, sondern ein kleines Mädchen war, die künftige

Königin Hortense. Schon einen Tag später, am 11. April, wurde Hortense in der Madeleine-Kirche im Viertel Ville-l'Evêque getauft. Die Paten waren Roses Vater, der sich vertreten ließ, und Alexandres Base, die Comtesse Claude de Beauharnais.

Roses Schweigen dauert an, doch schreibt sie an ihre Eltern und sogar an Tante Rosette. In einem Brief an letztere erklärt Joséphine, sie habe nunmehr »die heftige Leidenschaft«, die ihr Gatte »zu entfachen verstanden habe, überwunden«. »Wenn Sie von Ihrem Gatten schreiben«, meint Alexandre, dem Rosette nicht ohne Schadenfreude Roses Brief gezeigt hat, »ist Ihr Ton mehr als gleichgültig. Was ich gelesen habe, beweist mir nun im Verein mit Ihrem hartnäckigen Schweigen, das Sie seit meiner Abreise aus Frankreich bewahren – Sie haben sich verändert.«

Wer trägt die Schuld?

Allein Alexandre, der niemals aufhörte, untreu zu sein, der im Gegenteil die Zahl seiner Abenteuer vervielfacht und kaum ein Drittel seiner Zeit bei seiner Frau verbracht hat. Und zu allem Überdruß schlug er seiner Gattin gegenüber einen unerträglich schulmeisterlichen und moralisierenden Ton an. Im übrigen dürfte Rose gewußt haben, daß sich Alexandre in Gesellschaft seiner Geliebten auf die Suche nach Ruhm und Lorbeer machte.

Alexandre ist zutiefst verletzt. Er schreibt seiner Frau die flammendsten Briefe, die ein langweiliger Egoist verfassen kann. Er, der Vicomte de Beauharnais, schreibt seiner kleinen kreolischen Frau, der überseeischen Provinzlerin, Briefe über Briefe, die diese mit einem Schweigen quittiert, das an Verachtung grenzt.

Zu Beginn des Jahres 1783 kommt überdies Perraud, der ehemalige Pariser Kammerdiener von Monsieur de La Pagerie, nach Martinique. Er wird von Alexandre empfangen, der ihn einem regelrechten Verhör unterzieht. Nein, er habe keinen Brief von der Vicomtesse... Vor seiner Abreise habe er Madames Zofe, Mademoiselle Philippe, wohl angetragen, Post von Madame de Beauharnais und Madame de Renaudin mitzunehmen, doch Mademoiselle Philippe habe geantwortet – und Perraud zeigt den Brief der Zofe dem Vicomte –, die Zeit sei zu kurz, als daß die Damen noch Briefe schreiben könnten, »wo die Damen doch sehr viele Verpflichtungen, Bälle und Soupers« hätten.

Das raubt Alexandre endgültig die Fassung. Einem Schiffbrüchigen gleich vegetiert er an der Küste der karibischen See dahin, umgeben von Wilden, einzig von der Hoffnung aufrecht gehalten, sein Heldentum unter Beweis stellen zu können... und seine Frau tanzt und soupiert. Natürlich denkt er keinen Augenblick an seine eigenen Verfehlungen. »In den Netzen mehrerer Frauen gefangen«, ist er nicht nur der ständige Liebhaber der Madame de Longpré, sondern auch einer Madame de Turon, bei der er in Fort-Royal wohnt. Was ihn nicht daran hindert, das unschuldige Opfer zu spielen: »Jetzt frage ich Sie, was ich von alledem halten soll?« schreibt er seiner Gattin. »Ist mein Verdacht denn wirklich furchtbare Wahrheit? Am Ende wird mir wohl die Zeit, die große Zerstörerin unserer Freude wie unseres Schmerzes, mein Unglück offenbaren und mir die Kraft geben, es zu ertragen oder aber für immer auf meine Illusion zu verzichten.«

Rose schreibt noch immer nicht, und am 8. Juli 1783 hebt sich der Vorhang über der Tragödie.

»Diese Verbindung wird keinesfalls glücklich...«
Die Wahrsagerin von Martinique

»Hätte ich Ihnen in der ersten Aufwallung meines Zorns geschrieben, so hätte meine Feder das Papier verbrannt.«

Mit diesen heftigen Worten beginnt Alexandre einen Brief, den er am 8. Juli 1783 an seine Frau schreibt.

Was ist geschehen?

Mitte Juni hat Alexandre – natürlich nicht von Rose – erfahren, daß ihm in Paris eine kleine Hortense geboren war. In einem Salon von Fort-Royal – bei den Demoisellen Hurault – beglückwünscht man den stolzen Vater. Da meint die anwesende Madame de Longpré leichthin: »Madames Töchterchen kann gar nicht von Ihnen, mein Freund, sein, denn es fehlen ja noch zwölf Tage, um die neun Monate voll zu machen... Nun neigen aber die Frauen eher dazu, das Kind länger als neun Monate zu tragen, anstatt es zu früh zur Welt zu bringen.«

Die künftige Königin von Holland war nach Alexandres Rückkehr aus Italien am 25. Juli 1782 gezeugt worden, und seit der Vicomte wußte, daß seine Frau schwanger war, hatte er in seinen zahlreichen Briefen wiederholt auf das kommende Kind angespielt, auf das er sich sehr freute und das er bereits, da er mit einem Sohn rechnete, in Gedanken »Scipio« getauft hatte. Nie hatte er auch nur den leisesten Zweifel an seiner Vaterschaft gehegt.

Gewiß lagen zwischen dem 25. Juli 1782 und dem 10. April 1783 nur acht Monate und sechzehn Tage, und die Frage ist zulässig, ob Rose nicht einen Tröster gefunden hatte, der ihr das Warten bis zur Rückkehr ihres Gatten verkürzte. Weiß man zudem um die Leichtfertigkeit der künftigen Joséphine auf diesem Gebiet, so hütet man sich mit Recht vor allzu großer Gutgläubigkeit. Dennoch dürfte Hortense tatsächlich die Tochter des Vicomte de Beauharnais gewesen sein.

Zunächst scheint auch der Vicomte davon überzeugt. Gleichgültig zuckt er die Achseln. Er sei doch kein Dummkopf, der sich so leicht hinters Licht führen ließe! Da spielt Madame de Longpré, die eifersüchtig ist oder es zumindest nicht mitansehen kann, daß ihr Geliebter seine junge Frau liebt, ihren Trumpf aus: Sie habe auf der Insel Nachforschungen angestellt und mit einem der Sklaven der Pagerie, dem Neger Maximin, gesprochen. Dieser habe ihr erzählt, daß Rose, ehe sie nach Frankreich fuhr, zahlreiche Liebesaffären gehabt habe. Der Sklave habe sogar Namen genannt, einen gewissen »Monsieur de B.«, Offizier, dessen Identität sich heute nicht mehr feststellen läßt, und »Monsieur d'H.« – Monsieur d'Heureux.

Maximin hatte gesprochen, weil Madame de Longpré ihn mit Geld »überhäufte«. Dann wandte sich die Geliebte des Vicomte an die Sklavin Brigitte, Roses ehemalige Zofe auf der Pagerie, doch Brigitte schwieg. Da entschließt sich Alexandre, die Sklavin selbst zu verhören. Madame de La Pagerie hat uns die Szene überliefert. Brigitte bestreitet alles, was Maximin Madame de Longpré erzählte. Natürlich habe Mademoiselle de La Pagerie, weil sie »sehr angenehm und sehr liebenswert« sei, großen Anklang bei »Offizieren« gefunden, die aus dem Bekanntenkreis ihres Vaters und ihres Onkels stammten und die, um Mademoiselles Gesellschaft zu genießen, gerne zu »ihrem Herrn Vater« gekommen seien, doch sei sie niemals allein ausgegangen.

Da der Vicomte hofft, bei Maximin mehr Glück zu haben, verhört er auch diesen, aber ungeachtet der fünfzehn *Moedes*, die ihm die Zunge lösen sollen, weigert sich Maximin, die »Schändlichkeiten, die er Madame de Longpré gegenüber geäußert hat«, zu wiederholen. Dennoch schenkt Alexandre seiner Geliebten Glauben, um so mehr, als auch Madame de Turon — die ihr Gatte im übrigen eingeschlossen hält, seit er von ihrer Liebschaft mit dem Vicomte weiß — die Verleumdungen wiederholt. Monsieur de Beauharnais wendet sich hierauf an Tante Rosette, deren Antworten angeblich zweideutig waren. Die verbitterte alte Jungfer, die im unfreiwilligen Zölibat bösartig geworden war, erging sich in maliziösen Anspielungen auf den »Lebenswandel der heutigen Mädchen«, was Alexandre noch bedenklicher stimmte. Bei seinen Nachforschungen wurden ihm die unwahrscheinlichsten Gerüchte zugetragen, die ihm beweisen mußten, wie wenig stichhaltig die gegen seine Frau vorgebrachten Anschuldigungen waren. So versuchte man ihm weiszumachen, der kleine Eugène sei der Sohn *mehrerer* Offiziere des auf Martinique in Garnison liegenden Regiments... doch hatte Rose ihren Sohn erst zwei Jahre, nachdem sie die Antillen verlassen hatte, zur Welt gebracht.

Nichtsdestoweniger schreibt der Gatte am 8. Juli 1783 seiner Frau folgenden überspannten Brief: »Ungeachtet der Verzweiflung meiner Seele, ungeachtet der Wut, die mich erstickt, werde ich mich zu bezähmen wissen. Ganz kühl werde ich Ihnen sagen, daß Sie in meinen Augen die erbärmlichste aller Kreaturen sind, daß mein Aufenthalt in diesem Lande mir die Ehrlosigkeit Ihres Wandels hier enthüllt hat, daß ich nun in allen Einzelheiten von Ihrem Verhältnis mit Monsieur de Be..., Offizier des Martinique-Regiments, weiß, daß ich auch über Ihre nachfolgende Beziehung zu Monsieur d'Heureux unterrichtet bin, der damals zur Besatzung der ›César‹ zählte, daß ich all dies weiß und auch die Schliche, die Sie anwandten, um Ihren Lüsten frönen zu können, und daß mir die Leute bekannt sind, die Sie sich als Helfershelfer gewannen. Ist es nach so vielen Verbrechen und Schandtaten ein Wunder, daß Wolken über unserer Ehe dräuen, daß Zank und Hader uns entzweien? Was hat man von diesem letzten Kind zu halten, das acht Monate und wenige Tage nach meiner Rückkehr aus Italien zur Welt gekommen ist? Ich bin gezwungen, es anzuerkennen, aber bei dem Himmel, der mich erleuchtet, schwöre ich, daß es von einem anderen ist, daß fremdes Blut in seinen Adern fließt! Auf immer wird ihm meine Schmach verborgen bleiben, und ich schwöre ein zweites, schwöre, daß es niemals, nicht, weil es etwa anders erzogen, nicht, weil es in seiner Versorgung benachteiligt würde, entdecken soll, daß es sein Leben einem Ehebruch verdankt; doch werden Sie selbst erkennen, daß ich ein ähnliches Unglück in Zukunft vermeiden muß. Richten Sie sich also danach: Niemals, niemals werde ich mich in die Gefahr begeben, mich ein zweites Mal täuschen zu lassen, und da Sie imstande wären, alle Welt für sich einzunehmen und hinters Licht zu führen, lebten wir unter einem Dach, bitte ich Sie, sich sofort nach Erhalt meines Briefes in ein Kloster zu begeben. Das ist mein letztes Wort, und keine Macht der Welt kann mich umstimmen . . .«

Die Anklageschrift wird Madame de Longpré, die nach Frankreich fährt, anvertraut. Die Dame reist in Gesellschaft des Grafen Arthur Dillon, der in ihrem Herzen Alexandres Platz eingenommen hat und sie zu ehelichen gedenkt. Monsieur de Beauharnais sieht sich also sowohl von seiner Geliebten als auch von seiner Frau verlassen, deren unverständliches Schweigen immer noch andauert.

Wie Rose reagierte, als sie den Brief ihres Gatten erhielt, kann man sich vorstellen. Enthielten die Anschuldigungen, die Alexandre gegen seine Frau erhob, ein Körnchen Wahrheit? Hatte Rose als junges Mädchen vielleicht Unvorsichtigkeiten begangen, die sich mit Hilfe des Geldes, das Madame de Longpré großzügig verteilte, zu wahren Schandtaten aufbauschen ließen? Jedenfalls handelte es sich um die künftige Joséphine, und in diesem Fall ist es gestattet, anzunehmen, daß derlei Gerüchte nicht völlig aus der Luft gegriffen waren.

Am 15. September geht Alexandre in Rochefort an Land. Er ist leidend – immer noch »am Übermaß seines Schmerzes«, wie er vorgibt – und zieht sich zunächst nach Châtellerault zurück, um sich gesund pflegen zu lassen. Bei Verwandten von Madame de Longpré findet er Unterkunft. Versuchte er, ungeachtet der »seltsamen Störung seines Wohlbefindens«, die ehemalige Geliebte zurückzuerobern? Als er in Châtellerault erfährt, daß seine Frau mit den Kindern immer noch beim Marquis de Beauharnais wohnt, schreibt er ihr »ohne Bitterkeit« und »ohne Groll«, ob sie denn »nach allem, was er erfahren habe« ein weiteres Zusammenleben für möglich halte. Es wäre Wahnsinn, weiterhin unter ein und demselben Dach zu wohnen! »Sie wären ebenso unglücklich wie ich, da Ihnen unablässig Ihr Unrecht vor Augen stünde . . . Hören Sie auf mich und entscheiden Sie sich für die friedlichere Lösung, was heißen soll, daß Sie sich in meinen Willen fügen. Doch sehe ich nicht ein, weshalb ich, sollten Sie nach Amerika zurückkehren wollen, Ihnen dies verwehren sollte. Sie können also zwischen der Rückkehr zu Ihrer Familie und dem Kloster in Paris wählen.«

Rose empfängt den Brief ihres Gatten in Noisy, wo sie mit ihren Kindern den Sommer verbracht hat. Am 26. Oktober kehrt sie nach Paris zurück. Immer noch hofft sie, ihren Mann umstimmen zu können. Zweifellos käme auch ihr eine Trennung nicht ungelegen, doch versucht sie, den endgültigen Bruch zu vermeiden. Zur selben Zeit trifft auch Beauharnais in Paris ein, doch als er hört, daß seine Frau sich in der Rue Neuve-Saint-Charles befindet, zieht er zunächst in ein Hotel in der Rue de Gramont und ersucht hierauf den Herzog de La Rochefoucauld um Gastfreundschaft. Die Verwandten und Freunde schalten sich ein, um den endgültigen Bruch zu verhindern, doch ihre Bemühungen sind vergeblich. Die künftige Joséphine vertraut Eugène der Obhut Euphémies an, gibt Hortense in Noisy in Pflege und zieht sich am 27. November 1783 in Begleitung der Madame de Renaudin zu den Bernhardinerinnen in das Kloster Penthémont in der Rue de Grenelle zurück. Dort fanden Frauen Zuflucht, die mit ihren Gatten in Scheidung lagen, von ihren Männern verlassen wurden oder aber für den Augenblick einen Unterschlupf suchten. Das Kloster war denn auch eine Art Pension, die nur den besten Kreisen offenstand. Ein gepflegter Rahmen bot auserlesene Gesellschaft und jene Lebensform und *Conversation*, wie sie zum guten Ton einer Welt gehörte, die über Nacht die Revolution dahinraffen sollte.

Montag, den 8. November 1783, begehrten der königliche Rat und Kommissar im Chastelet, Louis Joron, und sein Sekretär Jean d'Esdouhard Einlaß im Kloster in der Rue de Grenelle und wurden sogleich in den zweiten Stock, in das Sprechzimmer Nr. 3 geleitet, wo »die Dame Marie-Rose Tascher de La Pagerie, zwanzig Jahre alt, Kreolin von der Insel Martinique« sie empfing. Auf ihr Ersuchen hatten sich die Herren in das Kloster bemüht, um ihre Klage »gegen den Sieur Beauharnais, ihren ehelichen Gemahl« zu Protokoll zu nehmen.

Zu jener Zeit war eine Ehescheidung nur unter großen Schwierigkeiten durchzusetzen. Denn was die Kirche, die als einzige über den Zivilstand bestimmen konnte, zusammengefügt hatte, blieb untrennbar. Eine Scheidung im heutigen Sinne gab es nicht, doch konnte vor dem Parlament eine Trennung auf dem Rechtswege erwirkt werden. Freilich genügten Unverträglichkeit und selbst Mißhandlungen keineswegs, um in den Besitz der ersehnten Freiheit zu gelangen. Rose nun konnte nicht die geringste Mißhandlung zu Protokoll geben. Ein einziges Beweisstück hatte sie zur Unterstützung ihrer Klage: den beleidigenden Brief, den ihr der Gatte am 8. Juli dieses Jahres von der Insel Martinique geschrieben hatte.

Doch besaß die künftige Joséphine »eine überaus wohllautende Stimme«. Dies wissen wir durch den Vater des Jean d'Esdouhard, Félix, der ebenfalls die »Gefangene« besuchte. Mit dieser »überaus wohllautenden Stimme« schilderte sie den beiden Vertretern des Gesetzes ihr Unglück. Und was die Beamten zu

Papier brachten, ist das erste schriftliche Zeugnis über die künftige Joséphine aus einer Zeit, da die kleine Kreolin noch keineswegs dazu auserkoren schien, eine historische Persönlichkeit zu werden. Rose wirkte auf ihre Besucher »überaus interessant, von ausgezeichnetem Betragen, vollendeten Manieren« und »ansprechend ob ihrer Reize«. »Wahrhaftig unverständlich sind«, fügt Félix d'Esdouhard hinzu, »wenn man sie sieht und hört, das üble Vorgehen ihres Gatten und all das Unrecht, das er ihr zufügt.«

Madame de Beauharnais erzählt Louis Joron und seinem Sekretär tatsächlich die ganze Geschichte ihrer Ehe, spricht von der anfänglichen »Ungeduld« Alexandres und seiner »Befriedigung« anläßlich der Hochzeit, dann aber von seiner häufigen Abwesenheit, seiner »großen Vergnügungssucht«, wirft ihm seine »Gleichgültigkeit« vor und klagt, das »Herz ihres Gatten« sei ihr »verschlossen« geblieben. »Er war der Stärkere und lieferte mir keinen Beweis seiner Gefühle!« Gewiß habe die Geburt Eugènes die Bande enger geknüpft. »Der Vicomte«, protokolliert der Königliche Rat, »leistete der Klägerin treue Gesellschaft, bis sie sich von der Niederkunft erholt hatte, dann aber ging er, vom Drang nach Freiheit und unbändigem Willen getrieben, auf Reisen. Zurückgekehrt, schien er entzückt, wieder bei mir zu sein, doch dieses Glück war von kurzer Dauer . . .«

Wieder verließ der Vicomte »die besagte Dame de Beauharnais«, doch »sprachen« aus seinen Briefen »nur zärtliche Gefühle der Liebe«. So pries er sich glücklich, als er erfuhr, daß seine Frau ein zweites Kind erwartete. »Wie denn«, seufzte Rose vor den Vertretern des Gesetzes, »hätte ich vermuten sollen, daß die Nachricht meiner Niederkunft meinem Gatten einen Vorwand liefern könnte, mich mit ungerechten Anschuldigungen zu überhäufen?«

Und »Madame la Vicomtesse« zeigt dem Kommissar die beiden von Alexandre in Fort-Royal und Châtellerault geschriebenen Briefe, »welche die gräßlichsten Anschuldigungen enthalten; doch gibt er sich nicht allein damit zufrieden, die klagende Partei des Ehebruchs zu zeihen, sondern beschimpft sie noch als schändlich und fügt hinzu, er verachte sie zu tief, als daß er fürderhin mit ihr leben könnte . . .« Mit tränenerstickter Stimme setzt Rose die Schilderung ihres Unglücks fort: »Er drohte mir, er werde sich als Tyrann erweisen, sollte ich mich weigern, mich in ein Kloster einzuschließen. Wenn diese Abscheulichkeiten nur Ausdruck einer jähen Anwandlung von Eifersucht wären, könnte mich die Jugend meines Gatten dazu bewegen, sie ihm nachzusehen, doch sind sie dermaßen überlegt und zu dem Zwecke ausgeklügelt, ein Joch abzuschütteln, das ihm zu schwer geworden ist, daß ich außerstande bin, geduldig ein solches Übermaß an Schmähungen hinzunehmen. Damit würde ich meine Pflicht mir selbst wie meinen Kindern gegenüber verletzen.«

Am 11. Dezember stellte Madame de Beauharnais den Antrag auf »Trennung von Tisch und Bett«. Zwei Monate später ermächtigt der Profoß von Paris Rose endlich, im Kloster von Penthémont zu bleiben, und verurteilt Alexandre – den das Gericht für schuldig erkannt hat –, für den Unterhalt seiner Kinder zu zahlen. Im 18. Jahrhundert mahlten die Mühlen der Gerechtigkeit noch langsamer als in unserer Zeit, und die endgültige Lösung wurde durch Fragen materieller Art zusätzlich verzögert.

Als das Gericht endlich die Entscheidung gefällt hat, scheint sich Alexandre dieser vorerst zu beugen. Doch am 4. Februar 1785 läßt er unvermutet den kleinen Eugène »mit Gewalt entführen«. Unter Tränen fleht Rose den Profoß von Paris um Hilfe an und klagt ob des »grausamen Vorgehens« ihres Gatten, der ihr »die schmerzlichsten Erschütterungen« und »die quälendste Sorge« bereitet habe. Der Vicomte möge der Mutter unverzüglich »das teuerste Pfand« wiedergeben, selbst wenn er sie dafür »all ihres Besitzes und ihrer Einkünfte« entblößen sollte. Glücklicherweise kommt es nicht so weit.

Auf den Tag genau einen Monat nach dem »Kindsraub« – am 4. März 1785 – streckt Alexandre, zweifellos von Madame de Renaudin umgestimmt, die Waffen. Gedemütigt bekennt der Vicomte, »daß er Unrecht daran getan habe, der betreffenden Dame Briefe zu schreiben, über welche diese sich beklagt und welche allein das Ungestüm und die Heftigkeit der Jugend diktierten; daß er seine Unbedachtheit nun um so tiefer bedaure, daß die Aussagen seines Vaters und die Meinung der Öffentlichkeit die Verleumdete gänzlich entlasteten«. Kurz, Alexandre begräbt Zank und Hader. Er beschuldigt seine Frau nicht mehr, in ihrer Jugend ein bewegtes Leben geführt zu haben, und erkennt Hortense als seine Tochter an. Im übrigen hat er sich nach Noisy begeben, um die Kleine zu besuchen, und hat ihr »Spielzeug vom Jahrmarkt« mitgebracht. »Madame, seiner Gattin« gesteht er weiter freiwillig zu, was sie bei Gericht hätte einklagen können.

Damit hatte Rose ihre Freiheit erlangt, ehe sie noch zweiundzwanzig Jahre alt war. Für sich und die Tochter erhielt sie jährlich 6000 Livres – 30 000 neue Francs; Eugène sollte mit fünf Jahren seinem Vater zur Erziehung übergeben werden. Die junge Frau konnte sich fürderhin aufhalten, wo sie wollte. Doch gefiel es ihr im Kloster so gut, und die Gesellschaft war so unterhaltsam, daß sie noch bis zum Herbst blieb. Dort, in den Salons, den Gärten, den eleganten Appartements, wurde »die kleine Amerikanerin«, wie man sie zuweilen noch nannte, eine Pariserin, mehr noch, sie wurde die Pariserin des ausgehenden 18. Jahrhunderts, Verkörperung des unnachahmlichen – und unwiederbringlichen – Zaubers jener verlöschenden Epoche.

Die Puppe wird zum Schmetterling.

Sie hat es verstanden, die Vorzüge ihrer kreolischen Abkunft zur Geltung zu bringen: die schläfrige Sinnlichkeit, das Naturhaft-Verführerische, den raub-katzenhaften, schwerelosen Gang, der den karibischen Frauen eigen ist, die Geschmeidigkeit ihres schwellenden, wohlgewandten Körpers, der jetzt zur Liebe geschaffen ist... Ihre ganz eigene Schönheit entfaltet sich. Und sie versteht es – und wird es immer verstehen –, sie ins rechte Licht zu setzen. Freilich werden ihre Zähne bald zu wünschen übrig lassen, doch wird Rose Joséphine die Lippen beim Lachen kaum öffnen und tief aus der Kehle lachen, was sie – und das weiß sie auch jetzt schon – nur noch verführerischer erscheinen läßt. Sie hat es gelernt, ein Gespräch durch tausend nette und gewiß ein wenig oberflächliche Kleinigkeiten zu beleben, die sie so hübsch zu formulieren und so gefällig zu servieren weiß, daß alle Frauen, die dieses »Zungenspitzengefühl« – wenn man so sagen kann – besitzen, unweigerlich für geistreich gelten. Im täglichen Umgang mit Frauen wie Madame de Béthisy, Madame de Mézières, Äbtissin von Penthémont, oder der Comtesse de Polastron, Hofdame von Marie-Antoinette, inmitten dieser Gesellschaft, die lachend und Bonmots versprühend zur Guillotine, in den Kerker oder ins Exil geht, hat Rose sich den »*bon ton*« zu eigen gemacht, zwei Worte, die sich nicht ins Vokabular des 20. Jahrhunderts übersetzen lassen. Jetzt heißt es von ihr, sie habe *Esprit*, und auch dieser Ausdruck, in jenem Sinn, den man ihm am Vorabend vor dem großen Blutbad gab, ist aus unserer heutigen Sprache verschwunden.

Die Vicomtesse de Beauharnais wird in den Kreisen, die diese Pension für höchste Ansprüche bevölkern, geschätzt. Ihr Unglück macht sie »interessant«. Man bemitleidet sie. Sie versteht zu rühren... und man sucht ihre Gesellschaft.

Im September 1785 beschließt Rose dennoch, das Kloster und seine mondänen Zirkel zu verlassen und zum Marquis de Beauharnais und der Madame de Renaudin zu ziehen, die das Palais in der Rue Neuve-Sant-Charles verlassen mußten, weil Alexandre sich die Möbel aneignete und sie überdies in arge finanzielle Schwierigkeiten geraten waren. Nun wohnen sie in Fontainebleau, in einem Haus in der Rue de Montmorin. Rose übersiedelt ebenfalls dorthin, doch behält sie im Kloster eine kleine Zweitwohnung, für die sie 300 Livres Miete zahlt.

Zu jener Zeit, da Rose Paris verließ und sich nach Fontainebleau zurückzog, im September 1785, wurde ein kleiner Stipendiat Ludwigs XVI. an der Pariser Militärschule bei der Jahrgangsprüfung Zweiundvierzigster von 137 Kandidaten und damit Unterleutnant.

Er war knapp sechzehn Jahre alt und nannte sich noch Napoleon Buonaparte.

Montag, den 31. Oktober, reiste er mit der Postkutsche, welche die Route Paris – Lyon befuhr, von Paris ab, um sich zu seinem in Valence stationierten Regiment *La Fère* zu begeben. Zum Abendessen machte er in Fontainebleau halt, wo Madame de Beauharnais seit elf Tagen wohnte.

Die beiden Schicksale kreuzten sich zum ersten Mal.

Am darauffolgenden Tag sprang der künftige Kaiser, als die Postkutsche eine Steigung im Schritt bewältigte, aus dem Wagen und stürmte wie ein Wahnsinniger die Straße empor, sprang und tanzte und schrie dazu aus Leibeskräften: »Ich bin frei! Ich bin frei!«

Gewiß hatte Rose Grund, in Fontainebleau ein Gleiches zu tun und lauthals ihrer Freude Ausdruck zu geben, weil sie nun frei und Herrin ihrer selbst war.

Für beide beginnt nun das Leben.

Jeden Herbst verbrachte der Hof einige Tage in Fontainebleau. Das Jahr 1787 freilich stand im Zeichen von Sparmaßnahmen. Die Monarchie war bankrott und hatte vor der in Versailles einberufenen Notabelnversammlung den Konkurs angemeldet. So finden sich in diesem Jahr nur der König und ein kleines Gefolge zu Wildschweinhatz und Hirschenjagd in Fontainebleau ein. Obwohl Rose den Titel einer »Vicomtesse« besaß, konnte sie keinen Anspruch darauf erheben, bei Hof empfangen zu werden. Das verlangte sie im übrigen auch nicht. Alexandre jedoch, der zu dieser Zeit Adjutant des Duc de La Rochefoucauld war, spann Intrigen, um dem König vorgestellt zu werden. Der Hauptmann de Beauharnais hatte sich zu diesem Zweck der Protektion des Duc de Coigny versichert, der Stallmeister Ludwigs XVI. und persönlicher Freund der Königin Marie-Antoinette war.

Obwohl Coigny sich so ausgezeichneter Beziehungen erfreute, schrieb ihm der Genealoge Seiner Majestät, Berthier, am 15. März 1786 folgenden Brief, der Roses Gatten auf immer mit jener Krone überwirft, die ihm ihre Gunst hartnäckig vorenthält:

»*Monsieur le duc,*

Monsieur de Beauharnais kann keinen Anspruch auf jene Ehren des Hofes erheben, die er inständig begehrt. Seine Familie entstammt gutbürgerlichen Kreisen aus Orléans; gemäß einer alten handschriftlichen Genealogie, die sich im Kabinett des Heiligengeistordens befindet, war diese Familie zunächst unter dem Namen Beauvi* bekannt, doch legte sie sich in der Folge den Namen Beauharnais zu. Unter den Beauharnais finden sich Kaufleute, Schöffen, Amtmänner und Stadthauptleute von Orléans und parlamentarische Räte von Paris. Eine Linie, die unter dem Namen de La Bretesche bekannt ist, wurde von Monsieur de Machault, Intendanten von Orléans, am 4. April 1667 zu einer Strafe von 2000 Livres, die später auf 1000 Livres herabgesetzt wurde, verurteilt, weil sie sich unrecht-

---

* Es dürfte sich um einen Saint-Simon zuzuschreibenden Irrtum handeln. In den Rechnungsbüchern der Stadt Orléans findet sich bereits im 11. Jahrhundert der Name »Beauharnais«.

mäßigerweise das Adelsprädikat zugelegt hatte. Mit dem Ausdruck der vorzüglichsten Hochachtung bin ich, *Monsieur le Duc,* Ihr sehr ergebener und gehorsamer Diener
Berthier.«

Man begreift die Wut des künftigen Präsidenten der Legislative! War die Burgvogtei von Ferté-Aurain, die seinem Vater gehörte, nicht 1764 zur Markgrafschaft erhoben worden? Und hatte Ludwig XVI. nicht am 25. Juni 1707 den Besitz von Port-Maltais, den der König einem Beauharnais schenkte, zur Baronie von Beauville – einen Titel, den der Marquis noch trug – erhoben?

Gewiß, doch die Adelstitel – vor allem, wenn sie erst zwanzig Jahre zählten – waren keineswegs »der Hoheit verbunden«, und die Beauharnais konnten nicht auf jene Ahnenreihe verweisen, die den Zutritt zu den höchsten Kreisen eröffnete.

Die Tascher ihrerseits waren tatsächlich von altem Adel und konnten nicht einfach als »gutbürgerliche Familie« abgetan werden. Unglücklicherweise hatten sie ihre alte Herrschaft, die »Pagerie« in Vievy-le-Ragé, verkauft, doch sich den Namen erhalten. Gewiß erweckten die Beauharnais, die sich unrechtmäßigerweise mit den Titeln »Comte«, »Vicomte« und »Chevalier« schmückten, obwohl sie sich von Rechts wegen nur »Marquis« und »Baron« nennen durften, den Eindruck, sie stammten aus besserer Familie als die kleinen Landedelleute von der Insel Martinique, doch konnten diese mit einem Nicolas de Tascher, der um die Mitte des 12. Jahrhunderts gelebt hatte, aufwarten, und mit einem Armand de Tascher, der in Palästina Seite an Seite mit Ludwig IX., dem Heiligen, gefochten hatte.

Deshalb wäre es Roses Vater unter Hinweis auf seine dem ritterlichen Adel angehörigen Vorfahren zweifellos gelungen, bei Hof empfangen zu werden. Darauf jedoch konnte die von ihrem Gatten getrennte, aber immer noch verheiratete »Vicomtesse« keinerlei offiziellen Anspruch erheben. Vielleicht ist dies der Grund, weshalb Rose während der drei Jahre, die sie sich häufig in Fontainebleau, erst in der Rue de Montmorin und dann in der Rue de France, aufhält, versucht, zu den Jagden des Hofes zugelassen zu werden. Als sie die Erlaubnis erhalten hat, nimmt sie mit einer Begeisterung, die an Besessenheit grenzt, bei jedem Wetter an den Jagdgesellschaften teil. »Die Vicomtesse treibt sich auf Feld und Flur umher«, schreibt ihr Schwiegervater. »Sie war auf der Wildschweinhatz und hat tatsächlich ein Wildschwein zu Gesicht bekommen. Bis auf die Haut wurde sie durchnäßt; doch erholte sie sich, als sie sich von Kopf bis Fuß umgekleidet und eine Erfrischung zu sich genommen hatte.« Alexandre, der zu seinem Vater auf Besuch gekommen war, wurde nicht geladen. »Darob war er sehr verstimmt«, teilt der Marquis mit, »und aus Groll ist er ins Blésois gefahren.«

Daß die Vicomtesse Gnade bei Hof fand, dürfte wohl weniger ihren Vorfahren als der Gunst zuzuschreiben sein, derer sie sich bei drei Mitgliedern des Hofstaates erfreute. Wenn man André Gavoty, der das Bett der künftigen Kaiserin besser kennt als sonst einer, Glauben schenken darf, so hatte die der ehelichen

37

Fesseln ledige Rose in Fontainebleau, wo sie Zügel an Zügel mit den Höflingen die Wälder durchstreifte, ihre ersten Amouren. Bei ihrem Schwiegervater begegnete sie dessen Nachbarn, dem Schloßverwalter Marquis de Montmorin, der mit einer Hofdame, der Comtesse d'Artois, verheiratet ist. In einer Gesellschaft bei den Montmorins macht sie die Bekanntschaft des Comte de Crenay, des Schwagers von Madame de Montmorin, eines 1785 zweiundvierzig Jahre alten Mannes, der die Würden eines Feldmarschalls und Garderobemeisters des Comte de Provence bekleidet und mit einer weiteren Hofdame, der Schwägerin des Königs, verheiratet ist. Ob Rose ihn 1786 oder erst 1788 erhört, ist nicht bekannt. Wieder bei Montmorin lernt die jagende Vicomtesse den Duc de Lorge kennen, dessen Gattin ebenfalls Ehrendame bei der Gattin des künftigen Karl X. ist. Der Duc de Lorge, ein gebürtiger Durfort-Civrac, Pair von Frankreich und Kavallerieoberst, machte Rose stürmisch den Hof, und die Vicomtesse zierte sich nicht lange; dies wissen wir von Napoleon selbst. Lorge war vierzig Jahre alt, ein Mann, der gefiel und der, wie der Kaiser auf Sankt-Helena angab, mit »ein Grund des Zerwürfnisses« zwischen Rose und Alexandre de Beauharnais war.

Gerüchten zufolge dürfte die dritte Eroberung Roses der Bruder des Duc de Coigny gewesen sein, der sich denn auch stürmisch für Alexandre einsetzte. Er trug den Titel eines Chevalier de Coigny, doch wurde er *Mimi* genannt. Ein hübscher Bengel, ein »Stutzer« und beliebter Salonlöwe, der nach den Aussagen seiner Zeitgenossen leichtsinnig, spöttisch und eingebildet war. Junge Männer dieser Art gefielen Rose, und gewiß verstand er es auch, sie zu amüsieren. Bei jedem seiner Besuche, berichtet Madame de Genlis, gab er ein mehr oder minder treffendes *Bonmot* von sich, das sogleich die Runde in der Gesellschaft machte und über das man sich königlich unterhielt. »Doch wenn er dieses Bonmot von sich gegeben hatte, hielt er den Mund.« Über Beziehungen zwischen *Mimi* und Rose ist nichts Genaues bekannt, doch scheinen die Tatsachen die Gerüchte nur zu bestätigen: Jedenfalls wurde *Mimi* unter dem Konsulat mit größter Rücksicht behandelt, fand, als er unter dem Namen Gros-Voisin, der »dicke Nachbar«, gegen Bonaparte eine Verschwörung in Szene setzte, äußerst milde Richter und wurde, obwohl aus Frankreich verbannt, vom neuen Regime mit einer Pension bedacht, die ihm das Exil schmackhaft machte. Gewiß vergißt Madame Bonaparte nicht so leicht die Schwächen der einstigen Vicomtesse de Beauharnais...

In diesem November 1787 erschallt der Wald von Fontainebleau zum letzten Mal, ehe der Sturm sich hebt, vom Klang der königlichen Jagdhörner... Die Vicomtesse jagt und verlebt schöne Stunden; mit *Mimi?* dem Duc de Lorge? oder mit dem Comte de Crenay? Vielleicht mit allen dreien.

Im selben Monat empfindet der Leutnant Bonaparte in Paris Mitleid mit einer »Weibsperson«, die ungeachtet der Kälte »in den Alleen« des Palais-Royal »promeniert«.

»Gehen wir zu Ihnen«, spricht sie ihn an.

»Was wollen wir dort?«

»Uns wärmen, und Sie können Ihre Begierde stillen.«

An diesem Abend erkannte er zum ersten Mal die Frau. Er war achtzehn Jahre alt. Und als seine Eroberung ihn, wie dies so üblich ist, nach seinem Vornamen fragte, wunderte sie sich zweifellos, als der »Klient« zur Antwort gab: »*Napoleone*«.

In einigen Jahren wird der Name weniger wundernehmen.

Wenn Rose auch charmante Tröster findet, so hat sie trotzdem schwere Geldsorgen. Als sie Ende 1785 eine Vorschreibung auf eine Kopfsteuer von 66 Livres, 15 *sols* und 3 *deniers* erhält, protestiert sie gegen die »an ihren Möglichkeiten gemessen exorbitante Summe«. Überdies zahlt ihr der Vicomte den Unterhaltsbeitrag häufig mit Verspätung aus. Monsieur de Beauharnais hat seinerseits große Ausgaben zu bestreiten. Wurde er nicht eben Vater eines Kindes einer jungen, hübschen und aus ausgezeichneter Familie stammenden Demoiselle? Kaltblütig strengt er einen Prozeß gegen Rose an, um ihr die bisher ungeteilten Güter und Liegenschaften auf Martinique zu entreißen. Als ob Madame de Beauharnais nicht schon genug Schwierigkeiten hätte, der Mittel, die ihr von Trois-Ilets zustehen, habhaft zu werden. Um das Herz ihres Vaters zu rühren, schreibt sie ihm von der kleinen Hortense, die oft an ihre Großeltern und an ihre »Tante Manette« denke.

Der Baron Tascher trifft in Frankreich ein und händigt seiner Nichte einen Wechsel über 2789 Livres aus. Das sei alles, was Monsieur de La Pagerie habe aufbringen können. Nicht mehr? Rose ergeht sich in Klagen. Mit einer so kläglichen Summe könne sie unmöglich ihre Gläubiger zufriedenstellen! Nun versucht sie, Gelder einzutreiben, die ihr die königliche Schatzmeisterei schuldet, doch stößt sie hier auf noch taubere Ohren. So debütiert die künftige Joséphine in der Rolle der Bittstellerin, die sie in den kommenden harten Zeiten noch des öfteren spielen wird, ehe sie nicht »eine Stellung«, wie sie es nennt, gefunden hat. Die »Stellung« einer Kaiserin der Franzosen.

Im Juni 1788 entschließt sie sich, mit Hortense nach Martinique zu reisen. Weshalb nimmt sie die endlose, mühevolle Überfahrt auf sich, die vor allem, da sie ein fünfjähriges Kind zu betreuen hat, voll der Gefahren ist? Zu einem Zeitpunkt, da Madame de Renaudin schwerkrank darniederliegt und der kleine Eugène eben erst in Fontainebleau eingetroffen ist, um hier seine Ferien zu verbringen? Nach Ansicht mancher Historiker war hier die Liebe im Spiel. Floh Rose vor einem Geliebten? Fuhr sie zu einem anderen? War dieser andere Scipion du Roure, der ihr vor ihrer Heirat vielleicht den Hof gemacht hat und den sie tatsächlich in Fort-Royal wieder traf?

Wollte Rose die unangenehmen und sichtbaren Folgen einer Liebschaft verheimlichen? Doch bietet sich eine viel einfachere Erklärung an: Roses Großmutter war gestorben, ihr Vater leidend, ihre Schwester vom Tode gezeichnet, und Rose konnte, wie es Hortense in ihren Memoiren ausdrücken wird, »ungeachtet ihrer glanzvollen Stellung nicht ihr Land und ihre Familie vergessen; dort hatte sie eine betagte Mutter zurückgelassen, die sie noch einmal wiedersehen wollte«. Die »Stellung« der künftigen Kaiserin war freilich keineswegs »glanzvoll«, wie dies aus den beachtlichen Schulden hervorgeht, die sie hinterläßt und die Madame de Renaudin in ihrer Abwesenheit begleichen wird. Um die Überfahrt für sich und Hortense buchen zu können, mußte Rose einiges verkaufen, darunter sogar ihre Harfe . . . Ebenso galt es, die jährliche Pension für Eugène zu bezahlen, der im »Institut des jungen Adels« in der Rue de Berry untergebracht war, einem überaus kostspieligen Internat, das Rose 100 Louis pro Jahr abverlangte. Am 2. Juli 1788 gehen Rose, Hortense und Euphémie in Le Havre an Bord der »Sultan«, die, kurz nachdem sie die Anker gelichtet hat, noch in der Seinemündung zu sinken droht. Die Überfahrt ist endlos. Erst am 11. August erreicht das Schiff die Reede von Fort-Royal. Rose hält sich bei Onkel und Tante Tascher nur kurz auf und begibt sich nach Trois-Ilets, wo sie die Familie und die Kindheitserinnerungen wiederfindet. Am Ufer des Flüßchens Croc-Souris lebt sie wieder wie einst, geht spazieren, hält Siesta in der Hängematte und badet in der Bucht. Dennoch vermag sie im weltvergessenen Tal der Pagerie, dem die düstere Umgebung etwas Bedrückendes verleiht, nicht von Herzen froh zu sein. Viel lieber ist sie in der Hauptstadt der Insel, in Fort-Royal, wo der Onkel Robert Tascher immer noch den Hafen befehligt.

In Fort-Royal legt häufig die »Illustre« an, die unter der Flagge eines Herrn von Pontevès-Gien segelt, des Kommandanten der Inseln unter dem Wind. Einer seiner Offiziere ist Scipion du Roure. Daß er ein Verhältnis mit der hübschen Vicomtesse hat, steht außer Frage. Und dies ist der wahre Grund, weshalb Rose lieber in Fort-Royal ist als daheim auf der Pagerie! Dabei wäre die Plantage ihrer Eltern eine Insel des Friedens und der sicheren Geborgenheit, denn Fort-Royal befindet sich gleich Saint-Pierre im Aufstand, Echo des Sturms auf die Bastille und der Abschaffung der Privilegien. Die Unruhen begannen, als der alte Interimsgouverneur, de Vioménil, sich weigerte, die Kokarde in den Farben der Tricolore anzustecken.

»Eher opfere ich tausend Leben«, gab er unter Tränen zur Antwort, »als daß ich dies Zeichen der Unabhängigkeit ertrüge und damit zweiundvierzig Jahre treuen Dienstes auslöschte.«

Doch mußte er sich am Ende beugen und gegen seine Überzeugung das Tragen »dieses Pfandes des Friedens, der Einheit und der Eintracht« anordnen. Man sang ein *Te Deum*, und alles ging wieder »seinen gewohnten Gang«. Doch Rose erfuhr, daß ihr Gatte, den der Adel des Gerichtsbezirkes Blois zum Abgeordneten gewählt hatte, sich als einer der ersten seines Ranges dem Dritten Stand anschloß. Begeisterte sie sich damals für die neuen Ideen? Gewiß nicht. Denn erstens blieben ihre Eltern zutiefst überzeugte Königstreue – Madame de La Pagerie wird es selbst noch als Schwiegermutter Napoleons unter dem Kaiserreich sein –, und zweitens vermengte sich die Revolution auf den Antillen sehr bald schon mit dem Sklavenproblem. Da die Franzosen des Mutterlandes sich für die Idee der Freiheit begeisterten und die großen Pflanzer, die ihren Wohnsitz in Frankreich hatten, sich das neue Gedankengut zu eigen machten, fanden es die freien – oder freigegebenen – Mulatten ganz natürlich, dieselbe Freiheit für sich zu beanspruchen. Zunächst wollte man den Mulatten die Gleichstellung mit den Weißen gewähren und ihnen das Recht geben, sich »Bürger und gute Diener des Königs« zu nennen, und verlangte folglich, die Weißen sollten in unterschiedsloser Gemeinschaft mit den Farbigen leben. Doch wenn selbst heute noch die meisten »Békés«, die alteingesessenen weißen Familien der Insel, sich weigern, Farbige bei sich zu empfangen, und im übrigen keinerlei Unterschied zwischen Negern und Mestizen machen, wie mögen da erst die Martiniquesen des Jahres 1789 reagiert haben ... In ihrer Freude schlugen die freien Mulatten über die Stränge, ließen sich, wie ein Bericht es nennt, zu »bösen Streichen« hinreißen, etwa zu einer Ohrfeige, die ein Grenadier von einem Mulatten erhielt, und zwangen die Weißen, zu den Waffen zu greifen. Augenblicklich zerfiel die alte Ordnung, und an ihre Stelle trat das Chaos.

Doch nun wird eine Kolonialversammlung einberufen. Die beiden Städte auf Martinique und selbst einige Marktflecken tun es Paris gleich und bilden Komitees, Versammlungen, Abordnungen, ernennen Präsidenten, Abgeordnete, Delegierte, Kommissare und gefallen sich in den großen Worten, wie sie Anträgen, Beschlüssen und Empfehlungen zum Wohle des Volkes eigen sind.

Im Februar 1790 kommt es nach einer Periode der Beruhigung neuerlich zu Unruhen zwischen den Truppen und den »Bürgern«. Die Kaserne des Martinique-Regiments wird geplündert, und das Volk »besetzt die Batterien und schleppt die Kanonen auf die Avenuen«. Die Sklaven zählen zunächst nur die Schüsse, doch bald schon kämpfen auch sie, in diesem oder jenem Lager. In Saint-Pierre tobt der Aufruhr. Die Rückkehr des rechtmäßigen Gouverneurs, des alten und kranken Monsieur de Damas, vermag die Lage keineswegs zu beruhigen.

Monsieur de Damas erhält keine Verstärkung, und daher gelingt es ihm auch nicht, die Ordnung wiederherzustellen. Bald schon, am 16. Juni, kommt es zum Kampf zwischen Weißen und Schwarzen, die Schwarzen erheben sich, besetzen Fort-Royal und richten die Kanonen gegen die Stadt. Gleichzeitig erobern meuternde Truppen, die mit den Schwarzen sympathisieren, das Fort Bourbon. Monsieur de Damas flieht in das Dorf Gros Morne an der Straße nach Trinité, während Roses Onkel, der inzwischen auch Bürgermeister der Stadt geworden ist und sich als Abgesandter zu den Aufständischen begeben hat, von diesen als Geisel gefangengenommen wird. »Die Sturmflut der Revolution«, wie Sainte-Croix de la Roncière, der Historiker der Insel Martinique, erzählt, »brandet über die ganze Insel, und der Bürgerkrieg loht auf unserem schönen Besitz, den Antillen, bis zu jenem Tage, da sich die Engländer die Situation zunutze machen und sich unser Gut aneignen.«

Der Onkel Tascher wird befreit, und Rose bittet ihn, er möge es ihr ermöglichen, die Insel zu verlassen. Sie verabschiedet sich von ihren Eltern und ihrer Schwester, ahnt, daß sie sie nie mehr wiedersehen wird*, und flieht nach Fort-Royal. Die Pagerie hätte größere Sicherheit geboten, aber in Fort-Royal ist Scipion du Roure!

Am 3. November wird angekündigt, daß die immer noch von den Aufständischen besetzten Forts die Stadt beschießen werden. Am selben Abend entschließt sich Rose auf den Rat ihres Onkels, des Hafenkommandanten, Schutz auf der Fregatte »Sensible« zu suchen, die unter dem Befehl von Durand d'Ubraye steht. An Bord befindet sich Scipion du Roure. »Den Umständen gehorchend«, schickt sich das Schiff eben an, die Reede zu verlassen und nach Frankreich in See zu stechen, als die Aufständischen das Feuer eröffnen, ohne, wie angekündigt, den Anbruch des nächsten Tages abzuwarten. Als Rose, ihre Tochter und Euphémie die Savane überqueren, schlägt eine Kanonenkugel neben ihnen ein. Doch dann gelingt es ihnen, ohne weitere Zwischenfälle an Bord zu gehen, und sogleich entfernt sich die »Sensible« vom Kai.

Tags darauf sind die meuternden Soldaten und die aufständischen Mulatten und Schwarzen Herren der Stadt und befehlen den Schiffen, in den Hafen zurückzukehren. Durand d'Ubraye, der das Oberkommando über den gesamten Flottenstützpunkt innehat, läßt zur Antwort alle seine Schiffe die Segel setzen. Die Forts eröffnen das Feuer. Dreiviertel Stunden lang liegen die Schiffe unter heftigem Beschuß, doch bald gelingt es ihnen, sich außer Schußweite zu begeben. Die »Sensible« liegt drei Tage lang mit vollen Segeln vor der Reede von Fort-Royal, doch da keine Befehle eintreffen, nimmt die Fregatte im Geleitzug der »Illustre«, der »Levrette« und der etwas später eintreffenden Korvette »Epervier« Kurs auf die Bermudas, wo das kleine Geschwader günstigen Wind zu finden hofft, um nach Frankreich überzusetzen.

---

* Monsieur de La Pagerie sollte tatsächlich zwei Monate später sterben, am 7. November 1790. Manette – Marie-Françoise – geht am 4. November 1791 dahin und wird unter dem Namen Joséphines beerdigt, als *Demoiselle Marie-Josèphe-Rose*, ein Irrtum, der dem Kapuzinerpfarrer von Trois-Ilets zuzuschreiben ist.

Die Überfahrt dauerte volle 52 Tage. Als die »Sensible« die Meerenge von Gibraltar passierte – sie sollte in Toulon anlaufen –, manövrierte der Steuermann so ungeschickt, daß sie fast an der afrikanischen Küste zerschellte. Sie mußte Anker werfen, und alle an Bord, auch Rose, hängten sich an die Taue, um die »Sensible« aus ihrer unglücklichen Lage zu befreien.

Als sie in Toulon – am 29. Oktober 1790 – an Land geht, erfährt Rose, daß sie ohne ihr Wissen zu einer prominenten Persönlichkeit geworden ist. Alexandre de Beauharnais ist nicht nur ein einflußreiches Mitglied der Nationalversammlung, sondern auch der Jakobiner, zu deren Präsidenten er sich bereitwillig wählen läßt, nachdem er zweimal die Präsidentschaft der Konstituante innegehabt hatte. Man hört auf ihn, obwohl er seine Reden in barocken Schwulst kleidet und sich vom Rednerpult aus, wie der *Moniteur* berichtet, ebenso über die Juden wie über die Überschwemmungen, die Mönche und das Straßenbauamt verbreitet. Tatsächlich vermeint er, alles zu wissen . . .

Als erster ist Scipion du Roure an Land gegangen. In der Rue Saint-Roch No. 7 mietet er eine bescheidene Wohnung für seine Geliebte – und ein wenig auch für sich selbst.

»Sansculotte von der Bergpartei . . .«

Rose, Hortense und Eugène sind in Fontainebleau bei Alexandres Vater und seiner Mätresse, als sie Dienstag, den 2. Juni, abends erfahren, daß die von den Revolutionären gefangengehaltene königliche Familie am Morgen aus den Tuilerien geflohen ist, um sich zur Armee von Bouillé zu begeben.

Das Ereignis verschafft Alexandre Eingang in die Geschichte, denn nun wird er eine Woche lang »regieren«. Wäre Ludwig XVI. nicht aus Paris geflohen, hätte die Nachwelt in Alexandre Beauharnais gewiß nicht mehr als den ersten Gatten der Kaiserin Joséphine erblickt. So aber mußte sich Alexandre in seiner Eigenschaft als Präsident der Nationalversammlung an diesem Morgen gemeinsam mit La Fayette in die Tuilerien begeben, um die Flucht der königlichen Familie festzustellen. Dann bestieg er die Tribüne und erklärte vor der Nationalversammlung:

»Messieurs, ich habe Ihnen eine niederschmetternde Mitteilung zu machen: Der König und ein Teil seiner Familie wurden heute nacht von den Staatsfeinden entführt.«

Die Entführung des Königs! Mit diesem schönfärberischen Ausdruck, den Alexandre Augenblicke zuvor gemeinsam mit La Fayette und Bailly ersonnen hat, bemäntelt er die Flucht Ludwigs XVI. Eine schicksalsschwere Woche lang, die in Frankreich die republikanische Partei ins Leben ruft, ist Alexandre am Ruder und inspiriert mit unleugbarem Geschick die Nationalversammlung zu Beschlüssen, Empfehlungen und Erlässen. Mittwoch, den 22. Juni, konnte er seinen Kollegen um 10 Uhr abends verkünden, daß Ludwig XVI. in der Nacht zuvor in Varennes festgenommen wurde. Dann ließ er über die »dringlichsten und wirkungsvollsten Maßnahmen zum Schutz der Person des Königs« abstimmen. Wieder hatte er mit dieser Formulierung einen Euphemismus ersonnen, mit dem er zu beschönigen wußte, daß der Flüchtling nunmehr als Gefangener zurückgekehrt war.

Am 25. Juni konnte er von der Terrasse des Feuillants aus den erschütternden Zug des gefangenen Monarchen mitansehen, die schwere Kutsche des Königs, die Berline, gestürmt von Patrioten. Als er Ludwig XVI. an sich vorbeifahren sah, wie er, vom Staub der Straße bedeckt, den fassungslosen Blick über die Menge schweifen ließ, erinnerte sich der Vicomte de Beauharnais wohl jenes Briefes, mit dem der Genealoge des Königs Roses Gatten vor erst sechs Jahren hatte wissen lassen, er könne keinen »Anspruch auf die Ehren des Hofes erheben«. Und Dienstag, den 25. Juni 1791, hatte man ihm erst kurz zuvor untertänigst den Schlüssel zur königlichen *Berline* ausgehändigt ... Ihm, der niemals berechtigt gewesen war, die Hofwagen zu besteigen!

Zur selben Zeit drängt sich die Menge in Fontainebleau vor dem kleinen Palais in der Rue de France No. 8, »zwischen Hof und Park«, wo die Familie des Präsidenten der Nationalversammlung wohnt, und als an einem Fenster der künftige Vizekönig von Italien und die künftige Königin von Holland erscheinen, erhebt sich eine Stimme: »Unser Dauphin und unsere Dauphine!«

Alexandres Berühmtheit färbt auf Rose ab. Ihre Beziehungen sind nun weniger gespannt. Gewiß hat die gemeinsame Sorge um die Kinder, ihre Ausbildung, ihre Gesundheit, die Gatten einander wieder näher gebracht. Was sie miteinander zu besprechen haben, wird nicht mehr auf juristischem Weg ausgehandelt, ist nicht mehr Sache ihrer Anwälte. Ihre Beziehungen stehen unter dem Zeichen des Anstands und der Höflichkeit, wie dies das 18. Jahrhundert von Gatten fordert, die nichts weiter gemein haben als ihren Namen. Gewiß spielt dabei das Gefühl keine Rolle, denn dies wäre ein Verstoß gegen den guten Ton. Und alle Briefe, die angeblich zu jener Zeit zwischen Rose und Alexandre gewechselt und später veröffentlicht wurden und die das Gegenteil zu beweisen scheinen, sind Fälschungen.

Während der zweieinhalb Jahre, die ihrer bewegten Rückkehr von der Insel Martinique folgen, wohnte die künftige Kaiserin in Paris zunächst in der Rue d'Anjou, im *Hôtel des Asturies*, dann vorübergehend in der Rue Neuve-des-Mathurins, um schließlich eine geeignete Mietwohnung in der Rue Saint-Dominique zu finden.

Zu jener Zeit, da die von den Zauberlehrlingen in Gang gesetzte Maschine bald alles zermalmen wird, was in ihr Räderwerk gerät, scheint Rose sich betäuben zu wollen und führt ein Leben, wie es freier nicht sein könnte. Hat sie Abenteuer? Man nannte, ohne hierfür Beweise in der Hand zu haben, den Namen des geistreichen Joseph Robbé de Lagrange, der ebenso »lebenslustig« war wie Rose. Jedenfalls spielt die künftige Joséphine keineswegs die Zimperliche. Doch geht sie dabei mit solcher Klugheit und Diskretion vor, daß die Historiker heute noch im Dunkeln tappen. Die junge Frau ist beständig in Geldverlegenheiten, nicht, weil Alexandre ihr etwa die zugestandene Pension nicht pünktlich bezahlt, sondern weil Madame de Beauharnais − ebenso wie später Mme. Bonaparte oder Ihre Majestät die Kaiserin und Königin − vor allem für ihre Toiletten weit mehr ausgibt, als es ihre Mittel erlauben. Sie macht Schulden, borgt hier und dort und leiht selbst von der Gouvernante ihrer Kinder, der treuen Demoiselle de Lanoy. Rose muß elegant sein. Sie hat Freunde und Freundinnen, die begüterter sind als sie selbst und hinter denen sie nicht nachstehen darf. Sie verkehrt bei der Marquise d'Espinchal, bei Mme. de Barruel-Beauvert, Mme. de

Lameth, der unvermeidlichen Mme. de Genlis und der Marquise des Moulins, die einen literarischen Salon führt. »In mehreren Theatern abonniert«, lädt die Marquise Mme. de Beauharnais in ihre Loge ein. Rose sieht man ebenso beim Prinzen Salm und dessen Schwester, der Prinzessin Amalia von Hohenzollern-Sigmaringen, die ihr in Freundschaft zugetan ist. Mme. de Beauharnais lernt auch fortschrittliche Politiker kennen, deren Radikalismus bald von der Situation überholt sein wird, die sie selbst herbeigeführt haben: La Fayette, Barnave, d'Aiguillon, Montesquiou, Menou, Héroult de Séchelles, Lameth, Mathieu de Montmorency, die alle Kollegen Alexandres in der Nationalversammlung sind.

Im September stirbt die Konstituante, und die Deputierten gehen auseinander, nachdem sie sich zuvor noch heroisch, doch nicht eben klug als nicht wählbar in die Gesetzgebende Versammlung erklärt haben. Damit beginnt der Krieg – ein Krieg, der dreiundzwanzig Jahre dauern soll. Von Roses erstem Gatten in Szene gesetzt, wird er erst mit dem Sturz des zweiten zu Ende gehen.

Alexandre ist gezwungen, sich neuerlich in den Dienst der Armee zu stellen. Er wird zum Generaladjutanten befördert und verfaßt in dieser Eigenschaft am 27. April 1792 in Valenciennes, am Abend vor der Schlacht, sein Testament. Rose wird darin nicht genannt. Der Testamentsvollstrecker ist Patricol. Obwohl die Namen der Kinder nicht aufgeführt werden, sind sie offensichtlich die Erben. Eine natürliche Tochter – die 1789 in Clamart getaufte kleine Marie-Adélaïde de la Ferté, die bereits im Juni 1785 bei Cherbourg zur Welt gekommen war – sieht sich mit einer Leibrente von 600 Livres bedacht.

Alexandres Karriere in der Armee läßt ihn vom Oberstleutnant, so wurde er einberufen, über den Generaladjutanten zum Feldmarschall aufsteigen, obwohl er sich nur selten auf das Schlachtfeld wagt und dafür der Gesetzgebenden Versammlung eine Unzahl von Berichten liefert. Als die Armee die erste Niederlage erleidet, ist Alexandre Augenzeuge. Seinen Bericht schließt er mit folgenden Worten: »Mein Schicksal ist, wie Sie wissen, gleich dem Ihren untrennbar mit dem Erfolg der Revolution verbunden. Ich fürchte, daß neues Unheil mich daran hindern könnte, weiterhin die Verantwortung eines Heerführers zu tragen, doch werde ich immer Soldat sein. Ich werde an der Front ausharren, werde fallen und den Verlust der Freiheit meines Landes nicht überleben.«

Die Monarchie zerfällt, der Ex-Vicomte bekennt sich lauthals zur Republik und fordert den Kopf des Tyrannen. Der Lohn wird ihm zuteil, als er am 8. März 1793 zum General befördert wird und am 11. Mai das Kommando über die Oberrheinische Division erhält. Am 23. Mai stellt ihn der Konvent an die Spitze der Rheinarmee, ohne daß Alexandre jemals aktiv ins Kriegsgeschehen eingegriffen hätte. Den Posten eines Kriegsministers lehnt er dennoch ab, obwohl er am Ministerschreibtisch in des Wortes wahrster Bedeutung weit vom Schuß gewesen wäre. Der Feind belagert Mainz. Doch der Bürger und General Beauharnais eilt mit seinen 60 000 Mann keineswegs der bedrängten Stadt zu Hilfe. Er läßt Proklamationen ergehen, verfaßt weitere Berichte, in denen er sich selbst glorifiziert, und verharrt so lange und mit solcher Ausdauer an Ort und Stelle, daß Mainz kapituliert. Sogleich bläst Alexandre zum Rückzug und reicht zehn Tage nach dem Fall der Stadt sein Demissionsgesuch ein.

»Da ich zur Kaste der Geächteten zähle«, schreibt er, »ist es meine Pflicht, bei meinen Mitbürgern jeden Grund zur Beunruhigung zu beseitigen, der sich in Augenblicken der Spannung wider mich kehren könnte.« Die Vertreter des Volkes erklären wohl, Roses Exgatte sei »der erste General der Republik«, was zumindest eine Übertreibung ist, stimmen jedoch seiner Abdankung zu.

Alexandre kann sich endlich auf seine Besitzungen in der Nähe von Blois zurückziehen, von wo er, immer noch Patricols gelehriger Schüler, seinem Vater schreibt, um ihn zu beruhigen: »Mein Kopf ist keineswegs müßig; er müht sich zum Heile der Republik ab, gleich wie mein Herz sich in Streben und Wünschen um das Glück meiner Mitbürger erschöpft.«

Der Unruhe der Zeit nicht achtend, verbringt Rose ihre Zeit zwischen Paris, Fontainebleau und Croissy. In Croissy wohnt sie im Hause von Madame Hosten-Lamothe. Bei dieser Kreolin aus Santa Lucia, die im Rufe fortschrittlicher Gesinnung stand, lernt Rose einen jungen Journalisten namens Tallien kennen, der ein kleines Revolutionsblatt leitet und Sohn eines Pförtners ist. »Behandeln Sie ihn gut«, hat Mme. Hosten ihr empfohlen, »vielleicht brauchen wir ihn noch.«

Hat Joséphine ihn so »gut behandelt«, daß sie sich diesem »brutalen Liebhaber«, dessen Aussehen nicht einer gewissen Anziehung ermangelte, schenkte? Wir wissen es nicht ... Verfuhr sie ebenso mit dem Sohn eines Jagdhüters, Pierre-François Réal, Staatsanwalt im Châtelet, dem die Revolution fast zur Berühmtheit verhalf, ehe er Staatsrat und Staatssekretär des Polizeiministers unter dem Konsulat wurde? Auch bei ihm sind wir nur auf Vermutungen angewiesen. Rose hatte Réal in Croissy kennengelernt, im Salon von Jean Chanorier, der ehemals Grundherr der Ortschaft gewesen war, nun als Bürgermeister zum Segen der Gemeinde wirkte und den Gemüsebau förderte. Dort begegnet die künftige Kaiserin auch Mme. de Vergennes, der Mutter der späteren Mme. de Rémusat, einer »Palastdame« der Kaiserin. Mme. de Beauharnais bedient sich ihrer »roten« Freunde, um die Familie Vergennes zunächst für den Augenblick zu beruhigen, denn es kommt der Tag, da diese Beziehungen Rose kompromittieren werden. Im übrigen wird sie am selben Tag wie Monsieur de Vergennes verhaftet.

Doch noch sind wir nicht so weit. 1793 ist Rose sehr wohl imstande, ihren Freunden aus dem Kloster Penthémont, aus Fontainebleau und Croissy zu helfen. Es gelingt ihr, Mme. de Montmorin vor dem Schafott zu retten. »Sie hat ihr

Leben gewagt«, wird diese sagen, »um mich der Wut der Aufrührer zu entreißen.« Bei Armand de Montmorin, dem ehemaligen Gouverneur von Fontainebleau, hatte Rose weniger Glück. Nach dem 10. August verhaftet, wurde er im
September hingerichtet. Doch – wird Mme. de Montmorin später bezeugen –
»ließ ihr gutes Herz nichts unversucht, um meinen unglücklichen Gatten zu retten.«

Gnade, Gunst und Geld erwarb sich Rose wohl des öfteren mit ihrer Willfährigkeit. Doch ist sie frei, kann über ihren Körper verfügen, liebt die Liebe,
und wenn man ihr sagt, sie sei hübsch und gefalle, schämt sie sich keineswegs zu
gewähren, was man begehrt. »Die Leichtlebigkeit von Madame de Beauharnais«,
meinte der Zeitgenosse Albert de Lezay-Marnésia, »ihre galante Lebensart und
ihre Herzensgüte wirkten anziehend, ohne ihr – zumindest für den Augenblick –
abträglich zu sein, und ermöglichten es ihr sogar, kraft der zahlreichen Beziehungen, die sie zu einflußreichen Männern ihrer Zeit unterhielt, vielfältige Dienste
zu erweisen ... Ohne allzu große Überwindung beugte sie sich den Geboten
der Zeit, die da wollte, es solle ein jeder seine Zugehörigkeit zum Volke und
selbst zur Plebs unter Beweis stellen und dies in Sprache und Benehmen zum
Ausdruck bringen: Sie erzog ihre Kinder nach diesem Gebot und schickte sie auf
die Straße, damit sie mit den Gassenkindern vertraut würden. Heute noch sehe
ich Eugène und Hortense vor mir, wie sie damals, in jener Zeit, die lang vergangen ist, den Passanten Kleinigkeiten zum Kauf anboten und triumphierend
den Erlös ihrer Mutter heimbrachten.«

Hortense lernt Schneiderei bei »ihrer Gouvernante«, der »Bürgerin Lanoi«, und
der arme Eugène wurde zu Vater Cochard, Nationalagenten der Kommune
Croissy, in die Tischlerlehre geschickt. Desgleichen erhält er einen Säbel und ein
Gewehr. Rose trägt ihre republikanische Gesinnung zur Schau. Als sie an Vadier,
den Präsidenten des Allgemeinen Sicherheitsausschusses, ein Gesuch zur Freilassung ihrer Schwägerin, Marie-Françoise de Beauharnais, richtet. schreibt sie
ihm »in voller Offenheit« und »als *Sansculotte* von der Bergpartei«.

So ist also die Vicomtesse de Beauharnais *Sansculotte* und Anhängerin der
Bergpartei geworden, ein Bekenntnis, das man ihr nicht übelnehmen möge.
Wer überleben wollte, mußte mit den Wölfen heulen – und Rose wollte nicht
nur überleben, sie wollte intensiv leben. Doch wer sich am 21. Januar 1793
Republikaner nennt, scheint schon ein Jahr später milde und reaktionär – und
Beauharnais wird verdächtig. Seine Frau wendet sich an Vadier: »Alexandre«,
schreibt sie ihm, »ist niemals von seinen Prinzipien abgewichen: Stets war er
linientreu. Wäre er nicht Republikaner, so schenkte ich ihm weder meine Achtung
noch meine Freundschaft.«

Der Brief der »*Sansculotte* von der Bergpartei« beeindruckt Vadier nicht im
geringsten. Er ist im Gegenteil der erste, der den Verhaftungsbefehl gegen den
Bürger Beauharnais unterzeichnet. Alexandre mag seinen »Kopf abmühen«

und sein »Herz erschöpfen«, so viel er will, er mag im Blésois patriotische Taten setzen, seine Zugehörigkeit zum Volke laut kund und zu wissen tun, sich zum Präsidenten der Jakobiner von Chaumont und Bürgermeister von la Ferté-Aurain wählen lassen, dort eine Volksgesellschaft gründen und einen revolutionären Sicherheitsausschuß – so wird der Vicomte dennoch angeklagt, der Stadt Mainz nicht zu Hilfe gekommen zu sein. Hat in Straßburg der ehemalige Oberbefehlshaber nicht »seine Tage damit hingebracht, die Hetären zu hofieren, und seine Nächte darauf verwendet, ihnen Bälle zu geben«, anstatt sich »um das Wohl des Volkes zu bekümmern«? Vergeblich setzen sich Freunde Roses – Réal, Barère und Tallien – für ihn ein; Alexandre wird verhaftet und zunächst im Luxembourg hinter Schloß und Riegel gesetzt, um am 14. März 1794 in das Gefängnis der Karmeliter überführt zu werden.

Bald ist auch Rose an der Reihe.

Eine anonyme Anzeige empfiehlt dem Allgemeinen Sicherheitsausschuß, »der ehemaligen Vicomtesse Alexandre de Beauharnais zu mißtrauen, die gute Beziehungen zu den Ministerbüros unterhält«; am 20. August entsendet die Behörde denn auch zwei ihrer Mitglieder – die Bürger Lacombe und George – in das Haus No. 953 der »Rue Dominique, im Viertel La Fontaine-Grenelle« mit dem Auftrag, eine Hausdurchsuchung vorzunehmen und die Papiere, die sich möglicherweise im Besitz der Verdächtigen finden, einzusehen und zu überprüfen. Die beiden Bürger stellen das Haus auf den Kopf und entdecken, wie sie in eigenwilliger Orthographie protokollieren, »in einer Schublade des Sekretärs, der *ihnen* in einem kleinen Arbeitszimmer der genannten Wohnung ist« und »in zwei *Schrengen*, die *ihnen* in einem Raum unter dem Dach sind« die Korrespondenz und die »Effekten«, die »der frühere Beauharnais« seiner Frau anvertraut hat. Die Mitglieder des Ausschusses vertiefen sich in die suspekten Schriftstücke und kommen »nach genauester Untersuchung« darin überein, daß sie »nichts gefunden haben, was den Interessen der Republik zuwider ginge, sondern im Gegenteil eine Vielzahl von patriotischen Briefen, die dieser Bürgerin nur zur Ehre gereichen können«.

Gerührt unterzeichnet Rose das Protokoll und ziert das i von Beauharnais mit einem Klecks. Die Schritte der Nationalgarde verhallen in der Rue Dominique, und die junge Frau schöpft neue Hoffnung. Doch tags darauf erscheint dennoch im Morgengrauen neuerlich der Bürger George, diesmal von einem anderen Ausschußmitglied flankiert, dem Bürger Elie Lafoste, um »die bewußte Beauharnais, die Frau des früheren Generals« zu verhaften. Rose will nicht, daß man Eugène und Hortense weckt, und küßt zum Abschied die beiden noch tief schlafenden Kinder, die sie Mademoiselle de Lanoy und der treuen Euphémie anvertraut. Dann schlägt die künftige Kaiserin, von Gendarmen eskortiert, den Weg in die Rue de Vaugirard ein, wo sich das Gefängnis der Karmeliter befindet. An der Gefängnispforte überreicht Elie Lafoste dem Pförtner den Haft-befehl und trägt ihm auf, »die Bürgerin Beauharnais, Frau des Generals, ver-dächtig im Sinne des Gesetzes vom 17. September vorigen Jahres, (im Gefängnis) aufzunehmen und darin im Hinblick auf die allgemeine Sicherheit und bis zu anderweitiger Verfügung festzuhalten. Am 2. Floreal; im II. Jahr der einzigen und unteilbaren Republik«.

Das Karmeliterkloster, »*les Carmes*«! Im Französischen drei Silben, denen eine seltsame Kraft der Beschwörung innewohnt. In diesem alten Kloster brauten Mönche – die barfüßigen Karmeliter – einst in glücklicheren Zeiten Melissengeist und erzeugten das berühmte »Karmeliterweiß«, eine Malerfarbe von so makel-loser Weiße, daß sie dem Marmor gleichkam. Hier, in diesem alten Kloster, hatten sich die wohl grauenhaftesten Szenen der »Septembermorde« abgespielt.

Die neu eingelieferte Gefangene verzichtet darauf, weiterhin die »*Sansculotte von der Bergpartei*« zu spielen. Wäre nicht der Rahmen, so könnte sie sich wieder im Kloster von Penthémont glauben. Sie begegnet der Duchesse d'Aiguillon, geborene Noailles, den Damen de Lameth, de Bragelonne, de Jarnac, de Paris-Montbrun, den Herzogen de Béthune-Charost, dem Comte de Soyécourt, dem Chevalier de Champcenetz, dem Prinzen Salm-Kyrburg, dem Admiral Herzog de Montbazon-Rohan, dem Marquis de Gouy d'Arsy.

Wie in allen Gefängnissen der Epoche wird gelacht . . .

Freilich »muß man«, wie ein Zeitgenosse bemerkt, »diese Art von Fröhlichkeit kennengelernt haben, um zu wissen, wie es um sie bestellt ist«. Rose wird ihr Platz in einem Schlafsaal mit achtzehn Betten zugewiesen. Ihre nächsten Nach-barinnen sind Madame de Custine und Missis Eliott, die Mätresse von Philippe-Egalité, dem Vetter des Königs. Rose weiß Missis Eliott für sich zu gewinnen. »Sie ist eine der vollkommensten und liebenswertesten Frauen, die ich jemals kennengelernt habe«, meint Missis Eliott. »Die einzigen nichtigen Auseinander-setzungen, die wir hatten, bezogen sich auf die Politik. Zu Beginn der Revolution war sie, was man verfassungsfreundlich nennt, doch war sie keineswegs Jakobinerin, denn niemand hat mehr als sie unter der Schreckensherrschaft und unter Robespierre gelitten.«

Alle Gefängnisinsassinnen machen ihre Betten, doch nur Madame de Beau-harnais und ihre beiden Gefährtinnen — die drei Frauen sind nun in inniger Freundschaft verbunden — schrubben den Boden. »Die anderen Gefangenen unterzogen sich kaum der Mühe«, berichtet Missis Eliott. »Im übrigen herrscht bei den Karmelitern eine Schlamperei wie in keinem anderen Gefängnis.« »Die männlichen Gefangenen«, erzählt ein Zeuge, »verwenden nicht die geringste Sorgfalt auf ihre Person: Sie bewegen sich in Unterhemd und Unterhose, tragen meist keine Halsbinden, sind ungewaschen, mit bloßen Beinen, haben Tücher um den Kopf gewunden, zeigen sich unfrisiert und langbärtig. Die Frauen, unsere traurigen Gefährtinnen im Elend, sind trübsinnig, gedankenverloren, mit einfachen Kleidern oder Morgenröcken in den verschiedensten Farben angetan.«

Wenn das von einem Kerkermeister gezogene Glöckchen erklingt, verlassen die weiblichen Gefangenen ihre Verliese und begeben sich zum Refektorium, wo ihnen aufgetragen wird, was die Männer übriggelassen haben – denn diese essen als erste. Den einen zufolge sind die Speisen einwandfrei, andere aber meinen, das Fleisch sei nicht eben frisch, und die Eier schienen noch unter dem *Ancien Régime* gelegt. Nach dem Essen, und wenn die Tische abgedeckt sind, wandelt sich das Refektorium in einen Salon. Die Männer kehren wieder, machen geistreiche Konversation und den Frauen den Hof. »Man schwatzt, man plappert...« Andere promenieren in den schmutzigen, übelriechenden Gängen. Der erste, der Madame de Beauharnais im Gefängnis die Hand küßt, ist Alexandre. Im Kerker hat sie ihn wiedergefunden. Er ist zu dieser Zeit bis über beide Ohren in Delphine de Custine verliebt, eine junge Frau mit wunderbar goldenem Haar und aquamarinblauen Augen. Sie ist Roses Bettnachbarin. Ihr Gatte, der arme Armand de Custine, ist jüngst auf dem Schafott gestorben. Er liebte seine Frau – die »Rosenkönigin«, wie sie der Chevalier de Boufflers getauft hatte –, doch sie empfand für ihren Gemahl nichts weiter als »die zärtlichste Freundschaft«. Seit sie den Gatten verloren hat, hüllt sich Delphine in tiefes Schwarz, was sie so hinreißend kleidet, daß Alexandre ihr in verzehrender Leidenschaft verfällt. Für sie selbst ist Alexandre bald »ein Wesen nach ihrem Herzen, ein Mann, der ihr selbst im Schatten des Schafotts das Glück der Liebe beschert«.

Denn auch bei den Karmelitern, wie in den anderen Gefängnissen Frankreichs, herrscht die Liebe. Ein amoureuser Massenwahn hat die Insassen erfaßt. »Überall«, erzählt ein Gefangener, »klangen Küsse und Liebesseufzer bis in die Tiefe der dunklen Korridore. Die Gatten wurden wieder zu Liebenden, die Liebenden zärtlich wie nie zuvor. Unablässig wurden die heißesten Küsse ohne Widerstand und ohne Gewissensbisse geraubt und getauscht; und wo nur ein wenig Dunkelheit Vorschub leistete, fand die Liebe die innigste Erfüllung. Freilich wurden diese Freuden zuweilen gestört, wenn die Namen der Unglücklichen erschallten, die vor das Revolutionstribunal geführt wurden und die auf ihrem letzten Gang das Gefängnis durchschritten. Da herrschte für einen Augenblick Totenstille, man sah einander von Furcht erfüllt an, dann umarmte man sich in zärtlichem Einverständnis, und die Dinge nahmen ihren Lauf, als sei nichts geschehen.«

Des Abends, wenn Männer und Frauen getrennt und in ihren Verliesen eingeschlossen werden, zeigt Delphine Joséphine die liebeglühenden Billets, die Alexandre ihr schreibt: »Gilt's, mein Blut zu vergießen? Mit Lust will ich es verströmen lassen, wenn es vermag, das Deine zu entflammen und mein Bild in Deinem Erinnern um so tiefer zu durchtränken... Dann werde ich in Deinem

Herzen als Liebender, Freund und Bruder mit allem verschmelzen, was Dir teuer ist, um nur mehr von Liebe zu leben, um selbst in den Seufzern zu sein, die andere Bande Dir entreißen . . .«

In solchen Worten hat Alexandre gewiß niemals an seine Frau geschrieben.

Doch wer da glaubt, Rose würde sich mit ihrer Rolle als Delphines Vertraute bescheiden, kennt die künftige Joséphine schlecht. Bei den Karmelitern nimmt ihre Liebe zum ruhmreichen General Hoche, den Alexandre ihr vorgestellt hat, ihren Anfang. Hoche bewohnt eine Zelle, die nur durch den Frauenschlafsaal, in dem Rose untergebracht ist, erreicht werden kann und zu der fünfzehn Stufen emporführen.

Welcher Sprache bediente sich die Liebe im Floreal des Jahres II? Am Morgen, wenn die Gefangenen noch eingeschlossen sind, sendet Rose mit Hilfe eines Spiegels einen Sonnenstrahl in die dunkle Kammer, die dem General als Kerker dient; sooft die Lichtflecken durch seine Zelle tanzen, so viele Köpfe sind am Vortag in den Korb des Henkers gefallen. Mit diesem Spiel nimmt eine der beiden großen Lieben Joséphines ihren Anfang. Die zweite wird sie an den Hauptmann Charles fesseln. Für ihre beiden Gatten schlägt Joséphines Herz weniger heftig . . .

Rose ist einunddreißig Jahre alt, Lazare Hoche ist um fünf Jahre jünger. Groß, muskulös, mit einem offenen, kühnen, schmißgezierten Gesicht — was manchen Frauen sehr wohl gefällt —, liebt er es, das große Wort zu führen. Sein Vater war Reitknecht bei Ludwig XVI., und er selbst hatte, ehe er sich als Freiwilliger zur Garde meldete, die Pferde des Königs gestriegelt. Sein Milchbruder, der General Le Veneur, hatte dem Stallburschen Manieren beigebracht und ihn einigermaßen salonfähig gemacht. Dieser Prachtbursche, der Dünkirchen und das Elsaß gerettet hat, ist Symbol jener kraftvollen Jugend, nach der es die Kreolin so sehr verlangt. Bei seinem Anblick käme man nicht im leisesten auf den Gedanken, daß ihn schon drei Jahre später die Lungenschwindsucht dahinraffen wird . . . Im Vormonat — am 11. März — hat Hoche eine Sechzehnjährige geheiratet. Als Lazare zunächst von Thionville nach Nizza abkommandiert und dann verhaftet wird, muß er sich vom »Engel seines Lebens«, seiner geliebten Adélaïde, nach nur acht Tagen Honigmond trennen. Seit er Roses Bekanntschaft gemacht hat, erträgt er die Gefangenschaft guten Muts und leidet weniger ob der Trennung von seiner »geliebten und zärtlichen Gattin«.

»Meine Gesundheit ist gut«, schreibt er, immer noch fröhlich, aufgeräumt und kindlichen Gemüts, einem Freund, »es gibt nichts Schöneres als ein gutes Essen, wenn man Hunger hat . . . Es lebe die Republik!« Zunächst bittet er den Freund, ihm erlesene Speisen ins Gefängnis zu schicken, dann fügt er hinzu: »Sende mir mit dem Essen das Bild meiner Frau«, doch scheint er, um Adélaïde in Roses Armen zu vergessen, nicht erst die Befreiung aus dem Kerker abgewartet zu haben. Ihre Liebe dauerte nur sechsundzwanzig Tage. Hoche wird in die Conciergerie überstellt, wo er sich über die Trennung von Adélaïde und nun auch von Rose mit einer neuen Liebschaft hinter Kerkergittern hinwegtröstet. Diesmal ist die Trösterin eine Frauensperson von zweifelhafter Tugend. Erst später werden sich die Beziehungen zwischen Madame de Beauharnais und dem schönen General Hoche leidenschaftlicher gestalten. Rose findet ihrerseits einen neuen »Tröster« – als solchen bezeichnet sie ihn selbst – in der Person des »Generals« Santerre, des großmäuligen Bierbrauers, der Ludwig XVI. zum Schafott geführt und seiner Aussage zufolge den berühmten Trommelwirbel befohlen hat, der dem unglücklichen König das Wort abschnitt.

Doch hüte man sich davor, das von Rose selbst verwendete Wort »Tröster« mißzuverstehen. Ihre beiden Zellengenossinnen, die Duchesse d'Aiguillon und Madame de Custine, nannten ihn ebenso.

Jeden Tag begaben sich Hortense und Eugène zum Karmeliterkloster und konnten anfänglich auch ihre Eltern sehen. Doch »wurde uns«, wie die künftige holländische Königin erzählen wird, »eines Tages der Zutritt zum Gefängnis verwehrt, und wir durften auch bald keine Briefe mehr schreiben. Wir glaubten, dem abhelfen zu können, indem wir einer Liste über Gebrauchsgegenstände (die Rose ins Gefängnis gebracht wurden) unten hinzufügten: *Eure Kinder sind wohlauf*, doch der Kerkermeister trieb die Grausamkeit so weit, daß er die Worte unleserlich machte. Als letzten Ausweg verfielen wir darauf, selbst die Liste zu schreiben, gemeinsam und einander abwechselnd, damit die Eltern wenigstens an unserer Schrift sähen, daß wir noch auf der Welt waren«. Eine Zeitlang dient Roses kleiner Mops – Fortuné, ein bissiges, doch kluges und diensteifriges Tier – als Briefträger; Fortuné gelingt es, ins Gefängnis zu schlüpfen und bis zu seiner Herrin zu gelangen, die unter seinem Halsband verborgene Briefe in Empfang nimmt ... Calmelet, ein Freund Alexandres, Geschäftsmann und Roses ergebener Diener, versucht, die Freilassung der Beauharnais zu erwirken. Er verfaßt eine Petition, die er von den Kindern unterschreiben läßt und beim Konvent einreicht: »Unschuldige Kinder flehen Sie um die Freiheit ihrer zärtlichen Mutter an, ihrer Mutter, der nichts weiter angelastet werden konnte als das Unglück, in eine Klasse Eingang gefunden zu haben, der sie bewies, daß sie sich ihr fremd fühlte, da sie sich stets nur mit den besten Patrioten, mit den ausgezeichneten Vertretern der Bergpartei umgab. Als sie um ihren Passierschein ansuchte, um dem Gesetz vom 28. Germinal* Folge zu leisten, wurde sie ohne ersichtlichen Grund ver-

---

* Der Konvent hatte am 28. März 1793 die Gesetze gegen die Emigranten, die der Strafe des »bürgerlichen Todes« verfielen, kodifiziert. Jeder Franzose, der sein Vaterland nach dem 1. Juli 1789 verlassen hatte und nicht vor dem 9. Mai 1792 zurückgekehrt war, so wie alle Franzosen, die ihren dauernden Aufenthalt nach dem 9. Mai 1792 im Lande nicht nachweisen konnten, wurden jetzt als Emi-

haftet. Sie, Bürger Volksvertreter, werden nicht zulassen, daß Unschuld, Vaterlandsliebe und Tugend unterdrückt werden. Gebt, Bürger Volksvertreter, unglücklichen Kindern das Leben wieder. Zu zart ist ihre Jugend, als daß sie den Schmerz ertragen könnte.«

Eines Tages begehrt eine Unbekannte Einlaß in der Rue Saint-Dominique, sagt, sie komme im Auftrag Roses, und führt Hortense und Eugène in die Rue de Sèvres. Sie gehen durch einen Garten, dann geleitet die Dame die Kinder in das erste Stockwerk des Gärtnerhauses. Dort führt sie sie zu einem Dachfenster. Die Kinder sehen ein graues, schmutziges Gebäude vor sich: das Karmeliterkloster. Ein Fenster wird geöffnet: »Dort erschienen mein Vater und meine Mutter«, erzählt Hortense später. »So groß war meine Überraschung, so groß meine Freude, daß ich einen Schrei ausstieß: Ich streckte die Arme nach meinen Eltern; sie bedeuteten mir zu schweigen, doch ein Wachtposten, der unten an der Mauer stand, hatte uns gehört und rief. Sogleich führte uns die fremde Frau hinweg. Später erfuhren wir, daß das Fenster des Gefängnisses mitleidlos zugemauert worden war. Das war das letztemal, daß ich meinen Vater sah.« Auch Beauharnais ahnt, daß er Hortense und Eugène vielleicht nie mehr wiedersehen wird. Unermüdlich reicht er ein Gnadengesuch nach dem anderen ein. »Wenn mir die Freiheit, der ich unerschütterlich diente, wiedergeschenkt wird«, verspricht er, »will ich sie einzig dazu verwenden, um in den Herzen meiner Kinder den Haß gegen den König zu schüren.« In den Herzen jener Kinder, die eines Tages, jedes für sich, eine Krone tragen werden. Und fast alle seine Enkel werden Throne besteigen ...

Nicht, weil er Mainz vom Feinde einnehmen ließ, wird der General Beauharnais sterben. Zu jener Zeit fallen die Köpfe wie die Schindeln von den Dächern, wenn es stürmt. Zu Beginn des Thermidor – Ende Juli 1794 – erreicht der »Schrecken« seine blutige Vollendung. Fouquiers Vernichtungsfabrik arbeitet nach einem neuen Produktionsverfahren: In den Gefängnissen werden Verschwörungen vorgespielt, die darauf abzielen, die überfüllten Kerker zu leeren. In Saint-Lazare war ein Stab an einem Fenstergitter durchgesägt worden, um den Anschein zu erwecken, die Gefangenen versuchten, in die Freiheit zu gelangen, doch nicht etwa, um zu fliehen, sondern um »die Mitglieder des Komitees zu ermorden«. Im übrigen wurde den Gefangenen vorgeworfen, sie hätten die Gesellschaft der Adeligen gesucht, mit denen sie eingekerkert waren ... Nun also sind sie schuldig, in Gemeinschaft mit den Adeligen zu leben, und dahingehend lautet auch die Anklage. Ob dieses »Verbrechens«, das sie begangen

granten bezeichnet und aus ihrer Heimat ausgewiesen. Gleichzeitig wurden die Verfügungen über Ausweis- und Meldepflicht verschärft. Wer keinen Paß oder ein gleichwertiges Dokument besaß, galt als politisch verdächtig und wurde festgenommen. (Anm. des Übers.)

haben und immer noch begehen, erscheint am 22. Juli ein Justizwachbeamter, der 49 Insassen des Karmeliterklosters verhört und sie anschließend in die Conciergerie führt. Alexandre ist unter den Neunundvierzig. Ehe er abgeführt wird, eilt er zu Delphine und schenkt ihr den arabischen Ring, den er am Finger trägt, doch von Rose verabschiedet er sich nicht persönlich, da er ihre Tränen fürchtet. Er begnügt sich damit, ihr zu schreiben: »Dem Scheinverhör, dem man heute eine beträchtliche Anzahl Gefangener unterzog, entnehme ich, daß ich das Opfer der schändlichen Verleumdungen bin, die von einer Reihe sogenannter patriotischer Aristokraten in diesem Haus gegen mich vorgebracht wurden. Der Verdacht, daß diese höllische Intrige mich bis vor das Revolutionstribunal verfolgen wird, raubt mir jegliche Hoffnung, Dich, meine Freundin, wiederzusehen und meine lieben Kinder in die Arme zu schließen. Ich will Dir meine Klagen ersparen: Die zärtliche Liebe zu meinen Kindern, die brüderliche Zuneigung, die mich an Dich bindet, lassen keinen Zweifel über das Gefühl aufkommen, mit welchem ich aus dem Leben scheiden werde.« Die Verhöre dauern immer noch an, und Alexandre benützt die Gelegenheit, der künftigen Joséphine – und der Nachwelt – folgende Zeilen zu widmen: »Es schmerzt mich nicht minder, mich von einem Vaterland, das ich liebe und für welches ich tausendmal mein Leben hätte lassen wollen, zu trennen ... Doch ich werde mit jener Ruhe sterben und mit jenem Mut, der den freien Menschen ausweist, Mut eines reinen Gewissens und einer aufrechten Seele, deren inbrünstige Wünsche dem Gedeihen der Republik gelten. *Adieu*, meine Freundin. Tröste Dich mit unseren Kindern, tröste sie, indem Du ihnen die Wahrheit enthüllst und ihnen vor allem den Weg weist, kraft ihrer Tugenden und aufrechter staatsbürgerlicher Haltung die Erinnerung an mein qualvolles Ende zu tilgen und mir den Dank der Nation ob meiner Leistungen und meiner Verdienste zu sichern. *Adieu*; Du weißt um jene, die ich liebe. Sei ihnen Trost und erwirke kraft Deiner zärtlichen Obsorge, daß ich in ihren Herzen weiterlebe. *Adieu*; zum letzten Mal in meinem Leben drücke ich Dich und meine lieben Kinder ans Herz.«

Am nächsten Tag, dem 5. Thermidor – dem 23. Juli , besteigt Alexandre in Gemeinschaft kleiner Kaufleute, der Prinzen de Rohan-Montbazon und Salm, des adeligen Journalisten Chevalier de Champcenetz und des Abgeordneten Marquis de Gouy d' Arcy mutig und gefaßt das Schafott.

Der 5. Thermidor!

Vier Tage später wäre er dem Tode entronnen ... Und Joséphine wäre niemals Kaiserin geworden!

Regungslos liegt Joséphine auf ihrem Bett hingestreckt. Selbst die Scherze ihres immer zu Späßen aufgelegten Hofnarren Santerre vermögen nicht, sie aus ihrer Starre zu lösen. Doch denkt sie weniger an Alexandre als an sich selbst. Qualzerrissen fragt sie sich, ob sie ihrem Gatten folgen muß. Sie hat berechtigten Grund, sich dies zu fragen, und angesichts des Todes verliert die kleine Kreolin den Mut. Sie bringt ihre Tage damit hin, sich im geheimen die Karten zu legen und vor aller Welt in Tränen auszubrechen, »zur großen Ärgernis ihrer Gefährten«, wie ein Mitgefangener sagt, denn es gehört zu den Spielregeln dieser Gesellschaft, daß man nicht im Gedanken an die Fahrt auf dem Armesünderkarren seine panische Angst zur Schau trägt. Die Tränen sind nur ohne Zeugen erlaubt.

Zum Glück gibt es Charles La Bussière.

Ursprünglich Dramatiker und Schauspieler in den kleinen Theatern des Boulevard du Temple, war La Bussière während der Revolution Schreiber beim Sicherheitskomitee und trieb seine Gutherzigkeit so weit, daß er, um die »Klienten« eines Fouquier-Tinville dem sicheren Tode zu entreißen, zur menschlichen Aktenvernichtungsmaschine wurde. Mit dem Ordnen und Registrieren der Akten befaßt, die er nicht einfach, um sie verschwinden zu lassen, mit sich nach Hause nehmen konnte, da er sich dabei der Gefahr aussetzte, entdeckt zu werden, zerriß Charles heldenhaft die Schriftstücke in kleine Fetzen und verschluckte sie! Seine wahrlich heldenhaften »Rettungsaktionen« startete er, als er die Akten von Schauspielern der Comédie Française, die für ihn ein Götterhimmel war, zur Bearbeitung bekam. Gewiß war das Aktenverschlucken seinem Appetit nicht eben förderlich, doch blieb ihm die ungewohnte Kost wohl auch nicht allzu lange im Magen liegen, denn im Laufe der Zeit verdaute Charles an die zwölfhundert Dossiers. Kannte er Rose persönlich? Oder war einer ihrer Freunde bei ihm vorstellig geworden und hatte ihn gebeten, sie zu retten? Jedenfalls aß er – ohne eine Magenverstimmung zu fürchten – den Akt, der Fouquier-Tinville dazu ermächtigt hätte, die Frau des Expräsidenten der Konstituante zu ihrem Gatten zu befördern.*

Zwei Tage nach Alexandres Hinrichtung schickt eine hinreißend schöne Frau, der alle Männer, die ihr begegnen, zu Füßen liegen, ihrem Geliebten Tallien aus dem Gefängnis folgendes berühmte Billet: »Eben war der Polizeiverwalter hier; er kündigte mir an, ich käme morgen vor Gericht, das heißt aufs Schafott. Das verträgt sich schlecht mit dem Traum, den ich diese Nacht träumte: Robespierre existierte nicht mehr, und die Gefängnisse waren offen. Doch dank Ihrer unsäglichen Feigheit wird es in Frankreich bald keinen mehr geben, der meinen Traum verwirklichen könnte.«

Sie hieß Thérésia Cabarrus und lebte, gleich Rose, getrennt von ihrem Gatten

---

* La Bussière geriet ins Elend. Unter dem Konsulat wurde zugunsten des Schauspieler-Dramatikers eine Wohltätigkeitsaufführung im Theater an der Porte Saint-Martin veranstaltet, die Joséphine gemeinsam mit Bonaparte besuchte. Für ihre Loge bezahlte sie 100 »Pistolen«, etwa 1000 neue Francs.

Jacques Devin de Fontenay, dessen Adelsprädikat auf ebenso wackeligen Beinen stand wie jenes des dahingegangenen Vicomte Alexandre de Beauharnais. Um diese Göttin der Schönheit zu retten, wird Tallien denn doch den übermenschlichen Mut besitzen, Robespierre anzugreifen. Fünf Tage nach Alexandres Tod sah eine Gefangene eines Morgens vom Fenster ihrer Zelle aus eine Frau, die unten auf der Straße eine zunächst unverständliche Pantomime aufführte: »Sie faßte immer wieder nach ihrem Kleid«, erzählte die Gefangene, »ohne daß wir erkannten, was das zu bedeuten habe. Da ich sah, daß sie damit nicht aufhörte, rief ich ihr zu: *Robe?* Sie nickte bejahend. Dann hob sie einen Stein von der Erde, schürzte ihren Rock, tat den Stein hinein, griff ihn dann wieder mit der anderen Hand und zeigte ihn mir, indem sie ihn erhob. *Pierre?* rief ich ihr wieder zu. Sie schien außer sich vor Freude, daß wir sie verstanden, tat dann wieder den Stein in den Bausch ihres Gewandes, vollführte mehrere Male eine Geste, als wollte sie sich den Kopf abschneiden, verfiel hierauf in einen wilden Freudentanz und klatschte in die Hände. Diese eigenartige Pantomime versetzte uns in eine unbeschreibliche Erregung, wagten wir doch zu glauben, die Frau habe uns den Tod Robespierres verkündet.«

Die Nachricht verbreitet sich im ganzen Gefängnis. Rose erfährt, daß Tallien—ihr Freund Tallien — der Schreckensherrschaft ein Ende gesetzt hat. Neue Hoffnung keimt. Gewiß werden Tallien und Hoche, der am 4. August freigelassen worden war, alles daransetzen, um ihr die Pforten des Kerkers zu öffnen. Schon ist Mme. Tallien, die ganz Paris nur mehr *Notre-Dame de Thermidor* nennt und die unverzüglich befreit wurde, zu Hortense und Eugène gegangen, um sie ob des Schicksals ihrer Mutter zu beruhigen.

Am Abend des 6. August ruft ein Pförtner im Karmeliterkloster einen Namen aus: »Die Witwe Beauharnais!«

Rose ist frei.

Die Gefangenen klatschen Beifall, als sie erfahren, daß die hübsche Witwe, die solche Angst hatte und mit solchem Liebreiz zu weinen verstand, zu ihren Kindern zurückkehrt.

Und zu ihrem Geliebten.

Vor Freude ist Rose in Ohnmacht gefallen.

Am selben Tag, dem 19. Thermidor, denunzierte der Armeefunktionär Salicetti den die Artillerie der Italienarmee befehligenden General, den Korsen Buonaparte, Freund von Augustin Robespierre, »dessen Pläneschmied, dem wir gehorchen mußten« . . . Doch war Buonaparte Salicettis eigenes Geschöpf, der den »gebildeten Hauptmann« entdeckt, ihm die Artillerie von Toulon übergeben, ihn zum Bataillonskommandanten und schließlich zum General befördert hatte! Drei Tage später, am 9. August, wurde Roses künftiger Gatte angeklagt.

»Er glaubte sich verloren«, berichtet ein Zeitgenosse, Monsieur Laurenti, ein reicher Kaufmann aus Nizza, bei dem der junge General wohnte. Dem mittellosen Offizier hatte Laurenti eben die Hand seiner Tochter verweigert, ein weiser Entschluß, zu dem er sich nun zweifellos beglückwünschte, da der Freier mit einem Schlag verdächtig geworden war, der Arrest über ihn verhängt wurde und ein Bewaffneter ihn bewachte.

Die lustige Witwe

»Dein geliebtes Bild ist immerzu in meinem Herzen ... Meine Liebe wird stärker mit jedem Tag ...«

Nicht Rose widmet Lazar Hoche diese inbrünstigen Zeilen, sondern seiner jungen Frau in Lothringen. Kaum aus der Conciergerie entlassen, kündet er ihr an, er »mache sich zu Fuß, wie es eines Republikaners würdig ist, auf nach Thionville«.

Aber jetzt ist Rose in Freiheit, und das »geliebte Bild« ist vergessen. Während der General im Hause seiner Geliebten der wiedergewonnenen Freiheit rauschende Feste feiert, quält ihn nur eine einzige Sorge: daß Mme. Hoche eines Tages auftauchen und dem Treiben ein Ende setzen könnte. So schreibt er denn Adélaïde, sie möge von einer Reise nach Paris Abstand nehmen. Um nicht die Eifersucht der jungen Frau zu erregen und damit »sie sich standhaft erweise«, teilt er ihr mit, er halte sich verborgen, lebe mutterseelenallein und »besuche keinen öffentlichen Ort und gehe schon gar nicht ins Theater«. Dennoch sieht man ihn mit Rose bei Madame Hosten, wo man seine Befreiung feiert. Einer der Gäste erwähnt auch die Anwesenheit Santerres, der »mit den Damen in Haft, ihnen zahlreiche Gefälligkeiten erwiesen hatte«. Doch sind Lazares Gefälligkeiten Rose unvergleichlich lieber als jene des bierbrauenden »Trösters«. Mit Lazare ist sie glücklich, und erst in seinen Armen gelangt sie, wie Barras später enthüllen wird, zur vollen Empfindungsfähigkeit als Frau. Ach, wenn sich der tapfere General doch um ihretwillen scheiden lassen könnte! Ganz ernsthaft trägt sie sich mit diesem Gedanken und wird es als Joséphine dereinst gestehen. Rose liebt zum ersten Mal in ihrem Leben.

Lazare aber fesseln nur die Bande der Sinne an seine Mätresse.

Barras gegenüber soll er sogar erklärt haben:

»Man muß vor dem 9. Thermidor mit ihr im Gefängnis gewesen sein, um mit ihr ein Verhältnis zu beginnen. In Freiheit wäre es unverzeihlich gewesen.«

Dieser Ausspruch Lazares war wohl nur einer vorübergehenden Trübung ihrer Beziehungen zuzuschreiben, denn das Verhältnis dauert ganze eineinhalb Jahre an. Lazare liebt seine Mätresse sogar mit schrankenloser Leidenschaft, wie dies seine Briefe an sie bezeugen, die das Mit-ihr-im-Gefängnis-gewesen-sein-Müssen Lügen strafen.

Vielleicht hindert ihn – nach Barras' Aussage – wirklich nur »die zärtliche Achtung vor seiner jungen und tugendhaften Frau« daran, sich von ihr scheiden zu lassen. Adélaïde wird um ihn kämpfen und mit ihrer Jugendfrische und ihrem Liebreiz einen ersten Sieg davontragen. Hoche wird der Befehl über die Armee in Cherbourg übertragen – ehe er das Kommando über die gesamte Westarmee erhält –, und bevor er Paris verläßt, bittet er Adélaïde, ihm seinen Degen, seine Pistolen und sein Pferd zu bringen. Sobald er sein Kindweib vor sich sieht, schmilzt sein Herz dahin, und für vierundzwanzig Stunden vergißt er Roses erfahrene Zärtlichkeit – die dereinst Bonapartes »Blut verbrennen« wird –, um hingebungsvoll die sanfte »Adélayde«, wie er ihren Namen schreibt, zu lieben.

»Ach, mein Freund, wie bin ich glücklich«, schreibt er seinem Schwiegervater, ehe er sich auf den Weg macht. »Vierundzwanzig Stunden, die ich mit meiner Frau verbrachte, haben mich all mein Leid vergessen lassen.«

Im nun folgenden Jahr kann er für Adélaïde kaum mehr Zeit erübrigen als für seine Geliebte. Als er im März 1795 seine »kleine Frau« die ihn in Rennes besucht, wiedersieht, findet er sie »viel erwachsener« und fügt hinzu: »Sie ist reizend. Ich liebe sie, mein guter Freund, mehr denn je.«

Als Adélaïdes kurzer Besuch in Rennes zu Ende ist, fährt sie schweren Herzens zurück nach Lothringen. Sie ahnt, daß sie sich das Herz ihres Gatten mit einer Rivalin teilt. Hoche verteidigt sich, so gut er kann: »Ich werde mich keineswegs zu einer Rechtfertigung herabwürdigen ... Bemühe Dich, meine Freundin, das Band, das niemals hätte zerreißen dürfen, neu zu knüpfen ... So hegt meine Gattin denn Zweifel an meiner Zuneigung? Habe ich das verdient? Ach! Ich beschwöre Dich, erlöse mich von der furchtbaren Ungewißheit, in die Du mich stürztest, als Du Dich von mir zurückzogst ... Wenn Du mich noch liebst, hilf mir, meine Fehler wieder gut zu machen, manchmal bin ich ein wenig verrückt!«

»Adélayde« sorgt sich zu Recht. Ihr Mann liebt Rose zwar auf eine andere Art, deshalb jedoch nicht weniger als sie selbst. Obwohl Rose ihn eine ganze Menge Geld kostet. Hoche hat Eugène als Freiwilligen und »Adjutantenanwärter« mit sich zur Armee mitgenommen. Doch dafür weiß ihm seine Geliebte keinen Dank. Sie schreibt ihm allzu selten, und darüber klagt Lazare: »Ich verzweifle, weil ich keine Antwort von der Frau erhalte, die ich liebe, von der Witwe, deren Sohn ich als den meinen zu erachten gewohnt bin.«

Er leidet unter der Trennung von der »Witwe«, vor allem, weil er weiß, daß sie umschwärmt und verehrt wird. Die »Eitelkeit«, die Roses Herz nunmehr in Beschlag genommen habe, ihre »Koketterie« bereiten ihm Höllenqualen: »Für mich gibt es kein Glück mehr auf dieser Welt. Ich kann nicht nach Paris fahren, weil ich dort die Frau, die all meinen Kummer verschuldet, wiedersehen müßte.«

Gewiß würde er, bäte Rose ihn jetzt darum, sich scheiden lassen, doch bald schon kann keine Rede mehr davon sein: Adélaïde erwartet ein Kind. Aus Rennes hat sich die kleine Madame Hoche im März 1795 ein lebendiges Souvenir mitgenommen.

Seit Ende September 1794 wohnt Rose in der Rue de l'Université 371, im Hause einer Madame de Krény, die ihre Vertraute und ihr »Mädchen für alles« werden sollte. Die Miete für das Appartement bezahlt ihr zunächst Hoche, bei dem sie ohne jeden Skrupel großzügig Anleihen macht, obwohl er unter der finanziellen Belastung leidet. Dann bittet sie den Schwager von Mademoiselle de Lanoy um 15 000 Francs, weiters den Advokaten Desrez um 500 Livres, »die er mir heute geliehen hat und die ich ihm auf eine erste Zahlungsaufforderung seinerseits zurückerstatten werde«. Wovon soll sie leben?

Das ist das erste Problem, vor welches sich die hübsche Witwe gestellt sieht. Dank Tallien, der ihr Gesuch als »Akt der Gerechtigkeit« unterstützt hat, konnte sie wieder in den Besitz ihrer »Wäsche, Kleider, Möbel, Schmuckstücke und Effekten« gelangen, die versiegelt in der »Rue Dominique« aufbewahrt wurden und »der Bürgerin Witwe Beauharnais und ihren Kindern« gehörten. Doch der Louis d'Or erreicht bald einen Kurs von 4000 Francs — die heute zumindest fünfmal so viel wert sind —, und an manchen Tagen steigt er um 100 Francs in der Stunde! Der Klafter Holz verteuert sich innerhalb von zwei Tagen um 2000 Livres. 250 Livres zahlt man für ein Paar Schuhe oder für einen Puter, 1248 Livres für eine Hammelkeule, 1000 Livres für einen Hecht, 600 Livres für eine Fahrt in der Droschke, einen Taler für das Waschen eines Herrenhemds, und wer sich einen Eimer Wasser in die Wohnung hinauftragen läßt, könnte sich dafür ebensogut eine Flasche Wein leisten. Roses Strümpfe — »graue Seide mit farbigen Zwickeln« — kosten 700 Livres das Paar, ein kleines Stück Musseline 500 Livres, ein Schal 1200 Livres . . . Um sie ihrer Modesorgen zu entheben, gewährt ihr der Bankier Emery, mit dem sie befreundet ist, einen Vorschuß auf die problematischen Eingänge, die sie aus Martinique erwartet.

Der Liberale Emery, der ehemals Abgeordneter der Gesetzgebenden Versammlung und Bürgermeister von Dünkirchen war, steht in Geschäftsverbindung mit den Antillen. Am 20. November 1794 konnte Rose ihrer Mutter schreiben: »Jemand, der nach Neu-England fährt, wird diesen Brief an Sie, meine liebe Mama, besorgen. Ich bin glücklich, Ihnen hiermit mitteilen zu können, daß Ihre Tochter und Ihre Enkel wohlauf sind. Zweifellos haben Sie von meinem Unglück erfahren: Seit vier Monaten bin ich Witwe. Mir bleibt kein anderer Trost als meine Kinder und Sie, meine liebe Mama, die Sie meine einzige Stütze sind.«

Der diskrete Wink mit dem Zaunpfahl wird von der »einzigen Stütze« ignoriert. Deshalb schreibt Rose einige Zeit später einen zweiten Brief, in dem sie sich unumwundener ausdrückt: »Ohne die Fürsorge meines guten Freundes Emery und seines Kompagnons wäre ich verloren gewesen. Ich kenne Ihre mütterliche Zärtlichkeit zu gut, als daß ich auch nur den geringsten Zweifel an Ihrer Bereitwilligkeit hegen könnte, die Mittel, die ich für meinen Lebensunterhalt benötige, aufzubringen und gleicherweise zu begleichen, was ich M. Emery schulde.«

Mme. de La Pagerie schickt, so viel sie kann, doch sind ihre Mittel beschränkt. Darauf läßt Rose, ohne lange zu überlegen, einen Schuldwechsel über 1000 Livres auf ihre Mutter ausstellen. Seit Beginn der Revolution lebt sie vor allem von den Anleihen, die sie beim dienstseifrigen Bankier macht. »Daraus können Sie selbst ableiten«, schreibt sie ihrer Mutter, »daß ich ihm beträchtliche Summen schulde.« Später wird die Frau des Ersten Konsuls Bonaparte dem Bankier Emery und seinem Kompagnon 20 000 Francs vorschießen.

Die Witwe Beauharnais ist im Verein mit dem treuen Calmelet Vormund ihrer Kinder, und in dieser Eigenschaft wendet sie sich an Mme. de Renaudin, um sich von ihr 50 000 Livres in Assignaten – die tatsächlich nur 2644 Francs wert sind – zu leihen. Damit kann sie jedoch nur die Notanleihe decken, die der in eine ausweglose Situation geratene Staat seinen Bürgern abverlangt.

Rose verfügt über Personal. Neben der Bürgerin Lanoy, die sie verlassen wird, wenn Hortense ins Pensionat kommt, beschäftigt sie eine Zofe, Agathe, und einen »Bediensteten« – wie die Hausdiener nun heißen –, den Bürger Gontier. Madame entlohnt sie sehr selten, borgt sich dafür aber von ihnen Geld.

Die Pariser Gesellschaft weiß, daß die Witwe sich in einer Notlage befindet. In diesem Hungerjahr 1795 ist es allein ihr gestattet, sich zu den Diners, zu denen sie eingeladen wird, nicht ihr Brot mitzubringen, wie es damals allgemein üblich war.

Paris ist zu einem einzigen gigantischen Trödelmarkt geworden, und Rose ist gezwungen zu veräußern, was immer sie entbehren kann. Unter den Frauen ihrer Umgebung verhökert sie Strümpfe und Wäschestücke. Als sie aus dem Gefängnis entlassen wurde, mußte sie sich »wie jedermann« mit kleinen Geschäften durchbringen. Nicht selten glichen die eleganten Boudoirs der Damen Weinhandlungen voll großer Korbflaschen, und in den Salons wurden Zuckerhüte und Seifenriegel gehortet.

Roses Busenfreundin ist zu jener Zeit die göttinnengleiche Thérésia, die bald Talliens Frau werden soll. »Madame Tallien«, schreibt Rose ihrer Tante Renaudin, »ist unendlich schön und gut; das immense Ansehen, das sie genießt, benützt sie einzig, um den Unglücklichen, die sich hilfeheischend an sie wenden, Gutes zu tun, und bei allen Wohltaten, die sie bewirkt, erstrahlt sie in solcher Freude, daß man meinen könnte, sie sei einem dafür noch Dank schuldig. Mir ist sie eine zärtliche, in jeder Hilfsbereitschaft unermüdlich einfallsreiche Freundin; meine Gefühle für sie sind, das schwöre ich, ebenso innig wie meine Freundschaft zu Ihnen: Nun können Sie sich vorstellen, was ich für Mme. Tallien empfinde.«

»Sie ist die Venus vom Capitol«, ruft die künftige Duchesse d'Abrantès ihrerseits aus, »doch ist sie noch schöner als das Werk des Phidias.«

Thérésias Ruhm färbt auf Rose ab. Die Öffentlichkeit weiß um die Rolle, die Thérésia in Bordeaux spielte, wo sie zahlreiche Aristokraten vor dem Fallbeil rettete, weiß, daß Tallien dank ihres berühmten Briefchens den »Tyrannen« und die Schreckensherrschaft gestürzt hat, und nun wird sie Gegenstand einer Verehrung, wie sie nur Göttern zuteil wird; das Volk betet sie an und mit ihr den Mann, den sie geheiratet hat, und die beste Freundin des Paares, Rose, Patin des Töchterchens, das Madame Tallien zur Welt brachte, als sie eben das Theater Feydeau verließ, Thermidor-Rose-Thérésia, Symbol der wunderbaren, der neuen Zeit.

Paris tanzt! Die Kapitale zählt 640 Tanzlokale, und Rose besucht alle, die in Mode sind: vom »Bal Calypso« auf dem Montmartre bis zum berühmten »Bal« im Hotel Richelieu, »eine kristallene Grotte«, wie Mercier sagt, »Hüte schwer von Spitzen, Gold, Brillanten, Schleiern und halstücherverhüllte Männerkinne. Der Eintritt ist nur einer gewissen wohlhabenden Gesellschaft erlaubt. Durch diesen Feenpalast schweben hundert mit allen Wohlgerüchen gesalbte, mit Rosen gekrönte Göttinnen in griechischem Gewand und zwingen die Blicke unserer Incroyables* mit kunstvoll wirrem Haar und türkischen Schnabelschuhen auf sich«. Sieht man die lustige Witwe auch auf dem Tanzboden im Karmeliterkloster, wo sie eingekerkert gewesen war? Es ist nicht unmöglich. Man lacht über das überstandene Grauen. »Küssen, sich fest umarmen, umschlingen«, schreibt ein Chronist im *Journal des Modes*, »wie gefällt das doch unseren Pariserinnen!«

Und Rose tut nichts lieber als sich in den Armen ihrer Tänzer entführen lassen. Die Vorbereitungen für einen Ball sind für sie nicht minder aufregend als für einen Feldherrn der Abend vor der Schlacht, wie dies ein Brief an Thérésia bezeugt: »Es handelt sich, meine liebe Freundin, um eine rauschende Soiree im Thélusson; ich frage sie erst gar nicht, ob Sie hinkommen. Ich schreibe Ihnen, um Sie zu bitten, das Pfirsichblütenfarbene, das Sie so sehr lieben und das auch ich keineswegs hasse, dorthin anzuziehen, ich habe vor, das gleiche zu tragen. Da es mir wichtig erscheint, daß wir beide absolut dieselbe Toilette tragen, teile ich Ihnen mit, daß ich ein rotes Tuch über dem Haar tragen werde, auf Kreolinnenart gebunden, und an den Schläfen lasse ich drei Locken hervorsehen. Was für mich schon reichlich gewagt ist, wirkt bei Ihnen, die Sie jünger, vielleicht nicht eben hübscher, aber unvergleich frischer sind, ganz natürlich. Sie sehen, ich lasse jedermann Gerechtigkeit widerfahren.«

Im Thélusson wurde der berühmte »Ball der Opfer« veranstaltet. Dort begrüßt man seine Tänzerin »nach Art eines Opfers«, indem man die Bewegung eines Kopfes vollführte, der den Nacken in den Rahmen unter dem Fallbeil beugt.

---

* Die »Unglaublichen«; Name einer bestimmten Kategorie junger Männer unter dem Direktorium (27. X. 1795–9. XI. 1799), die der royalistischen Opposition angehörten und eine eigene Art des Stutzertums kultivierten. Zum geckenhaften Kostüm der »Incroyables« gehörte u. a. die hohe, die untere Gesichtshälfte bis an den Mund verhüllende Halsbinde.

Wie ihre Freundin Thérésia, wie alle jene, die im Schatten der Guillotine gelebt haben, will auch Rose sich betäuben. Der Klang der Geigen soll die Erinnerung an die unheilverkündende Stimme übertönen, die des Abends zum Stelldichein mit dem Tode rief. Es hätte einer Heiligen bedurft, um dem Massenrausch zu widerstehen, der krankhaften Vergnügungssucht, dem morbiden Taumel – und Rose war alles andere als heilig. Da man sich nun unter tausend Ängsten die Freiheit wiedererkauft hat, sollte es verwehrt sein, mitzutanzen im Reigen um das Goldene Kalb der Sinneslust? Von Natur aus entsprechen Joséphines Neigungen dem Geist ihrer Epoche, die nichts höher hält denn die Liebe, die Schönheit, die Freude, sich mit jedem neuen Tag neu zu schmücken, mit Geld um sich zu werfen, ohne an das Morgen zu denken, den Tanz, den Rausch, der den Albtraum auf immer bannt und auch den Blick verschleiert, auf daß er das Elend, das allerorten herrscht, nicht wahrnehme ...

Ein furchtbarer Winter folgte dem Thermidor. Die Lebensmittelläden sind leer. Kein Fleisch gibt es mehr zu kaufen, keine Kerzen, kein Holz. Selbst die schwarzen, klebrigen Klumpen aus Kleie, Saubohnen und Kastanien, die sich nun Brot nennen, werden Mangelware. Zum Wochenende strömen die Pariser aufs flache Land, um Lebensmittel zu hamstern. Der Kohlkopf kostet nun 8 Francs statt 8 Sous und hat Seltenheitswert. Zu guter Letzt friert auch noch die Seine zu. Holzdiebe plündern bei Nacht und Nebel die Pariser Stadtwälder, im *Bois de Boulogne* und im *Bois de Vincennes*, und doch rafft der Frost viele Menschenleben dahin. Der Hunger steht seinem grimmigen Gefährten in nichts nach ...

Ein Grund mehr, jeder Einladung zu einem Bankett Folge zu leisten. Und gelte es nur, um den Nachgeschmack der fauligen Suppe zu übertönen, deren Geheimnis die Küchen im Karmeliterkloster und in der *Force* hüteten.

Kartenaufschlägerinnen, Zukunftsdeuterinnen und Prophetinnen aller Art stehen hoch im Kurs. Als abergläubische Kreolin verabsäumt Rose nicht, sie aufzusuchen. Mit Thérésia, Mme. Hamelin oder Julie Talma begibt sie sich zur berühmten Demoiselle Lenormand in die Rue de Tournon Nr. 5. Ob auch die Demoiselle verkündete, Rose werde dereinst »mehr als nur Königin« sein? Wir wissen es nicht. Doch dürfte sie ihr das Geheimnis enthüllt haben, wie sie ihre Gläubiger zufriedenstellen konnte: Sie mußte sich aushalten lassen.

Und da Rose allein im Leben steht und zwei Kinder aufzuziehen hat, kann man es ihr wohl nicht zum Vorwurf machen, daß sie einflußreiche und wohlhabende »Beschützer« sucht. Hilflos steht die kleine Kreolin dem Leben gegenüber. Sie ist schwach, und ihre Schwäche ist die Liebe. Alles andere ist für sie bedeutungslos. Die Natur selbst hat sie »aus Spitzen und Schleiern geschaffen«, wie dereinst Bonaparte sagen wird.

Den Marquis de Caulaincourt – dem Vater des künftigen Großstallmeisters Napoleons – kommt die unwiderstehliche Kreolin am teuersten zu stehen. Obwohl ehemals Generalleutnant Ludwigs XVI., ist der Marquis dennoch nicht in die Emigration gegangen. Seine Frau war »Begleitdame« der Comtesse d'Artois. Den nun Fünfzigjährigen hatte Rose vor dem »Schrecken« als verführerischen Grandseigneur im Salon des Marquis de Montmorin in Fontainebleau kennengelernt. Zunächst erwies die hübsche Witwe dem Marquis einen Dienst und protegierte dessen Sohn Armand, den die bösen Zeiten zum Unteroffizier degradiert hatten, obwohl er ehedem Offizier und Adjutant gewesen war. Der Zweitgeborene des Marquis – Auguste – ist stellungslos. Rose versucht, ihre Beziehungen spielen zu lassen, doch erntet sie nur geringen Erfolg. Mit Hilfe anderweitiger Verbindungen gelangt Caulaincourt selbst schließlich ans Ziel seiner Wünsche und erwirkt, daß ihm drei Jahrespensionen, auf die er als ausgedienter General Anspruch erheben kann, nachgezahlt werden. Doch erfreut sich der Ruheständler nicht allzu lange seines Reichtums, denn die geschickte Kreolin versteht es, seinen Säckel gehörig zu erleichtern, um weiterhin die modische Dame spielen zu können, was ihr die Hauptsache ist. Der Marquis zahlt mit Würde und nicht allzu schweren Herzens, denn er ist ehrlich in Rose verliebt. Die Zweiunddreißigjährige nimmt im übrigen keinen Anstoß an den vierundfünfzig Jahren des Generals, obwohl sie von Natur aus Männern zugeneigt ist, die jünger sind als sie selbst – und es bis zu ihrem letzten Liebhaber so halten wird . . .

Bald aber hat der General auch bei Rose ausgedient. Sie geht einer neuen Liebe entgegen.

Kurz nach ihrer Übersiedlung in die Rue de l'Université gedenkt Mme. de Beauharnais, den mächtigen Paul Barras in ihr Haus zu locken. Gemeinsam mit Tallien beherrscht Barras, der »große Nutznießer des 9. Thermidor (27. Juli)«, den Nationalkonvent. Neben dem Titel eines Präsidenten des Konvents kann Barras noch die Würden eines Mitglieds des »Ausschusses der Fünf« und des Sicherheitsausschusses sowie eines Generalfeldmarschalls der Armee des Inneren auf sich vereinen, ehe er unter dem Direktorium einer der fünf »Könige« Frankreichs wird.

Zu Beginn des Jahres 1795 schreibt sie ihm folgendes Briefchen: »Schon seit langem habe ich nicht mehr das Vergnügen, Sie zu sehen. Sie tun sehr übel daran, eine alte Bekannte so im Stich zu lassen. Ich hoffe, Sie werden diesem Vorwurf zugänglich sein. Jetzt wohne ich in der Rue de l'Université, No. 371.«

Barras besucht sie, doch nicht allzu häufig, und im Februar versucht Rose, ihn mittels gemeinsamer Bekannter zu einer intensiveren Pflege ihrer Beziehungen zu bewegen: »Sagt Barras, daß ich seit drei Tagen das Bett hüte, weil ich erkältet bin, daß er sehr übel daran tat, mich nicht zu besuchen, und daß man ihm wirklich eine Freundin sein muß, um ihm dies zu verzeihen.«

Sie wird seine Freundin – und verzeiht ihm. Liebt sie ihn? Kann man den Königsmörder und Vicomte Paul de Barras überhaupt lieben, der wohl intelligent, männlich schön, elegant, verführerisch, fesselnd, tapfer, weltmännisch und geistreich sein mag, nichtsdestoweniger aber einer der verkommensten Wüstlinge seiner Zeit ist? Das schien Rose keineswegs kopfscheu zu machen... Und Barras? Barras liebt einzig das Geld. Zunächst das Geld und dann den Luxus. Und um beider habhaft zu werden, scheut er vor keinem Mittel zurück. Er liebt auch die Frauen – »die Göttinnen seines Sinnens und Trachtens« –, doch ist er unfähig, sich an eine einzige zu binden.

»Die Liebe ist Demokratie«, sagt er des öfteren.

Wofern sich die Gelegenheit bietet, verachtet er auch Knaben und Jünglinge keineswegs. Dieser eitle, zynische und lasterhafte Politiker berauscht sich nicht an der Macht um ihrer selbst willen, sondern an ihren Früchten, an allem, was die Macht ihm verschafft. »Er liebt den Thron ob seines Samtes«, hieß es von ihm. Er genießt die Gegenwart, sagt einer, der ihn sehr gut kannte, »lebt von der Hand in den Mund, mit seinem Geist, seiner Börse, seinen Mätressen und seinem Gewissen«. Mit letzterem war er allerdings eine sehr lose Lebensgemeinschaft eingegangen, da er so gut wie kein Gewissen besaß... Doch ist Paul Barras hilfsbereit. »Es machte ihm Freude, einen Dienst zu erweisen«, sagt Mme. de Chastenay, »und dies tat er unterschiedslos, ohne Dünkel und ohne Scheu.« Rose bedient sich des öfteren seiner Hilfsbereitschaft. Die Unterstützung des »Generals« trägt ihr eine Kuh – ein im Jahre III äußerst wertvolles Tier – für Croissy, ein Gespann von zwei Pferden und einen Wagen zur Entschädigung für die Equipage ein, die Alexandre bei der Rheinarmee zurückgelassen hatte.

Wann wurde die junge Frau Barras' Harem einverleibt? Einem Harem, dem neue, künftige und alte Mätressen angehörten? Über den Zeitpunkt sind sich die Historiker nicht einig. Für die einen wurde die anziehende Witwe bereits im Oktober 1794 eine der Freundinnen des »Generals«, für die anderen im Winter 1794/95 oder im Frühjahr 1795. Nach André Gavoty, der Joséphines Privatleben am genauesten kennt, hätte die Beziehung gar erst im Spätherbst 1795 begonnen. Wir wollen uns auf kein Datum festlegen. Wahrscheinlich hätten selbst die Betroffenen einige Zeit später keinen genauen Zeitpunkt mehr angeben können. Für Paul de Barras und Rose de Beauharnais hatten Intimitäten, zu denen es unter anderen Abenteuern irgendwann einmal kam, keine so große Bedeutung, daß man sich hinterher noch eines Datums entsann. Barras gab dies zum Ausdruck, als er später einmal sagte: »Mme. de Beauharnais gehörte jenem Kreis von Damen an, die Tallien und mir Gesellschaft leisteten.«

Die Zugehörigkeit zum Hofstaat des »Königs der Lüstlinge« sollte es Rose bald gestatten, ihre »Geschäfte« in größerem Stil abzuwickeln. Jetzt verhökert sie nicht mehr Zuckerhüte und Strümpfe. Ihr Sinn steht nach Höherem. Robert Lindet, künftiger Finanzminister unter dem Direktorium und damals Mitglied des Wohlfahrtsausschusses, bemerkt in seinen Aufzeichnungen, eines Tages habe ihm Ouvrard 100 000 Francs angeboten, falls er ihm einen Auftrag über Heereeslieferungen erteilte. Lindet war aufgebraust: »Hinaus, oder Sie fliegen aus dem Fenster!«

»Mehr kann ich Ihnen nicht bieten«, gab der Bankier ungerührt zur Antwort. »Ebensoviel gebe ich Barras und Mme. de Beauharnais.«

Dank ihrer »Geschäfte« kann sich Rose am 17. August 1795 eine Ausgabe leisten, die ihre Mittel gewiß weit übersteigt. An diesem Tag mietet sie von Julie Carreau – der ehemaligen Louise-Julie Talma – ein kleines Palais, Wunschtraum der leichten Mädchen jener Zeit und Kurtisanennest, unfern der Chaussée d'Antin und des Faubourg Montmartre, in der Rue Chantereine No. 6, der heutigen Rue de la Victoire. Ein Schmuckkästchen, »Laune« einer ausgehaltenen Mätresse – wie es Julie Carreau, die Geliebte des Comte de Ségur, tatsächlich war. Rose bezieht ihr neues Domizil am 2. Oktober, zwei Tage vor Anbruch des Vendémiaire. Ein Gittertor an der Straße öffnet sich auf eine 90 Meter lange, schmale Lindenallee, die in den kleinen Hof an der Gartenfront führt.* Zwei Pavillons flankieren die Zufahrt: der Stall, der zwei schwarze Pferde beherbergte, und das Wagenhaus, wo der von der Republik geschenkte Zweispänner eingestellt war. Inmitten eines kleinen englischen Parkes erhebt sich, von alten Bäumen umstanden, ein Wirklichkeit gewordener Traum: ein Rokokoschlößchen mit vierfenstriger Hauptfassade, Dachgeschoß und seitlich angebauter verglaster Rundveranda, deren hohe Fenstertüren sich auf den Garten öffnen. Der Souterrain beherbergt Küche und Keller, im Dachgeschoß sind die Zimmer des Koches Gallyot, der Zofe Louise Compoint – die Agathes Nachfolge angetreten hat – und des Bedienten, Bürger Gontier.

Das erhöhte Erdgeschoß, zu dem eine kleine Freitreppe emporführt, enthält die eigentliche Wohnung: einen Vorraum mit Eichenbuffet, Schrank und Wandbrunnen; ein kleiner Salon ist als Eßzimmer mit einer Mahagonigarnitur ausgestattet, vier Stühlen mit schwarzen Sitzen und einem runden Tisch, dessen Seitenteile hinuntergeklappt werden können. Die Wände zieren zwei Konsoltische, deren Anstrich Marmor imitiert, zu Vitrinen umgebaute Schränke mit einigem Tafelsilber und gerahmte Stiche. Die halbkreisförmige Veranda ist als Boudoir eingerichtet. Wohl kann der Raum auch mit einem Klavier aufwarten, doch dient er in erster Linie als Ankleidezimmer und ist mit einer Unmenge von Spiegeln ausgestattet, Standspiegeln, Kommodenspiegeln, Frisierspiegeln, die es Rose gestatten, sich von allen Seiten zu besichtigen. Der vierte und letzte Raum des Appartements, das Schlafzimmer, wird von Rose neu möbliert. Mme. de Beauharnais hat Lehnsessel,

---

* Der gesamte Besitz nahm eine Fläche von ca. 3330 qm ein.

die sie mit blauem Nanking beziehen läßt, und ein einfaches Bett aus bronziertem Holz gekauft. Aus der Ruhe de l'Université hat sie ihre Harfe mitgebracht, ihren Sekretär aus Zitronenholz, einen aus demselben Holz gefertigten Tisch mit Marmorplatte und einer Sokratesbüste.

Weder für Hortense noch für Eugène sind Zimmer vorgesehen. Die Kinder sind in Internaten untergebracht. Hortense bei Mme. Compan, und Eugène, der von der Armee heimgekehrt ist, wurde dem Bürger Patrice Mac Dermott, Direktor des »Collège irlandais«, des »Irischen Kollegs«, anvertraut, das sich ebenso wie das Mädchenpensionat in Saint-Germain befindet. Rose kann also leben, wie es ihr gefällt.

In ihrem Schlößchen gibt es eine Unmenge überflüssigen Kram, doch am Notwendigsten fehlt es. Genauso ist es mit dem Landhaus in Croissy, für das Barras die Miete zahlt – oder zahlen wird. Wenn er – bereits »Direktor« – zu Rose zum Essen kommt, schickt er Gendarmen mit Körben voll Lebensmitteln voraus. »Geflügel, Wild, erlesenes Obst türmten sich in der Küche«, erzählt Roses Nachbar, der künftige Kanzler Pasquier, »damals durchlebten wir die Zeit der bittersten Not, und bei Madame fehlte es auch an Kasserollen, Gläsern und Tellern, weshalb sie ihre Bediensteten in meinen armseligen Hausstand schickte, um sich das Geschirr von uns zu leihen.«

An einem Tag im Messidor oder Prairial des Jahres III – im Spätfrühling oder Frühsommer 1795 – lädt Mme. Tallien einen sonderbaren kleinen Offizier, der armselig und verhungert aussieht, zu sich ein. Man weiß nicht genau, wo sie ihm begegnet ist. Vielleicht bei Mme. Permon, die seine Familie sehr gut kennt, eher aber bei Barras, der ihn seit 1793 protegiert. Das schlecht gepuderte Haar hängt ihm gleich »Spanielohren« um das knochige gelbhäutige Gesicht. Er trägt einen alten zerschlissenen Reitmantel, jedoch keine Handschuhe. Seine Stiefel sind seit Monaten nicht mehr gewichst. Der Mann ist seltsamerweise General, doch zur Zeit im »Wartestand«. Da er sich mehr oder minder im zeitlichen Ruhestand befindet, bezieht er nur den halben Sold und kann sich pro Tag nicht mehr als eine Mahlzeit leisten. Zu Mittag trinkt er eine Tasse schwarzen Kaffee im »Café Cuisinier«. Er wohnt ziemlich weit von der »Witwenallee«, in der Nähe der Brücke Saint-Michel, und zu seiner Beschützerin begibt sich zu Fuß, denn offensichtlich kann er sich keine Droschke leisten . . .

Er heißt Napoléon Buonaparte.

Seine Besuche bei Thérésia haben zunächst einen sentimentalen Hintergrund. Er verehrt sie und macht ihr den Hof. »Mme. Tallien war damals zum Anbeißen hübsch«, wird er auf Sankt Helena sagen, »man küßte gerne ihre Arme und was man sonst noch erwischen konnte . . .« Zum zweiten besucht er sie aus einem weit prosaischeren Motiv: Er möchte eine Uniformhose haben, ein Wunsch, der nahezu unerfüllbar ist. Er ist zur Zeit nicht im Dienst, und Uniformtuch wird nur den aktiven Offizieren zugestanden. Im übrigen hat er es eben – unter dem Vorwand, krank zu sein – abgelehnt, das Kommando einer Infanteriebrigade bei der West-armee unter Hoche zu übernehmen, da er sich als Artillerist bei der Infanterie fehl am Platze sieht. Barras hat ihm des öfteren gesagt: »Die Frauen sind zu etwas gut auf dieser Welt; sie sind hilfsbereiter als die Männer.«

Solcherart ermutigt, hat er Mme. Tallien in seine Toilettesorgen eingeweiht. Thérésia macht es Spaß, sich der Hosen des Generals anzunehmen, und einige Tage später ruft sie dem Unglücklichen quer durch den ganzen Salon entgegen: »Sie kriegen sie, Ihre Hosen!«

Der künftige Kaiser erinnert sich später daran ... Und erinnert sich auch, daß *Notre Dame de Thermidor* ihm ins Gesicht lachte, als er sie bat, sich scheiden zu lassen, um ihn zu heiraten ...

Hat Rose ihn bei ihren Besuchen bemerkt? Entsinnt sie sich, daß Barras ihr eines Abends den kleinen korsischen Offizier vorgestellt hat? Vielleicht. Jedenfalls hat er keinen Eindruck hinterlassen. Doch hat der arme Kerl ein feingeschnittenes Gesicht, und Mund und Kinn sind »anmutig«, wie einer, der ihn zu jener Zeit kannte, mit einem Wort sagt, das eher auf Frauen Anwendung findet. »Heute scheint es mir, daß man rund um diesen so feinen, so zarten, so hübsch geschnit-tenen Mund lesen konnte, daß er die Gefahr verachtete und daß sie ihn nicht kopfscheu machte.«

Zweifellos ließ sich Barras vom selben Gefühl leiten, als der ehemalige Kom-missar Turreau in der Nacht vom 12. auf den 13. Vendémiaire – vom 4. auf den 5. Oktober – 1795 Buonapartes Namen als ersten nannte. Der Konvent stand vor der Auflösung und sollte dem Direktorium Platz machen. Die Abgeordneten hat-ten über Beschlüsse abgestimmt, welche die Rechtsfraktion als »für die Nation schmachvoll« ansah, wobei sie sich der Argumente »der Linken« bediente. Sei das Wahlrecht unumschränkt? War die Souveränität des Volkes nicht vergewal-tigt worden und enthielt man den künftigen Abgeordneten nicht zwei Drittel der Sitze in der neuen Nationalversammlung vor, da die Konventsmitglieder – die weniger naiv als die Mitglieder der Konstituante von 1791 waren – sie mit Beschlag belegt hatten?

Paris erhebt sich.

Der friedliebende General Menou verliert wegen des Aufstandes der Rechten – seiner ehemaligen Alliierten, die ihn im Prairial noch unterstützt hatten – den Kopf und kapituliert. Die Konventsmitglieder erkennen, wie sie sagen, »daß der Blitz der Revolution in ihren Händen erloschen ist«. Rat- und hilflos ernennt der Konvent Barras zum oberkommandierenden General der Armee des Inneren, jenen Barras, der am 9. Thermidor – dem 27. Juli 1794 – auf das Rathaus und gegen Robespierre marschiert war. Der ehemalige Leutnant der Kolonialtruppen Ludwigs XVI. weiß, daß er nur ein Zufallsgeneral ohne die geringste strategische Erfahrung ist, und gedenkt, einen echten General – am besten einen Artilleristen – an seine Stelle zu berufen.

»Bonaparte«, meinte Turreau.

Fréron, der in Paulette Buonaparte – die spätere »Pauline« – verliebt ist, stimmt zu. Barras hat Bonaparte bei der Belagerung von Toulon in Aktion gesehen und hat nun nichts gegen ihn einzuwenden.

»Geh ihn holen«, sagte er zu Fréron.

Barras' Memoiren – die zum Teil Rousselin de Saint-Albin schrieb – sind ein Gewebe von wissentlichen Irrtümern. So gibt der künftige »Direktor« an, er habe den Leutnant Bonaparte in Toulon zum Hauptmann befördert, während in Wahrheit Ludwig XVI. neunzehn Monate zuvor das Hauptmannspatent seines »Nachfolgers« unterzeichnet hatte.

In Barras' biographischem Märchen tauchen weder Fréron noch Turreau auf: »Nichts ist leichter, als einen Ersatz für Menou zu finden. Ich habe den Mann, den ihr braucht: einen kleinen korsischen Offizier, der sich nicht lange zieren wird ...«

Barras zufolge sei Bonaparte unauffindbar gewesen und habe sein Glück bei den Königstreuen versucht, die jedoch nichts von ihm wissen wollten ... Andere Zeugen geben an, der künftige Kaiser sei eben bei der Vorstellung im Theater Feydeau gewesen, als es plötzlich hieß, die Königstreuen marschierten gegen den Konvent.

Bonaparte, heißt es weiter, verließ das Theater und begab sich an den Sitz der Nationalversammlung, wo er sich auf den Gängen umhertrieb. Dort fand man ihn denn auch und führte ihn in Barras' Hauptquartier am *Carrousel*.

Eines ist sicher: An jenem Abend trug sich Bonaparte einzig mit dem Gedanken, sich in der Türkei zu verdingen. Der Wohlfahrtsausschuß unter der Leitung von Cambacérès, in dessen Diensten er im topographischen Büro stand, hatte ihn am 15. September, als er sich weigerte, sich in die Vendée abkommandieren zu lassen, seines Postens enthoben.

Es ist unterhaltsam, die Geschichte jener berühmten Nacht in Barras' Memoiren nachzulesen: »Die gesamte Armee, die mir zur Verfügung stand, zählte nur 5000 Mann aller Waffengattungen. In Sablons befanden sich 40 Kanonen mit 15 Mann Bedeckung. Es war Mitternacht, und vieles deutete darauf hin, daß wir um 4 Uhr morgens angegriffen würden.

Ich sage zu Bonaparte: ›Du siehst, wir haben keinen Augenblick zu verlieren, und nur zu Recht habe ich dich ausgezankt, weil du nicht früher kamst. Holt mir schleunigst die Artillerie herbei und führt sie unverzüglich zu den Tuilerien.‹

Bonaparte gibt sogleich meinen Befehl weiter. Murat zieht mit 300 Pferden los ...«

Also hätte Bonaparte nur Barras' Befehl weitergegeben! Und die Rolle eines simplen Werkzeugs hätte ihm den glorreichen Spitznamen »General Vendémiaire« eingetragen, weiters am 16. Oktober den Grad eines Divisionsgenerals und am 26. den Oberbefehl über die gesamte Armee des Inneren!

Jedenfalls setzt er alle, die ihn nicht kennen, und somit die gesamte Öffentlichkeit in Erstaunen. Welch ein sonderbarer General dieses Männchen doch ist, das einen zausigen Federbusch an seinem kleinen Hut trägt und dem der lange Säbel zwischen die mageren Beine gerät, »dieser Säbel, der wahrhaftig nicht dazu angetan schien, die Waffe seines Glücks zu werden!«

Am Abend des 15. Oktober dinierte Rose vielleicht mit Barras – zumindest sagt es Napoleon auf Sankt Helena mit einem eher zweideutigen Satz. Mme. de Beauharnais hat sich gewiß über den Sieg der Regierung gefreut. »Weit davon entfernt, Parteigängerin der Fraktionen zu sein«, erzählt Barrras, »stand Mme. de Beauharnais persönlich auf unserer Seite, insofern man bei ihr überhaupt von einer Meinung sprechen kann.« An diesem Abend hört sie aus Barras' Mund, wie die Königstreuen in der Rue Saint-Honoré, auf den Stufen der Rochuskirche, von den Kanonen niedergemäht wurden, wie der kleine Bonaparte die Royalisten in alle Winde zerschoß. Nur Thérésias engste Bekannte können Auskunft geben, wenn die Leute fragen, woher der Unbekannte mit dem noch nie gehörten Vornamen und dem umso schwerer zu schreibenden Namen stammt, als jener, der ihn trägt, ihn »*Buona-Parté*« ausspricht, eine Schreibart, die der *Moniteur* in seiner Ausgabe vom 22. Vendémiaire tatsächlich übernimmt.

Dieselbe Nummer des *Moniteur* enthüllt uns, daß Barras fünf Tage zuvor – am 17. – auf der Tribüne des Konvents bekanntgab, »die Regierungsausschüsse« hätten »eine Verfügung erlassen, wonach die Viertel Lepetier und Théâtre-Français zu entwaffnen wären«. Und fügt hinzu: »Ich habe alle Bewohner dieser beiden Viertel angewiesen, innerhalb von drei Stunden ihre Waffen an ihren betreffenden Bezirksämtern abzugeben. Der Befehl wurde ausgeführt.«

Als Eugène von dieser Entscheidung erfährt, fürchtet er, in Sohnesliebe und Ehrfurcht, obwohl er in keinem der betroffenen Viertel wohnt, gezwungen zu sein, sich »vom Säbel, den mein Vater getragen hatte« trennen zu müssen, »und der von ruhmreichen, heldischen Taten verklärt war«. In der Hoffnung, den Säbel behalten zu können, ersucht der erst vierzehnjährige künftige Vizekönig von Italien um eine Audienz bei Bonaparte, zu der ihm seine Mutter geraten hat.

An diesem Tag ist der neue Pariser Stadtkommandant zum Mittagessen bei Barras eingeladen. Die fast sechzigjährige Montansier, eine ehemalige Kokotte und derzeitige Theaterdirektorin, leistet ihnen Gesellschaft. Junot holt seinen Chef von der Tafel. Bonaparte empfängt Eugène und ist gerührt ob der Tränen des jungen Beauharnais. Er weiß, daß er den Sohn einer Freundin Thérésias und Barras' vor sich hat, und läßt ihm den Säbel. Tags darauf besucht Rose Bonaparte, um ihm zu danken, und am übernächsten Tag begibt sich der General in die Rue Chantereine, wo Mme. de Beauharnais sich eben erst häuslich eingerichtet hat. Zumindest erzählen Napoleon, Joséphine, Eugène und auch Hortense in dieser Version die Geschichte vom »Säbel meines Vaters«, die Barras – der gar nicht zugegen war – hartnäckig in den Bereich der Legende verweist.

Bonaparte hat die Kreolin aufgesucht, sie wiedergesehen. Allerdings geizt er in Zukunft mit seinen Besuchen, obwohl er weiß, daß die Beziehungen zu einflußreichen Frauen seiner Karriere förderlich sind. Und doch scheint er die hübsche Frau, die ihm beinahe nachläuft, zu fliehen... Vielleicht, weil er weiß, daß Rose Paul de Barras' Geliebte ist? Bis in den Februar lädt sie »zu sich« ein, aber nicht in ihr Schlößchen, sondern in Barras' Haus in Chaillot, Rue Basse-Pierre No. 8. Oder ist Bonaparte so sehr von seinen militärischen Pflichten in Anspruch genommen? Jedenfalls findet er sie wunderhübsch und ihre Art, zu empfangen, wie es vor der Revolution Mode war, unendlich reizvoll, doch ist er noch nicht in sie verliebt. Vielleicht fühlt er sich auch nur vor dieser eleganten Vicomtesse gehemmt.

Liebt er eine andere?

Vor dem Oktoberaufstand 1795, damals, als er im armseligen Hotel zum »Blauen Zifferblatt« logierte und das Wasser ihm bis zum Hals reichte, liebte er noch Désirée Clary. Ende Mai desselben Jahres, als er nach Paris gekommen war, hatte ihm seine kleine Braut aus Marseille noch geschrieben.

»Jeder Augenblick durchdringt mir die Seele, entfernt mich vom liebsten aller Freunde... Der Gedanke an ihn verfolgt mich unablässig und wird mir bis ins Grab folgen. Ach, mein Freund! Könnten Deine Schwüre ebenso aufrichtig sein wie die meinen, könntest Du mich lieben, wie ich Dich liebe... Vor einer Stunde erst bist Du fortgegangen; mir ist, als wären's schon hundert Jahre!...«

Und er hatte geantwortet: »Ich habe Deine beiden so lieben Briefe erhalten; sie haben mir in der Seele wohlgetan und mich einen Augenblick des Glücks durchleben lassen. Traurige Illusion, welche die Trennung von Dir und die ungewisse Zukunft alsogleich zerstörten. Und doch weiß ich, daß man mit der Liebe meiner guten Freundin nicht unglücklich sein kann... Ich beschwöre Dich, lasse keinen Tag hingehen, ohne mir zu schreiben, ohne mir zu versichern, daß Du mich immer noch liebst.«

Und dann bringt er untätig die Stunden in seinem kleinen Zimmer zu drei Francs die Woche hin, verrichtet irgendwelche Arbeiten im topographischen Büro, die nicht dazu angetan sind, ihm Ruhm und Ehre einzutragen, und versinkt in Gleichgültigkeit und Melancholie. Immer wieder sagt er es Désirée: Wenn sie einen anderen liebt, möge sie nicht zögern, dem armen kleinen Brigadegeneral ohne Brigade den Laufpaß zu geben. Dem kleinen General fehlt es im übrigen nicht nur an der Brigade, sondern auch an Geld. Seine materielle Notlage sei so unerträglich, daß er mit dem Gedanken spiele, Selbstmord zu begehen. In Wahrheit aber gedachte er, sich auf andere Weise zu helfen. Barras zufolge hätte er sich bei ihm das Herz ausgeschüttet: »Wenn es sich nur um mich handelte, könnte ich geduldig warten. Ein Mann hat keine großen Bedürfnisse. Doch habe ich eine Familie, die im Elend vegetiert. Ich weiß wohl, daß auch für uns einmal das Glück kommen wird. Unter der Revolution muß es Brot für alle geben, und schon seit langer Zeit haben die Aristokraten die Güter dieser Welt für sich gepachtet. Jetzt müssen wir an die Reihe kommen. Aber ehe es so weit ist, leiden wir.«

Paul de Barras hätte ihm den Weg gewiesen, wie er sich aus dieser Lage befreien konnte: »Heirate. Unter dem alten Regime haben wir es immer so gehalten. Ich kenne viele, die das so taten. Alle unsere abgewirtschafteten Adeligen, oder jene, die von Anfang an nichts zu verlieren hatten, weil sie arm geboren wurden, haben sich auf diese Weise saniert. Sie machten Jagd auf die Töchter von Kaufleuten, Bankiers, finanzkräftigen Männern. Und ließen sich keine einzige entwischen. Wenn Du mir bloß ein wenig Zeit gibst, mich umzusehen und mir die Sache zu überlegen, finde ich was Passendes für Dich.«

Und der Vicomte habe ihm – im geheimen hämisch grinsend – die 1730 geborene Montansier angetragen. Immer noch Barras zufolge habe Napoleon verschämt den Blick gesenkt und geantwortet: »Bürger Volksvertreter, das bedarf einiger Überlegung. Mademoiselle geht mir keineswegs gegen den Strich: Der Altersunterschied wird unter der Revolution wie so vieles nebensächlich. Doch trifft, was Sie mir über ihr Vermögen sagten, auch heute noch zu, wo sie das Schicksal hart prüfte? Wenn man an etwas so Ernstes wie eine Heirat denkt, muß man wohl wissen, auf welche Grundlage man baut.« Die ehemalige Schauspielerin besaß 1,2 Millionen Livres und hatte sich am Vorabend des 13. Vendémiaire bereit erklärt, mit ihrem »Anwärter« zusammenzutreffen.

»Wir erheben uns vom Tisch«, erzählt Barras. »Die Brautleute stecken die Köpfe zusammen und vertiefen sich ins Gespräch. Ich gehe ein wenig zur Seite ... ich höre: ›Wir werden dies tun und das.‹ Immerzu sagen sie *wir*. Bonaparte erzählt von seiner Familie, die er Mademoiselle vorzustellen gedenkt. Seine Mutter und alle seine Brüder würden eine so distinguierte Dame wohl zu schätzen wissen. So bald als möglich will er sie mit sich nach Korsika nehmen. Das Klima sei ausgezeichnet. Korsika sei die Insel der Langlebigkeit, Neuland, wo man mit sicherem Kapital schnell zu Reichtum gelangen könne. Bonaparte baut mit seiner Zukünftigen Luftschlösser in den korsischen Himmel. Im Augenblick, da ich mich in die Unterhaltung der beiden Turteltauben mengen will, meldet man mir Unruhen in der Stadt. Im Wohlfahrtsausschuß verlangen meine Kollegen nach mir. ›Hütet während meiner Abwesenheit das Haus‹, beauftrage ich Bonaparte und Mademoiselle. Und lasse sie allein.«

Diese Liebe zwischen einer Fünfundsechzigjährigen und einem jungen Mann von sechsundzwanzig schiene glatt erfunden und erlogen, hätte Bonaparte nicht nach dem Vendémiaire mit dem Gedanken gespielt, eine Freundin seiner Mutter, Mme. Permon-Comnène, zu heiraten, eine immer noch reizvolle Witwe, deren Sohn er hätte sein können. Die kleine Laure, die spätere Duchesse d'Abrantés, befand sich in einem Nebenzimmer, als Bonaparte seinen seltsamen Heiratsantrag machte. Laure hörte, wie ihre Mutter nach einem Augenblick sprachloser Verblüffung in Lachen ausbrach und ihrem Anbeter antwortete: »›Mein lieber Napoleon, sprechen wir ernst miteinander. Sie glauben zu wissen, wie alt ich bin? Nun, Sie wissen es nicht. Und ich sage es Ihnen auch nicht, weil das mein wunder Punkt ist. Ich sage Ihnen bloß, daß ich nicht nur Ihre, sondern auch Josephs Mutter sein könnte. Lassen wir doch diese dummen Witze. Sie tun mir weh.‹

Bonaparte aber wiederholte, es sei ihm völlig ernst mit seinem Antrag, und er sehe die Sache absolut nicht als einen dummen Witz; das Alter der Frau, die er heirate, sei ihm gleichgültig, sofern sie – wie Madame – aussehe wie noch nicht dreißig; er habe sich seine Worte reiflich überlegt und fügte hinzu: ›Ich will heiraten. Man schlägt mir eine charmante, gute, ansprechende Frau vor, die zur Gesellschaft des Faubourg Saint-Germain zählt. Meine Pariser Freunde wollen diese Heirat. Meine Freunde von früher sind dagegen. Ich, ich will heiraten, und was ich Ihnen hier vorschlage, käme mir in vieler Beziehung gelegen. Überlegen Sie es sich.‹

Meine Mutter beendete das Gespräch und versicherte ihm lachend, sie habe es sich bereits überlegt.«

Die »charmante, gute, ansprechende« Frau konnte niemand anderes sein als Joséphine, und die »Pariser Freunde« waren wohl Tallien und dessen Frau – denn Barras schaltete sich erst viel später in die »Affäre«, wie er selbst sagte, ein: in jenem Augenblick nämlich, da er um Thérésias willen Rose verläßt. Und in diesem Falle hätte die »Frau aus der Gesellschaft des Faubourg Saint-Germain« auf Thérésias Betreiben am Ende jenes berühmte Billet geschrieben, das dazu bestimmt war, sie bei jenem, der sie vergessen zu haben schien, neuerlich ins Gedächtnis zu rufen:

»Sie besuchen eine Freundin, die Sie liebt, nicht mehr; Sie haben sie völlig im Stich gelassen; Sie tun unrecht daran, denn sie ist Ihnen zärtlich zugeneigt. Kommen Sie morgen, am Septidi*, zum Mittagessen zu mir. Ich muß Sie sehen und mit Ihnen über Ihre Anliegen sprechen.

Guten Abend, mein Freund, ich umarme Sie. Witwe Beauharnais.«

Welche Gefühle bewegen Rose, falls es sich nicht einfach um ein Komplott handelt, das die beiden Freundinnen gemeinsam geschmiedet haben? Zweifellos erinnert sie sich an die Worte ihres Freundes Ségur: »Dieser kleine General könnte ein großer Mann werden.«

* Der siebente Wochentag des republikanischen Kalenders. (Anm. d. Übers.)

Gewiß »hatte« sie bereits Barras – seit dem 30. Oktober einer der fünf »Könige« der Republik –, Barras, der zu jener Zeit als großer Mann galt. Aber sie wußte nur zu genau, daß dieser »Beschützer« sie lediglich vorübergehend »beschützte«. Vielleicht fand sie Bonaparte auch »drollig«, wie in Zukunft des öfteren. Jedenfalls hatte sie ihre Gründe, sich ihm zuzuwenden.

Der General Bonaparte seinerseits hatte sich mit Mme. Permon überworfen, glaubte, die Witwe Beauharnais sei bemittelt und folgte demnach ihrer Einladung an jenem berühmten *Septidi*. Geschickt gibt Rose ihm zunächst zu verstehen, daß sie lediglich eine innige Freundschaft mit Barras verbindet. All das Gerede sei schändliche Verleumdung! Und schon ist der naive kleine General bereit, alles zu glauben ...

Dann trägt er der hübschen Witwe, die ihm ein geneigtes Ohr leiht, seine »Anliegen« vor. Zweifellos erzählt er ihr, daß er sich das Oberkommando über die Italienarmee erhoffe, und weiht sie in die Familiengeschichte ein. Da es ihm jetzt besser gehe, habe er der »Sippe« Geld geschickt, »fünfzig – oder sechzigtausend Francs in barer Münze, Bankanweisungen, Effekten ... Jetzt leidet sie keinen Mangel mehr ... Ist reichlich mit allem versorgt ...« Für Joseph habe er einen Posten als Konsul beantragt. Lucien, der bereits Adjutant des auf Mission weilenden Fréron ist, wurde am 28. Oktober zum Kriegskommissar ernannt. Zwei Tage zuvor ließ er Louis zum Leutnant der Artillerie befördern und hat ihn am 12. November als Adjutanten an seine Seite gerufen. Nun muß er sich noch des kleinen Jérôme annehmen, den er zum Jahresende in einem Internat unterbringen wird.

»Ich tue, was in meiner Macht steht.«

Die »Sippe« könnte zufrieden sein, doch die »Sippe« – und dies wird sich auch bis zum Ende des großen Abenteuers nicht ändern – findet, er tue niemals genug.

Bonaparte kehrt noch des öfteren in die Rue Chantereine zurück und läßt sich auch vom Mops Fortuné nicht abschrecken, der eifersüchtig kläfft und den Eindringling beißen will. Der Luxus – Scheinluxus, mit dem sich eine Kokotte umgibt – blendet den kleinen Korsen. Alles bewundert er, ihre vollendeten Umgangsformen beim Empfang ihrer Gäste, ihren Takt, der sie für jeden die passenden Worte finden läßt, ihre Konversation, bewundert sie selbst bei der Zubereitung des Kaffees, den sie ihm persönlich serviert ... »Kaffee von Martinique, den die Mutter ihr von ihren Plantagen schickt.« Nicht einmal im Traum käme er auf den Gedanken, daß Rose nichts hat als Schulden, daß die Dienstboten nur selten entlohnt werden, die Lieferanten noch weniger Geld zu Gesicht bekommen und daß Madame unendlich mehr Kleider und Schals hat als Hemden und Unterröcke! ... Freilich wird besagte Unterwäsche kaum mehr getragen. Angesichts dieser »Dame« fühlt er sich als kleiner Provinzler ... von noch kleinerem Adel. Noch weiß er nicht, daß sie sich den Titel einer Vicomtesse unrechtmäßig angeeignet hat ... Schon ist er dem unvergleichlichen Zauber der »unvergleichlichen Joséphine« erlegen, wie er sie bereits nennt, weil zu viele Männerlippen den Vornamen *Rose* aussprechen und er nicht in den Chor einstimmen will.

Er liebt sie, wie er noch nie geliebt hat.

»Ich habe sie wahrhaftig geliebt«, wird er auf Sankt Helena gestehen, »aber ich habe sie nicht geachtet; sie war zu verlogen.«

Für den Augenblick merkt er noch nichts. Ahnt nichts von ihren Lügen, nichts von ihren Schlichen, nichts von ihrer Oberflächlichkeit, aber auch ihre Großzügigkeit, ihre Hilfsbereitschaft, ihre Unfähigkeit zu hassen und ihre Unkompliziertheit bleiben ihm verborgen. Nicht einmal über sein eigenes Herz weiß er Bescheid. Der zweite – und wenig schickliche – Teil seines Geständnisses zeigt ihn von der Körperlichkeit der Kreolin seiner Vernunft beraubt: »Sie hatte ein gewisses Etwas ... Sie hatte den hübschesten A ... von der Welt.«

Nur zu gut weiß sie über ihre Reize Bescheid und läßt die Künste ihrer Koketterie spielen, die sie im höchsten Grade besitzt. Amüsiert lächelt sie ob der glühenden Leidenschaft, die sie entfacht hat, und am Tage, nachdem sie sich ihm – leichten Herzens – geschenkt hat, entziffert sie nicht ohne Mühe seinen ersten Brief, dessen Inhalt sie Wunder nimmt:

»7 Uhr morgens.

Erfüllt von Dir, erwache ich. Dein Bild und die Erinnerung an den berauschenden Abend gestern ließen meinen Sinnen keine Ruhe. Süße und unvergleichliche Joséphine, welch seltsame Wirkung üben Sie auf mein Herz aus? Sind Sie verärgert? Sehe ich Sie traurig? Beunruhigen Sie sich? Meine Seele ist vom Schmerz gebrochen, und keine Ruhe ist Ihrem Freund beschieden ... Aber wird mir denn jemals Frieden gegönnt sein, da ich, hingegeben an das tiefe Gefühl, das mich im Banne hält, auf Ihren Lippen, Ihrem Herzen eine Flamme trinke, die mich verbrennt? Ah! In dieser Nacht habe ich wohl erkannt, daß Ihr Bild nicht Sie selbst sind! Du gehst zu Mittag aus dem Haus, in drei Stunden werde ich Dich sehen. Bis dahin, *mio dolce amor*, empfange tausend Küsse; doch erwidere sie nicht, denn sie verbrennen mein Blut.«

Er ist ihr verfallen.

Dieser Körper, den er in den Armen hielt, hat ihn mit Zauberbann geschlagen, dieser sinnliche, grübchenübersäte, hingebungsvolle Körper, schlank und geschmeidig wie die Palmen Westindiens, ein Leib, der Liebe atmet. Den unerfahrenen jungen Mann hat auch die Liebeskunst seiner Partnerin fasziniert. Einer Partnerin, die so sehr Künstlerin ist, daß sie ihn glauben macht, sie entdecke erst mit ihm die an Wundern reiche Wissenschaft.

Das Märchen von der kleinen Kreolin mit dem leichten Herzen – und der noch leichteren Tugend –, vom Mädchen, das auszog, um Herrscherin über ein unendliches Imperium und ein Königreich zu werden, hat begonnen.

»Unvergleichliche Joséphine«

Am Abend des 9. März 1796 – des 19. Ventôse des Jahres IV – sind fünf Personen im schönen vergoldeten Salon im ersten Stockwerk des Palais in der Rue d'Antin No. 3 versammelt. Der kostbar im Barockstil ausgestattete Raum ist heute das Büro des Direktors der »Bank von Paris und den Niederlanden«. Im Jahre 1796 dient das Gemach als Trauungssaal des Bezirksamtes des II. Pariser Arondissements, und an jenem Märzabend warten eine Braut, drei Zeugen und der Direktorialkommissar Collin-Lacombe – ein Invalide mit Holzbein, der den Standesbeamten Leclerc, welcher es zweifellos vorzog, zu Bett zu gehen, recht und schlecht vertritt – schon seit mehr als einer Stunde auf den Bräutigam und den vierten Zeugen, Bonaparte und seinen Adjutanten Lemarois.

Von Zeit zu Zeit sieht die zu Joséphine gewandelte Rose Barras an – denn gemeinsam mit Tallien und dem treuen Calmelet ist er tatsächlich Zeuge bei dieser außergewöhnlichen Hochzeit. Er war erstaunt, als er erfuhr, daß der kleine Dummkopf von einem General um die Hand einer Frau angehalten hatte, die man ohne weiteres haben konnte, wenn man sie nur einigermaßen höflich darum bat. Er lächelt in Erinnerung an die Vorwürfe, die er Bonaparte wegen seiner übertriebenen Großzügigkeit gemacht hatte:

»Du hast wohl die Beauharnais mit einem deiner Soldaten vom 13. Vendémiaire verwechselt, den Du bei der Verteilung berücksichtigen mußtest. Du hättest besser daran getan, dieses Geld Deiner Familie zu schicken, die es nötig hat und der ich selbst vor kurzem eine Unterstützung habe zukommen lassen.«

Bonaparte errötete und verteidigte sich.

»Ich habe meiner Geliebten keine Geschenke gemacht. Ich wollte doch keine Jungfrau verführen. Ich gehöre zu jenen, welche eine fix und fertige Liebe einer Liebe vorziehen, bei der alles erst getan werden muß ... Nun, und wenn ich, unabhängig vom Zustand der Madame Beauharnais, die Beziehungen zu ihr in völlig ernster Absicht pflegte, wenn diese Geschenke, die Sie mir vorwerfen, Hochzeitsgeschenke wären, was hätten Sie, Bürger Direktor, dagegen einzuwenden?«

»Was du mir erzählst, ist das dein Ernst?«

»Überhaupt ist Madame Beauharnais reich«, gab Bonaparte »aufgebracht« zurück.

Und Barras antwortete ihm:

»Mein Gott, da du mich ernsthaft um Rat fragst, will ich dir mit deinen eigenen Worten entgegnen: Warum nicht? – Du bist allein, an nichts hängt dein Herz. Dein Bruder Joseph hat dir den Weg in die Ehe gewiesen: Mit der Mitgift der Clary hat er sich saniert . . . Heirate denn. Ein verheirateter Mann hat seinen festen Platz in der Gesellschaft; er bietet seinen Feinden etwas mehr Oberfläche und größeren Widerstand.«

Napoleon zufolge – er wird es auf Sankt Helena erzählen – soll Barras noch hinzugefügt haben: »Sie ist dem alten wie dem neuen Regime verbunden; sie wird dir einen Rückhalt geben; ihr Haus ist das beste in ganz Paris.«

Was leicht übertrieben war.

Im weißen und goldenen Salon in der Rue d'Antin wandern die Blicke zur Pendeluhr. Der Bürger Collin ist in seinem Fauteuil eingeschlafen. Joséphines Augen hängen an den Zeigern. Sie ist unruhig. Trostheischend sieht sie Calmelet an, der ihr geraten hat, Bonaparte zu heiraten. Da Rose sich keinen Geburtsschein verschaffen konnte, hat Calmelet vor dem Notar bestätigt, die ihm »voll und ganz« bekannte Witwe Beauharnais sei am 23. Juni 1767 geboren . . . Somit verjüngte sie sich um vier Jahre, was ihr in ihrer Situation sehr gelegen kam.

Bonaparte hat nun schon mehr als eine Stunde Verspätung. Und wenn er nicht käme? Das war nicht möglich! Er betete sie an, seit sie sich ihm jüngst geschenkt hatte . . . Freilich mußte sie sich fragen, ob diese Heirat nicht der helle Wahnsinn war. Bonaparte war eifersüchtig, sparsam, ordnungsliebend. Rose war leichtfertig, verschwenderisch und unordentlich. Außerdem bestand ein Altersunterschied von sechs Jahren.

Wenn sie darauf zu sprechen kam, trällerte er – falsch:

»Glaub mir, wer immerzu gefällt
wird älter nie als zwanzig Jahr'!«

Jetzt war er besser gekleidet und entfaltete einen gewissen persönlichen Charme. Sein Blick und sein Lächeln wirkten anziehend . . . Rose aber war nicht im mindesten in »Bonaparte«, wie sie ihn nannte und immer nennen wird, weil ihr sein Vorname allzu ungewöhnlich erschien, verliebt. Für sie war Bonaparte nur ein »dahergelaufener General«, vom Vendémiaire aus dem Boden gestampft. Ganz zu Anfang schmeichelte Rose die verzehrende Leidenschaft, die sie bei diesem »gestiefelten Kater« mit der düsteren Miene entfacht hatte. Der Erfolg, den sie als Frau erntete, bereitete ihr einen ganz eigenen Genuß . . . Bald aber hatte sie die ein wenig lästige Liebe Bonapartes beunruhigt.

Einer Freundin hatte sie die Situation erklärt: »Lieben Sie ihn? – werden Sie mich fragen. – Aber wo . . . – Also ist er Ihnen zuwider? – Nein, auch das nicht, meine Gefühle sind lau, und dieser Zustand fällt mir auf die Nerven . . . Ich bewundere den Mut des Generals, sein umfassendes Wissen, seinen lebhaften

Geist, aber, und das gestehe ich Ihnen ganz offen, er macht mir auch Angst, weil er offenkundig darnach strebt, seine gesamte Umwelt zu beherrschen . . . Wenn er, einmal mit mir verheiratet, aufhörte, mich zu lieben, würde er mir da nicht vorwerfen, was er für mich getan hat? Was werde ich dann tun? Weinen . . .«

Die Gefühle, die sie für Barras hegte, hatten sie zögern lassen. Rose bewunderte die Eleganz und das Raffinement des Vicomte. Ach, hätte doch Barras sie um ihre Hand gebeten! Aber das war unvorstellbar! Hatte er nicht schon zu Beginn ihrer Liaison Mme. Mailly de Chateaurenault mit lüsternen Blicken verfolgt? Und war Rose nicht bald schon gezwungen gewesen, ihren Liebhaber erst mit ihrer Rivalin und dann mit Thérésia zu teilen? Auf die Dauer konnte das Trio keinen Bestand haben, und es kam, wie Rose später sagen wird: »Als resignierte und einsichtsvolle Freundin habe ich zugunsten dieser Damen das Feld geräumt . . .«

Doch wäre die Ehe mit Bonaparte vielleicht kein Hindernis, ihren geliebten Direktor »wiederzusehen«. Hatte sie nicht erst dreiundzwanzig Tage zuvor bei einem seiner Diners in Chaillot die Dame des Hauses gespielt? Sie hatte zu ihm gesagt: »Sie werde ich immer lieben, darauf können Sie zählen. Rose wird immer Ihnen gehören, zu Ihrer Verfügung sein, sobald sie ihr nur einen Wink geben.«

Rose verwechselte ihre Hörigkeit, die sie körperlich an Barras fesselte, mit Liebe . . . Und als sie ihn verließ, tat sie es unter Tränen. »Fest umschlang sie mich«, erzählt Barras, »warf mir vor, ich liebte sie nicht mehr, sagte immer wieder, ich sei ihr das Liebste auf der Welt, und davon könne sie sich nicht in jenem Augenblick trennen, da sie die Frau des kleinen Generals wurde . . . Meine Lage ähnelte jener Josephs bei Frau Potiphar. Doch wollte ich mich als ebenso grausam bezeichnen, wie der junge Abgesandte Pharaos es gewesen war, so müßte ich lügen . . . Als ich mit Madame de Beauharnais mein Arbeitszimmer verließ, genierte ich mich einigermaßen.«

Um ihrem »Bräutigam«, der sie fiebernd vor Ungeduld in ihrem Haus erwartete, zu erklären, weshalb sie verweinte Augen hatte, log sie und sagte, Barras habe versucht, ihr Gewalt anzutun. Der kleine Korse fuhr auf: »Ich fahre zu ihm und stelle ihn zur Rede!«

Joséphine besänftigte ihn: »Er hat etwas rauhe Manieren, doch ist er von Herzen gut, sehr hilfsbereit, ein Freund, nichts weiter.«

Und er hatte ihr Glauben geschenkt . . . gewiß!

Einige Zeit später, gibt Napoleon auf Sankt Helena an, gestand Rose, tatsächlich die Geliebte Barras' gewesen zu sein. »Und nun sei sie von ihm schwanger. ›Das ist sehr unangenehm‹«, habe sie geseufzt, ›ich weiß weder aus noch ein.‹«

Sogleich habe sich Napoleon erbötig gemacht: »Nun gut, so heiraten wir denn. Ich sehe da keine Schwierigkeit.«

Hatte sie dieses außerordentliche »Verständnis« ihres Anbeters dazu bewogen, »die Bürgerin Bonaparte« zu werden? Sie hatte noch einen zweiten Beweggrund.

Sie mußte unter allen Umständen »den Schlußstrich« unter ihr bisheriges Leben »ziehen«. Dreiunddreißig Jahre sind gewiß noch kein besorgniserregendes Alter, doch die Jugend ist nichtsdestoweniger unwiederbringlich dahin. Freilich bietet sie immer noch ein hinreißendes Schauspiel – von dem Bonapartes Verzückung kündet –, wenn sie sich inmitten der Spiegel ihres Boudoirs entkleidet: Ihre hohen Brüste, ihre atemberaubend schönen Beine, ihr Kreolinnengang verwirren die Sinne, doch hat Rose sich aus der Nähe, aus nächster Nähe studiert... und die kleinen Falten entdeckt, die sich vertiefen, und unter der dicken Schicht von Schminke und Puder ist die Haut ein wenig welk geworden. Ja, nun muß sie daran denken, »eine Versorgung zu finden«. Steht sie nicht schon allein im Leben? Hoche und Caulaincourt scheinen nicht mehr bereit, die Gattinnen um ihretwillen zu verlassen. Als Rose sich entschloß, ihren Geliebten zu heiraten, gewährte sie ihre Hand ebenso leichten Herzens wie ihren Körper... Weshalb hätte sie auch lange überlegen sollen? Die neue Gesellschaft nimmt das Heiraten auf die leichte Schulter, da man sich ja wieder scheiden lassen kann. Die Scheidung ist ein Kinderspiel geworden, die Ehe »ein von Woche zu Woche, von Nacht zu Nacht kündbarer Vertrag«. Wenn die Soldaten, heißt es, »ins Winterquartier ziehen, heiraten sie von vornherein mit der Absicht, sich vor ihrem Abzug wieder scheiden zu lassen«.

Die Ehe ist eine Kurzweil – ein Vergnügen mehr, das jene Zeit zu bieten hat. Doch die Jagd nach dem Gatten gestaltete sich schwierig. Wahrhaft ernstzunehmende Kandidaten, wie Bonaparte einer war, besaßen Seltenheitswert, und Rose tat gut daran, die einmalige Chance zu nützen und zuzugreifen.

Der Bräutigam hat nun schon zwei Stunden Verspätung.

Barras ist von allen am meisten beunruhigt. Hatte es sich Bonaparte am Ende überlegt? Würde sich Joséphine nun wieder an ihn hängen? Er erinnert sich an den Besuch, den seine Mätresse ihm abstattete, um ihn von ihrer bevorstehenden Hochzeit zu unterrichten.

»Ich hielt es für besser«, hatte sie ihm gesagt, »Bonaparte meine bittere Notlage nicht zu enthüllen. Er glaubt, ich besäße zur Zeit ein gewisses Vermögen und hätte mir von Martinique beträchtliche Summen zu erhoffen. Sagen Sie ihm nichts von dem, was Sie, lieber Freund, wissen, Sie würden mir alles verderben. Da ich ihn ja nicht liebe, können Sie mir meine Handlungsweise nicht verargen... Aber Sie, das weiß ich wohl, lieben mich nicht mehr«, hatte sie hinzugefügt und »augenblicklich einen Tränenstrom vergossen, der ihr zu Gebot stand«. »Daß Sie mich nicht mehr lieben, bereitet mir den größten Schmerz. Darüber werde ich mich nie mehr hinwegtrösten. Wenn man einen Mann wie Sie geliebt hat, kann man denn da sein Herz jemals an einen anderen hängen?«

»Und Hoche?« hatte er grinsend erwidert, »den haben Sie doch auch mehr als alles auf der Welt geliebt.« Und ihr die Namen sonstiger Liebhaber ins Gesicht schleudernd: »Und *tutti quanti!* Haben Sie sich bloß nicht so, Rose, Sie sind schon eine rechte Circe!«

Die war sie denn auch ... Und hatte den armen Hoche gequält, als er seine Liebesbriefe von ihr zurückbegehrte. »Ich kann darauf verzichten, daß ihr Mann den Stil meiner Liebesbriefe an diese Frau kennenlernt. Ich verachte sie, ›die von den Helden ihrer Zeit mit Gunst Beschenkte‹!« Wie auch hatte sie es fertiggebracht, ihm diesen armseligen Polizeigeneral vorzuziehen, der sich geweigert hatte, unter seinem Befehl in der Vendée zu kämpfen? Und frech war der kleine Korse obendrein. Hoche erinnerte sich jenes Tages, als Bonaparte bei Mme. Tallien den Wahrsager spielte und es gewagt hatte, über Hoches Handfläche gebeugt, »in feierlichem Ton zu verkünden«: »General, Sie werden in Ihrem Bett sterben!«

Bonaparte ist noch immer nicht gekommen ... Im Standesamt wartet man schon über zwei Stunden. Joséphine wagt nicht mehr, nach der Uhr zu sehen. Um sich selbst Mut zu machen, denkt sie an »ihre Mitgift«: die Italienarmee. Barras redete ihr ein, Bonaparte habe den Oberbefehl über die Italienarmee ausschließlich ihm zu verdanken, eine Beförderung, die als Geschenk für seine verflossene Geliebte gedacht war. In Wahrheit stammte die Idee von Carnot, aber Barras hatte sie im Staatsrat unterstützt. Hatte der kleine Korse am Ende nur um ihre Hand angehalten, weil er sich davon die Erfüllung seines Traumes erhoffte? Einige Tage vorher hatte Rose es gewagt, ihrem »Bräutigam« vorzuwerfen, er habe ihr »nur aus Berechnung den Hof gemacht«. Bonaparte ging, und am nächsten Morgen schrieb er ihr:

»9 Uhr morgens.

Als ich Sie gestern verließ, begleitete mich ein schmerzliches Gefühl. Sehr verärgert ging ich zu Bett. Ich hätte gedacht, die Wertschätzung, die mein Charakter verdient, müßte Sie daran hindern, Gedanken wie jenen, der Sie gestern abend beunruhigte, zu hegen. Gewinnen derlei Gedanken die Übermacht, so sind Sie, Madame, ungerecht, und ich bin sehr unglücklich!

So haben Sie also gedacht, ich liebte Sie nicht um Ihrer selbst willen! Um wessen willen denn? Ach, Madame, da müßte ich mich schon sehr verändert haben. Wie konnte eine so reine Seele ein so niedriges Gefühl hegen? Immer noch staune ich. Am meisten aber über das Gefühl, das mich beim Erwachen ohne Groll und ohne Willen niederzwang zu Ihren Füßen. Ich gebe es zu — niemand kann schwächer, niemand würdeloser sein als ich. Welch seltsame Macht übst Du wohl aus, unvergleichliche Joséphine? Ein einziger Deiner Gedanken vergiftet mein Leben, zerreißt mir das Herz im Widerstreit der Gefühle, doch ein noch stärkeres Gefühl, eine Stimmung, die weniger düster ist, bindet mich wieder an Dich, führt mich zu Dir zurück und läßt am Ende mich schuldig werden. Ich fühle es wohl, wenn wir uns zanken, müßtest Du mein Herz, mein Gewissen von Dir weisen: Du hast sie verführt, immer noch gehören sie Dir.

Du aber, *mio dolce amor*, Du hast wohl ruhig geschlafen? Und keine zweimal an mich gedacht? Drei Küsse gebe ich Dir: einen auf Dein Herz, einen auf Deinen Mund, einen auf Deine Augen.«

Der Briefschluß beweist, daß sie sich zu Unrecht Sorgen machte.

Freilich war da noch seine Familie! Diese Korsen, die Joséphine schon jetzt, wo sie sie noch gar nicht kannte, Angst machten. Da Bonaparte ihre Reaktionen fürchtete, hatte er ihnen seine bevorstehende Heirat verborgen. Weder das Familienoberhaupt, seinen Bruder Joseph, noch seine Mutter, Madame Laetitia — *la madre —*, hatte er davon in Kenntnis gesetzt. Rose kann sich unschwer ihre Empörung vorstellen. Sie ist Witwe, etliches älter als der Mann und bringt zudem noch zwei Kinder in die Ehe mit! Zwei fremde Kinder, die nicht zur »Sippe« zählen und erhalten sein wollen! Eine elegante, verschwenderische, frivole Pariserin! Eine Frau, deren luxuriöser Lebenswandel sie ruinieren wird! Eine ehemalige Vicomtesse, Witwe eines oberkommandierenden Generals und seinerzeitigen Präsidenten der Konstituante! Wird sie nicht auf ihre Schwägerinnen herabblicken? Und diese große Dame hindert *Napoleone* daran, die kleine Clary zu heiraten, die jetzt weint und die »ihn nicht mehr lieben und nicht mehr an ihn denken darf«.

Die arme Désirée hat ihrem Exverlobten geschrieben: »Sie — ein verheirateter Mann! Ich kann mich nicht an diesen Gedanken gewöhnen, er tötet mich. Ich kann ihn nicht ertragen. Ich werde Ihnen beweisen, daß ich die Treue höher zu schätzen weiß, und obwohl Sie die Bande zerrissen haben, die uns vereinten, werde ich mich niemals an einen anderen binden, werde nie heiraten . . .«

Sie wird heiraten und sogar Königin von Schweden und Norwegen werden . . . aber für den Augenblick ist nur eines gewiß: In Julie, Désirées Schwester — Josephs Gattin —, wird Joséphine eine Feindin haben!

Mit einem Mal rasselt ein Säbel über die Steintreppe. Die Tür öffnet sich.

Es ist Bonaparte, gefolgt von Lemarois.

Ohne ein Wort der Entschuldigung stürzt er auf den Kommissar los und rüttelt ihn wach: »Vorwärts, Monsieur, trauen Sie uns geschwind!«

Schlaftrunken psalmodiert Collin den Text des ungewöhnlichen Ehekontrakts, wo der Bräutigam — »Napoleon Bonaparte, Sohn des Charles Bonaparte, Rentier, und der Letizia Ramolino« — sich um 18 Monate älter macht und die Braut — »Marie-Josèphe-Rose Tascher, geboren auf der Insel Martinique der Inseln unter dem Wind« — sich um vier Jahre verjüngt und Lemarois nicht als Zeuge fungieren darf, da er noch nicht großjährig ist, obwohl ihm der Ehekontrakt die Großjährigkeit bestätigt . . . Der Vertreter des Bürgermeisters schließlich ist nicht befugt, eine Eheschließung vorzunehmen, und wird deshalb die Trauungsurkunde tags darauf von Leclerc unterzeichnen lassen.

Fünf Minuten später verabschiedet man sich auf dem Bürgersteig der Rue d'Antin. Barras und Tallien besteigen ihre Wagen — Barras wohnt jetzt im Luxembourg-Palais, Tallien in Chaillot —, Calmelet und Lemarois gehen zu Fuß nach Hause, und Joséphine begibt sich Arm in Arm mit ihrem Gatten in ihr Schlößchen in der Rue Chantereine, geht ein in die Geschichte . . .

Wer aber hätte damals vermocht, diese glanzvolle Zukunft vorauszusehen?

Als sie das Schlafzimmer betreten, weigert sich Fortuné, seinen angestammten Platz zu räumen. Er beißt Bonaparte in die Wade — und der junge Ehemann findet sich mit der Anwesenheit des Mopses ab.

Tags darauf, am 10. März, besuchen die Frischvermählten Hortense in Saint-Germain, im Pensionat Campan in der Rue de l'Unité, heute Rue des Ursulines 42. Die Dreizehnjährige tritt ihrem Stiefvater kühl gegenüber. Sie ist weder imstande, ihn zu lieben, noch, ihn zu bewundern. Daß Bonaparte sich in Toulon bewährte, gehört zu seinem Metier eines Hauptmannes, der sein Talent — um nicht zu sagen sein Genie — nur auf eine der drei Waffengattungen verwandte. Seine derzeitige Situation verdankt er dem Umstand, daß er die Königstreuen in einer engen Straße mit seinen Kanonen niedermähte! Einen solchen Mann kann Hortense nicht bewundern. Die Heirat ihrer Mutter ist für sie eine Mésalliance und der Witwe eines Generals und Präsidenten der Konstituante nicht würdig. Wo sie doch beinahe Hoche geheiratet hätte! Bonaparte tut, als bemerke er die finstere Miene des Mädchens nicht, kneift sie scherzend ins Ohr und meint zu Mme. Campan: »Ich muß Ihnen meine kleine Schwester Caroline anvertrauen, bloß warne ich Sie schon jetzt, weil sie völlig ungebildet ist. Versuchen Sie, aus ihr eine ebenso gebildete junge Dame zu machen, wie unsere liebe Hortense es ist.«

Caroline konnte mit ihren fünfzehn Jahren weder schreiben noch lesen!

Noch eine Nacht der Liebe verlebt das junge Paar, und wieder ist Fortuné dabei.

Freitag, den 11. März, verläßt Bonaparte kaum den kleinen Salon. Über eine Landkarte der Alpen gebeugt, die auf dem runden Tisch entfaltet liegt, studiert der General seinen nächsten Feldzug. Denn noch am selben Abend fährt er nach Nizza zu seiner Armee. Die Flitterwochen haben keine 48 Stunden gewährt! Von Zeit zu Zeit betritt Joséphine den Raum. Er küßt sie, doch schickt er sie zu ihrer großen Verwunderung wieder fort: »Gedulde dich, meine gute Freundin«, ruft er ihr nach, »nach dem Sieg werden wir Zeit für die Liebe haben.«

Am Abend hält die Postkutsche, in der schon sein Adjutant Junot und der Zahlmeister der Italienarmee, Chauvet, warten, in der kleinen Allee. Bonaparte reißt sich aus den Armen seiner Frau und ringt ihr das Versprechen ab, ihm bald ins Feld zu folgen. Gewiß sagt sie zu, doch sie kann sich nicht vorstellen, wie sie Paris verlassen soll, um in Zukunft das Leben der Soldaten zu teilen . . . Ein letzter Kuß, und der Wagen verläßt die Rue Chantereine. Rose sieht ihm nach, wie er in der Ferne verschwindet.

Wie ungewiß ist doch die Zukunft! Sie kann es nicht fassen, daß ihr Mann, dieser Vorzimmergeneral und Alkovenstratege, dieses »Männchen mit dem zerzausten Haar«, Günstling Barras' und der Frauen, mit einem Bettlerheer von 37 000 Hungerleidern, die nicht mal Stiefel, sondern Strohschuhe an den Füßen haben, gegen das Kaiserreich Österreich und gegen Piemont in den Krieg ziehen soll!

Von Châtillon-sur-Seine aus schickt Bonaparte ihr eine Vollmacht über 70 Louis und 15 000 Livres in Assignaten, damit sie »verschiedene Summen, die ihm zustehen, einkassieren könne«. Einen Tag später — Montag — erreicht er des Abends das Dorf Chanceaux, das 12 Meilen von Châtillon entfernt ist. Er setzt sich hin, schreibt ihr, schüttet ihr sein Herz aus und adressiert den Brief »An die Bürgerin Beauharnais«, da er wohl fürchtet, dem Postboten sei eine »Bürgerin Bonaparte« noch nicht bekannt*.

Mit jeder Umdrehung der Räder entfernt er sich weiter von der leidenschaftlichen Gefährtin, mit jedem Augenblick vergrößert sich der Abstand, der sie trennt. Schmerz und Sehnsucht berauben ihn seiner Kraft. Unablässig denkt er an die geliebte Frau. Bald glaubt er, sie sei traurig, und das Herz will ihm brechen; bald wähnt er sie heiter, »ausgelassen in Gesellschaft ihrer Freunde«, und schon wirft er ihr vor, sie habe den Trennungsschmerz schnell überwunden: »Ach! Sei doch nicht fröhlich, sondern ein wenig traurig. Aber bewahre Deine Seele vor Kummer wie Deinen schönen Körper vor Krankheit.«

Bonapartes Vermutungen waren nicht völlig aus der Luft gegriffen: Joséphine litt keineswegs unter der Trennung. Vier Tage brauchte sie, um den ersten Brief an ihn zu schreiben, und als sie es tat, sprach sie ihn mit »Sie« an. Als er ihre Zeilen las, übermannte ihn die Wut: »Du sagst ›Sie‹ zu mir! Selber Sie! Ach, Du Böse, wie konntest Du diesen Brief schreiben! Wie kühl er doch ist! Und außerdem sind's vom 23. zum 26. vier Tage. Was hast Du bloß getan, daß Du Deinem Mann nicht schriebst? ... Ach, meine Freundin, dieses Sie und diese vier Tage lassen mich meiner alten Gleichgültigkeit nachweinen. Wehe jenem, der vielleicht die Schuld daran trägt! Sie! Sie! Ach, wie wird das erst in vierzehn Tagen sein! Meine Seele trauert, mein Herz ist versklavt, und meine Phantasie gaukelt mir die furchtbarsten Bilder vor... Du liebst mich weniger. Du wirst Dich trösten. Eines Tages wirst Du mich nicht mehr lieben. Sag es mir. Mein Unglück werde ich mir zumindest zu verdienen wissen... »Adieu Frau, Qual, Glück, Hoffnung und Seele meines Lebens, die ich liebe, die ich fürchte, die mir zärtliche Gefühle einflößt, mich der Natur gehorchen läßt und mich aufwühlt in

* In der Folge adressiert er die Briefe »An die Bürgerin Bonaparte bei der Bürgerin Beauharnais«, gewiß auf Wunsch seiner Frau, denn er beklagt sich: »Es stört mich, daß ich Dich nicht bei Deinem Namen nennen kann, ich warte, daß Du mir diesbezüglich schreibst.«

Stürmen, die vulkanisch sind wie der Donner. Weder ewige Liebe fordere ich von Dir noch Treue, sondern nur . . . die *Wahrheit*, unumschränkte Aufrichtigkeit. Der Tag, an dem Du mir sagtest: ›Ich liebe Dich weniger stark‹, wird der letzte meiner Liebe oder der letzte meines Lebens sein . . .

P. S. Einen Kuß an Deine Kinder, von denen Du nichts schreibst! Den Teufel auch, dann würden Deine Briefe um die Hälfte länger. Und Deine Besucher, die sich schon um zehn Uhr morgens einstellen, hätten am Ende nicht das Vergnügen, Dich zu sehen. Weib!!!«

Mit solchem Druck schleuderte die Feder die drei Ausrufungszeichen hin, daß das Papier zerreißt!

Bonaparte verzehrt sich in Eifersucht und Liebe. Sein Herz ist in Flammen. In wunderbaren Worten bekennt er ihr seine Liebe: »Keinen Tag habe ich verbracht, ohne Dich zu lieben. Keine Nacht, ohne Dich in meine Arme zu schließen. Keine Tasse Tee habe ich getrunken, ohne dem Ruhm und dem Ehrgeiz zu fluchen, die mich zwingen, der Seele meines Lebens fern zu sein. Mitten unter meinen Geschäften, an der Spitze der Truppen, im Feld ist einzig meine anbetungswürdige Joséphine in meinem Herzen, beschäftigt meinen Geist, nimmt mein ganzes Denken in Beschlag. Wenn ich mich von Dir zu schnell entferne, wie die Rhône herniederstürzt, so nur, um Dich um so schneller wiederzusehen. Wenn ich mich mitten in der Nacht erhebe, um zu arbeiten, so tue ich es, weil es die Ankunft meiner süßen Freundin um ein paar Tage beschleunigen kann.«

Ihre Ankunft? Nicht im Traum denkt sie daran, ihrem Mann ins Feld zu folgen. Aber da er ihr die Kälte ihres Briefes vorwirft, schreibt sie ihm ein paar Zeilen – wohl erotischen Inhalts* und mit ihrem Blut.

Bonaparte ist zutiefst aufgewühlt: »Was, meine anbetungswürdige Freundin, fällt Dir wohl ein, daß Du mir mit solchen Worten schreibst? Glaubst Du denn, meine Lage sei nicht schon grausam genug, als daß Du meine Sehnsucht noch anfachen und meine Seele zutiefst erschüttern solltest? Welch ein Stil! Welche Empfindungen schilderst Du doch! Feuer sind sie, und verbrennen mein armes Herz!«

Joséphine ist ihm sein einziger Lebensinhalt geworden: »Wenn mich die Arbeit zermürbt, wenn ich vor dem Ausgang meiner Vorhaben zittere, mir vor den Menschen ekelt und ich bereit bin, mein Leben zu verfluchen, lege ich die Hand auf mein Herz. Dort pulst Dein Bild.«

Als er am 20. März in Marseille ankommt, sucht er Madame Laetitia auf, übergibt ihr einen Brief ihrer Schwiegertochter und ringt ihr das Versprechen ab, ihn zu beantworten. Die *Madre* braucht neun Tage, um einen gezierten, banalen,

* Sämtliche Briefe, die Joséphine Bonaparte während des italienischen Feldzuges schrieb, sind in Verlust geraten.

doch eleganten Brief zustande zu bringen. Sie spricht schlecht Französisch – und schreibt es noch schlechter –, und deshalb darf man annehmen, sie habe sich den Brief von jemandem aufsetzen lassen, von Joseph vielleicht, der sich zu jener Zeit in Genua befindet. Am 30. März, vier Tage nach seiner Ankunft in Nizza, hatte Bonaparte seiner Frau, »Lust und Qual meines Lebens«, geschrieben: »Meine Soldaten bringen mir ein Vertrauen entgegen, das sich nicht in Worte fassen läßt.« Zunächst hatte er freilich ob »seines kleinen Wuchses und seiner kümmerlichen Erscheinung« einen schlechten Eindruck gemacht. »Das Porträt seiner Frau, das er in der Hand hielt und allen zeigte« – berichtet Masséna, einer seiner Divisionskommandanten –, »trug nicht dazu bei, ihn in einem besseren Licht erscheinen zu lassen. Es brauchte erst das strenge Verhör, dem er seine Korpskommandanten unterzog, die heroischen Sätze, die er ihnen entgegenschleuderte, um sie begreifen zu lassen, daß sie bald schon von Stolz erfüllt sagen würden: ›Ich war bei der Italienarmee.‹«

Des Heldenlieds Schöpfung hat begonnen ... Der kleine Korse zieht aus, »den Feind ins volle Leben zu treffen«. Aller Augen sind auf die Halbinsel gerichtet – nur Joséphines Augen nicht.

Für einen Brief, den sie – angeblich – mit ihrem Blut geschrieben hat, sendet sie ihm zehn Botschaften, die ihn ob ihrer Kürze und Kälte empören: »Nein, Du riskierst keinen weiteren Augenblick, um jenem zu schreiben, der 300 Meilen weit von Dir einzig in der Erinnerung an Dich lebt, frohlockt, existiert, der Deine Briefe liest, als verschlänge er sie ... Ich bin nicht befriedigt. Dein letzter Brief ist kühl wie die Freundschaft. Darin habe ich nicht jenes Feuer gefunden, das Deine Blicke entfacht und das ich manchmal in Deinen Briefen zu sehen vermeinte.«

Freilich, meint er, habe er sich Joséphines Kühle selbst zuzuschreiben. Hatte er nicht geklagt, jener allzu sinnliche Brief »beraube ihn der Ruhe«? Dieser aber quäle ihn noch mehr, wehe ihn an mit dem »Eiseshauch des Todes«. Aus der Ferne schickt er ihr »einen Kuß, tiefer, viel tiefer noch als auf die Brust«. Und unterstreicht dreimal die letzten Worte ...

Bis zum 23. April – schreibt er Barras – hat er sechs Schlachten geschlagen, 12 000 Gefangene gemacht, 6000 Piemonteser getötet und 21 Fahnen und 40 Kanonen erbeutet. Und fügt hinzu, als habe er sich die Belohnung wohl verdient: »Ich sehne mich danach, daß meine Frau zu mir kommt.« Kommt sie?

Als dieser Brief in Paris eintraf, lachte Joséphine in ihrem Salon in der Rue Chantereine aus vollem Halse über die Späße eines jungen, wohlgestalteten Husarenleutnants, warf beim Lachen den Kopf in den Nacken und ließ es zu, daß sich der Junge tief über sie neigte. Seine Lippen berührten fast das herrliche kupferschimmernde Haar der künftigen Kaiserin.

86

Sie fand ihn unwiderstehlich. Hals über Kopf hatte sie sich in den Leutnant Hippolyte Charles verliebt, der Adjutant des Generals Leclerc und neun Jahre jünger als sie selbst war. Die Erinnerung an ihren Gatten störte sie keineswegs. Ohne Skrupel war sie bereit, sich dem verführerischen Husaren zu ergeben. Schon die ersten Reverenzen des hübschen Jungen hatten sie bezwungen: »Sie werden ihn bezaubernd finden«, kündigte sie Talleyrand an. »Die Damen Récamier, Tallien, Hamelin verlieren völlig den Kopf, weil der seine so hübsch ist...« Ein gleiches sollte Joséphine geschehen. Hilflos verliebte sie sich in den jungen Offizier mit der unwiderstehlichen himmelblauen Husarenuniform und der scharlachroten Schärpe. Wie kein anderer verstand er den achtzehnfach verschnürten Husarenrock zu tragen, die nach ungarischer Art mit Silber bestickte Reithose und den kurzen Pelz mit dem Fuchskragen. Wie er sich in die Brust warf! Joséphine konnte den Blick nicht vom runden Kinn mit dem Grübchen wenden, nicht vom schwarzen Lockenkopf mit der modischen kurzen »Windstoßfrisur«... von seinen blauen Augen und der netten, frechen Nase gar nicht erst zu reden! Und dann: »Er kleidet sich mit so viel Geschmack. Vor ihm, glaube ich, hat es noch kein Mann wirklich verstanden, sich das Halstuch zu binden.«

In ihm hatte Joséphine ihre große Liebe gefunden. Charles war der typische, eher klein gewachsene Südfranzose, doch ein ausgesucht schöner Junge mit dunklem Teint, langen Koteletten und schwarzem Schnurrbärtchen. Manche Historiker stellten ihn als eingebildeten Schönling dar, eine Kreuzung zwischen einem Friseur aus Marseille und einem Toulouser Handlungsreisenden, und wollten damit beweisen, daß es sich bei der feinfühligen Joséphine nur um eine vorübergehende Verwirrung der Sinne gehandelt hätte. Zum Beweis für ihre Theorie verglichen sie den jungen Stutzer mit dem Helden von Italien und vergaßen dabei völlig, daß eine hübsche heißblütige Frau nicht unbedingt eines Sinnes mit den gestrengen Mitgliedern der Akademie der Moralwissenschaften sein muß... Gewiß hatte Charles auch seine groteske Seite, drückte sich, wie die Duchesse d'Abrantès angab, nur in Kalauern aus, spielte den »Hanswurst«, war »das, was man einen Witzbold nennt; er brachte einen zum Lachen; er war der spaßigste Mensch von der Welt«. Zu jener lachfreudigen Zeit ein schmeichelhaftes Urteil.

Im Schmuckkästchen in der Rue Chantereine leben Joséphine und Charles ihrer Liebe, schmachten, seufzen, begehren und schenken sich einander und schwören, sich einer so tiefen Leidenschaft nicht für fähig gehalten zu haben... Was bedeuten ihnen schon die Namen jener italienischen Dörfer, die der Gatte ins Giebelfeld der Geschichte meißelt. Über ihrer Liebe verlieren sie den Atem und den Verstand. Die Welt hat aufgehört zu bestehen.

Der Name des Generals Bonaparte ist auf allen Lippen, doch nicht auf denen seiner Frau. Für sie zählt einzig Hippolyte. Ihre Umarmungen werden durch die allzu häufige Ankunft der Kuriere unterbrochen, die der Bürgerin Bonaparte, Rue Chantereine No. 6, leidenschaftslohende Briefe bringen. Vielleicht liest Madame sie dem Geliebten vor:

»Eben empfange ich einen Brief, den Du unterbrichst, um, wie Du sagst, aufs Land zu fahren. Und hinterher wagst Du noch, die Eifersüchtige zu spielen, obwohl ich vor Arbeit und Erschöpfung zusammenbreche. Ach! Meine gute Freundin ... Es ist wahr, daß ich im Unrecht bin. Im Frühjahr ist das Land schön. Und dann war wohl der neunzehnjährige Liebhaber mit von der Partie? ...«

Einer aber stört das Idyll: der Oberst Murat, der erste Adjutant ihres Gatten. Er meldet Joséphine die jüngsten Siege und überbringt ihr einen Brief Bonapartes, eine dringliche Aufforderung, sich auf die Reise zu machen. Als Reisebegleiter empfiehlt er ihr den Oberst. In Mondovi und Tortona seien schon Quartiere bereit.

»Wie glücklich ist doch Murat ... Deine kleine Hand ... Ach! Wenn Du nicht kommst!!! Nimm Deine Zofe mit, Deine Köchin, Deinen Kutscher. Ich habe vier Pferde für Dich und einen schönen Wagen zu Deinen Diensten. An Gepäck sollst Du nur das für Dich persönlich Notwendige mitführen. Hier habe ich Tafelsilber und ein Porzellanservice, dessen Du Dich bedienen wirst.«

Mit Mühe – er schreibt so unleserlich – entziffert sie die leidenschaftlichen Worte: »Niemals wurde eine Frau mit mehr Ergebenheit, Feuer und Zärtlichkeit geliebt ...«

Natürlich kommen am Ende noch drei Vorwürfe:

»Wie kannst Du, mein Leben, von mir verlangen, ich solle nicht traurig sein? Keine Post von Dir. Nur alle vier Tage erhalte ich einen Brief. Freilich, man muß ja mit den jungen Herren, die auf Besuch kommen, scherzen, und das schon um zehn Uhr morgens, und sich dann noch das Gewäsch und die Dummheiten von hundert Laffen bis eine Stunde nach Mitternacht anhören. In den Ländern, wo gute Sitten herrschen, ist jedermann ab zehn Uhr zu Hause. Aber in jenen Ländern schreibt man auch seinem Gatten, denkt an ihn, eilt zu ihm.

Adieu, Joséphine, Du bist für mich ein Ungeheuer, das ich nicht durchschauen kann ... Mit jedem Tag liebe ich Dich mehr. Die Trennung heilt von den kleinen Leidenschaften und facht die großen an.

Einen Kuß auf Deinen Mund oder auf Dein Herz. Darin bin doch nur ich, nicht wahr? Und dann, einen auf Deine Brust.«

Hat sie ihr »Wie drollig er doch ist« gemurmelt? Sicher ist hingegen eines: Voll Bewunderung blickt sie zu dem kräftigen, männlich schönen Burschen auf, der Murat heißt. »Wie glücklich ist doch Murat ... Deine kleine Hand ...«

Schenkte sie dem Krieger ihre Gunst? Man sagt es, doch kann man es nicht beweisen ...

Zwei Tage nach Murat treffen Joseph Bonaparte und Junot ein. Der erste überbringt das Waffenstillstandsersuchen der Piemontesen, der zweite des Feindes eroberte Fahnen. Und beide sind im Besitz von Briefen »an die Generalin«.

»Ich warne Dich«, lautet die von Joseph überbrachte Botschaft, »wenn Du säumst, triffst Du mich krank an. All die Mühen und Deine Abwesenheit, das ist zu viel auf einmal!«

Nun legt Junot den Brief seines Generals in Joséphines Hände. Wieder entziffert sie: »Du mußt mit ihm zu mir kommen, hörst Du? Wenn dies nicht sogleich geschieht, braucht er gar nicht erst wiederzukehren. Hätte ich das Unglück, ihn allein zurückkommen zu sehen, so wäre dies ein Unglück ohne Abhilfe, ein Schmerz ohne Linderung, stete Qual. Meine anbetungswürdige Freundin, er wird Dich sehen und in Deinem Tempel atmen! Vielleicht gewährst Du ihm sogar die einzigartige und unschätzbare Freude, Deine Wange zu küssen? Und ich, ich werde einsam sein und sehr, sehr fern. Aber Du kommst doch zu mir, nicht wahr? Du wirst hier bei mir sein, an meiner Seite, an meinem Herzen, in meinen Armen, auf meinen Mund. Entfalte Schwingen, komm, komm – Einen Kuß auf das Herz und dann einen ein wenig tiefer, sehr viel tiefer!«

Komm! Komm! Sie lacht! Das kann doch nicht sein Ernst sein! Eine Reise von vierzehn Tagen! Die Überquerung der Alpen! Paris soll sie verlassen und seine Freuden? Paris, das sie beweihräuchert, um die Siege ihres Gatten zu feiern. Mit Junot, Mme. Tallien und Mme. Récamier hat sie dem Fest beigewohnt, das das Direktorium gegeben hat. Die künftige Kaiserin hielt dem Vergleich mit Thérésia und Juliette sehr gut stand: »Noch sehe ich sie alle drei vor mir«, erzählt der Dichter Arnault, »in Toiletten, die ihre Vorzüge am besten zur Geltung brachten, die Häupter von den schönsten Blumen bekränzt, an einem der lieblichsten Tage im Mai, wie sie den Salon betraten, wo das Direktorium die Fahnen in Empfang nehmen sollte; sie glichen den drei Frühlingsmonden, die sich vereint, um den Sieg zu feiern.«

»Beim Verlassen des Festes«, bemerkt Laure d'Abrantès, »reichte Junot Mme. Bonaparte den Arm, der als Gattin seines Generals der Vortritt gebührte, vor allem an diesem festlichen Tag. Den linken Arm bot er Mme. Tallien, und so schritt er mit ihnen die Treppe des Luxembourg hinab. Die Menge war unübersehbar. Man drängte sich, stieß einander zur Seite, um besser zu sehen.

– Sieh mal, das ist seine Frau.

– Und das sein Adjutant! Wie jung er ist!

– Und sie erst, wie hübsch!

– Es lebe der General Bonaparte! brach das Volk in Jubel aus.

– Es lebe die Bürgerin Bonaparte! Sie ist gut zu den Armen!

– Ja, ja, sagte eine dicke Hökerin aus den Markthallen, die ist wirklich *Notre Dame des Victoires*, Unsere liebe Frau vom Siege! . . .«

Und er flicht in Lodi an seinem Siegerkranz. »Nach Lodi«, schreibt er später, »betrachtete ich mich nicht mehr als einfachen General, sondern als einen Mann, der dazu berufen war, die Geschicke des Volkes zu beeinflussen. Es kam mir in den Sinn, daß ich wohl eine entscheidende Rolle auf unserer politischen Bühne spielen könnte. Da sprang der erste Funke des hochfliegenden Ehrgeizes auf.«

In Lodi wird ganz Italien für die Republik gewonnen. Aber als er den Marsch gen Mailand befiehlt, denkt Bonaparte nur an seine Frau.

Joseph drängt es nicht darnach, die Hauptstadt zu verlassen. Er sinnt auf eine Intrige, um sich die Würde eines Konsuls zu erringen, und möchte ein Landhaus kaufen. Murat aber kann seinen Aufenthalt in Paris nicht ins Endlose dehnen. Was wird Joséphine tun? Paris und ihren geliebten Hippolyte verlassen? Davon kann keine Rede sein. So ersinnt sie einen Vorwand, um nicht abzureisen: »Ich bin schwanger.«

Läßt Murat sich hinters Licht führen? Oder hat Joséphine ihn ins Vertrauen gezogen? Unmöglich ist es nicht. Joséphines Zofe, Louise Compoint, ist Mitverschworene ihrer Herrin, und um Junot die Hände zu binden, läßt sie ihre Reize spielen.

Am 13. Mai trifft die Nachricht in Lodi ein. »So ist es denn wahr, daß Du schwanger bist? Murat hat es mir geschrieben. Aber er teilt mir auch mit, daß Du unter Übelkeiten leidest und daß er es nicht für klug hielte, wenn Du eine so lange Reise unternähmst.

So wird mir also noch das Glück versagt sein, Dich in meine Arme zu schließen! Mehrere Monate noch werde ich fern von allem sein, was ich liebe! Wäre es denn möglich, daß mir das Glück versagt sein soll, Dich mit Deinem Bäuchlein zu sehen? Das muß Dich interessant machen! Du schreibst mir, Du habest Dich sehr verändert. Dein Brief ist kurz, traurig und mit zittriger Schrift geschrieben. Was hast Du, meine anbetungswürdige Freundin? Weshalb machst Du Dir wohl Sorgen?«

Sie hat nichts . . . Sie liebt – und das ist alles! Sie zieht den wunderhübschen, witzigen Leutnant dem ernsten General vor – diesen Leutnant, den seine Kameraden den »Aufgeweckten« nennen. Ein Name, der treffend ist. Und Bonaparte sorgt sich. Bonaparte, den die kalten und herzlosen Zeilen seiner Frau zutiefst schmerzen. Da schreibt sie ihm – wieder, um Zeit zu gewinnen –, sie sei krank. Und er antwortet ihr:

». . . mein Herz ist von einer Sorge erfüllt, die sich nicht in Worte fassen läßt. Du bist krank, fern von mir. Sei fröhlich und achte wohl auf Dich, Du, die ich in meinem Herzen höher schätze denn das All. Ach! Der Gedanke, daß Du krank bist, macht mich sehr traurig . . .«

Was sie denn tun sollte? Sich zerstreuen, natürlich! Und der Gatte rät ihr: »Sei doch fröhlich und zufrieden und wisse, daß mein Glück abhängt von dem Deinen.

Wenn Joséphine nicht glücklich ist, wenn sie ihre Seele der Traurigkeit, der Mutlosigkeit überläßt, liebt sie mich demnach nicht mehr.«

Wieder rührt ihn der Gedanke, daß sie ein Kind von ihm trägt: »Bald wirst Du einem anderen Wesen, das Dich lieben wird wie mich, das Leben schenken ... Nein, das ist nicht möglich: Es wird Dich lieben, wie ich Dich liebe. Deine Kinder und ich, wir werden unablässig um Dich sein, um Dich von unserer Zärtlichkeit und unserer Liebe zu überzeugen.«

Achtundvierzig Stunden, nachdem er diesen Brief abgeschickt hat, besteigt der siegreiche General sein weißes Pferd, *Bijou*, das »Schmuckstück« und zieht im Triumph in Mailand ein. Am Stadttor erwarten ihn Masséna, der Graf Trivulzio mit seinen Dekurionen und der Erzbischof Visconti, bei dem er absteigen wird. Die Herren sind vom Anblick überrascht, den der Sieger bietet. Er trägt einen Hut mit einer Feder in den Farben der Tricolore, die gepuderten Haare hängen ihm gleich Spanielohren nieder auf die Schultern, ein kleiner, abgezehrter Kerl, der allein vor seiner zerlumpten Bettlerarmee einherreitet. Jubelndes Volk wogt durch die Straßen. Bonaparte wird Mailand den Klauen des österreichischen Adlers entwinden! *Viva la Libertà*! Es lebe die Freiheit! Mailand liegt zu des Befreiers Füßen, er aber denkt nur an »sie«! Könnte doch Joséphine seinen Triumph mitansehen, die Freude der Mailänder, als er ihnen des Abends nach einem glanzvollen Bankett im erzbischöflichen Palais erklärt:

»Ihr werdet frei sein. Ihr werdet frei und dessen sicherer sein als die Franzosen. Mailand wird eure Hauptstadt sein ... ihr werdet fünfhundert Kanonen haben und Frankreichs ewige Freundschaft ... Ihr werdet beide Meere umarmen, eine Flotte haben. Begrabt eure Trauer und euren Hader ... Auf immer wird es Reiche und Arme geben ... Wenn Österreich einen neuen Angriff wagt, werde ich euch nicht im Stich lassen.«

»Nun«, sagt er zu Marmonet, als er sich zu Bett begibt, »was, glauben Sie, sagt man in Paris? Ist man mit uns zufrieden?«

»Die Verehrung muß ihren Höhepunkt erreicht haben.«

»Noch haben sie nichts gesehen, und die Zukunft birgt noch glanzvollere Erfolge in sich, als wir bereits errungen haben. Das Glück hat mir heute nicht etwa zugelächelt, auf daß ich seine Gunst verschmähte: Fortuna ist eine Frau, und je mehr sie für mich tut, um so mehr fordere ich ihr ab. Heutzutage hat noch niemand etwas wirklich Großes geleistet: Mir kommt es zu, ein Beispiel zu liefern.«

Unter Bonapartes Puppenhülle beginnt Napoleon sich zu regen ... doch allein Joséphine merkt nichts von alledem.

Sie lebt in vollen Zügen, läßt keinen Abend ohne Theaterbesuch oder Ball hingehen, keinen Tag, ohne sich mit einer neuen Toilette zu schmücken, einem neuen Verehrer. Bereitwillig läßt sie sich den Hof machen. Paris lebt immer noch in

Rausch und Taumel, und jetzt ist »Madame Bonaparte« die Königin der Kapitale. Es war, wie Marmont sagte: »Sie ließ es sich angelegener sein, die Triumphe ihres Gatten mitten in Paris zu genießen, als sich an seine Seite zu begeben.« Der künftige Marschall stritt an der Seite des Gatten, doch der Dichter Arnault sah Madame Bonaparte leben: »Die Liebe, die Joséphine einem so außergewöhnlichen Mann wie Bonaparte einflößte, schmeichelte ihr offensichtlich, obwohl sie die Sache weniger ernst nahm als er; sie war stolz, daß er sie fast ebenso sehr liebte wie den Ruhm; sie genoß diesen Ruhm, der mit jedem Tag sich mehrte; doch genoß sie ihn in Paris, inmitten des Jubels, der sie umbrandete, wann immer Nachricht von der Italienarmee eintraf.«

Kurier auf Kurier trifft bei ihr ein, Tag und Nacht sind Bonapartes Boten geritten, um ihr die liebesglühenden Briefe des Gatten zu überbringen, und wieder lacht sie ... Sofern sie nicht mit Charles im Bett liegt, hat sie andere Sorgen! Sie trägt nun eine herrliche blonde Perücke an Stelle der schwarzen. Dies kommentiert die Zeitung L'Ami des lois, der »Gesetzesfreund«, ebenso ernsthaft wie die Tagespolitik: »In der guten Gesellschaft würde man auf eine Frau mit schwarzem Haar mit dem Finger weisen, und die dunkelhaarigen Herren sind in Mode.«
Das paßt vorzüglich ... denn Hippolyte ist ein sehr gut aussehender dunkelhaariger Jüngling!

Am 18. Mai fühlt sich Bonaparte beim Erwachen glücklich. Er deutet es als gutes Vorzeichen: Joséphine geht es besser, sie hat die schwierigste Zeit der frühen Schwangerschaft hinter sich, ist wohl schon von Paris abgereist, um zu ihm zu eilen ... Und schon gibt er sich seinem Wunschtraum hin.

»Dieser Gedanke macht mich über die Maßen glücklich. Gewiß reist Du durch das Piemont: Die Straßen sind wesentlich besser und der Weg kürzer. Du kommst nach Mailand, wo Du Dich sehr wohl fühlen wirst, da es hier sehr schön ist. Was mich betrifft, werde ich so glücklich sein, daß ich darob den Verstand verliere. Ich sterbe vor Verlangen, endlich zu sehen, wie Du die Kinder trägst. Du mußt wohl ein wenig majestätisch und ehrwürdig wirken, und das scheint mir recht heiter! Aber vor allem, werde mir nur nicht krank! Nein, meine gute Freundin, Du wirst hierher kommen, wohlauf sein, ein Kindchen zur Welt bringen, das hübsch ist wie seine Mutter und das Dich lieben wird wie sein Vater.«

Am 23. Mai, ehe er Mailand verläßt, um sich nach Lodi zum Generalstabsquartier der Armee zu begeben, versucht er, ihre Eifersucht zu wecken. »Man hat mir hier ein großes Fest gegeben. Fünf- oder sechshundert hübsche und elegante Frauenspersonen versuchten, mir zu gefallen. Doch keine glich Dir. Keine hatte jenes sanfte, harmonische Antlitz, das so tief in mein Herz eingegraben ist. Ich sah nur Dich, dachte nur an Dich. Und darauf wurde ich völlig unausstehlich, und eine halbe Stunde, nachdem ich angelangt war, ging ich schon traurig nach Hause, schlafen, und meinte bei mir: Nun bin ich also wieder in meiner einsamen Klause, und der Platz meiner anbetungswürdigen kleinen Frau ist leer... Kommst Du? Wie geht's Deiner Schwangerschaft?«

Und wieder empfindet er Mitleid mit ihr: »Ach! Meine schöne Freundin, achte wohl auf Dich, sei fröhlich, mache Dir des öfteren Bewegung, laß Dir nichts zu Herzen gehen, sorge Dich nicht im geringsten wegen Deiner Reise. Fahre in kleinen Etappen... Unablässig stelle ich mir vor, Dich mit Deinem Bäuchlein zu sehen. Das muß entzückend sein.«

Kaum hat er die Feder aus der Hand gelegt, reitet er neuem Ruhm entgegen, den Österreichern, die das Land ringsum besetzt halten. Doch am 25. Mai ist er gezwungen, nach Mailand zurückzukehren. Heftige Aufstände haben sich erhoben, und nun ergreift er Maßnahmen, die Aufständischen niederzuzwingen. Als die Ordnung wieder hergestellt ist, zieht er, der immer noch Fernen fluchend, neuerlich ins Feld. Bald sind die Österreicher aus Italien vertrieben. Am 5. Juni unterzeichnet er in Brescia ein Waffenstillstandsabkommen mit Neapel, das von der Koalition zurücktritt. Doch ein einziger Gedanke beschäftigt ihn: nach Mailand zurückzukehren, wo er sicher ist, Joséphine anzutreffen. Am 6. Juni aber findet er im Palazzo Serbelloni weder seine Frau noch einen einzigen Brief von ihr vor. Eine Gewißheit hat er: Am 12. Prairial – dem 31. Mai – war sie noch in Paris! Diesmal ist er den Tränen nahe.

»Meine Seele«, schreibt er ihr, »hatte sich der Freude geöffnet. Sie ist erfüllt vom Schmerz. Alle Kuriere treffen ein, ohne mir Post von Dir zu bringen... Wenn Du mir schreibst, wenige Worte nur, spiegelt Dein Stil niemals ein tiefes Gefühl wider. Einer Laune gehorchend hast Du mich geliebt. Schon fühlst Du, wie lächerlich es wäre, es von eben dieser Laune befreien zu lassen.«

Ahnt er etwas von dem schönen Husaren an ihrer Seite? Jenem Jungen, der die hübsche Frau zum Lachen bringt und sie glücklich macht, wenn er sie im runden Boudoir mit stürmischen Zärtlichkeiten überfällt...

»Es scheint, Du habest Deine Wahl getroffen und wüßtest Dir wohl einen Ersatz für mich. Ich wünsche Dir Glück, sofern der Unbeständigkeit solches beschieden ist. Unbeständigkeit, sage ich, und nicht Treulosigkeit. Du hast mich nie geliebt...« Ihm bleibt nur der Ruhm! Doch wird er zu seinem Glück ausreichen?

»Er spendet Tod und Unsterblichkeit.« Bonaparte faßt eine Scheidung ins Auge, und nun ist Joséphine beim Lesen seiner Zeilen denn doch etwas besorgt: »Dir aber sei die Erinnerung an mich nicht verhaßt. Mein Unglück ist, Dich nur wenig gekannt zu haben. Das Deine, mich so beurteilt zu haben wie die Männer, die Dich umgeben.«

Und er zieht die Bilanz ihrer Liebe: »Niemals hegte mein Herz mittelmäßige Gefühle... Es hatte sich gegen die Liebe gewehrt. Du hast ihm eine Leidenschaft ohne Grenzen eingeflößt, eine Trunkenheit, die es entwürdigt. Der Gedanke an

Dich war meiner Seele teurer als die Schöpfung. Eine Laune von Dir war mir geheiligtes Gesetz. Dich sehen zu können war mein höchstes Glück. Du bist schön, anmutig. Deine süße, himmlische Liebe strahlt auf Deinem Antlitz wider. Alles an Dir betete ich an. Wärest Du naiver gewesen, jünger, so hätte ich Dich weniger geliebt. Du gefielst mir selbst in der Erinnerung an Deine Fehltritte und an die niederschmetternde Szene vierzehn Tage vor unserer Hochzeit.« Sie hatte ihm einen Teil ihrer schwerwiegenden Vergangenheit gestanden – nicht die ganze, natürlich! –, und er hatte dennoch um ihre Hand angehalten! Wie hatte er sich gekränkt, wie gelitten, als sie ihm – zweifellos aus Koketterie – entgegenschleuderte, er liebe sie nicht um ihrer selbst, sondern um ihres Geldes willen – das sie ja gar nicht besaß –, liebe sie, weil sie Vicomtesse sei – was sie ebenso wenig für sich in Anspruch nehmen konnte –, oder weil sie Macht über Barras habe – der nur daran dachte, der kurzen Affäre ein Ende zu setzen.

Jetzt, in dieser zweiten Junihälfte 1796, da sie den niederschmetternden Brief erhalten hat, wird Joséphines leise Beunruhigung zu quälender Sorge. Soll sie am Ende wieder von vorne beginnen? Nach einem Gatten oder einem Beschützer jagen? Und erst die Schulden! Tagaus, tagein hatte sie über ihre Verhältnisse gelebt, leichten Herzens, da sie ja wußte, Bonaparte würde eines Tages die Rechnungen begleichen. Konnte denn die Liebe zu ihrem amüsanten Hanswurst je die Ehre aufwiegen, Madame Bonaparte zu sein? Sie liest weiter. Wieder spricht er von ihrer Ehe, als gehörte sie schon der Vergangenheit an: »Was Du tatest, war für mich die Tugend. Die Ehre, was Dir gefiel. Dem Ruhm schenkte ich mein Herz nur, weil er Dir gefiel und Deinem Stolz schmeichelte. Immerzu trug ich Dein Bild am Herzen. Keinen Gedanken faßte ich, ohne es zu betrachten und es mit Küssen zu bedecken. Du, Du hast mein Bild in sechs Monaten nicht ein einziges Mal zur Hand genommen. Nichts bleibt mir verborgen.«

Diesmal scheint Bonaparte nicht mehr bereit, allein dieser Liebe zu leben und zu leiden!

»Liebte ich Dich weiterhin, so liebte ich allein. Und von allen Rollen ist dies die einzige, die ich nicht spielen kann. Joséphine, Du hättest einen weniger eigenwilligen Mann glücklich gemacht. Für mich aber warst Du, das sage ich Dir, das Unglück. Ich fühlte es, als meine Seele Dir verfiel, als Deine Seele mit jedem Tag unbeschränktere Macht über mich gewann und meine Sinne versklavte. Grausame Du!!! Weshalb ließest Du mich auf ein Gefühl hoffen, das Du nicht empfandest!!! Doch ist der Vorwurf meiner nicht würdig. Nie habe ich an das Glück geglaubt.«

Doch auch ein Leben ohne sie scheint ihm unerträglich: »Jeden Tag umkreist mich der Tod . . . Ist es das Leben denn wert, daß man seinethalben solchen Lärm schlägt! Adieu, Joséphine, bleibe in Paris, schreibe mir nicht mehr und achte zumindest meine Einsamkeit. Tausend Dolche zerfetzen mein Herz. Stoße sie nicht tiefer noch hinein. Adieu, mein Glück, mein Leben, alles, was ich auf der Welt hatte.«

»Ah! Joséphine! . . . Joséphine! . . .«

Barras und mit ihm die Regierung sind in Sorge. Der Krieg ist nicht zu Ende! Noch bleibt vieles zu tun, um Italien zu erobern und zu befrieden! Und nun ist alles in Frage gestellt, da Joséphine sich immer noch hartnäckig weigert, sich zu ihrem siegreichen Gatten zu begeben! Frankreich kann es sich nicht leisten, Bonaparte noch länger seinen Depressionen zu überlassen. Das Schicksal Italiens steht auf dem Spiel. Und die Verhandlungen mit dem Papst? Noch ist der Friede mit Rom nicht unterzeichnet! Österreich rüstet zu neuem Angriff. Joséphine aber spricht in ihrem letzten Brief, den sie nach Mailand schreibt, wieder von ihrer Krankheit . . . Barras, der sehr wohl um die Wahrheit weiß, bestätigt Bonaparte dennoch die Nachricht, um ein wenig Zeit zu gewinnen. Und versichert, das Direktorium widersetze sich Joséphines Abreise. Die Bürgerin Bonaparte dürfe nicht reisen, sie sei leidend.

Bonaparte ist erschüttert! Wie nur hat er seiner armen Frau befehlen können, sich auf die Reise zu begeben? Und der Unglückliche fleht sie um Vergebung an: »Ich habe so viel Unrecht an Dir begangen, daß ich nicht weiß, wie ich es sühnen soll. Ich beschuldige Dich, weil Du in Paris bleibst; dabei warst Du krank! Vergib mir, meine gute Freundin: Die Liebe, die Du in mir entfacht hast, hat mir den Verstand geraubt; niemals werde ich ihn wiederfinden. Von dieser Krankheit genest man nicht. Meine Vorahnungen sind so unheilvoll, daß ich mich darauf beschränken werde, Dich zu sehen, Dich zwei Stunden an mein Herz zu drücken und mit Dir zu sterben. Wer pflegt Dich? Ich denke, Du hast Hortense zu Dir gerufen.«

Fiebernd vor Ungeduld erwartete er das Eintreffen des Kuriers, der Order hat, sich nur ein paar Stunden in Paris aufzuhalten, eben so lange, wie Joséphine braucht, um »zehn Seiten« zu schreiben. Sie solle ihm doch sagen, an welcher Krankheit sie derzeit leide! »Wenn sie gefährlich ist, dann komme ich sogleich nach Paris.«

Er bittet um Urlaub! Da sie nicht kommen kann, wird er zu ihr eilen. Diesmal ist man in Paris ehrlich besorgt. Die Eroberung Italiens führt über Joséphines Bett! Sie muß zu ihrem Mann, und gelte es selbst, den Liebhaber mitzuschicken. Und Carnot unterzeichnet – zweifellos auf Betreiben von Barras – folgenden an den Gatten gerichteten Brief: »Das Direktorium, das sich der Abreise der Bürgerin Bonaparte widersetzt hatte, von der Angst bestimmt, die liebende Obsorge ihres Gatten könnte ihn von den Pflichten gegenüber dem Ruhm und dem Heile des Vaterlandes abhalten, war darin übereingekommen, die Bürgerin solle erst nach der Einnahme Mailands abreisen. Nun ist es so weit; wir haben keine Einwände mehr. Wir hoffen, die Myrte, mit der sie sich bekränzt, werde nicht schöner grünen als der Lorbeer, mit dem Sie der Sieg bereits gekrönt hat.«

Seit sechs Wochen schon hielten die französischen Truppen Mailand besetzt! Joséphine bleibt nun keine Wahl mehr. Barras sagt es ihr immer wieder: Sie muß fort von Paris! Doch für die Reise benötigt sie Geld – und hat nichts als Schulden. In diesen Tagen schneit ihr ein Freund ins Haus, den sie schon aus der Zeit vor ihrer Verheiratung kennt, Hamelin, Sohn eines Beamten im Finanzministerium, der ein Opfer des politischen Umschwungs geworden und nun völlig verarmt ist. Hamelin ist mit Fortunée verheiratet, einer Lebedame aus Roses Kreis, einer hübschen, jungen, lasterhaften Kreolin, die zum Stadtgespräch von Paris wurde, als sie, in Übertreibung der zeitgenössischen Mode, mit splitternackten Brüsten über die Champs-Elysées promenierte... Hamelin bittet »die Generalin« um Hilfe. »Warum kommen Sie nicht nach Italien?« schlägt Joséphine dem Paar vor. »Ich bin sicher, daß Bonaparte auf meine Empfehlung etwas für euch tut.« In der Tat hat ihr Gatte ihr eben geschrieben: »Wenn Du irgendwen unterzubringen hast, so kannst Du ihn mir hierher schicken, ich werde ihn unterbringen.«

Joséphine hat einige Wochen zuvor 10 000 Francs Provision für eine Armeelieferung von 20 000 Decken bekommen. Das Geschäft bereitete ihr so wenig Mühe, daß sie auf baldige weitere Abschlüsse hoffte. »Ein einziger, allen gemeinsamer Gedanke«, sagt der Zeitgenosse, »vereinte so viele und so verschiedenartige Wesen: der Wunsch Geld zu verdienen, und um sich solches zu verschaffen, war ihnen jedes Mittel recht. Die eleganteste Frau erachtete es nicht unter ihrer Würde, ein Geschäft über Heereslieferungen abzuschließen, und übernahm es, eine Musterkollektion vorzuzeigen, auf die sie oder ihr Schützling ihre Spekulationen bauten; und zu jener Zeit erkaufte sich die Protektion einzig durch Gewinnteilung.« Hamelin berichtet unverzüglich seinem Freund Monglas über das Gespräch, das er mit der Gattin des Oberbefehlshabers der Italienarmee geführt hatte.

»Ich komme mit dir«, beschließt Monglas.

Da Joséphine Hamelin gefragt hat, ob ihre »beiden Kompagnons« ihr nicht 200 Louis leihen können, beeilen sie sich, »die Generalin« zufriedenzustellen. Kaum hat sie das Geld, bittet sie Hamelin, für sie einen englischen Schleierstoff um 30 Louis bei einer Weißwarenhändlerin abzuholen. Dann verabredet sie sich mit ihnen bei Mme. de Renaudin in Fontainebleau. Von dort aus wird man nach Italien fahren, wo sie ihre »Kompagnons« ihrem Mann empfehlen wird.

Auch ihrem ehemaligen Anbeter Joseph Robbé de Lagrange, dem nunmehr fünfzigjährigen Freund von Alexandre Beauharnais, hat Joséphine einen gleichen

Dienst zugesagt. Lagrange hatte mehr als Hamelin und Monglas getan: Bei einer Gruppe von Finanzmännern führt er seine alte Beziehung zur ehemaligen Mme. de Beauharnais ins Treffen und gründet eine Gesellschaft zur Finanzierung der Expedition. Er begibt sich in die Rue Chantereine und fragt »Rose«, weshalb sie sich nicht auf den Weg mache. Joséphine hütet sich wohl, etwas von den 200 Louis, die ihr Hamelin und Monglas vorgestreckt haben, verlauten zu lassen.

»Ich habe nicht die Mittel, um abzureisen«, seufzt sie.

»Wenn's weiter nichts ist! Ich bin bereit, Ihnen mit 500 Louis auszuhelfen.« Sie akzeptiert, und als sie die 500 Louis sicher in der Tasche hat, gibt sie ihrem alten Verehrer dasselbe Stelldichein wie ihren beiden Komplizen: »In Fontainebleau!«

Am 24. Juni besteigt Joséphine, »zutiefst vom Schmerz gebeugt, in Tränen aufgelöst«, wie ein Zeuge sagt, »schluchzend, als führe sie zur Hinrichtung«, nach einem Abschiedsdiner, das ihr das Direktorium gegeben hat, die Berline. Zwei Tage bleibt sie in Fontainebleau bei ihrem Ex-Schwiegervater Beauharnais und ihrer Tante Renaudin, die endlich ihre Verbindung legalisieren konnten... Jetzt ist Mme. de Renaudin also Marquise!

Und er?

Bonaparte schreibt in dieser Zeit täglich mehrere Briefe an Joséphine, doch wagt er nicht, sie ihr zu schicken: »Weil sie zu dumm waren... Ja, das ist das Wort.«

Am Tag ihrer Abreise schreibt er ihr, noch unsicher, ob sie sich nun tatsächlich auf den Weg gemacht hat, folgende Zeilen, die sie erst sehr viel später lesen wird: »Jetzt erst, meine unvergleichliche kleine Mutter, will ich Dir mein Geheimnis anvertrauen: Spotte meiner, bleibe in Paris, habe Liebhaber, und alle Welt soll's wissen, schreibe nie, nun ja! Ich werde Dich nur zehnmal mehr lieben...«

»Habe Liebhaber!«

Weshalb sollte sie sich einen Zwang auferlegen? In ihrer Berline, wo Joseph und Junot Platz genommen haben, sitzt denn auch tatsächlich Hippolyte, ihr gegenüber, daß seine Knie die ihren berühren.

Sie nimmt ihren Liebhaber mit...

Am Abend des 30. Juni trifft Bonaparte in Florenz ein. Ein Kurier erwartet ihn mit einem Brief Josephs, der Joséphines baldige Ankunft ankündigt.

»Berthier«, jubelt Bonaparte auf, »Berthier, sie kommt, hören Sie, sie kommt! Ich wußte doch, daß sie sich am Ende entschließen würde!«

Und er erteilt Marmont den Befehl, seiner Frau entgegenzureiten. Vor allem möge sie der König Sardiniens, dessen Hoheitsgebiet sie durchfährt, mit jenen Ehren empfangen, die einer Herrscherin zustehen.

Er wird sie wiedersehen! Endlich mit ihr leben! Sein Herz schlägt wie wild. Ist es nur das Verlangen nach jenem Körper, dessen Erinnerung ihn seit fast vier

Monaten heimsucht, ihm nachts den Schlaf raubt, ihm leidenschaftstrunkene Briefe abringt? Nein, er liebt sie mit ganzer Seele.

Die Berline der »Bürgerin Bonaparte« rollt gen Italien. Joséphine lächelt ihrem Hippolyte zu. Ihnen zur Seite Joseph Bonaparte und der Oberst Junot, nicht zu vergessen Fortuné, der Mops, »so hübsch mit seinem Korkenzieherschwanz und seinem Wieselschnäuzchen«, der dem Liebhaber schön tut, des Gatten Waden jedoch mit einem Biß bedachte, daß dieser heute noch die Narbe trägt... Der ehemalige »Sergeant Sturm« nimmt den Mund voll, erzählt sein Leben eines Heerführers in Italien, reißt »Soldatenwitze« und macht Hippolyte, der als einziger für sich das Vorrecht buchen will, »die Generalin« zum Lachen zu bringen, eifersüchtig. Als der Adjutant die Situation erfaßt, macht er Louise Compoint, der Zofe, die mit zwei Bedienten, Antoine Labesse und Jean Laurent, in einem zweiten Wagen folgt, heftig den Hof. Der Fürst Serbelloni, Präsident des Direktoriums der Zisalpinen Republik, reist mit Nicolas Clary, dem Bruder von Désirée, während Hamelin und Monglas in einer Postkutsche folgen. So machen sich alle die Eskorte der Generalin zunutze. Die Straßen sind wenig sicher... An derselben Straße wurde eben der Lyoneser Kurier ermordet, und man raubte die Kisten voll Assignaten, die für Bonaparte bestimmt waren.

Dem Zug reitet der Kurier Moustache voran, Kavallerist der Italienarmee, der an den Poststationen für den Pferdewechsel sorgt und in den Herbergen für Zimmer zur Nächtigung. Joséphines und Hippolytes Zimmer liegen stets nebeneinander. Auch Junot und die hübsche Louise, die sich dem anziehenden Adjutanten gegenüber keineswegs grausam erweist, sind Zimmernachbarn... Louise speist jetzt am selben Tisch mit ihrer Herrin und leistet ihr auch sonst Gesellschaft. Joseph hingegen ist zurückhaltend: Er laboriert an einer »galanten« Krankheit, behandelt sich selbst und schreibt im übrigen an einem Roman, Moina.

In Lyon, wo Joséphine sich am 7. und 8. Juli auf der Durchreise aufhält, wird sie zum ersten Mal als Herrscherin empfangen: Truppen in Paradeuniform, Blumen, mit denen man nichts Rechtes anzufangen weiß, Reden, die man anhört, ohne blasiert die Wortkaskaden einfach über sich ergehen zu lassen, Kantaten, die man mit einem Lächeln zu würdigen weiß, und eine wenig unterhaltsame Aufführung von »Iphigenie in Aulis«.

Nach diesem Zwischenspiel geht die Reise weiter. Joséphine ist übler Laune, obwohl ihr in Mailand Geschäfte winken, wenn auch nicht die Liebe. Bei der Abreise aus Paris hatte sie Fieber und klagte über Brustschmerzen. Das Fieber ist vergangen, aber der Schmerz hält immer noch an...

Während seine Frau auf der Reise zu ihm ist, flicht Napoleon weiter an seinem Lorbeerkranz, schröpft Schwesterrepubliken, fordert Millionen für die leeren Kassen des Direktoriums und sendet Wagenladungen von Meisterwerken der Kunst nach Paris – reiche Beute seiner Fischzüge!

Am 1. Juli ist er mit Berthier und Murat in Florenz beim Großherzog Ferdinand zum Diner geladen. Wie hätte dieser Bruder des Kaisers Franz ahnen können, daß er an diesem Tage in Florenz – der künftigen Hauptstadt des französischen Departements Arno – in Murat jenen Mann empfing, der König von Neapel werden und seine Tante Maria-Carolina vom Throne verjagen sollte? Wie hätte er sich weiter vorstellen sollen, daß Berthier später einmal als Prince de Neufchâtel in Vertretung seines Herrn, des Dritten in der Runde, mit seiner Nichte Marie-Louise die Ehe schließen und dieser illustrste seiner Gäste durch Heirat sein Neffe und Kaiser eines Reiches werden sollte, das halb Europa umfaßte?

Chambéry, Lanslebourg, der Mont-Cenis, Novalaise ... Und schon sind sie in Turin, wo die Gattin des oberbefehlshabenden Generals der französischen Armee glanzvoll vom König von Sardinien empfangen wird. Marmont erwartet sie mit seinen Reitern. Nach achtzehntägiger Reise trifft sie am 13. Juli mit Bonaparte vor den Toren von Mailand zusammen.

Endlich!

Er kann den Blick nicht von seinem Kleinod lösen. »Die unvergleichliche Joséphine« ist da! Und in wenigen Stunden wird er sie besitzen ... obwohl sie ihm bereits zu verstehen gegeben hat, wie müde sie von der Reise sei und daß sie Rippenstechen habe. Im sechsspännigen Wagen ziehen Joséphine und ihr Gatte in die Stadt ein und halten vor der prunkvollen Fassade des monumentalen Palazzo Serbelloni. Bonaparte hat Order gegeben, den luxuriös ausgestatteten Palast in ein Meer von Blumen zu verwandeln. Im Park entfaltet der oberitalienische Sommer seine ganze Pracht.

Zwei Tage nur kann Bonaparte mit seiner Frau verbringen, und doch besteht sie darauf, daß er für diese kurze Zeit Charles und ihre Protektionskinder Lagrange, Monglas und Hamelin einlade. »Nach dem Frühstück«, schreibt Hamelin, »führte mich Mme. Bonaparte oft in ihr Appartement, weil sie das Bedürfnis empfand, sich mit jemandem ganz zwanglos zu unterhalten. Der General schien dies gutzuheißen, und so konnte ich ihn in seiner privatesten Sphäre sehen; er liebte seine Frau über alle Maßen ... Was sie betraf, war sie nie in ihn verliebt, aus dem einfachen Grunde, weil sie immerzu in einen anderen verliebt war. Ich wußte, was es mit dem *Sieur Charles* für eine Bewandtnis hatte, und es tat mir in der Seele weh, mitansehen zu müssen, daß dieser junge General, der seine Frau der Früchte seines frühen Ruhms teilhaftig werden ließ, erfolgloser Rivale eines Schlingels war, der mit nichts weiter aufwarten konnte als mit einer hübschen Larve und der Eleganz eines Friseurgehilfen.«

Noch ist Bonaparte ahnungslos. Und noch hat Joséphine nicht gewagt, mit ihm über ihre Geschäfte zu sprechen. Sie spielt die Kranke und versteht es auf diese Weise, Bonaparte im Alkoven eine gewisse Zurückhaltung aufzuerlegen.

Am 15. zieht Bonaparte wieder ins Feld, zur Belagerung von Mantua. Zwei Tage später schreibt er seiner Frau:

»Seit ich Dich verlassen habe, bin ich immerzu traurig. Mein Glück ist die Zweisamkeit mit Dir. Unablässig erinnere ich mich an Deine Küsse, Deine Tränen, Deine liebenswerte Eifersucht; und die Reize der unvergleichlichen Joséphine nähren ohne Unterlaß eine wilde, heiße Flamme in meinem Herzen und in meinen Sinnen ... Vor wenigen Tagen glaubte ich, Dich zu lieben; aber seit ich Dich wiedergesehen habe, fühle ich, daß ich Dich tausendmal mehr noch liebe: Dies beweist, daß die Maxime von La Bruvère, die Liebe gleiche einem Blitzschlag, falsch ist. Alles in der Natur hat einen Verlauf und verschiedene Grade der Steigerung. Ah! Ich bitte Dich, laß mich auch Fehler an Dir entdecken; sei weniger schön, weniger anmutig, weniger zärtlich, vor allem weniger gut; und sei nicht eifersüchtig, weine niemals, Deine Tränen berauben mich des Verstandes, verbrühen mein Blut ... Erhole Dich. Sorge dafür, daß Du schnell gesundest. Komm zu mir, damit wir, ehe wir sterben, wenigstens sagen können: So viele Tage waren wir glücklich! Millionen Küsse, selbst für Fortuné, ungeachtet seiner Bösartigkeit.«

»Weine niemals!« Joséphine gelingt es freilich nicht, fröhlich zu sein. Denn auch Charles mußte wieder ins Hauptquartier einrücken.

Aber sie regiert. Am Abend empfängt sie gemeinsam mit Joseph in den Salons des Palazzo Serbelloni, dessen hohe Glastüren sich auf den Park öffnen. Sie sieht die Gattinnen der hohen französischen Beamten bei sich, die diplomatischen Vertreter des Dogen von Venedig, des Großherzogs von Toscana und des Königs von Sardinien und die elegante Welt Mailands, dessen Frauen ebenso freizügig ihre Reize zur Schau stellen wie die Pariserinnen.

Mailand feiert seine ungekrönte Königin mit rauschenden Festen. Im Stadtpark, im Schatten der Akazien, erheben sich Estraden, wo Marionetten Komödien spielen, Gaukler ihre Künste zeigen und Orchester musizieren. Wenn es Nacht wird, glühen Laternen und Lampions im Laub der Bäume auf, und man tanzt bis in den grauen Morgen.

Joséphine aber unterhält sich nicht. »Ich langweile mich hier zu Tode«, schreibt sie Mme. Tallien. »Inmitten der prunkvollen Feste, die man mir gibt, trauere ich ohne Unterlaß meinen Freunden in Chaillot (den Talliens) und im Luxembourg (Barras) nach. Joseph leistet mir treue Gesellschaft ... Mein Mann liebt mich nicht, er betet mich an; ich glaube, er wird verrückt.«

Hippolyte ist nicht nach Mailand zurückgekehrt, und dies ist der wahre Grund für Joséphines Traurigkeit.

Bonaparte läßt nichts unversucht, um seine Frau auf andere Gedanken zu bringen. Zwischen zwei Schlachten macht er für sie Einkäufe: »Ich schicke Dir Florentiner Taft zu einem hübschen Rock für die Sonntage und wenn Du Dich besonders schön machen willst. Du siehst, ich bin großzügig, der Stoff kostet mich über 30 Livres. Aber das ist noch nicht alles: Ich möchte Dir ein schönes Kleid aus Crêpe schicken. Erkläre mir in einem Brief, wie Du Qualität, Farbe und Größe wünschst. Ich werde Dir das Kleid in Bologna besorgen lassen.«

»Am 7. (Thermidor) – 25. Juli – in Brescia, nicht wahr?« schreibt er ihr. Es geht wieder auf Reisen! Von Mailand nach Bassano, von dort, in einer zweiten Etappe, nach Brescia. Doch reist Joséphine nicht allein. Robbé de Lagrange und Hamelin begleiten sie. Kaum in Brescia angekommen, setzt sich Joséphine für Lagrange ein. Bonaparte, der seiner Frau entgegengefahren ist, findet über dem Glück der Wiedersehensfreude nicht die Kraft, ihr einen Wunsch zu versagen. Am 27. Juli empfängt der »Geschäftemacher« einen wertvollen Empfehlungsbrief des oberkommandierenden Generals an das Direktorium. Ohne eine Minute zu verlieren, schwingt sich Lagrange aufs Pferd und galoppiert gegen Paris, wo er jedoch zu spät eintrifft: Er bekommt keinen Auftrag für die Italienarmee. »Doch biete ich Ihnen«, meint der Kriegsminister Petiet, »zur Entschädigung die Futter- mittellieferungen für die Pyrenäen- und die Italienarmee. Nehmen Sie damit vorlieb . . .«

Lagrange ist schwer enttäuscht. »Was soll ich damit?«

»Hören Sie auf mich, nehmen Sie den Auftrag an«, gibt Petiet zurück, als er den Bittsteller an die Tür geleitet. Nach reiflicher Überlegung folgt Lagrange dem Rat des Ministers. Er liefert zunächst die Futtermittel, erhält weitere Aufträge für die Italienarmee, empfängt ein hohes Fixum und drei Prozent Gewinnprovision, beachtliche Transaktionen, an denen Joséphine ohne Wissen ihres Gatten pro- zentuell beteiligt ist; so hat sie später bei den berüchtigten Spekulationen um die Stiefelsohlen aus Pappe und die verdorbenen Futtermittel die Hand im Spiel . . . Und Bonaparte wird den korrupten Kriegsverdienern und ehrlosen Ausbeutern fluchen, ohne zu ahnen, daß er einen der ersten Steine auf seine Frau werfen müßte . . .

Am 29. Juli sitzt Bonaparte in Gesellschaft Joséphines und Hamelins beim Kaffee auf dem Balkon des Hauses, das Ludwig XVIII. in Verona bewohnt hatte. Er küßt seine Frau, küßt sie lange und stürmisch, wird zärtlicher, handgreif- licher . . . Wie üblich kennt er keine Scham, nimmt sich vor Hamelin ganz offen »eheliche Freiheiten« heraus, »die einen immerzu in die größte Verlegenheit bringen«, wie Miot de Mélitot, ein weiterer Zeuge der napoleonischen Zärtlich- keiten, berichtet. Joséphine scheint glücklich. Das Hauptquartier übersiedelt nach Verona, und gewiß wird Charles bald wieder bei ihr sein . . .

Mit einem Mal sieht die Tischgesellschaft, sprachlos vor Staunen, lange Reihen von Soldaten in weißen Uniformen den Berghang herabsteigen . . . Masséna, der den Auftrag hatte, die Ausfallstraßen gegen Venetien und die Lombardei besetzt zu halten, ließ sich von den Deutschen und den Ungarn unter dem Kommando des Österreichers Wurmser, die gekommen waren, Mantua zu befreien, überrennen! Ehe sich Bonaparte aufs Pferd wirft, befiehlt er Hamelin, Joséphine und Louise Compoint unter dem Schutz einiger Dragoner nach Peschiera zu gleiten, das sich sechs Wegstunden von Verona, am Südostende des Gardasees befindet und wo die Frauen in einer ebenso mächtigen wie unbequemen Festung Zuflucht finden können.

Dort verbringt Joséphine die Nacht, ohne sich ihrer Kleider zu entledigen.

Am nächsten Morgen, dem 30. Juli, trifft Junot mit einer Eskorte ein. Man wird sich nach Castelnuovo zurückziehen. Doch als Joséphines Reisewagen, die Berline, sich eben auf der Uferstraße kurz vor der Halbinsel von Sirmione befindet, nimmt ein österreichisches Kanonenboot sie vom See her unter Beschuß. Ein Dragoner wird getroffen und stürzt vom Pferd. Als guter Taktiker läßt Junot »die Generalin«, seine geliebte Louise und Hamelin aus dem Wagen steigen. Während die Equipage die Uferstraße entlangrast und den Österreichern als Zielscheibe dient, gehen die Reisenden im Straßengraben in Deckung und schleichen sich, gebückt gleich Indianern auf dem Kriegspfad, vor bis zu einer Stelle, wo die Straße das Seeufer verläßt. Dort ist Joséphine, die das Abenteuer mutig bestanden hat, überglücklich, die Berline wiederzufinden. In den engen Straßen von Desenzano liegen die Toten und Verwundeten zuhauf. Unweit von hier schlägt sich Masséna mit Wurmsers Truppen. Als Joséphine Bonaparte wiederfindet, der über Castiglione und Montechiaro geritten ist, bricht sie in Tränen aus.

Bonaparte verspricht es ihr: Wurmser werden Joséphines Tränen teuer zu stehen kommen. Doch sieht der General endlich ein, daß Joséphine auf dem Schlachtfeld fehl am Platze ist. Wo aber soll sie jetzt hin? Der Weg nach Mailand ist abgeschnitten, da Brescia eben vom Feind eingenommen wurde. Lannes und Murat sind gefangen! Ein Ausweg bleibt: die Straße nach dem Süden. Joséphine soll nach Florenz fliehen. Und wieder vertraut man Hamelin »die Generalin« an. Ein Oberst – Milhaud –, der brave Kurier Moustache und eine Dragonereskorte sollen die Fliehenden schützen.

Es ist Bonapartes Schicksal, zu siegen oder aber alles zu verlieren – und so wird es sein bis Waterloo. Während er darangeht, mit seinen 42 000 Mann 80 000 zu schlagen, fährt Joséphine gen Süden, macht um Mantua, wo die Artillerieschlacht tobt, einen Bogen, überquert den Po unweit von Cremona und hält in Parma, wo sie mit Fesch, dem Onkel ihres Gatten, zusammentrifft. Der Bruder von Mme. Laetitia – der unter dem Kaiserreich »der Kardinal Fesch« wird – hat nur Bilder im Kopf. Er requiriert sie für die französischen Museen und eignet sich nebenbei auch einige für seine Privatsammlung an. Joséphine dehnt die Rast nicht über Gebühr aus. Parma ist der Front zu nahe. Sie überquert den Apennin unter der Glutsonne des Thermidor und trifft in Florenz ein, wo sie der diplomatische Vertreter Frankreichs, Miot de Mélitot, beherbergt. Der Großherzog von Toskana empfängt »die Generalin«, wie es die Höflichkeit gebietet, und lädt sie zum Diner ein, obwohl sich zur selben Zeit die Soldaten ihres Gatten in Lonato mit den Ulanen des Kaisers, des Bruders des Großherzogs, schlagen und sie über den Mincio und den Gardasee zurückwerfen... An diesem Mittwoch, dem 3. August, nimmt Bonaparte 2000 Kaiserliche gefangen und am übernächsten Tag, Freitag, vernichtet er Wurmser in Castiglione.

Daß das Glück Bonaparte jedoch nur für zwei oder drei Tage im Stich gelassen hat, weiß man in Florenz noch nicht. Schon verbreitet sich das Gerücht, die Neapolitaner und der Papst beabsichtigten, den Waffenstillstand zu brechen und gen Norden zu marschieren. Man glaubt die Franzosen in Grund und Boden vernichtet, und es heißt, Joséphine führe in ihrem Gepäck den Leichnam ihres Gatten mit, um ihn im Park der französischen Vertretung in Florenz zu beerdigen. Ein Gerücht, das nicht dazu angetan ist, Mme. Bonaparte den Aufenthalt an den Ufern des Arno reizvoller erscheinen zu lassen. So scheidet sie den leichten Herzens und begibt sich in die kleine Rupublik Lucca in der Toskana, wo der Senat sie als Fürstin empfängt, sie beweihräuchert, sie mit dem »Balsam der Ehre« bedenkt und für sie Empfänge und Feste gibt. Die Tatsache, daß Bonaparte zum selben Zeitpunkt dem Direktorium mitteilen kann, daß »in fünf Tagen ein weiterer Feldzug beendet« sein werde, ist nicht ohne Einfluß auf die demonstrative Gastfreundschaft der Lucchesen. Freilich bleibt es ihnen verborgen, daß Joséphine sich – wie sie ihrer Tante Renaudin schreibt – »gräßlich langweilt« und »den Ehren dieses Landes« keinen Geschmack abgewinnen kann.

So sehr hat sie gehofft, irgendwo zwischen Etsch und Arno Hippolyte wiederzufinden! Doch leider ist der Leutnant Charles im Krieg und kann nicht, gleich dem Gatten, die geliebte Frau auffordern, ihn zwischen zwei Schlachten zu besuchen.

Eines Morgens trifft Moustache als Postbote ein und überbringt einen Brief seines Chefs. Sie möge nach Brescia zurückkehren, wo, wie am 25. Juli, »der zärtlichste aller Liebenden« ihrer harrt. Diesmal aber wird dieser Liebende nicht Bonaparte sein... sondern Charles. Als Joséphine und Hamelin am Mittwoch, den 17. August, nach langer Irrfahrt Brescia erreichen, erfahren sie, daß der General ihrer in Cremona harre. Sollten sie nun kehrtum machen und wieder gegen Süden fahren? Nochmals 14 Meilen zurücklegen? Hamelin ist dafür, Joséphine dagegen. Sie ist nicht gewillt, sich eine ganze lange Nacht im Wagen abzuquälen. Hamelin, der sich als Geschäftsmann die Gunst des Generals erhalten muß, versucht, sie umzustimmen. Vergebliche Liebesmüh'! Die hartnäckige Weigerung der »Generalin« erklärt Hamelin hinterher: »Sie bezog das Appartement ihres Mannes und ich dasjenige eines Adjutanten.

›Begeben Sie sich hinauf in Ihr Zimmer‹, sagte sie zu mir. ›Ich gehe zu Bett. Den Tisch wird man in meinem Schlafzimmer decken, und dann essen wir gemeinsam.‹

Als ich wieder hinunterkam, sah ich drei Gedecke und fragte sie, wer der Dritte bei Tisch sei.

›Ach, bloß der arme Charles‹, antwortete sie. ›Er kommt eben von einer Mission zurück und hält sich kurz hier in Brescia auf, da er von meiner Anwesenheit erfuhr.‹

Im selben Augenblick betrat er das Zimmer, und wir aßen gemeinsam. Die Mahlzeit war schnell beendigt, und wir zogen uns zurück, doch im Augenblick, da wir die Schwelle überschritten, rief eine sehnsuchtsvolle Stimme Charles zurück; ich ging. Ehe ich mich zu Bett begab, entdeckte ich, daß ich meinen Hut und meine Waffen im Salon vor dem Schlafzimmer der Generalin vergessen hatte. Ich wollte sie holen gehen. Der Grenadier, der vor dem Appartement Wache stand, sagte mir jedoch, er dürfe niemanden hereinlassen. ›Wer hat Ihnen die Order gegeben?‹

›Die Zofe.‹

Ich begriff, daß die Heldin von Peschiera wieder zur Lebedame von Paris geworden war.«

Tags darauf tritt Bonaparte wieder in seine Rechte, und Charles wird unsichtbar. Diesmal kann der General, da Hamelin, wie André Gavoty es ausdrückt, »die Feuertaufe mit Mme. Bonaparte empfangen hat«, nicht umhin, den üblen Geschäftemacher zum Armeesteuereinnehmer zu ernennen! Hamelins Karriere beginnt. Als militärischer Berater kann er sich um so besser um seine privaten Geschäfte kümmern. Der Bock ist Gärtner. Natürlich denkt er nicht mehr daran, Joséphine die Louis abzuverlangen, die sie von ihm in Paris geliehen hat, sondern zahlt ihr im Gegenteil bald 12 000 Francs – 60 000 neue Francs – Gewinnanteil an einer besonders einträglichen Transaktion aus. Nun kann sie ihre anderweitigen Schulden und die Pension für die Kinder bezahlen ... und auch einer Großtante Tascher, die in Blois im Elend lebt, helfen und Tante Renaudin, die sich immerzu in Geldverlegenheit befindet, unter die Arme greifen.

Wenn Bonaparte, wie dies seine Gewohnheit ist, nun die Post seiner Frau öffnet, entdeckt er zu seiner Überraschung, daß sie großzügig Wechsel auf 3000 bis 4000 Gulden ausstellt. »Sie bestahl mich«, erklärt er später. Aber nicht ihn, sondern die Armee bestahl sie – die Armee des Gatten, von der sie lebte! ... Nach einer Woche in Brescia – seit sie verheiratet sind, haben Bonaparte und Joséphine noch nie so viele Tage in ununterbrochener Aufeinanderfolge miteinander verbracht – trennen sich die Gatten neuerlich. Donnerstag, 25. August, begibt sich Bonaparte mit seiner Frau nach Mailand, um tags darauf nach Verona zu eilen. Er will »den Sieg bis zu seinem letzten Ergebnis vorantreiben«, die

Truppen von Davidovitsch gegen Tirol abdrängen und Wurmser, der seine Armee wieder auf die Beine stellen konnte, von einer Hoffnung belebt, die schnell zunichte wird, den Gnadenstoß geben. Im Verlauf dieser Kampfhandlungen schlägt sich Charles als »Generalstabsadjutant« mit Bravour und wird von Bonaparte in dessen Bericht an das Direktorium lobend erwähnt.

Joséphines Leben gleicht wieder jenem einer ungekrönten Königin Italiens. Sie gibt Gastmähler, empfängt, präsidiert, nimmt bei Massenfesten die Huldigungen des Volkes entgegen und verleiht den Bällen durch ihre Gegenwart den Glanz großer Ereignisse. Das gesellschaftliche Leben nimmt sie so sehr in Anspruch, daß sie Napoleons Briefe, die in ununterbrochener Folge eintreffen, sobald er ihr fern ist, kaum beantwortet. Das alte Spiel beginnt von neuem: Der Gatte liebt bis zum Wahnsinn, die Frau ist gleichgültig, und es regnet Vorwürfe.

Er schreibt ihr aus Ala, ehe er eine Brücke über die Etsch schlagen läßt. Am übernächsten Tag – dem 5. September – zieht er in Trient ein. Am 8. siegt er bei Bassano. So glücklich ist er, daß er ihr zum ersten Male, abgesehen von zwei zärtlichen Zeilen, nur militärische Nachrichten übermittelt: »Wurmser bleibt nur mehr die Flucht hinter die mächtigen Mauern von Mantua. Niemals noch haben wir so beständige und große Erfolge errungen. Italien, Friaul und Tirol sind der Republik sicher.«

Am 12. September siegt der Feldherr ein zweites Mal über den Liebenden: Kurz teilt er Joséphine mit, daß Wurmser mit seinen 9000 Mann eingekesselt ist, am 17. jedoch taucht er die Feder wieder in Herzblut, um sich in Klagen über das Schweigen der gleichgültigen Joséphine zu ergehen: »Du bist eine bösartige, eine häßliche Frau, ebenso häßlich wie leichtfertig. Wie schmachvoll Du doch einen armen Mann, einen zärtlichen Liebenden hintergehst! Soll er seine Rechte verlieren, nur weil er in der Ferne ist, niedergebeugt von Mühsal, Fron und Schmerz? Was bleibt ihm ohne seine Joséphine, ohne die Gewißheit ihrer Liebe noch auf dieser Welt? Was sollte er hier noch?«

Am 14. November glaubt sich Bonaparte vom Kriegsglück verlassen. Es gelingt ihm nicht, den Widerstand von Alvinczi zu brechen. Das Schlimmste befürchtend, erstattet er dem Direktorium Meldung: »Vielleicht verlieren wir schon morgen Italien! Keine der erwarteten Hilfen ist eingetroffen ... Die auf eine Handvoll Leute zusammengeschrumpfte Italienarmee ist erschöpft. Die Helden von Lodi, Millesimo, Castiglione und Bassano sind für das Vaterland gefallen oder im Lazarett. Die Einheiten haben nichts mehr als ihren Ruf oder ihren Stolz.«

In der Zeit zwischen dem 14. und 18. November wird Joséphine in Mailand des öfteren in der Nacht von Italienern geweckt, die vorgeben, sich nach ihrem Befinden erkundigen zu wollen, sich jedoch in Wahrheit ihrer Gegenwart versichern und eine Volkserhebung für den Fall der Niederlage Bonapartes vorbereiten. Mme. Bonaparte durchlebt eine Zeit der Angst. Sie weiß nur, daß ihr Mann Sonntag abends Verona verlassen hat, um gegen Ronco an der Etsch zu marschieren. Sie hat erfahren, daß es ihm Montag, den 15., gegen Abend gelungen ist, die Stadt nach hartem Kampf zu nehmen. Seither herrscht Schweigen. Von Ronco aus führen drei Straßen durch die Sümpfe. Die mittlere zieht an einem Marktflecken vorüber, der über die Alpone-Brücke erreicht wird.

Eine Brücke und ein Marktflecken namens Arcole!

Endlich hat Joséphine den Brief in Händen, der ihr den Sieg kündet. Er ist in Verona geschrieben, wo Bonaparte am selben Tag, Freitag, den 19., einen triumphalen Einzug durch das Venedigertor gehalten hat:

»Endlich, meine anbetungswürdige Joséphine«, schreibt er ihr, »lebe ich wieder auf. Ich habe nicht mehr den Tod vor Augen, und Ruhm und Ehre sind noch in meinem Herzen. Der Feind ist in Arcole geschlagen worden. Morgen werden wir den Fehler von Vaubois, der in Rivoli geflohen ist, wiedergutmachen. In acht Tagen wird Mantua unser sein . . .«

Am Morgen des 15. war Bonaparte nur der Anführer einer zurückflutenden Horde. Wenn die Brücke von Arcole an jenem Montag, dem 15. November 1796, in die Geschichte eingegangen ist, so fand Bonaparte Eingang in die Legende. Jene Legende, die ihn jahrhundertelang zeigt, wie er unter dem Kugelregen eine Fahne an sich reißt und vorwärtsstürmt auf die Brücke, seine Männer hinter sich, mit denen er die Welt erobern wird . . . Freilich verschweigt die Legende die zweite Episode: wie die Soldaten ihren General von der Brücke zerren, ihn in wilder Flucht mit sich schleppen und ihn schließlich, ohne sich dessen bewußt zu werden, in den Sumpf stürzen lassen, aus dem Marmont und Louis Bonaparte ihn nur unter größter Mühe retten, um ihn schlammtriefend auf sein Pferd zu hieven. Die Legende überspringt das beschämende Intermezzo und setzt dort fort, wo der Held von Italien gegen den Feind stürmt und ihn zwingt, das Dorf zu räumen. Doch der Sieg – der Sieg von Arcole – wird erst am übernächsten Tag, Mittwoch, den 17., erfochten. Dann erst können die Franzosen den Sümpfen entrinnen und dem Feind in der Ebene gegenübertreten, wo sie ihn vernichtend schlagen.

Samstag, den 27. November, trifft Napoleon im Palazzo Serbelloni ein. Der Wagen hält vor der monumentalen Fassade mit den ionischen Säulen, deren Stein unter der bleichen Herbstsonne schimmert. Wie von Furien gehetzt, jagt er, je vier Stufen auf einmal nehmend, die Treppe zur Galerie im ersten Stock empor, an der Joséphines Boudoir und das eheliche Schlafgemach liegen. Er stößt die Türe auf . . .

Das Appartement ist leer.

Joséphine ist nach Genua gereist, zweifellos mit Charles . . .

Mit Tränen in den Augen schleppt er sich ans Schreibpult und wirft folgende Zeilen aufs Papier: »Ich komme nach Mailand, ich stürze in Dein Appartement, ich habe alles liegen und stehen gelassen, um Dich zu sehen, Dich in meine Arme zu schließen ... Du warst nicht hier; Du eilst von Stadt zu Stadt, von Fest zu Fest; Du entfernst Dich, wenn ich komme; Du kümmerst Dich um Deinen lieben Napoleon nicht mehr. Aus einer Laune hast Du Dich in ihn verliebt, die Unbeständigkeit läßt ihn Dir gleichgültig werden.

An die Gefahren gewöhnt, weiß ich ein Mittel gegen die Widerwärtigkeiten und die Übel des Lebens. Das Unglück, das ich erleide, ist unberechenbar; mit Recht war ich darauf nicht gefaßt. Doch lasse Dich nicht stören; jage dem Vergnügen nach; das Gück ist für Dich geschaffen. Die ganze Welt ist überglücklich, wenn sie Dir zu gefallen vermag, und allein Dein Mann ist sehr, sehr unglücklich.«

Tags darauf, Sonntag, zeigt der vom Glücke begünstigtere Berthier seinem General einen Brief, den Joséphine ihm bereits aus Genua gesandt hat.

Wütend schreibt Bonaparte seiner Frau: »Es ist nicht meine Absicht, daß Du Deine Pläne änderst oder auf die Lustbarkeiten verzichtest, die man Dir bietet. Das bin ich nicht wert, und Glück und Unglück eines Mannes, den Du nicht liebst, können Dir unmöglich etwas bedeuten ... Sei glücklich, mache mir keine Vorwürfe, schere Dich nicht um den Seelenfrieden eines Mannes, der nur von Deinem Leben lebt, nur aus Deiner Lust genießt und glücklich ist in Deinem Glück. Wenn ich Dir eine Liebe abverlange, die der meinen gleicht, so bin ich im Unrecht; wie auch sollte die Spitze schwer wiegen wie das Gold? ... Das einzige, was ich von Joséphine verdiene, ist Rücksichtnahme und Achtung, denn ich liebe sie bis zum Wahnsinn und ausschließlich. Adieu, anbetungswürdige Frau, adieu, meine Joséphine. Könnte das Schicksal allen Kummer und allen Schmerz auf mein Herz vereinen und Joséphine nur segensreiche, glückliche Tage bescheren. Wer verdiente es mehr als sie? Und wenn es feststeht, daß sie nicht mehr lieben kann, werde ich meinen tiefen Schmerz in mir bergen − und mich damit begnügen, ihr zu dienen und ihr zu etwas nützlich zu sein.«

In der Angst, sie beleidigt zu haben, öffnet er den schon versiegelten Brief noch einmal, »um ihr einen Kuß zu geben«, und fügt hinzu: »Ah! Joséphine, Joséphine!«

Einen Tag später trifft Clarke aus Paris ein; er findet Bonaparte »abgezehrt, mager, die Haut über den Knochen gespannt, die Augen glänzend von dauerndem Fieber«. Seine Gedanken weilen unablässig bei der Fernen, die erst am 1. Dezember von ihrer Eskapade zurückkehrt. Dann wird sie sich ihm in die Arme werfen ... Doch der Prankenhieb des Schicksals hat dem Herzen ihres Mannes eine Wunde geschlagen. Auch wird er sich an die Wechsel »über 3000 oder 4000 Gulden zur Deckung ihrer Schulden« erinnern ... Noch ist die Wunde nicht allzu tief. Und doch wird er ihr seit jenem Samstag im Frimaire, wo er den Tränen nicht mehr Einhalt gebieten konnte, seit diesen vier tödlichen Tagen, die ihn darüber aufklärten, daß sie es ihm gegenüber an »Rücksichtnahme und Achtung« fehlen ließ, zwar zärtliche Briefe schreiben, doch niemals mehr Worte der glühenden Leidenschaft für sie finden . . . Zwei Monate zuvor hatte Joséphine ihrer Tante noch mitteilen können, sie besitze »den liebenswertesten Gatten von der Welt«, einen Mann, der ihr »nicht einmal die Zeit lasse, einen Wunsch zu hegen«. »Meine Wünsche sind die seinen«, fügte sie hinzu. »Den ganzen Tag verharrt er in Anbetung vor mir, als wäre ich eine Göttin.« Dies ist nun unwiederbringlich vorbei. Niemals mehr wird sie ihm eine Göttin sein, einzig eine Frau. Und als diese Frau wird er sie lieben.

Madame Bonaparte

Gros ist nach Mailand gekommen, um Bonaparte zu malen. Er möchte ihn mit bloßem Haupt zeigen, eine Fahne in der Hand, wie er auf die Brücke von Arcole stürmt. Doch der General kann nicht stillhalten. Joséphine kommt zu Hilfe. Jeden Tag nach dem Frühstück nimmt sie ihren Mann auf die Knie, zwingt ihn, dem Maler zu sitzen – und Gros kann mit seinen Skizzen beginnen . . . In Genua hat Mme. Faytpoul, die Gattin des Ministers von Frankreich, Joséphine den David-Schüler Gros vorgestellt, einen Künstler, der dem Gebot der Zeit gehorchend den Pinsel mit dem Gewehr vertauscht hatte.

Gros hatte Joséphine gefallen, und da er den oberkommandierenden General porträtieren wollte, nahm sie ihn einfach nach Mailand mit.

Josésephine spielt die Rolle der glücklichen Frau. In Wahrheit langweilt sie sich zum Sterben. Obwohl Charles im Generalstabsquartier ist, gelingt es ihm nicht, mit Joséphine so oft zusammen zu sein, wie es sich beide wünschen . . . Schon regiert Joséphine . . . Der hübschen Mme. Hamelin hat sie geschrieben: »Kommen Sie schnell, Sie werden ein außerordentliches Schauspiel sehen. Man amüsiert sich hier blendend.« – »Man«, aber Joséphine keineswegs! Die »Lebedame« Fortunée Hamelin eilt herbei. Und sie ist nicht die einzige. Auch die genäschige Mme. Baraguay d'Hilliers stellt sich ein, die »Generalin« Poinsot, Mme. Thierry, Mme. Brémond, die ehemalige Sängerin Mme. Delaverne, die berühmte Saint-Huberty und selbst Mme. Regnault de Saint-Jean-d'Angély, die Tochter einer der »Ammen« des Finanzmannes Beaujon – jener Kohorte hübscher Frauen, die dem unglücklichen Siechen im Elysée Gesellschaft leisten.

Alle diese Damen gehören zur Lebewelt ihrer Zeit und verleihen dem »Hof« von Mme. Bonaparte einen Charakter, der von Tugend und Würde sehr weit entfernt ist. Joséphines Tagesablauf ist von Liebe und einer ununterbrochenen Folge von Vergnügungen erfüllt, von Klatsch und Vertraulichkeiten, Kleideranproben, Audienzen und Bittstellern, Cercle und vor allem Besuchen. Die charmante Kreolin ist für ihre Konversation berühmt. Ihre Lebensart nimmt wunder. Inmitten so vieler Parvenus ist sie die einzige große Dame . . . Italienische Aristokratinnen »kollaborieren« mit der Besatzungsmacht und leisten Joséphines Einladungen Folge. So die Marchesa Paola Castiglione – die Latein und Griechisch sprach – und ihre Schwester Maria mit dem wundervollen schwarzen Haar, in die sich Murat verliebte, die anmutige Contessa Aresa, die erklärte, in Bonaparte verliebt zu sein, Mme. Visconti schließlich, die ebenfalls sagte, sie habe ihr Herz an den Sieger verloren. »Ich habe wohl nie«, sagt die Duchesse d'Abrantès, »einen hübscheren Kopf als den ihren gesehen. Sie hatte feine und regelmäßige Züge und die entzückendste aller Nasen, Zähne wie Perlen und sehr schwarzes Haar, das sie nach reinstem antikem Geschmack immer makellos hochfrisiert trug.« Sie warf sich Bonaparte an den Hals, doch gab ihr dieser rundheraus zu verstehen, daß sein Herz nicht mehr frei sei, und reichte sie, als handelte es sich um eine dienstliche Angelegenheit, kurzweg an Berthier weiter. Der unerfahrene, von der Natur stiefmütterlich behandelte, sprachgestörte Generalstabschef verliebte sich unsterblich in die göttinnengleiche Schönheit, die vom Olymp herabgestiegen schien, ließ den Gatten – denn einen solchen hatte sie – zum Botschafter der neugegründeten Zisalpinen Republik in Paris ernennen, und auf diese Weise begann eine ziemlich ungewöhnliche Dreiecksaffäre, die Joséphines intimem Kreis bis zu ihrem Tod Stoff für endlosen Klatsch lieferte ...

Am 10. Dezember 1796 gab Joséphine einen großen Ball zu Ehren des Generals Clarke, eines militärischen Diplomaten mit dem Auftrag, eventuelle Friedensverhandlungen mit Österreich zu führen, wozu ihm jedoch Bonaparte keine Zeit lassen wird. In der Zwischenzeit beobachtet Clarke den oberbefehlshabenden General und erkennt in ihm – wie er dem Direktorium schreibt – den kommenden Mann der Republik. Zum ersten Mal wird über Bonaparte ein Urteil abgegeben, das die Nachwelt billigen wird. Vermutlich machte er Joséphine Mitteilung von seiner Meinung, und es wäre interessant zu erfahren, was die ahnungslose Kreolin, die nur ihren Hippolyte im Kopf hatte, dachte, wenn Clarke ihr eindringlich wiederholte: »Seine Kaltblütigkeit in den heikelsten Situationen ist ebenso bemerkenswert wie seine höchstgradige Bereitschaft, seine Pläne abzuändern, sobald unvorhergesehene Umstände dies erfordern. Seine Handlungsweise ist klug und gut durchdacht. Man irrte, nähme man an, er sei der Mann irgendeiner Partei. Er gehört weder den Royalisten an, die ihn verleumden, noch den Anarchisten, die er keineswegs liebt. Seine Führerin ist die Verfassung. Ihr und dem Direktorium, die sie will, verbunden, wird er, glaube ich, seinem Lande immer nützlich und niemals gefährlich sein.«

Und er schließt: »Bonaparte wird die Nachwelt unter die größten Männer reihen.«

Joséphines Gatte ist nicht in Mailand, als Fesch ein kleines Wunder in die Kapitale der Lombardei bringt: Paulette, Napoleons Schwester, die dieser zärtlich *Paganetta*, die kleine Heidin, nennt. Die künftige Fürstin Borghese war damals sechzehn Jahre alt. »Sie hatte etwas Unwirkliches an sich, etwas Feines, Kokettes, das sich einfach nicht in Worte fassen läßt«, beschreibt sie Maxime de Villemarest. Und da der »Hausmeister der Geschichte« angesichts dieses Wunders die Sprache verliert, erteilen wir dem Dichter Arnault das Wort, der ihr kurz nach ihrer

Ankunft in Mailand begegnete: »Sie ist die hübscheste Person von der Welt und die unvernünftigste, die man sich vorstellen kann. Sie hat nicht mehr Benehmen als ein Pensionatsgänschen, spricht ununterbrochen, lacht grundlos und über alles...« Mit ihrer Unvernunft, ihrem dauernden Lachen und einer nur selten erreichten Beherrschung der Künste der Koketterie war Paulette unwiderstehlich – und tatsächlich widerstand ihr auch niemand. Sie selbst leistete dem Begehren ihrer Partner um so weniger Widerstand, als ihr die Hingabe an die Liebe als die angenehmste Art zu leben erschien.

Der erste Mann, der beim bloßen Anblick Paulettes – die sich schon nicht mehr *Paoletta* und noch nicht *Pauline* nannte – lichterloh entbrannte, war der Leutnant Junot gewesen, den der junge General Bonaparte bereits zu seinem Adjutanten ernannt hatte. Im Frühjahr 1794 hatte er seinen Chef nach Antibes ins Schloß Sallé begleitet, wo die Familie Bonaparte residierte, und sich Hals über Kopf in die damals erst vierzehnjährige Paganetta verliebt. Zunächst begnügte er sich damit, sie mit den Augen zu verschlingen, dann faßte er sich ein Herz und bat Bonaparte während eines Spazierganges um die Hand seiner Schwester. Im übrigen sei er eine recht ansehnliche Partie, da er nach dem Tode seines Vaters 1200 Livres Rente erben sollte.

»Fassen wir zusammen«, antwortete Bonaparte. »Dein Vater ist bei guter Gesundheit, auf deine Rente wirst du noch lange warten. Für den Augenblick hast du nichts als deine Leutnantsepauletten. Paulette hat ebenfalls nichts; macht? Nichts. Also könnt ihr jetzt nicht heiraten. Warten wir auf bessere Zeiten.«

Für Paulette nahmen diese »besseren Zeiten« Ende Oktober 1795 die verführerische Gestalt des eleganten Fréron, Kommissars des Direktoriums in Marseille, an. Der ehemalige Prokonsul des Jahres II und Don Juan der Schreckensherrschaft versuchte damals seine furchtbare Terroristenvergangenheit in eben jenem Marseille vergessen zu lassen, wo er zwei Jahre zuvor munter im Blut gewatet war. Als er Paulette den Hof machte, vergaß er auch, daß in Paris seine Geliebte, Mlle. Masson vom *Théâtre des Italiens*, und zwei Kinder seiner harrten, während ein drittes unterwegs war. Und schließlich versuchte er so gut als möglich sein »Bedürfnis nach Alkohol und seine unmännlichen Neigungen« zu kaschieren.

Waren Bonaparte und Mme. Laetitia bereit, in diese Ehe einzuwilligen? Paulette, die sich in ihren Fréron verliebt hatte, zweifelte nicht daran. Tatsächlich sagte Bonaparte zunächst auch nicht nein. Eher schien Mme. Laetitia wenig von der Idee begeistert, das bluttriefende Ungeheuer in die »Sippe« aufzunehmen. Dies wissen wir aus einem Brief Frérons an den künftigen Kaiser: »Ich beschwöre Dich, schreibe auf der Stelle Deiner Mutter, um jede Schwierigkeit zu beseitigen. Weshalb sollte man das endgültige Knüpfen dieser Bande, die die zärtlichste Liebe schon geschlungen hat, noch hinauszögern? Mein lieber Bonaparte, hilf mir, dieses neue Hindernis zu überwinden, ich baue auf Dich.«

Joséphine aber kannte den berühmten Ausspruch von Isnard: »Fréron, bei jedem Schritt, den ich im Süden tue, finde ich die Spuren deiner Verwüstungen und jene des Blutes, das du vergießen ließest ... Wo immer ich einem Verbrechen begegne, finde ich Fréron!«

Und Joséphine hatte sich bemüht, die beiden Liebenden zu trennen.

»Mein Freund«, hatte Paulette an Fréron geschrieben, »einmütig versucht alle Welt, uns etwas in den Weg zu legen. Aus Deinem Brief ersehe ich, daß Deine Freunde undankbar sind: so auch Napoleons Frau, die Du auf Deiner Seite glaubtest. Sie schrieb ihrem Mann, ich würde entehrt, wenn ich Dich heiratete, und so hoffte sie, dies verhindern zu können. Was haben wir ihr bloß getan?«

Napoleon hat Joséphine ersucht, Barras zu schreiben, damit er etwas gegen Fréron unternehme. Die Heirat wurde verhindert, und als die kleine Bacchantin ihrer Schwägerin nun in Mailand zum ersten Mal gegenübertrat, schien sie sie mit ihren Blicken erdolchen zu wollen. Bonaparte hatte Paulette nach Mailand gerufen, weil er hoffte, sie auf andere Gedanken zu bringen und sie verheiraten zu können. Zu diesem Zwecke hatte er Marmont im Auge, doch der künftige Herzog von Ragusa ahnte bereits, daß die Schwester seines Generals keine Mustergattin abgeben würde ... Für den Augenblick zeigte sich die Paganetta launisch, ohne Prinzipien, machte sich über alle Welt lustig, streckte vor Joséphine – die ihr doch ein hübsches Appartement eingerichtet hatte – die Zunge heraus und zögerte nicht, das Knie am Bein ihres Tischherrn – es war zufällig Arnault – zu reiben, als dieser ihr nicht die gebührende Aufmerksamkeit schenkte. Bonaparte versuchte vergebens, Paganetta mit wütenden Blicken zur Räson zu bringen, »aber die Autorität des Generals der Italienarmee zerbrach an der Leichtfertigkeit eines kleinen Mädchens«.

Nachdem Joséphine vergeblich alles versucht hat, um Paulette zu bändigen, wird ihr die unerträgliche Göre, von der sie bald nur mehr »die Alte« genannt wird, aus tiefster Seele zuwider.

Nach einem mehr als einmonatigen Aufenthalt in Mailand* muß Bonaparte sich überwinden, um wieder aufs Pferd zu steigen und gen Mantua zu reiten, wo die Belagerung ihrem Ende zugeht. Joséphine ist beunruhigt. Ihr Gatte sieht krank aus – »hohle und bleiche Wangen« – und glaubt sich vergiftet.

Vom Fieber geschüttelt, stürzt er sich in diesen neuen Feldzug und schreibt, so oft es ihm möglich ist, Joséphine, die weniger um ihn als um das Schicksal der Armee bangt; sie weiß, daß eine Niederlage ihrem Leben einer ungekrönten Königin sowohl in Mailand als auch in Paris ein Ende setzen würde. Diesmal

* Vom 27. November bis zum 18. Dezember und vom 22. Dezember bis zum 7. Januar.

erwartet sie voll Ungeduld das Eintreffen des Kuriers. Sie erfährt, daß drei Pferde unter Bonaparte zusammengebrochen und an Erschöpfung gestorben sind, unter diesem kranken Reiter, der im Morgengrauen des Samstag, 14., eine seiner schönsten Schlachten geschlagen hat, die Schlacht von Rivoli. Um zehn Uhr ruft er aus: »Wir haben sie« und schlägt dann in rascher Aufeinanderfolge Linke, Mitte und Rechte des Feindes. Bei Einbruch des Abends hat er 24 000 Gefangene gemacht und 60 Kanonen erbeutet und webt weiter an seiner Legende, als er Lasalle, der ihm vor Müdigkeit taumelnd einen Arm voll österreichischer Fahnen – vierundzwanzig an der Zahl – überbringt, entgegenruft: »Leg dich darauf, Lasalle, du hast es dir wohl verdient!«

Tags darauf läßt Bonaparte den Rest der feindlichen Truppen »erledigen« – es sind die Einheiten von Alvinczi, dann legt er sich zu Bett und schreibt seiner Frau, um ihr zu gestehen, daß er »tot vor Müdigkeit« ist. Was ihn nicht daran hindert, einen Tag später eine weitere Schlacht zu gewinnen... Er sehnt sich danach, daß sie so bald als möglich zu ihm käme. Diesmal gehorcht sie ohne Federlesen. In Bologna trifft Joséphine in Begleitung von Paulette und Mme. Visconti mit ihrem Mann zusammen. Am selben Tag, dem 1. Februar, erklärt Bonaparte dem Papst den Krieg, Wurmser kapituliert einen Tag später, und die Franzosen halten endlich Einzug in Mantua: Das Haus Österreich hat die Partie verloren. Bonaparte eilt gegen Ancona.

Am 19. Februar sendet er aus Tolentino ein Siegesbulletin: »Der Friede mit Rom wurde eben unterzeichnet« und fügt hinzu: »Wenn Deine Gesundheit es gestattet, komme nach Rimini oder Ravenna; doch schone Dich, darum bitte ich Dich inständigst.«

Am 24. holt er sie ab und bringt sie nach Mantua, doch verläßt er sie sogleich wieder, um seinen entscheidenden Feldzug zu beginnen: den Angriff auf Wien.

Diesmal hat es Bonaparte mit einem ebenbürtigen Gegner zu tun: Erzherzog Karl ..., der ihn jedoch nicht daran hindern kann, von Masséna unterstützt, ins Herz der österreichischen Monarchie vorzudringen und jenen erbeben zu lassen, der dereinst sein Schwiegervater sein wird. In der Hofburg zu Wien wird gepackt und alles zur Flucht vorbereitet. Die kaiserliche Familie, der die junge Marie-Luise angehört, wird später, 1805 und 1809, tatsächlich vor dem »Krampus«, wie man Napoleon in Österreich nennt, fliehen. Doch jetzt, im März 1797, ist der in seiner Durchschlagskraft geschwächte Bonaparte, der die Garnisonen hinter sich lassen mußte, klug genug, zwanzig Meilen vor Wien, im steirischen Leoben, innezuhalten. Was ihm gestattet, seinem Gegner einen Brief zu schreiben, der mit folgenden und einer so klug gewobenen Legende würdigen Worten schließt: »Ich setzte größeren Stolz in die Bürgerkrone, die ich mir wohl zum Verdienst anrechnen könnte, als in den traurigen Ruhm, der aus militärischen Erfolgen erfließen kann.«

Und dieses »Leobner Vorspiel« gestattet es Bonaparte, dem Direktorium mit einer möglichen Machtergreifung zu drohen: »Ich bitte Sie um eine Ruhepause..., da ich schon mehr Ruhm erworben habe, als es braucht, um glücklich zu sein ... Wie meine militärische wird auch meine zivile Laufbahn eine einzige und einfache sein...«

Für den Augenblick besteht die »Ruhepause« des Generals Bonaparte darin, daß er mit Joséphine im Schlosse von Mombello — oder Montebello — bei Mailand zusammentrifft, einer prunkvollen Residenz in verschiedenen Stilen, wobei das Barock vorherrscht; den Palast hat der Prokonsul von der Familie Crivelli gemietet. In Mombello gebärden sich Bonaparte und Joséphine als Souveräne. Jetzt kann keine Rede mehr davon sein, daß Adjutanten und Offiziere mit ihnen an einem Tisch sitzen. Oft diniert Bonaparte sogar allein in einem Zelt, das er vor dem Schloß errichten ließ, und bietet der Öffentlichkeit ein Schauspiel, während die Einwohner des Ortes an ihm vorüberziehen. Das war, wie es ein zeitgenössischer Diplomat und Augenzeuge ausdrückte, »schon nicht mehr der General einer triumphierenden Republik; das war ein Eroberer auf eigene Rechnung«. Niemals noch hatte ein Hauptquartier so sehr einer Hofhaltung geglichen. Bonapartes Talent zum Herrschen bricht sich Bahn, und Joséphine steht ihrem Gatten in nichts nach. Inmitten des Hofstaates von Offizieren, Verwaltungsbeamten der Armee, Vertretern der lokalen Obrigkeit und italienischen Diplomaten, die dem Paar huldigen, bewegt sie sich mit solcher Selbstverständlichkeit, als sei sie auf den Stufen eines Thrones zur Welt gekommen. Und — in ihrem Innersten seufzend — versteht sie, zu empfangen, Konversation zu machen und ihre Gesprächspartner ins rechte Licht zu rücken.

Am 1. Juni trifft Mme. Laetitia mit Jérôme und zwei Töchtern in Mombello ein. Bonaparte, der seiner *Madre* nach Mailand entgegenfuhr, ist für sie immer noch ihr kleiner Junge, *Napoleone*, der ihr entgegenstürzt, um ihr beim Aussteigen aus dem Wagen behilflich zu sein. Es folgen Annunziata, die sich bald Caroline nennen wird, und Marianna, die bereits Elisa heißt. Als Vierten sieht *Napoleone* einen großen schlaksigen Kerl vor sich, Felix Bacciochi, den frischgebackenen Ehemann von Elisa. Bonaparte versuchte, die Heirat seiner Schwester mit dem unbedeutenden fünfunddreißigjährigen Hauptmann ohne Zukunft zu verhindern, doch Laetitia sieht in ihm den Korsen, und deshalb hat sie ihn akzeptiert. *Napoleone* trägt sein Mißfallen offen zur Schau, doch Joséphine, die bei dieser Gelegenheit ihre Schwiegermutter kennenlernt und sie für sich gewinnen will, überzeugt ihn davon, daß er sich mit den Gegebenheiten nun einmal abzufinden habe. Immerhin werde Pauline den Generaladjutanten Leclerc — Charles' »Chef« — heiraten, der zwar nur der Sohn eines Mühlenbesitzers aus Pontoise ist, doch aller Voraussicht nach eine glanzvolle Karriere vor sich hat. Jedenfalls besitzt Leclerc mehr als nur seine Epauletten und ist eine einigermaßen standesgemäße Partie.

Paulette hat er bei der Belagerung von Toulon kennengelernt, als sie erst ein kleines Mädchen war, und hat nach eigener Aussage seither nicht mehr aufgehört, an sie zu denken. Er liebt sie, weil sie eine unwiderstehliche kleine Hexe und die Schwester seines Generals ist, den er wie einen Gott verehrt.

Für Pauline zählt nur eines: daß sie heiratet. Die Trauung findet am 14. Juni 1797 statt. Am selben Tag findet auch Elisas Bund mit Bacciochi den Segen der Kirche, was bislang verabsäumt worden war. Der junge Ehemann wird zum Bataillonschef ernannt und nach Ajaccio abkommandiert. Elisa und Paulette erhalten je 40 000 Livres Mitgift aus der Hand ihres Bruders.

Somit ist die ganze Sippe vereint, denn auch Lucien und Joseph, neuerdings Botschafter in Rom, sind an den Hof zu Mombello geeilt, um des Ruhmes ihres Bruders teilhaftig zu werden und nach den Krumen zu haschen, die vom Tische des Reichen fallen . . .

Joséphine bittet Bonaparte, Eugène nach Mombello kommen zu lassen. Am 28. Juni trifft er hier ein und wird sogleich zum Adjutanten ernannt. Zwei Tage später sieht sich Joséphines Sohn, der noch keine sechzehn Jahre zählt, zum Leutnant befördert.

In Mambello »albert« er mit den Demoisellen Bonaparte. Ungeachtet seiner Jugend hat er bereits »das Format des Edelmannes«; als guter Tänzer und sogar Sänger, als unbekümmerter und immer gut gelaunter Junge versteht er es, zu gefallen, »ohne den Neid der weniger Erfolgreichen zu erregen«. Joséphine ihrerseits braucht den Vergleich mit so viel Jugend nicht zu scheuen. Freilich ist sie nicht die Jüngste, doch versteht sie es, sich zu kleiden, sich in indische Musseline und leichte Seiden zu hüllen. »Weiß stand ihr vorzüglich«, berichtet ein Augenzeuge, »sie wußte es und trug kaum andere Farben. In ihr herrliches Haar, das noch nicht die Diamanten der Krone zierten, wand sie häufig eine Efeuranke oder Blumen aus ihrem Garten, die anmutig jene aus Gaze gebundenen Turbane zierten, welche große Mode werden sollten.«

Joséphine versucht erfolglos, ihre strenge und ablehnende Schwiegermutter für sich zu gewinnen. Mme. Laetitia betrachtet die Schwiegertochter nicht nur als jene Frau, die ihr das Herz ihres Lieblingssohnes geraubt hat, sondern auch als eine »Ex-Vicomtesse«, eine allzu leichtlebige Witwe und mondäne Modepuppe, der es – und dies wiegt am schwersten! – bislang noch nicht gelungen ist, ihrem Mann ein Kind zu schenken. Obendrein spricht die *Madre* ein Französisch, dessen stark italienische Färbung auf die Pariserinnen in Joséphines Umgebung unendlich komisch wirkt und die Damen ganz offensichtlich erheitert. Kurz – Laetitia fühlt sich am Hofe des Sohnes nicht wohl und sehnt sich ungeduldig danach, mit

Elisa und dem Schwiegersohn nach Ajaccio zurückzukehren. Als es so weit ist, findet sie ihre geliebte *Casa* von einer kürzlich erst abgezogenen britischen Einquartierung stark in Mitleidenschaft gezogen vor. Ein Offizier der Besatzungsmacht, ein gewisser Captain Hudson Lowe, hatte es bewohnt ...

Mombello wurde zum Schauplatz einer Tragödie. Die kräftige Bulldogge des Kochs biß eines unheilvollen Morgens den kleinen Fortuné tot, der zu Bonapartes Freude früher als gewöhnlich aus dem Bett seiner Herrin gesprungen war. Joséphine weinte, und Charles schaffte einen neuen Mops herbei. Es heißt, der Koch habe sich bei seinem Herrn entschuldigt und ihm geschworen, er werde seinen Hund nun nicht mehr von der Kette lassen, doch dürfte Bonaparte ihm dies wieder ausgeredet und ihm im Gegenteil geraten haben, das »Raubtier« gerade dann frei umherlaufen zu lassen, wenn der Neuankömmling — der ebenso bissig und auf die Waden des Generals scharf war wie der unglückliche Fortuné — seine Promenaden absolvierte.

Charles wurde am 14. Juni 1797 vom Gatten zum Hauptmann bei den Ersten Husaren befördert, und am 14. Juli kann Joséphine ihn bei der Festparade zu Ehren der Republik in Mailand vorbeireiten sehen. Salven, Fahnenübergaben, Musik und Festbeleuchtungen folgen pausenlos aufeinander. Am Abend desselben Tages schreibt Hippolyte Charles an seine Eltern:

»O Ihr alle, die Ihr die Republik liebt und unter den Übeln ächzt, die sie zu bedrohen scheinen, faßt neuen Mut und lest den Schwur, den hunderttausend tapfere und zu ihrer Verteidigung Gerüstete geleistet haben ... Komm mich doch mal besuchen, Maurice, Du fauler Armleuchter, komm doch und genieße das Vergnügen, Republikaner zu sehen. — Ganz der Deine. Küsse an die ganze Familie. — Wenn Du mich besuchen kommst, verspreche ich Dir, mit Dir heimzufahren. — Adieu. — H. Charles, Hauptmann, Adjutant.«

Joséphine hat Bonaparte nach Passeriano ins Friaul begleitet, wo sie ihn nur wenig zu Gesicht bekommt. Er arbeitet die ganze Nacht durch bis in den grauen Morgen. Die Verhandlungen mit den österreichischen Delegierten beginnen am Abend und enden erst mitten in der Nacht. Da geschieht es, daß Joséphine mehrere Male am Tag und »aus nichtigen Gründen«, wie ein Zeuge angibt, in Tränen ausbricht. Gewiß, Passeriano bei Udine — ehemals Landsitz der Venezianer Dogen — ist ein trostloses Nest, und obwohl es Joséphine Gelegenheit bietet, nach Venedig zu fahren, erscheinen ihr Mombello und Mailand im Vergleich dazu als Gefilde der Seligen. Die einzige Zerstreuung sind für sie die Gespräche mit Barras' Sekretär, Botot. Doch was der Kreolin die Tränen in die Augen treibt, ist weniger die Langeweile als die Trennung von Charles, der nach einem Urlaub Mitte Oktober nach Mailand eingerückt ist. Im übrigen geht das Gerücht, der flatterhafte Hippolyte mache Pauline, die im dritten Monat schwanger ist, stürmisch den Hof und sei von Signora Lamberti, einer hinreißenden Lombardin und ehemaligen Geliebten sowohl Josephs II. als auch des Generals Despinov, erhört worden. Zweifellos schmeichelt es der Eitelkeit, die Nachfolge nach einem Kaiser und einem General anzutreten..., doch heißt es, daß Charles von seiner ehrenvollen Eroberung ein schmerzhaftes Souvenir zurückbehielt... Als Joséphine Anfang November nach Mailand zurückkehrt, versteht es Charles, André Gavoty zufolge, den Beweggrund für seine Untreue zu erklären, denn »Mme. Lamberti war«, wie Stendhal sagte, »obschon sie bereits ein gewisses Alter erreicht hatte, immer noch der Inbegriff der verführerischsten Reize und konnte es auf diesem Gebiet selbst mit einer Mme. Bonaparte aufnehmen!« Und als er Joséphine betrog, suchte Charles sie da nicht in der anderen? Gewiß wurde Charles Vergebung und – Heilung zuteil, denn zwei Wochen später, da Bonaparte nach Rastatt eilt, um dem Krieg ein – vorläufiges – Ende zu setzen, reist Joséphine, ehe sie nach Frankreich zurückkehrt, mit Charles nach Venedig. Mit königlichen Ehren empfängt die Republik die Gattin ihres Siegers – mit Festbeleuchtungen, Gondelfahrten, Soireen und Bällen. Großzügig sehen die Venezianer darüber hinweg, daß die berühmten Bronzepferde von San Marco und der legendäre Löwe den Weg nach Paris gefunden haben.

Waren die beiden Liebenden unvorsichtig? Sicher ist jedenfalls, daß Bonaparte Verdacht schöpfte. Vielleicht setzte Pauline, die die Wahrheit erkannt hatte, ihrem Bruder diesen Floh ins Ohr ... Noch in Rastatt weist Bonaparte seinen Generalstabschef an, in aller Eile folgenden Befehl nach Mailand zu übermitteln: »Es wird dem Bürger Charles, Adjutanten, befohlen, bei Erhalt dieses Mailand zu verlassen und sich unverzüglich nach Paris zu begeben, wo er weitere Weisungen erhalten wird. Gefertigt: Alex. Berthier.« Der Befehl erreichte seinen Empfänger zweifellos mit Verspätung, denn als Berthier am 22. Dezember in Mailand ankommt – Napoleon hat inzwischen Rastatt verlassen und ist nach Paris zurückgekehrt –, unterfertigt er auf Joséphines Bitte, der er unterwegs begegnet ist, eine neuerliche Verfügung; der in Ungnade gefallene Generalstabsoffizier sieht sich nun in wesentlich anderer und milderer Form angesprochen: »Auf Ersuchen des Bürgers Hippolyte Charles, Generalstabsadjutant, sich nach Paris begeben zu dürfen, um Familienangelegenheiten, die seine Anwesenheit erforderlich machen, zu ordnen, ermächtigt Alexandre Berthier, befehlshabender General, den Bürger Hippolyte Charles, beim Kriegsminister in Paris vorstellig zu werden, um mit vorliegender Erlaubnis, die er dem Minister vorweisen wird, einen Urlaub von drei Monaten Dauer zu erhalten.« Charles wirft sich aufs Pferd, nicht, um »seine Familienangelegenheiten« schneller zu ordnen, sondern um Joséphine nachzueilen, die sich auf der Heimreise nach Paris befindet.

In den Armen ihres Geliebten hat die Kreolin nicht nur von der Liebe, sondern auch von Geschäften gesprochen. Joséphine hat in Passeriano Barras' Sekretär Botot getroffen und die Woche vorher in Lyon die Bodin. Da Charles nun drei Monate Urlaub hat, könnten sie vielleicht eine Gesellschaft gründen – die *Compagnie Bodin?* Dort würde Hippolyte arbeiten, während die hübsche Generalin den Geschäften mit ihren Beziehungen förderlich sein könnte – vor allem mit jenen, die sie immer noch mit Barras, dem Herrscher des Direktoriums, unterhält ... So wird jene zweifelhafte Körperschaft ins Leben gerufen, die der Intendanz für den Abdecker reife Schindmähren als Nachschubpferde verkauft.

Eine rosige Zukunft steht ihnen bevor. Dank ihrer gemeinsamen Geschäfte haben Joséphine und Hippolyte reichlich Gelegenheit, einander nach Herzenslust zu lieben ...

In Essonnes muß Hippolyte Joséphine für kurze Zeit verlassen. Eine ganze Woche der Liebe liegt hinter ihnen, und erst am 2. Januar trifft Joséphine in der Rue Chantereine ein, die zu Ehren Bonapartes seit gestern »die Straße des Sieges« heißt, *rue de la Victoire.*

Bonaparte bereitet seiner Frau einen schlechten Empfang. Ihre Versuche, eine plausible Erklärung für ihre verspätete Rückkehr zu erfinden, reichen nicht aus, um ihn zu beruhigen. Er wittert eine Gefahr ... Schon bei seiner Ankunft in der Rue Chantereine mußte er sich ärgern. Aus Italien hatte Joséphine an Calmelet geschrieben: »Ich wünsche, daß mein Haus in modernster Eleganz möbliert werde.« Diesem Wunsch war man nachgekommen. Die Brüder Jacob, die mit der Ausstattung betraut wurden, legten sich keinerlei Hemmungen auf; die Kosten für die Neugestaltung von Joséphines Heim überstiegen 300 000 Livres. Napoleon wird später sagen: »Alles war neuesten Modells, eigens angefertigt.«

Das Schlafzimmer im ersten Stock ist ein Zelt aus gestreiften Stoffen geworden, runde Sitzkissen sind an Stelle der Stühle getreten. Die »antiken« Betten lassen sich mit Hilfe einer ausgeklügelten Mechanik zu einem großen Lager vereinen und auch wieder trennen. Die Zimmer im Erdgeschoß, von denen eines »das Arbeitszimmer des Generals« wird, schmückt Joséphine mit den Geschenken, die sie in Italien empfangen hat. Bedarf nicht ihr Mann jetzt eines Rahmens, der seines Ruhmes würdig ist?

Doch zeigt Bonaparte wenig Verständnis für die kostspielige Prunkentfaltung, und die Auseinandersetzungen über diesen Punkt sind Joséphine um so lästiger, als sie Hippolyte schmerzlich vermißt. Übel gelaunt begibt sich Joséphine am 3. Januar um zehn Uhr abends zu dem Fest, das Talleyrand veranstaltet. Aufgänge und Säle sind mit Grünpflanzen geschmückt, fünfhundert Gäste haben ihre Einladungen erhalten, und die Räume sind mit Ambra parfümiert. Donnernder Applaus ertönt, als Barras in festlicher Abendkleidung vor Bonaparte hintritt, der die grüne Uniform des Institut Français trägt, dem er seit kurzem angehört.

Joséphine, die mit ihrer Tochter Hortense erschienen ist, zieht als Königin des Festes alle Blicke auf sich. Ihre Toilette – eine gelbe, schwarzbestickte Tunika und eine goldene Kalotte, die von der Kopfbedeckung der venezianischen Dogen inspiriert ist – erregt mehr Staunen als Bewunderung. Vielleicht bemerkt Joséphine, daß manche ihr ungewöhnliches Kostüm belächeln, und bekanntlich kann nichts eine elegante Frau mehr verstimmen, als wenn sie einen Heiterkeitserfolg erringt . . .

Die Damen – schon nennt man sie kaum mehr »Bürgerinnen« – stehen Spalier wie bei Hof. Joséphine versucht ihre Verstimmung nicht fühlbar werden zu lassen und spricht mit jeder, wobei sie jenen Ton von Herzen kommender Liebenswürdigkeit findet, den alle, die je mit ihr sprachen, besonders rühmten. Bonaparte hält den türkischen Botschafter am Arm und murmelt etwas, als er seine alte und immer noch hübsche Freundin Mme. Permon in weißer Krepptoilette erblickt. Der Vertreter der Hohen Pforte zieht erstaunt die Brauen hoch. »Ich erklärte ihm, Sie seien griechischer Abkunft«, meint der General zu Mme. Permon, als er ihr die Hand drückt.

Dieser nichtssagenden Äußerung verdanken es die künftige Duchesse d'Abrantès und ihre Mutter, daß sie sogleich zum Mittelpunkt der Gesellschaft werden. Es ist beinahe wie einst in Versailles . . .

Mme. de Staël, die »bemerkt« sein will, reicht dem Sieger einen Lorbeerzweig. »Den lassen Sie den Musen«, quittiert Bonaparte kühl ihre Geste. Der schriftstellernde Blaustrumpf geht ihm ganz offensichtlich auf die Nerven. Sie läßt nicht locker: »General, welche Frau lieben Sie am meisten?«

»Die meinige.«

»Gewiß, aber welche achten Sie am meisten?«

»Eine, die sich am besten auf ihren Haushalt versteht.«

»Auch das lasse ich gelten. Aber welche wäre denn nun für Sie die Erste unter den Frauen?«

»Die die meisten Kinder zuwege bringt.«

Worauf der General ihr den Rücken kehrt und Mme. de Staël nach Worten ringt.

»Ihr großer Mann«, sagt sie ein wenig später zu Arnault, »ist ein sehr eigenartiger Mensch.«

Bald werden sich die Reihen seiner Feinde stärken. Und diese sind bereits zahlreich. »Dieser Scaramouche mit dem Schwefelkopf«, schreibt kurz darauf Mallet du Pan, »errang nur als Rarität einen Erfolg. Er ist ein erledigter Mann, ein für allemal!« Wobei er sich um runde fünfzehn Jahre irrte . . .

Um elf Uhr ist eine Tanzpause, die Damen begeben sich zu Tisch und lassen sich von den Herren bedienen. Hinter Joséphine erhebt Talleyrand seinen Champagnerkelch: »Auf die Bürgerin, deren Namen dem Ruhm am teuersten ist.«

Man trinkt auf »des Kriegers, des siegreichen Helden geliebte Gefährtin«, als welche sie der Dichter Desprieux besingt, in deren Händen das Glück des »Verteidigers eines großen Volkes« liege.

Um dieses Glück voll zu machen, begibt sich Joséphine tagtäglich in das Haus Nr. 100, Faubourg Saint-Honoré, wo Louis Bodin wohnt. Dort findet die Kreolin ihren geliebten Hippolyte wieder . . .

»Mein Hippolyte!«

> Sie haben meinen ganzen Haß,
> du allein hast meine
> Zärtlichkeit und meine Liebe . . .
> *Joséphine*

In den Armen ihres »Hanswurst« spricht Joséphine nicht nur von der Liebe. Die leichtfertige Kreolin hat Schulden und benötigt dringend Geld. Gewiß hätte Bonaparte kein Verständnis dafür, daß seine Frau Tausende Francs braucht, um sich schön zu machen. So etwa leiht sie sich 400 000 Francs von Botot und versucht, zugunsten der Compagnie Bodin die gesamten Heereslieferungen für die Italienarmee zu erhalten. Bald kann sie sich um so unumschränkter ihrer Liebe zu Hippolyte und ihren Geschäften widmen, als Bonaparte sich auf eine Inspektionsreise in den Norden begibt. An Ort und Stelle will er die Möglichkeiten zu einer Invasion in England prüfen. Schon langweilt er sich.

Der Weihrauch, den die Pariser rund um ihn aufwolken ließen, hatte ihn nicht berauscht. Der Jubel, der ihn umbrandete, wenn er im Theater erschien, war ihm lästig. Klarsichtig hatte er zu Bourrienne gemeint: »In Paris hütet man keine Erinnerungen. Wenn ich länger untätig bleibe, bin ich verloren. In diesem großen Babylon verdrängt eine Berühmtheit die andere; keine dreimal wird man mich im Theater gesehen haben, und schon riskiert man keinen Blick mehr; deshalb werde ich auch selten hingehen.«

Am 29. Januar hatte er jenem, der sein Sekretär geworden war, anvertraut: »Bourrienne, hier will ich nicht bleiben. Es gibt nichts zu tun. Und nichts wollen sie begreifen. Ich sehe, daß ich binnen kurzem in der Versenkung verschwinde, wenn ich bleibe. Hier nützt sich alles ab, schon bin ich nicht mehr berühmt. Dieses kleine Europa hat nicht genug Ruhm zu bieten. Man muß in den Orient gehen, von dannen kommt aller großer Ruhm. Vorher aber möchte ich die Küsten in Augenschein nehmen, um mir selbst Gewißheit darüber zu verschaffen, was man unternehmen kann. Ich nehme euch mit, Sie, Lannes und Sulkowsky. Wenn mir der Erfolg eines Angriffs auf England zweifelhaft erscheint, was ich befürchte, wird die Englandarmee zur Orientarmee, und ich begebe mich nach Ägypten.«

Ägypten! Das Wort ist gefallen. Doch ehe er das Direktorium davon überzeugen konnte, daß London am Nil lag, mußte er tun, als inspizierte er die Englandarmee.

Während man Bonaparte nun zehn Tage lang in Frost und Nässe allerorten zwischen Boulogne und Anvers auftauchen sieht, geht Joséphine mit Charles in die Theater, fährt mit ihm ungeachtet der Kälte aus, verlebt berauschende Augenblicke in der Rue Saint-Honoré . . . Doch versäumt sie es darüber nicht, Botot unablässig wegen der Compagnie Bodin in den Ohren zu liegen. Auch bei Barras bettelt und fordert sie und gönnt ihm keinen Augenblick Ruhe. »Seien Sie mir gegrüßt, bester aller Freunde«, schreibt sie ihm am 21. Februar, »ich küsse Sie in zärtlicher Liebe...« Wieder muß der ehemalige Liebhaber ihr zu Hilfe kommen!

Am 15. Februar kann sie ihrem geliebten Hippolyte folgende Siegesbotschaft senden: »Den 27. (Pluviôse) – um elf Uhr nachts. – Botot, den ich heute abend gesehen habe, sagte mir im Auftrage von Barras, daß die Angelegenheit des Bürgers Bodin zum besten stehe, daß der Kriegsminister Barras davon gesprochen habe, wie sehr mir die Sache am Herzen liege und daß Letzterer die Gelegenheit benützte, um ihn dazu zu bewegen, die Angelegenheit in Ordnung zu bringen. Barras ließ mir bestellen, ich möge ihn morgen vormittag besuchen.«

Sie widmet sich weiterhin ihren Geschäften, doch der Gatte kehrt zurück, und Joséphine sieht sich gezwungen, Botot folgende Zeilen zukommen zu lassen: »Bonaparte ist heute nacht angekommen. Ich bitte Sie, mein lieber Botot, Barras auszurichten, wie sehr ich es bedauere, nicht mit ihm dinieren zu können. Sagen Sie ihm, er möge mich nicht vergessen. Sie, mein lieber Botot, kennen meine Lage besser als alle anderen. Adieu, in aufrichtiger Freundschaft die Ihre.«

Eine schwierige Lage! Wenn Bonaparte etwas erführe! Und dabei hatte er sie schon ausgezankt, weil sie von den »Geschäftemachern« Geschenke annahm!

Aus Belgien ist er guter Laune zurückgekehrt. Als »Generalissimus« der französischen Truppen, der er praktisch ist, trifft er sich täglich mit den Direktoren, um den Zug nach Ägypten vorzubereiten. Man hatte vom wahnwitzigen Vorhaben eines Angriffs auf England abgesehen und sich auf einen nicht minder wahnwitzigen »Krieg im Orient« verlegt... Doch die fünf Könige, die über Frankreich herrschten, hatten bei diesen in die Ferne schweifenden Projekten nur eines im Auge: die Entfernung Bonapartes aus Frankreich. Von einem Tag zum anderen mochte die Republik von Europa überrannt werden, was die Direktoren jedoch wenig bekümmerte, wenn nur das Gespenst der Militärdiktatur gebannt wurde!

Er aber dachte nur an seinen Traum. »Es war, als brenne die Erde ihm unter den Füßen«, sagte fassungslos einer der Direktoren. Bonaparte hatte Fieber – wie seine Frau litt er an einer Erkältung – und hütete das Bett, doch bat er Barras, er möge ihn »am Abend für eine Minute« besuchen kommen. Der Direktor hatte gehorcht... und ihm seine Hilfe für die Expedition zugesagt: Bonaparte sollte mit einer möglichst großen Armee in See stechen.

Und während Bonaparte endlich freie Hand hatte, um zu organisieren, was die vernünftigen Köpfe seinen Selbstmord nannten – die Verschleppung von 45 000 Mann ans Ende der Welt, um England zu schaden... –, konnte auch Joséphine den entscheidenden Sieg feiern: Louis Bodin erhielt den heißersehnten Auftrag für die Heereslieferungen. Und die Kreolin wird am Gewinn beteiligt sein! Mit Barras und dem Kriegsminister Schirer wird sie sich in 1 500 000 Francs teilen –

7,5 Millionen neue Francs. Dann hat Charles die Möglichkeit, seine Demission einzureichen, um sich ausschließlich den Geschäften zu widmen. Für den Augenblick ist er der unentbehrliche Mittelsmann zwischen seiner Geliebten und den Bodins. So vieles gibt es, worum er sich annehmen muß: angefangen von den Bestechungsgeldern für den Kriegsminister bis zu den Empfehlungsschreiben, die man von Barras braucht ... Und in Joséphines Liebesbriefen an Hippolyte klingt eine geschäftliche Note auf: »Ich habe eben dem Kriegsminister geschrieben, um ihm mitzuteilen, daß ich heute nicht zu ihm gehen kann, weil ich aufs Land fahre, aber daß ich ihm morgen ein *Paket* überbringe, das man mir für ihn gegeben hat. Auch Barras habe ich geschrieben; ich bitte ihn, *die Briefe, die er mir versprochen hat,* dem Überbringer meines Billets auszuhändigen. Ich, mein lieber Hippolyte, fahre aufs Land. Um fünf Uhr komme ich zurück und hole Dich um halb sechs oder sechs bei den Bodins ab.«

Vorhang auf zur Tragödie!

Erster Akt: Louise Compoint betritt die Bühne – Napoleon wird es auf Sankt Helena erzählen, da er sich keine Illusionen mehr über die Treue seiner »unvergleichlichen Joséphine« macht: »Bei meiner Rückkehr aus Italien wollte sich eine Zofe, die Joséphine entlassen hatte, weil sie dagegen war, daß die Bedienstete mit Junot schlief, rächen. Sie sagte mir, daß ein junger Stabsadjutant, Charles – ein kleiner Hurenbock, dem Ihr in Italien begegnet sein müßt –, Joséphine überallhin folgte, in denselben Herbergen schlief und in ihrem Wagen reiste. Auf diese vertrauliche Mitteilung hätte ich gerne verzichtet!«

Nach Louises Abgang nimmt Bonaparte Joséphine ins Verhör: »Sag die Wahrheit, es ist weiter nicht schlimm, und dann kann man auch in derselben Herberge schlafen und miteinander reisen, ohne daß ...«

»Nein, das ist nicht wahr ...«

Sie weint, was ihren Mann entwaffnet und Joséphine Gelegenheit gibt, bei ihrem Liebhaber ihr Herz auszuschütten: »Ja, mein Hippolyte, mein Leben ist eine einzige Qual. Du allein kannst mich dem Glück wiederschenken. Sage mir, daß Du mich liebst und nur mich. Ich werde die glücklichste aller Frauen sein.« Doch die Geschäfte können nicht warten: »Schicke mir durch Blondin, unseren Diener, 50 000 Livres... Adieu, ich sende Dir tausend zärtliche Küsse. Ganz die Deine.«

Am 16. März verläßt Charles die Armee und kann sich fürderhin seinem Privatleben widmen.

Zweiter Akt, 21. März: Wutentbrannt stürmt Bonaparte ins Boudoir seiner Frau. Durch seinen Bruder Joseph weiß er alles – oder fast alles: »Kennst du den Bürger Bodin, bei dem der Hauptmann Charles wohnt?« Bonaparte ist auf der richtigen Spur! Er ist gut informiert! Er weiß, daß niemand anderer als seine eigene Frau Bodin die Versorgung der Italienarmee vermittelt hat! Er wartet mit genauen Angaben auf: Charles wohne in »Faubourg Saint-Honoré, No. 100«.

Joséphine streitet natürlich alles ab.

»Und doch gehst du jeden Tag hin! Du hast es nicht nötig, vor mir Verstecken zu spielen!«

Schon rinnen die Tränen: »Ich bin die unglücklichste, die ärmste aller Frauen! Ich weiß nicht das geringste von dem, was du mir sagst ... Wenn du dich scheiden lassen willst, genügt ein Wort...«

Sich scheiden lassen? Was bedeutet der verliebten Joséphine der Ruhm des Siegers von Arcole, des Eroberers von Italien? Und als Joséphine ihrem Geliebten die Szene schildert, bemerkt sie, indem sie ihren Gatten und dessen Bruder einfach »die Bonapartes« nennt: »Ja, mein Hippolyte, *sie* haben meinen ganzen Haß, Du allein hast meine Zärtlichkeit und meine Liebe; aus dem furchtbaren Zustand, in dem ich mich seit Tagen befinde, müssen sie erkennen, wie sehr ich sie verabscheue; sie sehen, wie ich leide, wie verzweifelt ich bin, weil ich darauf verzichten muß, Dich so oft bei mir zu haben, wie ich es ersehne. Hippolyte, ich werde mich töten; ja, ich will (ein Leben) enden, das mir fürderhin nur mehr eine Last ist, wenn es nicht Dir gewidmet sein kann. O Gott! Was nur habe ich diesen Ungeheuern getan? Doch mögen sie tun, was ihnen beliebt, niemals werde ich das Opfer ihrer Grausamkeiten sein. Ich flehe Dich an, sage Bodin, er möge sagen, er kenne mich nicht; daß er nicht durch mich das Geschäft mit der Italienarmee bekommen hat; dem Portier von No. 100 möge er sagen, wenn man ihn fragt, ob Bodin dort wohnt, solle er antworten, er kenne ihn nicht; der Briefe, die ich ihm für Italien mitgegeben habe, soll er sich erst einige Zeit nach seiner Ankunft in jenem Land bedienen, und nur, wenn es notwendig ist. Ach, sie sollen mich nur quälen, es wird ihnen doch niemals gelingen, mich von meinem lieben Hippolyte zu trennen; mein letzter Seufzer wird ihm gelten.

Alles nur Menschenmögliche werde ich tun, um Dich untertags zu sehen. Wenn es mir nicht gelingt, komme ich heute abend kurz bei Bodin vorbei und schicke Dir morgen früh Blondin, um Dir mitzuteilen, wann ich Dich im Garten der Mousseaus erwarte. Adieu, mein Hippolyte, tausend Küsse, glühend heiß wie mein Herz und ebenso verliebt.«

»O Gott! Was nur habe ich diesen Ungeheuern getan?« Arme und ahnungslose Joséphine! Sie ist Frau – auf eine wunderbare und unerträgliche Art –, und mit Hilfe der Tränen wird es ihr auch diesmal noch gelingen, Bonaparte davon zu überzeugen, daß alles, was Louise und Joseph ihm hinterbracht haben, nur Verleumdungen waren ... zumindest, was ihre Ehe betrifft. Und dennoch hat in der Rue Chantereine die Tragödie ihren Einzug gehalten. »Meine Schwägerin«, wird Pauline sagen, »wäre vor Herzeleid fast gestorben; ich habe meinen Bruder getröstet, der sehr unglücklich war.«

Hippolyte glaubt sich in der Schlinge gefangen. Offiziell wird seine Demission erst am 30. März angenommen. Während dieser zehn Tage hängt das Damoklesschwert der Armee immer noch über seinem Haupt – und untersteht er dem Gatten. Doch hält es Bonaparte für unter seiner Würde, sich auf diese Art zu rächen. Charles wird in Ruhe gelassen, und der Vertrag mit der Compagnie Bodin behält weiterhin seine Gültigkeit.

Letzten Endes aber dürfte es Joséphine mit der Angst zu tun bekommen haben. Sollte sie Mme. Charles werden, nachdem sie Mme. Bonaparte gewesen war? Einmal von Napoleon geschieden, würde sie gewiß ihren Einfluß verlieren, und folglich fielen Hippolytes Geschäfte weit weniger brillant aus! Nicht einmal ihr geliebtes kleines Palais könnte sie behalten. Am 26. März kauft Bonaparte, zweifellos vom Wort »Scheidung« inspiriert, das ihm die Treulose entgegengeschleudert hatte, Julie Talma denn auch das Haus in der Rue Chantereine ab.

Joséphine ist nicht mehr Herrin ihrer eigenen vier Wände! Die Kreolin kommt zur Vernunft, und um sich mit Bonaparte auszusöhnen, schlägt sie ihm vor, ihn nach Ägypten zu begleiten. Oder bringt ihn – geschickt wie sie ist – vielmehr dahin, daß er sie bittet, sie möge mit ihm kommen.

Vor der Abreise besprechen M. und Mme. Bonaparte in ehelicher Eintracht den Kauf eines Landhauses in der Nähe von Paris. Sie haben sich das herrliche Malmaison angesehen, dessen Besitzer Monsieur Lecoulteux bereits seit zwei Jahren einen Käufer sucht. Bonaparte sehnt sich nach einem eigenen Heim, nach einem Hafen der Zuflucht, und Malmaison ist eine »Liebe auf den ersten Blick« – doch hat er im Moment nicht die Zeit, das Geschäft zum Abschluß zu bringen.

Später wird man weitersehen!

Vielleicht kehrt Joséphine vor ihrem Mann nach Frankreich zurück? Unter Umständen fällt dieser Ägyptenfeldzug auch viel kürzer als vermutet aus! In ein paar Monaten sind sie dann beide wieder im Lande, außer der neue Chef der Orientarmee kehrt erst in sechs Jahren zurück, wie er sich Bourrienne gegenüber äußert . . .

Am 29. April begeben sich Joséphine und ihr Gatte in Begleitung des Adjutanten Lavallette nach Saint-Germain zu Mme. Campon, um Hortense und Caroline zu besuchen. Die beiden jungen Mädchen fanden aneinander zunächst nur wenig Gefallen, doch seit Hortense von Carolines unglücklicher Liebe zu Oberst Murat weiß, sind sie Vertraute und Freundinnen geworden.

Man kann sich die Aufregung vorstellen, die an jenem Morgen in der Pension herrscht. Aus jedem Stockwerk erschallt Lachen und Geschrei, und die jungen Mädchen drängen sich an den Fenstern, um den Sieger von Italien zu sehen. Nur Emilie, Tochter des François de Beauharnais und Hortenses Base, ist übler Laune. Jener, der durch Heirat ihr Onkel geworden war, hat beschlossen, sie mit einem seiner Adjutanten, Antoine Lavallette, zu vermählen. Ihr Herz aber schlägt zu jener Zeit für des Generals Bruder, Louis Bonaparte. Doch läßt der große Mann nicht zu, daß man über seine Entscheidungen diskutiert. Als Emilie ihren Zukünftigen sieht, ist sie sprachlos vor Entsetzen: ein rosiges Vollmondgesicht, winzig kleine Augen, die Nase kaum größer als eine Erbse. Trotz seiner Jugend hat er schon einen Bauch angesetzt, den die kurzen Beinchen mit Mühe tragen. Doch sobald Emilie und Lavallette allein sind, versteht er, ihr Herz zu rühren: »Mademoiselle, ich habe nichts als meinen Degen und das Wohlwollen des Generals, und in zwei Wochen verlasse ich Sie, um nach Ägypten in den Krieg zu ziehen. Öffnen Sie mir ihr Herz. Ich fühle mich bereit, Sie aus ganzer Seele zu lieben, doch dies allein genügt nicht. Wenn diese Verbindung nicht nach Ihrem Geschmack ist, sagen Sie es mir ruhig. Ich werde darauf sehen, daß ich versetzt werde. Ihnen erwachsen daraus keine Schwierigkeiten. Ihr Geheimnis werde ich zu hüten wissen.«

Joséphines Nichte hat den Blick gesenkt und schweigend ihrem »Bräutigam« zur Antwort das Bukett gereicht, das sie in der Hand hielt. Die Hochzeit fand in aller Stille statt. Emilies Vater war emigriert, und die von ihrem Mann geschiedene Mutter hatte sich mit einem dunkelhäutigen Mulatten wiederverheiratet ... Der Honigmond, der nur wenige Tage währte, konnte Emilie nicht davon überzeugen, daß sie den richtigen Mann geheiratet hatte.

Später erst werden sich ihr Lavallettes Vorzüge enthüllen, seine aufrechte Gesinnung, seine Ehrlichkeit, sein Edelmut, und gerührt und bezwungen wird sie über seine kurzen Beinchen, das Näschen und die blinzelnden Äuglein hinwegsehen. Dann wird sie nichts mehr an ihm wahrnehmen als Herz und Verstand und ihn aus ganzer Kraft und ganzer Seele lieben. Lavallette selbst liebte Emilie von jenem Augenblick an, da Hortense ihm im Garten zu Saint-Germain die zutiefst errötende Gefährtin zuführte – die hübscheste aller Pensionärinnen von Mme. Campan, die künftige Mme. de Lavallette, die dereinst die Heldin der ehelichen Liebe werden soll.

Am 4. Mai, um vier Uhr morgens, besteigt Bonaparte mit Joséphine und Bourrienne den Wagen. Am Abend zuvor hat er Arnault gegenüber erklärt: »Die Pariser schreien zwar, aber unternehmen würden sie nichts. Wenn ich zu Pferd stiege, würde mir keiner folgen. Morgen fahren wir.« Am 6. Mai treffen sie auf der Place Bellecour in Lyon in der Herberge zur Provence Eugène, der den Feldzug ebenfalls mitmacht. Tags darauf schiffen sie sich auf der Rhône ein und erreichen so noch bei Einbruch der Nacht Aix. Und dann, nach einer langen Nachtfahrt – bei Ollioules wäre der Wagen beinahe umgestürzt –, schwingt sich Bonaparte aufs Pferd, sprengt der Berline voran und ruft den Wachen am Stadttor von Toulon zu: »Ich bin der kommandierende General Bonaparte!« Eine Viertelstunde später halten die Generalin und ihr Sohn vor der Intendanz. Dort sind die Armee, die Flotte, die Gelehrten, das gesamte künftige Kaiserreich: von Louis, dem späteren Schwiegersohn Joséphines und König von Holland, Murat,

ihrem Schwager und dereinst König von Neapel, Eugène, dem künftigen Vizekönig von Italien, bis zu den Generälen Berthier, Davout, Lannes, Marmont,
Duroc. Auch Kléber und Desaix sind da, deren Stern im Jahre 1800 sinken wird.

Joséphine erklärt, müde zu sein. Gewiß täte ihr eine Saison in einem Thermalbad gut! Am Abend vor der Schlacht »meldet sie sich krank« ... Im übrigen wird
gemeldet, das englische Geschwader mache die See zwischen Malta und Korsika
unsicher. Die Kreolin fühlt sich elend. Soll sie zum dritten Mal in ihrem Leben den
Kugelregen des Feindes über sich ergehen lassen? Bonaparte gestattet seiner Frau,
in Frankreich zu bleiben. Erst möge sie ins Bad fahren, hinterher zu ihm.

Sie schreibt es ihrer Tochter: »Seit fünf Tagen bin ich in Toulon. ... Bonaparte will nicht, daß ich mich mit ihm einschiffe; er wünscht, daß ich erst ins Bad
fahre, ehe ich die Reise nach Ägypten antrete. In zwei Monaten wird er mich
abholen lassen. So wird es mir denn, meine Hortense, noch vergönnt sein, Dich
an mein Herz zu drücken, und Dir zu versichern, daß ich Dich sehr lieb habe.«

Joséphine besichtigt die *Orient*, auf der sich am 19. Mai um sechs Uhr ihr
Gatte, ihr Sohn und ihr Schwager einschiffen. Joséphine sieht von der Intendanz
aus, die den Ankerplatz überblickt, die Abfahrt des Geschwaders mit an und
winkt mit dem Taschentuch, während die Kanonen donnern und die Musik spielt.

Joséphine weint. Gewiß wird sie nun die Möglichkeit haben, mit Hippolyte
zusammenzutreffen, gewiß hat sie mit Erfolg versucht, das lange Exil fern von
Paris abzuwenden, und doch beschert ihr dieser Gedanke weit weniger Trost als
vordem.

Beginnt sie ihren Mann zu lieben? Zumindest scheint es, als würde sie sich
heute dessen bewußt, was sie verlöre, müßte sie sich von ihm trennen. Auch ist
sie jetzt Luciens Haß und vor allem der Abneigung Josephs ausgeliefert, dem sein
Bruder den Auftrag erteilte, ihr 40 000 Francs – 200 000 Neue Francs – zu geben.
Für die Gattin eines kommandierenden Generals ein fürstliches Einkommen . . .,
doch wenn man Schulden hat und hohe Ansprüche stellt, ist es kaum mehr als ein
Tropfen auf einen heißen Stein! Bei dem Gedanken daran, daß sie nun künftig
von ihrer Schwägerin abhängig sein wird, fühlt Joséphine nur Bitterkeit. Am
29. Mai schreibt Bonaparte denn auch, wie er es ihr versprochen hat, an seinen
Bruder: »Wenn meine Frau in Deiner Nähe ist, dann bitte ich Dich, sie gezie-
mend und rücksichtsvoll zu behandeln.«

Noch eine Woche bleibt Joséphine in Toulon und einige Tage in Hyères, im
Hause eines Monsieur Filhe. Dann macht sie sich auf die Reise nach Plombières.
Dort, im lothringischen Kurort, erfreut sie sich der Gesellschaft der »Bürgerin
Cambis« und der Mme. de Krény, die sie jetzt »die liebe Kleine« nennt. Joséphine
logiert in der Pension Martinet, »einem sehr ehrbaren Haus«, dessen Besitzer
»Philemon und Baucis gleichen«. Ist Charles schon seit Lyon bei ihr? Oder
kommt er nach Plombières nach? Darüber ist nichts bekannt . . .

Gewissenhaft unterzieht sich Joséphine ihrer Kur. Jeden Tag begibt sie sich zur Kapuzinerquelle, die aus dem Boden tritt, ohne daß das Wasser sein Gas verliert, und die seit Jahrhunderten schon im Ruf steht, den sterilen Frauen Fruchtbarkeit zu schenken.

Nach Paris zurückgekehrt – und fast völlig wiederhergestellt –, empfängt sie Mme. de Vaisme, Mme. Visconti, Mme. de Luçay und natürlich Mme. de Krény und Mme. Hamelin. Schriftsteller und Poeten wie Andrieux und »Pindar« Lebrun, der mit der größten Selbstverständlichkeit von seinem »Genie« spricht und beständig seine Verse mit sich umherträgt, die er jedermann vorliest, finden sich ebenso wie Bouilly, aus der Familie der Tourangeau, der als entfernter Verwandter derer von der Pagerie gilt, in der Rue Chantereine ein. Auch der Autor patriotischer Gesänge, Auguste de Déis und der künftige Sekretär der Kaiserin, Deschamps, der eine Oper über die *Barden* komponiert hat, versäumen es nicht, der »Generalin« regelmäßig ihre Aufwartung zu machen.

Sie empfängt Desprès, den ehemaligen Gefährten von André Chénier, Verfasser einer lateinischen Ode über die *Schneebälle*... Der heiterste – und talentierteste – ihrer Besucher ist gewiß Désaugiers, das »personifizierte Lied«, Autor von reizenden kleinen Komödien. Auch der geistreiche und schaffensfreudige Hoffmann wäre zu nennen, der ungeachtet eines leichten Sprachfehlers mit erstaunlicher Dialektik diskutiert. Zuweilen tauchen auch Chéniers Bruder, dessen Dramen *Karl IX.* und *Caius Gracchus* stürmische Erfolge ernteten, der melancholische Legouvé und der Übersetzer Baour-Lormian in Joséphines Salon auf.

Der »Generalin« war es – freilich nicht ohne Schwierigkeit – gelungen, auch Bernardin de Saint-Pierre in ihren Kreis zu ziehen. Hatte er nicht die Inseln besungen? Der ernste und gravitätische Volney, der ein Werk über Ägypten und Syrien geschrieben hatte, das Bonaparte mit sich auf den Feldzug nahm, folgte ebenfalls der Einladung der Bürgerin Bonaparte. Da Volney des Arabischen mächtig war und im Mittleren Orient gelebt hatte, fand er in der Rue Chantereine ein geneigtes Ohr und ein Publikum, das seinen Ausführungen mit Interesse und Respekt folgte. Gern gesehene Gäste waren auch der Tragödienautor Lemercier und Arnault, der ehemalige Sekretär des späteren Ludwig XVIII., jener Arnault, der nicht müde wurde, »die heitere Ausgeglichenheit« der Dame des Hauses zu bewundern, »die Unkompliziertheit ihres Charakters« und »das Wohlwollen, das aus ihrem Blick leuchtete«. Am anziehendsten aber fand er wohl »ihre, den Kreolinnen eigene schläfrige Sinnlichkeit, die in ihrer Haltung wie in ihren Bewegungen zum Ausdruck kam«.

Auch Bouilly, vertrauter Freund und oft gesehener Gast in der Rue Chantereine, war von Joséphines »natürlicher Anmut« bezaubert: »Das war nicht mehr«, schreibt er später, »der Ton der Eleganz und der verführerischen Galanterie, den ich in den Gesellschaftskreisen von 1788 gefunden hatte. Und doch

begegnete man in Joséphines Gesellschaften kostbaren Resten jener vollkomme-
nen Vorbilder der Anmut und des guten Tones.«

Wie oft erlebte Bonaparte nicht in Gedanken die Gegenwart der »unvergleich-
lichen Joséphine« – ehe es am 19. Juli 1798 zur Tragödie kam? Die Landung in
Alexandrien war geglückt, und nun stieß er, nach einem ersten Sieg über die
Mameluken, gegen Kairo vor. Am 19. Juli stand er in Wardan – oder Ouârdan.
Bourrienne, der sich etwas abseits hielt, sah ihn mit Berthier sprechen, seinem
Adjutanten Julien und vor allem mit Junot. Bonaparte schien bleich, fahler noch
als sonst, »sein Gesicht war eigentümlich verzerrt, sein Blick unstet und verloren«,
wie Bourrienne später bemerken wird. Mehrere Male schlug er sich mit der Hand
an den Kopf. Noch nie hatte der Sekretär ihn »so böse, so beunruhigt« gesehen.
Dann kam Bonaparte plötzlich auf ihn zu, »mit verstörtem Gesicht«, und herrschte
ihn »mit zorniger Stimme« und »hartem und strengem Ton« an: »Sie sind mir
nicht im mindesten verbunden. Denn wenn Sie es wären, hätten Sie mich über
alles aufgeklärt, was ich eben von Junot erfahren habe. Der ist ein wahrer Freund.
Joséphine! . . . und ich bin sechshundert Meilen von ihr entfernt! . . . Sie hätten
es mir sagen müssen! Joséphine! . . . mich so zu betrügen! . . . sie! . . . wehe
ihnen! Ausrotten werde ich sie, diese Rasse von Laffen und blonden Schönlin-
gen! . . . Was Joséphine betrifft . . . ! Die Scheidung! . . . ja, die Scheidung! eine
Scheidung in aller Öffentlichkeit! Ein offener Skandal! . . . ich muß schreiben! . . .
ich weiß alles! . . . Das ist Ihre Schuld! Sie hätten es mir sagen müssen.«

Er weiß alles! Und leidet entsetzlich . . ., nur langsam kommt er zur Ruhe,
faßt sich, sein Kopf wird klar, und zwei Tage später trägt er den Sieg bei den
Pyramiden davon. Doch kein einziges Lächeln erhellt seine Züge. Er ist traurig,
unendlich traurig, selbst als er am 24. Juli in Kairo einzieht.

Am selben Abend schreibt Eugène in seinem Zelt in Gizeh: »Meine liebe
Mama, ich habe Dir so vieles zu sagen, daß ich nicht weiß, wo beginnen. Bonaparte scheint seit fünf Tagen sehr traurig, und das im Anschluß an eine Unterredung, die er mit Julien, Junot und sogar Berthier hatte. Dieses Gespräch traf
ihn mehr, als ich gedacht hätte. Alles, was ich mitbekommen habe, läuft darauf
hinaus, daß Charles bis drei Poststationen vor Paris in Deinem Wagen fuhr, daß
Du ihn in Paris gesehen hast, daß Du mit ihm in der Italienischen Komödie
warst, in einer Loge im vierten Rang, daß er Dir Dein Hündchen geschenkt hat
und daß er sogar jetzt im Augenblick bei Dir ist; so viel habe ich in Wortfetzen
aufgeschnappt. Du kannst Dir wohl denken, Mama, daß ich das nicht glaube, aber
sicher ist, daß es dem General sehr zu Herzen geht. Dennoch ist er zu mir freund-
licher denn je. Durch sein Verhalten will er wohl zum Ausdruck bringen, daß die
Kinder keine Schuld an den Verfehlungen ihrer Mutter haben; Dein Sohn freilich
gefällt sich im Glauben daran, daß all dies Geschwätz von Deinen Feinden erfun-

den ist. Er liebt Dich um nichts weniger und sehnt sich danach, Dich zu küssen. Wenn Du kommst, wird, hoffe ich, alles vergessen sein.«

Tags darauf schreibt Bonaparte aus dem Hause von Elfi-Bey in Kairo seinem Bruder Joseph, um ihm mitzuteilen, er habe »viel häuslichen Kummer, denn der Schleier ist grausam zerrissen«. Und seufzt: »Es ist traurig, wenn man alle Gefühle für ein und denselben Menschen in ein und demselben Herzen hegt.«

Im Glauben, bald nach Frankreich zurückzukehren – im Monat darauf wird ihn das Debakel der Flotte von Aboukir zum Gefangenen seiner eigenen Eroberung machen – bekennt Bonaparte dem Bruder gegenüber seinen Ekel vor der Welt und den Menschen: »Kümmere Dich darum, daß ich bei meiner Ankunft ein Landhaus zur Verfügung habe, entweder bei Paris oder in Burgund. Dort will ich den Winter verbringen und mich einschließen. Die menschliche Natur widert mich an. Ich brauche Einsamkeit und Zurückgezogenheit. Die Größe langweilt mich. Das Gefühl ist verdorrt. Der Ruhm ist schal. Mit neunundzwanzig Jahren habe ich alles erschöpft, nichts bleibt mir mehr, als wahrhaftig ein Egoist zu werden. Mein Haus will ich behalten. Niemand werde ich es – wem auch immer – überlassen.«

Die beiden Briefe – Eugènes wie Bonapartes Schreiben – wurden mit der gesamten Post der Orientarmee von Nelson abgefangen, nach London geschickt und am 24. November in englischer und französischer Sprache in der *Morning Chronicle* veröffentlicht.

Im Monat darauf druckte man die abgefangenen Briefe in Paris ab, doch auf Veranlassung Barras' wurden die Zeilen Bonapartes an seinen Bruder und Eugènes Schreiben an seine Mutter von der Veröffentlichung ausgenommen. Joséphine mag wohl nicht selbst die betreffende Nummer der *Morning Chronicle* in Händen gehabt haben, doch wurde sie zweifellos von Barras informiert. Sie ist in schwerer Sorge. Mit dem Verlust der Flotte ist jegliche Verbindung mit Ägypten unterbrochen, und die »ungetreue Gattin« hat keine Möglichkeit, mit ihrem Mann zu korrespondieren. Vielleicht hofft sie, es werde ihr wie das letzte Mal gelingen, ihn, wenn sie ihm von Angesicht zu Angesicht gegenübersteht, zurückzuerobern und ihn davon zu überzeugen, daß alles nur gemeine Verleumdung ist. Dachte sie, bei Louis' Rückkehr, der am 11. März 1799 in Frankreich eintrifft, »käme die Sache in Ordnung?« Louis bestätigt ihr nur, daß das Unglück geschehen ist, doch ist der Schwager im Besitz eines – mehrere Monate alten – Briefes an Joseph, wo Bonaparte ihn ersucht: »Kümmere Dich um meine Frau; besuche sie hin und wieder, ich bitte Louis, ihr mit guten Ratschlägen zur Seite zu stehen.« Doch weigert sich »die Sippe«, Joséphine zu sehen, und leistet ihren Einladungen keine Folge. Immerhin wären die »guten Ratschläge«, soweit sie Charles betrafen, jetzt auf fruchtbaren Boden gefallen: Die Liebenden sind entzweit – selbstverständlich nur vorübergehend –, und Joséphines Herz gehört vielleicht dem schönen Adjutanten Barras', Jean-Sylvain Avy, mit größerer Wahrscheinlichkeit aber ist es in alter Liebe zu eben dessen Chef, Barras, neu entflammt. Sobald sie aus Plombières zurückgekehrt war, hatte sie ihm geschrieben: »In der Nacht bin ich angekommen, mein lieber Barras. Sogleich sandte ich zu Ihnen, um von Ihnen Nachricht zu erhalten ... Erlauben Sie, daß ich Sie heute abend um 9 Uhr besuche. Geben Sie Befehl, niemanden einzulassen. Adieu. Ihre Freundin.«

Sie sieht Barras um so häufiger, als sie beständig etwas auf dem Herzen hat und ihn um zahllose Gefälligkeiten bittet. Zunächst will sie Hortense mit Jean-Jacques Reubell, Bataillonskommandant und Sohn des Direktors verheiraten, der dem jungen Mädchen bereits in Plombières begegnet ist. Barras soll ein Treffen in Grosbois vermitteln, doch kommt das Projekt nicht zustande: Der Direktor findet, sein Sohn könnte eine bessere Partie machen. Und dieser Abweisung hat es Hortense zu verdanken, daß sie dereinst eine Königin von Holland wird. – Zum zweiten – und vor allem – geht es Joséphine um die Geschäfte: Sie verwendet sich bei ihrem ehemaligen Liebhaber für die Compagnie Lagrange und selbstverständlich für die Compagnie Bodin, die seit einem ärgerlichen Zwischenfall um requiriertes und nicht bezahltes Vieh in argen Verruf geraten ist. Bodin wurde verhaftet und auf Betreiben von Barras' Sekretär Botot wieder freigelassen, doch ist die Compagnie seither flügellahm.

Zuweilen versuchen dritte Personen, einen Keil zwischen Barras und Joséphine zu treiben. Dann verteidigt sich die Generalin im Ton einer empörten Geliebten gegen die Verleumdungen: »Stellen Sie mich dieser Frau gegenüber, und Sie werden die Wahrheit erkennen. Sie werden sehen, mein lieber Barras, daß ich nie aufgehört habe, Sie zu lieben und zu achten, und daß ich vor Schmerz sterben müßte, hätte ich Sie auch nur einen Augenblick lang hintergehen können. Ich möchte Sie morgen kurz sprechen. Lassen Sie mich wissen, ob ich Sie morgen um halb sechs oder sechs antreffe. Ich kann nicht leben im Gedanken, daß sie auch nur einen Augenblick lang meine Verbundenheit mit Ihnen in Zweifel ziehen. Sie wird dauern, solange ich lebe.«

Und Charles?

Ahnt er etwas? Ist er eifersüchtig auf Barras? Jedenfalls spielt er überzeugend die Rolle des hintergangenen Liebhabers und schreibt Joséphine einen bitterbösen Brief, in dem er sie mit allen Schimpfworten bedenkt, die ein in seiner Liebe zutiefst Enttäuschter nur finden kann. Joséphine schickt den Brief ihrer Freundin und Vertrauten Mme. de Krény und fügt hinzu: »Tun Sie mir den Gefallen, meine liebe Kleine, den Brief zu lesen, den ich eben erhalten habe, und die betreffende Person zu sich zu bitten, um die Beweggründe zu erfahren, die einen solchen Brief diktieren konnten. Ich finde ihn so fehl am Platze und so wenig berechtigt, daß ich mir gar nicht erst die Mühe mache, ihn zu beantworten, und da ich mir selbst vor allem nicht den geringsten Vorwurf machen kann, erkenne ich deutlich, daß man auf eine Trennung abzielt. Diese führt man ja schon lange im Schilde, doch müßte man sich ehrlicher und weniger heuchlerischer Mittel bedienen.«

Charles schreibt sie im Anschluß ein paar Zeilen, welche das Geschäftliche betreffen: »Ich bitte Sie, mir eine kurze Aussprache über ein Thema, das mir am Herzen liegt, zu gewähren. Nach dieser Begegnung, welche die letzte sein wird, können Sie sicher sein, fürderhin weder durch meine Briefe noch durch meine Gegenwart belästigt zu werden. Die betrogene ehrbare Frau zieht sich zurück und schweigt.«

Die ehrbare Frau versteht es eben so gut zu verzeihen, wie seine Vergebung zu erflehen, und die Versöhnung mit dem geliebten Hippolyte findet kurz nach Louis' Rückkehr statt.

Im April – am 21. – kauft Joséphine für 325 000 Francs Malmaison – ihr Heim – jenes Haus, dessen Namen man nicht aussprechen kann, ohne die Erinnerung an sie wachzurufen und wo wir sie belauschen, mit ihr leben, so oft ihren Spuren folgen werden . . . Vierhundert Morgen Land, Reben, die einen leichten, säuerlichen, doch blumigen Wein spenden, ein Schloß, das zwei schindelbedeckte Pavillons flankieren. Malmaison ist ein Traum! Im Kaufvertrag kostet es nur 225 000 Francs, wodurch die Überschreibungsgebühr um fast 10 000 Francs gesenkt wird. Was eigentlich nebensächlich ist, da Joseph Bonapartes Brief zum Anlaß nahm, um die Zahlungen an Joséphine einzustellen. Nun hat sie nicht einmal die 15 000 Francs, die nötig wären, um sich das Nutzungsrecht zu erwirken. Diese Summe streckt ihr der Gutsverwalter Jean L'Huillier vor, unter der Bedingung, daß er seinen Posten behält.

Hippolyte, der wieder Versöhnte, betrachtet Malmaison bald als sein eigenes Haus. So sehr scheint er bereits zur Familie zu gehören, daß eine Anrainerin sich täuschen läßt: »Man sieht sie (Joséphine) von der Straße aus, und des Abends, im Mondenschein, wenn sie sich in weißem Kleid und Schleier auf den Arm ihres *Sohnes* stützt, der einen schwarzen oder blauen Anzug trägt, ergibt das einen fast gespenstischen Anblick: Man könnte meinen, es seien zwei Schatten . . .«

Gohier, der Präsident des Direktoriums, der seine Köchin geheiratet hat, versucht, der Generalin ins Gewissen zu reden, doch weigert sich Joséphine, eine Bindung zu lösen, »die dennoch unweigerlich ihrem Ende zuzugehen scheint«.

»Dann lassen Sie sich lieber scheiden«, rät Gohier. »Sie versichern mir zwar, zwischen Monsieur Charles und Ihnen bestünde nichts als Freundschaft, doch wenn diese Freundschaft so ausschließlich ist, daß sie Sie zwingt, die Spielregeln unserer Gesellschaft und den Anstand zu verletzen, dann rate ich Ihnen, als wenn es sich um die Liebe handelte: Lassen Sie sich scheiden, denn diese Freundschaft, der alle anderen Gefühle geopfert sein wollen, wird Sie für alles entschädigen. Sonst, glauben Sie mir, werden Sie es noch bereuen!«

Joséphine empfängt Gohier oft in Malmaison und flirtet mit ihm, worüber sich der Direktor Barras nur erheitert, da seine Freundschaft mit Joséphine schon bessere Zeiten gesehen hat. Auch mit Charles steht nicht alles zum Besten. Gewiß betrügt Hippolyte sie! Die »Trennung«, von der Joséphine Mme. de Krény schrieb, scheint bald endgültig ... und ihre Versöhnung dauert nur einen Frühling. Joséphine läßt allen Mut sinken. »Seit ich auf dem Lande lebe«, schreibt sie Barras, »bin ich so menschenscheu geworden, daß die Gesellschaft mir Angst macht. Im übrigen bin ich tief unglücklich, und es widerstrebt mir, mich von den anderen bemitleiden zu lassen. Sie, mein lieber Barras, die Sie Ihre Freunde selbst dann lieben, wenn sie unglücklich sind, zu Ihnen komme ich nur um Ihretwillen und wenn Sie mich allein empfangen können. Haben Sie also die Güte, mir einen Tag mitzuteilen, da Sie mich zum Frühstück einladen können. Ich werde eigens aus Malmaison kommen und um 9 Uhr morgens bei Ihnen sein. Ich sehne mich danach, mit Ihnen zu sprechen, ich muß Sie um Rat fragen. Das sind Sie Bonapartes Frau und deren Freundschaft für Sie schuldig.«

»Ich muß Sie um Rat fragen ...« Hatte Joséphine erfahren, daß sich Bonaparte mit der schönen Pauline Fourès – die seine Soldaten »Bonapartes Kleopatra« nannten und seine Offiziere Bellilotte – ins Gerede brachte? Wußte Joséphine, daß ihr Mann sich ernstlich in die junge Modistin aus Carcassonne verliebt hatte, die als Soldat verkleidet mit der Ägyptenarmee mitgezogen war, um sich nicht von ihrem jung angetrauten Gatten trennen zu müssen?

Bonaparte seinerseits weiß sehr wohl, daß die Engländer seinen Brief an Joséphine und Eugènes Zeilen an seine Mutter veröffentlicht haben. Ganz Europa sieht in ihm nun den gehörnten Ehemann ... Ganz Europa weiß um seinen Entschluß, sich scheiden zu lassen. Soll er seiner Frau verzeihen? Davon kann keine Rede sein. Und aus all diesen Gründen macht er kein Hehl aus seinem Verhältnis zu Pauline-Kleopatra, bietet im Gegenteil der Öffentlichkeit ein Schauspiel und tut jedermann kund und zu wissen, er denke nicht daran, den untröstlichen Hinterbliebenen zu spielen. Im Handumdrehen sind auch die Engländer im Bilde, und als sie Fourès abfangen, den Bonaparte mit Informationen ans Direktorium als Kurier nach Frankreich gesandt hatte, um freie Hand zu haben, beeilen sie sich, ihn zurück nach Ägyptens Küsten zu befördern und ihm hohnlachend »viel Glück« zu wünschen ...

Bonaparte führt eine Scheidung zwischen den Fourès herbei und verspricht seiner Geliebten sogar die Ehe, vorausgesetzt, daß sie ihm ein Kind schenkt.

»Die dumme Kleine bringt keins zustande!« klagte er.

»Bei Gott«, gab sie lachend zurück, »meine Schuld ist's nicht!«

Bellilotte gilt als »Beherrscherin des Orients«, und vielfach ist man der Meinung, sie werde Joséphines Nachfolge antreten. Doch geht Bonaparte nicht so weit, seine Sultanin mit sich zu nehmen, als er sich – weil Italien verloren ist und

Frankreichs Grenze bedroht – entschließt, die Armee zu verlassen und an Bord der kleinen Fregatte *Muiron* nach Frankreich zurückzukehren.

»Ich kann von den Engländern gefangen werden«, meinte er zu seiner Kleopatra, »du selbst mußt auf meinen Ruhm achten. Was würden sie wohl sagen, wenn sie eine Frau bei mir an Bord fänden?«

Joséphine dinierte im Luxembourg bei Gohier, dem Präsidenten des Direktoriums, als man eine telegrafische Depesche vom 9. Oktober überbrachte: Bonaparte war in Fréjus an Land gegangen.

Joséphine erhob sich.

»Präsident«, sagte sie, »fürchten Sie nicht, Bonaparte käme mit Absichten, die der Freiheit gefährlich werden könnten. Doch müßt ihr euch verbünden, um zu verhindern, daß verbrecherische Elemente sich ihrer bemächtigen. Ich fahre ihm entgegen. Für mich ist es wichtig, daß mir nicht seine Brüder zuvorkommen, die mich seit jeher gehaßt haben.«

Mit Hortense wirft sie sich in einen Wagen und fährt ihrem Mann auf der Straße nach Burgund entgegen. Ihr Herz klopft wie wild; an jeder Wegkrümmung hält sie Ausschau. Wird es ihr gelingen, seine Vergebung zu erflehen? Wird er einmal mehr ihrem Zauber erliegen? Aber sie ist siebenunddreißig Jahre alt. Nach der Rückkehr aus Plombières hätte Hortense fast geheiratet. Joséphine könnte bereits Großmutter sein . . .! Was täte sie, wenn »Bonaparte«, wie sie ihn immer noch nennt, auf der Scheidung bestünde? Ihren Lieferanten ist sie eine Million schuldig! Und Malmaison ist noch nicht bezahlt! Das Haus in der Rue de la Victoire ist nicht mehr ihr Heim! Und mit Charles geht es dem Ende zu. Sie sieht ihn fast nicht mehr, nur hin und wieder, wenn es die Geschäfte verlangen. Und Barras? Wird Barras sie überhaupt noch empfangen, wenn sie keine gesellschaftliche Position mehr hat?

Schon liegen Sens und Joigny hinter ihnen, jetzt fahren sie durch Auxerre, Chalon, Mâcon! »In jeder Stadt«, erzählt Hortense, »in jedem Dorf waren Triumphbogen errichtet. Wenn wir zum Umspannen hielten, drängte sich das Volk um unseren Wagen und fragte uns, ob es denn wahr sei, daß der *Erlöser* käme, denn dies war der Name, den ihm ganz Frankreich damals gab.«

Je näher Lyon rückt, desto sicherer wird Joséphine. Wenn sie als erste mit ihm sprechen kann, ist sie gerettet! Als sie am 12. Oktober in Lyon eintrifft, erfährt sie die Katastrophe: Bonaparte ist zwar am Vortag durchgefahren, hat aber dann die Straße durch das Bourbonnais über Cosne, Nevers und Moulins gewählt!

Am 16. Oktober um sechs Uhr morgens ist er in Paris eingetroffen und hat das Haus leer gefunden. Gewiß ist sie – und das könnte er beschwören – mit Charles verreist!

»Den Kriegern von Ägypten«, ruft er aus, »ergeht es wie jenen von der Belagerung Trojas: Ihre Frauen haben ihnen dieselbe Art von Treue gehalten.« Seine Wut ist »furchtbar und tief«. Vor seiner Abreise aus Ägypten hat er Joseph geschrieben: »Mein Freund, ich rechne damit, bald nach Frankreich zurückzukehren. Ich habe Deinen Brief via Tunis erhalten. Leite das Verfahren in die Wege, damit bei meiner Ankunft alles zur Scheidung bereit sei. Zu diesem Zwecke sende ich Dir meine Vollmacht. Mein Entschluß ist unumstößlich. Ich weiß, daß Du ihn gutheißen wirst... Zuweilen bin ich sehr unglücklich. Aber ich bin erst neunundzwanzig Jahre alt. Das Vergessen wird sich einstellen...«

Joseph hat den Brief nicht erhalten und daher auch kein Verfahren in die Wege geleitet. Doch kann man die Sache jetzt um so schneller betreiben, und das wird man denn auch tun...! Zweifelsohne hat Eugène versucht, seinen Stiefvater zu beruhigen. Der General könne nichts entscheiden, ehe er sich nicht mit seiner Frau besprochen habe. Selbst der alte Marquis de Beauharnais – er ist über fünfundachtzig – eilt aus Saint-Germain, seiner neuen Residenz, herbei und beschwört Bonaparte, »nicht die Verzweiflung über sein weißes Haar zu schütten«.

»Was immer sie begangen haben mag, vergessen Sie es!«

Aber die ganze »Sippe« – allen voran Mme. Laetitia – liegt auf der Lauer. Joseph wird nicht müde, Joséphine anzuschwärzen. Er trägt allen Klatsch zusammen und erzählt seinem Bruder von Charles, dem Liebhaber, der ihn lächerlich gemacht hat, ihn, den ganz Frankreich anbetet. Er spricht von den Schulden, »Roses« Vergangenheit, den zweifelhaften Geschäften, mit denen sie seinen Namen besudelt hat... Der Beschluß ist gefaßt: Er wird sich scheiden lassen. Das schwört er!

Doch seine Augen füllen sich mit Tränen...

Der Lieferant der Italienarmee, Collot – »ein vierschrötiger Mann mit dem Gesicht eines weißen Negers« –, der dem General des öfteren Dienste erwiesen hat, betritt Bonapartes Arbeitszimmer. Er sieht ihn voll Wut das Feuer im offenen Kamin schüren.

»Wie«, ruft der Financier aus, »Sie wollen Ihre Frau verlassen?«

Ganz Paris spricht nur noch von Bonapartes Scheidungsabsichten. Die Feuerzange in der Hand, gibt der General zurück:

»Hat sie es nicht verdient?«

»Das weiß ich nicht, doch ist dies der Augenblick, um sich damit abzugeben? Denken Sie an Frankreich! Es hat die Augen auf Sie gerichtet. Es erwartet von Ihnen, daß Sie sich in jedem Ihrer Augenblicke einzig seinem Heil widmen. Wenn Frankreich merkt, daß Sie sich in häuslichem Zank und Hader aufreiben, ist es mit Ihrer Größe vorbei; dann sind Sie in den Augen der Nation nur mehr eine komische Figur, ein Ehemann aus den Stücken von Molière... Kümmern Sie sich nicht weiter um die Verfehlungen Ihrer Frau und richten Sie zunächst mal den Staat wieder auf...«

»Nein!« fällt Bonaparte ihm heftig ins Wort, »sie wird den Fuß nicht mehr in mein Heim setzen. Was schert es mich, was man dazu sagen wird! Ein, zwei Tage wird man darüber klatschen, am dritten spricht keiner mehr davon. Was ist eine Scheidung schon inmitten der Ereignisse, die auf uns zukommen? Von der meinen wird keiner was merken . . . Meine Frau wird sich nach Malmaison zurückziehen. Ich bleibe hier. Die Öffentlichkeit ist zu gut unterrichtet, als daß sie sich über die Gründe unserer Trennung im unklaren sein könnte.«

Collot versucht es ein letztes Mal.

»Ihre Erregung beweist mir, daß Sie immer noch in Ihre Frau verliebt sind. Sie wird vor Ihnen erscheinen, sich entschuldigen, Sie werden ihr vergeben, und dann werden Sie sich beruhigen.«

Die Hände in die Brust gekrallt, schreit Bonaparte: »Ich? Ihr vergeben . . .? Niemals . . .! Hören Sie . . .? Niemals!«

Der 9. November oder der Eingang
in die Geschichte

Joséphines Wagen hält in der Rue de la Victoire, vor der Einfahrt. Es ist elf Uhr abends. Sie begehrt Einlaß. Der Portier kommt aus seinem Zimmer herab, das über dem Tor liegt. Er stottert. – Der General habe verboten, der Generalin zu öffnen... Ihre Habseligkeiten befänden sich bei ihm, im Pförtnerhaus... Joséphine fühlt, wie ihr die Tränen in die Augen steigen, doch zuckt sie nur die Schultern und erzwingt sich Einlaß. Im kleinen, mit Drillich drapierten und mit geschnitzten und bemalten Trophäen geschmückten Vestibül trifft sie Agathe, die Kammerfrau und Nachfolgerin von Louise Compoint, an. Die Zofe ist ihrer Herrin restlos ergeben. Von ihr erfährt Joséphine, daß der General sich in seinem Zimmer eingeschlossen hat. Hortense bedeutet sie, unten zu bleiben, dann erklimmt sie die kleine Wendeltreppe, die zum Salon führt. Vor der Tür hält sie inne, kratzt schüchtern Einlaß begehrend, als wäre Klopfen zu vermessen.

»Ich bin's!«

Stille.

Und da beginnt sie zu sprechen. Ruft ihm ihre gemeinsamen Erinnerungen ins Gedächtnis, ihre Liebe... Denn heute abend ist sie aufrichtig, und vor dem Abgrund, der sich unter ihren Füßen auftut, vermeint sie ihn zu lieben. Es sei doch nicht möglich, daß er es sich versage, sie zu sehen? Daß er ihre Erklärungen nicht anhören wolle? Daß er sich als unerbittlich erweise, wo sie doch nichts anderes vorhabe, als sich von den Verleumdungen reinzuwaschen, denen sie einmal mehr zum Opfer gefallen sei! Sie werde ihm »alles sagen, alles erklären ...«

Bonaparte will nicht antworten. Er weiß, daß er in seinem Entschluß wankend wird, sobald er ihr die Tür öffnet. Vor ihren Tränen ist er machtlos. Denn jetzt weint sie hinter dieser zum Verzweifeln fest geschlossenen Tür... Er ahnt, daß sie auf den Knien liegt. Dann plötzlich hört er, wie sie sich herzzerreißend schluchzend entfernt und langsam die Treppe hinabsteigt.

Hat sie verstanden?

Gewiß, er liebt sie immer noch, aber schon auf eine völlig andere Art als während des Italienfeldzuges. Heute genießt er die Freuden der Macht, berauscht sich am Ruhm. Es kann keine Rede mehr davon sein, daß er sich aufs Land zurückzieht, wie er Joseph geschrieben hat. – Er weiß es: Morgen schon wird er die korrupte Regierung, die einzig aus verkommenen Subjekten besteht, hinwegfegen und die Geschicke Frankreichs in die Hand nehmen. Das Schicksal dieses schon in den letzten Zügen liegenden Frankreich. Seit er in Fréjus an Land ging, hat man ihm zugejubelt, Beifall gezollt – nur die Straßenräuber plünderten sein Gepäck, als wäre er der erstbeste Reisende.

An nichts mehr glaubte man! Selbst die arbeitende Bevölkerung in den Vorstädten wandte sich von der Politik ab. Resigniert ließen es die Pariser zu, daß sich royalistische und jakobinische Verschwörer ein ausgeblutetes Frankreich streitig machten. Nichts konnte schlimmer sein als das gegenwärtige Regime. Die Pariser Straßen zeugten vom Elend des Volkes und vom Überfluß, in dem die Lieferanten lebten, die Schieber und ihre Mätressen, die Blutsauger der in den letzten Zügen liegenden Republik.

Als Er wiederkehrte und sich in einem seltsamen, halb zivilen und halb orientalischen Kostüm zur Schau stellte – mit Zylinderhut, grünem Reitmantel und türkischem Krummsäbel – da begrüßte ihn ungeachtet seiner bizarren Aufmachung ein Seufzer der Erleichterung. Der Staatsstreich schien unvermeidlich. Ein Staatsstreich, den Er ins Werk setzte! Aber konnte er daran denken, legal die Macht zu ergreifen? Eine Revision der Verfassung zu fordern? Das vom Gesetz vorgesehene Verfahren hätte neun Jahre in Anspruch genommen. Nein! Es mußte schnell gehen. Frankreich war im Begriff, zu erwachen und seine Seele wiederzufinden!

Als er zwei Tage zuvor im Luxembourg Einzug hielt, umringt und gefolgt von einer Menge, die ein Freudentaumel ohnegleichen erfaßt hatte, da weinten die alten Soldaten der Garde vor Glück.

Doch wenn er sich nun in der tragikomischen Maske des gehörnten Ehemannes zur Schau stellt, riskiert er da nicht, die Legende, die sich um ihn webt, zu entzaubern? Und könnte nicht eine Scheidung erst recht den Skandal entfesseln? Wäre Joséphine nicht im Gegenteil eine äußerst brauchbare Verbündete? Kraft ihres persönlichen Charmes könnte sie in Paris jene Art von Hof schaffen, die sie in Italien in Mombello und im Palazzo Serbelloni ins Leben gerufen hatte.

Im Hause regt es sich. Geräusche allerorten, Schritte, Stimmen. Eugène ist aus seinem Mansardenzimmer hinuntergestiegen und hat unten, am Fuße der Treppe, seine Mutter vorgefunden, die schluchzend in Hortenses Armen liegt. Für sie ist nun alles zu Ende! Was soll jetzt aus ihr werden, da ihre Liebe zu Hippolyte, diese »Liebe, die glühend ist wie ihr Herz«, schon gestorben ist? ... Und unablässig steht ihr ihr Alter vor Augen ... Einem plötzlichen Entschluß folgend steigt Joséphine mit ihren beiden Kindern die Treppe empor. Vor der Tür angelangt, stimmen Eugène und Hortense in das Wehklagen und Weinen ihrer Mutter ein. Joséphine fleht Bonaparte an, er möge ihr verzeihen.

Wie lange dauert diese Szene? Es ist nicht bekannt ... Endlich öffnet Bonaparte. Er scheint erschüttert, auch er weint ... Fand die Aussprache im Beisein der Kinder statt? Oder zogen sie sich zurück, als sie sahen, daß Bonaparte, seiner Gefühle nicht mehr mächtig, die Mutter in die Arme schloß ...?

Sicher ist nur eines: Als Lucien am nächsten Morgen seinen Bruder sprechen will, läßt man ihn ins Schlafzimmer eintreten; dort findet er die Gatten noch in den Doppelbetten liegend, die der Mechanismus zu einem großen Lager vereint hat. Joséphine lächelt, kaum merklich triumphierend ... Sie hat versprochen, Charles nie mehr wiederzusehen, was sie nicht daran hindert, auch später noch Geschäfte mit ihrem Hippolyte abzuschließen und zuweilen vielleicht sogar von der verbotenen Frucht zu essen ...

Im Augenblick klopft ihr Herz angsterfüllt bei dem Gedanken, was alles sie hätte verlieren können. Langsam beginnt sie ihrem Gatten gegenüber zweierlei zu empfinden, was in ihrer Beziehung zu ihm Ersatz ist für die Liebe. Unter dem Einfluß ihrer Umwelt, bewundert sie zunächst »Bonaparte« – ohne sich vielleicht im klaren zu sein, daß sie die Frau des größten Genies der Geschichte ist –, und dann ist sie ihm dankbar, als sie sieht, was er aus ihr macht: Durch ihn wird eine leichtlebige kleine Kreolin, eine verschuldete falsche Vicomtesse, die durch so viele Hände gegangen ist, zur »Konsulin«, Kaiserin und Königin!

Im übrigen wird sie sich erst jetzt, Ende Oktober, Anfang November, im Verlauf dieser neunzehn Tage im Vendémiaire und Brumaire, der Situation bewußt und beginnt zu ahnen, daß ihr Mann es »weiter bringen« könnte als ihr erster Gemahl, der immerhin Präsident der Nationalversammlung gewesen war, und als ihr ehemaliger Geliebter, Barras, der Präsident des Direktoriums. Sie wird ihm zur Seite stehen und ihm mit ganzer Kraft helfen, dieses Frankreich an sich zu reißen, das nur darauf wartet, genommen zu werden ...

Sie beginnt bei Gohier.

»Ich weiß nicht, ob er für mich ist«, wird Bonaparte später von Gohier sagen, »meiner Frau machte er jedenfalls den Hof.« Sobald er ein hübsches Mädchen sah, geriet der fünfzigjährige Dickwanst in helle Begeisterung. Über seine Eroberungen führte er genauso pünktlich Buch wie über seine Opfer zu jener Zeit, da er noch Justizminister unter dem Schrecken war. Joséphine und Bonaparte, die am 22. Oktober – zwei Tage nach der Versöhnung im Morgengrauen – ins Luxembourg zum Diner geladen sind, empfängt er mit einem Schwall von Komplimenten. An diesem ersten Abend beobachtet man einander, sondert das Terrain. Joséphine bemerkt den ehemaligen Abbé Sieyès, der jetzt Direktor ist.

»Was haben Sie getan?« flüstert sie ihrem Verehrer zu.

»Sieyès ist der Mann, den Bonaparte am tiefsten verabscheut. Er ist ihm ein rotes Tuch.«

Freilich ließ sich ohne Sieyès nichts machen. Schon ist der Staatsstreich im Inneren unvermeidlich, und deshalb ist es nötig, sich an Ort und Stelle – unter den Mitgliedern der Regierung – einen oder zwei Komplizen zu schaffen, denen im eigentlichen Sinn die Funktion von Drahtziehern zukommt. Gohier nicht eben der Klügste, kann wohl mitmachen, nicht aber das Kommando übernehmen. Dasselbe gilt für Roger-Ducos. Barras, der allzu Verderbte, Übersättigte, Verfluchte, hat schon allzu viele Dienste – vor allem sich selbst – erwiesen und ist nun, obgleich er sich für unentbehrlich hält, untauglich geworden. Den Jakobinergeneral Moulir kennt kein Mensch, und jedermann weiß, daß einzig die Politik ihm seinen Rang eingetragen hat.

Sieyès ist also der einzige, der in Frage kommt. Im übrigen hat er selbst schon seine Bereitschaft erklärt und ist seit Monaten auf der Suche nach jenem Degen, der im Inneren die Revolution retten und mit Autorität die Ordnung aufrechterhalten soll, während es ihm im Äußeren zukommen wird, die drohende Invasion abzuwenden.

Zunächst dachte Sieyès dabei an den General Moreau, der an diesem Abend ebenfalls mit den Bonapartes zu Tisch sitzt, doch hat ihn der Sieger von Hohenlinden nicht selbst schon an den künftigen Kaiser verwiesen?

»Das ist Ihr Mann. Er wird Ihren Staatsstreich besser ausführen als ich.«

Sieyès hatte sich am 21., am Tage vor dem Diner bei Gohier, mit Lucien Bonaparte getroffen, der sich unmittelbar darauf mit seinem Bruder besprach. Napoleon hieß die Pläne des verschwörerischen Direktors gut. Lucien zufolge hätte der Ältere sich ihm gegenüber geäußert: »Den Weisen der Republik werde ich als Schild gegen den Aufstand der Faubourgs dienen, wie ich dem Konvent als Schild gegen den Aufstand der Royalisten im Vendémiaire gedient habe. Sprecht Sieyès meinen Dank für sein Vertrauen aus.«

»Wann und wo willst du dich mit ihm treffen?«

»Es ist zwecklos, uns im Augenblick anderswo zu treffen als in aller Öffentlichkeit, im Luxembourg. Noch ist die Zeit nicht reif. Sobald alles abgesprochen ist, werden wir uns im geheimen sehen . . . Ich bin doch eben erst zurückgekehrt, man muß mir eine kleine Ruhepause gönnen.«

Freilich hat der Abbé bereits am 18. Oktober Bonaparte gesehen, bei der offiziellen Audienz im Direktorium. Doch war der General verstimmt, weil die Garde im Luxembourg ihn nicht, als er aus dem Wagen stieg, mit einem Trommelwirbel begrüßte. Auch die Tür des Ratsaales öffnete ihm nicht ihre beiden Flügel . . . Bonaparte setzte eine beleidigte Miene auf . . . Hielt er sich doch für einen Fürsten!

War dies der Grund, weshalb der General während des Diners mit seiner üblen Laune nicht hinter dem Berg hielt? Durch Sieyès sieht Bonaparte hindurch, als wäre er für ihn Luft. Einzig Joséphine trägt ein strahlendes Lächeln zur Schau – das freilich eher dem Gastgeber gilt. Arg verstimmt zieht sich der Ex-Abbé zurück, als die Tafel aufgehoben wird. Gohier gegenüber äußert er vor seinem Abgang: »Haben Sie bemerkt, wie sich der kleine Frechling gegenüber dem Mitglied einer Behörde benimmt, die ihn hätte erschießen lassen müssen?«

Bonaparte erklärt Joséphine sein Verhalten, sobald sie wieder zu Hause sind, und wiederholt es am nächsten Tag Bourrienne: »Ich tat, als sähe ich Sieyès nicht . . . und beobachtete, in welche Wut ihn diese Mißachtung versetzte.«

»Sind Sie sicher, daß er gegen Sie ist?«

»Das weiß ich noch nicht. Doch ist er ein Mann mit System, der mir nicht liegt.«

Zweifellos findet Bonaparte Sieyès unsympathisch. Zu diesem Gefühl der Antipathie trägt nicht zuletzt »die angeborene Unzulänglichkeit« bei, »die ihm den intimen Verkehr mit den Frauen versagt«. Der ehemalige Abbé hat nichts Gewinnendes an sich: Sein Gang ist langsam und knieweich, sein Benehmen frostig, überdies platzt er vor Stolz. Als er für den Herzog von Orléans die Messe zelebrierte und merkte, daß der Prinz während des Gottesdienstes gegangen war, hielt er inne, schrie: »Für den Pöbel lese ich keine Messe« und verließ seinerseits die Kirche.

Gohier gegenüber nimmt Bonaparte kein Blatt vor den Mund: »Ich war fast ebenso erstaunt, Sieyès in Ihrem Salon zu treffen, wie ich es war, als ich nach Frankreich zurückkam und ihn im Direktorium vorfand. Wenn Sie nicht auf der Hut sind, Präsident, liefert Sie der listenreiche Priester ans Ausland aus.«

Dann geht er zum Angriff über: »Bei meiner Ankunft in Paris versicherte mir eine Menge guter Staatsbürger, man habe es bei Reubells Rücktritt bedauert, daß ich nicht in Frankreich sei. Doch falls dies ein Unglück war, ist es leicht wieder gut zu machen.«

Gohier freilich beißt nicht an . . . nicht einmal bei dem Gedanken, daß Joséphine als Gattin eines Direktors in seiner Nähe leben könnte. Zurückhaltend antwortet er: »Gewiß hätten Sie alle Wählerstimmen auf sich vereinigt, wenn nicht ein Artikel der Verfassung Ihrer Wahl hinderlich wäre. Es besteht kein Zweifel, daß Sie als Verteidiger der Republik dazu ausersehen sind, eines Tages an der Spitze der Regierung zu stehen, deren Stabilität unverbrüchlich durch Ihre Siege gesichert sein wird. Doch nach unserem Gesetz ist ein Alter von vierzig Jahren unerläßliche Vorbedingung für den Eintritt ins Direktorium . . .«

Was bleibt also anderes übrig, als sich mit Sieyès gut zu stellen und ein »Konsulat« ins Leben zu rufen? Um so mehr, als Gohier einige Tage später Bonaparte durch eine ungeschickte Verteidigung mehr schadet als nützt. Der General wird vor die fünf Direktoren zitiert, um sich vorwerfen zu lassen, er habe, 1000 Meilen von der Heimat entfernt, seine Armee im Stich gelassen. An diesem Tag hat Bonaparte die Zähne gezeigt: »Man hat hier vorgebracht, ich hätte meine Geschäfte in Italien so gut besorgt, daß ich es nicht nötig hatte, dorthin zurückzukehren. Das ist ein unwürdiger Vorwurf, zu dem meine militärische Haltung niemals Anlaß gegeben hat.«

Dann blickt er Barras an und wirft hin: »Im übrigen, wenn es wahr wäre, daß ich so gute Geschäfte in Italien gemacht habe, dann hätte ich mir immerhin mein Vermögen nicht auf Kosten der Republik verdient.«

Da ergreift Gohier das Wort: »Ich weiß nicht, wer Ihnen das verletzende Gerede hinterbracht hat. Niemand hier übt Kritik an Ihrer Haltung in Italien. Doch muß ich Sie darauf aufmerksam machen, daß Sie nur im Namen der Republik und für sie erobern konnten, da Sie in ihrem Namen und für sie kommandiert haben; daß die Pretiosen, die in den Kisten und Kasten des oberbefehlshabenden Generals eingeschlossen sind, diesem nicht rechtmäßiger gehören als das Huhn im Tornister des armseligen Soldaten, den er erschießen läßt. Wenn Sie sich in Italien tatsächlich ein Vermögen erwirtschaftet haben, dann konnte dies nur auf Kosten der Republik geschehen.«

Tatsächlich hat Bonaparte – unabhängig von Joséphines *combinazioni* – aus Italien Geld im Werte von zwei Millionen heimgebracht ... Doch Barras' Gegenwart hätte Gohier zum Schweigen bringen müssen. Im Hause des Gehenkten spricht man besser nicht vom Strick! Bonaparte freilich ist nicht so leicht mundtot zu machen. Geschickt antwortet er: »Mein angebliches Vermögen ist ein Ammenmärchen, das nicht einmal jene glauben, die es erfunden haben.«

»Das Direktorium ist davon überzeugt, General, daß der Lorbeer, mit dem sie sich bekränzt haben, der wertvollste Schatz ist, den Sie aus Italien heimgebracht haben. Und um Ihnen neuerlich Gelegenheit zu bieten, sich mit Ruhm zu bedecken, wünscht das Direktorium, sich weiterhin Ihrer Dienste zu versichern. Ein General wie Sie kann nicht untätig bleiben, wenn allerorten die Armeen der Republik kämpfen und siegen ... Das Direktorium überläßt Ihnen die Wahl der Armee, deren Oberbefehl Ihnen zu übertragen es beschlossen hat.«

Sieyès ist immer noch verärgert, daß der Diktatorenanwärter ihn mit Verachtung gestraft hat. Schon vor Beginn der Sitzung hat er ausgesprochen, was er denkt: »Über seine Untätigkeit sollten wir uns nicht beklagen, sondern uns vielmehr beglückwünschen: Anstatt einem Mann, dessen Absichten so verdächtig sind, Waffen in die Hand zu geben, anstatt ihn neuerlich eine Bühne des Ruhmes betreten zu lassen, hören wir endlich auf, uns mit ihm zu beschäftigen, und versuchen wir, wenn möglich, ihn in Vergessenheit geraten zu lassen ...«

Bonaparte fühlt es: Die Brücke will geschlagen sein. Ungeachtet seiner Antipathie gilt es, sich mit Sieyès zu verbrüdern. Doch wagt keiner von beiden, den ersten Schritt zu tun. Und keiner kann es. Glücklicherweise fühlt sich Roederer, der mit Ludwig XVI. dessen letzte Nacht als Souverän verbracht hat und nun für das, was er »eine patriotische Verschwörung« nennt, entflammt ist, dazu gedrängt, mit Bonaparte dessen erste Nacht als Diktator zu verbringen. Mit Hilfe von Talleyrand beginnt er, sich im geheimen mit Sieyès zu treffen.

»Talleyrand«, erzählt Roederer, »begleitete mich zweimal des Abends ins

Luxembourg, wo Sieyès als Direktor logierte. Er ließ mich in seinem Wagen und ging zu Sieyès hinein. Wenn er sicher war, daß Sieyès niemanden bei sich hatte und auch keine Außenstehenden erwartete (denn um bei seinen vier Kollegen, die gleich ihm im kleinen Luxembourgpalais logierten, keinen Argwohn zu erregen, schloß er niemals die Türe ab), verständigte man sich im Wagen, wo ich geblieben war, und es kam zur Besprechung zwischen Sieyès, Talleyrand und mir. In den letzten Tagen ging ich ganz offen zu Sieyès und dinierte sogar bei ihm.«

So vermied man es – zumindest für den Augenblick –, die beiden Hauptakteure des Staatsstreiches einander gegenüberzustellen.

Bonaparte hätte gerne Bernadotte an sich gezogen. Joséphine und Désirée, die ehemalige Verlobte ihres Gatten, versuchen es im Verein mit Pauline, die beiden Männer einander nahezubringen. Mme. Bonaparte lädt Bernadotte in die Rue de la Victoire ein.

»Ein Regierungswechsel ist notwendig«, erklärt Bonaparte etwas zu schnell.

»Er ist unmöglich«, gibt Bernadotte zurück.

Als Désirées Gatte gegangen ist, stürzt Bonaparte ins Arbeitszimmer, wo Bourrienne am Schreibtisch sitzt. Nach Fassung ringend, ruft er aus: »Verstehen Sie Bernadotte? Sie sind mit mir durch ganz Frankreich gefahren; Sie sahen die Begeisterung über meine Rückkehr; Sie selbst haben mir gesagt, daß diese Begeisterung für Sie Ausdruck des Wunsches aller Franzosen sei, sich aus der katastrophalen Lage zu befreien, in die unsere Mißerfolge sie gebracht haben. Und nun kommt Bernadotte daher und lobpreist in lächerlicher Übertreibung die glanzvolle und siegreiche Situation Frankreichs! Was hat er mir nicht alles erzählt, von besiegten Russen, einem besetzten Genua, von zahllosen Armeen, die allerorten aufbrechen ... Dann faselte er von äußeren Feinden und Feinden im Inneren; bei letzterem sah er mich an; und auch ich selbst konnte mir einen Blick nicht verkneifen! ... Doch Geduld, bald ist die Birne reif! ... Sie kennen Joséphine, ihren Charme, ihre Geschicklichkeit; sie war im Salon anwesend. Der forschende Blick Bernadottes ist ihr keineswegs entgangen; sie brachte das Gespräch auf ein anderes Thema. Bernadotte sah an meiner Haltung, daß es mir reichte, und ist auf und davon. So, und jetzt lasse ich Sie arbeiten; ich gehe zu Joséphine.«

Und doch kehrte Désirées Gatte einige Tage später in die Rue Chantereine zurück. Bonaparte empfängt ihn in Gegenwart seiner Frau, seiner Stieftochter und seines Sekretärs. Wieder steht das Gespräch von Anfang an unter einem Unstern.

»Ja doch, General« – Bonaparte schreit es fast –, »ja, lieber lebte ich in den Wäldern als inmitten einer Gesellschaft, die nicht die geringste Sicherheit bietet.«

»Ach, mein Gott!« antwortet Bernadotte, »welche Sicherheit fehlt Ihnen denn eigentlich?«

Wieder schaltet sich Joséphine ein und leitet das Gespräch auf andere Bahnen. Mit dem Geld aus Italien hat Joseph den Besitz Mortefontaine gekauft. Dort sollen Bonaparte und Joséphine zwei Tage – den 29. und den 30. Oktober – verbringen. Am Abend vorher sind Bonaparte und Joséphine ins Théâtre Français gegangen. Nach der Vorstellung treffen sie zufällig mit Bernadotte zusammen.

»Meiner Treu, im ersten Augenblick wußte ich nicht, was ich sagen sollte«, erzählt Bonaparte hinterher Bourrienne, »und fragte ihn aus Verlegenheit, ob er heute abend nicht mit uns kommen wolle. Er bejahte es; als wir dann an seinem Haus in der Rue Cisalpine vorbeifuhren, bat ich ihn ganz einfach um eine Tasse Kaffee und meinte, ich würde mich glücklich schätzen, ein paar Augenblicke mit ihm zu verbringen. Da schien er sich zu freuen...«

Tags darauf, in Mortefontaine, als Joséphine und Désirée mit Julie schwatzen – eine Verschwörung innerhalb der Familie ist im Gange –, versucht Bonaparte neuerliche Vorstöße. Wieder spricht er Bernadotte von den Übeln, an denen die Republik krankt, doch der sieht dem General fest in die Augen und antwortet trocken: »Ich verzweifle nicht an der Republik und bin überzeugt, daß sie sowohl den Feinden im Innern wie auch dem äußeren Feind trotzen wird.«

Mit Recht fürchtet Joséphine Bernadottes Reaktionen. Das vertraut sie Bourrienne an, als sie mit ihm über ihren Gatten spricht: »Sie wissen, daß unser Freund nicht immer diskret ist; ich fürchte, er hat Bernadotte schon zuviel von der Notwendigkeit erzählt, einen Regierungswechsel herbeizuführen.«

Tatsächlich hat der ehemalige Unteroffizier Bellejambe, davon überzeugt, daß das Direktorium in Gefahr sei, Barras bereits gewarnt. Joséphine hingegen hält es für besser, ihren ehemaligen Geliebten dahin zu bringen, gemeinsame Sache mit ihnen zu machen, und drängt nun Bonaparte dazu, Barras einen Besuch abzustatten.

Zweifellos auf Betreiben Joséphines hat Barras den General in kleinem Kreis zum Diner geladen. Nach dem Essen nimmt er Bonaparte zur Seite und erklärt: »Die Republik liegt in den letzten Zügen; nichts kann mehr vorangehen; die Regierung ist ohne Kraft; man muß einen Wechsel vornehmen, man muß Hédouville zum Präsidenten der Republik erheben.«

Hédouville! Der ehemalige Generalstabschef von Hoche, der ehemalige Gouverneur von San Domingo! Gewiß, als Oberkommandant der Westarmee war es ihm gelungen, die Vendée zu befrieden, doch hatte der Mann keineswegs die Persönlichkeit, die es brauchte, um Frankreich zu retten! Überdies war der Name, den Bonaparte von Barras' sinnlichen Lippen hören wollte, der seine, und nicht jener eines Hédouville, den Napoleon später zu einem Diplomaten und einem Kämmerer machen wird!

Hédouville!

Noch betrachtet Barras Bonaparte als seinen Schützling und einen Dankschuldigen, dem er den Fuß in den Steigbügel gehoben hat! Für ihn ist Joséphines Gatte immer noch ein wenig der arbeitslose kleine General in durchgelaufenen Stiefeln, den er an einem Abend im Vendémiaire aus dem Dunkel der Rue de la Huchette gezogen hat! Der Mann, dem er die Geliebte abgetreten hat! Der unfrisierte General, der – wie er glaubt – einzig ihm seine Erfolge in Italien verdankt! Barras fährt fort, ohne zu merken, daß Bonaparte ihn mit mörderischem Blick durchbohrt.

»Was Sie betrifft, General, so ist es unsere Absicht, Sie der Armee wiederzugeben; und mir, einem kranken, schon unpopulären, verbrauchten Mann, bleibt nichts mehr übrig, als mich ins Privatleben zurückzuziehen.«

»O dieses Vieh! Dieses Vieh!« soll Réal, auf Barras gemünzt, ausgerufen haben, als Napoleon ihm in Anwesenheit von Joséphine, Talleyrand, Fouché und Roederer die Szene erzählte.

Von Joséphine angetrieben, begeben sich hierauf Fouché und Réal ins Luxembourg und klären Barras über seinen Irrtum auf. Am nächsten Tag erscheint Barras denn auch bereits um acht Uhr morgens in der Rue de la Victoire. Bonaparte liegt mit Joséphine noch zu Bett. Der Direktor erzwingt sich Einlaß, und der General empfängt ihn in aller Eile. Alle Entschuldigungen, die Barras vorbringt – man habe ihn mißverstanden, falls sein Freund sich mit irgendwelchen Plänen trage, könne er gewiß auf ihn zählen –, nützten nicht. Bonaparte ist mißtrauisch und spielt die Komödie der Freundschaft und der Müdigkeit – nach nichts anderem stehe ihm der Sinn als nach Ruhe! Und Barras verläßt die Rue de la Victoire in der festen Überzeugung, Bonapartes Absichten seien die besten.

Der künftige Konsul hat sich entschieden – ein für allemal. Bereits tags zuvor hat er sich mit Sieyès besprochen und ihm seine Hilfe angetragen. »Bürger«, sagt er zu ihm, »wir haben keine Verfassung, zumindest nicht jene, die wir brauchen. Ihrem Genie bleibt es überlassen, uns eine zu schenken. Meine Gefühle kennen Sie seit meiner Rückkehr. Der Augenblick zum Handeln ist gekommen. Haben Sie alle Ihre Maßnahmen getroffen?«

Sieyès beginnt darzulegen, was die Frucht durchwachter Nächte ist. Bonaparte unterbricht ihn: »Alles das weiß ich durch meinen Bruder; doch denken Sie zweifellos nicht daran, Frankreich eine fix und fertige Verfassung zu präsentieren, ohne daß sie in aller Ruhe und Artikel für Artikel zur Diskussion gelangt wäre. Dies ist nicht das Werk eines Augenblicks, und Zeit haben wir keine zu verlieren Kümmern Sie sich um die Einsetzung einer provisorischen Regierung. Ich befinde es für gut, daß sich diese Regierung auf drei Personen beschränkt; und da man es als notwendig erachtet, bin ich bereit, mit Ihnen und Ihrem Kollegen Roger Ducos der Dritte im Bunde zu sein.«

Wie Sieyès die Sache sah, sollte sich Bonapartes Rolle auf den Oberbefehl über die Truppen beschränken... Jetzt aber nahm er die Spitzenposition für sich in

Anspruch! Der Abbé zog zunächst ein schiefes Gesicht, doch als Bonaparte gegangen war, meinte er zu Joseph: »Der General scheint hier wie auf dem Schlachtfeld zu Hause zu sein. Man muß seinem Rat folgen: Wenn er sich zurückzöge, wäre alles verloren, und seine Bereitschaft, das provisorische Konsulat anzunehmen, sichert den Erfolg.«

Auf diesen Erfolg hinarbeitend, empfängt Joséphine fast täglich Gäste. Alle, die es für die Sache zu gewinnen gilt, alle, die man bittet, die Augen zuzudrücken, alle, die die Hauptakteure des Staatsstreiches sein werden, kommen und gehen in der Rue Chantereine, machen geistreiche Konversation, trinken eine Tasse Tee, hören Talleyrand lässig ein Bonmot hinwerfen, sehen Réal über das ganze Tigergesicht lachen. Eines Abends erfährt man, daß Sieyès in Vorbereitung auf den großen Tag Reitstunden nimmt, und schon regnet es Scherze ohne Ende ...

Bonaparte, mit dem Ellbogen auf den Kamin gestützt, erklärt: »Es wäre ein gotteslästerlicher Gedanke, Hand an eine Regierung legen zu wollen.«

Im pompejanischen Salon und im halbkreisrunden Boudoir bezaubern junge Frauen: Caroline Bonaparte, Paulette Leclerc, Hortense.

Joseph spricht von Augereau: »Mit der Pistole in der Hand werde ich ihn rufen, und er wird kommen.«

Andere lassen sich kaufen. Bonaparte verrät seinem engsten Kreis, daß er Moreau einen brillantengeschmückten Krummsäbel geschenkt hat, der gut und gern seine 10 000 Francs wert ist. Um derlei Ausgaben zu decken, hat Collot dem künftigen Konsul eine Million überlassen, die, um mit Barras zu sprechen, dazu bestimmt ist, an Bonapartes »Propagandisten« verteilt zu werden.

Ordenklirrende Uniformen umschwirren die Frauen oder finden sich abseits zu ernstem Gespräch. Auch einige Gelehrte lädt man, um – wie Taine sagte – die kluge Republik der kühnen Republik gegenüberzustellen. Und Joséphine – immer Joséphine – unterbricht, lächelnd, hellwach, alles durchschauend, Gespräche, die gefährliche Wendungen nehmen könnten, entfaltet allerorten ihren »unvergleichlichen« Charme, versteht es, vorzubauen, abzuwenden, zu bewirten.

Jetzt sieht sie Bonaparte mit anderen Augen. Wir haben es bereits gesagt und können es auch beweisen, mit einem in Malmaison aufbewahrten Brief an den Bürger Vanhée, Kaufmann seines Zeichens und Vetter von J. M. Emery. Sie habe, schreibt sie, Bonaparte »liebevoller denn je« wiedergefunden, auch sie sei »sehr glücklich«.

Am Tage, nachdem sie diese Zeilen geschrieben hat, am 6. November – dem 15. Brumaire – sieht Joséphine ihren Gatten das Haus verlassen. Beklommen geht er zum Bankett für 700 Gäste, das ihm und Moreau zu Ehren in der – mittlerweile zum »Tempel des Sieges« profanierten – Kirche von Saint-Sulpice gegeben wird. Bonaparte fürchtet, vergiftet zu werden, und ißt nur hartgekochte Eier ...
Im hohen Kirchenschiff herrscht Eiseskälte, frostig wie die Konversation des

Präsidenten. Einer beobachtet den anderen oder vertraut dem Nachbarn flüsternd seine Sorgen – oder seine Hoffnungen – an.

»Ich langweile mich, gehen wir«, erklärt Bonaparte.

In der Rue de la Victoire findet er Fouché, Arnault und den unvermeidlichen Gohier vor, der Joséphine mit den Augen verschlingt. Als der Direktor und der Minister gegangen sind, fragt Arnault in der Überzeugung, der Coup sei für den darauffolgenden Tag, den 16. Brumaire, geplant: »Wann also morgen?«

»Morgen ist nichts. Nichts! Das Ganze ist aufgeschoben.«

»Wie stehen die Dinge?«

»Übermorgen ist alles vorüber.«

»Weshalb nicht morgen? Sie sehen, General, das Geheimnis sickert durch.«

»Die Alten sind furchtsame Leute. Sie haben sich vierundzwanzig Stunden Zeit zum Überlegen ausbedungen.«

»Und Sie haben sie ihnen gewährt?«

»Was liegt schon daran? Ich lasse ihnen die Zeit, die sie benötigen, um zu der Überzeugung zu gelangen, daß ich ohne sie wie mit ihnen dasselbe zuwege bringe. Bis zum 18. denn!«

Am 16. Brumaire stattet Gohier, der, wie es André Gavoty ausdrückt, »immer noch an die Lauterkeit der Absichten seiner verführerischen Freundin wie an die Makellosigkeit des Regimes, dem er vorsteht, glaubt«, Joséphine einen Besuch ab. Jeden Nachmittag Schlag vier betritt er die Gemächer der geliebten Frau ... Sie empfängt ihn auf ihrem Kanapee und umgirrt ihn mit Lächeln, kreolischem Lispeln und betörenden Blicken, immer noch in der Hoffnung, ihn für die Verschwörung zu gewinnen. Gohier aber ist blind in der Ekstase, blind wie die Verliebtheit eines Fünfzigjährigen. Von ihren Schlichen hat er keine blasse Ahnung; dies erkennt auch Fouché, der bei seiner Ankunft in der Rue de la Victoire von Gohier gefragt wird: »Was gibt's Neues, Bürger Minister?«

»Wirklich Neues nichts.«

»Und ansonsten?«

»Immer dieselben Gerüchte.«

»Wie!«

»Die Verschwörung!« ruft die listenreiche Joséphine aus und mimt nacktes Entsetzen.

»Ja, die Verschwörung, aber ich weiß, was ich davon zu halten habe. Ich durchschaue das Ganze, Bürger Direktor, vertrauen Sie mir; nicht mich greift man an. Wenn wirklich so etwas wie eine Verschwörung im Gange wäre, seitdem man davon spricht, so hätte man die Beweise schon auf der Place de la Révolution oder in der Ebene von Grenelle gesehen.«

Als gute Schauspielerin – »sie war eine echte Frau«, wird ihr Gatte von ihr sagen – mimt Joséphine die Verängstigte, Besorgte. Gohier lächelt und glaubt, sie zu beruhigen, als er sagt: »Der Minister spricht als Mann, der seine Sache versteht; daß er vor uns von diesen Dingen spricht, beweist, daß sie nicht in die Tat umgesetzt werden; machen Sie es wie die Regierung, sorgen Sie sich nicht ob dieser Gerüchte; schlafen Sie ruhig.«

Am Abend gibt Joséphine ein Diner, zu dem Bernadotte, Roederer und als wichtigster Mann Moreau geladen sind. Nach dem Essen nimmt Bonaparte, während seine Frau die Konversation mit jenen tausend Nichtigkeiten belebt, die ihr Geheimnis sind, den Rivalen am Arm und zieht ihn beiseite.

»Nun, General, wie denken Sie über die Lage der Republik?«

»Ich denke, General, daß man am Heil des Vaterlandes verzweifeln muß, entfernt man nicht die Männer, die so schlecht regieren, und setzt man nicht eine bessere Ordnung ein.«

»Es freut mich sehr, Sie dieser Meinung zu sehen. Schon fürchtete ich, Sie gehörten zu jenen, die an unserer schlechten Verfassung einen Narren gefressen haben.«

»Nein, General, ich bin überzeugt, daß unsere Institutionen gewisser Veränderungen bedürfen, doch dürfen diese keine Beeinträchtigung der wesentlichen Prinzipien der parlamentarischen Regierungsform und der großen Prinzipien der Freiheit und Gleichheit bedeuten.«

»Zweifellos«, antwortet Bonaparte, »es ist nötig, daß alles im Interesse des Volkes geschehe, doch brauchen wir eine stärkere Regierung.«

Moreau bietet die Hilfe seiner Jakobinerfreunde an, die nach seinen Worten alle bereit sind, mitzumachen. Bonaparte zuckt die Schultern.

»Mit Ihnen und Ihren Freunden kann ich nichts anfangen. Sie haben nicht die Mehrheit. Sie haben den Rat durch den Vorschlag vor den Kopf gestoßen, das Vaterland als in Gefahr zu erklären, und Sie stimmen mit Männern ab, die eine Schande sind für Ihre Partei.«

Schon spricht er als Herrscher.

Der 17. Brumaire – der 8. November – Vorabend des großen Tages, dient der Vorbereitung. Sieyès verfaßt zwischen zwei Reitstunden die Erlässe. Die beiden Präsidenten, die dem Komplott angehören, fertigen die Vorladungen aus, die den Abgeordneten mitten in der Nacht zugestellt werden sollen. Regnault de Saint-Jean-d'Angély schreibt die Texte zu den Anschlägen und den »Aufrufen an die Pariser«, die Roederers Sohn zum Druck gibt.

Bonaparte aber sucht ein Pferd.

Er selbst besitzt nur ein Kabriolett – und Frankreich läßt sich nicht im Kabriolett erobern! –, deshalb leiht ihm der Adjutant Bruix ein schwarzes Reitpferd mit feurigem Blick . . . und ebenso feurigem Temperament, ein nicht eben frommes Tier. Am 18. Brumaire im Rat der Alten, der ihn in die Macht einsetzen und ihm den Schwur abnehmen wird, will Bonaparte Eindruck machen und sich deshalb mit einem vielköpfigen Stab umgeben. Deshalb beordert er für den darauffolgenden Tag, Schlag acht, alle verfügbaren Offiziere und vierzig Adjutanten der Nationalgarde zu sich. Den drei in Paris stationierten Kavallerieregimentern teilt er mit, daß er ihnen zur ersten Stunde die Parade auf den Champs Elysées abnehmen wird. Sebastiani, der eingeweiht ist, erklärt sich bereit, einige Infanterieeinheiten auf der Place de la Concorde Stellung beziehen zu lassen.

Und Gohier?

Am Abend bei dem Diner bei Cambacérès beauftragt Bonaparte seine Frau, ihrem reifen Verehrer durch Eugène folgendes Billet ins Luxembourg zu senden – eine Kriegslist, die typisch für eine Kokotte ist:

»Kommen Sie, mein lieber Gohier, mit Ihrer Frau um acht Uhr morgens zu mir zum Frühstück. Verabsäumen Sie es nicht, ich habe mit Ihnen sehr interessante Dinge zu besprechen. *Adieu*, mein lieber Gohier, bauen Sie immer auf meine aufrichtige Freundschaft. La Pagerie-Bonaparte.«

»Bei einer Verschwörung ist alles erlaubt«, wird Bonaparte sagen. Seine Absicht ließ sich in wenige Worte fassen: Er wollte Gohier in der Hand haben.

»Und dann hätte ich ihn dazu bewogen, *nolens volens* mit mir aufs Pferd zu steigen.«

Joséphine und Bonaparte haben Gohier eine Falle gestellt, in der er sich unweigerlich fangen mußte, wäre da nicht Mme. Gohier. Madame ist im übrigen keineswegs davon begeistert, daß ihr Gatte täglich »vier Stunden« bei der allzu verführerischen Mme. Bonaparte absitzt... Die frühe Stunde – seit wann absolviert man seine Besuche um acht Uhr morgens? – scheint ihr, obwohl sie diesmal selbst mit eingeladen ist, seltsam, um nicht zu sagen verdächtig. Und deshalb begibt sie sich allein in die Rue Chantereine. Dort erwartet sie eine Überraschung. Die Straße, die kleine Allee und der Park sind voll von Offizieren, die aus der großen Zahl ihrer Kameraden schließen, daß es »heute passieren soll«. Mme. Gohier wird von Bonaparte empfangen, der sich ebenso auf die Leidenschaft Gohiers für Joséphine wie auf das stille Einverständnis und die blinde Ahnungslosigkeit Mme. Gohiers verlassen hatte.

»Wie, der Präsident kommt nicht?«

»Nein, General, er ist verhindert...«

»Er muß unter allen Umständen kommen. Schreiben Sie ihm ein paar Zeilen, Madame, ich lasse ihm den Brief bestellen.«

Mme. Gohier glaubt klug zu handeln, als sie ihrem Gatten folgende Botschaft schreibt: »Du hast gut daran getan, nicht zu kommen, mein Freund; alles, was hier vorgeht, beweist mir, daß die Einladung eine Falle war. Ich will keine Zeit verlieren, um unverzüglich heimzukommen zu Dir...«

Diesmal hat Joséphine keinen Grund mehr, ihr die Wahrheit vorzuenthalten. Ein paar Augenblicke später, sobald die Alten ihn rufen, wird Bonaparte sein Pferd besteigen.

»Alles, was Sie hier sehen, Madame«, sagt sie leise zu der Widerstrebenden, »muß Ihnen enthüllen, was unweigerlich eintreten wird. Es tut mir unendlich leid, daß Gohier meiner Einladung nicht nachgekommen ist; sie entsprang auch Bonapartes Wunsch. Bonaparte möchte, daß der Präsident des Direktoriums Mitglied der Regierung sei, die er einzusetzen beabsichtigt. Der Umstand, daß ich meinen Brief durch Eugène überbringen ließ, enthüllte wohl die Bedeutung, die ich der Einladung beigemessen habe.«

»Ich gehe nach Hause, zu meinem Mann«, erwidert schroff Mme. Gohier.

»Ich halte Sie nicht zurück, aber sagen Sie ihm, er solle sich die Sache wohl überlegen, und überlegen auch Sie sich Bonapartes Wunsch, den ich Ihnen eben in seinem Auftrag bekanntgegeben habe. Es ist nicht allein sein Interesse im Spiel; der Einfluß, den Sieyès und die Seinen auf die bevorstehenden Ereignisse ausüben werden, hängt von der Haltung des Präsidenten ab. Setzen Sie sich ein, daß er herkommt.«

Mittlerweile nimmt Bonaparte Bernadotte beiseite. Bernadotte, den wie so viele andere die Aufforderung erreicht hatte, sich des Morgens in die Rue Chantereine zu begeben, war in Zivil gekommen, wozu er lauthals zu verstehen gab, er sei nicht im Dienst und habe folglich auch keinen Grund, Uniform anzulegen.

»Sie werden schon im nächsten Augenblick im Dienst sein.«

»Mir hat man nichts gesagt, der Befehl hätte mir früher erteilt werden müssen.«

Er will einfach nicht verstehen! »Ein General ohne Uniform! Da hätte er ebensogut gleich in Pantoffeln kommen können«, denkt Bonaparte und herrscht ihn an: »Jetzt gilt es, reinen Tisch zu machen und andere Leute an die Spitze der Regierung zu stellen. Gehen Sie und legen Sie die Uniform an. Ich kann nicht auf Sie warten. Sie finden mich in den Tuilerien bei unseren Kameraden . . .«

Der künftige König von Schweden verzieht keine Miene und rührt sich nicht von der Stelle.

»Bernadotte«, dringt der angehende Diktator in ihn, »zählen Sie weder auf Moreau noch auf Beurnonville, noch auf die gleichgesinnten Generäle. Wenn Sie die Menschen erst mal besser kennenlernen, werden Sie sehen, daß sie viel versprechen und wenig halten. Trauen Sie ihnen nicht!«

»An einer Rebellion nehme ich nicht teil!«

»Eine Rebellion!« ruft Bonaparte aus, als er die Szene hinterher seinem Sekretär erzählt. »Eine Rebellion, Bourrienne, wissen Sie, was das heißt? Ein Haufen Schwachsinniger; Leute, die daheim sitzen in ihren elenden Löchern und von früh bis spät *politikastern*. Es war alles vergeblich, Bernadotte ließ sich nicht von mir überzeugen, der Mann hat einen eisernen Schädel. Da habe ich ihm wenigstens das Ehrenwort abgefordert, daß er nichts gegen mich unternimmt; wissen Sie, was er mir geantwortet hat?«

»Gewiß etwas wenig Schmeichelhaftes.«

»Was wenig Schmeichelhaftes? Hören Sie, Sie sind gut! ... Es war weit schlimmer als bloß wenig schmeichelhaft. Er hat gesagt: ›Als Bürger werde ich mich ruhig verhalten, aber wenn das Direktorium mir den Befehl gibt zu handeln, dann schreite ich gegen alle Ruhestörer ein!‹ Sei's denn, mir macht's nichts aus. Ich habe meine Maßnahmen getroffen, und der Befehl, auf den Bernadotte wartet, wird nie erteilt werden.«

Man wartete ...

Weshalb ist das Dekret noch nicht eingetroffen? Sollte sich der Rat der Alten am Ende zieren? Alle wissen, daß die geschwätzigen Greise bereits seit einer Stunde tagen. Schon dröhnt Lefebres mächtige Stimme: »Werfen wir doch das ganze Advokatenpack in den Fluß!«

Dann endlich erscheinen in großem Gefolge die Inspektoren des Rates der Alten! Es ging alles wie vorgesehen: Die bereits um sieben Uhr morgens einberufenen Abgeordneten glaubten — oder taten, als glaubten sie — die Republik »von den Anarchisten und dem Ausland« bedroht. Einer der Verschwörer rief denn auch aus: »Es gilt, Maßnahmen zum Wohle der Öffentlichkeit zu ergreifen; die Hilfe des Generals Bonaparte ist uns sicher; im Schatten seines schützenden Armes können die Räte über die im Interesse des Staates nötigen Veränderungen verhandeln.«

Bonaparte empfängt die Abgesandten, die von einem federgeschmückten, mit Cape und Halskrause ausstaffierten Boten begleitet werden. In diesem Aufzug kommen sie, um Bonaparte das Dekret vorzulesen:

Artikel I: Die Gesetzgebende Versammlung ist nach Saint-Cloud verlegt; dortselbst werden die beiden Räte in den beiden Flügeln des Schlosses tagen.

Artikel II: Dorthin werden sie morgen, den 19. Brumaire, zu Mittag, transferiert; andernorts und vor diesem Zeitpunkt ist jede weitere Ausübung der Funktionen und jegliche Beratung untersagt.

Artikel III: General Bonaparte wird mit der Durchführung vorliegenden Dekrets betraut. Er wird alle für die Sicherheit der Volksvertretung nötigen Maßnahmen ergreifen.

General Bonaparte wird vor den Rat berufen, um den Befehl zur Durchführung vorliegenden Dekrets entgegenzunehmen und den Eid zu leisten.«

Die Verlesung ist beendet.

Bonaparte und Joséphine befinden sich im kleinen Eßzimmer, das gleichzeitig als Empfangsraum und Vestibül dient. Er wendet sich an seine Adjutanten und die anwesenden Offiziere: »Folgen Sie mir!«

Ehe er die Tür zum Garten öffnet, ersucht er Bernadotte wieder, ihn zu begleiten. Dieser weigert sich. Dann ruft Bonaparte »im Davonstürmen« Bourrienne zu: »Gohier ist nicht gekommen, sei's drum!«

Schon ist er auf der Freitreppe. »Mir nach!«

Die Offiziere brechen in Beifallsrufe aus, eine Gruppe freilich »folgt nicht dem allgemeinen Aufbruch«, aber die Mehrzahl tut es Bonaparte gleich, der sich auf sein Admiralspferd schwingt.

Joséphine bleibt allein mit Bernadotte und Bourrienne zurück. Die drei hören den Aufbruch, dann verlieren sich die Geräusche in der Ferne. Der glanzvolle Zug nimmt Richtung auf den Boulevard und stößt an der Ecke der Rue du Mont-Blanc auf die 1500 Reiter, deren Kommando Murat übernehmen wird.

Bernadotte hat es eilig, das kleine Palais zu verlassen ... und Joséphine kann ihrer Angst Ausdruck verleihen. Vor Bourrienne, der sie zu beruhigen sucht, nimmt sie kein Blatt vor den Mund.

»Kennen Sie Gohier näher?« fragt sie ihn.

»Über die gegenwärtigen Ereignisse haben wir kein Wort gewechselt.«

»Das bedaure ich sehr, sonst hätte ich Sie gebeten, ihm zu schreiben, damit er sich ruhig verhält und es Sieyès und Roger gleichtut, die freiwillig ihre Demission eingereicht haben. Auch würde ich ihm sagen, daß er sich nicht mit Barras verbündet, der höchstwahrscheinlich in eben diesem Augenblick gezwungenermaßen zurücktritt.« Eine Vermutung, die sich bewahrheitet.

Barras ist eben im Begriff, sein Bad zu nehmen, und außerstande, Gohier und Moulin zu empfangen, die sich nicht genug darüber wundern können, in welch heiterer Unwissenheit er befangen ist, während das Dröhnen der Stiefel und Hufe auf dem Pflaster die ganze Stadt erzittern läßt. Nach einer letzten Reitstunde ist Sieyès zu Pferd nach den Tuilerien aufgebrochen, wo er einen allseits beachteten Einzug hält ... Auch Roger Ducos hat unter dem Vorwand, »sich über den Stand der Dinge informieren« zu wollen, den Luxembourg verlassen. Als Barras endlich der Badewanne entsteigt – in der er eine ganze Stunde lang blieb –, macht er sich daran, sich in aller Ruhe zu rasieren. Dann gibt er vor, krank zu sein, und sieht sich außerstande, seine beiden Kollegen, die sich wie Schiffbrüchige auf hoher See vorkommen, zu empfangen. Barras ist keineswegs uninformiert. Er weiß davon, daß sie die beiden Versammlungen nach Saint-Cloud transferiert haben, und hofft nun, den Besuch Bonapartes oder zumindest eines Abgesandten zu erhalten, der ihn in die Tuilerien ruft. Doch keiner kommt, außer seinem Sekretär Botot, der beim Verlassen der Tuilerien von Bonaparte höchstpersönlich angehalten worden war. Ehe er die Truppen inspizierte, stürzte sich Bonaparte in meisterlich gespielter Wut auf Botot und schrie ihn an: »Was habt ihr aus diesem Frankreich gemacht, das ich euch in solchem Glanz überließ? Den Frieden hatte ich euch hinterlassen, den Krieg habe ich vorgefunden! Aus

Italien habe ich euch Millionen hinterlassen, und überall finde ich nun Raubgesetze und Elend!

Was habt ihr aus 100 000 Franzosen gemacht, die ich befehligte, den Gefährten meines Ruhms? Sie sind tot. Dieser Zustand kann nicht andauern; ehe noch drei Jahre um sind, stürzt er uns in die Diktatur. Wir aber wollen die Republik, auf den Grundlagen der Gleichheit, der Moral, der Freiheit für die Bürger und der politischen Toleranz . . .«

Als Barras sich von Botot die Szene schildern läßt, fühlt er einen Sturm sich erheben, der ihn hinwegfegen könnte. Der Besuch von Mme. Tallien, die »eine bezaubernde Lebhaftigkeit« zur Schau trägt, vermag seine Laune nicht zu bessern. Wenig später grinst er nur verächtlich, als Merlin de Thionville die Zukunft weissagt und meint, er werde »Bonapartes Kopf zu Füßen der Freiheit rollen lassen«. Schließlich – es ist bereits Mittag – überbringen ihm Talleyrand und Admiral Bruix ein von Roederer sorgfältig konzipiertes Demissionsgesuch, das nur noch seiner Unterschrift bedarf.

Nach einem endlosen – etwa zwölf Zeilen langen – und an schwülstigen Phrasen über seine leidenschaftliche Liebe zur Freiheit reichen Eingangssatz läßt man Joséphines ehemaligen Liebhaber sagen: »Der Ruhm, der die Wiederkehr des hehren Kriegers, dem die Wege zum Ruhm zu eröffnen ich das Glück hatte, begleitet, die offenkundigen Vertrauensbeweise, die ihm die Gesetzgebende Versammlung schenkt, und das Dekret der Volksvertretung haben mich davon überzeugt, daß, auf welchen Posten ihn auch immer das öffentliche Interesse fürderhin beruft, die Gefahren, die einst die Freiheit bedrohten, nunmehr gebannt sind und die Interessen der Armeen gewahrt. Mit Freude trete ich wieder in den Stand des einfachen Bürgers, glücklich, nach so vielen Stürmen die Schicksale der Republik, die mir anvertraut waren, unversehrt und der Ehrfurcht würdiger denn je in andere Hände zu legen.«

Mit um so größerer Freude tritt er wieder in den Stand des »einfachen Bürgers«, als Talleyrand und Bruix auch Überbringer einer ansehnlichen Summe Geldes sind, die der Bankier Ouvrard gespendet hat. Seit er an diesem Morgen Bonaparte in glanzvollem Zug unter seinen Fenstern vorbeiziehen sah, ist er sein Parteigänger. Für den reichen Mann ist der kleine Korse ein sicherer Tip, auf den es sich zu setzen lohnt.

Minuten später geben Bonapartes Dragoner dem Ex-Direktor ein Geleit, das sich Ehreneskorte nennt und dazu dient, ihn auf sein Schloß Grosbois zu expedieren. Damit verläßt Barras die Geschichte. Sein Abgang entbehrt jeglicher Eleganz. Und fürderhin wird er Bonaparte – selbst den unglücklichen Kaiser auf Sankt Helena – nicht anders nennen als »den Räuber«. . .

Den ganzen Tag lang hatte Joséphine gewartet. Wie es Bourrienne ausdrückt, der nicht von ihrer Seite wich, hätten sie »gerne den Lauf der Stunden beschleunigt«.

Die Stadt schien ruhig.

Es regnete in Strömen, was nicht dazu angetan war, die Pariser auf die Straßen zu treiben ... Als Bonaparte endlich heimkam und seine Frau beruhigen konnte, war es schon Nacht. Bislang war alles gut gegangen. Der »18. Brumaire« aber – der 9. November – sollte erst morgen in Saint-Cloud in Szene gehen. Es galt, das Direktorium zu Grabe zu tragen, Frankreich eine neue Verfassung zu schenken und das Konsulat ins Leben zu rufen. Das Konsulat! Das klang ein wenig nach altem Rom, was gewissen Leuten gar nicht übel gefiel! Doch sollte das genügen? Wenn die Alten, die zur Sitzung einberufen worden waren, bis jetzt auch ein Herz und eine Seele gewesen waren, so gab es dennoch einige, die man willentlich vergessen hatte und die wütend sein mußten. Und da waren noch die Fünfhundert ... Und Gohier und Moulin, die sich weigerten, zurückzutreten. Gegenwärtig standen Moreaus Soldaten im Luxembourg Wache – sogar in der Wohnung von Joséphines Anbeter, wo immer noch Bonapartes Büste ein Kaminsims zierte. Gewiß, wenn der morgige Tag ohne ernste Zwischenfälle verlief, mußte das Direktorium, von dessen fünf Direktoren nur mehr zwei übrig waren, zusammenbrechen.

Am folgenden Morgen hört Joséphine, die noch zu Bett ist, ihren Gatten den Offizieren Mut zusprechen und zu Lannes sagen: »Sie sind verwundet, wir werden lange zu Pferde sein. Bleiben Sie hier.«

Dann zu Bethier, der wankt: »Aber Sie, Berthier, was ist mit Ihnen? Ist Ihnen etwas?«

»Mir dringt ein Nagel durch, und ich trage einen Pflasterverband.«

»Nun, so bleiben Sie hier.«

»Auf keinen Fall«, antwortet Berthier, »und müßte ich auf allen Vieren kriechen und alle Qualen der Hölle leiden, ich verlasse Sie nicht.«

Da ruft Joséphine nach ihrem Mann. Er möge noch einmal ins Schlafzimmer kommen, sie wolle ihn zum Abschied küssen.

»Potztausend! Ich komme rauf, aber dieser Tag ist kein Tag für Frauen.«

Was sagt sie ihm? Man weiß es nicht, doch kann man es erraten. Diesmal ist sie nicht mehr die Frau, die ihren Mann mit solcher Leichtfertigkeit behandelt hat, und er ist nicht der Mann, den sie »komisch« fand. Nicht mehr die sinnliche Liebe ist es, sondern etwas, das an ihre Stelle treten mag und gewiß viel tiefer ist. Als sie ihn in den Wagen steigen hört und seinem Schicksal entgegengehen sieht, da mag die schwache und bislang so gleichgültige Frau mit einemmal weinen, mag ihr Herz brechen ...

Zur selben Zeit überqueren Bourrienne und Lavallette auf ihrem Wege nach

Saint-Cloud den *Place de la Concorde*, wo sich für lange Monate das Schafott erhoben hatte.

»Mein Freund«, seufzt Bonapartes Sekretär, »morgen schlafen wir entweder im Luxembourg oder enden hier.«

Und Joséphine?

Was wird morgen aus ihr? Ist sie die Frau eines zum Tode Verurteilten, die Witwe eines an Ort und Stelle Füsilierten oder aber die Gemahlin des Herrschers über Frankreich?

Bis um halb sechs Uhr abends bleibt sie ohne Nachricht. Zu dieser Stunde trifft endlich ein auf Wunsch Bonapartes von Bourrienne abgesandter Kurier ein und kann sie beruhigen. Die Botschaft ist bewußt optimistisch gehalten – Bonaparte weiß, wie sehr sich seine Frau sorgt, denn kurz nachdem er den Rat der Alten verlassen hat, gibt er Bourrienne den Auftrag, Joséphine unverzüglich zu verständigen.

Nun aber war nicht alles so glatt gegangen, wie man gehofft hatte. Jählings und regelwidrig war der General in den Saal gestürmt, wo die Senatoren tagten.

»Gestern«, erklärte er, »war ich ruhig, als Sie mich rufen ließen, um mir das Beförderungsdekret zu überreichen und mich mit seiner Durchführung zu betrauen. Sogleich habe ich meine Kameraden versammelt, wir sind Ihnen zu Hilfe geeilt. Nun, heute überschüttet man mich bereits mit Verleumdungen. Man spricht von Cäsar, man spricht von Cromwell, man spricht von Militärregierung. Wenn ich nun diese Militärregierung gewollt hätte, wäre ich dann herbeigeeilt, um der Volksvertretung meine Unterstützung zu gewähren?«

Aber als der erste ihm ins Wort fällt und Linglet dazwischenruft: »Und die Verfassung?«, verhaspelt er sich. Vor diesen Männern in roter Toga verliert er den Halt unter den Füßen und schreit: »Die Männer des *Prairial*, die auf dem Boden der Freiheit die Schafotte und die Herrschaft des Schreckens wiedererrichten wollen, sammeln ihre Komplizen um sich und gehen daran, ihre furchtbaren Pläne durchzuführen. Schon wirft man dem Rat der Alten die Maßnahmen vor, die er getroffen hat, schmäht ihn ob des Vertrauens, das er mir geschenkt. Mich erschüttert das nicht. Sollte ich vor Aufwieglern beben, ich, den die Koalition nicht vernichten konnte? Wenn ich falsch bin, dann soll ein jeder von euch Brutus sein.«

Dann droht er, gegen Berthier und Bourrienne gewandt: »Und ihr, meine Kameraden, die ihr mich begleitet, ihr, tapfere Grenadiere, die ich um diese Mauern sehe, richtet die Bajonette, mit denen wir gemeinsam unsere Siege errungen, sogleich gegen mein Herz. Wenn aber ein vom Ausland gedungener Redner gegen euren General das Wort ›Gesetzloser‹ auszusprechen wagt, soll der Blitzstrahl des Kriegsgottes ihn sogleich zerschmettern.«

Die Alten protestieren. Da wirft er ungeschickt eine Phrase hin, die in Kairo den Arabern den Nacken beugte: »Erinnert euch daran, daß mich der Gott des Krieges und der Gott des Glücks auf meinem Marsch begleiten.«

Daraufhin gerät die Versammlung in wilden Aufruhr, und Bonaparte verliert endgültig den Boden unter den Füßen.

»Davon«, wird Bourrienne hinterher erzählen, »kann man sich unmöglich eine Vorstellung machen, außer, man war selbst dabei: Allem, was er hervorstammelte, fehlte jede Spur von Logik, und es war nicht nur unlogisch, sondern auch auf die unverständlichste Art unzusammenhängend. Bonaparte war alles andere denn ein Redner. Es läßt sich denken, daß er eher an den Soldatenlärm als an den Lärm der Tribünendiskussionen gewöhnt war. Sein Platz war eher vor einem Geschützstand als vor dem Fauteuil des Präsidenten einer Versammlung.«

Bourrienne zieht Bonaparte am Ärmel und flüstert ihm zu: »Gehen Sie, General, Sie wissen nicht, was Sie sagen.«

Da verläßt Bonaparte endlich den Saal und ruft im Abgehen: »Wer mich liebt, folge mir!«, was eher lächerlich klingt.

Offensichtlich hat Bourrienne das Klägliche der Szene Joséphine, die sich endlich ein wenig beruhigt hat, vorenthalten; freilich, ganz ist sie ihre Sorge noch nicht los, denn es gilt, die größte Hürde zu nehmen: die Fünfhundert! Wenn sie gewußt hätte, daß im Grunde gar nichts erreicht war ... Und daß das, was heute morgen noch wie ein Kinderspiel erschien, zu einem völligen Fiasko ausgeartet war ...

Langsam, beklemmend, mit schwerem Schritt schleppen sich die Stunden dahin. Der kleine Park füllt sich mit Besuchern, die aus sind auf Neuigkeiten, als plötzlich Mme. Laetitia und Paulette erscheinen. Die beiden Frauen sind in heller Aufregung. Eben waren sie im Theater Feydeau, wo man nach der Pause »Der Autor in seinem Heim« gab. Um halb zehn trat unvermittelt der Schauspieler Elleviou an die Rampe, verneigte sich und sprach ins Publikum: »Bürger, der General Bonaparte ist eben in Saint-Cloud einem Mordanschlag entgangen, den die Verräter des Vaterlandes gegen ihn verübten ...«

Ein Schrei gellte auf, Paulette hatte ihn ausgestoßen, ehe sie eine Ohnmacht anwandelte.

»Gehen wir in die Rue Chantereine, zu meiner Schwiegertochter«, hatte Mme. Laetitia entschieden, »dort werden wir Näheres erfahren.«

Und tatsächlich erfährt Joséphine bald, daß alles seinen rechten Lauf nimmt. Die Armee mußte einschreiten und die Fünfhundert auseinandertreiben. Noch in diesem Augenblick jagt man den Abgeordneten nach, die vor den Bajonetten in den Park geflüchtet sind und in den Sträuchern und auf dem Rasen ihre römischen Maskeraden zurückließen, um schneller laufen zu können. Dennoch muß man sie in genügend großer Zahl wieder einfangen und versammeln, um dem

Staatsstreich den Anstrich der Legalität zu verleihen und eine Konsularkommission einzusetzen.

Die Besucher gehen . . . und Joséphine begibt sich zu Bett. Kurz nach vier Uhr morgens hört sie den Wagen, in dem sich Bonaparte und Bourrienne befinden, an der Freitreppe vorfahren. Augenblicke später sind die beiden Männer bei ihr. Vor Ungeduld bebend, bestürmt Joséphine sie mit Fragen. Ja, diesmal ist es geglückt! Aber wie schwer war es doch! Die Fünfhundert haben Bonaparte mit roher Gewalt bedroht! Einzig seine Grenadiere retteten ihm das Leben! Mit Sieyès und Ducos ist er nun Konsul der Republik. Und vom Direktorium bleibt nur eine – böse – Erinnerung.

Die Revolution ist zu Ende!

»Morgen«, meint Bonaparte leichthin, als Bourrienne sich zum Gehen anschickt, »morgen schlafen wir im Luxembourg!«

Der erste Schritt auf dem Weg zum Thron ist getan!

Joséphine, die Konsulin

Am 15. November – dem 24. Brumaire – ist Joséphine, der »Gattin des provisorischen Konsuls«, das Herz schwer. An diesem Tag verläßt sie für immer ihr Schlößchen in der Rue de la Victoire, den Wirklichkeit gewordenen »Traum« einer ausgehaltenen Frau, um in den ernsten und strengen Luxembourg-Palast zu übersiedeln.

Sieyès und Roger Ducos sind in ihre Appartements zurückgekehrt. Bonaparte hat die früher von Moulin bewohnten Räume im Erdgeschoß bezogen, »rechts vom Eingang in der Rue de Vaugirard«. Und Joséphine, die nun die Frau eines der drei Könige der Republik ist, hat jetzt ihr eigenes Appartement, die ehemalige Wohnung von Gohier, im ersten Stock, wo sie so oft ihren alten Verehrer besucht hatte. Eine kleine Hintertreppe verbindet ihre Gemächer mit der Suite Bonapartes. Gewiß ließ Joséphine einige ihrer »modernen« Möbel in den Palast der Maria de Medici transportieren, doch wirken sie dort ein wenig verloren und so, als wären sie bloß auf Besuch.

Zunächst wohnen Bonaparte und seine Frau nur »provisorisch« im Luxembourg. Noch ist nichts definitiv. Bonaparte ist lediglich jeden dritten Tag »Konsul vom Dienst«. Dreimal in der Woche empfängt er des Abends, wenn Joséphine in die Oper geht oder Damen zu Gast hat, die gesetzgebenden Kommissionen – von denen eine Lucien, die andere Lebrun leitet. Es geht darum, das Provisorium durch eine definitive Regierung abzulösen. Sieyès, der immerzu eine bereits fix und fertig konzipierte Verfassung mit sich herumträgt, schlägt die Wahl eines »Großen Kurfürsten auf Lebenszeit« durch den Senat vor; der »Große Kurfürst« solle in Versailles residieren und keine andere Funktion zu erfüllen haben, als zwei Konsuln zu wählen: einen für den Krieg, den anderen für den Frieden. Bonaparte explodiert: »Wie konnten Sie glauben, Bürger Sieyès, ein Mann von Ehre, Talent und gewissen Fähigkeiten werde sich jemals damit abfinden, als Mastschwein im königlichen Schloß zu Versailles zu vegetieren und sich an ein paar Millionen fettzufressen?«

Sieyès freilich hätte gerne dieses »Mastschwein« abgegeben, und als er nun seine Pläne zunichte werden sah und sich die Enttäuschung auf seinen Zügen malte, brachen die Anwesenden in schadenfrohes Gelächter aus. Man kehrte wieder zum ursprünglichen Konzept zurück, das drei Konsuln vorsah, und lachte keineswegs mehr, erzählt Fouché, »als man den Beschluß durchbringen wollte, einen ersten Konsul einzusetzen, der mit der höchsten Macht ausgestattet sein sollte, mit dem Recht der Vergabe aller Ämter und der Enthebung von den Dienstposten, während den beiden anderen Konsuln eine lediglich beratende Stimme zukommen sollte«.

Man lacht nicht mehr, weil Bonaparte gewissen Mitgliedern ihre Meinung sehr übel nimmt: »Wenn der General Bonaparte sich ohne vorhergehende Wahl mit der Würde eines höchsten Beamten bekleidet, verrät er damit den Ehrgeiz eines Usurpators und gibt jenen recht, die da der Ansicht sind, er habe den 18. Brumaire einzig zu seinem persönlichen Vorteil in Szene gesetzt.«

Man bietet Napoleon »die Würde eines Generalissimus mit dem Recht der Entscheidung über Krieg und Frieden und der Verhandlung mit ausländischen Mächten« an.

»Ich will in Paris bleiben«, ruft Bonaparte ungestüm aus und kaut nervös an seinen Nägeln, »ich will in Paris bleiben, ich bin Konsul.«

Chénier bricht das Schweigen, das Bonapartes Ausruf folgt, und »spricht von Freiheit, von der Republik, von der Notwendigkeit, der Macht Zügel anzulegen«.

»Das wird nicht geschehen!« schreit Bonaparte wütend und stampft mit dem Fuß auf. »Eher waten wir bis zu den Knien in Blut!«

»Diese Worte, die eine bislang gemäßigte Diskussion zum Drama werden ließen«, meint Fouché, »brachten alle zum Verstummen, und die überrumpelte Mehrheit sprach die Macht nicht drei Konsuln zu, von denen der zweite und der dritte nur beratende Stimmen haben sollten, sondern einem einzigen, der für zehn Jahre gewählt werden sollte und wieder wählbar war, dem es zukam, die Gesetze zu verkünden, unumschränkt die Beamten der Exekutive zu ernennen und zu entlassen, über Krieg und Frieden zu bestimmen und schließlich sich selbst in sein Amt einzusetzen.«

Am 12. Dezember findet statt, was Lucien Garros sehr richtig den »Staatsstreich im Zimmer« genannt hat. Drei Konsuln sollen gewählt werden: »Ein Dekalitermaß, das man auf einen Tisch gestellt hatte, diente als Urne. Während der Abgabe der Stimmzettel stand Bonaparte an den Kamin gelehnt und wärmte sich. Eben wollte man mit dem Auszählen der Stimmen beginnen, als er an den Tisch trat, die Zettel an sich nahm und verhinderte, daß sie entfaltet würden. Zu Sieyès gewandt, sagte er mit Nachdruck: ›Anstatt die Stimmen auszuzählen, wollen wir dem Bürger Sieyès einmal mehr unsere Anerkennung beweisen und ihm das Recht geben, die drei ersten Beamten der Republik zu bestimmen. Die auf diese Weise Ermittelten wollen wir als jene anerkennen, zu deren Wahl wir eben geschritten sind.‹«

Die Stimmzettel werden eiligst verbrannt. Die Verfassung des Jahres VIII ist geboren. Sieyès scheidet von selbst aus, Roger Ducos erkennt, daß er keine Chancen hat, und zieht sich zurück; bleibt Bonaparte, der sich von Sieyès nominieren läßt, um hierauf seine beiden »Satelliten« zu bestimmen. Seine Wahl fällt auf Cambacérès, der nach dem Thermidor Präsident des Wohlfahrtsausschusses gewesen war und von dem es hieß, er verstehe es wie kein zweiter, die Niedertracht mit Würde zu verbrämen ... Als zweiten Mann wählt Bonaparte Charles-François Lebrun, den ehemaligen Sekretär von Maupeou, der mehr oder minder die Verkörperung der guten Seiten der Vergangenheit war, des »aufgeklärten Despotismus«, garniert à la Voltaire.

So wird Bonaparte Erster Konsul und Joséphine »Konsulin«, ohne jedoch diesen Titel zu tragen.

»Eine Funktion, die keine weibliche Form hat«, sagte Bonaparte. Jedenfalls ist Joséphine die Gattin des Staatsoberhauptes und kann nicht mehr wie früher »kleine Theater« und Tanzlokale besuchen. Das würde Bonaparte nicht gestatten. Ebenso untersagt er seiner Frau den Umgang mit ihren leichtlebigen und leichtgeschürzten Freundinnen aus der Zeit des Direktoriums, den Damen, die eine hemdenlose Mode kreiert hatten. Somit fällt Mme. Tallien, die über Grosbois herrscht, ehe sie Barras verläßt, um sich Ouvrard zuzuwenden, in Ungnade. Auf Sankt Helena gibt Napoleon jedoch an, Joséphine selbst habe keinen Wert auf weiteren Umgang mit ihrer alten Freundin gelegt. Was seine Richtigkeit haben mag, denn Joséphine konnte sich eines Gefühls der Eifersucht gegen die Jüngere und Hübschere auf die Dauer nicht erwehren. Als die ehemalige *Notre Dame de Thermidor* die »Konsulin« aufsuchte und sich beklagte, weil Bonaparte sie in Acht und Bann getan habe, schob Joséphine dennoch die ganze Schuld ihrem Mann zu: »Alles, schwöre ich Ihnen, habe ich getan, wozu mich unsere Freundschaft nur bewegen konnte, aber es war vergebens ... Sie sind die einzige Frau, deren Namen er von der Liste meiner intimen Freunde gestrichen hat.« Als Mme. Tallien nicht locker läßt, gibt er ihr eine Erklärung, die seine Haltung rechtfertigen soll:

»Ich leugne nicht, daß Sie eine bezaubernde Frau sind, aber überlegen Sie sich einmal, was Sie von mir wollen, und urteilen Sie selbst: Sie haben zwei oder drei Gatten und Kinder von jedermann. Als Mann würde man sich zweifellos glücklich schätzen, Komplize ihres ersten Fehltritts gewesen zu sein; über den zweiten könnte man sich ärgern, aber man würde Ihnen vielleicht noch verzeihen; freilich, was dann kommt ... und dann ... und dann ... Jetzt urteilen Sie selbst: Was täten Sie an meiner Stelle? ... Und dabei ist es meine ureigenste Aufgabe, ein gewisses *Dekorum* wieder herzustellen!«

In Wahrheit mochte sich der künftige Kaiser auch an das allzu berühmte: »Nun, mein Freund, Sie kriegen sie, Ihre Hosen« erinnern und Mme. Tallien nicht allein ihre acht mehr oder minder illegitimen Kinder anlasten, die er kurzweg »Bastarde« nannte.

Die Bedachtnahme auf das »Dekorum« bestimmt Bonaparte dazu, von den Damen, die in seinem Hause verkehren, zu verlangen, sie möchten weder allzu durchscheinende Stoffe noch allzu offenherzige Décolletés tragen. Eines Tages befiehlt er im »Gesellschaftssalon« seiner Frau mehrmals hintereinander, Holz im Kamin nachzulegen, bis der mit dieser Aufgabe Befaßte am Ende ungeduldig ausruft: »Es ist unmöglich, noch mehr nachzulegen, Bürger Konsul.« »Es genügt«, antwortet Bonaparte »mit etwas erhöhter Lautstärke«, »ich wollte, man solle recht tüchtig einheizen, denn das Wetter ist ungewöhnlich kalt; im übrigen sind die Damen nahezu nackt.«

Die erste Mahlzeit wird zu jener Zeit im Hause Bonaparte um zehn Uhr morgens serviert und das »Diner« um fünf Uhr nachmittags. Da Bonaparte gerne in Gesellschaft ißt, umfaßt die Tischgesellschaft meist mehr als zwanzig Personen. Dabei geht es völlig zwanglos zu. Noch ist man nicht fertig eingerichtet, noch sind die Bedienten des »Bürgers und der Bürgerin Bonaparte« nicht in Livree. Man findet mit einem einzigen Haushofmeister sein Auskommen, was für jene Zeit ungewöhnlich ist. Roustam, der immer noch, wie seinerzeit in Kairo, sein Nationalgewand trägt und das Bild mit einer exotischen Note belebt, hat es sich zur Angewohnheit gemacht, hinter dem Stuhl seines Herrn Aufstellung zu nehmen, und so wird er es bis zum Ende halten. Die Gäste sind häufig in Stiefeln. Man sieht einige Minister, dann ein paar Großkaufleute, Defermon, Regnault (de Saint-Jean-d'Angély), Boulay (de la Meurthe), schließlich Monge, Berthier und häufig Joseph und Lucien.

Nach Tisch zieht Bonaparte Bourrienne unverzüglich mit sich fort: »Gehen wir arbeiten!«

Am Abend nach dem Diner um fünf Uhr ist Cercle. Ein paar Damen, die »engste Gesellschaft Mme. Bonapartes«, scharen sich um Joséphine und lauschen der Hausfrau mit offensichtlichem Vergnügen. Die Zeugen sind einer Meinung: Madame ist zweifellos die natürlichste, einfachste und ansprechendste Frau von Paris. Doch vermeidet sie es immer, richtig zu lachen und dabei den Mund zu öffnen. »Wenn sie Zähne gehabt hätte«, sagte die künftige Laure d'Abrantès, »ich sage nicht schöne oder häßliche, sondern schlicht und einfach Zähne, dann hätte sie im Hause des Konsuls zweifellos eine ganze Reihe von Frauen in den Schatten gestellt, die es ansonsten nicht mit ihr aufnehmen konnten.«

Die Männer – Cambacérès, Lebrun, Sieyès, Roger Ducos, Offiziere, Beamte, Abgeordnete – stehen. Wenn das Gespräch nicht allgemein ist, geht Bonaparte häufig von einem zum anderen und verblüfft immer wieder jene, die ihn noch nicht kennen, durch ein Feuerwerk von Fragen. Er erweckt den Eindruck, »streng und kühl« zu sein, doch gelingt es ihm, seinen Gästen mit einem »wohltuenden und schönen« Lächeln ihre Scheu zu nehmen.

Joséphine läßt jenen, den sie nie anders als »Bonaparte« nennen wird, nicht aus dem Auge. Ihr Blick, der sich immer wieder zu ihm verirrt, ist sorgenvoll. Wenn er die Brauen runzelt, wenn seine Stimme einen härteren Klang annimmt, zittert sie ... Sie hat Angst vor ihm, Angst um ihn, fürchtet, einen Gatten zu verlieren, und noch dazu einen großzügigen Gatten. Es ist, wie Frédéric Masson es ausdrückte: »Niemals wurde eine Frau besser dafür bezahlt, daß sie ihren Mann betrog.« Ihre Tränen, ihr Charme haben ihr eine »Position« eingetragen. Zweifellos langweilt sie sich, doch wiederholt »bei jeder Gelegenheit« – und bis zu ihrem Tode –: »Ich in meiner Position ...«

Und dann hat sie ihre Schulden, die während des Ägyptenfeldzuges aufgelaufen sind. Sie hatte nicht den Mut, selbst darauf zu sprechen zu kommen, und eines Abends wagte es Talleyrand, dem neuen Herrn zu verstehen zu geben, daß die unbezahlten Schulden Joséphines einen äußerst ungünstigen Eindruck auf die Öffentlichkeit machten. Sogleich läßt der Erste Konsul seinen Sekretär kommen.

»Bourrienne, Talleyrand hat mir eben von den Schulden meiner Frau erzählt ... Lassen Sie sich von ihr die genaue Höhe angeben. Sie soll alles gestehen, ich möchte die Sache ein für allemal bereinigen und nicht nochmal damit zu tun haben; aber zahlen Sie nicht, ehe Sie mir nicht die Rechnungen all dieser Gauner vorgelegt haben, 's ist doch eine rechte Diebsbande.«

Tags darauf bespricht sich Bourrienne mit Joséphine. Die ist zunächst eitel Wonne, doch bald trübt sich ihre Laune, und als Bourrienne sie bittet, ihm »die genaue Höhe ihrer Schulden« anzugeben, bekommt sie es mit der Angst zu tun. »Bestehen Sie nicht darauf, Bourrienne«, beschwört sie ihn. »Madame«, dringt der frühere Gefährte Bonapartes von Brienne in sie, »ich darf Ihnen die Laune des Ersten Konsuls nicht verheimlichen; er glaubt, daß Sie eine beträchtliche Summe schuldig sind, und ist bereit, sie zu begleichen. Sie werden heftige Vorwürfe einstecken müssen und eine unangenehme Szene auf sich nehmen, daran zweifle ich nicht, diese Szene wird eine und dieselbe sein, für die Summe, die Sie eingestehen, wie für eine noch beträchtlichere Summe. Wenn Sie einen großen Teil Ihrer Schulden verschweigen, wird das Gerede nach einiger Zeit wieder anheben, es wird neuerlich dem Ersten Konsul zu Ohren kommen, und seine üble Laune wird sich noch heftiger äußern. Folgen Sie meinem Rat, gestehen Sie alles; das Resultat wird dasselbe sein, und Sie werden die unangenehmen Dinge, die er Ihnen sagen will, nur ein einziges Mal zu hören bekommen; nicht so, wenn Sie jetzt etwas verheimlichen. Dann würden sich die peinlichen Szenen immer von neuem wiederholen.«

»Nie im Leben kann ich ihm alles eingestehen«, seufzt die Kreolin und setzt ihre Schmollmiene auf, »das ist gänzlich unmöglich; tun Sie mir den Gefallen und behalten Sie für sich, was ich Ihnen jetzt anvertraue. Ich bin, glaube ich, ungefähr zwölfhunderttausend Francs schuldig. Aber nur sechs kann ich zugeben; ich werde keine Schulden mehr machen, und den Rest werde ich in Raten abzahlen, aus meinen Ersparnissen.«

»Darauf, Madame«, beginnt Bourrienne von neuem, »kann ich Ihnen nur meine Bemerkung von vorhin wiederholen. Da ich nicht glaube, daß er Ihre Schulden auf eine so beträchtliche Summe wie sechshunderttausend Francs einschätzt, garantiere ich Ihnen, daß sie wegen zwölfhunderttausend nicht mehr Unannehmlichkeiten haben werden als für sechshundert; wenn Sie Ihre Schulden jetzt in der richtigen Höhe beziffern, ist die Angelegenheit ein für allemal bereinigt, und Sie sind Ihre Sorgen los.«

»Nie im Leben werde ich das tun, Bourrienne; ich kenne ihn. Seine Heftigkeit könnte ich nicht ertragen.« Wider besseres Wissen und Gewissen hält sich Bourrienne also an die Summe von 600 000 Francs – 3 Millionen neue Francs –, und Bonaparte, der sprachlos vor Entsetzen über den enormen Betrag ist, erklärt sich dennoch bereit, zu bezahlen. Bourrienne läßt sich die Rechnungen geben und ist nun seinerseits entsetzt: Joséphine läßt sich schamlos ausnützen. Man wagte es, ihr für einen mit Reiherfedern geputzten Hut 1800 Francs abzuverlangen. Im selben Monat hat die liebenswerte Verschwenderin achtunddreißig Hüte bestellt. Bourrienne bietet den meisten Lieferanten einen Vergleich an: Er werde ihre Rechnungen nur zur Hälfte bezahlen. Erstaunlicherweise sind sie damit einverstanden.

»Einer von ihnen«, fügt Bourrienne hinzu, »bekam 35 000 Francs anstelle von 80 000 und hatte die Unverschämtheit, mir ins Gesicht zu sagen, er verdiene auch daran noch.« So kommt es, daß die von Bonaparte genehmigten 600 000 Francs ausreichen, um alle Schulden zu begleichen.

Da Bonaparte die Schulden seiner Frau bezahlt hat, glaubt er sich berechtigt, Joséphine eines ihrer Diamantenkolliers – das schönste – abzunehmen und seiner Schwester Caroline, die zu jener Zeit noch mit Maria-Annunciata unterschrieb, zu schenken. Ihre Hochzeit mit Murat ist für den 20. Januar festgesetzt. Dem Wunsche gehorchend, sich die Gunst ihrer Schwägerin zu sichern und damit wenigstens ein Mitglied der fürchterlichen Sippe für sich zu gewinnen, hat Joséphine die Bewerbung des künftigen Königs von Neapel, in den Caroline bis über beide Ohren verliebt ist, Bonaparte gegenüber unterstützt, obwohl dieser zunächst nichts von einer Verbindung Murats mit seiner Schwester wissen wollte. Am Ende aber gibt er nach und tröstet sich mit dem Gedanken: »Wenigstens wird man nicht sagen, ich sei hochnäsig, ich suchte mir auf diese Weise Verbindungen zu schaffen. Hätte ich meine Schwester einem Adeligen zur Frau gegeben, dann wäre ich von den Jakobinern der Konterrevolution bezichtigt worden.«

Am 18. Januar wird der Ehekontrakt in Gegenwart Bonapartes und seiner Frau im Luxembourg unterzeichnet. Hierauf heiraten M. und Mme. Murat kirchlich, »im Tempel von Plailly«, bei Mortefontaine.

Joséphine freut sich ihres Sieges, kann es jedoch nicht ganz verschmerzen, daß sie ihr Kollier verloren hat. Sie muß ein anderes haben! Der Juwelier Foncier besitzt eine herrliche Sammlung von Perlen, die dem Vernehmen nach Marie-

Antoinette gehörten. Joséphine beschließt, die Perlen zu kaufen, um sich daraus ein Halsband anfertigen zu lassen. Um sich die nötigen 250 000 Francs zu verschaffen, wendet sie sich an Berthier, den neuen Kriegsminister. »An seinen Nägeln kauend, wie es seine Gewohnheit war«, erzählt Bourrienne, »erklärte sich Berthier bereit, sofort Außenstände einzutreiben, die auf das Konto der Lazarette in Italien gingen, und da die liquidierten Lieferanten zu jener Zeit ihren Beschützern große Dankbarkeit schuldeten, wanderten die Perlen aus den Magazinen des Juweliers in die Schmuckschatulle von Mme. Bonaparte.«

Das schwierigste Problem aber, an das Joséphine vorerst gar nicht gedacht hat, harrt noch seiner Lösung: Wie soll sie ihrem Gatten die Herkunft des sündteuren Schmucks erklären? Vierzehn Tage lang bleiben die Perlen in der Schatulle verborgen. Dann endlich faßt sich Joséphine ein Herz.

»Bourrienne«, sagt sie zum Sekretär ihres Mannes, »morgen ist ein großer Empfang, ich möchte unter allen Umständen meine Perlen tragen; Bonaparte aber – Sie kennen ihn ja – wird schelten, wenn er etwas bemerkt; ich bitte Sie, Bourrienne, bleiben Sie in meiner Nähe; wenn er mich fragt, woher ich die Perlen habe, dann antworte ich ihm kaltblütig, ich hätte sie schon seit langem.«

Natürlich bemerkt Bonaparte das Kollier.

»Was hast du denn hier?« fragt er seine Frau. »Mir scheint, die kenne ich noch nicht.«

»Ach du lieber Himmel!« antwortet Joséphine lächelnd. »Du hast sie schon an die zehnmal gesehen; es ist das Kollier, das mir die Zisalpine Republik geschenkt hat; diesmal trage ich's eben im Haar.«

»Und doch scheint mir . . .«, läßt Bonaparte nicht locker.

»So frag doch Bourrienne, er wird es dir bestätigen.«

»Nun, Bourrienne, was sagen Sie dazu? Erinnern Sie sich an den Schmuck?«

»Ja, General, ich erinnere mich sehr gut daran, ihn schon gesehen zu haben.«

»Als ich sah«, schließt Bourrienne, »wie sicher Mme. Bonaparte war, gedachte ich unwillkürlich der Bemerkung Suzannes, wie leicht es den anständigen Frauen doch falle, so zu lügen, daß keiner es merkt.«

Joséphine freilich hat in ihrem Benehmen des öfteren nicht eben die »anständige« Frau herausgekehrt. Immer noch versteht sie es, sich unter der Hand Geldquellen zu schaffen, die seltsam berühren. Freilich, man könnte es auch drastischer ausdrücken . . . Um zu erfahren, was bei den Bonapartes vor sich geht, zahlt Fouché Joséphine bald 1000 Francs *am Tag* – 5000 neue Francs – und dies unter dem Vorwand, auf diese Weise besser für die Sicherheit des Ersten Konsuls sorgen zu können. Um ihn wirkungsvoll zu beschützen, müsse er über seine Schritte und seine Handlungen auf dem laufenden sein. Fouché gibt weiters an, sich auch Bourrienne für 25 000 Francs im Monat gekauft zu haben, was nicht unmöglich ist, wenn man weiß, daß Bonaparte seinen ehemaligen Kameraden dereinst wegen

»zwielichtiger Geschäfte« aus seinen Diensten entlassen wird. Somit hatte der Polizeiminister sich also die Gattin und den Privatsekretär des Staatsoberhauptes als Spitzel gedungen.

Seinem Sekretär, der ihn wecken gekommen ist, erklärt Bonaparte am 19. Februar – und tut damit einen ersten Schritt auf den Thron zu: »Nun, Bourrienne, heute ist's endlich so weit, daß wir in die Tuilerien schlafen gehen. Sie, Sie haben Glück, Sie sind nicht gezwungen, sich zur Schau zu stellen, Sie können sich bewegen, wie's Ihnen paßt. Ich freilich muß mit einem Geleit einherziehen. Das ist mir lästig, aber man muß dem Auge etwas bieten. Das ist gut fürs Volk. Das Direktorium war zu einfach, und es genoß denn auch keinerlei Achtung. In der Armee ist die Einfachheit an ihrem Platz; in einer großen Stadt, in einem Palast muß der Regierungschef unter Aufbietung aller nur möglichen Mittel die Blicke auf sich ziehen, aber er muß es geschickt anfangen. Meine Frau wird sich den Zug von Lebruns Appartement aus ansehen; gehen Sie mit ihr, so Sie wollen.«

Von einem der Fenster des *Pavillon de Flore* aus, wo Lebrun wohnt, kann Joséphine, »in Schönheit strahlend«, wie Mme. d'Abrantès uns berichtet, gemeinsam mit Hortense und Caroline und »von einer Art Hofstaat« umgeben, das Schauspiel mitansehen. Denn ein Schauspiel ist es wahrlich. In den Höfen der Tuilerien und des *Carrousel* haben unter dem Kommando von Lannes, Murat und Bessières dreitausend Mann mit ihren Musikzügen Aufstellung genommen. *Vive Bonaparte!* Ein Schrei aus Tausenden von Kehlen. Vor dem *Pavillon de l'Horloge* angelangt, tritt der Held des Tages aus dem Wagen, blickt empor zu Joséphine und steigt zu Pferd. Während sich seine beiden, in die Rolle von Statisten gedrängten Kollegen in die Appartements begeben, nimmt der Erste Konsul zunächst die Parade ab. Vor der neuen Garde der Konsuln verharrt er länger. In zwei Reihen haben sie zwischen dem Torbogen des *Caroussel* und dem Tor der Tuilerien Aufstellung genommen, mit Bärenmützen und Uniformen in den Farben der Tricolore: dunkelblau die Blusen und Hosen, weiß die Gamaschen, Aufschläge und Manschetten, rot die Epauletten und Passepoils.

Dann defilieren die Truppen vor ihrem Chef. Als die Fahnen der 96., der 43. und der 30. Halbbrigade vorüberziehen, Fahnen, von denen nichts mehr übrig ist als der pulvergeschwärzte Schaft und von Kugeln durchsiebte Fetzen, zieht Bonaparte den Hut und neigt sich tief über den Hals seines Pferdes.

Nach der Parade begibt er sich in seine Residenz, stürmt schnellen Schritts in seine neue Bleibe, die ihm »trist wie die Größe« scheint. Auch hier hat man die Spuren der Revolution beseitigt.

»Das alles muß verschwinden, solche Schlampereien dulde ich nicht«, befiehlt er und weist auf die roten Mützen, die allenthalben zu sehen sind.

Noch am Tage seines Einzugs in die Tuilerien ordnet er an, die zahlreichen

»Freiheitsbäume«, die im Hof gepflanzt worden waren, auszureißen, ein symbol-schwerer Befehl, den er dahingehend motiviert, daß die Bäume den Appartements das Licht wegnähmen. Ebenso läßt er die Inschrift tilgen, die man bis zu diesem Tag an einem der beiden Schildwachehäuser zu beiden Seiten des Parkgitters des *Caroussel* lesen konnte: »Am 10. August 1792 ist die Monarchie abgesetzt worden und wird sich niemals wieder erheben . . .«

Bonaparte bezieht die erste Etage, die ehemaligen Appartements Ludwigs XVI. Joséphine hat sich für das auf den Park gehende Erdgeschoß entschieden, doch leider kann man von drinnen, wenn man sitzt, weder die Rasenfläche noch die Blumenparterres sehen, denn die Fenster sind zu hoch angebracht. Immer wieder muß Joséphine an die Königin denken. Hier hatte Marie-Antoinette gelebt, als die Monarchie im Todeskampf lag, ein langsames, qualvolles Hinsterben. Hier hatte sie den Abend des 6. Oktober 1789 verbracht; hier hatte sie, nach der furchtbaren Rückkehr aus Varennes, in den Spiegeln ihres Schlafzimmers gesehen, daß ihr Haar schlohweiß geworden war; und von hier aus hatte sie sich am 10. August vor die Nationalversammlung begeben, die sie noch am selben Tag vom Thron stürzen sollte . . .

»Hier werde ich niemals glücklich sein«, sagt Joséphine leise, als sie mit Hor-tense die Räume besichtigt, die »modern« möbliert und dekoriert wurden, was sich ziemlich schlecht mit den barocken Plafonds und Holztäfelungen aus der Zeit des Sonnenkönigs verträgt.

Das anschließende Schlafgemach der Königin ist nun der »Konsulin« Schlaf-zimmer, eine Symphonie in Blau und Weiß. Das Bett ist aus massivem Mahagoni mit Bronzebeschlägen. »Mir ist«, wird Joséphine sagen, »als fragte mich der Geist der Königin, was ich in ihrem Gemach wolle. In diesem Palast riecht es nach König, ein Geruch, den man nicht ungestraft einatmet.«

An die Suite schließt sich ein Badezimmer an, das vor Zeiten das Betzimmer der Maria von Medici gewesen ist. Dahinter liegen eine kleine, mit grünem Stoff tapezierte Bibliothek und ein als Ankleidezimmer dienendes Boudoir mit niedrigem Plafond und bestickten Musselingardinen. Hier wird Joséphine lange Stunden verbringen, sich schminken, angstvoll ihr Gesicht betrachten, ihre Falten entdecken. Zuweilen wird Bonaparte sie hier aufstöbern, wenn es Zeit ist, zu Tisch zu gehen: »Noch immer nicht fertig?«

Zu jener Zeit gefiel es ihm, sie zu quälen, ihre Frisur zu bemängeln. »Er brachte die Blumen, mit denen sie ihr Haar geschmückt hatte, in Unordnung«, erzählt Hortense, deren kleines Schlafzimmer durch eine Tür mit dem Ankleidezimmer ihrer Mutter verbunden war, »steckte sie neu, behauptete, sie stünden ihr so viel besser als vom Friseur arrangiert, rief mich zur Zeugin seines guten Geschmackes an, und das mit einem zum Lachen tierischen Ernst. An Tagen, da Sorgen ihn beschäftigten, trat er mit finsterer Miene ein, setzte sich in einen großen Fauteuil am Kamin oder wanderte im Zimmer auf und ab, ohne irgendwen zu beachten. Und sagte immer wieder: ›Noch nicht fertig?‹

Endlich ging man zu Tisch. Das Diner dauerte zehn Minuten. Manchmal erhob er sich von der Tafel, noch ehe der Nachtisch serviert war. Meine Mutter machte ihn darauf aufmerksam. Er lächelte, setzte sich für einen Augenblick wieder und verließ uns dann, ohne auch nur ein Wort an uns gerichtet zu haben. Wenn er in dieser Verfassung war, zitterte ein jeder vor ihm. Niemand hätte es gewagt, ihn anzusprechen, aus Angst, ihn in ernsten Gedankengängen zu stören oder eine unwirsche Antwort zu erhalten. Unter uns meinten wir dann: ›Heute ist er sehr übler Laune. Ist irgendwas vorgefallen?‹

Und man äußerte eine Unzahl von Vermutungen, war am Ende aber nicht klüger als zuvor.«

Wollte Joséphine »klüger als zuvor« werden, so mußte sie den Abend abwarten, die Stunde, da ihr Gatte sich zu ihr begab. Eine kleine Treppe verband sein Arbeitszimmer mit dem Badezimmer seiner Frau, und über diese Treppe stieg er hinab in Joséphines Appartement.

Am Abend des 19. Februar – dem 30. Pluviôse des Jahres VIII – hatte er lachend gemeint, als es Zeit war, zu Bett zu gehen: »Komm, kleine Kreolin, leg dich ins Bett deiner Herren.«

»Das Bett ihrer Herren« ist für Joséphine ein um so schwächerer Trost, als ihre Tochter es vorgezogen hat, das Schloß zu verlassen und zu Mme. Campan nach Saint-Germain zurückzukehren. Bonaparte war ohne Unterlaß in sie gedrungen, um zu erfahren, ob sie sich nicht mit Heiratsabsichten trage, und diese Art von »Inquisition« fiel ihr auf die Nerven. Erst seit sechs Tagen ist Hortense nicht mehr bei ihr, und schon glaubt Joséphine, es nicht länger ertragen zu können. Auch ihr alter Verehrer, der Marquis des Caulaincourt, der täglich zu Besuch kommt, wird ihr mit der Zeit lästig: Sie findet, daß er altes und ungereimtes Zeug von sich gebe. Hätte Joséphine ihre Tochter bei sich, so würde sie gewiß all diese »Größe« leichter ertragen, die Strapazen der Repräsentation, die offiziellen Pflichten, die dem Gatten jetzt schon weit weniger unangenehm erscheinen. Unverzüglich läßt sie Hortense zurückkehren, aber als das junge Mädchen kein Hehl daraus macht, daß es ein zweites Mal die Mutter zu verlassen gedenke, weint Joséphine, der die Tränen zu allen Zeiten locker saßen, wie ein kleines Kind.

»Du bist nur glücklich, wenn du weit weg von mir bist«, wirft sie der Tochter vor.

Hortense versucht, ihre Gründe darzulegen, weshalb sie Saint-Germain den Tuilerien vorzieht, doch gelingt es ihr nicht, die Mutter zu beruhigen. Bonaparte platzt mitten hinein in die tränenreiche Szene.

»Du glaubst wohl, du hast deine Kinder zu deinem Vergnügen zur Welt gebracht?« fragt er lachend. »Sobald sie groß sind, mußt du wissen, brauchen sie ihre Eltern nicht mehr. Wenn Hortense heiratet, gehört sie ihrem Mann, und du bedeutest ihr dann nichts mehr.«

Hortense ist völlig anderer Meinung, aber Bonaparte läßt sich nicht daran hindern, Joséphine weiterhin aufs grausamste zu necken.

»Immer lieben die Kinder ihre Eltern viel weniger, als sie selbst geliebt werden. Das liegt in der Natur. Sieh doch die kleinen Vögel. Sobald sie fliegen können, verlassen sie das Nest und kehren nicht mehr wieder.«

Joséphine weint noch herzzerreißender. Da nimmt der Erste Konsul sie auf die Knie und sagt mit zärtlichem Lächeln: »Die arme kleine Frau! Sie ist todunglücklich! Sie hat einen Mann, der nur sie alleine liebt, und das genügt ihr nicht! Eigentlich müßte *ich* traurig sein und mich kränken: Du liebst deine Kinder viel mehr als mich.«

»Nein«, gibt Joséphine zurück, »an meiner Zuneigung zu dir darfst du nicht zweifeln, aber wenn ich meine Kinder nicht bei mir habe, kann mein Glück nicht vollkommen sein.«

»Was fehlt zu diesem Glück? Du hast einen Mann, der nicht der schlechteste ist, und zwei Kinder, die dir nur Freude machen. Sieh's doch ein — du bist ein rechter Glückspilz!«

»Stimmt —«, nickt sie und lächelt schon unter Tränen.

»Und auf die Tränen folgte die Fröhlichkeit«, sagt Hortense, als sie die Szene schildert.

Aber Joséphines Augen bleiben nicht lange trocken. Sie hat Angst... Mit Eugène, der am 22. Dezember zum Hauptmann befördert worden war, hat Bonaparte Paris am 6. Mai 1800 verlassen, um gen Österreich ins Feld zu ziehen. Was hat er vor? Italien zu überrennen — wie einst Franz I. —, und dies auf dem Wege über die Alpen. Ihren letzten Abend hatten sie in der Oper verbracht, wo der Erste Konsul mit Jubelrufen begrüßt worden war. Dort hatte man das Bulletin von Moreaus Sieg bei Stockach verlesen, und um zwei Uhr morgens hatte Bonaparte nach zärtlichem Abschied von Joséphine eine Postkutsche bestiegen. Er wußte, daß er Paris jetzt ruhigen Herzens verlassen konnte. Die Stadt war friedlich, dem fröhlichen, eleganten Leben wiedergewonnen.

Obwohl dieses Paris bankrott war, amüsierte es sich. Die Frauen hatten nichts anderes im Kopf als die neue Mode, die engen, schmalen, schleppengezierten Kleider aus Schleierstoffen, die neuen Strohhüte, die »tief in den Nacken gesetzt« sein wollten, »mit hoher Schute über der Stirne, in Form einer ovalen Muschel«.

Wieder fuhren die Equipagen aus; das Konsulat gebärdete sich nicht weniger tanzwütig als das Direktorium zuvor. Auf den Champs-Elysées scharte sich die Menge um jeden Baum: »Hier erklang ein Klavier, dort eine Harfe, daneben eine

Gitarre, und ein Stück weiter spielte ein ganzes Orchester auf.« Die große Stadt wimmelte von kleinen Tanzlokalen. Überall tönten Geigen und Klarinetten. »Seht, welch ein Reichtum«, sagt ein Chronist, »welche Helle, welche Frische, wieviele hübsche Frauen, die einander nicht gleichen, wieviele junge Männer, die allesamt einander ähneln . . .; der Luxus, die Natur, der Tag, die Nacht, die Frauen, die Dirnen, das Laster, die Anständigkeit, alles geht kunterbunt durcheinander . . .«

Und doch legt sich mit der Zeit und mit jedem neuen Tag, der hingeht, lähmende Angst über Paris. Joséphine muß den Tatsachen ins Auge sehen: Bonapartes Abwesenheit erzeugt eine gewisse ängstliche Spannung. Er verließ Paris, »um mit großen Schritten der Italienarmee zu Hilfe zu eilen«. Doch wird er noch rechtzeitig eintreffen, um dem in Genua eingeschlossenen Masséna die Hand zu reichen? Und wenn er gar nicht so weit käme? Wenn er besiegt würde? Die Katastrophe würde alle samt und sonders wieder ins Chaos stürzen! Die Königstreuen schöpfen neue Hoffnung, frohlocken und beginnen von neuem Komplotte zu schmieden. Schon nehmen im geheimen gehegte Pläne feste Formen an. Die Revolutionäre von gestern, die Männer des Thermidor und Brumaire, wie Sieyès, stellen »Ersatzregierungen« auf, für den Fall, daß Er geschlagen heimkehrte . . . Mit noch größerem Eifer werden Intrigen gesponnen. Selbst Lucien – der Innenminister – weigert sich, Joséphine in den Tuilerien zu besuchen. Er spielt den »präsumtiven Erben« und will nicht »mit den Konsuln arbeiten«. Freilich, Cambacérès und Lebrun sind der Situation kaum gewachsen. Balzac wird später nicht irren, wenn er eine seiner Gestalten in »*Une ténébreuse affaire*« in bezug auf Bonaparte sagen läßt: »Den Sieger werden wir anbeten, den Besiegten begraben.«

Am 15. Mai schreibt Bonaparte an Joséphine: »Seit gestern bin ich in Lausanne. Morgen geht's weiter. Meine körperliche Verfassung ist ziemlich gut. Das Land hier ist sehr schön. Meiner Meinung nach spricht nichts dagegen, daß Du in etwa zehn oder zwölf Tagen zu mir kommst; doch mußt Du incognito reisen und nicht sagen, wohin Du Dich begibst, weil ich nicht will, daß man erfährt, was ich vorhabe.«

Zu ihm kommen? Dazu hat sie wenig Lust. Obwohl sie sich um ihn sorgt und um die gemeinsame Zukunft bangt, ist sie immer noch schreibfaul, und ganz wie früher hält ihr dies der Gatte vor, ehe er Lausanne verläßt: »Schon bin ich auf dem Wege nach Sankt Moritz, wo ich die Nacht verbringen werde. Ich habe überhaupt keine Post von Dir; das ist nicht recht. Ich habe Dir mit jedem Kurier geschrieben . . . Dir, meine gute kleine Joséphine, tausend Zärtlichkeiten . . .«

Am 29. Mai schreibt er ihr aus Ivrea: »Ich bin noch zu Bett. In einer Stunde fahre ich nach Vercelli. Heute abend muß Murat in Novara sein. In zehn Tagen hoffe ich meine Joséphine, die immer sehr lieb ist, wenn sie nicht die *Civetta* – soll heißen die Kokette – spielt, in die Arme zu schließen. Tausend Zärtlichkeiten

Hortenses Brief habe ich erhalten, mit dem nächsten Kurier schicke ich ihr ein Pfund sehr guter Kirschen...«

Der folgende Brief, aus Mailand, wo er bis auf die Haut durchnäßt und »arg erkältet« angekommen ist, benachrichtigt Mme. Bonaparte, die sich nach Malmaison zurückgezogen hat, vom Übergang über den Sankt Bernhard. Als Paris erfährt, daß der Konsul Hannibals historische Tat nachvollzog und die Alpen überwand – nicht, wie auf Davids Gemälde, auf dem Rücken eines feurig sich bäumenden Pferdes, sondern schlicht auf einem Maultier –, da schöpft die Metropole neue Hoffnung. Doch am 14. Juni ist Paris von neuem beunruhigt: Masséna mußte kapitulieren. Genua ist verloren!

»Das Paris von heute«, berichtet einer der Agenten des Prince de Condé seinem Herrn, »gleicht nicht mehr dem Paris vor acht Tagen. Genuas Kapitulation, die die Haltlosigkeit so vieler Versprechen beweist, einen Strich durch so viele Rechnungen macht, hat die Gemüter erschüttert. Die Anhänger der Revolution, die sich weitaus begieriger als die Königstreuen auf die Nachrichten stürzen, tun die Neuigkeit auf offener Straße lauthals kund und zu wissen; zu anderen Zeiten hätten sie gerne, die solches wagten, als Unruhestifter unters Fallbeil gezerrt; sie verabsäumen es nicht, hinzuzufügen, es sei nicht Massénas Schuld, sondern einzig und allein die Schuld von Bonaparte.«

Am selben Tag schlägt Bonaparte in der Ebene zwischen Alessandria und Tortona, unweit eines gottverlassenen Dorfes namens Marengo, das unverzüglich in die Geschichte eingeht, eine Schlacht mit fünfzehn Kanonen gegen hundert. Eugène stürmt an der Spitze seiner Leute vor, was ihm mit neunzehn Jahren die Beförderung zum Schwadronskommandanten einträgt. Doch erleidet die französische Armee empfindliche Verluste und ist gezwungen, vor den Kaiserlichen zurückzuweichen. Mit vorgetäuschter Ruhe sieht Bonaparte die Katastrophe von der Höhe des Kirchturmes von San Giuliano mit an. Später wird Desaix mit 6000 Mann Nachschubtruppen die Situation retten und das Chaos zum Sieg wandeln, doch schon ist die schlimme Nachricht auf dem Weg nach Paris und erreicht die Tuilerien am 20. Juni. Joséphine ist um so mehr von tausend Ängsten gepeinigt, als eine halbamtliche Depesche den Tod »eines großen Feldherrn« mitteilt... Die Gerüchte nehmen bald Wahrscheinlichkeitscharakter an, und beklemmende Angst ergreift Paris. Am 22. Juni denkt Joséphine beim Erwachen daran, daß sie an diesem Tag beim Empfang des diplomatischen Korps erscheinen muß, an welchem die Minister teilnehmen. Wieviele werden ihr die Komödie des Mitleids vorspielen – wie Fouché, »der auf die Niederlage setzte«? Die Stunde des Empfanges rückt näher, als gegen 11 Uhr vormittags Lärm vom Hof herausschallt: Ein Kurier ist eben eingetroffen und bringt die Nachricht vom Sieg bei Marengo. Ein zweiter und bald ein dritter Bote folgen ihm, trunken vor Müdigkeit, weiß von Staub. Einer von ihnen überbringt Joséphine einen goldenen Lorbeerzweig, den Berthier vom Kranz an der Spitze einer der fünfzig erbeuteten österreichischen Fahnen gebrochen hat. Die Diplomaten, die Minister und die Mitglieder des kleinen Hofs beglückwünschen die »Konsulin«. Und spielen um so eilfertiger die Erfreuten, als sie am Vorabend mit ihrer Skepsis und der Hoffnung auf eine mögliche Niederlage Bonapartes nicht hinter dem Berg gehalten haben. Ihnen allen teilt die Gattin des Ersten Konsuls die spärlichen Einzelheiten mit, die sie durch Cambacérès und Lebrun erfahren hat. Desaix' Soldaten, zu denen Bonaparte vor der Schlacht gesprochen hatte, griffen den schon siegesgewissen Feind an. Jener Mann aber, der die Niederlage zum Sieg wandelte, General Desaix, fiel an der Spitze seiner Soldaten.

»Weshalb ist es mir nicht erlaubt zu weinen?« soll der Erste Konsul geseufzt haben.

Draußen, im Viertel der *Invalides*, donnert die Kanone. Arbeiter und Handwerker legen die Arbeit nieder und stürmen hinaus auf die Straße, um die Plakate zu lesen, die man eben angeschlagen hat.

»Ich hoffe, das französische Volk wird mit seiner Armee zufrieden sein«, hat Bonaparte geschrieben.

Zum ersten Mal ist, wie Cambacérès feststellt, die Freude des Volkes »spontan«. Allgemein herrscht »eitel Glückseligkeit« – umfassend wie kein zweites Mal – und Bonapartes Namen ist auf aller Lippen. Immer wieder wird er »voll Ergriffenheit« genannt, wie ein Bericht es uns überliefert. Und der verbissene Königstreue und Verschwörer Hyde de Neuville versucht, »die unberechenbaren Konsequenzen des Ereignisses« abzusehen, um am Ende zu seufzen: »Dies ist die Taufe von Napoleons persönlicher Macht; die Macht, die er in Händen hält, wird ein Teil seiner selbst . . .«

Joséphine schläft, als Bonaparte am 2. Juli 1800 um zwei Uhr morgens heimkehrt in die Tuilerien. Er küßt die Gattin zur Begrüßung und geht, erschöpft von der Reise, zu Bett. Beim Erwachen sieht Joséphine seine Stirne sorgenumwölkt – und doch hat sich eine begeisterte Menge vor den Tuilerien versammelt und jubelt ihm zu . . . Erst als Madame Bonaparte hört, was ihr Gatte zu Fouché sagt, kann sie sich seine üble Laune erklären: »Nun gut! Man glaubte mich verloren und wollte es noch einmal mit dem Wohlfahrtsausschuß versuchen . . .! Ich weiß alles . . . Und diese Männer habe ich gerettet, habe ich verschont! Halten sie mich für Ludwig XVI.? Sie sollen es nur versuchen, sie werden mich kennenlernen! Daß sie sich bloß kein zweites Mal irren! Eine verlorene Schlacht ist für mich eine gewonnene Schlacht . . . Ich fürchte nichts; in den Staub treten werde ich alle diese Undankbaren, all diese Verräter . . . Den Aufwieglern und Narren zum Trotz werde ich Frankreich zu retten wissen.«

Ist er auf sich selbst stolz? Noch nicht. Und doch hatte er in dieser selben

Woche — am 30. Juni —, als er mit Bourrienne Burgund durchquerte, zu seinem Sekretär gesagt: »Noch ein paar Großtaten wie dieser Feldzug, und ich kann in die Nachwelt eingehen.«

»Es scheint mir«, gab Bourrienne zurück, »Sie haben schon genug getan, auf daß man lange und überall von Ihnen spreche.«

»Genug getan, meinen Sie. Daß Sie sich bloß nicht irren! Freilich, in weniger als zwei Jahren habe ich Kairo, Paris und Mailand erobert. Nun ja, mein Lieber, wenn ich morgen stürbe, dann hätte ich in zehn Jahrhunderten keine halbe Seite in einer Weltgeschichte.«

Die Hofhaltung ist im Entstehen. Noch gibt es keinen Kämmerer, und die Adjutanten versehen auch den Vorzimmerdienst.

»Das war noch kein Hof im eigentlichen Sinn«, meint eine Ausländerin, »aber das war auch kein Heerlager mehr.« Wenn sie nicht — was häufig der Fall ist — allein mit Bonaparte die Mahlzeit einnimmt, gibt Joséphine in den Tuilerien »Damendéjeuners«, Mittagessen, zu denen die Frauen ohne ihre Gatten eingeladen werden.

»Meiner Meinung nach«, erklärt uns die Herzogin von Abrantès, »war es eine reizende Gepflogenheit, auf diese Weise Frauen einzuladen, die noch zu scheu waren, um sich in einem Salon inmitten allzu überlegener Männer, die sie zwangsläufig einschüchtern mußten, von ihrer liebenswürdigen Seite zu zeigen. Wenn sie während des Mittagessens, einer immer völlig zwanglosen Mahlzeit, mit Madame Bonaparte über Mode, Theater und Gesellschaftliches klatschten, wurden diese jungen Frauen zusehends sicherer und mutiger und liefen nicht mehr Gefahr, im Salon des Ersten Konsuls, der hin und wieder dort Zerstreuung suchte, die reinsten Mauerblümchen abzugeben. Mme. Bonaparte machte auf charmante Art die Honneurs. Für gewöhnlich waren wir fünf oder sechs, und alle im gleichen Alter (ausgenommen die Gastgeberin).« Joséphine hatte bald ihre »Gesellschaftsdamen«, die einander im Dienst abwechselten. Mme. Junot verstand es, uns Mme. de Lameth plastisch als »kugelrund und bärtig« zu schildern, »zwei Dinge, die an Frauen wenig gefallen, doch gutmütig und geistreich, was ihnen immer wohl ansteht«; zu Joséphines Hofdamen zählten weiters die entzückende kleine Nichte von Law, Mme. de Lauriston, »ausgeglichen in ihrem Wesen«; Mme. d'Harville, »unhöflich aus Prinzip und höflich aus reinem Zufall«; eine Freundin aus Plombières, Mme. de Talhouët, »die sich allzu sehr daran erinnerte, daß sie einst hübsch gewesen war, und nicht genug daran, daß sie es nicht mehr war«; Mme. Luçay, geborene Papillon d'Auteroche, »von ausgesuchter Zuvorkommenheit«; Mme. de Rémusat, geborene Claire de Vergennes, tritt erst 1802 ihren Dienst an. Die rundliche Brünette mit den lebhaften Augen und dem Grübchenlächeln wird häufig die Rolle der Vertrauten spielen, die in alle Geheimnisse der Familie des Konsuls und später des kaiserlichen Haushalts eingeweiht ist. »Zusätzlich zu einer sehr lebhaften Phantasie und einer für ihr Alter erstaunlichen Urteilsfähigkeit«, meint Charles Kunstler, »besaß sie Lebensart und Geist. Außerdem ein gerüttelt Maß an gesundem Hausverstand, den sie zugunsten ihres unabhängigen und ein wenig starren Charakters einzusetzen wußte.« Sie wird Memoiren hinterlassen, eine Sammlung Klatschgeschichten, die heftig diskutiert wurden und zuweilen auch diskutabel sind, es uns jedoch nichtsdestoweniger gestatten, hin und wieder einen Blick durchs Schlüsselloch auf das Eheleben von M. und Mme. Bonaparte zu werfen . . .

Die kleinen Diners gab Bonaparte im Appartement seiner Frau, doch die »Massenaufgebote« – wie er sie respektlos nannte – fanden in der ersten Etage der *Galerie de Diane* statt. An manchen Abenden waren zwölf- oder fünfzehnmal mehr Herren als Damen geladen. Mit der Zeit machte es sich Bonaparte zur Gewohnheit, als erster zu Tisch zu gehen, während Joséphine mit dem Ehrengast folgt. Wie bei Bonaparte nicht anders zu erwarten, wurde in Windeseile serviert. Das Diner dauerte selten länger als zwanzig Minuten oder eine halbe Stunde.

»Wenn man schnell essen will«, sagte Bonaparte, »muß man zu mir kommen; um gut zu essen, zum zweiten Konsul, und schlecht, zum dritten.«

Nach dem offiziellen Diner stürmten die »nach Tisch« Geladenen – man nannte sie die »Zahnstocher« – die Salons, und in den Tuilerien machte sich die Langeweile breit. Wieder wurde die »Parade« abgenommen, wieder wurden zum ersten Mal Geladene vorgestellt, wieder Banalitäten getauscht . . . Der Hausherr sprühte keineswegs vor Liebenswürdigkeit, erzählt Bourrienne: »Die Galanterie gehörte nicht zu Bonapartes Charaktereigenschaften; nur selten wußte er den Frauen etwas Nettes zu sagen; manchmal machte er ihnen sogar Komplimente, die beleidigend waren, oder er sagte ihnen die seltsamsten Dinge; einmal meinte er: ›Ach du lieber Himmel, was haben Sie doch für rote Arme!‹ Ein andermal: ›Welch gräßliche Frisur! Wer hat Ihnen bloß das Haar so geschmacklos zugerichtet?‹ Dann wieder: ›Ihr Kleid ist ja ganz schmutzig . . .! Tragen Sie denn immer dasselbe? Dies hier habe ich schon zwanzigmal an Ihnen gesehen!‹ Was die Aufmachung der Damen betraf, kannte er keine Milde und drang im Gegenteil darauf, daß man in seinem Kreis Unsummen für die Garderobe ausgab. Häufig kümmerte er sich um die Toiletten seiner Frau, und diese hatte einen so erlesenen Geschmack, daß er wohl deshalb einen derart strengen Maßstab bei den anderen Damen anlegte.«

Bekannt ist die Antwort, die ihm eines Tages eine geistreiche Frau gab, der er brutal die Frage gestellt hatte: »Lieben Sie noch immer die Männer?«

»Ja, wenn sie höflich sind.«

Glücklicherweise gelang es Joséphine immer wieder, mit ihrer Liebenswürdigkeit einigermaßen ausgleichend zu wirken.

Am Abend des 24. Dezember 1800 – dem 3. Nivôse – haben Bonaparte und seine Frau vor, der ersten Aufführung von Haydns »Schöpfung« beizuwohnen. Nach dem Diner aber hat sich Bonaparte an den Kamin gesetzt und scheint wenig bereit, noch auszugehen. Die Nacht ist neblig und kalt. Weshalb sollte man da nicht daheim bleiben, vor dem Feuer seinen Gedanken nachhängen, in der Glut stochern...? Joséphine und Hortense warten. Haben sie sich vergebens schön gemacht?

»Vorwärts, Bonaparte«, sagt Joséphine, »das bringt dich auf andere Gedanken, du arbeitest zu viel.«

Der Konsul schließt die Augen und erklärt nach einem Augenblick des Schweigens: »Ihr könnt ruhig gehen, ich bleibe hier.«

Seine Frau antwortet, daß sie ihm in diesem Fall Gesellschaft leisten werde.

»Zwischen ihnen«, berichtet Hortense, »entspann sich ein Geplänkel, das damit endete, daß man die Pferde vor die Wagen spannen ließ.«

Kurz darauf wird gemeldet, daß die beiden Equipagen vorgefahren sind. Bonaparte geht zum Wagen. Irgendwer – laut Hortense ist es Bonaparte selbst, laut Laure d'Abrantès aber Rapp – bemerkt, Joséphines Schal passe nicht zu ihrem Kleid oder sei schlecht drapiert. Joséphine läßt jedenfalls ihren Mann vorausfahren und eilt die Freitreppe zum Flora-Pavillon empor, um einen anderen Schal zu holen oder sich von Rapp einen ägyptischen Faltenwurf legen zu lassen.

Kaum drei Minuten nach der Abfahrt Bonapartes und seiner Eskorte überquert Joséphines Wagen, in dem auch Hortense und die im neunten Monat schwangere Caroline Platz genommen haben, den *Carrousel* und schlägt den Weg nach der Rue Saint-Nicaise ein. Diese Straße, der ehemalige Wehrgang an der Innenseite des von Karl V. errichteten Schutzwalls, verlief parallel zum Schloß; auf ein paar Dutzend Meter Länge überquerte sie den *Carrousel* und bildete den Abschluß des Platzes. Sie begann bei der Galerie am Flußufer und endete in der Rue Saint-Honoré, auf der Höhe der heutigen *Place du Théâtre Français.* Ihre nahezu geradlinige Fortsetzung fand sie in der Rue de la Loi, der heutigen Rue de Richelieu, die zur Oper führte.

In jenem Augenblick aber, da Joséphines Wagen in die Rue Saint-Nicaise einfährt, reißt ihn eine heftige Explosion hoch und zerschmettert die Scheiben.

»Das geht gegen Bonaparte!« schreit Joséphine, ehe sie in Ohnmacht fällt. Die mörderische Höllenmaschine, welche die *Chouans*, die königstreuen Verschwörer und Aufrührer Limoelan, Saint-Régent und Carbon konstruiert hatten, ist krepiert... Aus ihrer Ohnmacht erwacht, wiederholt Joséphine immer wieder: »Das geht gegen Bonaparte! Das geht gegen Bonaparte!«

Schließlich kann ein Wachsoldat von Bonapartes Eskorte sie beruhigen. Das Attentat sei fehlgeschlagen: Der Wagen des Ersten Konsuls habe sich bereits in der Rue Saint-Honoré befunden, als das Pulverfaß in die Höhe flog und die letzten zehn Mann der Eskorte zerfetzte.

Ohne ihren Schal, diesen Schal, den man holen oder neu drapieren mußte, wäre auch Joséphine ums Leben gekommen – und die Prophezeiung der alten Wahrsagerin auf Martinique hätte sich nicht erfüllen können. Mutig erteilt die Gattin des Ersten Konsuls dem Kutscher der Equipage den Befehl, die Fahrt zur Oper auf einer anderen Route fortzusetzen.

»'s ist nichts«, murmelte Bonaparte, als Joséphine ihn erreicht.

Einige Minuten später ist das Publikum in der Oper über das Attentat unterrichtet, und wie ein Lauffeuer verbreitet sich die Nachricht. Alle Zuschauer erheben sich von ihren Plätzen, und »mit der plötzlichen Heftigkeit eines elektrischen Schlags« brandet betäubender Jubel empor zur Loge des Konsuls. Bonaparte zeigt sich ungerührt. Joséphine aber ist nicht völlig Herrin ihrer selbst. Ihr Antlitz ist verzerrt.

»Selbst ihre Haltung, die sonst immer so anmutig war«, berichtet Laure d'Abrantès, »war nicht mehr die ihre. Sie schien zu beben und sich unter ihrem Schal verbergen zu wollen, als suchte sie Schutz. Und tatsächlich hatte sie es diesem Schal zu verdanken, daß sie mit heiler Haut davongekommen war.« Ungehemmt strömen ihr die Tränen über die bleichen Wangen. Und »wenn sie den Ersten Konsul ansah, erbebte sie von neuem«.

Heimgekehrt in die Tuilerien, begibt sich die »Konsulin« in den großen Salon, der sich nach und nach mit Besuchern füllt. Immer wieder führt sie das Taschentuch an die Augen. Während Joséphine ruhig und wie erstarrt dasitzt, marschiert Bonaparte wutschnaubend auf und ab. »Seine Gesten« sind »wie immer spärlich, doch ausdrucksstark«.

Er tobt: »Das ist das Werk der Jakobiner. Die Jakobiner wollten mich ermorden . . .! Niemand sonst hat die Hand im Spiel, weder Adelige, noch Priester, noch *Chouans* . . .! Ich weiß, was ich davon zu halten habe. Mich führt man nicht an der Nase herum. Das sind die ewig Unbelehrbaren vom September, dreckige Schurken in offener Revolte, in dauernder Verschwörung! In geschlossener Front rennen sie gegen alle Regierungen an, wie sie eben kommen. Jawohl, 's ist immer dieselbe Clique; das sind die Bluthunde vom September, die Mörder von Versailles, die Briganten vom 31. Mai, die Verschwörer vom Prairial, die Urheber aller Verbrechen an allen Regierungen. Wenn man ihnen nicht die Hände binden kann, muß man sie zertreten; man muß Frankreich von diesem ekelhaften Abschaum reinigen: Für solche Schurken gibt's keine Milde!«

An diesem Abend hört Joséphine mit an, wie Fouché die Royalisten bezichtigt. Gleich Bonaparte betrachtet sie ihn zunächst mit Abscheu. Gewiß will der Königsmörder, der Schlächter von Lyon, seine einstigen Freunde retten. Doch am Ende erliegt sie der Überzeugungskraft, mit der ihr stiller Teilhaber und Geldgeber argumentiert, und gleich Lannes, Réal und Regnault schließt sie sich Fouchés Meinung an, der da unbeirrbar wiederholt: »Das ist das Werk von Royalisten, der *Chouans*, und ich erbitte nur acht Tage Zeit, um den Beweis zu erbringen.«

Nicht nach acht, sondern nach fünfundzwanzig Tagen konnte der Minister einen der drei Verschwörer festnehmen, der dann auch die beiden anderen »lieferte«: Tatsächlich hatten die Royalisten das Attentat verübt.

Zweifellos — und davon war Joséphine fest überzeugt — würden die Mörder ein zweites Mal zuschlagen. Zu tief wurzelte der Haß im Herzen der *Chouans*. Eine Dame der ersten Gesellschaft gab freimütig dem Wunsch Ausdruck, »ihre Augen möchten Stilette sein, auf daß sie den Tyrannen der Könige erdolchten, sobald sie ihn im Theater erblickten«.

Um den Konsul zu ermorden, schmiedeten die Anhänger Ludwigs XVIII. bald einen Plan, der sich an den Überfällen auf Postkutschen, die ihre besondere Spezialität waren, inspirierte. Wenn sich Bonaparte mit Joséphine nach Malmaison begab, schützte ihn eine Eskorte von nur etwa fünfzig berittenen Grenadieren. Zu jener Zeit aber waren Neuilly, Puteaux, Nanterre und Rueil kleine Dörfer, die verstreut im flachen Land lagen. Dazwischen dehnten sich gefährliche, von Banden heimgesuchte Ödflächen mit Klüften und Steinbrüchen, wo eine ganze Truppe im Hinterhalt liegen und der Eskorte auflauern konnte. Georges Cadoudal — der *Chouan* schlechthin — kam nach Paris und fand die Idee »eines Spaziergangs auf dem Weg nach Malmaison« großartig, doch was sollte nach diesem »großen Coup«, wie er es nannte, geschehen? Um diese Frage beantworten zu können, hielt er es für nötig, sich nach London zu begeben, um sich mit den Fürsten und der englischen Regierung zu unterreden.

Man wird ihm neuerlich begegnen . . .

Inzwischen faßten die Mörder eine ganze Reihe anderer Möglichkeiten ins Auge: Während einer Truppeninspektion auf dem *Carrousel* könnte man Bonaparte hinterrücks mit der Pistole erschießen oder aber ein Pulverfaß in einem Keller der Tuilerien zur Explosion bringen. Andere meinten, die radikalste Methode sei es, sich ins Erdgeschoß des Schlosses einzuschleichen, ins Schlafzimmer des Usurpators und seiner Frau vorzudringen und beide im Schlaf zu ermorden . . .

Denn immer noch schlafen Bonaparte und Joséphine, die ihrem Mann eingeredet hat, sie würde es auf Grund ihres leichten Schlafs sofort bemerken, wenn jemand das Schlafzimmer beträte, in einem Bett. Nach wie vor ist Bonaparte seiner Frau körperlich zutiefst verbunden, doch sieht er sie bereits mit anderen Augen. Nicht zuletzt, weil er weiß, daß sie ihn fortgesetzt betrogen hat, weil er hinter ihre Liebschaft mit Charles gekommen ist. Seither und in Zukunft ist Joséphine ihm eher Freundin als Geliebte. Ohne Zweifel ist sie für ihn immer noch die »unvergleichliche« Frau, aber nicht mehr die unvergleichliche Mätresse . . . Jetzt kann er sie mit anderen Frauen vergleichen.

Hätte man ihm nicht vor seinem Einzug in Kairo die Augen mit Gewalt geöffnet, dann wäre er ihr treu geblieben. Bellilotte, die strahlend, blonde Schönheit mit hellen Augen, ließ ihn Joséphines Küsse ein wenig vergessen – diese Küsse, die ihm »das Blut verbrannten«.

Doch als »Kleopatra« aus Ägypten nach Paris kam, wollte Bonaparte diesen frischen, jungen Körper nicht mehr in die Arme schließen. Er weigerte sich sogar, sie wiederzusehen, und begnügte sich damit, ihr häufig Geld zu übermitteln. Joséphine stieß einen Seufzer der Erleichterung aus, als der Erste Konsul seine ehemalige Geliebte an einen gewissen Henry de Ranchoup verheiratete; womit der Schlußstrich unter die Affäre gezogen war.

Doch das Gespenst der Scheidung weicht Joséphine nicht mehr von der Seite und quält sie sechs Jahre lang ... Jedesmal, wenn eine andere Frau ins Leben ihres Gatten tritt, fürchtet sie, von ihm verlassen zu werden und ihre »Position« zu verlieren. Diese Sorge – und nicht die Liebe – weckt ihre Eifersucht, mit der sie den Gatten quält:

»Sie beunruhigt sich mehr, als nötig ist«, meint er. »Immer fürchtet sie, ich könnte mich ernsthaft verlieben. So weiß sie denn nicht, daß die Liebe nicht für mich geschaffen ist? Was ist die Liebe? Eine Leidenschaft, die das ganze Universum beiseite läßt, um nichts zu sehen, nichts gelten zu lassen als das Objekt der Liebe. Zweifellos ist es nicht in meiner Natur, mich einer solchen Ausschließlichkeit zu befleißigen. Was also bedeuten ihr Zerstreuungen, bei welchen meine Gefühle kein Wort mitzusprechen haben!«

Und doch packt sie wieder die Angst, als Bonaparte in Mailand, nach der Schlacht von Marengo, der goldenen Stimme der Grassini erliegt und mit der heißblütigen dunklen *prima donna* ein paar zärtliche Stunden verlebt. Er bringt die Sängerin mit nach Paris und läßt sie zur Feier des 14. Juli und des Sieges von Marengo Duette mit dem Tenor Bianchi singen. Die Grassini freilich ist dem Ersten Konsul auf die Dauer keineswegs treu und betrügt ihn mit dem Geiger Rode, was den Beziehungen zwischen Bonaparte und der Diva ein Ende setzt, nicht aber der Protektion, die sie durch den Staatschef genießt. Und zuweilen, wenn die Grassini in Paris ist, entsinnt sich Bonaparte seiner einstigen Schwäche und erliegt von neuem dem Zauber der Künstlerin ... Zu Beginn des Jahres 1803 war es wieder einmal so weit. Joséphine hatte berechtigten Grund, sich als eifersüchtig zu erweisen. Bonaparte war von neuem seinem »italienischen Abenteuer« begegnet und behandelte Joséphine, die ihn, als er aus dem Bett der Primadonna wiederkehrte, mit ihren Verdächtigungen, ihren Klagen, ihren Fragen und ihrer immer wachen Eifersucht quälte, grausam und herzlos. Mme. de Rémusat berichtet: »Sobald er eine Geliebte hatte, war er zu seiner Frau hart, heftig, mitleidlos. Er zögerte nicht, es ihr mitzuteilen, und legte ein wortreiches Erstaunen an den Tag, weil sie es nicht guthieß, daß er sich Zerstreuungen hingab, für welche er den Nachweis erbrachte – um es wissenschaftlich auszudrücken –, daß sie ihm erlaubt und unentbehrlich seien. ›Ich bin kein Mensch wie jeder andere‹, sagte er, ›die Gesetze der Moral oder der Schicklichkeit haben für mich keine Geltung.‹«

Eine weitere Wolke zog am Ehehimmel auf: die Versuchung in Gestalt der Tragödin Duchesnois. Diesmal hatte Joséphine keinen Anlaß zur Beunruhigung. Eines Abends wird die berühmte Schauspielerin in die Tuilerien gerufen. Sie kommt. Constant meldet sie Bonaparte, der noch über seiner Arbeit sitzt.

»Sie soll warten«, sagt er.

Zwei Stunden später arbeitet der Konsul immer noch, und Constant wagt es, ihn höflich an die Anwesenheit der Dame zu erinnern.

»Sie soll zu Bett gehen!« knurrt Bonaparte. Die Nacht ist schon zur Hälfte vergangen, als der Kammerdiener sich auf die Bitte der Tragödin hin ein weiteres Mal zum Ersten Konsul vorwagt. Ohne den Kopf zu heben, wirft dieser hin: »Sie soll sich wieder ankleiden und gehen!«

Von dieser »Affäre« hat Joséphine wohl kaum etwas bemerkt. Anders aber verhielt es sich, wenn den Seitensprüngen ihres Gatten eine gewisse Bedeutung zukam. An der neu erwachten »Zärtlichkeit« Bonapartes erkannte sie unfehlbar das Ende eines Abenteuers. Mme. de Rémusat, die Vertraute des Paares, erzählt: »Dann plötzlich rührten ihn ihre Qualen, anstatt sie zu beschimpfen, liebkoste er sie, wobei seine Zärtlichkeit fast ebenso maßlos war wie seine Gewalttätigkeit, und da Madame ein sanftes und anpassungsfähiges Wesen besaß, fühlte sie sich von neuem seiner sicher.«

Ein Zustand, dessen sie sich nicht auf die Dauer erfreuen sollte: Mademoiselle George war in das Leben des Ersten Konsuls getreten – um darin eine bedeutende Rolle zu spielen. Hätte Joséphine den beiden Liebenden zusehen können, so wäre ihre Eifersucht noch heller entflammt. Zunächst freilich sah es nicht so aus, als müßte sich Joséphine ernstlich beunruhigen: Beim ersten *Tête-à-tête* mit der Tragödin hatte Bonaparte bemerkt: »Du hast deine Strümpfe anbehalten, du hast wohl eklige Füße.«

Dann aber gab er es auf, sich als »*Canaille*«, wie er selbst sagte, zu gebärden, und behandelte seine Geliebte mit derselben Zärtlichkeit und Aufmerksamkeit, die er sonst nur für Joséphine übrig hatte. »Ganz behutsam und ganz langsam entkleidete er mich, Stück für Stück«, gestand Mlle. George. »Er spielte die Zofe mit so viel Fröhlichkeit, Anmut und Anstand, daß man einfach nachgeben mußte, mochte es einen auch hinterher reuen. Und wie sollte man nicht fasziniert sein, nicht hingerissen von diesem Mann? Um mir zu gefallen, spielte er das kleine Kind. Das war nicht mehr der Konsul, das war vielleicht ein Verliebter, doch einer, in dessen Liebe es nichts Gewaltsames, nichts Sprunghaftes gab; seine Umarmungen waren behutsam, seine Worte zärtlich und schamhaft: Mit ihm war es unmöglich, nicht zu empfinden, was er selbst empfand ...

Während der ersten beiden Wochen respektierte er voll und ganz mein empfindliches Zartgefühl, meine Schamhaftigkeit, wenn ich so sagen darf, indem er nach den Liebesnächten alles wieder in Ordnung brachte, daß es ganz so aussah, als wollte er selbst das Bett wieder machen. Er kleidete mich an, zog mir die Schuhe an und ließ mir sogar, da ich Strumpfbänder mit Schnallen hatte, über welchen er die Geduld verlor, Strumpfbänder aus einem Stück anfertigen, welche man über den Fuß streifte.«

Während dieser Zeit wartet Joséphine im Schlafzimmer vergeblich auf den Bettgefährten. Es dauerte nicht lange, und sie hat den Namen ihrer Nebenbuhlerin herausgefunden. Da steigert sich ihre Eifersucht zu blinder, rasender Wut.

Eines Nachts – schon ist Mitternacht vorbei – ahnt sie, daß sich Mlle. George bei Bonaparte befindet. »Ich halte es nicht mehr aus«, sagt sie zu Madame de Rémusat; »gewiß ist Mlle. George dort oben, ich will sie überraschen.« Die »Gesellschafterin« versucht vergebens, Mme. Bonaparte von ihrer Wahnsinnsidee abzubringen.

»Folgen Sie mir«, befiehlt Joséphine, »wir gehen gemeinsam hinauf.« Was immer Mme. de Rémusat dagegen einwendet, stößt auf taube Ohren, und die beiden Frauen – Joséphine, »aufs äußerste erregt«, und ihre Gefährtin, die ihr die Kerze hält, »zutiefst beschämt« ob der Rolle, die man ihr zudenkt – erklimmen die Hintertreppe, die zum Schlafzimmer des Ersten Konsuls emporführt. Plötzlich hören sie ein schwaches Geräusch. Mme. Bonaparte wendet sich um: »'s ist vielleicht Roustam, Bonapartes Mameluk, der die Tür bewacht. Der Unglückselige ist imstande, uns beide hinzuschlachten.«

»Bei diesen Worten«, erzählt Mme. de Rémusat, »wurde ich von einem panischen Schrecken ergriffen, der, obgleich lächerlich, mich daran hinderte, mehr zu hören, und ohne daran zu denken, daß ich Mme. Bonaparte in völliger Dunkelheit zurückließ, floh ich mit der Kerze in der Hand die Treppe hinab und eilte, so schnell ich konnte, zurück in den Salon. Mme. Bonaparte folgte mir wenige Minuten später, erstaunt, daß ich so plötzlich geflohen war. Als sie meine verstörte Miene sah, begann sie zu lachen, und ich lachte mit ihr. So verzichteten wir auf unser Vorhaben.«

Bonaparte aber kam dahinter, was sich auf der Treppe abgespielt hatte, und schaltete von nun an Mme. de Rémusat in seine ehelichen Auseinandersetzungen ein, wobei er ihr die Rolle eines Schiedsrichters zuwies. Wer hatte ihrer Meinung nach die Schuld? Die »Gesellschaftsdame« zog sich, so gut sie konnte, aus der Affäre. Gewiß empfand sie aufrichtiges Mitleid mit Mme. Bonaparte, doch konnte sie ihr den Vorwurf nicht ersparen, sie handle unter ihrer Würde, »wenn sie ihre Diener zu Spitzeldiensten anhielt, um sich den Beweis für die vermutliche Untreue ihres Gatten zu verschaffen«. Was Anlaß zu »Wortwechseln und kleinen Szenen« zwischen den Gatten gab. Im Verlauf dieser Auseinandersetzungen zeigte sich

Bonaparte »zunächst herrisch, hart und übertrieben mißtrauisch, um mit einem Schlag weich zu werden, sich von Rührung übermannen zu lassen, sanftere Töne anzuschlagen und mit Liebenswürdigkeit das Unrecht wiedergutzumachen, das er eingestand. Doch verzichtete er nicht darauf, immer wieder von neuem in seine alten Fehler zu verfallen«.

Joséphine aber konnte bei alledem nur verlieren. Bonaparte benützte die Eifersucht seiner Frau als Vorwand, um nun so oft als möglich getrennt von ihr zu schlafen. Wenn er hin und wieder über die berühmte kleine Treppe in ihr Schlafzimmer hinabsteigt, richtet es Joséphine so ein, daß der ganze Hof davon unterrichtet wird ...

»Deshalb bin ich heute spät aufgestanden«, erklärt sie und trägt beglückte Ermattung zur Schau. Bonapartes Liaison mit Mlle. George aber hält das ganze Konsulat hindurch an.

»Er verließ mich, um Kaiser zu werden«, sagt stolz die Tragödin eines Tages zu Alexandre Dumas.

Und Joséphine?

Sicher ist, daß sie weiterhin mit Charles in Verbindung steht und sich um seine Angelegenheiten kümmert. Sie selbst gibt an, eine Stunde, nachdem sie einen Bittbrief ihres geliebten Hippolyte erhalten hatte, worin dieser um Protektion für einen seiner Freunde ersuchte, an Cambacérès und den Justizminister geschrieben zu haben. Doch will sich keiner der beiden für Charles' Protektionskind verwenden, und Joséphine richtet nun an jenen, der einst ihr Liebhaber war – und es zuweilen noch sein dürfte –, folgende Zeilen: »Um so mehr kränkt es mich, nichts erreicht zu haben, als ich mich glücklich geschätzt hätte, Ihnen beweisen zu können, daß meine Gefühle unverändert sind, daß nichts auf der Welt mich davon abbringen kann, daß ich Sie liebe, in zärtlichster und stetigster Freundschaft.«

Ist Joséphine, wenn sie mit Hippolyte wirklich nichts anderes mehr verbindet als »Freundschaft« und Erinnerung, ihrem Mann treu? Gewiß nicht. In einem Brief, den Joséphine zu jener Zeit an Mme. de Krény schreibt, ist die Rede von einem falschen »Gärtner«, dessen Name nicht bekannt ist. Doch weist manches darauf hin, daß er im Liebesleben der Kreolin eine gewisse Rolle gespielt hat.

»Bonaparte hat sich um 7 Uhr abends entschlossen, in Malmaison zu übernachten, und dieser Entschluß wurde sogleich in die Tat umgesetzt. Solcherart, meine liebe Kleine, bin ich hieher aufs Land verbannt und weiß nicht, wie lange dieser Zustand andauern soll. Malmaison, das mir einst so anziehend erschien, ist dieses Jahr für mich nichts als ein öder und langweiliger Ort. Gestern abend mußte ich so überstürzt abreisen, daß ich nicht mehr die Zeit fand, dem *Gärtner*, der mir Blumen versprochen hatte, Nachricht zukommen zu lassen. Da ich ihm unter allen Umständen schreiben möchte, sagen Sie mir, was ich ihm bestellen soll. Ich weiß nicht, welche Vereinbarung Sie mit ihm getroffen haben; auf alle Fälle ist es mir ein Bedürfnis, ihm mein tiefes Bedauern auszudrücken, und damit, meine liebe Kleine, ist es mir bitter ernst.

Ihre 50 Louis habe ich nicht vergessen. Sie bekommen sie übermorgen.«

So hätte sie denn ein »tiefes Bedauern« empfunden, weil es ihr auf Grund ihrer plötzlichen Abreise nicht möglich war, ein für sie gebundenes Bukett mitzunehmen? Wohin aber fuhr sie? Nach Malmaison, wo es Blumen in Hülle und Fülle gab. Schließlich erzählt sie die ganze Geschichte des langen und breiten ihrer Vertrauten, Mme. de Krény. Gewiß verstand sich dieser »Gärtner« vorzüglich auf die Blumensprache, und man kann sich unschwer ausmalen, welche Art von Buketts seine Stärke waren. Am Ende aber verbarg sich Charles hinter der ominösen Persönlichkeit? Unmöglich ist es nicht ...

Eines nur hätte Joséphine befrieden können: die Mutterschaft. »Ein Kind«, wird Bonaparte sehr richtig sagen, »hätte vermocht, Joséphine zu beruhigen und jener Eifersucht ein Ende zu setzen, die ihrem Mann keinen Frieden gönnte.«

Mit ihren Tränen und ihren Szenen, für welche sie ein eigenes, genialisches Talent besaß, wurde sie ihm unerträglich, und doch liebt er sie immer noch ... und wird sie noch lange Jahre lieben. Als er Ende 1803 in Pont-de-Briques bei Boulogne zum Angriff auf England rüstet und die Invasion vorbereitet, findet er – obwohl Mlle. George noch in seinem Leben ist – für seine Frau so zärtliche Worte, daß Joséphine ihm mit folgenden Zeilen, die einer der wenigen von ihr erhaltenen Briefe sind, antwortet: »All mein Kummer ist verflogen, als ich den lieben und ergreifenden Brief las, der zärtlicher Ausdruck Deiner Gefühle für mich ist. Wie dankbar bin ich Dir doch, daß Du so viel Zeit für Deine Joséphine erübrigt hast. Wenn Du es wüßtest, würdest Du Dir selbst Beifall spenden, weil allein Du es vermagst, der Frau, die Du liebst, eine so lebhafte Freude zu bereiten. Ein Brief ist das Abbild der Seele, und diesen drücke ich an mein Herz. Er tut mir so wohl! Auf immer will ich ihn behalten. Er wird mein Trost sein während Deiner Abwesenheit, mein Leitstern, wenn ich bei Dir bin, denn immer will ich in Deinen Augen die gute, die zärtliche Joséphine sein, die einzig für Dein Glück sorgt. Wenn Freude Deine Seele durchzieht, wenn Traurigkeit Dich anwandelt, dann verströmst Du Dein Glück und Deinen Schmerz ins Innerste Deiner Freundin; niemals wirst Du ein Gefühl hegen, das ich nicht teile. Dies ist mein Begehr, dies sind meine Wünsche, die allesamt nur eine einzige Sehnsucht sind, Dir zu gefallen und Dich glücklich zu machen ... Adieu, Bonaparte, den letzten Satz Deines Briefes werde ich nicht vergessen. In meinem Herzen bewahre ich ihn. Wie tief steht er dort eingegraben! Mit welcher Inbrunst hat mein Herz geantwortet! Ja, mein Wunsch ist es auch, Dir zu gefallen, nichts will ich als Dich lieben, mehr noch, Dich anbeten.«

Einige Wochen später schickt er »tausend Zärtlichkeiten an die kleine Cousine«, die wohl Synonym ist für das »kleine schwarze Wäldchen« von einst oder für die »drei Inselchen Joséphines«, deren Erinnerung seine Sinne noch auf Sankt Helena heraufbeschwören . . .

Die Schloßherrin von Malmaison

Malmaison! – drei Meilen entfernt von den Tuilerien, an der Straße nach Cherbourg, in der Gemeinde Rueil. Malmaison! Drei Silben, die eng verbunden sind mit Joséphines Leben und wo man in der Wegkrümmung einer Allee oder hinter einer unversehens geöffneten Pforte ihrem Schatten noch heute begegnet. Malmaison, dessen Schindeldächer sie erahnte, als sie, die blutjunge Vicomtesse de Beauharnais, in Croissy wohnte.

Malmaison – dieses »Trianon des Konsulats« – war Joséphines eigentliches Heim. *Octidi* bis *Primidi* – die Wochenenden des Revolutionskalenders – verbrachte dort die Konsulsfamilie mit ihrem »Anhang«. Vom Frühjahr 1801 an – bis zu den Aufenthalten in Saint-Cloud, die Ende 1802 beginnen – residiert Bonaparte viel häufiger bei der Schloßherrin von Malmaison – denn hier ist Joséphine im Gegensatz zu den Tuilerien ihre eigene Herrin.

Seit die Bonapartes Malmaison am 21. April 1799 von den Lecoulteux de Moley erworben hatten, war das Schloß nach und nach neu möbliert worden. Die Domäne hatte sich inzwischen um 153 Hektar Wald, den Pavillon de la Jonchère und die Güter Toutair und Butard vergrößert, die nachträglich hinzugekauft worden waren. Im Zuge der Renovierung des Schlosses ließ Joséphine von den staatlichen Architekten Percier und Fontaine für einen Preis von 600 000 Francs zu beiden Seiten des Parktores zwei dorische Pavillons errichten, dem Hauptgebäude zwei auf den Ehrenhof vorspringende Flügel anbauen und eine Säulenhalle aufführen, deren zeltförmiger Plafond von Lanzen gestützt wird. Die Wände zieren Lanzenbündel, und die Gitterstäbe, die man durch die Vorhänge erblickt, sind wiederum »ein Netzwerk von Lanzen aus Zink« . . .

»Das sieht aus wie ein Käfig für die Tierschau auf dem Jahrmarkt«, ruft Bonaparte aus.

Auch eine Galerie wird eingerichtet, welche die private Kunstsammlung beherbergen soll. Desgleichen schafft man die große Vorhalle, von der eine kleine, von zwei Obelisken flankierte Brücke hinaus in den Park führt. Schließlich stattet man die privaten Appartements im ersten Stock neu aus und richtet im zweiten die kleinen Appartements für Offiziere und Gäste ein. Laffitte schmückt den Speisesaal mit Fresken, die Dekoration der Salons wird Girodet, Girard, Taunay und Moench übertragen.

Gleich der Säulenhalle ist der Sitzungssaal nach Art eines Zeltes dekoriert, mit Waffen, Gewehrbündeln, Rüstungen, Helmen aus Pappe und den unvermeid-

lichen Lanzen. Durch das kreisförmige Arbeitszimmer betritt man die erlesen
schöne, dreifach geteilte Bibliothek – bei der fragilen Bauweise des Schlosses
bedurfte es dorischer Säulen zur Abstützung der großflächigen Deckenkonstruk-
tion. Hier wird heute noch Bonapartes Gegenwart fühlbar. Man sieht den Ersten
Konsul sein Arbeitszimmer verlassen und auf die kleine Brücke hinaustreten, wo
er im Sommer unter einem Sonnendach aus Drillich arbeitete.

»Wenn ich an der frischen Luft bin«, sagte er, »fühle ich, wie meine Gedanken
höher fliegen und mein Horizont sich weitet. Ich begreife nicht, daß es Männer
gibt, die mit Erfolg am Ofen arbeiten können und ohne Verbindung mit dem
Himmel.«

Überall in den Appartements blühen Buketts aus den Glashäusern und den
Pflanzungen von Malmaison. Seit den langen auf Martinique verbrachten Jahren
hat sich Joséphine die leidenschaftliche Liebe zu den Blumen bewahrt. Als »Schü-
lerin« der Botaniker Ventenat und Soulange-Bodin, Calmelets Neffen, züchtet sie
selbst tropische Gewächse in den Heizhäusern und führt in Frankreich eine Fülle
neuer Arten – 184 an der Zahl – ein, die in Europa damals völlig unbekannt
waren, heute aber durch ihr Verdienst und dank des »Direktors ihrer botanischen
Anlagen«, Brisseau de Mirbel, und »ihres« Botanikers Bonpland überall in Parks
und Gärten zu finden sind: die Hortensie, die Joséphine nach ihrer Tochter be-
nannte, die Alpensoldanelle, das Parmaveilchen, die Damietterose, den Jasmin,
dessen Samen die »Konsulin« von ihrer heimatlichen Insel kommen ließ und der
Erinnerung war an ihre Jugend. Auch die rotblühende Magnolie hat Europa
Joséphine zu verdanken, den Eukalyptus, den Hibiskus, den Phlox, die Kamelie,
die Louisiana-Zypresse, den japanischen Lack, den Tulpenbaum aus Virginia und
verschiedene Arten von Myrten, Rhododendron, Mimosen, Dahlien, Tulpen,
Geranien und gefüllten Hyazinthen. In ihrer Leidenschaft für alles Blühende
kennt Joséphine weder Maß noch Ziel. Eines Tages ersteht sie eine einzige Tul-
penzwiebel für 4000 Francs – die Tulpe ist nach der Rose ihre Lieblingsblume. In
einem einzigen Jahr gibt sie nahezu 8000 Francs – 40 000 neue Francs – für
Tulpen aus, die ihr die Firma Arie Cormeille liefert. Rosenkrantz, ebenfalls in
Harlem, läßt sich von ihr eine einzige Amaryllispflanze mit 2086 Francs bezah-
len. Für Joséphine werden neue Arten gezüchtet, neue Namen erfunden: die
Bonapartea, die *Pageria*, die aus Peru kommen, die *Napoleon imperialis* aus dem
Golf von Guinea und die perlweiße, purpurgesprenkelte *Josephinia Imperatrix*.

Auch der außerordentliche Aufschwung der Rosenkultur in Frankreich ist
Joséphines Verdienst. Sogar aus Neu-Holland läßt sie Setzlinge kommen und
vereinigt in Malmaison 250 Arten, welche nahezu die Gesamtheit der damals
bekannten Rosen ausmachen, die ihr Maler, Pierre-Joseph Redouté, Marie-Antoinettes ehemaliger Zeichenlehrer, in einer Sammlung wunderschöner Blätter verewigt. Joséphine züchtet die weiße, rosig überhauchte Malmaison-Rose und die

blauschimmernde *Joséphine*. Daneben erblüht die *Souvenir de Malmaison*, die *Belle sans flatterie* (»Schöne ohne Schmeichelei«) und die *Aimable Rouge* (»Liebenswerte Rote«). Joséphine ist es zuzuschreiben, daß Frankreich vor Holland und England das eigentliche Land der Rose wurde.

Am 19. März 1804 schreibt sie an Thibaudeau: »Für mich ist es beglückend zu sehen, wie sich in meinen Gärten die ausländischen Gewächse mehren. Ich wünsche, daß Malmaison bald vorbildlich für gute Pflanzenkultur werde und eine Quelle des Reichtums für alle Departements. In dieser Absicht lasse ich eine Unmenge Bäume und Sträucher aus Australien und Nordamerika ziehen. In zehn Jahren soll jedes Departement eine Sammlung erlesener Pflanzen besitzen, die aus meinen Baumschulen hervorgegangen sind . . .«

Doch nicht nur die Flora begeistert sie. Sie hat nicht erst die Unterzeichnung des Friedensvertrages mit England abgewartet, um sich für ihren Wagen »graue Apfelschimmel oder helle Füchse mit einem Fleck auf der Stirne« kommen zu lassen, wie die Bestellung lautet. Ebenso wünscht sie »zwei fromme Reitpferde, die von Frauen geritten werden können«.

Die Liebe zu den Pferden war zu jener Zeit freilich nichts Außergewöhnliches, doch fühlte sich Joséphine zu den Tieren im allgemeinen hingezogen, und Malmaison bot ihr Gelegenheit, sie in ganzen Herden zu halten. Aus Spanien ließ sie fünfhundert Merinoschafe kommen, die dem Vergleich mit jenen in Rambouillet standhielten, aus der Schweiz »prachtvolle Kühe«, für deren Betreuung Sennhirten in Berner Tracht sorgten, und von der Insel Ouessant kleine Ziegen, die in völliger Freiheit über die weiten Rasenflächen um das Schloß sprangen. Auf den Teichen schwammen weiße und schwarze Schwäne und Enten aus Carolina und China. In den Gehegen tummelten sich Gazellen, Känguruhs, Gemsen, ein Gnu und eine anmutige Antilope aus Afrika. Sogar mit einem Seehund konnte Malmaison aufwarten. In großen Vogelkäfigen flatterten Papageien, Wellensittiche, Kakadus und Vögel aus Westindien. Im Gezweig der Bäume hausten weiße Amseln, Eichhörnchen und Tauben von den Molukken-Inseln. Aus Guadalupe sandte man ihr seltene Vögel, aus Straßburg Störche und ließ sie Unsummen bezahlen.

Bonaparte kann sich kaum für den »zoologischen Garten« seiner Frau erwärmen. Eines Tages – bereits unter dem Kaiserreich – läßt er sich von Roustam sein Gewehr geben, um vom Schlafzimmerfenster aus auf die Schwäne zu schießen. Als Joséphine die Schüsse hört, stürzt sie halbnackt herbei, im Hemd und in einen großen Schal gehüllt.

»Bonaparte, ich flehe dich an, schieß nicht auf meine Schwäne.«

»Laß mich doch, Joséphine. 's macht mir Spaß.«

Es gelingt ihr, ihm die Waffe zu entwinden, während Napoleon »wie ein Verrückter lacht«.

Alle Besucher – gleichgültig, ob sie von jenseits des Rheins oder von jenseits des Ärmelkanals kommen – sind von der Gattin des Ersten Konsuls entzückt und heben sie in den Himmel. Für sie stellt Joséphine »die ideale Hausfrau« dar; »man preist ihren guten Geschmack und ihren Esprit; man bewundert ihre botanischen und zoologischen Liebhabereien, die den Eindruck erwecken, als sei sie wissenschaftlich durch und durch geschult, und die ihr den Ruf eintragen, sie liebe die Natur über alles«.

Ein Schwarm junger Frauen umgibt die »Bürgerin Erster Konsul«: Mme. Savary, geborene Faudoas, deren Zähne ebenso schlecht sind wie die der Hausherrin, Mlle. de Ghéenenc – bald schon Mme. Lannes –, »eine Madonna Raffaels«, die jugendfrische Mme. Bessières, Mlle. Auguié, die Nichte von Mme. Campan und künftige »Generalin« Ney, ihre Schwester Mme. de Broc und schließlich die zu jener Zeit noch muntere, stets zum Lachen aufgelegte Caroline.

Zu Joséphines engstem Kreis zählen auch die Damen de Chauvelin, d'Aiguillon, de Vergennes und de Nicolai und die Herren de Girardin, de Ségur, de Montesquiou, de Noailles, de Praslin, de Mouchy. Denn jetzt zeigt sich der Adel von neuem willfährig und schmollt nicht mehr.

Im geliebten Malmaison suchen und finden Bonaparte und seine Frau Entspannung. Die Einfachheit des Lebens im Schloß läßt einen Besucher vom anderen Rheinufer verächtlich sagen, man gewinne den Eindruck, sich im Hause eines reichen Bankiers zu befinden, und Malmaison habe nicht einmal mit jener Etikette aufzuwarten, »die am Hof des kleinsten deutschen Fürsten herrsche«.

In Joséphines Intimsphäre weiß niemand besser zu geleiten als die junge Laure Junot: »Das Leben, das man zur Zeit meiner Verheiratung in Malmaison führte, glich dem Leben auf allen anderen Landschlössern, wo viele Leute zu Gast sind. Unsere Appartements bestanden je aus einem Schlafzimmer, einem Ankleidezimmer und einer Kammer für die Zofe, wie es in den Landhäusern der Reichen allgemein üblich ist. Die Möbel waren sehr einfach, und das Appartement der Tochter des Hauses, das neben dem meinen lag, unterschied sich nur durch eine Flügeltüre von den Gästezimmern; im übrigen dürfte sie diese Räume erst nach ihrer Verheiratung bekommen haben. Die Zimmer hatten keine Parkettböden, was mich überraschte. Sie gingen alle auf einen langen Korridor, zu dem eine Stufe emporführte. Davor lag zur Rechten das Appartement von Mme. Bonaparte und daneben der Frühstückssalon . . .«

Das Frühstück – an dem Bonaparte nicht teilnimmt – ist für elf Uhr festgesetzt, und mit Ausnahme engster Familienangehöriger hat kein Mann Zutritt. Nach diesem »Damenfrühstück« konversiert Joséphine, liest die Zeitungen, widmet sich einer Handarbeit oder empfängt Bittsteller.

Um sechs Uhr begibt sich Bonaparte, der den Tag über gearbeitet und Minister, Generäle und Räte empfangen hat, zu seiner Frau, um gemeinsam mit ihr zu dinieren. Zu Tisch sind Joséphines Damen, die Adjutanten, deren Frauen und einige persönliche Freunde. Jeden Mittwoch findet ein größeres, festlicheres Diner statt. Nach dem Essen begibt man sich in den Salon. Joséphine setzt sich an ihre Harfe. Zuweilen spielt sie, doch immer dieselbe Melodie. Im allgemeinen greift sie zu ihrer Stickerei und arbeitet, während sie Arnault lauscht, der mit einem Kollegen aus Paris zu Besuch gekommen ist. Ducis rezitiert, ohne sich erst lange bitten zu lassen, Szenen aus seinen Dramen, Legouvé deklamiert Verse, Bernardin de Saint-Pierre liest den »Dialog des Sokrates«. Der kleine Hof verbringt die Zeit auch mit Schach- und Kartenspiel oder begibt sich ins kleine Schloßtheater, wo Louis, Eugène, Hortense — eine wunderbare Schauspielerin —, Savary, Didelot, Lauriston, Mme. Murat, der General Lallemand und der Begabteste von allen, Bourrienne, eine Komödie aufführen. Der Initiator der kleinen Truppe ist zweifellos Eugène. Erst einundzwanzig Jahre alt, wurde er vor kurzem zum Oberst der Jägergarde befördert und bezieht einen Jahressold von 30 000 Francs, der Ende 1803 auf 150 000 Francs erhöht wird. Sein Stiefvater hat ihm in Neufville-Villeroy, in der Rue de Lille, ein prachtvolles Palais geschenkt. Eugène ist eine ausgezeichnete Partie — und zudem noch anziehend, liebenswürdig, heiter und immer guter Dinge. Die jungen Mädchen in Malmaison lassen ihn nicht aus den Augen, und jede von ihnen macht sich im geheimen Hoffnungen. Daß er bereits auf eine stattliche Anzahl amouröser Abenteuer zurückblicken kann, macht ihn nur noch begehrenswerter.

»Bei schönem Wetter«, berichtet Laure, »ließ der Erste Konsul im Park servieren. Man errichtete die Tafel zur Linken des Rasens vor dem Schloß, am Eingang der geradlinig verlaufenden Allee, von der heute nur mehr ein paar vereinzelte Kastanienbäume zeugen. Man saß nur kurze Zeit zu Tisch, und wenn das Diner eine halbe Stunde dauerte, so war dies dem Ersten Konsul bereits zu lang. — Wenn er gut gelaunt war und das Wetter schön und er ein paar Augenblicke seiner kostbaren Zeit erübrigen konnte — denn für gewöhnlich arbeitete er pausenlos und bis zur Erschöpfung —, dann spielte er Haschen mit uns. Dabei mogelte er genauso wie beim Kartenspielen. Er stellte uns ein Bein, daß wir hinfielen, er stürzte sich auf uns, ohne ›Es gilt!‹ zu rufen, wie es die Spielregeln vorschrieben. Über diese kleinen Schwindeleien mußten alle lachen; es war das glückhafte Lachen kindlicher Fröhlichkeit, das Napoleon uns bescherte. Bei diesen Gelegenheiten entledigte er sich seines Rocks und lief wie ein Hase, oder eher wie die Gazelle, der er eines Tages den ganzen Tabak aus seiner Tabatière zu fressen gab, worauf er das Tier auf uns hetzte; das verdammte Vieh fetzte uns die Kleider vom Leib und riß uns die Beine blutig.«

Ihr ganzes Leben lang wird sich Joséphine an die unangenehme Szene erinnern, die sich rund um den *Butard* entspann. An jenem Tag litt sie an einer heftigen

Migräne und zog es vor, in Malmaison zu bleiben. Bonaparte aber wollte eine Spazierfahrt zum Butard unternehmen, dem ehemaligen Jagdpavillon Ludwigs XVI., der seit kurzem zur Domäne gehörte.

»Vorwärts! Komm mit uns«, sagte der Erste Konsul zu seiner Gemahlin, »die frische Luft wird dir gut tun. Die ist das Allheilmittel gegen jeglichen Schmerz.« Joséphine wagte nicht nein zu sagen und stieg mit Emilie Lavallette und Laure Junot, die ein Kind erwartete, in den Wagen.

»Napoleon«, erzählt letztere, »ritt mit Bourrienne voraus. Auf diesem Ausflug, der den Ersten Konsul so beglückte wie einen Schuljungen ein Ferientag, war nicht einmal der diensthabende Adjutant mitgenommen worden. Napoleon sprengte im Galopp voraus, kehrte dann wieder zu uns zurück, um die Hand seiner Frau zu ergreifen, gleich wie ein Kind vor seiner Mutter herläuft, kehrt macht, zu ihr zurückkommt, wieder davonspringt, ein zweites Mal wiederkehrt, um sie zu küssen und von neuem davonzulaufen.«

Vor einem Bach mit steilen Uferböschungen kommt die Equipage zum Stillstand. Auf Joséphines Frage erklärt der Vorreiter, die Furt lasse sich nicht ohne Gefahr überqueren.

»Auf diesem Weg will ich nicht zum Butard«, ruft Mme. Bonaparte aus. »Sagen Sie dem Ersten Konsul, wenn er keinen anderen Weg kennt, so kehre ich ins Schloß zurück.«

Der Wagen wendet. Bonaparte galoppiert herbei. Er scheint wütend.

»Was soll dieser Unfug? Fahren Sie sofort dahin zurück, woher Sie kommen!« befiehlt er dem Kutscher und berührt ihn mit der Reitpeitsche an der Schulter.

Die Equipage kehrt um und hält vor dem »fatalen Bach«.

»Vorwärts!« sagt Napoleon zum jungen Postillon, der die Kalesche kutschiert, »nimm gehörig Schwung, dann laß die Zügel locker, und du bist drüben.«

Joséphine stößt einen durchdringenden Schrei aus, der, wie Laure sagt, »den Wald erzittern läßt«. Sie weint – wie immer, wenn sie etwas erzwingen will – und ringt die Hände.

»Nie im Leben bleibe ich in dieser Kalesche. Laß mich aussteigen! Bonaparte, ich flehe dich an, laß mich aussteigen . . ., laß mich aussteigen!«

Bonaparte zuckt die Achseln.

»Das sind doch Kindereien! Ihr müßt durch den Bach und in der Kalesche! Vorwärts! Hast du mich verstanden?« herrscht er den Kutscher an. Da schaltet sich Laure Junot ein.

»General«, sagt sie und winkt den Vorreiter herbei, damit er ihr den Schlag öffne, »ich bin für ein zweites Leben verantwortlich; ich kann nicht hier drinnen bleiben. Die Erschütterung wird heftig sein. Der Stoß könnte mir nicht nur schaden, sondern mich töten«, meint sie lachend, »und das werden Sie doch nicht wollen, nicht wahr, General?«

»Ich?« ruft Bonaparte entsetzt aus, »ach du lieber Himmel, wo ich Ihnen kein Haar krümmen könnte! Steigen Sie aus, Sie haben recht, eine Erschütterung könnte Ihnen sehr schaden.«

Mme. Junot schickt sich an, mit Bonapartes Hilfe aus dem Wagen zu steigen, doch zögert sie, um noch ein gutes Wort für Joséphine einlegen zu können.

»Doch ein solcher Stoß«, bemerkt sie, »könnte vielleicht auch für Mme. Bonaparte gefährlich sein. Falls sie in meinem Zustand ist...«

Auf diese Worte hin, berichtet Laure, »sah mich der Erste Konsul so drollig erstaunt an, daß ich, anstatt zur Erde zu springen, auf dem Tritt verharrte, weil ich mich nicht halten konnte vor Lachen. Und ganz plötzlich antwortete er mir, mit einem einzigen schallenden Auflachen, das so laut und so durchdringend war, daß wir zusammenfuhren.

Endlich sprang ich zu Boden, und Napoleon, der sofort wieder eine ernste Miene aufgesetzt hatte, meinte rügend, ich hätte eine große Unvorsichtigkeit begangen, weil ich gesprungen sei.« Und als fürchtete er, seiner Frau gegenüber nicht deutlich genug seinem Unmut Ausdruck verliehen zu haben, befahl er »in einem Ton, der keine Widerrede zuließ«: »Klappen Sie das Trittbrett hoch und fahren Sie!«

Die arme Joséphine ist so bleich, daß Laure sich nicht verkneifen kann, zu bemerken: »General, Sie erwecken den Anschein, ein böser Mensch zu sein, und dabei sind Sie es nicht. Mme. Bonaparte ist krank, sie hat Fieber. Ich beschwöre Sie, lassen Sie sie aussteigen!«

Jetzt gerät er ernstlich in Zorn: »Madame Junot, für Vorhaltungen hatte ich nie etwas übrig, nicht einmal als Kind. Fragen Sie die Signora Laetitia und Mme. Permon... Glauben Sie, ich bin seit damals nachgiebiger geworden?«

Und als Joséphine den Kutscher schluchzend anfleht, »noch eine Minute zuzuwarten«, versetzt ihm Bonaparte einen kräftigen Hieb mit der Reitpeitsche über den Rücken und schreit ihn an: »Unerhört! Willst du wohl meinen Befehl ausführen, du komische Figur, du?!«

Die Kalesche donnert los... und kommt so hart im Bachbett auf, daß die Karosserie schwer beschädigt wird. Hinterher zeigt es sich, daß der Wagen nicht mehr zu reparieren ist.

Die ganze Fahrt hindurch schluchzt Joséphine vor sich hin, bis sie den Butard erreicht haben. »Und als sie beim Aussteigen ihrem Gatten ein verweintes Gesicht zeigte, steigerte sich seine üble Laune zur Wut. Er zerrte sie vom Wagen und schleppte sie in einen abgelegeneren Teil des Waldes. Von dort hörten wir ihn schelten, und seine Worte waren um so heftiger, als er am Morgen zu einem Ausflug aufgebrochen war, von dem er sich nur Angenehmes erwartete. Gewiß war es unrecht von ihm gewesen, seine Frau zur Überfahrt über den Bach zu zwingen. Jetzt aber war er völlig im Recht. Es scheint, daß Joséphine ihm aus anderen

Gründen Vorhaltungen machte, denn ich hörte, wie Napoleon ihr antwortete: ›Du bist eine Irre, und wenn du dieses Wort wiederholst, dann sage ich, du bist eine bösartige Irre. Und du weißt sehr gut, wie ich deine Eifersucht auf den Tod hasse, weil sie völlig unvernünftig ist. Am Ende wirst du mir noch Lust machen, es wirklich zu tun. Schluß jetzt, küß mich und halt den Mund, du bist häßlich, wenn du weinst, das habe ich dir schon gesagt.‹«

Joséphine konnte eben nicht davon ablassen, ihren Gatten der Untreue zu bezichtigen, und dazu war ihr jeglicher Anlaß willkommen.

Einen Grund zur Eifersucht hätte Joséphine freilich gehabt: die Gefühle, die ihr Mann – wohl ohne es selbst zu wissen – der kleinen Laure Junot entgegenbrachte. Joséphine war zur Kur in Plombières, als die künftige Herzogin von Abrantès in Malmaison eines Morgens durch einen »sehr heftigen Schlag gegen die Türe« geweckt wurde ... Doch hören wir sie selbst: »Unmittelbar darauf sehe ich den Ersten Konsul an meinem Bett. Ich glaubte zu träumen und rieb mir die Augen. Er lachte. ›Ich bin's wirklich‹, sagte er. ›Warum so erstaunt?‹

Im Augenblick war ich hellwach. Anstatt ihm etwas zu erwidern, wies ich nach dem Fenster, das ich der Hitze wegen offen gelassen hatte. Der Himmel zeigte noch jenes tiefe Blau, das der ersten Stunde der Morgendämmerung folgt. Am dunklen Grün der Bäume sah man, daß die Sonne eben aufgegangen war. Ich nahm meine Uhr, es war noch nicht fünf.

›Wahrhaftig‹, sagte er, als ich sie ihm zeigte, ›so früh ist es noch? Um so besser, dann werden wir miteinander plaudern.‹

Und nahm einen Sessel, stellte ihn ans Fußende meines Bettes, setzte sich, schlug die Beine übereinander und fühlte sich offensichtlich ebenso zu Hause wie fünf Jahre zuvor im Armsessel meiner Mutter, im Palais *de la Tranquillité*.«

Nach einer halben Stunde Geplauder kneift Bonaparte Laure durch die Decke hindurch in den Fuß und zieht dann guter Dinge ab, »wobei er ein paar falsche Noten vor sich hinbrummte«.

Als es Bonaparte am folgenden Tag ein zweites Mal versucht und Laure, die ihn zweifellos ein wenig um die Ruhe gebracht hat, wecken will, steht er vor einer versperrten Tür. Am dritten Tag aber findet der hartnäckige Verehrer den Gatten in Laures Bett vor ...

In Zukunft ist Laure nicht mehr dazu zu bewegen, auch nur eine Nacht in Malmaison zu verbringen, nicht einmal in Anwesenheit Joséphines. Eines Abends – ein Jahr nach Bonapartes vergeblicher Werbung – war Mme. Junot zum Diner geladen. »Eben, als ich heimfahren wollte«, erzählt sie, »brach ein so furchtbares Unwetter los, daß der heftige Sturm die Bäume im Park zerschmetterte. Mme. Bonaparte meinte, bei diesem Wetter wolle sie mich nicht fortlassen, man werde mir *mein Zimmer* richten. Ich dankte ihr und sagte, ich würde zu Hause erwartet und müßte augenblicklich gehen.

›Bei einem solchen Sturm lasse ich Sie nicht fort, Madame Junot‹, sagte Mme. Bonaparte und ging zur Tür, um die nötigen Weisungen zu erteilen. Ich eilte ihr nach und hielt sie zurück, wobei ich als Grund anführte, ich hätte keine Wäsche bei mir und keine Zofe.

›Sie bekommen eine Nachthaube und ein Nachthemd von mir, alles, was Sie brauchen, auch eine meiner Zofen. Bleiben Sie ruhig hier. Sie sind doch einverstanden? Wie können Sie sich auch zu dieser Stunde allein durch die Wälder wagen? Sie begeben sich in Gefahr. Wissen Sie denn nicht, daß die Wälder von Bougival nicht geheuer sind?‹

›Ich fürchte nichts, Madame, ich habe vier Männer bei mir und ich versichere Ihnen überdies, daß weder in den Wäldern von *La Celle* noch von Bougival wilde Tiere hausen. Gestatten Sie mir denn, heimzufahren und mich von Ihnen zu verabschieden!‹

Der Erste Konsul stand vor dem Kamin und schien vollauf damit beschäftigt, ein armseliges Stückchen Glut mit der Feuerzange zu zermartern. In unser Gespräch mengte er sich nicht im geringsten ein. Doch konnte ich ihn von meinem Platz aus sehr genau sehen, und es entging mir nicht, daß er lächelte, wobei dieses Lächeln durchaus nichts Bösartiges an sich hatte. Für mich war es klar, daß er sich an eines meiner Worte erinnerte. Erst am Ende, als es Mme. Bonaparte ein letztes Mal und diesmal mit größerem Nachdruck versuchte, mich zum Bleiben zu bewegen, sagte er von seinem Platz aus, die Feuerzange in der Hand und den Kopf noch im Kaminloch: ›Hör doch auf, sie zu quälen, Joséphine, ich kenne sie, sie bleibt nicht!‹«

Zweifellos hatte der Konsul eine Schwäche für Laure gehabt . . ., aber diesmal war es Joséphine entgangen.

In der Absicht, den Parisern zu beweisen, daß ein König sehr wohl »durchaus nichts Großartiges« sein mußte, lud Bonaparte im Juni 1801 den Infanten Louis von Parma und seine Gemahlin Marie-Louise zu sich ein, beide Bourbonen, die von Ludwig XIV. abstammten. Dem Vertrag von Lunéville hatten sie es zu verdanken, daß sie nun auf dem Thron der Toskana saßen, die von des Ersten Konsuls Gnaden zum Königreich Etrurien erhoben worden war. Den Parisern blieb vor Staunen der Mund offen, als sie den Einzug des Königs, der Königin und ihres Sohnes mitansahen, dreier Popanze, die sich in einer Karosse aus der Zeit Philipps V. breitmachten. Das seltsame Gefährt zogen Maulesel, die über und über mit Schellen behängt waren. Den König, der wild gestikulierte, lärmte und sich wie toll gebärdete, hatte die Natur mit Schwachsinn geschlagen, was der Monarch nicht zu verbergen suchte, sondern im Gegenteil augenfällig demonstrierte. Die Königin ihrerseits war so abstoßend häßlich, daß sie keinem menschlichen Wesen mehr glich, sondern einem Ungeheuer. Ihr Sohn, der fünfjährige

Contino, das Gräflein, »begnügte sich damit, einem die Hand zum Kuß zu reichen«, sagt Laure, »ob man nun wollte oder nicht, und einem hierauf auf die unanständigste Art etwas zu zeigen, was man gemeiniglich der Sitte entsprechend verhüllt. ›Er leidet an Koliken‹, meinte sein Vater, als erklärte sich damit sein Benehmen«.

Das Schauspiel, das die Monarchenfamilie bot, war noch weit eindrucksvoller, als Bonaparte es sich versprochen hatte. Entsetzt hörte man ihn murmeln: »Wenn ich das gewußt hätte, wäre er geblieben, wo er war.«

Doch war dies beileibe noch nicht alles! Man merkte es, als Joséphine die Parmas zum Diner in Malmaison empfing.

»Als der König aus dem Wagen stieg«, erzählt Mme. Junot, »wurde er von einem überaus seltsamen Unwohlsein befallen. Ich war auf dem Wege durch das Säulenvestibül in den Salon, als ich mich unversehens inmitten des Aufruhrs befand, den der Vorfall verursachte. Der Königin schien das Ganze sehr unangenehm, und sie versuchte, ihren Mann vor den Blicken der Leute zu verbergen. Doch war es nicht möglich, die allgemeine Aufmerksamkeit vom Anblick eines – wenn auch unbedeutenden – Königs abzulenken, der von der Fallsucht ergriffen wird, denn offensichtlich litt der unglückliche Fürst an diesem furchtbaren Übel. Als ich ihn an jenem Tag zu Gesicht bekam, war er bleich wie ein Toter, und seine Züge hatten sich völlig verzerrt. Was auch immer seine Ursache sein mochte, dieser Ausnahmezustand dauerte weniger lange an als ein Anfall, doch war er grauenvoll mitanzusehen. Als der König den Salon betrat, erkundigte sich Mme. Bonaparte angelegentlich nach seinem Befinden und fragte, was ihm denn so plötzlich zugestoßen sei: ›Ach, 's ist nichts... 's ist nichts... nicht wahr, Louise? 's ist nichts ... Magenschmerzen ... ich habe Hunger ... ich werde gut essen ... ich habe Hunger ... Ich sagte es zu Pepita ... nicht wahr, Pepita?‹

Und das Lachen seiner noch bleichen und verzerrten Lippen hatte etwas Erschreckendes.

In der Oper, die das seltsame Paar gemeinsam mit Bonaparte und Joséphine besuchte, gab man den ›Oedipus‹ von Voltaire. Beim Vers: ›Gekrönte Häupter schuf ich und wollt' selbst keine Krone‹* richteten sich aller Augen auf die Loge des Konsuls, und der ganze Saal applaudierte. Der König brach in ein dämliches Gelächter aus und vollführte zwei Fuß hohe Luftsprünge auf seinem Stuhl.«

»Die junge Generation, deren Zeit jetzt gekommen ist, wußte nicht, wie ein König aussieht«, sagte Bonaparte und ließ den Blick über die Jammergestalt an seiner Seite gleiten, »nun, und jetzt haben wir ihr eben einen gezeigt!«

Joséphine aber hatte sich in ihrer Rolle sehr wohl gefühlt und war wieder ein-

---

* Der Originaltext lautet: »J'ai fait des souverains et n'ai pas voulu l'être.« (Anm. d. Übers.)

mal ihren Repräsentationspflichten nachgekommen, als wäre sie auf den Stufen eines Thrones geboren.

Am 7. Juli 1801 verläßt »die Bürgerin-Gemahlin des Ersten Konsuls« Malmaison, um sich, immer noch auf Mutterfreuden hoffend, in Begleitung von Mme. Laetitia, Hortense, Mme. de Lavallette und Rapp zur Kur nach Plombières zu begeben.

»Beim Abschied von Malmaison«, schreibt Hortense in scherzhaftem Ton, »hatte die Gesellschaft Tränen in den Augen, was ihnen solch heftige Kopfschmerzen bereitete, daß dieser Tag für die liebenswerten Leutchen wahrhaftig anstrengend wurde. Mme. Bonaparte, die Mutter, ließ diesen denkwürdigen Tag mit der größtmöglichen Fassung über sich ergehen. Mme. Bonaparte, die Konsulin, bewies im Gegenteil so gut wie keine. Die beiden jungen Damen in der Schlafkarosse, Mlle. Hortense und Mme. Lavallette, machten einander gegenseitig das Fläschchen Eau de Cologne streitig, und der liebenswerte Monsieur Rapp ließ jeden Augenblick den Wagen halten, um sich sein Quentchen Galle von der Seele zu speien . . .«

Kurz, jedermann leidet an der Reisekrankheit. Die Fahrt ist eine Tortur, das Essen miserabel; es gibt »Spinat in Lampenöl, rote Spargel in Sauermilch«, wenn man Hortense Glauben schenken will, die noch hinzufügt: »Wir magern zusehends ab.« Die Schwiegermutter hat für die Schwiegertochter noch immer nur Verachtung und Abscheu übrig, die sich in mörderischen Blicken enthüllen. Sie ist die *Madre*, und doch gilt es nicht ihr, sondern Joséphine, wenn Abordnungen der kleinen Reisegesellschaft entgegeneilen, wenn Plombières und Luxueil Bälle und Feste veranstalten. Zwischen zwei Bädern trifft sich die Ex-Witwe Beauharnais mit Astolphe de Custine und seiner Mutter Delphine, die Alexandre geliebt hatte . . . und nach sieben Jahren, die schwer sind von so vielem Geschehen, erwachen für »Rose« die Erinnerungen an das Karmeliterkloster zu neuem Leben.

Bonaparte ist in Paris geblieben. »Malmaison ohne Dich ist zu traurig«, schreibt er ihr.

Joséphine schwatzt mit Mme. Hamelin und Mme. de Chauvelin und betrachtet dabei gerührt Hortense, die mit Astolphe tanzt. Achtzehn Jahre ist sie jetzt alt, ein junges Mädchen an der Schwelle zum Frau-Sein. Gleich ihrer Mutter ist die künftige holländische Königin keine ausgesprochene Schönheit, doch besitzt auch sie unendlich viel Charme, ist »frisch wie eine Blume« und vereint in sich, wie man versichert, die schläfrige Sinnlichkeit der Kreolin mit der Lebhaftigkeit der Französin. Eine andere Frau nennt ihr Haar »das schönste Blondhaar von der Welt«. Ihre Augen sind blau und »von unendlicher Sanftheit«. In ihrem Wesen paart sich »stille Heiterkeit« mit »reizvoller Bosheit«. Überdies malt sie, singt mit hübscher Stimme, klimpert gekonnt auf dem Klavier und erweist sich auf der

Bühne als hinreißende Komödiantin. Ein kleines Wunder ist sie ..., das man so schnell als möglich unter die Haube bringen muß. Denn Hortense liebt Duroc, den Lieblingsadjutanten ihres Stiefvaters, oder zumindest bildet sie es sich ein.

»Niemals werde ich mich daran gewöhnen können, dich Madame Duroc zu nennen«, sagt eines Tages ihre Mutter.

Wenn man erst mal wieder daheim ist, wird man Mittel und Wege finden ...

Auf der Rückreise nach Paris wird Joséphine allerorten wie die Gemahlin eines Monarchen empfangen. Am 4. August eilen ihr zivile und militärische Obrigkeiten an die Grenze des Departements de la Meurthe entgegen. Am Abend, in Nancy, diniert sie im Regierungspalast und besucht hierauf das Theater in Begleitung von Madame *Madre*. Tags darauf besichtigt sie die Stadt und den botanischen Garten in der Rue Sainte-Catherine. In der Präfektur wird sie vom unvermeidlichen Kinderchor empfangen, der ihr entgegenschmettert: »Où peut-on être mieux qu'au sein de sa famille?«*

Nach dem Mittagessen setzt sie mit Mme. Bonaparte die Heimreise fort. Die *Madre* ist offensichtlich immer schlechterer Laune ... Daß man ihre Schwiegertochter dermaßen beweihräuchert, ärgert sie immer mehr. Und so hat Joséphine, kaum nach Paris zurückgekehrt, nichts Eiligeres zu tun, als alles ins Werk zu setzen, um ihre Tochter mit dem jungen Schwager Louis zu verkuppeln. Denn mit dieser Verbindung hofft sie, die »Sippe« für sich zu gewinnen und die Schwiegermutter samt Anhang zu entwaffnen. Und weshalb sollte Bonaparte nicht, wenn Hortense und Louis einen Sohn hätten, dieses Kind adoptieren? Damit könnte Joséphine ihre eigene Position festigen: Das Gespenst der Scheidung, das sie beständig verfolgt, wäre – zumindest vorläufig – gebannt. Um das zu erreichen – und die Tochter ihren eigenen Interessen zu opfern – heißt es kämpfen. Bonaparte aber hängt an Duroc. Wenn es nach ihm ginge, könnte die Hochzeit sofort stattfinden. Er läßt Bourrienne kommen: »Wo ist Duroc?«

»Er ist ausgegangen. In die Oper, glaube ich.«

»Sagen Sie ihm sofort, wenn er heimgekommen ist, daß ich ihm Hortense versprochen habe. Er wird sie heiraten. Und zwar in allerlängstens zwei Tagen. Ich gebe ihm 500 000 Francs und ernenne ihn zum Kommandanten der Achten Division. Am Tag nach der Hochzeit wird er sich mit seiner Frau nach Toulon begeben. Wir werden getrennt voneinander leben. Ich will keinen Schwiegersohn bei mir. Und weil mir die Sache schon zu lange dauert, sagen Sie mir noch heute abend, ob er einverstanden ist.«

»Das glaube ich nicht.«

»Nun gut! Dann heiratet sie Louis.«

»Mag sie ihn denn?«

---

* »Wo kann's einem wohlergehen, als im Schoße seiner Familie?«

»Sie wird wohl müssen.«

»Der Erste Konsul«, erzählt Bourrienne, »machte mir diese Eröffnung in ziemlich brüskem Ton, was mich darauf schließen ließ, daß es innerhalb der Familie zu einer heftigen Auseinandersetzung gekommen war und daß er nun sein Ultimatum stellte, weil er, des Krieges müde, von der Sache nichts mehr hören wollte.«

Duroc kam um halb elf Uhr abends heim. Bourrienne bestellt ihm Wort für Wort den Vorschlag des Ersten Konsuls:

»Wenn die Sache so ist, mein lieber Freund«, ruft der Adjutant aus, »dann soll er seine Tochter gefälligst behalten. Ich gehe jetzt zu den Huren.« Und »völlig ungerührt« nahm er seinen Hut und ging. »Dem Ersten Konsul wurde Durocs Antwort vor dem Zubettgehen überbracht, und Joséphine erhielt die Zusicherung, daß ihre Tochter Louis heiraten werde.«

»Wir beide werden vielleicht keine Kinder haben«, sagte Bonaparte zu ihr. »Ich habe Louis großgezogen, ich betrachte ihn als meinen Sohn. Deine Tochter ist dir das Liebste auf der Welt. Ihre Kinder werden die unseren sein. Wir werden sie adoptieren, und diese Adoption wird uns darüber hinwegtrösten, daß wir selbst kinderlos sind. Freilich ist's nötig, daß die jungen Leute unseren Plan gutheißen und glücklich sind.«

Bourrienne wird zu Hortense geschickt.

»Ich bin beauftragt«, eröffnet er ihr, »Ihnen etwas zu unterbreiten, was Ihre Mutter und der Konsul sich sehnlich wünschen. Sie wollen Sie mit dem Obersten Louis Bonaparte vermählen. Er ist gut, vernünftig, einfach und rechtschaffen. Er wird Ihren Wert wohl zu schätzen wissen. Er ist für Sie der ideale Mann. Sehen Sie sich doch einmal um: Wen wollten Sie da heiraten? Jetzt ist der Augenblick gekommen, ernsthaft daran zu denken. Bis dato hat keiner Ihr Gefallen zu erregen gewußt, und wenn Ihr Herz eine Wahl träfe, der Ihre Eltern nicht zustimmten, wären Sie da bereit, ihnen den Gehorsam zu verweigern? Sie lieben Frankreich. Möchten Sie es verlassen? Ihre Mutter könnte den Gedanken nicht ertragen, Sie mit einem ausländischen Fürsten vermählt zu wissen, der Sie auf immer von ihr trennen würde. Es ist Ihr Unglück, wie Sie wissen, daß sie nicht mehr auf Kindersegen hoffen kann. Es liegt an Ihnen, dieses Unglück wieder gut zu machen und vielleicht ein noch größeres zu verhüten. Sie müssen wissen, daß man nicht müde wird, rund um den Konsul Intrigen zu spinnen, um ihn zu einer Scheidung zu bewegen. Allein Ihre Heirat vermag die Bande enger zu knüpfen und zu stärken, von denen das Glück Ihrer Mutter abhängt. Zögern Sie, dies zu tun?«

»Ich hatte Bourrienne sprechen lassen, ohne ihn zu unterbrechen«, erzählt Hortense. »Zum ersten Mal wurde mir offenbar, daß es in meiner Macht stand, zum Seelenfrieden meiner Mutter beizutragen. Wie sollte ich mich weigern?

Doch mußte ich mich erst langsam an den Gedanken gewöhnen, mein Schicksal mit jenem eines Mannes zu vereinen, den ich nicht wirklich liebte. Ein solcher Entschluß wollte reiflich überlegt sein.«

Um so mehr, als das junge Mädchen instinktiv ahnte, wie unglücklich es mit Louis Bonaparte sein würde.

»Du kleine Närrin«, soll Joséphine zu ihr gesagt haben, »hat denn das Herz zu sprechen, wenn man die Ehe eingeht? Man verlangt nicht von dir, daß du ihn vorher liebst, sondern daß du ihn heiratest. Die Liebe kommt später.«

Hortense willigte ein, obwohl ihr zumute war, als ginge es ans Sterben, und am 4. Januar 1802 wird die Hochzeit in den Tuilerien gefeiert. Am Abend bricht sie in Tränen aus, als sie bemerkt, wie wenig ihr der mißlaunige Gatte zugetan ist . . .

Am Tag nach der Hochzeit, als Hortense und Louis zum Diner in die Tuilerien kommen, weint auch Joséphine. Vielleicht kommt es ihr zu Bewußtsein, daß sie ihre Tochter ins Unglück gestoßen hat . . .

Bonaparte versucht, die Tränen zu trocknen, und spricht von ihrer bevorstehenden Abreise nach Lyon.

»Was spricht man in der Öffentlichkeit?«

»Daß du hinfährst, um König von Italien zu werden.«

Der Erste Konsul lacht und antwortet mit jenem Vers aus Voltaires »Oedipus«, der den unglückseligen König Etruriens so sehr amüsiert hatte: »J'ai fait des souverains et n'ai pas voulu l'être.«

Noch ehe Bonaparte mit Joséphine die Reise antritt, erfährt er, daß Louis Heiratsanzeigen im Namen von Mme. Bonaparte und in seinem eigenen versandt hat. Der Konsul schäumt vor Wut. Er betrachtet sich als Familienoberhaupt, mag auch Joseph der Älteste sein. Vor Hortense, Louis und Joséphine tobt er: Was maßen Sie sich an? Wenn ich dem Brauch hätte folgen wollen, hätte ich die Anzeigen in meinem Namen abgefaßt. Bin ich nicht Ihr Vater? Haben Sie nicht meine Stieftochter geheiratet? Mit welchem Recht lassen Sie meine Frau schreiben, ohne meine Erlaubnis eingeholt zu haben? Sie müßten wissen, daß es meine Position eines Ersten Konsuls erfordert hätte, daß die französische Obrigkeit und die ausländischen Vertreter verständigt und zur Hochzeit geladen würden, was wir nicht getan haben, um uns die Beschwerlichkeiten einer großen Zeremonie zu ersparen. Nun werden sie nicht wissen, weshalb wir sie übergangen haben, denn Ihnen allein wird keiner die Schuld geben. Ihre Dummheiten fallen auf mich zurück. Sie sind nicht imstande, eigenmächtig zu handeln. Nie im Leben werde ich das zulassen.«

Ihre Flitterwochen verbringen die jungen Eheleute in Malmaison. Als es die junge Frau eines Tages wagt, zu lachen, ohne daß der Gatte über den Grund ihrer Heiterkeit unterrichtet ist, schreit Louis sie an:

»Wofür halten Sie mich? Glauben Sie, ich will Ihnen ein Spielzeug abgeben? Ich mache Sie darauf aufmerksam, daß nur Kokotten es sich erlauben können, über ihren Mann zu lachen und ihn nicht ernst zu nehmen. Eher liefe ich Ihnen davon, als daß ich mich so tief erniedrigen ließe.«

»Meine Verzweiflung läßt sich nicht schildern«, erzählt Hortense. »Blitzartig erkannte ich, daß ich jede Hoffnung auf Glück oder auch nur auf häuslichen Frieden zu begraben hatte. Mit dem Charakter, der sich mir offenbarte, konnte ich mich nicht abfinden. Er machte mir Angst vor der Zukunft!«

Und welch einer Zukunft!

Später schluchzt sie, als er im ehelichen Schlafgemach das Hemd eines Krätzekranken anzieht, um darin, wie es die Quacksalberei jener Zeit will, die »bösen Säfte« auszuschwitzen. Infolge einer vernachlässigten und falsch behandelten Geschlechtskrankheit war Louis ein ewiger Kranker, der bereits zum Zeitpunkt seiner Verehelichung von einem Arzt zum andern wanderte. Bald wird er sich von einem Thermalbad zum anderen schleppen, um Heilung von seinen Kopfschmerzen und seinen Gleichgewichtsstörungen zu suchen, ein Halbgelähmter, an dessen Armen sich bereits der Muskelschwund abzeichnet. Außenstehenden erschien er ernst und gefühlvoll, »zurückhaltend und maßvoll« in seinem Benehmen, doch in seinem engsten Kreis, in seinen eigenen vier Wänden, war er nichts weiter als ein armer Narr, der sich beständig verfolgt fühlte und allem und jedem mit Mißtrauen begegnete.

Joséphine hat die Tochter ihren eigenen Interessen geopfert und sie zudem noch an einen Siechen und gemeingefährlichen Irren verkuppelt ...

Doch von all dem ahnt Joséphine kaum etwas, als sie in der Nacht vom 8. zum 9. Januar 1802 zu ihrer ersten offiziellen Reise mit Bonaparte aufbricht. Um Mitternacht geht es nach Lyon; Schnee, Frost und Kälte sind mit ihnen. Nach einer ersten Nacht, die sie in der Poststation von Lucy-le-Bois verbringen, erreichen sie am darauffolgenden Abend Chalon und kommen am 11. um acht Uhr abends in Lyon an. Joséphine präsidiert bei Bällen und Konzerten.

In Seide gekleidet, die natürlich aus einem Lyoneser Atelier stammt, brilliert Joséphine – ohne Bonaparte, der an diesem Tag in Lyon an Ort und Stelle Präsident der italienischen Republik wird – als Patronesse eines Festes in Sainte-Marie de Bellecour und nimmt auf einer Estrade Platz, über welcher die Inschrift: *Anmut und Würde* prangt. Dann wohnt sie der Parade der aus Ägypten heimgekehrten Truppen bei. Seiner Gewohnheit entsprechend, spricht Bonaparte zu seinen ehemaligen Kameraden. Welch großes Stück Weg hat er doch zurückgelegt, seit jenem Tag, da er sie im Stich ließ und bei Nacht und Nebel aus Alexandrien floh!

Im darauffolgenden Monat wohnt Joséphine in Notre-Dame von der Tribüne zwischen Chor und Hauptschiff dem *Te Deum* zur Feier der Unterzeichnung des

Konkordats bei. Als sie sieht, wie die Bischöfe ihrem Gatten den Schwur leisten, weht sie eine Ahnung von der Größe des Mannes an, dem sie vermählt ist. Frankreich wird wieder die ältere Tochter der Kirche, mag auch Bonaparte das ägyptische Krummschwert tragen und die sechs Pferde vor seiner Karosse von Mameluken führen lassen ... Die grün-goldenen Livreen sind neu, und das Gesinde umgibt – wie zu Zeiten der Könige – die von glanzvollen Truppen eskortierten Prunkwagen. Bonaparte fährt in einer achtspännigen Karosse, während sich die Konsuln mit sechs und die Mitglieder der Regierung mit vier Pferden bescheiden müssen ...

Der Minister von Preußen konnte seinem Hof melden: »Rings um den Ersten Konsul und seine Gattin nimmt alles wieder die Allüren und die Etikette von Versailles an. Allerorten feiern höfischer Prunk, Equipagen, Livreen und zahlreiche Dienerschaft ihre Auferstehung. Auf die Wahl der Ausländer, die empfangen werden, verwendet man besondere Sorgfalt, und die Ausländerinnen, die dem Ersten Konsul im Cercle seiner Gattin vorgestellt werden, meldet einer der Präfekten des Palastes. Der Erste Konsul findet einigen Gefallen an der Jagd, und die Wälder, wo dereinst die Könige von Frankreich und die Fürsten und Prinzen von königlichem Geblüt jagten, sollen für ihn und die Offiziere in seinem Gefolge reserviert werden.«

Ehe sie ihre Residenz nach Saint-Cloud – und später nach Fontainebleau, ins *Grand Trianon* und nach Rambouillet – verlegt, reist Joséphine im Juni 1802 wieder zur Kur nach Plombières, immer noch von der Hoffnung auf Kindersegen beseelt. Als sich Lucien von ihr verabschiedete, warf er ironisch hin: »Wohlan, Schwester, machen Sie uns einen kleinen Cäsarion!«

Jetzt reist sie wie eine Monarchin in Begleitung eines Kommandos Gendarmerie oder Carabinieri. In Nancy wird ihr zu Ehren ein Galadiner in der Präfektur gegeben. Diesmal wäre ihr ein einfacher Empfang lieber gewesen. »Ich fühle, daß ich für so viel Größe nicht geboren wurde«, schreibt sie ihrer Tochter bei der Ankunft in Plombières, »und daß ich glücklicher wäre, zurückgezogener leben zu können, umgeben von jenen, die Gegenstand meiner Zuneigung sind.«

Kurz nach Beginn der Kur empfängt sie einen Brief ihres Gatten aus Malmaison, wo Hortense, die bereits ein Kind erwartet, ihre Mutter vertritt: »Ich habe noch keine Nachricht von Dir. Ich denke, Du hast bereits begonnen, die Bäder zu nehmen. Wir hier sind ein wenig traurig, obwohl meine liebe Tochter aufs vorzüglichste die Honneurs des Hauses macht ... Ich liebe Dich wie am ersten Tag, weil Du gut und über die Maßen liebenswert bist ... Tausend zärtliche Dinge, und einen Kuß der Liebe. Ganz der Deine.«

Joséphine klagt, die Kur sei so anstrengend, und der Gatte beeilt sich, sie zu trösten: »Deinem Brief, gute kleine Frau, habe ich entnommen, daß Du unter Beschwerden zu leiden hast. Corvisart, den ich dazu befragte, meinte, das sei ein gutes Zeichen, die Bäder würden bei Dir die gewünschte Wirkung zeitigen und Deinem Zustand förderlich sein. Doch tut es meinem Herzen weh, zu wissen, daß Du leiden mußt . . . Tausend liebe Dinge an alle. Dein für das ganze Leben.«

Am 1. Juli schreibt er neuerlich: »Du sagst mir nichts über Deinen Gesundheitszustand noch über die Wirkung der Bäder. Ich sehe, daß Du in acht Tagen zurück sein willst. Du bereitest Deinem Freund, den die Einsamkeit langweilt, eine große Freude! . . . Ich bitte Dich, daran zu glauben, daß ich Dich liebe und es nicht mehr erwarten kann, Dich wiederzusehen. Alles ist traurig hier ohne Dich.«

Ganz ernst sind Bonapartes Worte nicht zu nehmen. Während der Abwesenheit seiner Frau empfängt er in Malmaison die hübsche Sängerin Louise Rolandeau. Joséphine kommt dahinter, bricht ihre Kur ab und eilt nach Malmaison, wo sie ihre Tochter mit Vorwürfen überschüttet: »Du hättest verhindern müssen, daß sie kommt!«

Arme Hortense! Die Mutter zeigt ihr ein böses Gesicht, und der Gatte, der nach wie vor unter Zwangsvorstellungen leidet, wie sie der Verfolgungswahn mit sich bringt, ist der Meinung, das Kind, das seine Frau erwartet, sei nicht von ihm, sondern von seinem Bruder Napoleon. Mehr noch – er ist davon überzeugt, man habe Joséphines Tochter nur mit ihm verheiratet, um die Frucht der sündhaften Liebe zwischen Stiefvater und Stieftochter zu verhehlen.

Bonaparte seinerseits empfängt Joséphine mit einer stürmischen Szene, macht ihr heftige Vorwürfe ob ihrer verfrühten Rückkehr und hält ihr vor, »die Obsorge um ihre Gesundheit, die Möglichkeit, vielleicht doch noch Kinder zur Welt zu bringen, den Aufwallungen einer unvernünftigen Eifersucht geopfert zu haben«.

Damit hat er ein Thema zur Sprache gebracht, das Joséphine sogleich in heiße Tränen ausbrechen läßt, die um so reichlicher fließen, als sich ganz Frankreich in diesem Juli 1802 zu den Wahlen rüstet, um Bonaparte das Konsulat auf Lebenszeit anzutragen.

Für Joséphine ist dieser Gedanke ein Albtraum. *Konsulat auf Lebenszeit* heißt fast so viel wie *Erbfolge*. Und Joséphine scheint nicht mehr imstande zu sein, Bonaparte den Erben zu schenken . . .

Nach dem Brumaire schien sich Bonaparte zu einem Entschluß durchgerungen zu haben.

»Ich habe keine Kinder«, hatte er eines Tages zu Joseph gesagt, »ihr meint, ich könnte keine bekommen. Joséphine wird, glaube ich, bei ihrem Alter auch keine mehr zur Welt bringen, ungeachtet des guten Willens, den sie an den Tag legt. Sie hat aber nichts dagegen, daß andere dieses Geschäft für sie besorgen. So kann ich nur sagen: Nach mir die Sintflut!«

Jetzt, da man dem Konsulat auf Lebenszeit entgegengeht – manche sprechen bereits von Monarchie –, kann keine Rede mehr von »Nach mir die Sintflut«

sein. Die Mutterschaft wird für Joséphine eine zwingende Notwendigkeit . . . eine Notwendigkeit, die ihr beständig vor Augen steht. Zweifellos hat sie, wie sie versichert, lebendige Beweise ihrer Fruchtbarkeit erbracht — Hortense und Eugène —, und die Sterilität ihrer Ehe sei demnach Bonapartes Verschulden, eine Auffassung, die der Gatte keineswegs teilt. Es hätte keiner besonderen Nötigung bedurft, um ihn auch zu jener Antwort zu veranlassen, die seine Schwester Elisa Joséphine eines Tages entgegengeschleudert hatte, als sie es überdrüssig geworden war, die Schwägerin unablässig von der Geburt ihrer beiden Kinder sprechen zu hören: »Doch damals, Schwester, waren Sie jünger als heute!«

Als Joséphine eines Morgens in Malmaison zu ihrem Mann sagte, um ihn von der Jagd abzuhalten: »Was fällt dir ein? Alle unsere Tiere sind trächtig«, antwortete der Erste Konsul wenig rücksichtsvoll: »Nun ja, so müssen wir denn drauf verzichten; alles hier vermehrt sich, außer Madame!«

Der Weg zum Thron

An einem Vorabend der »Machtergreifung« ist die »Sippe« in hellem Aufruhr. Das Konsulat auf Lebenszeit ist nicht zu verachten, doch den Bonapartes steht der Sinn nach Höherem. Sie wollen nicht mehr und nicht weniger, als daß ihrem Bruder das Recht zuerkannt werde, »seinen Nachfolger zu bestimmen«. Zwei Möglichkeiten stehen offen: entweder die Scheidung von »der Beauharnais« und die Wiederverehelichung oder aber die Wahl eines Erben, der niemand anderer sein könnte als sein Bruder, der bleiche Joseph. War denn der nicht »der Älteste«?. . . Für Korsen ein klarer Fall.

Um die Pläne zu durchkreuzen, erklärt Joséphine ihrem Gatten – wie Fouché es ihr eingeflüstert hat: »Die Generäle schreien bereits, daß sie nicht gegen die Bourbonen gekämpft haben, um sie durch die Familie Bonaparte zu ersetzen!«

Napoleon seinerseits brauchte nicht lange, um dahinter zu kommen, daß Joseph nichts weiter war als ein farbloser, schwächlicher Durchschnittscharakter. Wie sollte man Frankreich einen solchen Nachfolger zumuten?

»Wenn man tot ist«, sagte er schließlich, »ist man tot. Selbst das Testament Ludwigs XIV. wurde nicht vollstreckt.«

Und Bonaparte beschloß, fürderhin keinen Blick mehr auf die Zukunft zu verschwenden. Joséphine atmet auf. Als der Staatsrat dem Ersten Konsul den Wortlaut der beiden Fragen unterbreitet, die dem französischen Volk gestellt werden sollen: »1. Soll Napoleon Bonaparte Konsul auf Lebenszeit werden? 2. Soll ihm das Recht zugestanden werden, seinen Nachfolger zu bestimmen?«, streicht Joséphines Gatte »mit einer heftigen Geste« die zweite Frage durch.

Dann aber besinnt er sich anders, und die zweite Frage wird beibehalten. Zweifellos weil – wie Masson annahm – Hortenses Schwangerschaft inzwischen publik wurde. Wenn Bonaparte Joséphines Enkel adoptiert, erübrigt sich die Scheidung. Die Gattin des *Konsuls auf Lebenszeit* beginnt wieder zu hoffen.

In Paris stimmen 60 395 Wähler mit *Ja*, die *Nein-Stimmen* belaufen sich auf ganze sechzig. Und in der Vendée? Dort standen 17 079 *Ja* gegen sechs *Nein*. Am 29. Juli verkündet der Senat das Ergebnis der Volksabstimmung. »Das französische Volk ernennt und der Senat proklamiert Napoleon Bonaparte zum Ersten Konsul auf Lebenszeit.«

Von 3 577 259 Wählern entschieden sich nur 8374 Franzosen gegen das Konsulat auf Lebenszeit. Am 3. August erreicht die Siegesnachricht, der in Zahlen ausgedrückte »Wille des französischen Volkes« die Tuilerien. Bonaparte wird König oder Kaiser; es geht nur noch um das Wort, vor dem man zurückschreckt. Seinen Vornamen – diesen Namen, dem eine magische Kraft innewohnt – prägt man auf das Hartgeld, und der 15. August – der Geburtstag des neuen Herrschers – wird zum Nationalfeiertag erhoben.

Für Joséphine aber rückt die Stunde näher, da sich die Prophezeiung der karibischen Wahrsagerin bewahrheiten soll ...

Bonaparte setzt seine erste Tat als Souverän: Im September 1802 bezieht er die Residenz in Saint-Cloud. Nach Versailles wagt er nicht die Hand auszustrecken. Und in Saint-Cloud, auf das er sechs Millionen in Gold verwendet hat – mehr als die Summe, die er in die Tuilerien investierte –, beginnt seine eigentliche Herrschaft; dort, wo der Bruder Ludwigs XIV., der Regent, dann die Orléans und schließlich Marie-Antoinette residierten. Mme. Bonaparte bezieht die ehemaligen Appartements der Königin, im linken Flügel. Von dort wird Joséphine am 10. Oktober gegen Abend nach Malmaison geholt, wo Hortense in den Wehen liegt. Um zehn Uhr abends ist Mme. Bonaparte Großmutter eines kräftigen Jungen.

»Unser Dauphin!« rufen Hortenses Damen aus. Joséphines Tochter ist überglücklich, und auch Louis scheint froh. Von der Vermutung gequält, seine Frau trage die Frucht seines Bruders, hatte er erklärt, Hortense nie mehr wiedersehen zu wollen, falls sie vor Ablauf von neun Monaten niederkäme. Glücklicherweise erblickt der kleine Napoléon-Charles neun Monate nach dem Aufenthalt seiner Eltern in Malmaison das Licht der Welt. Doch der Aufschub, den Louis seiner Frau gewährt, ist nur von kurzer Dauer ...

Ende Oktober 1802 befindet sich Joséphine neuerlich auf offizieller Reise mit dem Konsul. Eugène begleitet seine Mutter und seinen Stiefvater, der zu Pferd nach Rouen aufbricht, während Joséphine im Wagen folgt. Die Reise geht über Mantes, wo man die Durchzugsstraße nach Evreux verläßt, um das Schlachtfeld von Ivry zu besuchen. Bonaparte befiehlt, den Obelisken wieder aufzurichten, der vormals die Stelle bezeichnet hatte, wo Heinrich IV. nach der Schlacht rastete. Um siebzehn Uhr hält man Einzug in Evreux, wo »Mme. Bonaparte, umgänglich, in freundlichem Entgegenkommen, zwanzig jungen Mädchen gestattet, Gedichte aufzusagen und ihr einen Blumenstrauß zu überreichen, das schlichte Angebinde der Unschuld«.

Tags darauf zieht die »Karawane« des Konsuls durch Louviers und erreicht am Nachmittag Rouen. Am 31. Oktober wohnen Bonaparte und Joséphine dem Gottesdienst in der Kapelle der Präfektur bei. Die Messe liest Erzbischof Cambacérès, der Bruder des Zweiten Konsuls. Der Prälat wagte es nicht, dem Staatsoberhaupt und seiner Gattin die Patene zu reichen. In seine Unterkunft zurückgekehrt, ruft Bonaparte denn auch unwillig aus: »Dieser Mann hat mir nicht die Ehren erwiesen, die Souveränen gebühren: Nicht, daß mir etwas an seiner Patene läge, doch sei Cäsar gegeben, was Cäsars ist.«

Und tags darauf schreibt er dem Zweiten Konsul: »Der Herr Erzbischof, der sich hier besonderer Liebe und Wertschätzung erfreut, war so gütig, uns eine Messe zu lesen, doch gewährte er uns weder Weihwasser noch Gebet zu unserem Heile. Morgen, am Allerheiligentage, werden *Wir* uns schadlos zu halten wissen.«

An diesem 1. November empfängt Bonaparte sechs Stunden lang im Stehen die Obrigkeit. Stoisch erträgt Joséphine die Strapazen mit »jener Liebenswürdigkeit und jener Sanftmut«, wie der *Moniteur* berichtet, »welche die Persönlichkeit auszeichnen, der die Ehrenbezeigungen galten«.

Nach fünf Tagen Aufenthalt geht es weiter nach Le Havre, wo der Stadtpfarrer Joséphine mit folgenden Worten empfängt: »Für den Stadtpfarrer von Le Havre und die Geistlichkeit ist einer der schönsten Tage angebrochen, jener, da es ihnen gegeben ist, Eurer Tugend den Tribut ihrer Bewunderung zu zollen.«

Über Dieppe, Gisors und Beauvais geht die Reise weiter. Mit seltenem Geschick spielt Joséphine die Rolle der Souveränin. In Dieppe überreicht ihr ein kleines Mädchen – Herminie Flouet – einen Blumenstrauß. Joséphine nimmt eines ihrer Armbänder ab und schließt es um das Handgelenk Herminies die, keineswegs schüchtern, den anderen Arm hinhält . . . worauf Joséphine lachend ein zweites Armband abnimmt und es dem Kind anlegt.

Ganz Frankreich ahmt das Beispiel der Stadt Rouen nach, die Joséphine vierzig Töpfe eingemachten Obstes geschenkt hat und ebenso viele Flaschen Wein. Gournay-en-Bray hat Käse zu bieten, Burgunder und fünfzig Pfund Butter, »ein Edelprodukt unseres Landes«.

Als es dem Stadtrat von Beauvais zu Ohren kommt, daß Mme. Bonaparte und der Erste Konsul – am 13. und 14. November 1802 – ihre Stadt besuchen werden, taucht der Bürgermeister, M. de la Chaise, in den Archiven des Rathauses unter, um sich an Hand der Protokolle zu instruieren, »was anläßlich der Besuche seitens der Könige von Frankreich, und im besonderen seitens Heinrichs II. und der Katharina von Medici im Jahre 1555« veranlaßt worden sei. Unverzüglich wird eine Ehrengarde – wie sich verschämt ein Begleitkommando berittener Freiwilliger nennt – konstituiert und in eine prächtige Uniform in den Farben der Trikolore eingekleidet: Der Rock ist blau, Weste und Hose sind weiß, der Federbusch prangt in Rot.

Als der Erste Konsul und Joséphine am Abend des 14. November in Saint-Cloud eintreffen, donnert die Kanone. Das Ableben des armen Leclerc, Paulettes Gatten, auf der Schildkröteninsel veranlaßt Joséphine und ihre Damen, Anfang Januar die Hoftrauer anzulegen. Am 12. März wohnt der Konsul mit Joséphine der Prägung der ersten Goldmünzen bei, die sein Bildnis tragen.

Nichts fehlt ihnen mehr als der Titel eines Königs und einer Königin . . .

Sonntag, den 13. März, spielt Bonaparte im Salon seiner Frau mit Joséphines Enkel, als man ihm meldet, das diplomatische Korps und alle jene, die ihm vorgestellt werden sollen, seien versammelt. In Begleitung von Joséphine eilt Napoleon in den Audienzsaal und stürzt sich auf den englischen Botschafter, Lord Withworth, den er anherrscht: »Sie wollen den Krieg. Fünfzehn Jahre lang haben wir gekämpft. Das ist schon zu viel. Aber Sie möchten noch weitere fünfzehn Jahre kämpfen, und mich zwingen Sie dazu!«

Fünfzehn Jahre! Dabei verrechnete sich der Erste Konsul nur um zwei. Dann wendet er sich an die Vertreter Rußlands und Spaniens: »Die Engländer wollen den Krieg; aber wenn sie als erste das Schwert aus der Scheide ziehen, bin ich der letzte, der es wieder hineinsteckt. Sie halten sich an keine Verträge.« Withworth schweigt. Wieder erhebt Bonaparte die Stimme. »Weshalb rüsten Sie? Wem gelten all diese Vorsichtsmaßnahmen? In Frankreichs Häfen habe ich kein einziges bewaffnetes Linienschiff. Aber wenn Sie rüsten, werde auch ich rüsten. Sie können Frankreich vielleicht töten, aber ihm Angst machen nie!«

Der Krieg flammt von neuem auf, ein elfjähriger Krieg.

Die Anwesenden sind stumm, vor »Überraschung oder Angst«, erzählt Hortense. »Meine Mutter sprach weiter mit den Damen und versuchte, mit einigen liebenswürdigen Worten den schlechten Eindruck zu verwischen, den man, wie sie befürchtete, von einer so lebhaften Auseinandersetzung gewinnen mochte. Als der Konsul in sein Arbeitszimmer zurückgekehrt war, schien er von einer großen Last befreit. Sein Zorn war verraucht. Jetzt war die Reihe an uns, meiner Mutter und mir, eine finstere Miene zur Schau zu tragen.«

»Na, was habt ihr denn? Was ist los?« sagt der Konsul mit einem halben Lachen.

»Du hast alle in Angst und Schrecken versetzt«, erwidert Joséphine, »man wird dich für bösartig halten. Die Damen, die dich nicht kennen, die überglücklich waren, dich endlich sehen zu dürfen, was sollen sich die jetzt von dir denken? Anstatt liebenswürdig und nett zu ihnen zu sein, redest du von der Politik. Das war völlig fehl am Platz.«

»So haben sie mich also gehört? Es ist wahr, ich habe einen Fehler begangen. Heute wollte ich erst gar nicht zur Audienz hinunterkommen. Talleyrand hat mir Dinge gesagt, die mich verärgerten, und dann tanzt mir dieser lange Lulatsch von einem Botschafter noch ausgerechnet vor der Nase herum!«

Am 8. Mai 1803, in Saint-Cloud, will Bonaparte eigenhändig die sechsspännige Kalesche lenken, in der Joséphine, Hortense, Caroline und Cambacérès Platz genommen haben. Der Wagen streift einen Markstein und kippt um. »Gebt Cäsar wieder, was Cäsars ist«, meint Bonaparte darauf hin und gibt dem Kutscher César die Peitsche zurück.

Hortense, die vom Unfall am stärksten in Mitleidenschaft Gezogene, war zwanzig Schritte weit durch die Luft geschleudert worden. Joséphine will sie über Nacht in Saint-Cloud behalten, doch die junge Frau erklärt sich dazu nicht bereit.

»Meine Tochter liebt mich nicht mehr«, klagt Joséphine unter Tränen.

»Das ist ganz einfach«, gibt Bonaparte zurück. »In Paris amüsiert sich Hortense. Wir sind alt, bei uns langweilt man sich.«

»Ich litt alle Qualen der Hölle«, erzählt Hortense, die es am Ende nicht mehr ertragen kann und eingestehen muß, daß Louis in seiner krankhaften Eifersucht seiner Frau verboten hat, im selben Haus zu nächtigen wie der Erste Konsul. Auch will er den kleinen Napoléon-Charles so wenig als nur irgend möglich bei Bruder und Schwägerin lassen.

»Wie«, ruft Bonaparte aus, »Ihr Mann hat ein derartiges Verbot über Sie verhängt? Was mag ihn dazu bewogen haben? Bezieht er seine Weisheiten am Ende aus den englischen Pamphleten? Schreiben Sie ihm, daß er kein Recht hat, eine Tochter von der Mutter zu trennen. Wo kann eine Frau, deren Mann in der Ferne weilt, besser aufgehoben sein als bei der Mutter? Wenn man ein so untadeliges Leben führt wie Sie, hat man ein Recht darauf, auch einmal energisch aufzutreten und sich nicht derart lächerliche Vorschriften aufzwingen zu lassen.«

Und wieder geht's auf die Reise, eine Fahrt, die zum Triumphzug eines Souveräns wird. Am 25. Juni brechen Bonaparte und Joséphine zum Besuch des Departements im Norden und des heutigen Belgien auf. Achtundvierzig Tage lang erträgt Joséphine lächelnd wortreiche Ansprachen, weitschweifige Reden, ungezählte Kanonensalven, junge Mädchen in Weiß, die dümmliche, sich ewig gleichbleibende Gedichte herunterleiern und immer dieselben Blumensträuße überreichen, ihre Reitkünste augenfällig demonstrierende Ehrengarden, Festbeleuchtungen, Bälle, Schlüsselübergaben, Glockengeläute, Chöre, Hymnen, Kantaten, Hochämter, Singmessen, Kreuze und Patenen, die vor den Kirchen zum Kuß gereicht werden, Besprengungen mit Weihwasser, Geschenke aller Art – von den Schwänen aus Amiens bis zu den roten Pferden aus Antwerpen –, langweilige Besichtigungen von Fabriken, Werkstätten, Ateliers, Spitälern, Häfen, Umzug der Riesen, sich von nichts voneinander unterscheidende Paraden gestern, heute, morgen, Audienzen für die Honoratioren und ihre Gattinnen, Aufführungen hochtrabender allegorischer Dramen, ungezählte Veranstaltungen »zum Anlaß«, wie es heißt, die langweilig sind zum Sterben.

Über Saint-Nicolas, Beveren und die Schelde erreichen Bonaparte und Joséphine, von Gent kommend, am 18. Juli Antwerpen. Das Konsulpaar wird in der Präfektur einquartiert, vor der sich zu Ehren der illustren Gäste zwei »mit Hieroglyphen bedeckte und von kugelförmigen Laternen gekrönte« ägyptische Pyramiden erheben. Die ganze Stadt prangt in – obligatorischer – Festbeleuchtung. Auch die Ärmsten der Armen haben sich daran beteiligt, so etwa

»jener völlig Mittellose, der nichts anderes seinen Besitz nennen konnte als einen Schemel auf dem Stadtplatz. Das kümmerliche Möbel illuminierte er ringsum, indem er eine Kerze in vier Stücke zerschnitt und mit je einem Stummel eine Seite beleuchtete«. Die Straßen sind eine einzige Lichtergirlande, in die sich flammende Embleme winden. Die kleine Statue des Milchmädchens auf dem Milchmarkt wurde hübsch bemalt, desgleichen der Bauer auf dem Eiermarkt.

»Ruhm und Ehre Frankreichs Titus«, verkündet ein Transparent an der Fassade des Rathauses.

Tags darauf ist Joséphine an Bonapartes Seite, als die Delegationen ihre Aufwartung machen. Man kredenzt alten Rheinwein aus einem Faß, das »dem Urväterbrauch folgend« von acht riesigen Brauereipferden auf einem Schlitten in die Präfektur geschleppt wurde. Die in Nanking gewandeten Pferdeführer sind mit Weinlaub bekränzt. Allgemein herrscht Heiterkeit, und der Präsident des Stadtrates beginnt, zu Joséphine gewandt, seine Rede mit den Worten: »Madame, in Ihren Händen liegt das Glück Napoleons des Großen, so haben Sie denn ein geheiligtes Anrecht auf unsere Segenswünsche und Dankbarkeit . . .«

Zum ersten Mal geschieht es, daß Bonaparte »Napoleon der Große« genannt wird. Für die Antwerpener ist die Monarchie bereits wieder eingesetzt, ist Napoleon König der Franzosen. Joséphine und Napoleon leben ohne den Segen der Kirche in einer Ehe, die nur standesamtlich geschlossen wurde, doch scheint Monsignore de Roquelaure, Erzbischof von Mecheln und ehemals, unter Ludwig XVI., Bischof von Senlis, dies nicht zu wissen; zumindest tut er, als wäre ihm diese Tatsache unbekannt: »Madame«, spricht er zu Joséphine, nachdem er sie als »Meisterwerk des Schöpfers« apostrophiert hat, »Madame, die geheiligten Bande des Sakraments haben Sie ehedem mit dem Ersten Konsul vereint, heute sind Sie teilhaftig seines Ruhms. Dies verdanken Sie Ihren ansprechenden Geistesgaben, Ihrem liebenswerten Wesen und dem Reiz Ihrer Gesellschaft.« Abschließend gibt er dem Wunsche Ausdruck, Joséphine möge weiterhin ihre »liebenswerten Eigenschaften ins Werk setzen«, um ihrem Gatten eine »köstliche Erholung« zu sein . . .

Am 21. Juli zu Mittag bricht man auf nach Brüssel.

In Brüssel stellt Bonaparte fest, daß die Damen der Stadt größere Summen auf ihre Toiletten aufgewendet haben als seine eigene Frau! . . . Dies macht er Joséphine zum Vorwurf, die darob in Tränen ausbricht. An Hand der Rechnungen versucht Joséphines Schatzmeister zu beweisen, daß der Erste Konsul irrt, und dies ist wohl das erste und einzige Mal in ihrem Leben, daß sich Joséphine vorhalten lassen muß, sie sei zu sparsam gewesen. Mme. de Rémusat, die zur Reisegesellschaft zählt, staunt darüber, daß Bonaparte so viele der vorbeidefilierenden Soldaten bei ihrem Namen kennt und sich in allen Einzelheiten an ihre Verdienste vor dem Feind erinnert.

»Bonaparte«, erklärt ihr hierauf Joséphine, »hat die Gewohnheit beibehalten, des Abends vor dem Einschlafen die Stellungspläne der sogenannten Armeekader zu studieren. Er schläft buchstäblich über den Namen der Korps ein und selbst über den Namen der einzelnen Männer, die jene Korps bilden. Er bewahrt sie in einem Winkel seines Gedächtnisses auf, und das kommt ihm natürlich sehr zugute, wenn es gilt, den betreffenden Soldaten wiederzuerkennen und ihm damit die Freude zu bereiten, von seinem General vor allen anderen ausgezeichnet zu werden.«

Geschieht es auf der Heimreise nach Saint-Cloud, unter dem Eindruck des »Begeisterungstaumels der Belgier« – der Ausdruck stammt von einem royalistischen Agenten –, daß Joséphine ihre Angst vor der Monarchie vergißt und ihren Gatten fragt: »Wann machst du mich zur Kaiserin der Gallier?«?

Fürs erste ergehen an das Personal Befehle, die darauf abzielen, das Konsulat zu »verköniglichen«. Am 25. August 1803 – dem 7. Fructidor des Jahres XI der französischen Republik – weist Duroc, der Generalgouverneur des Palastes, die ersten und zweiten Vorreiter, die Reitknechte und die Kutscher der »Equipagen des Ersten Konsuls und der Mme. Bonaparte« an, das Haar wie unter dem *Ancien Régime* gepudert zu tragen. Bereits am 3. September spricht ein Pariser Agent Ludwigs XVIII. in einem seiner Berichte vom »Königreich Napoleon«.

Doch ehe Napoleon wahrhaftig ein Königreich regiert, ehe es die Königsmörder wagen können, Ludwigs XVI. Thron dem Ersten Konsul anzubieten, muß sich ein Abgrund zwischen den Bourbonen und Bonaparte auftun, ein Höllenschlund, der Blut fordert.

Als Mme. de Rémusat am Morgen des 15. Februar 1804 zum Dienst kommt, findet sie Bonaparte im Schlafzimmer seiner Frau vor. Er sitzt am Kamin und hält den kleinen Napoleon auf den Knien, Hortenses Sohn, der ein Jahr und fünf Monate alt ist. Geistesabwesend spielt er mit dem Kind; seine Gedanken sind offensichtlich anderswo. Joséphine hat verweinte Augen. Sie scheint erschüttert. Zu Mme. de Rémusat gewandt, bricht der Erste Konsul das Schweigen.

»Wissen Sie, was ich getan habe?«

Die Nachricht ist Mme. Bonapartes Gesellschaftsdame noch nicht zu Ohren gekommen.

»Nun ja«, erklärt Bonaparte, »ich habe Moreau verhaften lassen.« Am selben Morgen um neun Uhr war der General Moreau auf der Straße nach Grosbois dingfest gemacht und in den Temple geführt worden. Drei Tage zuvor, am Abend des 12. Februar, hatte ein Kerkermeister, der im düsteren Turm des Temple – dem Gefängnis für politische Häftlinge – die Runde machte, ein schwaches Röcheln aus einem Verlies dringen hören. Er hatte die Tür geöffnet: Ein an einer Krawatte aufgehängter Körper pendelte von den Gitterstäben des

Fensters. Noch atmete der Gefangene. Nach längeren Bemühungen war es gelungen, ihn wiederzubeleben, und man machte sich seinen Zustand zwischen Leben und Tod zunutze, um ihn zu verhören. Der Mann war am Morgen in der Rue Saint-Sauveur verhaftet worden und hieß Bouvard de Lozier. Er war einer jener fanatischen Königstreuen im Solde Englands, der unverbesserlichen Chouans. die den Plan ausgeheckt hatten, Bonaparte zu ermorden, einer der Verschwörer um Cadoudal, den furchtbaren »Georges«, der sich in eben jenem Augenblick irgendwo in Paris versteckt hielt und nach dem die Polizei der Hauptstadt fieberhaft suchte. Über Paris schien der Belagerungszustand verhängt, die Ausfallstraßen waren gesperrt, Patrouillen zogen durch die Gassen. Anschläge an den Mauern verkündeten den Steckbrief Georges' und seiner Komplizen und warnten jedermann davor, den Verschwörern Unterschlupf zu gewähren; so dies geschähe, hätten die Helfershelfer ein gleiches Los zu gewärtigen wie die Verbrecher selbst. Im geheimen, unter den Mänteln verborgen, wanderte ein in London gedrucktes Pamphlet von Hand zu Hand, wo zu lesen stand, »töten« sei nicht »morden«. Kurz, »die Luft war voll von Dolchen«, wie es Fouché ausdrückte.

»Ich lebe in beständigem Argwohn«, hatte Bonaparte seinem Bruder Joseph gestanden. »Jeden Tag kommt man hinter neue Anschläge auf mein Leben. Die Bourbonen benützen mich als ihre einzige Zielscheibe.« Bouvard hatte jedenfalls bestätigt, daß sich Cadoudal in Paris aufhielt, und von kürzlich stattgefundenen Unterredungen zwischen Moreau und Pichegru erzählt. Moreau schien also mit den Verschwörern unter einer Decke zu stecken! Moreau trachtete ihm nach dem Leben, um den Bourbonen Frankreichs Thron wiedergeben zu können! So dachte Bonaparte. In Wahrheit war Moreau mit Pichegru zu keiner Einigung gekommen und auch nicht bereit, für die Bourbonen den Kopf hinzuhalten.

»Ich bin außerstande«, hatte er gemeint, »mich an die Spitze einer Bewegung zu stellen, die für die Bourbonen eintritt. Sie haben sich so schlecht betragen, daß ein derartiger Versuch zum Scheitern verurteilt ist.«

Ob der Nachricht brach Joséphine in Tränen aus, und es gelang ihr nicht, ihre Erschütterung zu verbergen. Mme. de Rémusat — geborene Vergennes, Großnichte des berühmten Ministers Ludwigs XVI. — müht sich erst gar nicht, ihre Verblüffung zu verhehlen.

»Ja, jetzt staunen Sie«, beginnt Bonaparte von neuem, in der Absicht, sich in Joséphines Augen zu rechtfertigen, »das wird ein schönes Aufsehen geben, nicht? Man wird natürlich sagen, ich sei eifersüchtig auf Moreau und ich hätte aus erbärmlicher Rachsucht gehandelt. Als ob ich auf Moreau eifersüchtig sein könnte! Ach, du meine Güte! Seinen Ruhm hat er größtenteils mir zu verdanken. Ich hab' ihm ja eine schöne Armee überlassen und mir in Italien nichts als Rekruten behalten. Ich wollte nichts weiter als in Frieden mit ihm leben. Angst hatte ich nie vor ihm; denn ich habe vor niemandem Angst und vor Moreau schon gar nicht. Ich habe ihn an die zwanzig Mal davor bewahrt, sich zu kompromittieren; ich habe ihn gewarnt, man würde alles dransetzen, uns miteinander zu überwerfen; das fühlte er so gut wie ich. Aber er ist schwach und eitel; die Frauen gängeln ihn, und die Parteien haben ihn unter Druck gesetzt ...«

Er erhebt sich, geht zu seiner Frau, faßt sie am Kinn und bewirkt, daß sie zu ihm aufblickt.

»Eine so gute Frau wie ich hat nicht ein jeder.« Da merkt er, daß sich Joséphines Augen neuerlich mit Tränen füllen.

»Du weinst, Joséphine, sag, warum? Hast du Angst?«

»Nein, aber was man sagen wird, mag ich nicht.«

»Was willst du dagegen tun? ... Ich empfinde keinen Haß, nicht den geringsten Wunsch, mich zu rächen, ich habe mir die Sache sehr wohl überlegt, ehe ich Moreau verhaften ließ. Ich hätte die Augen schließen, ihn fliehen lassen können; aber dann hätte es geheißen, ich wagte nicht, ihn vor Gericht zu stellen. Ich habe Beweise gegen ihn und kann ihn überführen; er ist schuldig; ich bin die Regierung; eine einfache Rechnung, die aufgeht und aufgehen wird.«

»Fast die ganze Nacht war er auf«, erklärt Joséphine Mme. de Rémusat, als Bonaparte den Raum verlassen hat, »und erwog alle Gründe, die für und gegen die Verhaftung Moreaus sprechen.«

Fouchés Regime gewinnt zusehends an Härte. Die Zeiten des Schreckens scheinen auferstanden. Zu Ende des Monats wird Pichegru verhaftet, und nach einer wilden Verfolgungsjagd durch die Straßen von Paris gelingt es, Cadoudal dingfest zu machen.

Sogleich unterzieht man ihn einem Verhör:

»Was wollten Sie in Paris?«

»Ein Attentat auf den Ersten Konsul verüben.«

»Hatten Sie viele Leute um sich?«

»Nein, denn das Attentat war erst für einen Zeitpunkt geplant, da sich ein Angehöriger des Hochadels in Paris aufhält, und noch ist der Fürst nicht eingetroffen ...«

»So wurde der Plan also im Einvernehmen mit einem französischen Prinzen geschmiedet und sollte mit dessen Hilfe durchgeführt werden?«

»Ja, Bürger Richter.«

Nun hatte auch Bouvard de Lozier gestanden, daß die Verschwörer erst das Eintreffen eines Fürsten abwarten wollten, ehe sie handelten. Léridan, ein Freund von Georges, der gemeinsam mit diesem verhaftet wurde, gab an, dieser »Fürst« sei bereits zu wiederholten Malen nach Paris gekommen, um Cadoudal Weisungen zu erteilen. Es handle sich um einen blonden, schlanken, eleganten Mann von etwa fünfunddreißig Jahren, dem jedermann mit großer Ehrfurcht begegnete.

Der Unbekannte war der Prinz von Polignac, doch Bonaparte verdächtigt einen anderen; »zutiefst niedergeschlagen« teilt dies Joséphine Mme. de Rémusat im Wagen mit, als sich die beiden Damen unterwegs nach Malmaison befinden. »Ich will Ihnen ein großes Geheimnis anvertrauen«, sagt sie. »Heute morgen hat mir Bonaparte mitgeteilt, daß er M. de Caulaincourt* an die Grenze geschickt habe, um den Duc d'Enghien festzunehmen. Man wird ihn hierherbringen.«

»Ach, mein Gott, Madame!« schreit Mme. de Rémusat auf, »was wird man mit ihm machen?«

»Vor Gericht stellen, wie mir scheint.«

Als Mme. de Rémusat dies vernimmt, wandelt sie eine Ohnmacht an – zumindest behauptet sie solches unter der Restauration ... – und Joséphine öffnet schnell die Wagenfenster.

»Ich tat, was ich konnte«, fuhr sie fort, »um Bonaparte das Versprechen abzuringen, den Fürsten zu schonen, aber ich fürchte, die Würfel sind bereits gefallen.«

»Wie! So glauben Sie, daß er ihn töten wird?«

Joséphine erinnert sich, Vicomtesse de Beauharnais gewesen zu sein, auch das Kloster Penthémont und ihre Freundinnen aus dem Ancien Régime hat sie nicht vergessen. Wenn ihr Gatte den Duc d'Enghien hinrichten läßt, reißt er eine nie wieder zu überbrückende Kluft zwischen dem Frankreich von gestern und dem Frankreich von morgen auf. So wird Bonaparte, der das Glück hatte, sich nicht die Hände an der Revolution zu beschmutzen, Komplize des Konvents! Talleyrand hat sich im übrigen nicht geirrt und seinen Herrn dazu getrieben, den Abgrund, der ihn auf immer von den Bourbonen trennen wird, ins Bodenlose zu vertiefen. Die Rechnung stimmt, und ohne einen Augenblick zu verlieren, hat ihm Bonaparte den Beweis erbracht, indem er dem Königsmörder Cambacérès, der meinte, einige zusätzliche Informationen wären denn doch einzuholen, ehe man eine Grenze verletzte, an den Kopf schleuderte: »Sie gehen heute recht sparsam mit dem Blut der Bourbonen um!«

Mme. de Rémusat versichert – freilich erst unter der Restauration, als sie »Präfektin« Ludwigs XVIII. geworden ist und es sich vergeben lassen muß, in Diensten des Usurpators gestanden zu haben –, Mme. de Rémusat versichert also, im Wagen nach Malmaison Ströme von Tränen vergossen zu haben. In der »Erschütterung, die sie empfand« beeilte sie sich, Joséphine »all die verhängnisvollen Folgen eines solchen Ereignisses« vor Augen zu führen: »Daß königliches

---

* Hier irrt Joséphine. Caulaincourts Aufgabe war es lediglich gewesen, dem Minister des Kurfürsten von Baden ein Entschuldigungsschreiben auszuhändigen. Der Mann, der den Duc d'Enghien in Ettenheim entführte, war der General Ordener.

Blut vergossen würde, könnte nur die Jakobiner mit Genugtuung erfüllen; alle anderen Parteien nähmen besonderen Anteil an diesem Fürsten«, meinte sie und sprach von »dem großen Namen Condé, der allgemeinen Panikstimmung, dem Haß, der glühend wie nie zuvor aufflammen würde usw. Ich schnitt alle Fragen an«, fügt sie hinzu, »die Mme. Bonaparte nur zum Teil bedachte. Der Gedanke, daß dies Mord wäre, hatte sie am tiefsten beeindruckt. Es gelang mir, sie ehrlich zu entsetzen, und sie versprach mir, alles versuchen zu wollen, um die schicksalsschwere Entscheidung zunichte zu machen«. Von Tränen und Ohnmachtsanwandlungen abgesehen, beruht die Erzählung der Mme. de Rémusat auf Wahrheit, und tatsächlich wird Joséphine alles daransetzen, um ihren Gatten vor einem Schritt zu bewahren, der in ihren Augen ein Verbrechen »à la Robespierre« war, oder nach Fouchés Worten: mehr als ein Verbrechen, ein Fehler!

Um sechs Uhr abends finden Joséphine und Mme. de Rémusat Bonaparte im Gesellschaftssalon. Er scheint ihnen völlig ruhig, erfüllt von stiller Heiterkeit. Seit der vergangenen Nacht, da er Straßburg verlassen hat, befindet sich Enghien auf dem Weg nach Paris... Doch daran scheint der Erste Konsul nicht zu denken: Friedlich spielt er Schach.

Um ein Uhr morgens empfängt er die Papiere, die dem Duc d'Enghien in Ettenheim abgenommen wurden und die nun ein Kurier überbringt, Beweisstücke, daß der Prinz ein antirepublikanisches Netz von Verschwörern befehligt, das seine Ausläufer bis ins Elsaß erstreckt. Die Abschrift eines Briefes enthüllt, daß der Fürst auch die Möglichkeit von Bonapartes Tod bedacht hat. »Es liegt mir sehr viel daran, mich weiterhin in der Nähe der Grenzen aufzuhalten«, schreibt er seinem Großvater, »denn beim gegenwärtigen Stand der Dinge kann der Tod eines Menschen einen völligen Umsturz bewirken.« Zweifellos dachte sich Enghien den Tod des Diktators auf dem Schlachtfeld, aber Bonaparte will darin nichts anderes als eine Anspielung auf das Gelingen von Cadoudals Plänen erblicken. Das Konzept eines langen Briefes, den Enghien an Sir Charles Stuart richtete, belastet den Bourbonenprinzen aufs schwerste: Enghien erbittet »von hochdero Gnaden Ihrer britischen Majestät die Güte, die Augen auf ihn werfen zu wollen, um ihn, gleichgültig wie noch unter welchem Titel, gegen seine unversöhnlichen Feinde zu verwenden... indem hochdero Majestät geruhen möge, ihm das Kommando über Hilfstruppen anzuvertrauen, in welchen er einige getreue Offiziere seiner Nation unterbringen könnte und die Deserteure, die zu ihm stoßen mögen. In diesem Augenblick, da die Republik unter Wirren zu leiden hat, darf man auf eine große Zahl rechnen. Davon konnte sich der Duc d'Enghien während eines zwei Jahre dauernden Aufenthaltes an den Grenzen Frankreichs positiv überzeugen.«

Jetzt ist Bonaparte felsenfest davon überzeugt, daß der Bourbonenprinz im Solde Englands steht und Verrat am neuen Frankreich übt. Worauf zu antworten wäre, daß dieses neue Frankreich für den Duc d'Enghien nicht existiert und Bonaparte nichts weiter ist als ein Usurpator. In den Augen des Ersten Konsuls aber ist Enghiens Schuld nichtsdestoweniger erwiesen.

»Enghien erschien als ein – freilich außerhalb Frankreichs – bewaffnet festgenommener Emigrant, ein Verbrechen, das die Revolutionsgesetze mit dem Tode ahndeten«, wie Bernardine Melchior-Bonnet in ihrem Werk über den Duc d'Enghien schreibt.

Bonaparte hat seine Entscheidung getroffen: Der Gefangene ist unterwegs nach Paris, wo er zweifellos morgen – den 20. März – eintreffen wird, um unverzüglich vor Gericht gestellt zu werden. Dies erklärt der Erste Konsul Joséphine, die, dem Versprechen gehorchend, das sie Mme. de Rémusat gegeben hat, ihren Mann beschwört, sich die Hände nicht mit Bourbonenblut zu besudeln.

»In derlei Angelegenheiten haben sich die Frauen nicht einzumengen«, antwortet er ihr. »Meine Politik erfordert diesen Streich; dadurch erkaufe ich mir das Recht, in Zukunft Milde walten zu lassen. Geht Enghien straffrei aus, so ermutige ich die Parteien, kühn zu werden, und dann bin ich gezwungen, ohne Unterlaß zu verfolgen, zu verbannen, zu verurteilen, meine Meinung über das, was ich für die Emigranten getan habe, zu revidieren, mich in die Hände der Jakobiner zu geben. Schon mehr als einmal haben mich die Royalisten vor den Revolutionären kompromittiert. Die Hinrichtung des Duc d'Enghien entlastet mich in aller Augen.«

Diese Szene schildert Joséphine Mme. de Rémusat im Park. Gärtner sind eben dabei, eine Zypresse auf dem Rasen zu pflanzen. In Gedanken versunken sieht Joséphine ihnen zu.

»Mein Gott, Madame«, ruft Mme. de Rémusat aus, »das ist wahrlich der Baum, der für einen solchen Tag paßt.«

Aber noch gibt Joséphine nicht auf. Bei diesem zweiten Versuch verliert Bonaparte die Geduld: »Gehen Sie, Sie sind ein Kind, von politischen Pflichten verstehen Sie nichts!«

»Du wirst sehen, Bonaparte«, erwidert sie, »wenn du deinen Gefangenen töten läßt, dann kommst du selbst aufs Schafott, wie mein erster Mann, und ich mit dir!«

Am folgenden Morgen empfängt Joséphine Mme. de Rémusat mit folgenden Worten: »Alles ist vergeblich; der Duc d'Enghien kommt heute abend an. Man wird ihn nach Vincennes bringen und dort aburteilen. Bonaparte hat mir verboten, darüber auch nur noch ein Wort zu verlieren. Er hat von Ihnen gesprochen«, fügt sie hinzu, »ich habe ihm gestanden, Ihnen alles erzählt zu haben; über Ihre Erschütterung war er betroffen. Versuchen Sie, sich zu beherrschen.«

Im Verlauf dieses 20. März scheint Bonaparte doch noch von Zweifeln gequält. Zumindest erzählte Joséphine von einem Gesinnungswechsel:

»Vor meinem Herzen findet er Gnade«, soll er geäußert haben, »doch genügt mir dies nicht; ich will, daß der Enkel des großen Condé in unserer Armee dient: Dazu fühle ich mich stark genug.«

Am Abend beim Diner hebt er den kleinen Napoleon auf den Tisch und läßt ihn umherkrabbeln, wobei es ihn königlich amüsiert, »mitanzusehen, wie das Kind in alle Gerichte greift und alles um sich her umstößt«. Nach dem Essen spielt er noch so nett mit Joséphines Enkel, daß Mme. Bonaparte Mme. de Rémusat lächelnd ansieht, als wollte sie sagen: »Sie sehen, so böse ist er nicht, wir können aufatmen.«

Ihr Gatte wirkt entspannt und denkt ganz offensichtlich an anderes, obwohl sich der Duc d'Enghien bereits seit fünf Uhr nachmittags in Vincennes befindet.

Zu Mme. de Rémusat gewandt, fragt Bonaparte liebenswürdig: »Warum haben Sie kein Rouge aufgelegt?«

»Ich habe es vergessen.«

»Wie?« meint er, »eine Frau vergißt ihr Rouge?«

Und hell auflachend zu seiner Frau: »Dir passiert das nie, Joséphine!«

Dann fügt er hinzu: »Zwei Dinge stehen den Frauen ausgezeichnet zu Gesicht: das Rouge und die Tränen.«

Ein wenig später fährt Bonaparte mitten in einer Partie Schach mit Mme. de Rémusat plötzlich zusammen: Ein Wagen ist vorgefahren. Man meldet den General Hulin. Der Erste Konsul springt auf und eilt in die Galerie, wo ihn der Kommandant der Grenadiere des Konsuls erwartet, Hulin, der in seinem bürgerlichen Leben Cafékellner gewesen war; Bonaparte ernennt ihn zum Vorsitzenden der Militärgerichtskommission, »die unverzüglich im Schloß von Vincennes zusammenzutreten hat«. Noch in dieser Nacht muß der Fall erledigt sein.. Das Grab in Vincennes ist bereits geschaufelt. Am Nachmittag hatte der Schloßverwalter, der ehemalige Jakobiner Harel, den Befehl gegeben, im Winkel unter dem »Königinnenturm« ein tiefes Loch »für Müll« zu graben. Man wird es bloß ein bißchen verbreitern müssen . . .

Am folgenden Morgen, als Joséphine vom Scheinprozeß und der Hinrichtung erfährt, stürzt sie »im Négligé« in Bonapartes Zimmer. Sie ist in Tränen aufgelöst.

»Der Duc d'Enghien ist tot«, schluchzt sie und wirft sich in seine Arme. »Ach, mein Freund, was hast du getan?«

Bleich soll der Konsul zur Antwort gegeben haben: »Die Unglückseligen waren zu schnell.«

Er scheint zu vergessen, daß er selbst den Befehl erteilt hat, »schnell zu machen«. Doch ließ er ebenfalls am Vortag dem Rat Réal bestellen, er habe sich nach Vincennes zu begeben, um höchstpersönlich den Duc d'Enghien zu verhören. Der Rat aber war früh zu Bett gegangen, man hatte nicht verlangt, ihn zu wecken, und die Order des Ersten Konsuls war auf den Nachttisch gelegt worden. Als Réal mitten in der Nacht erwachte, den Brief fand und die Order las, war in Vincennes alles bereits vorüber. Der Verurteilte aber hatte Bonaparte noch zu sprechen begehrt. Wäre Réal dort gewesen, so hätte er das Ersuchen des Prinzen zweifellos an seinen Herrn weitergeleitet, und es besteht Grund zur Annahme, daß nach diesem Gespräch zwischen dem Soldaten von Rivoli und dem Soldaten von Berstheim kein Blut geflossen wäre ... In Abwesenheit von Réal aber hatte Savary das Kommando übernommen. Den Richtern kam es einzig zu, »an Ort und Stelle das Urteil zu fällen«. Und zu gehorchen! Gehorcht hatten sie. Savary mußte ihnen freilich ein wenig das Messer ansetzen. Als Joséphine ihn hinterher in Malmaison auftauchen sah, fragte sie ihn »mit unsicherer Stimme«: »Nun? Ist es vollbracht?«

»Ja, Madame, er ist heute morgen gestorben, und wie ich gestehen muß, mit sehr viel Mut ... Nach seinem Tod hat man den Gendarmen gestattet, seine Kleider, seine Uhr und das Geld, das er bei sich hatte, zu nehmen, aber keiner wollte Hand anlegen.«

Das Diner verläuft in düsterem Schweigen. Jeder scheint mit seinen Gedanken beschäftigt. Als Bonaparte sich vom Tisch erhebt, schreit er plötzlich heftig heraus, als wollte er den stummen Vorwürfen begegnen: »Zumindest sehen sie, wozu wir imstande sind. In Zukunft, hoffe ich, wird man uns in Ruhe lassen!«

Im Salon, wo sich Gäste aus Paris einfinden, hält die qualvolle Stimmung an. Mit verweinten Augen sitzt Joséphine auf dem Rand ihres Kanapees und arbeitet an einer Stickerei. Ihre matten Bewegungen zeugen von tiefer Traurigkeit.

»Ich bin nur eine Frau«, sagt sie immer wieder vor sich hin, »deshalb möchte ich weinen.«

Bonaparte versucht die Stimmung zu beleben und gegen das Schweigen anzukämpfen, das sich immer wieder über den Salon senkt. Deshalb bittet er Fontanes, ihm eine Seite aus der Korrespondenz von Drake vorzulesen. Der Zufall will es, daß man auf eine zur Zerstreuung nicht eben geeignete Stelle stößt: Es ist von den Intrigen der Emigranten im Ausland und den royalistischen Umtrieben gegen das Konsulat im Inneren die Rede.

»Das ist der Beweis, daß man handeln muß«, ruft Bonaparte aus. »Diese Leute wollten in Frankreich Sturm säen und in meiner Person die Revolution töten; ich mußte sie verteidigen und rächen. Der Duc d'Enghien konspirierte wie ein anderer, man mußte mit ihm verfahren wie mit einem anderen.«

Nach einem Augenblick des Schweigens setzt er fort: »Ich habe Blut vergossen, ich mußte es tun, und ich werde vielleicht weiteres Blut vergießen, aber ohne Groll und einfach deshalb, weil der Aderlaß zu den Rezepten der politischen Medizin gehört. Ich bin der Mann des Staates, ich bin die französische Revolution, und ich werde zu ihr stehen.«

Als Joséphine mit ihm allein ist, beginnt sie von neuem, ihm von ihrem Schmerz zu sprechen und von den Tränen der Mme. de Rémusat.

»Das ist ganz einfach«, antwortet er, »sie besorgt ihr Weibergeschäft; ihr Frauen, ihr versteht nichts von meinem Beruf; aber der Sturm wird sich legen, und dann wird man einsehen, daß ich bei Gott keinen Fehler begangen habe.«

Davon ist Joséphine nun keineswegs überzeugt, und als sie Malmaison am 24. März verläßt, um nach Paris zurückzukehren, ist sie bleich wie der Tod. Welchen Empfang wird ihr die Kapitale bereiten, jetzt, da ihr Gatte einen Abgrund voll Blut zwischen den Bourbonen und dem neuen Frankreich aufgerissen hat?

Am selben Abend begeben sich M. und Mme. Bonaparte, gleichsam, um der Stadt den Puls zu messen, in die Oper. Joséphine fährt in einem anderen Wagen als ihr Mann. Für gewöhnlich wartet der Erste Konsul keineswegs die Ankunft seiner Gattin ab, um sich in seine Loge zu begeben. Diesmal aber fühlt er, daß der Charme seiner Frau die Stimmung besänftigen und die Reaktionen mildern könnte. Er hält sich so lange in dem kleinen Salon vor der Loge auf, bis Joséphine bei ihm ist. Sie bebt am ganzen Leibe; er selbst ist »sehr bleich«. Schließlich tritt er, »als ginge es durch den Kugelregen«, mit seiner Frau hinaus in die Loge. Applaus erschallt, und auf Joséphines geschlossenen Lippen blüht ein Lächeln.

Der Sturm war vorübergezogen, wie Chateaubriand sagt, und der Fall war erledigt.

Jetzt kann Bonaparte ansetzen zum entscheidenden Schritt.

»Ich beabsichtige«, wird er zu Mme. de Rémusat sagen, »das Konsulat noch zwei Jahre beizubehalten, obwohl sich bei dieser Form der Regierung die Worte schlecht mit den Tatsachen vertragen ... Doch diese Verschwörung zielte darauf ab, Europa in Aufruhr zu versetzen; also mußte man Europa und die Royalisten eines Besseren belehren. Ich hatte zwischen der Verfolgung einzelner und einem großen Coup zu wählen. Wie meine Wahl ausfallen würde, stand außer Zweifel. Nun habe ich Royalisten wie Jakobiner für immer zum Schweigen gebracht.«

Das »Schweigen« der Jakobiner freilich ist die satte Ruhe der Zufriedenheit. Der Tribun Curée – er nennt sich einen »erprobten Republikaner« – kann ausrufen: »Ich bin entzückt, Bonaparte hat sich zum Konvent bekannt!«

In den Augen der Königsmörder hat Bonaparte dasselbe Blut vergossen wie sie selbst. Er ist einer der Ihren geworden. Jetzt können sie ihm bedenkenlos die Krone anbieten. Er wird sie für sich behalten. Und sie verlieren keine Zeit.

Am 27. März – sechs Tage nach der Hinrichtung – bittet der Senat unter dem Vorsitz von Cambacérès den Ersten Konsul, »seinem Werk die Unsterblichkeit seines Ruhms zu verleihen«.

Als Cadoudal das Schafott besteigt, kann er erklären: »Wir haben mehr zustande gebracht, als wir dachten. Wir kamen, um Paris einen König zu geben, und wir geben Paris einen Kaiser!«

Am 27. März hatte der Senat ebenfalls die Frage der erblichen Macht aufgeworfen, und seither ist Joséphine von tausend Ängsten gepeinigt. Sie hat vergessen, was sie halb im Scherz zu Bonaparte gesagt hatte, als sie aus Belgien heimkehrten; jetzt murmelt sie schwach: »Werde, bitte, kein König, Bonaparte!«
Er zuckt die Schultern: »Du bist verrückt, meine arme Joséphine! All das reden dir deine alten Schachteln aus dem Faubourg St. Germain ein, deine La Rochefoucauld mit ihren Ammenmärchen ... du gehst mir auf die Nerven.«
Doch die neuen Probleme werden ausführlich behandelt, und man scheut sich keineswegs, dies vor ihr zu tun. So ruft Joséphine eines Tages in Gegenwart von Fouché und Roederer aus: »Bonapartes wahre Feinde sind jene, die ihm die Ideen von Erblichkeit, Dynastie, Scheidung und Heirat eingeben!«
Dieser Thron, dessen Gold mit jedem Tag heller erstrahlt, erfüllt sie jetzt mit Grauen.
»Immer die Frau des Ersten Konsuls zu sein«, seufzt sie, »das ist alles, was ich mir wünsche!«
Wie Albert Vandal scherzhaft sagt: Joséphine war unter allen Frauen Frankreichs gewiß jene, die am wenigsten Bonapartistin war. Hierzu kam noch ein zweites Motiv: Immer noch durchdrungen von den Prinzipien des Ancien Régime, hatte sie ein Gefühl des Unbehagens bei dem Gedanken, an der Seite ihres Gatten auf Ludwigs XVI. Thron zu sitzen.
Am 30. April ergreift Curée – immer noch »erprobter Republikaner« – das Wort im Tribunat. Man hat ihn die Lektion gründlich gelehrt: Die Regierung der Republik solle, beantragt er, einem Kaiser anvertraut werden; dieses Kaisertum möge erblich sein.
Ein erbliches Kaisertum? Der Senat hat nichts dagegen. Doch wie soll diesem Antrag stattgegeben werden, da der künftige Souverän keinen Erben besitzt?
Immer noch von der Angst gepeinigt, »wegen Unfruchtbarkeit« verstoßen zu werden, greift Joséphine auf, was ihr Gatte zur Zeit von Hortenses Verehelichung erwogen hatte: nämlich seinen Stiefenkel, den Enkel seiner Frau, zu adoptieren. Weshalb sollte er es nicht tun? Bonaparte scheint die Idee gutzuheißen, doch wendet er sich zunächst an Joseph, um ihn zum Verzicht auf sein angestammtes Recht zu bewegen.
»Ich will alles oder nichts«, gibt Joseph zur Antwort. »Ich werde mich mit Sieyès verbünden, ja, selbst mit Moreau, wenn es nötig sein sollte, mit allem, was in Frankreich noch an Patrioten und Freunden der Freiheit übrig ist, um mich dieser Tyrannei zu entziehen.«
Auf Bitten seiner Frau versucht der Konsul ein übriges und bittet Louis, ihm

seinen Sohn anzuvertrauen. Der künftige König von Holland sträubt sich verbissen.

»Warum sollte ich mein Erbfolgerecht an meinen Sohn abtreten? Wodurch habe ich es mir verdient, enterbt zu werden? Welche Haltung soll ich einnehmen, wenn dieses Kind, das dann das Ihre geworden ist, einen Rang bekleidet, der dem meinen weit überlegen ist, wenn es unabhängig ist von mir, gleich hinter Ihnen geht und mich verlegen oder vielleicht sogar verächtlich ansieht? Nein, dem werde ich niemals zustimmen; eher verlasse ich Frankreich und nehme den kleinen Napoleon mit, und dann werden wir sehen, ob Sie es wagen, in aller Öffentlichkeit ein Kind seinem Vater zu rauben.«

Louis treibt sie Sache so weit auf die Spitze, daß er Hortense neuerlich den Umgang mit ihrer Mutter verbietet, die ihrem Gatten diese »dumme Idee« einer Adoption in den Kopf gesetzt habe.

»Wenn Sie seine Interessen auf Kosten der meinen vertreten«, verkündet er, »dann erkläre ich Ihnen, daß ich Sie dazu bringen werde, es bitter zu bereuen; ich werde Sie von ihrem Sohn trennen, ich werde Sie irgendwo in der Abgeschiedenheit hinter Schloß und Riegel setzen, wo keine Macht der Welt Sie wieder befreien kann, und mit lebenslangem Unglücklichsein werden Sie Ihre Willfährigkeit gegenüber Ihrer eigenen Familie bezahlen. Und vor allem: Hüten Sie sich davor, daß auch nur eine dieser Drohungen meinem Bruder zu Ohren komme! Seine Macht würde Sie vor meinem Zorn nicht schützen.«

Hortense tut die ersten Schritte auf dem Kreuzweg ihrer Ehe. Bald wird Louis' »ehelicher Despotismus« keine Grenzen mehr kennen.

»Sie können mich nicht lieben«, verkündet er, »und Sie sind eine Frau, folglich ein Geschöpf aus List und Tücke. Sie sind die Tochter einer Mutter ohne Moral; Sie hängen an einer Familie, die ich verabscheue; für mich Gründe genug, um jeden Ihrer Schritte zu überwachen.«

Am 7. April erklärt Bonaparte: »Ich werde ein Gesetz erlassen, das mir zumindest die Herrschaft über meine Familie in die Hand gibt!«

Das Gesetz wird am darauffolgenden 18. Mai verabschiedet, aber die »Sippe« ist nicht willens, sich zu beugen ...

Für Jérôme besteht kein Problem: Sein Bruder hat ihn nicht um Erlaubnis gefragt, die Amerikanerin, die er liebte, zu heiraten, und hat sich damit selbst aus dem eben entstehenden System ausgeschlossen ...

Bleibt Lucien.

Aber auch Lucien sträubt sich, nicht nur gegen das Prinzip der Erbfolge für ihn und seine Kinder, sondern mehr noch gegen die mögliche Auflösung seiner Ehe mit Mme. Jouberthon – einer Verbindung, der Bonaparte niemals zugestimmt hatte. Der Erste Konsul hätte es begrüßt, wenn die inzwischen verwitwete Königin von Etrurien Luciens Frau geworden wäre ...

»Meine Frau, mein Sohn, meine Töchter und ich, wir sind eins«, hatte Lucien zur Antwort gegeben. Mit diesem intelligentesten seiner Brüder hat der künftige Kaiser eine heftige Auseinandersetzung, die so stürmisch verläuft, daß Bonaparte sich, als er um Mitternacht zu Joséphine kommt, in einen Sessel fallen läßt und tonlos murmelt: »So weit ist's also gekommen, ich habe mit Lucien gebrochen und ihn davongejagt!«

Joséphine, die für ihre Schwiegerfamilie immer noch einen Rest an freundschaftlichen Gefühlen hegte, während die Bonapartes sie um so glühender haßten, da sie auf dem besten Wege war, Kaiserin zu werden – Joséphine also versucht, ihren Schwager zu verteidigen.

»Du bist eine gute Frau«, meint ihr Mann, »daß du für ihn eintrittst.« Gerührt erhebt er sich, schließt seine Frau in die Arme und »zieht sanft ihren Kopf nieder auf seine Schulter«, wie ein Zeuge berichtet, »diesen Kopf, dessen elegante Haartracht in lebhaftem Gegensatz steht zum düsteren und traurigen Gesicht, dem sie nahe ist«. Lucien, erzählt er Joséphine, habe sich nicht erweichen lassen; zuerst habe er ihn bedroht, dann die Taktik geändert und ihm von seiner brüderlichen Liebe gesprochen ... Lucien aber habe auf alles nur zur Antwort gegeben, er liebe seine Frau, Mme. Jouberthon, und er sei nicht bereit, sich von ihr zu trennen, um seinem Bruder einen Gefallen zu erweisen und »französischer Fürst« zu werden.

»Und doch ist's hart«, seufzt Bonaparte mit Tränen in den Augen, »in seiner Familie einem so großen Widerstand zu begegnen, wenn es um so große Interessen geht. So muß ich mich denn auf mich allein stellen, auf mich allein zählen. Nun, ich werde mir selbst genug sein, und du, Joséphine, du wirst mich über all das hinwegtrösten.«

Gewiß war das Vorhandensein der unfruchtbaren Joséphine unangenehm. Ihre Nicht-Existenz hätte die Probleme der Erbfolge und der Adoption mit einem Schlag gelöst oder gar nicht erst aufkommen lassen. »Es wäre zu wünschen«, schreibt kaltblütig Fouché ein wenig später, »daß die Kaiserin stürbe; dies würde die Schwierigkeiten beseitigen. Früher oder später muß er sich wohl eine Frau nehmen, muß Kinder zeugen, denn solange er keine Erben hat, muß er befürchten, daß sein Tod das Zeichen zur Auflösung (des Regimes) bedeute. Seine Brüder sind von geradezu empörender Unfähigkeit, und man würde erleben, daß eine neue Partei zugunsten der Bourbonen auf den Plan tritt.«

Da aber Joséphine immer noch am Leben ist, die Adoption unmöglich und seine Frau ihm keinen Erben schenkt, weshalb läßt sich der künftige Kaiser da nicht scheiden? Wieder erhebt sich die Frage. So glühend haßt die »Sippe« die Kreolin, daß sämtliche Mitglieder es vorziehen würden, auf den der Familie winkenden Thron zu verzichten, als die Witwe Beauharnais gekrönt zu sehen.

Aber auch diesmal bietet Bonaparte ihnen die Stirn: Er wird sich nicht scheiden lassen.

Er habe zahlreiche Liebschaften unterhalten, sei aber niemals Vater geworden. Weshalb sollte er sich da mit einer Scheidung lächerlich machen, um auch in zweiter Ehe keine Kinder zu haben? Er ist jung, ihm gehört die Zukunft! Warum sich von einer Frau trennen, die er liebt und der er – ungeachtet ihrer Verschwendungssucht und ihrer Schulden – nur eines zum Vorwurf macht: ihre Lügen; ein Fehler, der immer seinen Zorn erregen wird.

»Die Kaiserin war hübsch und gut«, sagt er später zu Bertrand, der mit Hilfe seiner so persönlichen Stenographie das Gespräch aufzeichnete, »doch im höchsten Grad verlogen und verschwenderisch. Ihr erstes Wort war *nein* auf die einfachste Sache, denn immerzu fürchtete sie, es sei eine Falle; dann aber lenkte sie ein. Die Lieferanten hatten Order, ihre Schulden nur in halber Höhe anzugeben, so daß man meinte, die Sache sei erledigt, wenn man eine Million abgezahlt hatte. Aber davon war keine Rede! Sie behauptete, nichts schuldig zu sein, und verlangte auch kein Geld, aber zahlen mußte man . . .«

»Nie sagte sie die Wahrheit«, fügt er noch hinzu. »Bei allen Fragen, die man ihr stellte, war sie in der Defensive. Die erste Antwort war *nein*.

›Haben Sie Hortense gesehen? Eugène? Madame (Laetitia)?‹

›Nein.‹

›Aber Madame hatte ihre Kammerfrau mit, eine Dame, zwei Wagen . . .‹

›Ach ja, es ist wahr, sie war zwei Stunden lang hier, sie hat mit mir zu Mittag gegessen.‹

Ein andermal hatte sie ihren ›ehemaligen Liebhaber‹, M. de Lorges, empfangen. Bonaparte erfuhr es und fragte sie: ›Sie haben M. de Lorges gesehen?‹

›Nein.‹

›Aber er war doch hier, in den Tuilerien. Da ist ja nichts dabei. Er ist ein alter Bekannter?‹

›Ach ja, es ist wahr.‹«

Und dann waren da noch die Schulden . . .

»So ist sie ihr ganzes Leben lang gewesen«, fügte der Kaiser hinzu, »immerzu Schulden, die sie verheimlichte, die sie abstritt!«

Gewiß! Aber läßt man sich scheiden, weil die Frau Schulden macht, sie ableugnet und Lügen über Lügen erzählt?

»Ja«, rief Joseph.

Jetzt, am Vorabend vor der Krönung, bestürmt die »Sippe« Bonaparte.

Gereizt und wütend klagt der Erste Konsul Roederer sein Leid: »Die guten Seelen! Meine Frau ist falsch, sagen sie, und die Liebesbezeugungen ihrer Kinder seien einstudiert . . . Meine Frau ist eine gute Frau, die ihnen bei Gott nichts zuleide tut. Sie begnügt sich mit Diamanten, mit schönen Kleidern: Das sind eben die kleinen Schwächen ihres Alters ... Wenn ich in den Kerker gekommen wäre, anstatt auf den Thron, dann hätte sie auch mein Elend geteilt. So ist es nur gerecht, daß sie Teil hat an meiner Größe.«

Gewiß, Joséphine spricht – was ihm des öfteren sehr unangenehm war – ohne die geringste Scheu von ihren ehemaligen Liebhabern, denn zu ihren Wesenszügen, um nicht zu sagen: zu ihren Gaben, zählte eine naive, unbewußte Amoral, wie sie den Kreolinnen eigen ist. Gewiß, sie ist flatterhaft, leichtlebig, kokett, »vielleicht ein wenig Kokotte«, wie er auf Sankt Helena sagen wird, neigt zu Seitensprüngen, »macht in der Liebe Zickzack« ... Gewiß, ihre Bildung läßt zu wünschen übrig. Sie liest kaum – um nicht zu sagen: nie –, und der Gedanke, eine Feder zur Hand nehmen zu müssen, ödet sie an. Nichts kann sie wirklich aus ihrer Trägheit wecken, als sich zu schmücken, ein Kleid zu bestellen, die zum Haarband passende Farbe auszusuchen.

Ungebildet? Sicherlich! Aber sie hat es verstanden, sich ein gewisses Rüstzeug anzueignen, dessen sie sich zu bedienen wußte. Ein Kopf ohne Hirn, hat man gesagt ... Und doch schien sie nachgerade genug davon zu besitzen, oder zumindest konnte sie dieses wenige Hirn ausgezeichnet anwenden. Sie hatte nur »eine Viertelstunde Geist pro Tag«, meint wieder ihre Rivalin, Mme. de Vaudey. Aber eine Viertelstunde ist gar nicht so wenig, und wieviele Frauen können das wirklich von sich behaupten?

Zudem besaß sie noch etwas, das man nicht erwerben kann, einen besonders feinnervigen Takt, ein angeborenes Fingerspitzengefühl. Sie zeigte sich so geschickt, sie zog so gekonnt an den Fäden, daß ihre Intelligenz nicht angezweifelt werden kann; ihre Geschicklichkeit übersteigt bei weitem den ewigen – und wunderbaren – Instinkt der Frauen ...

Doch um endgültig davon überzeugt zu sein, daß er mit Recht seine Gefährtin zur Kaiserin erhebt, muß sich Bonaparte nur daran erinnern, mit welcher Grazie, welchem Charme, welcher Kultur sie empfängt. Der einzige Vorwurf, den man ihr machen konnte, war vielleicht, daß sie sich auch hier allzu umgänglich, allzu leutselig zeigte ... Fehler, die in ihren Vorzügen begründet lagen. Und im übrigen freute es ihn, daß sie »zweckdienlich verführerisch« war.

Weiter genügt es Bonaparte zu sehen, wie sie geht, »mit einer Geschmeidigkeit, einer Leichtigkeit in den Bewegungen, die ihrem Gang etwas Schwereloses verliehen, ohne jedoch der Majestät einer Souveränin Abbruch zu tun«. Sie wußte wahrhaftig ihrer Gestik eine Anmut zu verleihen, die ihn entzückte – und von der er noch fünfzehn Jahre später, auf Sankt Helena, voll Rührung sprechen wird.

»Alles, was die Kunst nur ersinnen kann, um den Reizen eine noch stärkere Anziehungskraft zu verleihen«, führt er aus, »wurde von ihr angewandt, doch auf solch geheimnisvolle Art, daß man niemals dahinterkam ...« Sie verstand

es, immer »die Szene zu beherrschen«, immer »Herrin ihrer selbst zu sein« ...
doch mit Liebenswürdigkeit und Sanftmut.

Und dann ihre Schönheit!

War denn Joséphine schön? Jedenfalls war sie mehr als hübsch. Ihr Mienen-
spiel »spiegelte alle Regungen ihrer Seele wider, ohne dem Ausdruck sanfter
Lieblichkeit, der ihr Antlitz im wesentlichen prägte, Abbruch zu tun.« Wenn der
Blick der »lebhaften und verträumten« Augen einer Frau auf Bonaparte ruhte,
dann fühlte er sich ans Herz gegriffen wie einst. Er liebte ihr »langes und
seidiges« hellbraunes Haar, das sie so hübsch zu frisieren wußte und das sie des
Morgens mit einem roten Tuch umwand, »was ihr den pikanten Reiz der Kreolin
verlieh«; er liebte diese Haut, deren »seidige Transparenz« ihn immer wieder
in Staunen versetzte; er liebte diesen Körper, der nichts von seiner Geschmeidigkeit eingebüßt hatte, diese Arme und diese Brüste eines jungen Mädchens; er
liebte die Bewegtheit ihrer Züge, die ihr immer neuen Ausdruck verlieh, er liebte
vor allem die sanfte, zärtliche, dunkle Stimme, durch welche Töne wie von
Silberglocken schwangen, Stimmen von solchem Melodienreichtum, »daß man
verharrte, nur um des Genusses willen, sie zu hören«; nach der Schlacht von
Marengo hatte er zu Bourrienne gesagt, als das Volk seine Begeisterung hinaus-
schrie: »Hören Sie den Applaus, der immer noch anhält? Mir klingt er süß wie
die Stimme Joséphines.«

Und wieder weigert sich Bonaparte, sich von seiner Frau zu trennen, von der
künftigen *Kaiserin*.

II
Kaiserin, Königin und Herzogin

Joséphine bestieg, ohne Heiterkeit zu
erregen, einen Thron, auf welchem die
Tochter der Cäsaren keinen Ruhm zu
ernten wußte. *Talleyrand*

»Mehr als eine Königin!«

»Sie werden mehr sein als eine Königin«, hatte einst die Wahrsagerin auf der Insel Martinique der kleinen Rose Tascher de La Pagerie prophezeit.

Nun soll die Weissagung sich erfüllen.

Freitag, den 18. Mai 1804, begibt sich der von Cambacérès angeführte Senat unter dem Donner der Kanonen nach Saint-Cloud, um Bonaparte das Dekret zu überreichen, das für ihn die Kaiserwürde einsetzt.

Nach der Audienz beim frischgebackenen Kaiser der Franzosen spricht die Delegation bei Joséphine vor.

»Madame«, sagt Cambacérès, »wir haben Ihrem erlauchten Gemahl eben das Dekret überbracht, welches ihm die Kaiserwürde verleiht und kraft Einsetzung der erblichen Monarchie in seiner Familie die künftigen Geschlechter teilhaftig werden läßt des Glücks der gegenwärtigen Generation.« Nach kurzer Pause fuhr er fort: »Eine überaus erfreuliche Aufgabe hat der Senat nun noch zu erfüllen, nämlich Eurer Kaiserlichen Hoheit den Ausdruck seiner untertänigsten Hochachtung und des Dankes der Franzosen darzubringen. Ja, Madame, die Wohltaten, deren Sie nimmer müde werden, sind in aller Mund. Des Volkes Stimme sagt, daß Sie, die Sie Ihr Herz den Unglücklichen offenhalten, von Ihrem Einfluß auf das Staatsoberhaupt nur Gebrauch machen, um ihr Elend zu lindern; und daß Eure Majestät die freudige Hilfsbereitschaft mit jenem liebenswerten Adel des Herzens verbindet, der die Dankbarkeit noch inniger empfinden läßt und der Wohltat noch größeren Wert verleiht.

Diese glückliche Verbindung verheißt, daß der Name der Kaiserin Joséphine immerdar Fanal des Trostes und der Hoffnung sein wird: und gleich wie Napoleons Tugenden für alle Zeiten seinen Nachfolgern als Beispiel dienen werden, um sie die Kunst des Herrschens über die Nationen zu lehren, so wird die lebendige Erinnerung an Ihre Güte ihre erlauchten Gemahlinnen darüber belehren, daß das Trocknen der Tränen das sicherste Mittel ist, um über alle Herzen zu herrschen.«

Und die Stimme erhebend ruft er aus: »Der Senat schätzt sich glücklich, Eurer Kaiserlichen Hoheit den ersten Gruß entbieten zu dürfen, und jener, dem die Ehre zukommt, sein Wortführer zu sein, wagt der Hoffnung Ausdruck zu verleihen, Hoheit mögen geruhen, ihn unter Ihre treuesten Diener zu zählen.«

Joséphine ist Kaiserin der Franzosen und morgen schon Königin von Italien!

Obwohl »Rose Tascher« auf diese Nachricht vorbereitet war, ist sie ergriffen.

Und sie empfindet auch Angst und verläßt den ganzen Tag lang nicht ihr Appartement. Vor dem Diner hatte der Palastgouverneur Duroc die Tischgesellschaft darüber instruiert, wie man die neuen Würdenträger künftighin ansprechen müsse. Die beiden ehemaligen Konsuln und die sechzehn Marschälle erhielten den Titel *Monseigneur*, die Minister hätten Anspruch auf *Exzellenz*, Joseph und Louis Bonaparte würden *Kaiserliche Hoheiten* und ihre Frauen – Julie und Hortense – *Prinzessinnen*. Während des Essens hatte der neue Kaiser denn auch mehrere Male demonstrativ die beiden Damen *Prinzessin Louis* und *Prinzessin Joseph* genannt. Als diese Titel erklangen, erbleichten sichtlich zwei andere Damen: Mme. Murat und Mme. Bacciochi. Tatsächlich waren Napoleons Schwestern Rang und Würden vorbehalten geblieben, während des Kaisers Schwägerin und »diese Beauharnais« zu höchsten Ehren aufgestiegen waren! Elise begnügte sich damit, die anwesenden Damen kühl und abweisend zu behandeln, während Caroline, die sich weit weniger in der Hand hatte, »hastig große Gläser Wasser hinabstürzte«, wie ein Zeuge sagt, »um sich wieder in die Gewalt zu bekommen und sich abzulenken, doch saßen die Tränen ihr allzu locker«.

Napoleon versuchte einerseits, der Situation mit Humor beizukommen, und begann die beiden Frauen zu necken. Worauf Elises Miene noch finsterer wurde und die Gläser Wasser sich noch hastiger leerten. Tags darauf brachen Caroline und Elise nach dem Abendessen im engsten Familienkreis in Wehklagen, Tränen und Vorwürfe aus. Mme. Murat wagte den Aufschrei: »Warum will man mich und meine Schwestern zu Ruhmlosigkeit und Verachtung verdammen, während man Fremde mit Ehren und Würden überschüttet?« Die »Fremden« – die Kaiserin, ihre Tochter Hortense und Julie Clary – erwiderten nichts, doch der Kaiser fuhr wütend auf: »Wenn man euch zuhört, möchte man meinen, ich hätte euch das Erbteil nach unserem seligen Herrn Vater, dem König, gestohlen!«

»Gegen Ende der Auseinandersetzung«, erzählt Joséphine hinterher Mme. de Rémusat, »fiel Mme. Murat, die aus Verzweiflung und Kränkung über die harten Worte, die sie hören mußte, gänzlich außer sich war, auf den Fußboden und verlor völlig das Bewußtsein. Bei diesem Anblick legte sich Bonapartes Zorn, er beruhigte sich, und als seine Schwester wieder zu sich kam, ließ er durchblicken, er werde Mittel und Wege zu finden wissen, um sie zufriedenzustellen.«

Am Morgen des 29. Mai erfuhren die beiden Schwägerinnen Joséphines denn auch, daß sie künftighin das Recht besäßen, mit »Kaiserliche Hoheit« angesprochen zu werden. In Rom las Mme. Laetitia den *Moniteur*, der den Sieg ihrer Töchter verkündete, und hoffte nun ihrerseits, zum Rang einer *Kaiserinmutter* aufzusteigen. In ihrer unmittelbaren Umgebung begann man sie unverzüglich mit »Majestät« anzusprechen ... Napoleon zuckte nur die Schultern. Noch fand er die Sache zum Lachen. Aber nach den Frauen kamen nun die Männer. Zweifellos erhielten Murat, Bacciochi und Borghese, zumindest für einige Zeit, im Gefolge ihrer Gattinnen keinen Zutritt zum kaiserlichen Salon, doch zu schmollen begann als erster Joseph. Er, den Napoleon mit Gold überhäuft hatte, betrachtete sich als Erbe des Kaisertums – ohne einen legitimen Anspruch zu besitzen. Napoleon hatte über die bösen Mienen seiner Familie einfach hinweggesehen und sich das Recht vorbehalten, im Falle eigener Kinderlosigkeit einen Nachfolger zu adoptieren. Josephs Reaktion auf diese Maßnahme war absurd! Die Erbfolge in der Seitenlinie hätte sich nur dann vertreten lassen, wenn Vater Charles Bonaparte – *Monsieur Père* – Kaiser gewesen wäre... Und doch gründen sich auf diesen absurden Anspruch alle Ungereimtheiten, zu denen sich Mme. Laetitia und ihre Kinder in der Folge versteigen.

Eugène wird fürs erste – ehe sich eine bessere »Stellung« anbietet –, zum Generaloberst befördert, wodurch er in die Reihen der Würdenträger des Staates aufrückt, doch bleibt er der Schlichteste und Einfachste von allen und läßt sich in keiner Weise von seiner neuen Situation berauschen.

Manche kostete es ein Gutteil Überwindung, Joséphine »Kaiserin« zu nennen und sie mit »Majestät« anzusprechen. Für den General Thiébault besaß Joséphine zweifellos »kostbare Vorzüge« und prangte im Schmucke »unendlicher Reize«, doch blieb sie für ihn wie für so viele andere nichtsdestoweniger »Joséphine, die ehemalige Mätresse von Barras, jene, die es sich mit dem Kommando über die Italienarmee erkauft, Mme. Bonaparte zu werden, jene, die für 500 000 Francs Bestechungsgelder die Versorgung der Italienarmee der verbrecherischen Compagnie Flachet vermittelt hatte, deren frechen Diebstählen es zuzuschreiben war, daß unsere Truppen während der Belagerung von Genua unsägliches Elend und Hunger erlitten«.

Und dennoch sagt dieser selbe General Thiébault über Joséphine: »Welche Frau hat jemals mehr Verführungskraft und Würde in sich vereint!... Nur in Bewunderung näherte man sich ihr, lauschte ihr nur mit Entzücken, verließ sie nur völlig bezaubert von ihr und ihrem Wesen.«

Diese »Verführungskraft« stellt die neue Kaiserin in den Dienst der Verschwörer Ludwigs XVIII. und des Comte d'Artois. Jetzt, im Juni 1804, geht der Prozeß gegen Cadoudal dem Ende zu. Armand de Polignac soll hingerichtet werden.

Eines Morgens eilt Mme. de Rémusat in heller Aufregung zu Joséphine. Vergennes' Tochter hatte eben den Besuch der Herzogin von Polignac empfangen, die sie anflehte, »ihr zu helfen, bis zu den Füßen des Kaisers zu gelangen«, um Gnade für ihren Gemahl zu erbitten. Ihre Tante – Mme. d'Andlau, die Tochter von Helvétius – hatte in das Flehen eingestimmt. Einzig die neue Kaiserin könne intervenieren! Joséphine zeigte sich zunächst ein wenig zurückhaltend und ängstlich: Der Kaiser sei zur Zeit »so unzufrieden«!

»Hätte man Moreau verurteilt, so wäre ich unseres Erfolgs sicherer«, erklärte sie der Hofdame, »doch befindet er sich in einem solchen Zustand der Wut, daß ich fürchte, er wird uns abweisen ...«

Während sich Mme. de Rémusat abmühte, Joséphine dennoch zu einer Intervention zu überreden, trat der Kaiser ein, und die Kaiserin teilte ihm kurzerhand mit, »sie habe sich bereit erklärt, Mme. de Polignac zu empfangen«. Worauf das Gespräch gleich heftig wurde. Joséphine könne tun, was sie wolle, was ihn selbst betreffe, weigere er sich, »dieser Frau« eine Audienz zu gewähren. Sie werde ihm nicht vor die Augen kommen!

»Ich kann keine Gnade gewähren«, erklärte er. »Sie bedenken nicht, daß die königstreue Partei voll ist von jungen Hitzköpfen, die immer wieder von neuem beginnen, wenn man ihnen nicht eine gehörige Lektion erteilt und sie so im Zaum hält. Die Bourbonen sind leichtgläubig, sie glauben den Versicherungen gewisser Intriganten, die sie über die wahre Meinung des französischen Volkes hinwegtäuschen, und so schicken sie mir eine Unzahl von Opfern ins Land.«

Während Napoleon »eiligen Schritts« im Raum auf und ab ging, setzte sich Mme. de Rémusat, von Joséphines flehender Haltung unterstützt, für die Sache der unglücklichen Verurteilten ein.

»Was liegt Ihnen denn an diesen Leuten?« fiel ihr der Kaiser ins Wort.

»Sire, ich kenne sie nicht, und bis gestern morgen habe ich auch Mme. de Polignac noch nie zu Gesicht bekommen.«

»Gut denn, so plädieren Sie für Leute, die hierher kamen, um mich zu ermorden.«

Mme. de Rémusat nahm allen ihren Mut zusammen, um zu antworten: »Nein, Sire, doch plädiere ich für eine unglückliche, verzweifelte Frau, und mehr noch für Sie selbst!«

Daß Mme. de Rémusat ihr Plädoyer in ergreifende Worte zu kleiden wußte, hinderte Bonaparte nicht daran, unter Zeichen heftigen Unmuts das Gemach zu verlassen und den beiden Frauen zu verbieten, ihm »noch mehr den Kopf zu verdrehen«.

Kaum war der Kaiser gegangen, meldete man Mme. de Polignac. Joséphine empfing sie »in einem Raum abseits des Appartements«, versprach ihr, das Unmögliche zu versuchen, um den Herzog zu retten, und erzwang sich zweimal Eingang ins Arbeitszimmer des Kaisers.

Der Kaiser tobte! Wie, man wage es, Gnade für seine Mörder zu erflehen! Gnade für die Adjutanten des Comte d'Artois, die ihm nach dem Leben trachteten.

Joséphine blieb nun nichts anderes übrig, als zu Mme. Rémusat zurückzukehren und ihr von ihrem Mißerfolg zu berichten. Doch verlor sie nicht den Mut, und als sie erfuhr, daß Talleyrand beim Kaiser sei und mit ihm arbeite, ging sie ein drittes Mal zum Angriff über. Mit Unterstützung Talleyrands gelang es ihr, diesmal zu erwirken, daß Napoleon »diese arme Frau« empfange. Sie hatte gesiegt. Mme. de Polignac warf sich dem Kaiser zu Füßen, der Herrscher half ihr auf und begnadigte Polignac mit folgenden Worten: »Sie laden schwere Schuld auf sich, Madame, die Fürsten, die das Leben ihrer treuesten Diener aufs Spiel setzen!«

Mme. d'Andlau, die ihre Nichte begleitet hatte, sagte ein ums andere Mal – und die Anekdote erregte Heiterkeit –: »Sire, ich bin die Tochter von Helvétius . . Sire, ich bin die Tochter von Helvétius . . .«

Während der gesamten Szene gab sie nicht mehr als diese sechs Worte von sich, und vor Erregung in ihrem Verstand beeinträchtigt, wiederholte sie sie im ganzen zehnmal.

Mit Joséphines Unterstützung gelang es, auch für andere Verurteilte, deren Eltern und Kinder sich Napoleon zu Füßen warfen, Gnade zu erwirken. So kamen der Marquis de Rivière, Charles d'Hozier, Roussillon, Rochelle und Gaillard mit heiler Haut davon.

Doch war es nicht damit getan, einen Kaiser und eine Kaiserin auf den Thron zu heben. Jetzt galt es, sie auch mit einem Hofstaat und einem Personal »auszustaffieren«, die ihrem Rang gerecht wurden. Joséphine sieht sich plötzlich von mehr als hundert Damen, Offizieren und Domestiken umgeben. Den Damen aus der Zeit des Konsulats, de Rémusat, de Luçay, de Talhouët und de Lauriston, gesellt sich nun auf Anordnung Joséphines eine mit den Beauharnais verwandte Hofdame zu, eine persönliche Freundin der Kaiserin, die geistreiche, ein wenig verwachsene Mme. de La Rochefoucauld, die einen der glanzvollsten Namen Frankreichs trägt; ihr wird ein Gehalt von 40 000 Francs zugesprochen. Ferner erhebt die Kaiserin Mme. de Lavallette, die Nichte von Alexandre Beauharnais und Großnichte der »Tante Fanny«, in den Rang einer Kammerdame. Mit Bonapartes Adjutanten verheiratet, wird sie als »sanft, gut und immer noch hübsch« beschrieben, »ungeachtet der Blatternarben«, die ihr Gesicht verunzieren. Ihre Entlohnung beträgt 30 000 Francs. Da Joséphine zunächst ein Kontingent von zwölf Hofdamen zusteht – das sich später auf neunzehn, dreiundzwanzig und schließlich auf neunundzwanzig erhöht –, sind in dieser Frühzeit des Empire noch acht Plätze vakant. Nach langem Zögern und immer neuen Dispositionen, zu denen die Protektionswirtschaft zwingt, werden am Ende folgende Damen ernannt: Mme. Duchâtel und Mme. de Vaudey – deren allzu augenfällige Reize Napoleons Gefallen erregen werden –, die hinreißend schöne Mme. Savary, geborene Faudoas, künftige Herzogin von Rovigo, Tochter einer Kreolin von San Domingo und mit den Taschers verwandt, die nicht weniger bezaubernde Mme. Lannes, die ihre Häuslichkeit über alles liebt, und die schöne, stolze Mme. Ney, Nichte von Madame Campan, eine Dame großen Stils und großer Allüren, Mme. Auguste de Colbert, Mme. de Walsch-Serrant und schließlich, gleichsam als Anführerin der Damenkohorte, die Comtesse d'Arberg de Vallengin, die als einzige das Leben bei Hof von Kindesbeinen an kennt und mit den größten Familien Europas verwandt ist.

Für den eigentlichen Kammerdienst hat Joséphine zunächst noch Agathe Rible zur Verfügung, die ihrer Herrin in die Tuilerien gefolgt ist, doch 1804 kann die einstige »Favoritin« nicht mehr genügen. Ehe das Jahr zu Ende geht, befehligt die Kaiserin über zwei erste Kämmerinnen, Mme. de Saint-Hilaire – ehemals Zofe bei Mme. Victoire –, die sich jetzt für eine Herzogin hält, und Mme. Bassan, Gattin eines Buchhändlers; vier hübsche, elegante Kammerfrauen, die im Sommer 1805 plötzlich zu Empfangsdamen avancieren und deren uniforme Kleidung ihnen zum Namen »rote Damen« verhilft – die Kreolin Eglé Marchery, Félicité Longroy, Mme. Soustras, Witwe eines Offiziers, und Mme. Ducrest de Villeneuve, Mutter jener Georgette Ducrest, von der später noch die Rede sein soll; schließlich eine Kammerdame, Mme. Mallet, vier schwarzgekleidete Garderobedamen und fünf weißgekleidete Garderobemädchen; sie alle sind authentische Zeugen des Privatlebens der Kaiserin. 1805 wird auch Mademoiselle d'Avrillon in den Dienst aufgenommen, und ihren *Souvenirs* ist es zu verdanken, daß wir so manche Stunde mit der Souveränin verleben können.

Eine der Frauen, eine gewisse Brisée, sorgt für Joséphines zahlreiche Hunde. Dem Hofstaat der Kaiserin auch eine betreßte und goldgezierte Kohorte von Kämmerinnen und Offizieren einzuverleiben bereitete nicht geringe Schwierigkeiten. »Mit einigen wenigen Ausnahmen«, meint der Zeitgenosse Philippe de Ségur, »nämlich armen, verkommenen und ins Elend geratenen Adeligen und anderen, die bereits Bonapartes Aufstieg mitgemacht hatten, ließen sich Träger großer Namen nur nach langwierigen Verhandlungen und dank bestechender Angebote der vielfältigsten Art herbei, in den ersten Hofstaat des Kaiserpaares einzutreten.«

Dennoch ist es Joséphine gelungen, den mit dem Titel eines Marstallsintendanten ausgestatteten Louis-Auguste Jouvenel, Comte de Harville des Ursins, Marquis de Trainel, für sich zu gewinnen und ihn an die Spitze ihrer Hofhaltung zu stellen. Dieser Freund von Alexandre Beauharnais, General und Senator, hat Joséphine im Februar 1803 auf seinem Schloß Lisy empfangen und mit dem Ersten Konsul »seines Ranges würdige Pferde« getauscht, was nichts anderes heißen sollte, als daß Bonaparte selbst diese Pferde geritten hatte. Nunmehr in Joséphines Diensten, weicht er der Kaiserin nicht von der Seite, bietet ihr den Arm, steht hinter ihrem Sessel, organisiert ihre Ausfahrten und Reisen, befehligt ihre Eskorten und gebietet über die Hofstallungen, wo er über drei Vorreiter, vier Kutscher, acht Postillons, zwanzig Stallknechte und zunächst fünfzig – im Jahre darauf hundert – Pferde herrscht. Im Wagenpark verwaltet er ein rundes Dutzend Gefährte – Berlinen für Reise und Stadt, Kaleschen und Prunkkarossen, die Joséphine zum Teil in England gekauft hatte, und, was den Kaiser empörte, ausgerechnet, während der Friede von Amiens verhandelt wurde.

Bei der Besetzung des zweithöchsten Postens – des Oberstkämmerers – bewies Joséphine eine weniger glückliche Hand. Sie fand nichts Besseres als einen gewissen M. Champion, dessen Familie erst ein Jahrhundert zuvor in den Adelsstand erhoben worden war. Da Herr Champion ein Fleckchen Land in Nanssous-Thil sein eigen nennt, läßt er sich Champion de Nansouty rufen ...

Seine Beziehungen zur Mutter von Mme. de Montesson – der morganatischen Gemahlin des feisten Herzogs von Orléans – verhalfen M. Champion zu einem Platz in der Militärakademie von Brienne, wo nur Adelige Aufnahme fanden, und so ist er denn heute Brigadegeneral. Seiner Heirat mit der Schwester der Mme. de Rémusat ist es zu danken, daß er die zweithöchste Stellung im Hause der Kaiserin bekleidet. Zwei weitere Kämmerer, deren Adel ungleich authentischer ist als jener des Herrn Champion, sehen sich im Vorzimmer der Kaiserin auf den zweiten und dritten Platz verwiesen: M. de Beaumont, aus einem ins 14. Jahrhundert zurückreichenden Adelsgeschlecht, Page am Hof des Königs und Gatte der Mlle. de Miromesnil, und vor allem der wiedergekehrte Emigrant Pierre-Raymond-Hector d'Aubusson, Marquis de Castelnovel, de Saint-Paul, de Serre et de Melzéard, Comte de la Feuillade, Vicomte d'Aubusson, Baron de la Borne et de la Pérusse.

Am 18. August 1814 schreibt er an Talleyrand: »Sie wissen um meine Dienste unter der letzten Regierung; mir wurde grober Undank zuteil, denn ich habe niemals eine andere Anerkennung erfahren als das einfache Kreuz der Ehrenlegion ...«

Eine wichtige Persönlichkeit ist zweifellos der Rechnungssekretär Deschamps. Seit langem ein Vertrauter Joséphines, weiß er sie als ehemaliger Komödiant des Vaudeville, als Reimeschmied und Sänger bei Gastmählern zu unterhalten. Dieser überzeugte Fleischesser und Bonmotdrechsler behauptet allen Ernstes, der Genuß von Gemüse führe zur Verdummung. Doch nicht derlei Scherze und Schrullen machen ihn für Joséphine unentbehrlich; er ist ihr vielmehr deshalb teuer, weil er als Mittelsmann zu ihrem Schatzmeister Ballouhey fungiert, der die Budgets »Kassette« und »Toilette« verwaltet. Für »Wohltätigkeit«, »Hilfeleistungen« und »Pensionen« ist die Ehrendame zuständig, die jedoch nur nach den – regellosen und verschwenderischen – Weisungen der Kaiserin handelt.

Des weiteren umfaßte der junge Hofstaat des Jahres 1804 noch die Rittmeister, die Generäle de Fouler und de Bonardi de Saint-Sulpice, die dereinst zu *Comtes d'Empire* erhoben werden sollten. Ein grüngewandeter, goldbetreßter, federgeschmückter Türsteher mit einer Hellebarde, die er lärmend auf den Boden stößt, sobald seine Herren, Fürsten oder hohe Würdenträger erscheinen, hält Wache vor dem Appartement der Kaiserin. Desgleichen verfügt Joséphine über

vier Kammerdiener, zwei stockbewehrte Läufer in prunkvollen grünen goldbestickten Uniformen, zwölf und bald sechsundzwanzig Bediente in Grün und
Scharlachrot und schließlich vier schwarzgewandete Türsteher, Männer von nicht
zu unterschätzender Bedeutung. Blieben noch die beiden Negerjungen Suaire und
Said zu nennen, zwei mit Säbel und Dolch bewaffnete Mameluken, die zum
engsten Bedientenkreis der Kaiserin zählen. In den Küchen schließlich sorgen
etwa hundert Personen für das leibliche Wohlergehen einer Monarchin, die nie
im Leben auf Tafelfreuden gehalten hat und wohl das genaue Gegenteil einer
Feinschmeckerin genannt werden kann.

Erst am 15. Juli zeigt sich Joséphine den Parisern – im vollen Glanz ihres
neuen Ruhms. In Begleitung ihrer – schmollenden – Schwägerinnen, ihrer Ehrendamen, Stallmeister und Kämmerer verläßt sie die Tuilerien durch die Park-
anlagen – zum ersten Mal seit dem Sturz des Königtums benützt man wieder
diesen Weg –, und unter dem Donner der Kanonen fahren ihre achtspännige
Karosse und die sechsspännigen Geleitwagen in die *Place de la Concorde* ein.
In diesem Aufzug wird die Kaiserin der Angelobung der neuen Mitglieder der
Ehrenlegion beiwohnen.

Der Zug erreicht bald die *Invalides*, wo ein Brunnen errichtet wurde, um einer
glanzvollen Trophäe die würdige Staffage zu bieten: dem aus Venedig entführten
Markuslöwen. Joséphine und ihre Damen nehmen auf einer Tribüne gegenüber
dem Thron Platz. Die Zeremonie dauert drei Stunden, denn es gilt, an die zwei-
tausend Legionäre mit dem Stern auszuzeichnen. Dann kehrt man zurück in die
Tuilerien. Vor dem Schloß drängen sich die Pariser, um dem Konzert auf der
Terrasse beizuwohnen. Die Menge bricht in Jubel aus, *Vive l'Empereur! . . .* und
Hand in Hand mit Joséphine grüßt Napoleon sein Volk.

Der Hofstaat folgt dem Herrscherpaar bis ans Ende der langen Galerie *du Bord
de l'Eau* am Fluß, von wo aus sie dem Feuerwerk, das an der Spitze der Cité-
Insel abgebrannt wird, beiwohnen.

Das kleine Universum um Joséphine gerät in diesem Monat Juli 1804 in
helle Aufregung, da die Kaiserin beschlossen hat, nach Aachen, damals Hauptstadt des Departements Ruhr, zur Kur zu fahren. Unmöglich können alle vierzehn Damen mitgenommen werden! Man wird mit vier das Auslangen finden:
mit Mme. de La Rochefoucauld, Mme. de Luçay, Mme. de Colbert und Mme. de
Vaudey. Desgleichen kommen zwei Kammerfrauen mit, der Marstallsintendant
Comte de Harville, ein Rittmeister, M. de Fouler, zwei Kämmerer, M. d'Aubusson
und André de Beaumont, und schließlich Deschamps, ein Oberhofmeister, ein
gewöhnlicher Hofmeister, zwei Türsteher, zehn Bediente, ein Schwarm Zofen
und eine ansehnliche Abordnung Köche, Kutscher und Stallknechte . . . Im ganzen
umfaßt das Gefolge der Kaiserin rund fünfzig Personen. Die übrigen bleiben in

Paris – und beneiden die Glücklichen, denen es vergönnt ist, mit der Kaiserin auf Reisen zu gehen.

Am 18. Juli begibt sich der Kaiser ins Lager von Boulogne, um die »Landung in England« vorzubereiten . . . und Montag, den 23., reist Joséphine ihrerseits ab. In ihrem Gepäck führt sie ein einundzwanzig Seiten dickes Manuskript mit, das der Kaiser Chaptal diktiert hat und wo Maßnahmen für alle sich möglicherweise ergebenden Situationen vorgesehen sind; desgleichen hat Napoleon festgelegt, mit welchen Worten die Kaiserin auf Ansprachen und Reden zu antworten habe, und selbst die Summen bestimmt, die in Form von Gratifikationen zur Verteilung gelangen.

Der Marstall mit Berlinen, Kaleschen, Kabrioletts und Pferden reist der Kutsche der Kaiserin voraus. Bei jedem Pferdewechsel führen vierundzwanzig Postillons siebenundsiebzig Pferde vor. In den Einkehren essen Gefolge und Gesinde mit der Herrin, ebenso der Oberst der Ehrengarde und der Gendarmerieoffizier, dessen Aufgabe es ist, als aufmerksamer Beobachter die Ohren zu spitzen und seinen Chefs Bericht über die Gespräche an der Tafel der Kaiserin zu erstatten, ein Protokoll, das zweifellos für die Augen des Kaisers bestimmt ist . . .

Wohl hat dieser Kaiser die Reise seiner Gemahlin aufs sorgfältigste organisiert, und doch ist ihm dabei ein Fehler unterlaufen: Was ihm nach Sedan auf der Karte eine Fahrstraße schien, ist in Wahrheit ein erst geplanter Weg. Die Reisegesellschaft merkt dies bald, doch selbst in einem solchen Fall kann nicht daran gedacht werden, den Weisungen des Kaisers zuwiderzuhandeln. So geht es denn Mittwoch, den 25. Juli, über Stock und Stein durch die Ardennen, als ging's durchs Hochgebirge. Vom bleiernen Himmel peitscht der Regen hernieder. Man weiß sich nicht anders zu helfen, als die Wagen mit Seilen aneinander zu binden. Joséphine und die Damen fürchten, die Kutschen könnten kippen, und ziehen es – mit Ausnahme von Mme. de Vaudey – vor, auszusteigen und sich zu Fuß durch den Morast zu quälen. Die Nacht verbringt man in einer elenden Herberge, wo die meisten Reisenden auf Strohschütten und in Trögen schlafen müssen!

Tags darauf überquert man die Maas auf orangenlaubgeschmückten Barken und wird von den Lüttichern stürmisch bejubelt, worauf die in den Ardennen erlittene Ungemach schnell vergessen ist. Freitag, den 27., hält Joséphine endlich Einzug in Aachen. Kanonen donnern, Fanfaren schmettern, die Truppen bilden ein doppeltes Spalier. »Ihre Kaiserliche Hoheit«, berichtet ein Zeitgenosse, »wurde vom Präfekten feierlich begrüßt und nahm aufs liebenswürdigste und empfänglichste Huldigungen entgegen, deren Aufrichtigkeit sich an der echten Rührung ablesen ließ, die sich auf allen Gesichtern malte«. Drei Kompagnien – Jäger und Grenadiere – haben mit Obersten und Militärmusikern Aufstellung vor dem »Palast Ihrer Kaiserlichen Hoheit« genommen. Um Joséphine eine würdige

Unterkunft zu bieten, hat man in bester Absicht und für einen Preis von 144 000 Francs dem Präfekturrat Jacoby sein vollständig möbliertes Palais abgekauft, »eines der schönsten Gebäude, welche die Stadt zieren«. In Wahrheit handelt es sich um eine verwahrloste, armselige Bude. Zu allem Überdruß, erzählt Frédéric Masson, macht man sich schwerste Sorgen um einen der Geleitwagen, der seit 24 Stunden verschollen ist und der erst, nach unzähligen Abenteuern, um drei Uhr morgens eintrifft. Eine der Kämmerinnen der Kaiserin, Mme. de Saint-Hilaire, hat eine nicht ungefährliche Verletzung erlitten und ergeht sich nun in lautem Wehklagen darüber, daß man es unterlassen habe, Soldaten nach ihr auszusenden . . .

Recht und schlecht richtet sich der Hof in Jacobys Gemäuer ein und harrt seufzend so lange aus, bis M. Méchain, Präfekt des Departements, schweren Herzens das Präfekturgebäude räumt, seine Residenz Joséphine überläßt und selbst in eine Herberge zieht. 40 000 Fremde, welche die Anwesenheit der neuen Kaiserin herbeigelockt hat, überfluten die Stadt. Joséphine ist im übrigen so ziemlich die einzige Attraktion, welche die alte Kaiserstadt zu bieten hat . . . Die Zeit zwischen den Bädern verbringt die Kaiserin im Gespräch mit ihrer neuen Dame, der hübschen Mme. de Vaudey, an der sie besonderen Gefallen findet, vielleicht, weil die Dame in ihrer Ehe vom Unglück verfolgt war und Joséphine auf Verständnis rechnen darf, wenn sie sich nun ihrerseits in Klagen über ihre Ehe ergeht und der neuen Favoritin von den Seitensprüngen des Kaisers berichtet.

»Ich fürchte«, schreibt Mme. de Vaudey mit Recht, »daß dieses Bedürfnis, sich das Herz auszuschütten, alles auszuplaudern, was ihr durch den Kopf geht, haarklein zu erzählen, was sich zwischen ihr und dem Kaiser abspielt, ihr ein Gutteil von Napoleons Vertrauen raubt; so klagt sie denn auch, dieses nicht zu besitzen.«

Doch zeigt es sich, daß die Sympathie der Kaiserin Erwiderung findet. Die Dame fährt fort: »Joséphine gleicht in allem einem Kind von zehn Jahren; sie besitzt dessen Gutherzigkeit, dessen Unbekümmertheit; in ihren Gefühlen ist sie lebhaft, sie weint und tröstet sich augenblicklich wieder . . . Ungebildet wie die Kreolinnen im allgemeinen, hat sie nichts oder fast nichts gelernt, was sie sich nicht im Gespräch angeeignet hat; aber da sie ihr Leben in guter Gesellschaft verbrachte, hat sie sich ausgezeichnete Umgangsformen zugelegt, Grazie und jenen Jargon, der in der großen Welt zuweilen für Esprit gehalten wird. Die gesellschaftlichen Ereignisse sind eine Stickerei in ihren Händen, an der sie arbeitet, die sie arrangiert, die ihr Stoff für die Konversation liefert . . . Was ich an ihr reizend finde, ist ihr mangelndes Selbstvertrauen, ein Zug, der bei ihrer gesellschaftlichen Stellung ein großer Vorteil ist. Entdeckt sie in ihrer Umgebung Persönlichkeiten von Geist und gesunder Urteilskraft, dann holt sie mit einer Zutraulichkeit und einer Naivität, die einfach bezwingend sind, ihren Rat ein. In ihrem Wesen ist sie von vollkommener Sanftmut und Ausgeglichenheit; man kann nicht anders: Man muß sie lieben.«

Am 1. August besucht sie das Grabmal Karls des Großen. Man reicht ihr, erzählt Georges Mauguin, eine kleine feuervergoldete Silberkassette, die *Noli me tangere* genannt wird. Die Schatulle ist mit grünen Seidenbändern umwunden, welche sich unter einem Siegel verknüpfen. Eine daran befestigte, auf Pergament geschriebene Legende lautet, die Schatulle sei im Jahre 1356 geöffnet worden, und gleiches dürfe erst wieder geschehen, wenn außergewöhnliche Umstände einträten. Die Öffnung habe ausschließlich der Dekan in Gegenwart des gesamten Kapitels vorzunehmen. »Zu dieser feierlichen Gelegenheit wurde die Kassette Ihrer Kaiserlichen Hoheit dargereicht, und das Schloß, das bisher den Anstrengungen mehrerer Canonici widerstanden hatte, öffnete sich augenblicklich unter den Fingern der Kaiserin.«

Ein hoher Beamter der Rheinprovinz bietet Joséphine einen Armknochen Karls des Großen zum Geschenk an. Von Grauen erfüllt, erwidert die Kaiserin, »sie besitze, um sich darauf zu stützen, einen Arm, der ebenso stark ist wie jener Karls des Großen«.

Als dem Kaiser dieses *Bonmot* zu Ohren kommt, ist er entzückt und stolz, eine so schlagfertige Frau geheiratet zu haben, die nicht nur geistreiche Antworten zu geben weiß, sondern sogleich den mächtigen Gatten in den Vordergrund spielt. Desgleichen verfügt Joséphine über eine Gabe, die gerade für eine Landesherrin unschätzbar ist: ihr Gedächtnis für Personen und Namen. Wer ihr einmal vorgestellt wurde, hört sich bei einer zweiten Begegnung sogleich mit seinem Namen angesprochen. Überall ist Joséphine beliebt – beliebter als der Kaiser –, und alle Herzen fliegen ihr zu. Was Napoleon besonders erstaunt, ist ihr Geschick, »ihren Hof« zu regieren. In der Aachener Residenz werden des Abends keine Spieltische aufgestellt. Joséphine gibt Bälle, und die deutschen Damen prunken in alten Kleidern der Kaiserin, welche die Kammerfrauen an die Aachenerinnen verkaufen. Was die Kreolin, die ihre Toiletten kaum mehr als einmal trägt, erheitert. Zur Zerstreuung könnte weiters die deutsche Oper in Aachen beitragen, doch die Franzosen finden sie unter aller Kritik. Eilends wird der Direktor des Theaters der Kaiserin – des ehemaligen und heutigen »Odéon« –, Picard sen., herbeigerufen, aber was er inszeniert, sind leichte Komödien, und der Hof rümpft neuerlich die Nase. Das seien Stücke für die Domestiken! Als Picard sein eigenes Stück, »Die Frau von 45 Jahren«, lancieren will, wird ihm bedeutet, es sei »unpassend«. Denn Joséphine hat die Vierzig überschritten, und die fünfundvierzigjährige Heldin des Stückes wird als eine Veteranin gezeigt, die – man schreibt das Jahr 1804, seither hat sich glücklicherweise so manches geändert – im Amourösen ein für allemal die Waffen strecken muß . . .

Aus der Ferne verfolgt Napoleon die Kur seiner Frau. »Meine Freundin«, schreibt er am 3. August, »ich hoffe, bald zu erfahren, daß die Bäder Dir recht gut tun... Ich decke Dich mit Küssen zu.« Am 6. August: »Ich sehne mich danach, Dich zu sehen. Ohne Dich gibt es für mich kein Glück.« Am 14. August: »Meine Freundin, seit Tagen schon habe ich keine Nachricht von Dir. Und doch wäre ich sehr froh gewesen, über den guten Verlauf der Kur unterrichtet zu werden und auch zu erfahren, wie Du Deine Zeit verbringst... Lasse mich wissen, was Du zu tun gedenkst und wann Du Deine Kur beendest.«

Am 17. ist er überglücklich, den Besuch Hortenses und ihres kleinen Jungen zu empfangen: »Eben, als ich Deinen Brief erhielt«, schreibt er seiner Frau, »betrat Hortense mit Monsieur Napoleon meinen Salon. Louis hat sie für zwei Tage zu mir kommen lassen, damit sie Boulogne und das Meer sehen. Ihr geht es wohl. Es bereitete mir eine große Freude, dieses liebe Mädchen zu sehen, das immer noch gut ist, vernünftig und voll Gemüt. Du mußt also direkt nach Malmaison fahren. Teile mir mit, wann Du vorhast, dort einzutreffen, und ob es wirklich nötig ist, hinzufahren, noch ehe wir einander wiedergesehen haben. Adieu, meine gute Freundin, tausend Zärtlichkeiten überall hin.«

Jetzt, da Napoleon Kaiser ist, siezt er spaßeshalber seine Frau zuweilen in den Briefen, wie etwa Montag, den 20. August, da er ihr mitteilt, er habe seine Pläne über den Haufen geworfen und werde die Gattin in Aachen, der letzten Residenz Karls des Großen, wo zwanzig Kaiser sich krönen ließen, aufsuchen. »Madame und liebe Frau, in zehn Tagen werde ich in Aachen sein. Von dort aus reise ich mit Ihnen nach Köln, Koblenz, Mainz, Trier, Luxemburg... Sie können auf mich warten, falls Sie nicht fürchten, eine so lange Fahrt könnte Sie überanstrengen... Ich bin wohlauf. Es drängt mich danach, Sie wiederzusehen, Ihnen alles zu sagen, was mich in Gedanken an Sie bewegt, und Sie über und über mit Küssen zu bedecken. Das Junggesellenleben ist trostlos, und es gibt nichts Kostbareres als eine gute, schöne und zärtliche Frau...«

Vier Tage später warnt er sie diesmal in gespielter Eifersucht und frivol: »Da es möglich ist, daß ich in der Nacht ankomme, seien die Liebenden auf der Hut! Es täte mir leid, ein Spielverderber zu sein. Man nimmt eben, was man findet. Ich bin wohlauf. Ich arbeite ziemlich viel. Aber ich bin allzu artig. Das bekommt mir nicht. Also kann ich es kaum mehr erwarten, Sie wiederzusehen und Ihnen tausend zärtliche Dinge zu sagen.«

Die Wartezeit bis zur Ankunft des Kaisers verbringen die Damen in heller Aufregung. Eilig läßt man Kleider und Schmuck aus Paris kommen und stößt so manchen Seufzer aus, wie etwa Mme. de La Rochefoucauld, die klagt, »dieser Blitz aus heiterem Himmel schlage in ihre Kasse ein und den Boden aus«. Der »Blitz« trifft am 2. September, von Eugène begleitet, in der Präfektur ein. Joséphine ist vor Freude zu Tränen gerührt. Alle Damen müssen vorübergehend in die – wanzenverseuchte – Herberge übersiedeln, um den Neuankömmlingen

Platz zu machen. Alle, außer Mme. de Vaudey. Zweifellos weil sie Joséphines »Favoritin« geworden ist. Und da sie ihre Lieblingsdame nun bei sich behält, »scheint es«, wie André Gavoty schreibt, dem wir eine genaue und aufschlußreiche Studie über diesen Seitensprung des Kaisers verdanken, »als zwinge die Kaiserin, wie dies auch im Falle anderer Damen geschehen wird, ihr künftiges eheliches Unglück herbei, indem sie dem Gatten die Reize und Vorzüge ihrer neuen Freundin in allzu verführerischem Lichte darstellt; eine Hypothese, die sich freilich nicht beweisen läßt«.

Tatsächlich geschieht es in diesen Monaten, September und Oktober 1804, daß der Kaiser Elisabeth de Vaudey »bemerkt«. Die Dame litt zu jener Zeit unter schweren Geldsorgen und setzte auch alles daran, um die Blicke des Gebieters auf sich zu ziehen. Wann erhörte sie ihn? Zweifellos wenige Tage nach Napoleons Ankunft in Aachen. Eines Abends läßt er sie, durch ihren Zauber bezwungen, durch Monsieur de Rémusat bitten, als Vierte gemeinsam mit Joséphine, dem Duc d'Arenberg und ihm selbst eine Partie Whist zu spielen. Obwohl dies eine große Auszeichnung ist und Elisabeth, die vor einem Lottotisch sitzt, sich tödlich langweilt, lehnt sie zunächst ab: »Das Schwierige an der Sache ist«, meint sie zum Kämmerer, »daß ich noch nie Whist gespielt habe.«

Rémusat überbringt die Antwort der Dame Napoleon, der nun seinerseits antwortet: »Das ist egal.«

»Es war ein Befehl, und ich habe gehorcht«, so Mme. de Vaudey später. Die Partie ist kurz. Der Duc d'Arenberg ist blind, und der Kaiser liebt schnelle Spiele.

Am 12. September begeben sich Joséphine und Elisabeth nach Köln, wo der Kaiser am 13. zu ihnen stößt. Der gesamte kleine Hof ahnt bereits, daß Elisabeth Napoleon nicht gleichgültig ist – allein Joséphine ist ahnungslos. Die wenigen Tage sind erfüllt von Festlichkeiten, und am 16. September reist die Kaiserin weiter nach Bonn, wo man die Nacht bei Herrn Belderbuch verbringt, dessen illuminierter Park sich bis an den Rhein erstreckt. Über dem Fluß steigt ein Feuerwerk auf, die Musikkapelle spielt an Bord eines Schiffes, und Joséphine könnte sich ungetrübten Festesfreuden hingeben, wäre der Kaiser nicht in Köln geblieben. Tags darauf trifft man sich in Koblenz wieder, der Hauptstadt des Departements Rhein-und-Mosel. Vor Begeisterung spannen die Koblenzer dem Kaiser die Pferde vom Wagen, und der ohrenbetäubende Jubel scheint nie enden zu wollen. Am 19. nehmen Joséphine und jene, die nunmehr als die Mätresse des Kaisers gilt, auf der Jacht des Prinzen von Nassau Platz. Man fährt stromaufwärts gegen Mainz, aber der Gegenwind ist so stark, daß die Schleppgespanne das kleine Schiff kaum von der Stelle bringen. Nur langsam ziehen die alten Burgen an den Ufern vorüber... Nun kommt auch noch ein Unwetter auf. »Joséphine und mehrere Damen bekommen es mit der Angst zu tun«, erzählt Elisabeth de Vaudey, »und schließen sich in einem kleinen Raum im Innern der

Jacht ein; ich meinerseits wollte mich an einem Anblick erfreuen, der mir neu war. Die schnell aufeinanderfolgenden Blitze erleuchteten das Schiff, das hinter unserer Jacht dreinfuhr und wo sich die Frauen und das Gefolge der Kaiserin befanden. Seine großen, weißen Segel, die ein heftiger Sturm peitschte, hoben sich von den schwarzen Wolken ab, welche den Himmel verdunkelten ... Nach und nach legte sich der Sturm, und um Mitternacht erreichten wir Bingen.«

Erst am späten Nachmittag trifft man tags darauf in Mainz ein, wo Napoleon mit seiner üblen Laune nicht hinter dem Berg hält, denn nur Joséphines Verspätung ist es zuzuschreiben, daß sein Einzug in die Stadt nicht programmgemäß glanzvoll verlief. Die Gatten sind zur selben Zeit angekommen – der eine über die Landstraße, der andere vom Hafen –, und die am Rheinufer versammelte Obrigkeit hatte keine Gelegenheit, den Gebieter gebührend zu empfangen. Die Straßen freilich sind ein einziges Meer von Blumen – und der Kaiser läßt sich versöhnlich stimmen. Die rheinischen Fürsten – an ihrer Spitze der Fürsterzbischof und Kurfürst Dalberg – sind in großer Zahl herbeigeeilt, um dem neuen Kaiser zu huldigen, ihrem Schutzherrn. Der Hof repräsentiert unablässig, Joséphine und ihre Damen seufzen.

»Am Morgen«, schreibt Elisabeth, um 10 Uhr kleidet man sich fürs Mittagessen an; zu Mittag macht man wieder Toilette, um Vorstellungen beizuwohnen; diese Vorstellungen finden häufig eine um die andere statt und zu den verschiedensten Stunden, und die Toilette muß immer dem Rang der jeweils vorgestellten Personen entsprechen: So geschah es zuweilen, daß wir an einem einzigen Vormittag dreimal die Toilette zu wechseln hatten, uns ein viertes Mal für das Diner umkleideten und schließlich ein fünftes Mal für einen Ball.«

Eines Abends, als Joséphine auf den Ball gehen soll, erklärt sie, krank zu sein, und weigert sich, ihr Zimmer zu verlassen. Müßte sie es dennoch tun, so wäre es ihr Tod. Der Kaiser stürmt ins Schlafgemach, bezeichnet die Erschöpfung seiner Frau als kindische Laune, »packt sie am Arm, zieht so lange daran, bis er sie aus dem Bett gezerrt hat, und zwingt sie hierauf, sich frisieren zu lassen und auf den Ball mitzukommen«. Der schwelende Streit flammt wieder auf, als Napoleon erklärt, es sei überflüssig, Eugène den deutschen Fürsten vorzustellen. Joséphine weint und schleudert dem Kaiser an den Kopf, ihr Gatte habe Zutritt zu allen Höfen gehabt ... was durchaus nicht der Wahrheit entsprach. Als Napoleon den Namen von Joséphines erstem Gatten hört, steigert sich sein Zorn zu blinder Wut. – Szenen wie diese sind immer dann an der Tagesordnung, wenn der Kaiser auf Abwegen wandelt ...

Auf der Rückfahrt nach Saint-Cloud trennen sich die Wege des Kaiserpaares. Napoleon begibt sich nach Trier – der Hauptstadt des Departements Saar – und nach Luxemburg, während Joséphine die direkte Route über Saverne, Nancy und Châlons wählt –, denn Hortense steht knapp vor ihrer zweiten Entbindung.

Die Heimfahrt steht unter keinem glücklichen Stern. Nun ist auch Joséphine dahintergekommen, daß »Bonaparte« es wieder einmal mit der ehelichen Treue nicht allzu genau genommen hat. Sie hält sich Elisabeth vom Leibe und läßt sie in einem der Geleitwagen reisen. Als die Kaiserin am 4. Oktober durch Nancy fährt, wird sie derselben Ehren teilhaftig als wäre sie in Begleitung des Monarchen. Joséphine wird gefeiert, gehuldigt, beglückwünscht, bedankt. Um jeden Preis will man sie ins Theater schleppen, wo die Uraufführung des Stückes »Der glückhafte Tag oder Ihre Majestät die Kaiserin in Nancy« ihrer harrt. Zur Verzweiflung des Präfekten, der auf seinen Einfall besonders stolz ist, erklärt Joséphine jedoch, müde zu sein, und geht zu Bett. Am nächsten Morgen bricht man denn auch schon um sechs Uhr nach Toul auf. In Bar-le-Duc erhält die Kaiserin eingemachtes Obst zum Geschenk und reist weiter nach Châlons, wo sie nächtigt. Sonntag, den 7. Oktober, erreicht sie Paris.

Am 11. Oktober – einen Tag, ehe der Kaiser heimkehrt – trifft ein Kurier aus der Rue Cerutti ein, wo sich Louis' Palais, das Hôtel de Saint-Julien, befindet: Hortense stehe vor der Niederkunft. Joséphine eilt zur Tochter und wohnt der Geburt eines Knäbleins bei. »Als mein Sohn seinen Namen erhalten sollte«, erzählt Hortense, »schrieb sein Vater ins Geburtsregister *Louis*, den Namen, den er ihm zugedacht hatte. Der Kaiser strich ihn mit eigener Hand aus, sagte, alle Jungen in seiner Familie müßten Napoleon heißen, und dieser solle auch der erste Name sein. Mein Mann mußte sich dem Zwang beugen, doch während ich mit Milchfieber darniederlag, sprach er die ganze Zeit von nichts anderem, als daß Napoleon sich widerrechtlich eine derartige Entscheidungsgewalt angeeignet habe, und erging sich in harten Worten über die Anmaßungen eines älteren Bruders, der alle unter sein Joch zwingen wolle. Schon meinen ersten Sohn hatte er lange Zeit nur *Charles* nennen wollen und nicht Napoleon.«
Mme. de Vaudey hat ihre Beziehungen zu Napoleon wieder aufgenommen. Sehr bald schon empfängt der Kaiser die Dame in Saint-Cloud in einem kleinen Appartement oberhalb seines Arbeitszimmers, von dem eine Geheimtreppe empor ins Zwischengeschoß führt.
An einem Vormittag, zwischen dem 25. und dem 28. Oktober, merkt Joséphine, daß Mme. de Vaudey plötzlich ohne ersichtlichen Grund den Salon verläßt ... Sogleich schöpft die Kaiserin Verdacht: Gewiß ist die Dame mit Bonaparte verabredet. Mme. de Rémusat wird herbeigerufen und eingeweiht: »Ich werde«, erklärt Joséphine, »mir sofort Klarheit darüber verschaffen, ob mein Verdacht begründet ist; bleiben Sie im Salon, bei der Gesellschaft, und wenn man fragt, wo ich denn sei, sagen Sie, der Kaiser habe nach mir verlangt.« Entsetzt versucht Mme. de Rémusat, sie zu besänftigen und sie davon abzubringen, sich wie eine Spießbürgerin zu benehmen, die ihren Gatten in flagranti ertappen will.

Joséphine zeigt sich allen Vorstellungen unzugänglich und schlüpft hinaus in den schmalen Korridor. Eine halbe Stunde lang bleibt sie verschwunden. Dann plötzlich erscheint sie wieder im Salon, den sie durch die gegenüberliegende Tür betritt. Sie ist bleich und bebt am ganzen Leibe; ihre »fahrigen Bewegungen« verraten eine heftige Erregung, die sie dadurch zu verbergen sucht, daß sie sich hastig über ihre Stickerei beugt. Als sie am Ende nicht mehr an sich halten kann, ruft sie Mme. de Rémusat und schleppt sie mit sich in ihr Schlafgemach. Mit von Tränen erstickter Stimme erzählt sie: »Alles ist verloren; was ich ahnte, hat sich als nur zu wahr erwiesen. Ich suchte den Kaiser in seinem Arbeitszimmer, und dort war er nicht; da stieg ich über die Geheimtreppe empor zum kleinen Appartement; ich fand die Tür verschlossen, und dahinter hörte ich, durchs Schlüsselloch, die Stimmen von Bonaparte und Mme. de Vaudey. Ich pochte heftig und rief meinen Namen. Sie können sich vorstellen, wie empfindlich ich sie gestört habe; es brauchte eine gute Weile, ehe sie mir öffneten, und als sie es dann taten, gab es für mich keinen Zweifel mehr. Ich brauchte bloß zu sehen, in welchem Zustand sie sich befanden, in welcher Unordnung! Daß ich hätte an mich halten müssen, weiß ich wohl; aber es war mir unmöglich, ich erging mich im Gegenteil in schweren Vorwürfen. Mme. de Vaudey begann zu weinen. Bonaparte erregte sich so heftig, daß ich kaum mehr Zeit hatte, zu fliehen und seiner Wut zu entgehen. Jetzt noch«, schließt Joséphine, »bebe ich am ganzen Leibe beim Gedanken, wozu er sich hätte hinreißen lassen können. Gewiß kommt er gleich. Ich bin auf das Schlimmste gefaßt.«

Mme. de Rémusat gerät in ebenso helle Aufregung wie ihre Herrin.

»Begehen Sie bloß keinen zweiten Fehler«, empfiehlt sie ihr, »denn der Kaiser würde es Ihnen nicht verzeihen, einen Dritten ins Vertrauen gezogen zu haben. Gestatten Sie, Madame, daß ich sie allein lasse. Sie müssen auf ihn warten; und dann soll er sie alleine antreffen. Versuchen Sie, ihn zu besänftigen und Ihre so große Ungeschicklichkeit wiedergutzumachen.«

Mme. de Rémusat kehrt unverzüglich in den Salon zurück, wo sich inzwischen Mme. de Vaudey eingefunden hat. Die Hofdame ist bleich, stammelt unzusammenhängende Worte, und immer wieder irren ihre Blicke zu Mme. de Rémusat. Weiß sie, was vorgefallen ist? Plötzlich hören die Anwesenden »einen großen Lärm« aus dem Appartement der Kaiserin dringen. Gewiß hat sich Napoleon zu seiner Frau begeben. Mme. de Vaudey erhebt sich, verlangt nach ihrer Equipage und fährt nach Paris. Kurz darauf läßt Joséphine Mme. de Rémusat zu sich rufen. Die unglückliche Frau ist in Tränen aufgelöst. Es war zu einer furchtbaren Szene gekommen. Tobend vor Wut habe »Bonaparte« seine Frau »zutiefst geschmäht« und sogar Möbel zertrümmert.

»Machen Sie sich darauf gefaßt, daß Sie Saint-Cloud verlassen müssen«, habe er gesagt, »ich habe Ihr eifersüchtiges Bespitzeln satt und bin entschlossen, das

Joch abzuschütteln. Fürderhin werde ich nur mehr die Staatsräson gelten lassen, die verlangt, daß ich mir eine Frau nehme, die imstande ist, mir Kinder zu schenken.«

»Ich bin unrettbar verloren«, schluchzt Joséphine.

Um so unrettbarer verloren, als Napoleon den Papst ersucht hat, nach Paris zu kommen, um ihn und seine Gemahlin zu krönen. Nach einigem Zögern hat sich Pius VII. schließlich bereit erklärt, dem Wunsch des Korsen nachzukommen, und mitgeteilt, er rüste für die Reise. Diese Nachricht versetzte die Bonapartes in Alarmzustand: Joséphines Krönung mußte verhindert werden. Ein letztes Mal gingen sie zum massiven Angriff über, und Joseph wurde mit der Rolle des Wortführers betraut: »Welchen Sinn soll es haben, Joséphine zu krönen, wo die Scheidung doch unvermeidlich ist? Die Interessen Frankreichs verlangen, daß der Kaiser leibliche Erben habe. Wäre es für das Land und den Kaiser selbst nicht besser, wenn er durch eigene Nachkommenschaft die napoleonische Dynastie auf dem Thron einsetzte, anstatt sich jener künstlichen Erbfolge zu bedienen, die am 28. Floréal vom Senat beschlossen wurde? Die Krönung bietet dem Kaiser die Möglichkeit, nach Wahl eine ausländische Prinzessin oder aber die Erbin eines großen französischen Namens zu ehelichen.«

Der Kaiser läßt Eugène wissen, er sei nunmehr zu einem Entschluß gekommen: Er werde sich von Joséphine trennen. Während die Kaiserin »Ströme von Tränen« vergießt und zum Abschied rüstet, erklärt Eugène, er werde bei der Mutter bleiben und sie nach ihrem neuen Wohnsitz begleiten. Hortense aber zieht es vor, keine Partei zu ergreifen: »Ich kann mich nicht einmengen«, meint sie zu Mme. de Rémusat, »denn mein Mann hat mir ausdrücklich verboten, auch nur das geringste zu unternehmen . . . Wenn es übrigens noch eine Chance gibt, in dieser Angelegenheit etwas zu retten, dann liegt sie einzig in der Macht, welche die Sanftmut und die Tränen meiner Mutter über Bonaparte ausüben; man muß die beiden sich selbst überlassen, es vermeiden, sich zwischen sie zu stellen, und so rate ich Ihnen denn auch, unter keinen Umständen nach Saint-Cloud zu fahren, um so weniger, als Mme. de Vaudey Ihre Anwesenheit dort begrüßen würde, da sie der Überzeugung ist, Sie würden zum Äußersten raten . . .«

Schon erschüttern Napoleon Joséphines Tränen. Freilich, die Scheidung wäre für ihn so viel wie eine Lebensnotwendigkeit . . .

»Doch ich habe nicht den Mut«, erklärt er Joséphine unter Tränen, die nun auch bei ihm fließen, »die letzte Entscheidung zu fällen. Und wenn du mir das Übermaß deines Schmerzes vor Augen führst, wenn du nichts weiter tust, als mir zu gehorchen, dann werde ich niemals stark genug sein, um dich zu zwingen, mich zu verlassen. Doch gestehe ich, daß ich es mir sehr wünsche, du wärest stark genug, dich den Interessen meiner Politik zu beugen, und ebenso wäre ich froh, wenn du mir diese qualvolle Trennung so leicht als möglich machtest.«

Den Ratschlägen von Mme. de Rémusat gehorchend, erklärt Joséphine dem Kaiser, »sie warte auf ausdrücklichen Befehl, um den Thron, auf den man sie gesetzt habe, zu verlassen«.

Die Bonapartes – mit Ausnahme von Jérôme – jubeln. Die Feinde sind zur Strecke gebracht, diese »Beauharnais«, die ihnen seit gut zehn Jahren den Schlaf rauben! Die Sippe denkt gar nicht daran, ihre Freude zu verhehlen. Napoleon aber ist plötzlich angewidert, »verletzt«, weil »die Seinen ganz offen ihre Siegermiene zur Schau tragen«, schließlich »empört«, als er erfährt, daß seine Familie es gewagt hat, »sich zu rühmen, ihn zum Äußersten getrieben zu haben«; und am 2. November vertraut er Roederer an: »Wie könnte ich diese gute Frau verstoßen, bloß, weil ich größer werde? Nein, das übersteigt meine Kräfte. Ich habe ein menschliches Herz; mich hat keine Tigerin zur Welt gebracht. Erst wenn meine Frau stirbt, werde ich mich wieder verheiraten und dann noch Kinder zeugen; unglücklich will ich sie nicht machen. Sie (die Bonapartes) sind eifersüchtig auf meine Frau, auf Eugène, Hortense, auf alles, was mich umgibt.. Ich liebe diese Kinder, weil sie immer bemüht sind, mir Freude zu machen... Ich liebe Hortense, ja, ich liebe sie; sie und ihr Bruder ergreifen immer meine Partei, sogar der Mutter gegenüber, wenn sie wegen einer Dirne oder ähnlicher Miseren gegen mich aufgebracht ist. Wenn ich sie zur Kaiserin mache, so ist dies nur ein Akt der Gerechtigkeit. Ja, sie soll gekrönt werden...«

Und noch am selben Tag begibt er sich in Joséphines Schlafzimmer und verkündet ihr die bevorstehende Ankunft des Papstes in Fontainebleau.

»Er wird uns beide krönen; kümmere dich allen Ernstes um die Vorbereitungen zu dieser Zeremonie.«

Vor Freude trunken, stürzt sich Joséphine in seine Arme.

Joséphines Krönung

Sonntag, den 25. November 1804 – Quartidi, den 4. Frimaire des Jahres XIII, am Tag der Mispeln, denn immer noch ist der revolutionäre Kalender in Kraft, wartet Joséphine klopfenden Herzens in ihrem Appartement in Fontainebleau auf die Ankunft des Papstes Pius VII., der sich nach Paris begibt, um am folgenden Sonntag den neuen Kaiser und die neue Kaiserin zu krönen.

Am Morgen hat sie in ihrem Wagen den Kaiser und seine Gesellschaft zur Jagd begleitet. Als ein Kurier ihr die Ankunft Seiner Heiligkeit meldet, kehrt sie zurück ins Schloß, während Napoleon vorgibt, von der Jagd unabkömmlich zu sein.

»Wenn ich mich direkt in mein Schloß Fontainebleau begebe, das am Wege liegt«, läßt er dem Papst bestellen, »werde ich mich durch diesen Umstand in der glücklichen Lage sehen, mich der Gesellschaft Seiner Heiligkeit bereits einen Tag früher erfreuen zu dürfen.«

Doch darf sich Seine Heiligkeit keineswegs einbilden, einen höheren Rang zu bekleiden als jener, den zu krönen er gekommen ist. Jenseits der Mauern von Notre-Dame ist er – bestenfalls – nichts weiter als ein Souverän auf Zeit ... Und um die Fronten eindeutig abzustecken, ist Napoleon nicht einmal ins Schloß zurückgekehrt, um sich umzukleiden: Im Jagdanzug erwartet er seinen Gast am Kreuz von Hérem. Wo er sich den Anschein gibt, auf der Wolfshatz vorbeigekommen zu sein, damit der Papst beileibe nicht auf den Gedanken verfällt, der Kaiser sei ihm entgegengeeilt ... Eine glückliche Fügung, unvorhersehbar wie alles rein Zufällige!

Joséphine wartet. Schließlich – es ist bereits halb zwei – hört sie Artilleriesalven, die das Läuten der Glocken überdonnern, und darauf das Brüllen der Kanonen, das aus dem ovalen Hof aufsteigt. Die Schritte des Begleitkommandos hallen auf dem Pflaster – eine Eskorte von Ungläubigen, da sie aus Mameluken besteht! Am Fuß der Louis-XV-Treppe verneigt sich der ehemalige Bischof von Autun – ein abtrünniger, verheirateter Priester: Maurice de Talleyrand-Périgord.

Der Papst, fünf Kardinäle, zwei römische Fürsten, vier Bischöfe, 97 Prälaten, Kämmerer, Sekretäre, Bediente richten sich im Schloß ein. Joséphine schickte sich an, den Papst in seinem Appartement aufzusuchen, doch Napoleon ließ den Papst bitten, sich in den Salon der Kaiserin zu begeben, »um ihr seine Aufwartung zu machen«. Seufzend schickt sich Pius VII. darein und verläßt sein

Appartement – das zu Zeiten die Königinmutter Anna von Österreich bewohnte–, um der *carissima Victoria* – wie sie der Papst hartnäckig nennt, ein Name, welcher der Frau des Generals Bonaparte freilich wohl ansteht – seinen päpstlichen Segen zu erteilen.

Napoleon aber scheint von schweren Sorgen gequält. Seine Familie befindet sich »in einem Zustand des Wahnsinns«, weil »Mme. de Beauharnais« – so heißt Joséphine immer noch bei *Madame Mère* – vom Papst gesalbt und von ihrem Gatten gekrönt werden soll. Mit dem Mut der Verzweiflung setzen sie einen letzten Angriff gegen »diese Frau« in Szene, und wieder ist Joseph der Wortführer: »Die Krönung der Kaiserin läuft meinen Interessen zuwider, meine Kinder können nun vor jenen von Louis und Hortense ins Hintertreffen gelangen; die Rechte meiner Kinder werden angetastet, da durch diese Krönung Louis' Kinder Enkel einer Kaiserin werden, während die meinen nichts weiter sind als Söhne und Töchter einer Bürgerlichen.«

Der Kaiser tobt: »Joséphine wird gekrönt werden! Sie wird, und koste es mich das Leben von 200 000 Mann!«

Vor dieser blutrünstigen Drohung streckt Joseph die Waffen und tut noch in Fontainebleau öffentlich Abbitte. Napoleon gibt seiner Befriedigung Ausdruck: »Ich bin berufen, das Antlitz der Welt zu verändern; zumindest glaube ich daran. Fügt euch denn ein in das System einer erblichen Monarchie, wo euch so viele Vorteile winken.«

Dennoch findet der Kaiser keinen ruhigen Schlaf. Jetzt gilt es – wie er selbst meint – »zum massiven Angriff überzugehen«, um seine Schwestern und Schwägerinnen zu zwingen, in Notre-Dame die Schleppe der Kaiserin zu tragen und ihr während der ganzen Zeremonie zu folgen. Hatte nicht schon »Mme. Joseph« geklagt, »ein solches Amt sei überaus peinlich für eine tugendhafte Frau«? »Sechs Tage dauert nun schon dieser Streit«, klagt der Kaiser seinem Bruder, »und seither habe ich keinen Augenblick Ruhe. Nicht einmal schlafen kann ich mehr, und ihr allein seid imstande, mich so zu tyrannisieren.«

Aber der Kaiser ist nicht der einzige, der schlaflose Nächte verbringt. Auch die Damen kommen vor Aufregung und Empörung nicht mehr zur Ruhe und lassen sich zu solchen Ausbrüchen hinreißen, daß der Kaiser schließlich nachgibt und verfügt, sie müßten die Schleppe nicht tragen, sondern lediglich den Krönungsmantel anfassen und emporhalten . . . Zur Entschädigung gesteht man jeder einen Kämmerer zu, der die Schleppe ihrer eigenen Robe trägt. Wodurch die Gefahr besteht, daß es ins Joséphines Geleite zu einer argen Drängerei kommt . . . Glücklicherweise stellen Joseph, Louis, Cambacérès und Lebrun, die Napoleons Krönungsmantel halten sollen, keine derartigen Ansprüche.

Neben dem schweren, traditionsreichen Mantel, dem Symbol der Macht von der Farbe des »Tyruspurpurs«, diesem 22,60 Meter langen Prunkstück, das für

16 000 Francs bestickt und für 10 460 Francs mit Hermelin gefüttert und mit goldenen Bienen geschmückt wurde, steht Joséphine gleich dem Kaiser der Ring zu. Der ihre trägt einen Rubin, das Emblem der Freude, während an Napoleons Juwel ein Smaragd erstrahlt, Symbol der »göttlichen Offenbarung«. Diese Ringe wird der Papst ihnen anstecken und die Geste mit rituellen Gebeten begleiten. Die Kaiserin wird auch die Krone tragen, die kleine Kugel mit dem Kreuz und achtfachem Gewinde aus Lorbeer und Myrte und überdies ein hohes Diadem aus Gold, Brillanten und Amethysten – Emblem der Liebe und der Weisheit –, ein Juwel, das eins scheinen wird mit der Krone. Schließlich wird Joséphine auch die dreifache Salbung zuteil mit dem heiligen Öl.

Und da ihr nun Krönung und Salbung winken, glaubt Joséphine sich gerettet – vor der Scheidung. Es scheint ein unmögliches Unterfangen, eine Frau zu verstoßen, die an der Seite des Mannes vom Papst gekrönt wurde. Für alle Zeiten vermeint sie ihr eheliches Glück gesichert. Ein einziger – und schwerwiegender – Umstand bereitet ihr quälende Sorgen: Sie ist mit dem Kaiser nur standesamtlich verheiratet. Wenn auch für Napoleon die eigentliche Salbung nichts weiter ist als eine Zeremonie wie die Krönung oder der Eid auf die Verfassung, so bedeutet die Weihe für Joséphine ein Sakrament, dessen sie sich erst nach Beichte und Kommunion für würdig hält.

Und doch sind es nicht ihre religiösen Gefühle, die Joséphine dazu treiben, dem Papst die Wahrheit zu gestehen, sondern die Überzeugung, daß die kirchlich geschlossene Ehe mit »Bonaparte« unauflöslich sein müsse. Klug wartet sie den Tag vor der Krönung ab, um am Samstag, dem 1. Dezember, den Papst, der jetzt im Flora-Pavillon in den Tuilerien wohnt, um eine Audienz zu bitten. Pius VII. fühlt sich einer Ohnmacht nahe: So hat man es also gewagt, ihn aus Rom herzuzitieren, um einer Konkubine den päpstlichen Segen zu erteilen, um die dreifache Salbung mit dem heiligen Öl, das nur den Bischöfen zusteht, an einem Paar vorzunehmen, das in Todsünde miteinander lebt! Diesen Schritt zu tun, weigert er sich entschieden, noch in dieser Stunde wolle er die Heimreise antreten, außer es gelänge, vor Tagesanbruch das Sakrileg zu tilgen. Den Kaiser wolle er wohl krönen, doch könne er nicht einmal Joséphines Anwesenheit in Notre-Dame dulden.

So müsse man denn alles umstoßen? Im letzten Augenblick die Vorkehrungen ändern, die für die Zeremonie getroffen sind? Daran ist nicht zu denken. Eine Lösung nur gibt es: sich fügen und vor Joséphine, die mit solchem Erfolg manövriert hat, kapitulieren. Am frühen Nachmittag ruft Napoleon seinen Onkel, den Kardinal Fesch, und gibt ihm ohne Umschweife bekannt, wie er mit seiner Hilfe die drohende Katastrophe abzuwenden gedenkt: »Sie selbst werden die Trauung vornehmen, doch verlange ich strengste Geheimhaltung, wie beim Beichtgeheimnis. Ich dulde auch keine Zeugen.«

»In diesem Fall«, seufzt der Kardinal, »bleibt mir keine andere Möglichkeit, als mich der Dispensen zu bedienen.«

»Unverzüglich begab ich mich zum Papst«, erzählt der Kardinal und Bruder von *Madame Mère,* »und eröffnete ihm, ich müßte mich in Zukunft des öfteren an ihn wenden, um Dispensen zu erhalten, und bäte ihn nun gleich, mir jene zu erteilen, die mir zur Erfüllung meiner Pflichten eines Großalmoseniers zuweilen unabdinglich seien.«

Dem Protokoll zufolge, das sich in den Archiven befindet, erwähnte des Kaisers Onkel wohlweislich mit keinem Wort, daß er vom Oberhaupt der Kirche *unverzügliche* Dispens verlangte, um illegal und so gut wie an Ort und Stelle – nämlich eine Etage tiefer – Napoleons Trauung zu vollziehen. Doch darf man annehmen, seine Heiligkeit habe die Beweggründe erkannt, welche Galliens Primas zu diesem Schritt veranlaßten.

Da jedenfalls Pius VII. seine Einwilligung gegeben hat – wobei er nicht etwa eine Eheschließung ohne Zeugen gewährte, sondern der Bitte des Kardinals stattgab –, steigt der Kardinal hinab ins Appartement des Kaisers und vollzieht bereits um vier Uhr die Eheschließung.

»Sire«, spricht er zum Kaiser gewandt, »Sie willigen ein und schwören vor Gott und im Angesicht Seiner Heiligen Kirche, daß Sie jetzt die hier anwesende Joséphine-Rose Tascher de La Pagerie, verwitwete Beauharnais, zur Frau und rechtmäßigen Gattin nehmen?«

»Ja«, stößt Napoleon flammenden Blicks hervor.

»Sie geloben und schwören, ihr in allem die Treue zu halten, wie dies nach dem Gesetz Gottes die Pflicht eines getreuen Ehemannes dem Weibe gegenüber ist?«

»Ja.«

Dann ist »Joséphine-Rose Tascher de La Pagerie, verwitwete Beauharnais« an der Reihe. Triumphierend erklärt sie sich bereit, Napoleon Bonaparte zum Ehemann und rechtmäßigen Gatten zu nehmen.

»*Ego conjungo vos*«, spricht Fesch.

Paris fiebert. Man läuft »zu einem, um Karten für die Zeremonie zu bekommen, zu einem anderen, um ein Fenster zu mieten, von wo aus man den Festzug mitansehen kann«. Der Sticker Dallmagne ist vor Arbeit und Aufregung bereits völlig aus dem Häuschen. Bei Foncier trifft sich ganz Paris, um die Kronen zu bestaunen.

Des Märchens ganze Feenpracht will sich entfalten.

Mit Hilfe kleiner Figuren, die er mit buntem Papier bekleidet und auf einem Plan von Notre-Dame aufgestellt hat, der auf dem Schreibtisch des Kaisers liegt, zeigt Isabey jedem der Beteiligten, wie er sich während der Zeremonie zu verhalten hat. Im Dianasalon haben überdies am Tag vor der Krönung Proben stattgefunden, bei welchen der Plan mit Kreide auf dem Parkett markiert worden war.

Am Morgen des folgenden Tages läßt sich Joséphine sorgfältig schminken, wobei ihr wohl Isabey mit künstlerischen Ratschlägen zur Seite stand. Hierauf zieht sie eine weiße Satinrobe an, die über und über mit goldenen Bienen und silbernen Broderien bestickt und mit Diamanten inkrustiert ist. Eine Robe »mit Fransenbesatz«, die 10 000 Francs gekostet hat – 50 000 neue Francs. Die weißen goldbestickten Samtschuhe, in die sie schlüpft, kamen auf 650 zeitgenössische Francs zu stehen. Da der Krönungsmantel im erzbischöflichen Palais ihrer harrt, muß sie sich auf der Fahrt dahin mit einem weißsamtenen Überwurf zu 7000 Francs begnügen. Ihre Handschuhe starren von Goldgestick. Das Diadem, das sie im Haar trägt, wird auf 1 032 000 Francs geschätzt – mehr als 5 Millionen neue Francs –, doch ist auch dieses Kleinod nur für die Fahrt bestimmt und wird in der Kirche gegen ein anderes vertauscht.

Mit Diamantenschmuck an Ohren und Hals und brillantenbesetztem Gürtel erscheint Joséphine – wie die Augenzeugen übereinstimmend meinen – um fünfzehn Jahre jünger, als sie tatsächlich ist. Ein hoher Spitzenkragen umrahmt ihr Antlitz, das gleichsam aus einem Kelch emporzublühen scheint – wie dies das berühmte Gemälde Davids zeigt. Als sie das Arbeitszimmer des Kaisers betritt, mit der Anmut ihrer Bewegung und dem schwerelosen Gleiten ihres Schritts, »gleichermaßen graziös und edel«, erhobenen Haupts, da lächelt er, einmal mehr vom Zauber der »unvergleichlichen Joséphine« bestrickt . . .

Auch der Kaiser ist bereits für das Fest eingekleidet. Doch trägt er zur weißseidenen mit goldenen Ähren bestickten Kniehose, der Halskrause à la Henri IV und den weißen Seidenstrümpfen vorderhand noch seinen Waffenrock eines Obersten der Jägergarde . . .

Als die große Stunde naht, schlüpft der Kaiser in den purpursamtenen Galarock und den kurzen roten Mantel à la Henri III, der für 10 000 Francs mit goldenen Lorbeerblättern und Bienen bestickt wurde.

Im selben Stil haben Isabey und David die Festgewänder für den gesamten Hofstaat entworfen, und so begegnet man denn auch in den Tuilerien allerorten seltsam Kostümierten, die anmuten, als seien sie einem Ball der Valois entsprungen . . .

Um zehn Uhr nehmen Joséphine und Napoleon unter Kanonendonner Platz in ihrer mit weißem Samt ausgeschlagenen Karosse, vor welche acht isabellfarbene, mit strahlendweißen Federbüschen geschmückte Pferde gespannt sind. Louis und Joseph – »nach spanischer Hoftracht« silberverbrämt und federngeschmückt – setzen sich auf die Vorderbank dem Kaiserpaar gegenüber. In ihrer Aufregung hatte Joséphine, die als erste eingestiegen war, die beiden völlig gleichen Bänke nicht voneinander zu unterscheiden gewußt und zunächst mit dem Rücken zur Fahrtrichtung Platz genommen ... Den Boden der Karosse deckt ein dickes Bärenfell, doch hat man vergessen, für eine Wärmflasche zu sorgen. Es herrscht schneidender Frost, und Joséphine ist tief dekolletiert ...

In ganzen Trauben hängen grün und golden uniformierte Pagen vom über und über mit Olivenlaub und Lorbeerzweigen, Adlern und Palmen, Wappen und Kronen, allegorischen Figuren und Bienen dekorierten Wagen, und all diese Pracht ist so strahlend vergoldet, daß man geblendet die Augen schließt. Das Prunkgefährt geleiten Adjutanten, die neben dem Gespann herreiten, Generalobersten der Garde, die sich in Höhe der Wagenschläge halten, und Rittmeister an den Hinterrädern.

Vor der Karosse ziehen acht Schwadronen Kürassiere mit Trompeten und Pauken einher, zwei Schwadronen Gardejäger mit schmetterndem Musikzug, Pelotons von Mameluken, eine weitere Militärmusik, Murat und sein Generalstab, Waffenherolde zu Pferd, Karossen mit Würdenträgern, Ministern, hohen Militärs und Kämmerern.

Der Karosse folgen in dreizehn sechsspännigen Berlinen die Offiziere und Hofdamen des Kaisers und der Kaiserin und ihre Beamten, und in endlosem Zug Grenadiere, Kanoniere, Gendarmerie, Musik ...

Dies ist der Triumphzug der Rose Tascher de La Pagerie, Kreolin von der Insel Martinique ...

Um dreiviertel zwölf – eine Viertelstunde vor Mittag – hält die Karosse vor dem erzbischöflichen Palais, wo der Kaiser sein Prunkgewand anlegt, während Joséphine der schwere Krönungsmantel an den Schultern befestigt und ihr Haupt mit dem Amethystdiadem geziert wird. Zu Fuß begibt sich der lange Festzug durch eine mit Gobelins und Teppichen geschmückte Holzgalerie nach Notre-Dame. Zehn Schritte hinter den vier Türstehern schreiten die Waffenherolde einher, die Pagen, die Adjutanten, worauf wieder in zehn Schritten Abstand der Zeremonienmeister und der Großmeister mit dem Stock in der Hand folgen. Kämmerer und Rittmeister leiten das Gefolge der Kaiserin ein; die Hofdamen ihrer Suite sind diesmal durch drei in weißen Satin gewandete, mit wogenden Federn geschmückte Marschälle ersetzt. Der erste – Sérnier – trägt auf einem Kissen den Ring der Kaiserin; ihm zu Seiten schreiten General Gardanne und Oberst Fouler; der zweite – Moncey –, von Oberst Vatier und M. de Beaumont flankiert, hält behutsam, als wär's ein Kleinod, den mit violettem Samt überzogenen, mit goldenen Schnüren und Borten verzierten und mit ringförmigen goldenen Griffen versehenen Korb, der als Behälter für den Mantel der Kaiserin bestimmt ist. Der dritte schließlich – Murat – trägt die Krone. Zu seiner Linken geht d'Harencourt, zu seiner Rechten M. d'Aubusson.

Und nun erscheint Joséphine.

Hortense, die Prinzessin Joseph — Julie Clary —, Caroline, Elisa und Pauline halten den Mantel, dessen Gewicht die Kaiserin rücklings niederzuziehen droht. Napoleons Schwestern scheuen sich nicht, ihre üble Laune ganz offen zur Schau zu tragen, verfallen absichtlich in ungleichen Schritt, wodurch Joséphine nur mit Mühe vorwärtskommt, und lassen es sich, ungeachtet der mit dem Kaiser getroffenen Vereinbarung, angelegen sein, den bleischweren, dreißig Quadratmeter großen Mantel so wenig als möglich emporzuhalten . . . Die Schleppe einer jeder der Damen trägt ein Kämmerer, wodurch sich ein Dutzend Personen um den berühmten kaiserlichen Mantel scharen, Insignie der Souveränität von »Madame Bonaparte«. Den Abschluß der Gruppe bilden die Ehrendamen, die Kammerdame und die sechs Hofdamen.

Unabsehbar ist das Geleite des Kaisers. Zwei Konsuln und zwei künftige Könige, Louis und Joseph, tragen den Mantel.

Als Joséphine die Kathedrale betritt, reicht ihr Kardinal Cambacérès das Weihwasser dar. Dem Kaiser spendet es der gebrechliche Kardinal Erzbischof de Belloy — der noch unter Ludwig XIV. geboren war.

Das Orchester der dreihundert Musiker stimmt den Krönungsmarsch an. Unter einem von Kanonikern getragenen Baldachin schreitet Joséphine zu ihrem Sessel, der neben jenem des Kaisers in der Mitte des Chores steht. Über den samtbezogenen Stühlen mit Betschemeln und Kissen davor wölben sich Thronhimmel; doch sind dies nur die »kleinen Throne«. Die »großen Throne« krönen eine riesige, sich hoch ins Kirchenschiff türmende Estrade, zu der achtzig Stufen emporführen und die man auf halbem Wege zum Hochaltar, zwischen dem vierten und dem fünften Pfeiler, errichtet hat.

Zu Füßen dieses Monuments haben das diplomatische Korps und die Minister Aufstellung gefunden, während der Senat und die Legislative, die hohen Beamten und das Offizierkorps der Krone den Raum zwischen Thron und Altar füllen. Die erste Reihe vor dem Hochaltar bilden zehn Erzbischöfe und vierzig Bischöfe, die ihre Ornate in der Polizeipräfektur anlegen mußten. In den Seitenschiffen und Querschiffen drängen sich die Delegationen, auf den Galerien die geladenen Zuschauer.

Fremdartig mutet die Kathedrale in ihrer Verkleidung an. Die Pfeiler und die Mauern verschwinden ebenso wie die Fassade unter Pappkulissen, die eine klassische Architektur vortäuschen und der Basilika das Aussehen eines antiken Tempels und einer Jesuitenkirche verliehen. »So sehr hat man all das verändert«, seufzt ein Augenzeuge, »daß der Herrgott selbst sich nicht mehr zurechtfände.«

Die Kammerdame und die Ehrendame entledigen Joséphine des schweren Mantels, den Moncey in seinem Korb birgt. Dann werden die Insignien der Kaiserin — Krone, Ring und der Mantel in seinem Korb — neben jenen Napoleons auf dem Altar bewahrt.

Unverzüglich beginnt die Krönungszeremonie. Joséphine und ihr Gemahl knien zu Füßen des Altars auf quadratischen Kissen nieder. Nachdem der Papst den Kaiser gesalbt hat, spendet er Joséphine die heilige Ölung auf Scheitel und Handflächen. Napoleon hat die Zeremonie vereinfacht. Er lehnt es ab, sich gleich den Königen Frankreichs bäuchlings vor dem Kirchenfürsten auf den Boden zu legen und sich durch eigens angebrachte Öffnungen in seinem Hemd an der Brust, zwischen Schulterblättern und »in den Achselfalten« salben zu lassen. Für ihn und für Joséphine genüge die dreifache Salbung vollauf.

Die eigentliche Krönung nimmt ihren Anfang.

Napoleon hatte sich für das römische Pontifikale entschieden, nicht für jenes der römischen Könige, die in Rom zum Kaiser gekrönt werden, sondern für das Zeremoniell *Pro Rege Coronando*, bei welchem lediglich das Wort »Rex« durch »Imperator« zu ersetzen war. Auf Betreiben Napoleons hatte eine eigens eingesetzte Kommission dem Papst, der sich der Einwilligung nicht entziehen konnte, ein Sammelsurium von Riten zur Approbation vorgelegt, die aus Rom, Reims, Deutschland und anderswo herstammten.

Nach Segnung der Insignien der kaiserlichen Macht — des Schwertes, des Reichsapfels, des Szepters, des Handschuhs und der Halskette — erteilt der Papst den beiden Kaisermänteln, den beiden Ringen und den beiden Kronen den Segen. Joséphine hat Anrecht auf dieselben Gebete, die für den Kaiser gesprochen werden: »Nehmt hin diesen Ring, der das Wahrzeichen ist des Heiligen Glaubens, der Beweis für die Macht und die Stärke Eures Reiches, kraft dessen Ihr, dank seiner Allgewalt, Eure Feinde besiegen werdet, ausrotten die Ketzerei, Eure Untertanen in Eintracht halten und unverbrüchlich verbunden bleiben dem katholischen Glauben.«

Dann übergibt der Heilige Vater der Kaiserin mit folgenden Worten den Mantel: »Der Herr möge Euch bekleiden mit seiner Macht, auf daß Ihr, im Äußeren erstrahlend vom Glanz dieses Gewandes, im Inneren erstrahlen möget kraft Eurer Tugenden in den Augen dieses Gottes, der allwissend ist um die Vergangenheit, dem nichts verborgen ist in der Zukunft, durch den die Könige herrschen und die Gründer des Gesetzes die Gerechtigkeit finden.«

Napoleons Krone aber soll ihm nicht vom Papst herkommen! Der Kaiser der Franzosen krönt sich selbst und krönt auch die Kaiserin. Hatte er nicht Frankreichs Krone auf der Erde gefunden und mit eigenen Händen aufgehoben?

So setzt sich denn Napoleon die Krone aufs Haupt, um sie wieder abzunehmen und zu Joséphines Krönung zu schreiten.

Die Kaiserin erhebt sich aus ihrem Sessel. »Bonaparte« sieht sie auf sich zukommen, vor ihm niederknien, während die Tränen, denen sie nicht Einhalt gebieten kann, »auf ihre gefalteten Hände tropfen«, wie Mme. d'Abrantès berichtet, »diese Hände, die sie anbetend emporhebt zu Ihm, der nicht Gott ist, sondern Napoleon, *Bonaparte*, wie sie ihn nennt, die Verkörperung ihrer Vorsehung. Und da ereignet sich zwischen diesen beiden Geschöpfen einer jener flüchtigen Augenblicke, wie sie nur einmal in einem Menschenleben anbrechen und doch die Leere so vieler Jahre aufwiegen«.

Jetzt nimmt der Kaiser Joséphines Krone, setzt sie auf ihr Haupt, hebt sie jedoch im selben Moment mit »anmutiger Langsamkeit« wieder ab ... Denn »da nun endlich der Augenblick gekommen ist«, fährt Laure d'Abrantès fort, »jene zu krönen, die einem Aberglauben zufolge sein ›guter Stern‹ ist, wird er für sie *kokett*, wenn ich so sagen darf. Er arrangiert diese kleine Krone, die das Diamantendiadem überragt, placiert sie, rückt sie hin und her, nimmt sie wieder ab und setzt sie der Kaiserin neuerlich auf; es scheint, als wolle er ihr versprechen, daß diese Krone ihr leicht und schwerelos sein wird«.

Welcher Frau wurde je in der Geschichte der Welt ein solches Geschenk vom geliebten Mann dargebracht? Ein Kaiserreich, das sich bald schon von Hamburg bis Neapel, von Brest bis Warschau erstreckt? Und an diesem Tag glaubt sie wahrhaftig, ihn zu lieben ...

Joséphine hat sich erhoben und schreitet nun langsam an der Seite des Kaisers, gefolgt vom Papst und dem dreifachen Zug der Fürsten, Kardinäle, Marschälle und hohen Würdenträger, durch den Chor auf den großen Thron zu, während Orchester und Chöre erklingen. Geschieht es in diesem Augenblick, daß Napoleon sich zu seinem Bruder umwendet und flüstert: »Joseph, wenn unser Vater uns so sehen könnte«?

Joséphine mag an ihre Mutter denken, die sich geweigert hat, Martinique zu verlassen, unter dem Vorwand, die Engländer »hielten den Seeweg besetzt«, tatsächlich aber, weil sie königstreu ist ... Doch wird sie anwesend sein, wenn man in Fort-de-France, das bald schon Fort-Napoléon heißen soll, das *Te Deum* singt, und den Vorsitz beim Bankett führen, wo auf »Ihre Majestät die Kaiserin der Franzosen« getrunken wird. Die Obrigkeit der Insel nennt sie »Kaiserinmutter«, ein Titel, den Mme. Laetitia von keinem erhält ...

Mit einiger Mühe, denn die schweren Mäntel drohen sie rücklings niederzuziehen, haben Joséphine und Napoleon die Höhe des Throngerüstes erklommen. Diesmal ist Joséphines Thron kleiner als jener des Gatten und befindet sich eine Stufe tiefer. Der Papst spendet ihnen beiden mit folgenden Worten den Segen: »Auf diesem Thron des Kaiserreiches möge euch Jesus Christus, König der Könige, Herrscher der Herrscher, der lebt und herrscht mit Gott dem Vater und dem Heiligen Geiste durch die Jahrhunderte der Jahrhunderte, stärken und in Seinem ewigen Königreiche regieren lassen mit Ihm.«

Hierauf umarmt er den Kaiser, wendet sich zur Festversammlung und ruft aus: *Vivat Imperator in aeternum.* Und echogleich steigt ein einziger Schrei aus der Menge empor: »Es lebe der Kaiser! Es lebe die Kaiserin!«

Nach der Messe verläßt der Papst die Kirche. Er will nicht dabei sein, wenn der Kaiser seinen zivilen Eid ablegt, will nicht durch seine Gegenwart die Glaubensfreiheit sanktionieren, welche der Kaiser in seiner Eidesformel zusichern muß und die das Oberhaupt der katholischen Kirche nicht gutheißen kann: »Ich schwöre, die Integrität des Territoriums der Republik zu erhalten, zu achten und achten zu lassen; die Gesetze des Konkordats und die Freiheit des Glaubens zu achten und achten zu lassen, die Gleichheit der Rechte, die politische und die bürgerliche Freiheit, die Unwiderruflichkeit des Verkaufs der nationalen Güter; schwöre, keine Steuer einzuheben, keine Abgabe zu fordern, es sei denn kraft des Gesetzes, und aufrechtzuerhalten die Institution der Ehrenlegion; zu herrschen einzig zum Besten, zum Glück und zum Ruhm des französischen Volkes.«

Dann ruft der Waffenherold mit lauter Stimme: »Der ruhmreichste und erhabenste Napoleon, Kaiser der Franzosen, ist gekrönt und dem Throne eingesetzt.«

Wieder steigt Jubel aus der Menge, wieder erklingen die Vivat-Rufe »Es lebe die Kaiserin!«, »Es lebe der Kaiser!«, und draußen hebt der Donner der Salven an, 101 Kanonenschüsse.

Nun ist es fast drei Uhr.

Die lange Zeremonie nimmt ihr Ende. Dieselbe Prozession, welche das Kaiserpaar zur Krönung geleitete, führt es nun zurück ins erzbischöfliche Palais. Der doppelte Zug – die Suite des Kaisers und der Kaiserin und das Gefolge des Papstes – kehrt durch die Rue de la Barrillerie, über den Pont-au-Change, den Place du Châtelet, die Rue Saint-Denis und die Boulevards zurück zu den Tuilerien. Als man den Place de la Concorde erreicht, dunkelt es schon. Im Schein von fünfhundert Fackeln, Lichtergirlanden und Laternen glüht das Gold der Karossen, sprühen die Diamanten. Von den beiden Palais de Gabriel und den öffentlichen Gebäuden erstrahlen bengalische Feuer. Große Lichtersterne von fünfundzwanzig Metern Durchmesser bezeichnen den Mittelpunkt des Platzes und erhellen die Terrassen. Der Festzug nimmt seinen Weg durch die große Allee, welche zweiundsechzig Pforten mit Lichtersternen und bunten Laternen säumen. Zwischen ihnen spannen sich Leuchtgirlanden; das Dunkel der früh eingebrochenen Winternacht weicht der Helligkeit des Tages. Selbst der Park, die Parterres und das Schloß sind in eine Flut von Licht getaucht, das aus 38 892 flammenden Feuerbecken und 15 950 Lampions strahlt. »Der rauhen Jahreszeit trotzend« haben sich die Feuerwerker und Beleuchter selbst übertroffen.

In den Tuilerien finden alle Frauen, die bei der Zeremonie in Erscheinung getreten sind, Gnade vor Napoleons Augen.

»Mir, meine Damen«, sagt er zu ihnen, »haben Sie es zu verdanken, daß Sie heute so hübsch aussehen.«

Joséphine aber, »als Kaiserin«, erscheint ihm als die Verführerischste. Er macht ihr Komplimente »über die Art, wie sie das Diadem trägt« und verlangt, sie möge für das Diner in trauter Zweisamkeit die Krone auf dem Kopf behalten.

An diesem Tag des Ruhmes und der Erfüllung haben Paris und Notre-Dame die Kaiserin mit den Augen des Kaisers gesehen. »Es war«, berichtet Mme. de Chastenay, »als seien die Gnade, der Friede, das Gute und das Schöne selbst vom Himmel zur Erde herabgestiegen. In Joséphine verkörperte sich die begnadete Anmut, in jenem Augenblick, da ihre Kraft zu ermatten schien; sie betörte die Augen, eroberte die Herzen; der Sieg ward ihrer an diesem großen Tag.«

Doch als Joséphine an diesem Abend mit dem Kaiser zu Bett geht, hört sie ihn murmeln – und wieder steigen die Schatten der Angst in ihr auf: »Wem werde ich all das hinterlassen?«

Dies wird – fünf Jahre lang – ihr Leben sein: Auf kurze Augenblicke des Glücks folgt unweigerlich die Angst und umklammert ihr Herz . . .

Wochenlang feiert Paris seine Feste und lebt berauscht im Freudentaumel dahin. Ungeachtet der Kälte gehen allerorten auf offener Straße Lustbarkeiten in Szene, Feuerwerke, Ballonaufstiege, Jahrmärkte, Tanz und Spiele. Herolde werfen goldene und silberne Gedenkmünzen zur Erinnerung an die Doppelkrönung unter das Volk.

Für Joséphine bringt dieser »Honigmond des Kaiserreichs« eine Fülle von anstrengenden Verpflichtungen. Doch weicht das Lächeln nicht von ihren Lippen, wenn sie auch während nicht enden wollender, sterbenslangweiliger Bankette vor Erschöpfung von ihrem Stuhl zu sinken droht, wenn sich die feierlichen Audienzen, die ihr Gatte allen Körperschaften des Staates gewährt, über Stunden hinziehen.

Man hat sie zur Enthüllung der Statue Napoleons, eines Werkes von Chandet, eingeladen. Murat und Masséna halten den Schleier, der das Standbild verhüllt, während das *Vivat* des Abbé Roze ertönt. Napoleon ist völlig hüllenlos als römischer Imperator dargestellt. Nach den Festansprachen wird Joséphine auf den Thron geleitet, und der Ball beginnt. Erst da kommt der Kaiser. Er wollte der Enthüllung seines eigenen Denkmals nicht beiwohnen, vor allem nicht, da es ihn in so spärlichem Kostüm zeigte.

Beim Bankett des Kriegsministers Berthier will Napoleon zunächst nicht an der Tafel Platz nehmen. Joséphine sitzt bereits am Ehrentisch; scheinbar ins Gespräch mit ihren Nachbarinnen vertieft, verfolgt sie dennoch mit dem Blick ihren Gatten, der, von Tisch zu Tisch gehend, an einer der kleineren Tafeln innehält. Tief neigt er sich über die Schultern einer Hofdame. Die Dame ist hinreißend.

Eine dunkelhaarige Zweiundzwanzigjährige mit langer und spitzer Nase, wie

Hortense angibt, während Mme. de Rémusat sie als eine Blondine mit Adlernase schildert. Was die weiteren Charakteristika der Dame betrifft, sind die beiden Memoirenautorinnen jedoch ungeteilter Meinung: Sie sei mittleren Wuchses, habe sehr hübsche Zähne und die schönsten Augen von der Welt, dunkelblaue Augen »mit langen, seidigen Lidern«. Joséphines Tochter enthüllt weiters, der Teint der Dame sei »des Morgens ohne Frische«, des Abends jedoch »strahlend«. Auf alle Fälle aber war sie verführerisch, hatte kleine Füße, ein reizvolles Lächeln, verstand es, voll Anmut zu tanzen und zu singen und – Napoleon zu gefallen. Sie hieß Marie-Antoinette-Adèle Papin und war mit Charles Duchâtel, dem damaligen Generaldirektor des kaiserlichen Registeramtes, verheiratet, einem Beamten, der in Napoleons Augen den unschätzbaren Vorteil besaß, dreißig Jahre älter zu sein als seine Gattin ...

Napoleon ist in diese junge Frau verliebt, die bescheiden und anspruchslos ist und niemals um Vergünstigungen bittet, weder für sich selbst noch für ihre Familie oder ihre Freunde und Bekannten. Seit einiger Zeit schon zeichnet der Kaiser sie mit seiner besonderen Aufmerksamkeit aus, doch Joséphine achtet erst an diesem Abend darauf, als der Kaiser sich über die Schulter der jungen Hofdame beugt, um ihr zu sagen: »Sie sollten des Abends keine Oliven essen, das wird Ihnen schaden.«

Dann meint er, zur Nachbarin von Mme. Duchâtel gewandt: »Und Sie, Madame Junot, Sie essen keine Oliven? Sie tun gut daran. Und doppelt gut, Mme. Duchâtel nicht nachzuahmen, denn alles an ihr ist unnachahmlich.«

Tags darauf horcht Joséphine die künftige Duchesse d'Abrantès aus: »Als der Kaiser gestern bei Berthier mit Ihnen sprach, ging es da um Ihre Toilette?«

»Ja, Madame«, antwortet sie, »er sprach von meiner Toilette und von meinen Pflichten einer eleganten Französin.«

»Und mit Mme. Duchâtel sprach er auch über deren Toilette?«

»Nein, Madame, er sagte, so viel ich mich erinnern kann, sie solle am Abend keine Oliven essen.«

»Wenn er ihr schon Ratschläge erteilte, hätte er ihr auch sagen sollen, mit einer so langen Nase spiele man nicht die Roxelane, ohne sich lächerlich zu machen!«

Mit dieser Bemerkung quält sie sich ein Lachen ab – obwohl ihr gar nicht zum Lachen zumute ist –, und den Roman der Madame de Genlis über Mademoiselle de La Vallière vorweisend, der sich damals der größten Beliebtheit erfreut, fügt sie hinzu: »Dieses Buch verdreht allen jungen Frauen den Kopf, sofern sie blond und mager sind. Allesamt halten sie sich für *Favoritinnen*. Aber ich werde für Ordnung sorgen ...«

Was um so nötiger erscheint, als auch Eugène sein Herz an Madame Duchâtel verloren hat und Murat so tut, als ob, um den Verdacht der Kaiserin zu zerstreuen. Doch die Eifersucht der Kreolin schläft nie, und sie erinnert sich, daß der Kaiser seit einiger Zeit immer dann ins Erdgeschoß hinabsteigt, wenn die Dame Dienst hat, und ihre Anwesenheit dazu benützt, sich mit ihr zu unterhalten. Napoleon hat tatsächlich Feuer gefangen. Wenn Joséphine mit Madame Duchâtel ins Theater geht, in eine kleine Loge, taucht unvermutet Napoleon auf. »Von Tag zu Tag weniger Herr seiner selbst«, erzählt Madame de Rémusat, »erschien er in zunehmendem Maße bestrickt. Madame Duchâtel gab sich weiterhin kühl in ihrem Verhalten, doch bediente sie sich aller Mittel, die der weiblichen Koketterie zur Verfügung stehen. Ihre Toiletten wurden immer raffinierter, ihr Lächeln immer undurchsichtiger, ihre Blicke immer verschleierter, und bald ließ sich ziemlich leicht erraten, was da vor sich ging.«

Weiß Joséphine, daß sich Napoleon – bereits vor der Krönung – des öfteren mit Madame Duchâtel in einem kleinen Haus in der Allée des Veuves traf?

Eines Abends in Malmaison – wohin man sich mitten im Februar zurückgezogen hat – überrascht Joséphine ihren Gatten, der sich durch die eiskalten, mit Fliesen belegten Gänge zu seiner Angebeteten schleicht . . . Jetzt sind ihre Zweifel Gewißheit geworden. Und da sie Napoleon »auf dem Liebespfad« ertappt hat, scheut sie sich keineswegs, wieder einmal an der Tür des kaiserlichen Arbeitszimmers zu lauschen. »Sie hatte einen leisen Schritt«, führt der Kaiser aus. »Im übrigen witterte sie es immer, wenn ich eine Zuneigung faßte, und dann verfehlte sie nicht, das Gespräch auf jene Person zu lenken, der ihr Verdacht galt, und sie der Lächerlichkeit preiszugeben oder Anekdoten über sie in Umlauf zu setzen, die einem die Lust verderben konnten.«

Diesmal sind ihre Intrigen nicht von Erfolg gekrönt. Madame Duchâtel scheint über alle Lächerlichkeit erhaben, und auch den bösen Zungen liefert sie keinen Gesprächsstoff. Joséphine nimmt wieder zu Tränen und Klagen Zuflucht. Doch hat auch der Kaiser den Roman der Madame de Genlis gelesen und trägt sich nicht im geringsten mit der Absicht, sich eine Favoritin zuzulegen: »Ich will keine Weiberwirtschaft an meinem Hof. Heinrich IV. und Ludwig XIV. haben die Mätressen nur geschadet; mein Beruf ist sehr viel schwerer als jener dieser Fürsten, und die Franzosen sind zu ernst geworden, als daß sie ihren Herrschern öffentliche Verhältnisse und offizielle Mätressen nachsehen könnten.«

Dies weiß Joséphine, doch ist sie nichtsdestoweniger rasend vor Eifersucht und greift nun zu ihren angestammten Waffen.

»Bald«, erzählt Madame de Rémusat, »schickte sie mich zu ihm, mit dem Auftrag, ihm die Schmach vor Augen zu führen, die er ihr, wie sie meinte, mit seinem neuen Verhältnis in aller Öffentlichkeit antat. Bald forderte sie mich auf, Madame Duchâtel in ihrem eigenen Haus bespitzeln zu lassen, wohin sich Bonaparte zuweilen des Abends begab, was ihr nicht verborgen geblieben war. Ihre Bedienten wurden ausgesandt, nach Beweisen für ihre Vermutungen zu suchen.

Ebenso zog sie Arbeiter und Kaufleute, die sich ihrer Gunst erfreuten, ins Vertrauen.«

In ein Netz von List, Tücke und Weiberklatsch versponnen, verlor Napoleon bald die Nerven und schien zudem noch von den Tränen und den heftigen Auftritten seiner Frau in Kürze so zermürbt, daß sie glaubte, nun zum entscheidenden Schlag ausholen zu können: Sie kündigte an, sie werde Mme. Duchâtel »den Zutritt zu ihrem Appartement verwehren«.

Napoleon wagt es nicht, seine Frau, vor der er zuweilen Angst hat, offen vor den Kopf zu stoßen, doch ist er zu empört und verzweifelt, um den Mund zu halten, weshalb er Madame de Rémusat rufen läßt und »sich in wilden Flüchen gegen die Frauen im allgemeinen und die seine im besonderen ergeht«.

Am 19. März übersiedelt der Hof für einige Tage nach Malmaison. Von ihren Fenstern aus sieht Joséphine ihren Mann mit Mme. Duchâtel und der jungen Mme. Savary, die eben zwanzig Jahre alt geworden ist, im Park promenieren. Und Joséphine weint...

Madame Duchâtel scheint drauf und dran, die offizielle Mätresse des Kaisers zu werden, und wieder sucht das Gespenst der Scheidung die Kaiserin heim. Jetzt hat sie nicht einmal mehr die Kraft zu nutzlosen Szenen... aber ihre Traurigkeit ist grenzenlos. Wenn Madame Duchâtel schwanger wird, heiratet er sie gewiß! Geschieht es zu dieser Zeit, daß Joséphine in Umlauf setzt, ihr Gatte sei zeugungsunfähig?

Und dann kam ein Abend, da Joséphine zu träumen glaubte. »Bonaparte« war bei ihr und sprach ihr plötzlich mit der Stimme des Liebenden von einst. Ja, er gestehe es, er habe Marie-Antoinette Duchâtel geliebt, doch seine Leidenschaft sei erloschen.

»Es ist aus«, fügte er hinzu.

Joséphine fühlte, wie die Last, die ihr seit Monaten auf dem Herzen lag, von ihr wich. Aber der Kaiser tat noch ein übriges: Nachdem er sie in intime Details seiner Liebschaft eingeweiht hatte, bat er seine Frau, sie möge ihm helfen, das Verhältnis zu lösen.

Und das tat Joséphine denn auch mit allen ihr zur Verfügung stehenden Mitteln. Freilich ließen es beide Damen nicht zum Äußersten kommen, denn Joséphine war bekannt gutmütig und Mme. Duchâtel klug und zudem noch selbstlos. Die Sache wurde friedlich beigelegt.

Napoleon konnte, mit Hilfe von Duroc, die Liebesbriefe, die er der jungen Frau geschrieben hatte, zurückfordern, ohne daß sie sich bitten ließ. Ein Diamantenkollier, das er ihr zum Abschied schenken wollte, nahm sie nicht an... doch erklärte sie sich bereit, hin und wieder ihren kaiserlichen Exgeliebten zu empfangen, wenn ihn die alte Sehnsucht zurücktrieb in die Allée des Veuves. Was geschah und wovon Joséphine nie etwas erfahren sollte...

Der Zenit

Für den Augenblick lebt Joséphine ganz ihrer Freude: Am 24. März 1805 hat der Papst ihren zweitgeborenen Enkel in Saint-Cloud getauft, Eugène wurde berechtigt, sich »Kaiserlicher Prinz, Erzkanzler des Staates und Kaiserliche Hoheit« zu nennen, und am 2. April reist sie mit dem Kaiser, der in Mailand zum König Italiens gekrönt werden soll, gen Süden.

An diesem »12. Germinal« – »einem Tag, dessen Angedenken unauslöschlich sein wird im Sinn und im Herzen von Troyes« – ziehen Joséphine und ihr Gatte in die Präfektur des Departements Aube ein. Am Rande der Stadt hat man einen 16,50 Meter hohen und 12 Meter breiten Triumphbogen errichtet, einen zweiten in der Stadtmitte. Allerorten wimmelt es von Säulen, Obelisken, Arkaden, Büsten, Transparenten, riesigen Sternen, allesamt überladen mit Symbolen und Sinnsprüchen.

In einem langen Zug geht es über die Alpen. Während der beschwerlichen Reise steht Joséphine dem Gatten in allem hilfreich zur Seite und unterzieht sich den mannigfaltigen Anstrengungen gutwillig, mit nie verlöschendem Lächeln, ganz »die Unvergleichliche«. Endlich dehnt sich die Ebene vor ihnen, und Turin huldigt dem neuen Herrscherpaar!

Die Bewohner von Asti waren der Meinung, Napoleon und Joséphine würden des Nachts durch ihr Städtchen kommen, und gaben sich alle Mühe, um die Häuser am Wege des Kaiserpaares zu illuminieren. Doch treffen die neuen Herrscher über Italien erst tags darauf, am 30. April, zu Mittag ein, da sie unterwegs Zeit verloren haben. In Asti aber ist man nicht so schnell bereit zu resignieren, und um all das schöne Geld, das für die Vorbereitung der Festbeleuchtung nötig war, nicht nutzlos ausgegeben zu haben, entzünden die Bewohner dennoch am hellen Tag Lampions und Feuerbecken, was einiges Erstaunen hervorruft . . .

Am 1. Mai entführt der Kaiser seine Frau auf die Schlachtfelder von Marengo. Einer Anwandlung von feldherrlicher Eitelkeit nachgebend, hat sich Napoleon jene Uniform aus Paris nachsenden lassen, die er am Tage der Schlacht trug. Der blaue Waffenrock mit den niederhängenden Schößen ist schon reichlich schäbig geworden, die goldenen Stickereien sind »ins Rote verschossen«, und der Hut ist grau von Staub . . . aber die Montur gehört bereits der Geschichte an, um nicht zu sagen: der Legende. Während die 25. Division die Truppenbewegungen während der Schlacht nachvollzieht, erklärt Napoleon seiner Frau den Verlauf jenes Tages, da Desaix das Leben ließ.

Und schon sind wir in Mailand!

Mailand, wo Joséphine so viele Erinnerungen wiederfindet, prunkt im Fahnenschmuck. Der Dom und die berühmtesten Bauten strahlen von tausend Feuern. Die Kanone donnert, und alle Glocken der Stadt erheben ihre Stimmen. Doch ist der Empfang, den ihnen die Bevölkerung bereitet, weniger herzlich als in Turin, und aufmerksame Ohrenzeugen meinen, die Jubelrufe hätten deutlich enthüllt, daß hier nicht das Volk seiner Begeisterung Ausdruck verlieh, sondern daß nur der Pöbel auf den Straßen lärmte. Die taghell erleuchtete Scala wartet mit einer glanzvollen Gala auf. Joséphine interessiert sich vor allem für die Primadonna Banti, weniger ob deren Nachtigallenstimme, sondern weil man ihr eben erzählte, ein Engländer, »der die Töne, die aus der Kehle der Sängerin drangen, einer anatomisch abartigen Bildung des Organs zuschrieb«, habe der Signora ihren eigenen Leichnam um 50 000 Francs abgekauft. Vorderhand war die Banti freilich noch sehr lebendig . . .

Der Klatsch um die Primadonna vermag Joséphine aber nicht lange zu amüsieren. Denn sie ist wieder einmal eifersüchtig. Der Kaiser scheint ein Auge auf die Vorleserin seiner Frau, die blonde, zarte und geistreiche Mademoiselle Lacoste, geworfen zu haben. Joséphine hat sie nicht so sehr um der Lektüre willen in ihre Dienste genommen – das Amt ist eine Sinekure –, sondern um der jungen, mittellosen Waise, die sie dauert, hilfreich unter die Arme zu greifen. Napoleon geht es eher darum, sie in die Arme zu schließen. Und Mlle. Lacoste zeigt sich geneigt . . . Als Joséphine dahinterkommt, fordert sie unverzüglich die Rückkehr der Undankbaren nach Frankreich, und Napoleon beugt sich dem Wunsch seiner Frau. Unter einer Bedingung: Die Vorleserin, die nur zum Dienstsalon Zutritt hat, wünscht sich sehnlichst, ein einziges Mal zum Cercle der Kaiserin zugelassen zu werden. Joséphine muß gehorchen – und der Abend erscheint ihr endlos . . .

Am 26. Mai wohnt sie der Krönung ihres Mannes bei. Hier ist sie nur Zuschauerin, obwohl ihr die Zukunft großzügig den Titel »Kaiserin und Königin« zugestehen wird. Napoleon nahm die eiserne Krone und setzte sie sich aufs Haupt, wobei er ausrief: »Gott hat sie mir gegeben. Weh dem, der sie mir anrührt!«

Und am Abend, im Palais gegenüber dem festlich beleuchteten *Duomo*, im Schlafzimmer der Kaiserin, scherzt er mit Joséphine, neckt sie, zieht sie an den Ohren, verabreicht ihr »leichte Klapse«, kitzelt sie und prustet immer wieder unter Lachen hervor: »Gott hat sie mir gegeben! Weh dem, der sie mir anrührt!« Auch sie lacht, versucht sich zu wehren und wird schließlich beinahe wütend: »So hör doch auf, Bonaparte!«

Er aber setzt das Spiel fort. Und Mme. Duchâtel, Mme. de Vaudey und die kleine Lacoste sind nur mehr üble Erinnerungen . . .

Eine große, eine schöne Neuigkeit: Eugène soll Vizekönig von Italien werden.

Napoleon hätte es zunächst vorgezogen, zugunsten von Joseph und Louis ein Königreich Lombardei zu schaffen, doch treten die beiden, die sich nicht etwa für Napoleons Brüder halten, sondern für die Söhne des »Kaisers Carlo« und der »Kaiserin Letizia«, in ihren Forderungen dermaßen unverschämt auf, daß Joséphines Gatte sich gezwungen sieht, sich der Familie seiner Frau zuzuwenden. Napoleon hat somit Eugène zum Vizekönig von Italien eingesetzt, »dem Wunsche gehorchend, dem Prinzen Eugène, Unserem Stiefsohne und Staatskanzler Unseres Kaiserreichs Frankreich, einen augenfälligen Beweis des Vertrauens zu schenken, das Wir in die Gefühle der Treue setzen, die er Unserer Person gegenüber hegt«.

Der Kaiser liebt seinen Stiefsohn, der seinerseits in grenzenloser Ergebenheit an ihm hängt. Die Verehrung, die er ihm entgegenbringt, dieser völlige Verzicht auf einen eigenen Willen entzücken den Kaiser, der Eugène seinen »Ritter ohne Furcht und Tadel« nennt. Gewiß wird er einen ausgezeichneten König abgeben, jederzeit abberufbar wie ein Präfekt ... Im übrigen ist Eugène für Joséphine ein Berater, eine Stütze: In allem holt sie seinen Rat ein. Und Napoleon nimmt Eugène häufig zum Schiedsrichter, wenn er sich mit seiner Frau überwirft. Joséphine ist zunächst überglücklich, Mutter eines Beinahe-Souveräns zu werden, doch als sie erfaßt, daß Eugène fürderhin in Mailand residieren wird – so weit von ihr entfernt –, bricht sie in Tränen aus!

»Du weinst, Joséphine«, meint der Kaiser, »das geht wider die Vernunft. Du weinst, weil du dich von deinem Sohn trennen mußt? Wenn dir deine Kinder so sehr fehlen, dann führe dir vor Augen, was ich erst empfinden muß! Die Liebe, mit welcher du an ihnen hängst, läßt mich um so grausamer das Unglück fühlen, kinderlos zu sein!«

Die Taktlosigkeit des Kaisers – eine zweifellos beabsichtigte Taktlosigkeit – läßt die Tränen der Kaiserin um so reichlicher fließen. So denkt »er« denn immer noch an eine Scheidung? Der Albtraum, den die Krönung verscheuchte, soll sie von neuem quälen?

Am 10. Juni verläßt der Kaiser Mailand und begibt sich für zwei Tage nach Brescia, wohin ihm die Kaiserin nachfolgt. Wie viele amouröse Erinnerungen birgt doch diese Stadt für sie! – Am 15. führt der Weg der Kaiserin vor Peschiera an jenen Stätten vorüber, wo sie vor bereits neun Jahren fast den Kugeln der Österreicher zum Opfer gefallen wäre. Die Nacht verbringt man in Verona, wo man sich auch noch den darauffolgenden Tag aufhält. Zwischen Mantua und Bologna bedingt der Pferdewechsel einen Halt in Carpi.

Über Modena und Piacenza geht die Reise weiter nach Genua, dessen Republik vor vierzehn Tagen um neuerlichen Anschluß an Frankreich ersucht hat. Dort soll das Kaiserpaar im Palazzo Doria sechs Nächte im Bett Karls V. schlafen.

Bei einer Hitze, die Napoleon unerträglicher findet als die in ägyptischer Wüste ausgestandenen Temperaturen, muß man neuerlich Ansprachen über sich ergehen lassen, Festbeleuchtungen, Vivatgeschrei, Empfänge, und wieder beschert jeder Tag neuerlichen Triumph.

In Genua nimmt Joséphine die hübsche Carlotta Gazzani, deren Antlitz von erlesener Schönheit ist, als Vorleserin in ihre Dienste. Für den Augenblick löst sie Mlle. Lacoste bei der Kaiserin ab. In zwei Jahren wird sie ihrer Vorgängerin auch in des Kaisers Bett nachfolgen ...

Am 6. Juli um zehn Uhr abends beschließt Napoleon plötzlich, nach Frankreich heimzukehren. Und da er seinen Entschluß auch sogleich in die Tat umsetzen will, findet Joséphine keine Zeit mehr, zur Reise zu rüsten. Dann werde er eben allein vorausfahren ... Erst durch inständiges Bitten gelingt es der Kaiserin, Napoleon zum Warten zu bewegen, und dann rollt die kaiserliche Karawane mit Ziel Fontainebleau gen Norden. Der Kaiser und die Kaiserin weihen die neue Straße über den Mont-Cenis, die in einer Rekordzeit gebaut worden war, ein und begegnen auf der Paßhöhe unvermittelt dem Winter. Nach Genuas Gluthitze erscheint ihnen der Frost um so unerträglicher. Den kleinen blauen Bergsee deckt eine Eisschicht ...

Als wäre der Teufel hinter ihnen her, jagen die kaiserlichen Wagen gegen Norden. Weit bleibt das Gefolge hinter der Herrschaft zurück, und Joséphine muß darauf verzichten, ihr Hemd zu wechseln, während Napoleon ohne seinen geliebten Kaffee das Auskommen finden muß. Viel früher als vorgesehen, trifft das Kaiserpaar in Fontainebleau ein, wo noch nichts zur Rückkehr gerüstet ist. Glücklicherweise ist der Pförtner des Schlosses jener Koch, der in Ägypten für das leibliche Wohl des Generals Bonaparte sorgte.

»Wohlan, mein Guter«, meint der Kaiser, »du mußt dich wieder in deinem früheren Beruf versuchen. Du wirst mir das Nachtmahl kochen.« Das Souper aus Lammkoteletten und Eiern muß sich das Kaiserpaar teilen. Napoleon und Joséphine verzehren das frugale Mahl in bester Laune, überglücklich, der Etikette, die für sie eine arge Belastung zu werden droht, ein Schnippchen geschlagen zu haben.

Kaum nach Frankreich zurückgekehrt, beschließt Joséphine, es erneut mit einer Kur in Plombières zu versuchen. Vielleicht wirken die Gase der Kapuzinerquelle jetzt heilkräftiger? Nach den Anstrengungen der letzten Monate hat sie die Erholung bitter nötig. Freilich bietet ihr der beschauliche Tagesablauf nur allzu viel Zeit, ihren Gedanken nachzuhängen und an die Zukunft zu denken. Die Zukunft? Das ist zunächst die Zukunft ihres Sohnes, denn zu dieser Zeit denkt sie fast nur an Eugène. Und macht sich Sorgen.

Die *Vendetta*, welche die Bonapartes den Beauharnais geschworen haben, flammt in altem Haß neuerlich auf, als Eugène Vizekönig von Italien wird. Joséphine nimmt Eugène gegenüber kein Blatt vor den Mund und spricht vom »großen Kummer«, den die Sippe zur Schau trage. Und fügt hinzu: »Murat spielt immer noch den Weiberhelden; seine Frau war krank; das sieht man ihr an, denn sie ist völlig verändert; sie trägt immer noch jenes Benehmen zur Schau, das sie würdevoll nennt und das ich nicht anders bezeichnen kann als steif und gekünstelt; jedenfalls steht es ihr überhaupt nicht zu Gesicht. All diese Leute begehen einen großen Fehler, uns nicht zu mögen. Wenn sie nett zu uns wären, hätten sie keine aufrichtigeren Freunde als uns . . .«

Die Heirat, die Napoleon für seinen Stiefsohn anbahnt, vergiftet die Atmosphäre noch mehr. Eugène soll auf Bonapartes Wunsch die Prinzessin Augusta von Bayern heiraten, doch steht der Verbindung vorderhand so manches im Wege. Zunächst muß das Verlöbnis, das die Tochter des Kurfürsten mit dem Sohn des badischen Erbprinzen eingegangen ist, gelöst werden. Der Kaiser hatte seinen Kämmerer, General Thiard, nach Karlsruhe entsandt, um die Sache in Ordnung zu bringen, was ohne allzu große Schwierigkeiten von badischer Seite gelang. »Zweifellos weißt du«, kann Joséphine am 6. August überglücklich ihrem Sohn schreiben, »daß das Verlöbnis des Prinzen von Baden aufgelöst ist, was hinsichtlich der Dir bekannten Person zu den schönsten Hoffnungen berechtigt; ich habe ihr Porträt gesehen: Man kann nicht schöner sein.«

Nun gilt es in München den Sieg davonzutragen. Bislang hat sich der Kurfürst von Bayern nicht geäußert. Wird die Ehe zustande kommen? Joséphine hofft es, doch bangt ihr ein wenig vor dem Kampf mit der Sippe; zweifellos wird die Nachricht von der fürstlichen Verbindung die erbitterten Bonapartes auf die Barrikaden treiben.

Sie liebt ihren Sohn aus ganzem Herzen: »Du weißt wohl, mein lieber Sohn«, schreibt sie ihm ebenfalls am 6. August aus Plombières, »daß ich immer sehr darunter leide, von Dir getrennt zu sein, und daß sich meine Augen mit Tränen füllen, sooft ich an Dich denke oder wenn man von Dir spricht . . .« Doch schreibt sie ihm zu selten, und darüber hat Eugène bei seiner Schwester geklagt. »Du solltest es dir nicht zu Herzen gehen lassen«, antwortet ihm Hortense, »daß Du keine Briefe von Mama bekommst; während ihrer ganzen Italienreise habe ich nur einen ganz kurzen von ihr erhalten; es gibt niemanden, der schreibfauler wäre als sie; wenn du wüßtest, daß sie nicht von dir sprechen kann, ohne zu weinen, würdest du ihr ihre Faulheit verzeihen.«

Noch während Joséphine ihrem Sohn schreibt, trifft ein von Samstag, dem 3. August, datierter Brief Napoleons ein. Der Kaiser hält eine Landung in England immer noch für möglich. An jenem 3. August war er denn auch in Boulogne angekommen und hatte noch am selben Tag folgende Zeilen geschrieben: »Hier habe ich eine schöne Armee, eine schöne Flotte und alles, was mir den Aufenthalt angenehm macht. Einzig meine gute Joséphine fehlt mir. Aber das darf man ihr nicht sagen. Will man von den Frauen geliebt werden, so muß man sie zweifeln lassen und bangen um das Ausmaß und die Dauer der Herrschaft, die sie über uns ausüben. *Adieu, Madame,* tausend Zärtlichkeiten überall hin.«

»Der Kaiser«, kann Joséphine nach Lektüre dieses Briefes ihrem Sohn anvertrauen, »ist immer noch sehr liebevoll zu mir. Freilich tue ich auch alles in meinen Kräften Stehende, um ihm nur angenehm zu sein: keine Eifersucht mehr, mein lieber Eugène, und was ich Dir hier schreibe, ist wirklich wahr. Jetzt ist er denn auch glücklicher, und ich bin es mit ihm.«

Dieses Einverständnis zwischen Napoleon und seiner Frau ist zum Teil Hortense zu verdanken. Sie hatte im Vormonat an ihren Bruder geschrieben, um ihn darüber aufzuklären, daß der Hofklatsch die Harmonie des Kaiserpaares ernstlich gefährdete: »Ich, die ich mich niemals in etwas mische, glaubte, mit General Duroc sprechen zu können, als ich sah, welchen Kummer all dies Gerede Mama und dem Kaiser bereitete. Ich sagte dem General also, er möge lieber darnach trachten, den Kaiser zu beschwichtigen, anstatt ihm zu hinterbringen, die Kaiserin spreche mit einem jeden, und ihn auf diese Weise unglücklich zu machen . . .«

Murat, der sich während der Unterredung zwischen Duroc und Hortense in der Nähe aufhält, spitzt offensichtlich die Ohren. Man zieht ihn ins Vertrauen. »Man verdächtigt die Falschen, den Kaiser aufzuhetzen«, meint er zu Hortense, »ich suche immer nur, ihn zu beschwichtigen.«

Murat selbst ist vielleicht unschuldig, nicht so aber Caroline . . . Tags darauf schon hinterbringt Duroc — oder Murat — Napoleon den Inhalt des Gespräches, und daraus ergibt sich eine Unterredung zwischen Hortense und ihrem Stiefvater. Napoleon findet die Überlegungen seiner Stieftochter vernünftig, und auf beiden Seiten faßt man gute Vorsätze: Die Kaiserin verspricht, nicht mehr eifersüchtig zu sein, und die bösen Zungen geloben zu schweigen. Hortense kann also ihrem Bruder schreiben: »Mama verhält sich bei all dem sehr vernünftig; vor allem ist sie nicht mehr eifersüchtig, wodurch schon sehr viel gewonnen ist.«

Vorderhand hält Joséphine ihr Versprechen. Sie verschont den Kaiser mit ihrer Eifersucht, aber auch mit ihren Briefen, was Napoleon Dienstag, den 13. August, zu folgenden Zeilen veranlaßt: »Ich habe nicht häufig Nachricht von Ihnen. Sie vergessen Ihre Freunde. Das ist bedauerlich. Ich wußte nicht, daß die Wasser von Plombières die Zauberkraft des Flusses Lethe besitzen. Wenn ich mich recht erinnere, dann meinten Sie einmal, als Sie eben diese Wasser von Plombières tranken: ›Ach Bonaparte, wenn ich sterbe, wer wird dich dann lieben?‹ Das ist schon lange her, nicht wahr? Alles nimmt ein Ende, die Schönheit, der Geist, das Gefühl, die Sonne selbst; grenzenlos aber ist meine Zuneigung zu Joséphine, das Glück, das sie schenkt, und die Güte meiner Joséphine. Niemals werde ich zärtlicher für Sie empfinden als eben jetzt, da Sie vielleicht über mich lachen.«

Mittwoch, den 25. August, tritt sie die Heimreise nach Paris an. Ein Netz von Intrigen harrt ihrer, welches die Sippe in ihrer Abwesenheit gesponnen hat. »Murat und seine Frau«, erzählt sie Eugène, »haben während meiner Abwesenheit nichts unversucht gelassen, um vom Kaiser noch größere Vergünstigungen zu erlangen: Sie handeln unklug, denn meine Anwesenheit gereicht ihnen in keiner Weise zum Nachteil. Wofür sie vergangenen Winter einen ziemlich überzeugenden Beweis erhielten...« – Zu jenem Zeitpunkt hatte Murat die Titel eines Fürsten und Großadmirals erhalten. »Anderseits«, setzt Joséphine fort, »tun sie gut daran, denn der Kaiser gewährt ihnen alles, und zudem steigen sie in seiner Achtung. Murat hat eben ein Kommando übertragen bekommen, am Rhein, heißt es. Seine Frau ist aus Boulogne zurückgekehrt und hat mir heute morgen ihre Aufwartung gemacht. Sie triumphierte, da sie, wie sie sagte, beim Kaiser alles erreicht hat, was sie wollte. Im übrigen, mein lieber Eugène, weiß ich jetzt so genau Bescheid über diese Leute, daß sie mir nicht mehr gefährlich werden können. Eines nur fürchte ich: die Intrigen gegen meine Kinder, wenn wir das Unglück hätten, den Kaiser zu verlieren.«

Joséphine fügt ihrem Brief folgende Bemerkung hinzu: »Es ist so gut wie sicher, daß Österreich der Krieg erklärt wird. Der Kaiser hat in aller Eile 150 000 Mann ins Elsaß abkommandiert. Es heißt, er werde Ende des Monats persönlich dort eintreffen und für unsere beiden Häuser würden bereits die Appartements gerichtet.«

Als Napoleon aus Boulogne in Paris eintrifft, bestätigt er die Nachricht. Die Kampagne soll unverzüglich beginnen, und die »Große Armee«, die zur Zeit noch am Ärmelkanal England gegenübersteht, schickt sich an, die Küste zu verlassen, um Frankreich zu durchqueren und sich »in fünf Strömen« über Deutschland zu ergießen.

Eines Nachts arbeitet Napoleon bis vier Uhr morgens mit Talleyrand. »Schlaftrunken, einen Kerzenleuchter in der Hand«, erzählt er die Szene später, wollte er sich zu Bett begeben, als Joséphine ihn »verstörten Blicks« empfing. Sie stürzte sich auf ihren Gatten und fuhr ihn mit vor Erregung heiserer Stimme an: »War sie wenigstens hübsch?«

»Da Sie die Sache so sehen, Madame«, antwortete er und kehrte ihr den Rücken, »gehen Sie in Ihr Zimmer schlafen, und ich schlafe in meinem.«

Dieser Szene ist wohl zuzuschreiben, daß Napoleon plötzlich nicht mehr davon überzeugt ist, Joséphine solle mit ihm ins Elsaß kommen. Die Kaiserin freilich läßt nichts unversucht, um von ihrem Gatten die Erlaubnis zu erhalten, sich während des kommenden Feldzuges in Straßburg niederzulassen. Zum ersten entginge sie dort dem Haß der Sippe und dem ekelhaften Nachspionieren von Joseph und Louis, zum zweiten befände sie sich, wenn Bonaparte mit der Armee weiterzog, bereits auf halbem Wege, was auch die Verbindung mittels Kurier erleichterte. Außerdem ist sie davon überzeugt, Napoleon werde sie zu sich rufen, sobald er den Feind geschlagen habe . . . denn für sie ist der Sieg sicher.

Napoleon beugt sich dem Wunsch seiner Frau. Er schickt sich auch darein, daß sie mit ihm fährt, »Tag und Nacht«, wie es seine Gewohnheit ist. Mögen die Damen – de Ségur, de Talhouët, de Canisy, de Turenne und de Lavallette – zusehen, wie sie ihnen nachkommen! Die Damen Ney, de Lauriston und Lannes werden erst etwas später in Straßburg erwartet.

Am 24. September sind sie zwischen vier und fünf Uhr morgens von Paris aufgebrochen, in Straßburg treffen sie am 26. um fünf Uhr abends ein. Achtundfünfzig Stunden lang waren sie pausenlos unterwegs! In Straßburg zieht Joséphine in das schöne erzbischöfliche Palais, das dem Dom benachbart ist und dessen eine Fassade auf die Ill geht, den ehemaligen Palast des Kardinals Collier, ein im 18. Jahrhundert renoviertes Gebäude, das der Kaiserin noch des öfteren als Residenz dienen wird. Dort begegnet sie dem Schatten Marie-Antoinettes, die ihre erste Nacht in Frankreich zwischen diesen Mauern verbrachte. Der Architekt Fontaine hatte mit Hilfe eines Kredites von 60 000 Francs die Räume instandgesetzt und die Büros der Stadtverwaltung, die Archive und selbst die Gefangenen evakuiert, die seit Ankauf des Palais durch die Stadt im Jahre 1791 dort untergebracht waren. Straßburg, Nancy und Lunéville haben die Möbel für die kaiserlichen Appartements geliefert, während man aus Paris Porzellan, Gläser, Silber, Wäsche und Weißzeug sowie das Küchengeschirr voraussandte. Joséphine ist ein vierzehn Räume umfassendes Appartement in der ersten Etage der Hofseite – welche auf der Flußseite die zweite Etage bildet – zugedacht. Die Appartements, welche aus sieben Salons bestehen, befinden sich vom Hof aus gesehen im Erdgeschoß, der ersten Etage über dem Fluß, wo ihnen eine Terrasse vorgelagert ist.

Eine Woche lang bleibt Napoleon bei seiner Frau, eine Woche, die erfüllt ist von Ansprachen, Empfängen, Reden, Banketten. Am 1. Oktober überschreitet der Kaiser den Rhein, und für nahezu zwei Monate ist nun Joséphine Alleinherrscherin – denn nicht länger dauert »der kürzeste und glanzvollste Feldzug, der je geführt wurde«, wie Napoleon in einem Brief an seine Frau vierzehn Tage nach seiner Abreise schreibt; es sind die zwei Monate der Kapitulation von Ulm, des Sieges von Austerlitz, des Einzugs in Wien. Während Napoleon sich den Lorbeerkranz flicht und an seiner Legende webt, empfängt Joséphine die deutschen Fürsten, die immer zahlreicher in die Straßburger Residenz strömen, je weiter die französische Armee zum Herzen des Heiligen Römischen Reiches vordringt. Die Kaiserin gewährt den lokalen Behörden Audienzen und empfängt Marschall Kellermann, den Kommandanten der Region, und seinen Generalstab, lädt die Demoiselln der Stadt ein – achtzig auf einmal – oder die zweiundzwanzig Damen »der Crème der Gesellschaft dieser Stadt«. Straßburg ist im übrigen die obligate Etappe für alle jene, die Napoleon zu sich beordert, und Joséphine gibt

Empfänge, heute zu Ehren des Bürgermeisters von Paris, morgen für eine Abordnung des Tribunats, die im übrigen die Weisung erhält, nicht weiterzureisen. Joséphine erträgt geduldig alle die Ansprachen und Reden, präsidiert bei Diners, Bällen und Soupers, geht ins französische und ins deutsche Theater, veranstaltet Konzerte, läßt Sänger aus Paris kommen und desgleichen ihren Lieblingsmusiker Spontini, der in Straßburg seine »Vestalin« aus der Taufe hebt.

Ließ sich die Vicomtesse de Beauharnais zu Ende des *Ancien Régime* in eine Freimaurerloge aufnehmen? Hat sie die Schwärmereien der jungen Damen des Hofes geteilt, etwa der künftigen »Bürgerin Egalité« oder der Princesse de Lamballe, die sich dem Reiz, als »Verehrliche Schwester« angesprochen zu werden, nicht entziehen konnten? Die Annahme ist zulässig, denn in diesem Herbst 1805 taucht Joséphine bei den Sitzungen der Straßburger Loge »*l'Orient de Strasbourg*« auf, und alles deutet darauf hin, daß sie eine längst Eingeweihte ist. Sogleich nennen sich zwei Logen – eine in Paris, die zweite in Mailand – »Joséphine« und ersuchen ihre kaiserliche »Schwester« um Protektion. Im übrigen tritt Joséphine hier in Straßburg mit ihrer gewohnten Großzügigkeit auf, gibt Unsummen aus, macht zahllose Geschenke, leistet Spenden und gibt Almosen. Sie kauft so ziemlich alles, was man ihr anbietet, und kann vor allem – was die Händler wissen –, bei Tieren, Samen und Pflanzen nicht widerstehen, die sie für Malmaison einhandelt. So oft es ihr möglich ist, unternimmt sie Spazierfahrten in die Umgebung der Stadt, oder – was sie Eugène als große Neuigkeit mitteilt – sie liest, während sie auf das Eintreffen der Kuriere wartet.

Nur selten bleibt sie vier bis fünf Tage ohne Nachricht. »Meine Position ist gut, und ich liebe Dich«, schreibt ihr Napoleon am 2. Oktober aus Ettlingen. Und am 4., ehe er sich nach Stuttgart begibt, wo der Kurfürst ihm zu Ehren eine Aufführung von *Don Juan* im Hoftheater veranstaltet: »Ich bin in Ludwigsburg. Diese Nacht reise ich ab. Meine ganze Armee marschiert. Das Wetter ist prachtvoll. Meine Vereinigung mit den Bayern hat stattgefunden. Mir geht es gut. Ich hoffe, in wenigen Tagen etwas Interessantes berichten zu können.« Es handelt sich um die Heirat der Prinzessin von Sachsen-Hildburghausen und des zweiten Sohnes des Kurfürsten; tags darauf macht Napoleon Joséphine Mitteilung von diesem Ereignis und bittet sie gleichzeitig, ein Hochzeitsgeschenk für das junge Paar zu besorgen. »Ich reise unverzüglich ab, um den Feldzug fortzusetzen. Du, meine Freundin, wirst fünf, sechs Tage ohne Nachricht von mir sein; mache Dir deshalb keine Sorgen; mein Schweigen ist durch die Operationen bedingt, die stattfinden werden ... Adieu, meine Freundin, ich liebe Dich und schließe Dich in die Arme.«

Am 10. Oktober hat er die Donau überquert und befindet sich bereits in Augsburg, beim ehemaligen Kurfürsten von Trier, »der prachtvoll wohnt«. Und er setzt fort: »Seit acht Tagen bin ich beständig in Eile. Der Feldzug hat mit beachtlichen Erfolgen begonnen. Ich fühle mich sehr wohl, obwohl es fast täglich regnet. Die Ereignisse überstürzen sich ... Adieu, meine Freundin, ich umarme Dich.«

Am 12. Oktober ist er in München und meldet: »Der Feind ist geschlagen, hat den Kopf verloren ... In einer Stunde begebe ich mich nach Burgau an der Iller. Es geht mir gut; doch ist das Wetter abscheulich. Zweimal im Tag muß ich mich umkleiden, so heftig regnet es. Ich liebe und umarme Dich.«

Der Regen fällt, doch unbeirrbar trägt Napoleon mit eiliger Hand die Namen von Städten, Dörfern und Flußläufen ins Buch der Geschichte ein. Am 19. Oktober empfängt er in der Abtei Elchingen den General Mack, der ihm die Kapitulation der österreichischen Armee überbringt.

Noch am selben Tag berichtet er seiner Frau: »Ich war, meine gute Joséphine, erschöpfter, als ich es hätte sein dürfen; eine ganze Woche lang, Tag für Tag, bis auf die Haut durchnäßt zu werden und kalte Füße zu kriegen hat mir etwas geschadet; aber der heutige Tag, da ich nicht ins Freie mußte, brachte mir Ruhe und Erholung. Ich habe meinen Plan ausgeführt; ich habe die österreichische Armee vernichtet, und dies mittels einfacher Märsche; ich habe 60 000 Gefangene gemacht, 120 Kanonen erbeutet, zudem 90 Fahnen, und mehr als 30 Generäle gefangengenommen. Jetzt werde ich gegen die Russen ins Feld ziehen; sie sind verloren. Ich bin zufrieden mit meiner Armee. Ich habe nur 1500 Mann eingebüßt, wobei es sich zu zwei Dritteln um Leichtverwundete handelt. Adieu, meine Joséphine, tausend Zärtlichkeiten überall hin.«

Am 20. Oktober ziehen die 30 000 Mann der gefangengenommenen österreichischen Armee an Napoleon vorüber. »Die Annalen der Kriegsgeschichte verzeichnen keine Katastrophe dieses Ausmaßes«, schreibt er Joséphine. Während die Schlacht um Ulm geschlagen wurde, ließ Napoleon seine Frau einige Zeit ohne Nachricht, und Joséphine geriet ernstlich in Sorge. »Lemarois hat mir Deinen Brief überbracht. Es tat mir sehr weh zu sehen«, antwortet er ihr, »daß Du allzu beunruhigt warst. Man berichtete mir Einzelheiten, die mir Beweise all Deiner Liebe zu mir waren; doch mußt Du mehr Kraft und Zuversicht aufbringen. Du sollst fröhlich sein, Dich zerstreuen und hoffen, daß wir uns vor Monatsende wiedersehen.«

Jetzt stürmt er gegen Wien, und am Abend des 2. November schreibt er im oberösterreichischen Haag Joséphine folgende Zeilen: »Ich bin unaufhaltsam auf dem Vormarsch; das Wetter ist kalt, der Boden fußhoch mit Schnee bedeckt. Das ist bitter. Glücklicherweise mangelt's nicht an Holz, denn hier sind wir mitten in den Wäldern. Mir geht es ziemlich gut. Meine Angelegenheiten nehmen einen befriedigenden Verlauf; meine Feinde müssen wohl besorgter sein als ich. Ich sehne mich nach Nachricht von Dir und möchte erfahren, daß Du nicht mehr beunruhigt bist. Adieu, meine Freundin, ich gehe zu Bett.«

Am 5. November ist er in Linz: »Das Wetter ist schön. Wir stehen achtundzwanzig Meilen vor Wien. Die Russen halten nicht stand; ihre ganze Armee ist auf dem Rückzug. Das Haus Österreich ist in schwerer Sorge; in Wien evakuiert man den gesamten Hof. Es ist möglich, daß es in fünf bis sechs Tagen sehr viel Neues zu berichten gibt. Ich sehne mich sehr danach, Dich wiederzusehen. Meine Gesundheit ist gut. Ich umarme Dich.«

»Die Ereignisse überstürzen sich«, hatte er geschrieben. Und am Abend des 15. November ist er bereits in Wien, »ein wenig müde«, wie er meint. Und setzt fort: »Ich habe die Stadt noch nicht bei Tage gesehen; des Nachts habe ich sie durcheilt. Morgen empfange ich die Notabeln und die Behörden. Fast alle meine Truppen sind jenseits der Donau und verfolgen die Russen. Adieu, meine Joséphine, sobald es mir möglich ist, lasse ich Dich zu mir kommen. Tausend Zärtlichkeiten für Dich.«

». . . lasse ich Dich zu mir kommen.« Diese Worte versetzen Joséphine in einen Taumel freudiger Erregung. Und schon einen Tag nach Erhalt des Briefes überbringt man ihr die Erlaubnis des Kaisers, Straßburg zu verlassen und nach München zu fahren.

Wie selig ist sie an jenem 28. November, da sie sich auf die Reise macht! Unter dem Donner der Kanonen begibt sie sich mit ihrem Gefolge von Damen, Kämmerern und Reitknechten nach Kehl, wohin ihr der Kurfürst von Baden seinen Prunkwagen und seine Husaren entgegengesandt hat.

In Kehl beginnt die triumphale Reise durch Baden, Württemberg und Bayern. Diese Reise, in deren Verlauf Kurfürsten und Kurfürstinnen, Prinzessinnen und Markgrafen auf Befehl des Kaisers Joséphine huldigen müssen, »denn«, hat ihr der Herr und Meister stolz erklärt, »sie schulden dir alles, und du schuldest ihnen nichts, es sei denn aus Anstand«. Eine einzige Sonderverfügung hat der Kaiser getroffen: »Die Kurfürstin von Württemberg ist die Tochter des Königs von England, eine nette Frau, du mußt sie gut behandeln, aber gib dich ja nur nicht geziert.«

Die Eskorten lösen einander ab, die Glocken läuten, die Kanonen donnern, und die Fürsten eilen ihr entgegen. Sie fährt unter Triumphbögen hindurch, die eigens für sie errichtet wurden.

Am 3. Dezember ist man in Ulm, auf bayerischem Gebiet. Augereau empfängt die Kaiserin und kündigt ihr ein großes Fest am Abend an, doch Joséphine meint, sie sei »in Frankreich«, da mache es nichts aus, wenn sie es mit ihren gesellschaftlichen Pflichten nicht so genau nehme, und sie wolle lieber zu Bett.

Zweifellos empfängt sie an jenem Tag, da sie ihren Einzug in München hält, den Brief aus Austerlitz: »Ich habe die russische und die österreichische Armee unter dem Oberbefehl der beiden Kaiser geschlagen. Ich bin etwas erschöpft, ich habe acht Tage lang im Freien biwakiert, und die Nächte waren ziemlich kalt.

Heute abend schlafe ich im Schloß des Fürsten Kaunitz, wo ich zwei oder drei Stunden lang ruhen werde. Die russische Armee ist nicht nur geschlagen, sondern vernichtet. Ich umarme Dich.«

Zwei Tage später, am 5. Dezember, berichtet er ihr ausführlicher: »Ich habe einen Waffenstillstand geschlossen. Die Russen ziehen ab. Die Schlacht von Austerlitz ist die schönste, die ich je geschlagen habe: 45 Fahnen, mehr als 150 Kanonen, die Standarten der russischen Garde, 20 Generäle, 30 000 Gefangene, mehr als 20 000 Tote: grauenvolles Schauspiel! Kaiser Alexander ist verzweifelt und geht heim nach Rußland. Gestern habe ich in meinem Biwak den deutschen Kaiser empfangen; wir unterhielten uns zwei Stunden lang; wir haben uns dahingehend geeinigt, schnell Frieden zu schließen. Das Wetter ist noch nicht sehr schlecht. Jetzt herrscht wieder Ruhe auf dem Kontinent; und hoffentlich bald auf der ganzen Welt; die Engländer können uns nicht auf die Dauer die Stirne bieten. Mit Freude sehe ich jenem Augenblick entgegen, der mich Dir wieder nahe bringt. Adieu, meine gute Freundin, ich bin wohlauf und sehne mich inbrünstig danach, Dich in die Arme zu schließen.«

Joséphine wartet auf den Kaiser, doch ist es kein beschauliches Warten. Ihre Repräsentationspflichten nehmen sie so sehr in Anspruch, daß sie – freilich um Ausreden nie verlegen – nicht einmal die Zeit findet, ihrem Gatten zu schreiben; am 10. Dezember klagt dieser denn auch: »Schon seit langem habe ich keine Nachricht mehr von Dir. Vergißt man denn über den rauschenden Festen in Baden, Stuttgart und München die armen Soldaten, die in Schlamm, Regen und Blut vegetieren?«

Und dann, als er vier Tage später immer noch ohne Nachricht ist, verbrämt er seinen Vorwurf mit Ironie: »Große Kaiserin, seit Ihrer Abreise von Straßburg kein einziger Brief von Ihnen! Sie sind nach Baden, nach Stuttgart, nach München gekommen, ohne Uns ein Wort zu schreiben. Das ist weder sehr nett noch sehr zärtlich. Ich bin immer noch in Brunn (Schönbrunn). Die Russen sind abgezogen; ich habe einen Waffenstillstand eingehandelt. In wenigen Tagen werde ich wissen, was mit mir geschieht. Geruhen Sie, sich von den Höhen Ihrer Erhabenheit herab ein wenig Ihrer Sklaven anzunehmen.«

In München trifft sich Joséphine jeden Tag mit der Kurfürstin Caroline – einer charmanten jungen Frau von dreißig Jahren – und ihrem Gatten Max-Joseph, dem Napoleon die bayerische Königswürde versprochen hat. Max-Joseph ist ein einfacher, umgänglicher Mensch, dem seine hohe Abkunft keineswegs zu Kopf gestiegen ist. Allein geht er in den Straßen von München spazieren, spricht die Passanten an und begrüßt sie mit ihrem Namen, da ihm ein großer Teil der Bewohner seiner Residenzstadt persönlich bekannt ist.

Immer noch denkt Joséphine nur an eines: an die Heirat ihres Sohnes mit der Prinzessin Augusta von Bayern. Deshelb kennt ihre Liebenswürdigkeit gegenüber dem Kurfürstenpaar keine Grenzen. Doch der künftige König Max-Joseph macht weiterhin Schwierigkeiten. Sein Wunsch wäre es gewesen, wie Napoleon später erzählt, daß der Kaiser sich scheiden ließe und selbst die Prinzessin heiratete. »Prinz Eugène ist nur ein Adoptivsohn; ich weiß nicht, was das heißen soll. In Wirklichkeit ist er doch nichts weiter als ein Vicomte de Beauharnais, und somit würde meine Tochter bloß einen französischen Edelmann heiraten.«

Was aber hätte der Kurfürst gesagt, wäre es ihm bekannt gewesen, daß Eugène nur aus freiem Ermessen seines Vaters Alexandre den Titel Vicomte trug? Doch war Eugènes Abkunft nicht der einzige Grund: Augusta liebte immer noch den badischen Erbprinzen, war auch ihr Verlöbnis gelöst worden. Die Gouvernante der kleinen Augusta – Frau von Wurmb – hatte es sogar gewagt, dem Kaiser von der Liebe der Prinzessin zu erzählen. Napoleon war in schallendes Hohngelächter ausgebrochen: »Wahrhaftig, Madame, ich glaube, Sie scherzen. Seit wann heiraten die Fürsten aus Liebe? Einzig Politik und Staatsinteresse vermählen die Fürsten. Sie vermitteln mir einen schlechten Eindruck von Ihnen und von der Erziehung, die Sie der Prinzessin haben angedeihen lassen, wenn Sie derart lächerliche Prinzipien und sentimentales Gefasel von Liebe zum besten geben.«

Zu allem Überdruß aber hätte die Kurfürstin selbst, Caroline, die Tochter des Markgrafen von Baden, beinahe den Duc d'Enghien geheiratet. Ja, sie hatte ihn sogar geliebt, doch der Markgraf, der ein »verbissener Demokrat« geworden war – der Ausdruck stammt vom Letzten der Condés –, hatte sich gegen eine Verbindung seiner Tochter mit einem Emigranten und Feind des republikanischen Frankreich gesträubt. Caroline ihrerseits liebte die französische Literatur und rezitierte ganze Abende lang französische Verse, doch haßte sie Napoleon und setzte alles ins Werk, um die Heirat zwischen Augusta und Eugène zu verhindern. Um diese Widerstände zu überwinden, bedurfte es des Versprechens, der Kurfürst würde König von Bayern – was am 1. Januar 1806 geschieht –, und der Drohung, Joséphines Sohn würde, falls sich die Bayern weiterhin weigerten, eine Erzherzogin heiraten, eine Tochter des Kaisers von Österreich. Die einzige in heiratsfähigem Alter war im übrigen die kleine Marie-Louise, die in Kürze fünfzehn Jahre alt wurde! Man wird ihr später wieder begegnen . . .

Am 28. Dezember – an diesem Tag verließ der Kaiser Wien, um sich zu seiner Gemahlin zu begeben – kann Joséphine ihrem Sohn endlich mitteilen, daß seine Heirat mit Augusta, jetzt Prinzessin Auguste genannt, beschlossen ist. Die Kaiserin ist begeistert von ihrer künftigen Schwiegertochter: »Ihr Äußeres ist angenehm, ja, man kann sie geradezu als eine Schönheit bezeichnen, doch halte ich weit weniger auf ihre äußerlichen Qualitäten als auf jene ihres Geistes und ihres Herzens, denn von letzteren hängt Dein Glück ab. Du weißt wohl, mein Freund, daß dieses Deiner Mutter am Herzen liegt, und ich glaube, Dir sagen zu können, Du werdest in dieser Hinsicht wunschlos glücklich sein.«

Unglücklicherweise treffen Joséphines Brief und jener, den ihm Napoleon am übernächsten Tag schreiben wird, erst nach dem Sendschreiben eines Postinspektors ein, das dieser am 30. Dezember verfaßte, um das Verlöbnis des kaiserlichen Stiefsohnes kund und zu wissen zu tun. Eugène ist verletzt und empört, in so amtlichem Ton verständigt worden zu sein. »Kein einziges Wort«, schreibt er, »von den 10 000 Personen, die um meine Mutter sind und die sich die Erfüllung dieser Mission zur Ehre angerechnet hätten.«

Als Napoleon am 31. in München eintrifft, schreibt er neuerlich an Eugène: »Mein Vetter*, ich habe Ihre Heirat mit Prinzessin Auguste angebahnt. Sie ist sehr hübsch. Beigeschlossen finden Sie ihr Porträt auf einer Tasse, doch sieht sie in Wirklichkeit viel besser aus.«

Eugène packt in Eile seine Siebensachen, darunter die sorgfältig verwahrte Tasse mit dem Konterfei seiner Braut, schwingt sich aufs Pferd und galoppiert gen Bayern. Am 10. Januar weckt man Joséphine mit der Nachricht, ihr Sohn sei eingetroffen und habe sich unverzüglich zu Napoleon begeben. Worauf Joséphine in Tränen ausbricht, weil »der erste Besuch ihres Sohnes nicht ihr gegolten habe«. Minuten später betritt der Kaiser das Schlafzimmer seiner Frau. An der Hand führt er Eugène.

»Da bringe ich Ihnen, Madame, Ihren großen Bengel von einem Sohn«, sagt er lächelnd. Wieder weint Joséphine, diesmal aus Freude, und fleht Eugène an, er möge sich seinen Schnurrbart abrasieren, ehe er Auguste vorgestellt werde. »Der große Bengel« beeilt sich, dem Wunsch seiner Mutter nachzukommen. Als er die Bekanntschaft der Braut macht, die sein Vater für ihn gewählt hat, trägt er ein glattrasiertes Antlitz zur Schau. Die Achtzehnjährige gefällt ihm. Sie ist schön, nicht hübsch im landläufigen Sinn, vom »Wuchs einer Nymphe«, wie die Zeitgenossen rühmend bemerken, bloß ihr »Teint« ist »ein wenig matt«, was zu jener Zeit, da rote Wangen in Mode waren, als Nachteil angesehen wurde.

Napoleon, der es wie immer haßt, Zeit zu verlieren, sieht darauf, daß die Verbindung so schnell wie möglich zustande kommt: Am 13. Januar wird der Ehekontrakt unterzeichnet und am selben Tag die bürgerliche Trauung in der »Großen Galerie« vollzogen. Tags darauf findet die kirchliche Zeremonie bereits um 7 Uhr morgens in der Schloßkapelle statt. Am 16. wohnt das junge Paar einer Aufführung von *Castor und Pollux* im Hoftheater bei. Eugène betrachtet seine Frau voll Zärtlichkeit. Sie erscheint ihm weitaus hübscher als ihr Konterfei auf der Tasse, die ihm der kaiserliche Stiefvater gesandt hatte. Schon liebt Eugène Auguste – viel schneller, als Joséphine es gehofft hat –, und weiß seine Gefühle erwidert. Ein Schatten nur fällt über das junge Glück: Hortense konnte nicht

* Dem Protokoll entsprechende Anrede eines Monarchen an einen Gleichgestellten. (Anm. d. Übers.)

kommen. Louis – immer muß er die Hand im Spiel haben – war selbst verhindert, Paris zu verlassen, und erlaubte seiner jungen Frau nicht, allein nach München zu fahren. »Diese Einladung«, erklärt Hortense ihrem Bruder, »ist für Louis eine Quelle der Verzweiflung: Er sei verloren, sei entehrt, wenn seine Frau ohne ihn auf Reisen gehe; daß sie nur ihre Mutter wiedersehen will, ihren Stiefvater und vielleicht auch ihren Bruder, dafür hat er kein Verständnis. An Opfer gewöhnt, um wenigstens meinen Frieden zu haben, schicke ich mich darein, doch weiß ich wohl, daß ich, falls Du hinfährst, noch sehr großen Kummer haben werde: Der Kaiser wird mich ob meiner Schwäche schelten und mein Mann mir nicht mehr Glück bescheren als bisher. So tröste ich mich denn mit dem Gedanken, daß einzig ich leide und zumindest niemandem wehtue, wenn man mir auch Kummer bereitet.«

Hortense hatte immer noch gehofft, die Hochzeit ihres Bruders fände in Paris statt. Als sie erfährt, daß Eugène bereits geheiratet hat – und dies so weit von ihr entfernt –, ist sie gebrochen.

»Ich kann Dir nicht sagen, wie weh mir das tut! Seit ich es weiß, weine ich ununterbrochen. Wie! So sollte ich denn in einem so bedeutsamen Augenblick nicht bei Dir sein! Denke ein wenig an mich, mein lieber Eugène, denn ich bin als einzige beklagenswert. Es hätte mich über so viele Schmerzen hinweg getröstet, Dich kurz sehen zu dürfen! Ich hatte ein wenig Trost so bitter nötig, doch hoffe ich, Du wirst glücklich sein für uns beide. Erzähle Deiner Frau von mir, sage ihr, wie lieb ich sie habe und wie sehr es mich schmerzt, sie nicht sehen zu dürfen. Man hat mir so viel Gutes über sie gesagt, daß diese Ehe mich wahrhaft glücklich stimmt. Aber welch großen Kummer wird es ihr bereiten, sich sogleich von ihrer Familie trennen zu müssen! Ich bin sicher, daß Du sie für alles entschädigen wirst, sobald sie Dich erst richtig kennt. Freilich wirst Du auch Verständnis für ihren Schmerz aufbringen, denn gibt es etwas Traurigeres, als sich von seiner Familie trennen zu müssen? Zeige ihr meinen Brief: Sie soll um mein ganzes Leid wissen und mich ein wenig ins Herz schließen.«

Hortense muß sich damit begnügen, ein Fest in Eugènes eigenem Palais in der Rue de Lille zu geben.

»Da sah ich denn Deine Jäger, Deine Trompeten, Dein Appartement und Dein Porträt, doch hätte es dessen nicht einmal bedurft, um mich zum Weinen zu bringen; das Fest freilich gefiel mir sehr wohl ... Jedermann war gerührt, sich wieder in der hübschen Galerie einzufinden, wo wir so viele fröhliche Stunden miteinander verbrachten, und bedauerte es, Dich nur als Malerei wiederzusehen. Dein Porträt schuf ein wenig die Illusion Deiner Gegenwart. Es ist Dir so ähnlich! Das Bild, das Gérard von Dir malte. Es war mit Myrten bekränzt; uns fehlte einzig das Porträt der Prinzessin Auguste, doch hoffe ich sehr, Du werdest es mir schicken.«

Joséphine ist am 26. Januar 1806 nach Paris zurückgekehrt und hat sich sogleich um die Brautgeschenke für Auguste bekümmert. Die Aussteuer für die bayerische Schwiegertochter kostet sie mehr als 200 000 Francs. »Ganz Paris hat die Geschenke gesehen und sehr schön gefunden«, schreibt sie Eugène. Für Auguste ist ihr denn auch nichts zu teuer!

Napoleon freilich ist anderer Meinung. Er tobt, und Joséphine muß sich überdies die bittersten Vorwürfe gefallen lassen, weil sie aus eigenen Stücken das prachtvolle Palais Eugènes in der Rue de Lille renovieren, neu ausstatten und möblieren läßt und sich die Rechnungen bereits auf 1,5 Millionen Francs belaufen, obwohl die Arbeiten noch lange nicht abgeschlossen sind. Freund Calmelet – mittlerweile Verwalter der kaiserlichen Paläste und Referent für Bauangelegenheiten – wird in Grund und Boden verdonnert und muß sein Amt niederlegen.

Das Leben bei Hof nimmt wieder seinen gewohnten Lauf, und Joséphine kommt kaum zum Atemschöpfen. »Ich habe Dir, mein lieber Sohn, nicht früher geschrieben«, erklärt sie Eugène am 13. Februar, »denn seit meiner Rückkehr führe ich das anstrengendste Leben, das man sich nur vorstellen kann: Ich habe keinen Augenblick Zeit für mich, gehe sehr spät zu Bett und stehe sehr früh auf. Der Kaiser, der sehr stark ist, erträgt dieses aktive Leben sehr gut, doch meine eigene Gesundheit leidet ein wenig darunter . . .«

In Paris weiß man sehr wohl, daß das Opfer der glücklich zustande gekommenen Verbindung zwischen Eugène und Auguste der badische Erbprinz ist, der nun das Nachsehen hat. Napoleon nahm ihm ohne viel Federlesen die Braut, also muß man ihn entschädigen und ihm eine neue finden. Noch in Karlsruhe denkt der Kaiser zunächst an die Base seiner Frau, Stéphanie Tascher de La Pagerie.

»Sie ist genau die richtige Partie«, erklärt er Joséphine, »Mademoiselle Tascher ist deine Cousine; das paßt vorzüglich in meine Pläne; der Großherzog hat sich bereits mit mir besprochen; jetzt eben komme ich von ihm; diese Ehe muß zustande kommen.«

Joséphine setzt dem entgegen, ihre Base »leide immer noch an einer Krankheit, die sie von Martinique eingeschleppt habe«. Darauf weiß Napoleon nichts zu erwidern. Doch da man nun nicht über Mlle. Tascher »verfügen« könne, müsse der Prinz von Baden Joséphines angeheiratete Nichte, Stéphanie de Beauharnais, heiraten. Ihr Vater – Claude – hatte sie mutterseelenallein im Penthémont zurückgelassen, worauf sich Mme. Campan ihrer Erziehung annahm. Zur Zeit des Konsulats tollte sie mit Hortense über die weiten Rasenflächen von Malmaison. Stéphanie ist eine ausgesprochen hübsche Blondine mit blauen Augen, schönem Teint und dem geschmeidigen Körper einer Nymphe; niemand kann dem Charme ihres heiteren, schalkhaften Wesens widerstehen. Mit siebzehn kommt sie in die Tuilerien. Der Kaiser findet sie bezaubernd. Dieses kleine Kindweib, das aussieht wie vierzehn, kommt bald dahinter, daß der »Onkel« ihr gegenüber wehrlos ist, und beginnt, seine Schwäche schamlos auszunützen. Eines Abends, als man auf den Kaiser wartet, setzt sich Stéphanie in Gegenwart von Napoleons Schwestern. Caroline befiehlt ihr, sich zu erheben, und der Herr und Gebieter findet Stéphanie in Tränen aufgelöst. Befragt, klagt sie ihm ihr Leid.

»Wenn's weiter nichts ist«, ruft er aus, »dann setz dich einfach auf meine Knie, so erregst du bei niemandem Anstoß.«

Zunächst amüsiert die Kleine Napoleon, bald aber entfaltet das Nymphchen seinen ganzen gefährlichen Zauber, und des Kaisers Ruh' ist hin. Wachsamen Auges hat Joséphine die Gefahr erkannt, um so leichter, als »Napoleon«, wie Mme. de Rémusat berichtet, »seine Natur auch hier nicht verleugnete und seine Neigung keineswegs vor seiner Frau geheimhielt; er war sich seiner Macht so sicher, daß er es für lächerlich hielt, der Prinz von Baden könne an dem Anstoß nehmen, was sich unter seinen Augen zutrug«.

Für den Augenblick freilich ist Napoleon noch allzu sehr mit einer neuen Mätresse beschäftigt, die ebenfalls das Pensionat Campan absolvierte, Dénuelle de La Plaigne, eine Entdeckung Paulines, die diese dem Bruder leichten Herzens und frohen Mutes zuschanzte. Dénuelle hat die Scheidung eingereicht, um dem Kaiser voll und ganz zur Verfügung stehen zu können. Im übrigen liebt sie Napoleon nicht. Was sie auch bereitwillig erzählt und desgleichen, daß es ihr während eines Schäferstündchens im kaiserlichen Alkoven gelang, die über dem Bett hängende Uhr um eine halbe Stunde vorzustellen. »Schon!« rief der Kaiser, als er den Kopf hob und einen Blick auf die Uhr warf. Worauf sich Dénuelle früher als vorgesehen der Lasten kaiserlicher Liebe ledig sah.

Joséphines Eifersucht gilt berechtigterweise eher Stéphanie als Dénuelle, und so entschließt sich denn die Tante, mit der koketten Nichte ein paar offene Worte zu wechseln. Eindrucksvoll führt sie ihr vor Augen, »welches Unrecht sie beginge, wenn sie den Bemühungen Bonapartes, sie voll und ganz zu verführen, keinen offenen Widerstand entgegensetzte«. Worauf Stéphanie hoch und heilig verspricht, sich reserviert zu verhalten.

Der Großherzog von Baden jedoch rümpft die Nase. Eine »Prinzessin Bonaparte« wäre immerhin noch eine akzeptable Partie gewesen, doch eine Verbindung seines Sohnes mit der Nichte des ersten Gatten der Kaiserin erscheint ihm – nicht unberechtigt – als eine Mésalliance. Napoleon freilich weiß Rat. Er wird die kleine Beauharnais adoptieren. Dann ist sie die »Prinzessin Stéphanie Napoléon«, logiert in den Tuilerien, hat den Vortritt vor den Schwestern des Kaisers, ihren Platz unmittelbar an seiner Seite »bei allen Cercles, Festen und bei Tisch«, und »falls Wir nicht anwesend sind«, führt Napoleon aus, »ist der Platz der Prinzessin zur Rechten der Kaiserin«. Der Großherzog willigt ein: Stéphanie soll dereinst Großherzogin werden! Die Sippe platzt vor Wut. So muß also Mme. Laetitia der kleinen Beauharnais den Vortritt lassen! Und als es Madame Murat erleben muß, daß »die Kleine« vor ihr die Türen durchschreitet, ist sie einer Ohnmacht nahe.

Der Bräutigam kommt nach Paris.

Er ist ungelenk, milchgesichtig und errötet des öfteren. »Ohne ausgesprochen häßlich zu sein«, beschreibt ihn ein Zeitgenosse, »sieht er wenig vorteilhaft aus.« Stéphanie ist keineswegs von ihm begeistert, doch läßt sie sich vorderhand trösten, denn für sie wird ein Märchen Wirklichkeit: Ihre Aussteuer ist wahrhaftig der Tochter eines Kaisers würdig, zudem erhält sie eineinhalb Millionen Francs und Diamantenschmuck. Für Stéphanie ist dem Kaiser nichts zu teuer. Die Hochzeit selbst wird mit allem Pomp zelebriert. Am Abend des 7. April findet die Ziviltrauung in Gegenwart des gesamten Hofstaates in der Dianagalerie statt. Die Sessel des Kaiserpaares stehen auf einer Estrade, welche ein Teppich mit dem Dessin einer »Blumenwiese« deckt. Das Verlöbnis wird vom Kardinallegaten gesegnet und die Ziviltrauung der »Tochter Ihrer Kaiserlichen Majestät« und des badischen Erbprinzen durch den Erzkanzler vollzogen. Tags darauf schreitet Joséphine langsam im Glanze ihrer Juwelen, den badischen Prinzen an der Hand, durch ein doppeltes Spalier von Grenadieren. Vierundzwanzig Pagen mit Wachslichtern geleiten sie. Vergeblich flehen die Kämmerer: »Schneller, meine Damen, gehen Sie schneller.« Doch Joséphine denkt nicht daran, den Schritt zu beschleunigen. Dies war, meint Madame de Rémusat, »einer jener Fälle, wo sie sich keineswegs dem Willen ihres Gatten fügte. Da sie einen besonders anmutigen Gang besaß und es niemals verabsäumte, ihre Vorzüge ins rechte Licht zu rücken, konnte nichts sie zur Eile bewegen, und so begann denn hinter ihr das Gedränge«: Die vierundzwanzig Hofdamen der Kaiserin, die zwanzig Damen der Prinzessinnen, die Großoffiziere, Minister, Marschälle, die farbenprunkenden Offiziere drängen und stoßen einander im Geleite des »spanisch kostümierten« Kaisers, der die in Weiß, Silber und Diamanten erstrahlende Braut führt.

Am Abend nach Bankett und Feuerwerk weigert sich Stéphanie, den Gatten in ihr Schlafgemach einzulassen. Sie weint und beruhigt sich erst, als ihre Freundin aus dem Pensionat, Nelly Bourjolly, zu ihr kommt, um die Nacht über bei ihr zu bleiben. Dem badischen Prinzen erteilt man den Rat, sich das Haar, das er nach der alten Mode lang trägt, kurz schneiden zu lassen. Der frischgebackene Ehemann führt dies sofort getreulich aus, doch erntet er, als er sich von seiner Frau besichtigen läßt, nur schallendes Hohngelächter. Mit der Titusfrisur, erklärt Stéphanie rundweg, sei ihr Gatte »noch häßlicher als zuvor«. Der Prinz beschließt, sich das Haar wieder wachsen zu lassen, und verbringt vorderhand seine Nächte in einem Lehnstuhl . . . So lange, bis dem Kaiser die Geduld reißt.

Dann lösen sich auch diese Probleme, und Joséphine kann Eugène am 13. April schreiben: »Wir waren in Grignon bei Marschall Bessières, um unseren jungen

Eheleuten ein wenig Zerstreuung zu bereiten. Sie scheinen aneinander Gefallen zu finden und recht zufrieden zu sein; ich habe bemerkt, daß der Prinz von Baden sich seiner Frau annimmt und sie mit Aufmerksamkeiten verwöhnt; so hoffe ich denn, daß diese Ehe glücklich wird. Den Abend haben wir mit einigen Spielchen verbracht. Der Kaiser hat uns Gesellschaft geleistet, und in bester Laune sind wir nach Saint-Cloud zurückgekehrt.«

»Wir haben wie die Fünfzehnjährigen gespielt«, schreibt Napoleon seinerseits dem Stiefsohn.

Als die Feste und Feierlichkeiten aus Anlaß der Hochzeit vorüber sind, schickt Napoleon das junge Paar unverzüglich nach Karlsruhe. Und jene, die eines Tages die Mutter des unglücklichen Caspar Hauser sein wird, verläßt Paris mit todwundem Herzen. »Sire, Tag für Tag, wenn ich mir selbst überlassen bin«, schreibt sie dem Kaiser, »denke ich an Sie, an die Kaiserin, an alles, was mir das Liebste auf der Welt ist. In Gedanken eile ich nach Frankreich, vermeine, Ihnen nahe zu sein, und gehe ganz in meinem Schmerz auf.« Napoléon antwortet kühl – vielleicht mit dem gekränkten Stolz des abgeblitzten Verehrers: »Karlsruhe ist ein schöner Ort. Seien Sie liebenswürdig zum Kurfürsten, er ist Ihr Vater... Lieben Sie Ihren Gatten!...« Zum zweiten kümmert er sich darum, Stéphanie Tascher de La Pagerie unter die Haube zu bringen. Er verheiratet sie an den Prince d'Arenberg. Und auch diese Stéphanie betrachtet ihre Vermählung als eine Katastrophe. Bei der Hochzeit weinte sie ohne Unterlaß, »rang nach Luft« und benötigte zu wiederholten Malen Riechsalz, um die drohende Ohnmacht abzuwenden. Bleich, ihrer Sinne kaum mächtig, wurde sie buchstäblich zum Altar geschleppt. Der liebenswerte alte Duc d'Arenberg, der Vater des Bräutigams, war verzweifelt. Zu Joséphine meinte er: »Madame, in der Absicht, meinem Sohn eine charmante Gefährtin zu schenken, haben Sie uns eine Antigone übergeben.«

»Antigone« weigert sich, nach Brüssel zu übersiedeln, und lebt weiterhin in Paris, offiziell mit ihrem Gatten, in Wahrheit aber so viel als möglich von ihm getrennt. Auch wurde die Ehe niemals vollzogen. Der Prinz ließ sich an die Spitze eines von seinem Vater besoldeten Regiments stellen und suchte über den strategischen Karten sein eheliches Unglück zu vergessen.

Zwei Beauharnais sind nun »echten« Fürstenhäusern verbunden, und Hortense, Mutter eines kleinen Jungen, von dem es heißt, er sei als Nachfolger des Kaisers ausersehen, wird morgen schon Hollands Königin. Das Gespenst der Scheidung, das die Kaiserin verfolgte, scheint gebannt.

Joséphine könnte glücklich sein...

Hortenses Ehe wird zur Hölle. »Sooft ich meine Tochter sah«, klagt Joséphine, »mußte ich ob ihrer Magerkeit weinen.« Hortense versucht die Mutter zu beruhigen und versichert, einzig der Kummer darüber, nicht der Hochzeit ihres Bruders beigewohnt zu haben, trage die Schuld an ihrer Verfassung... Doch so leicht läßt sich Joséphine nicht hinters Licht führen ... und muß erkennen, daß sie einen verhängnisvollen Fehler beging, als sie ihre Tochter zwang, einen beklagenswerten Siechen und gefährlichen Narren zu heiraten.

Auch dem Kaiser bleibt das Hinwelken seiner Stieftochter nicht verborgen: »Hortense hat ihre frische Farbe verloren«, meint er zu Joséphine, »ihr Gatte macht sie nicht glücklich; wir werden vielleicht noch Furchtbares durchzustehen haben. Wenn sie sich verliebt, dann wird es tief gehen. Und aus Liebe tut man die verrücktesten Dinge . . .«

»Sie ist zu vernünftig, um einer Laune nachzugeben«, antwortet Joséphine.

»Verlaß dich bloß nicht darauf. Merkst du nicht, wie sie geht, wie sie spricht? Alles an ihr atmet Gefühl. Und im übrigen wäre sie nicht deine Tochter.«

Joséphine kann nicht umhin, zuzugeben, daß ihr Gatte recht hat... Hortense ist tatsächlich verliebt. Vor einiger Zeit schon hat sie ihr Herz an einen jungen Adjutanten Murats, an den Sohn von Mme. de Souza, verloren. Er nennt sich nicht Souza, sondern Graf Charles de Flahaut, nach dem ersten Gatten der Mme. de Souza, der im übrigen nicht sein Vater ist. M. de Flahaut, der um 36 Jahre älter war als seine junge Frau, fungierte nur dem Titel nach als Gatte und ertrug es mit Anstand und Diskretion, daß Madame eine »Herzensehe« mit einem jungen Abbé einging. Ungestört blühte die Dreiecksidylle im Louvre, wo die Flahauts wohnten und der Abbé zu Hause schien. Als der diplomatische Vertreter der jungen Vereinigten Staaten, Gouverneur Morris, Madame de Flahaut seinen Antrittsbesuch abstattete, war die Dame eben dabei, ein Fußbad zu nehmen, während der »Mann der Kirche« in »christlicher Nächstenliebe« – auf daß sie sich nach dem Bade nicht erkälte – das Bett der Hausfrau höchstpersönlich vorwärmte. Der junge Abbé hieß Charles-Maurice de Talleyrand-Périgord und sollte kurz darauf der genialste Außenminister werden, den Frankreich je besessen hatte. Talleyrand war der Vater von Charles de Flahaut ... Als Mann des 18. Jahrhunderts, Kavalier des Rokoko und gut erzogener Gatte hatte M. de Flahaut den für ihn unerwarteten Kindersegen begrüßt ...

Als Witwe – der Graf war unter dem Fallbeil des »Schreckens« gestorben – hat sich Mme. de Flahaut mit einem portugiesischen Diplomaten, namens de Souza, wiederverehelicht. Aber auch in dieser Ehe spielt der Gatte nur die zweite Geige. Diesmal ist es der Sohn, dem Madames einziges Sinnen und Trachten gilt. Unter allen Umständen muß er Karriere machen. Und als Madame de Souza merkt, daß Hortense ihn mit zärtlichen Blicken bedenkt, drängt sie den Sohn dazu, der Stieftochter des Kaisers den Hof zu machen. Sie hätten doch beide eine hübsche Stimme. Weshalb sollten sie sich nicht im Duett versuchen? Hortense fühlt sich immer stärker zu Flahaut hingezogen, findet ihn »charmant«, ein Wort, das alle Frauen aussprechen, so oft das Gespräch auf Talleyrands natürlichen Sohn kommt – doch die Duette gehen nicht über den Rahmen des rein Musikalischen hinaus.

Zudem gibt nun auch Caroline Murat dem Adjutanten ihres Gatten zu verstehen, daß sie ihn äußerst attraktiv findet. Charles seinerseits muß anerkennen, daß seine neue Verehrerin in ihrer blühenden Üppigkeit durchaus nicht zu verachten ist, und läßt sich nicht lange bitten, der Gattin seines Chefs gefällig zu sein, was ihn nicht daran hindert, Hortense weiterhin schöne Augen zu machen, wenn er ihr in Gesellschaft begegnet.

Damit aber ist Caroline durchaus nicht einverstanden. Sie läßt nicht zu, »daß ein junger Mann ihres Hauses«, der sowohl in ihres Gatten als auch in ihren eigenen Diensten steht, Augen für eine andere Frau hat. So vermeidet es Charles denn auch, in Anwesenheit seiner Geliebten Hortense zu hofieren. »Die Prinzessin Louis« kommt der bitteren Wahrheit umso eher auf die Spur, als sie eines Nachts die Schwägerin und Charles de Flahaut auf der kleinen Insel de la Jatte, die zum Schloß von Neuilly gehört, auf zärtlicher Promenade ertappt. Von nun an versucht sie so offensichtlich, dem jungen Adjutanten aus dem Weg zu gehen, daß dieser sich bei seiner Mutter beklagt. Madame de Souza sucht Hortense auf, schüttet sich das Herz aus und erreicht es, daß Hortense bei einem Ball Flahaut zum Tanz auffordert. Beim Walzer – dem neuen Modetanz – seufzt der Jüngling: Warum nur sei sie ihm böse? Was habe er ihr getan? Hortenses schöne Augen füllen sich mit Tränen, und Charles dringt in sie: »So empfanden Sie denn etwas für mich? Weshalb gaben Sie es mir nicht zu verstehen? Sie hätten mir großen Kummer erspart! . . . Nun, da ich immer noch nur Sie liebe, bin ich einer anderen verpflichtet.«

Hortense schlägt das Herz bis zum Hals. Doch flüchtet sie in die Lüge: »Nein, nein, ich liebe Sie nicht«, schreit sie auf, »wenn ich es auch einen Augenblick lang glaubte, so ist es jetzt vorbei, glauben Sie mir.«

Flahaut, der keinen Wert darauf legt, sich zwei Frauen auf einmal zu versklaven, nützt die günstige Gelegenheit, um das Gespräch eiligst zu beenden: »Gewähren Sie mir Ihre Freundschaft. Sie wird mich über das Verlorene hinwegtrösten.«

Für Flahaut schien die Sache damit erledigt, nicht so aber für Hortense. Sie konnte sich nicht dazu entschließen, den charmanten Offizier aus ihrem Herzen zu verbannen. Nicht einmal die Siegesnachrichten der französischen Armeen vermochten sie zu erfreuen. In ihren *Memoiren* schreibt sie: »Die Angst vor den Gefahren, die jemandem drohten, an den ich allzu oft dachte, enthüllte mir, wie teuer mir dieser eine war, und vergällte mir meine Freude. Wenn ein Bulletin eintraf, zitterte ich, noch ehe ich es las, vor Angst, ich könnte seinen Namen lesen. Einmal wurde er genannt, weil er sich ausgezeichnet hatte, ein andermal, weil er verwundet worden war. Glücklicherweise war ich allein, als ich dies erfuhr: Die Heftigkeit meines Schmerzes hätte niemanden davon überzeugen können, daß einzig die Freundschaft mich zu dieser Anteilnahme bewog.«

Sie belauerte Caroline, und als sie sah, daß Caroline weniger bangte als sie selbst, war sie ihr deshalb böse.

»Wenn ich sie aber traurig und von Sorgen zerquält sah, wurde sie mir lieb, und dann verzieh ich ihr auch den Kummer, den sie mir häufig bereitete.«

Madame de Souza war im siebenten Himmel. Genoß denn ihr Sohn nicht zugleich den Schutz einer Schwester, einer Schwägerin und Stieftochter des Herrn und Gebieters? Weniger groß wäre ihre Freude gewesen, hätte sie um die Einstellung des Kaisers gewußt. Denn dieser hatte durchaus kein Verständnis für die Affären der Frauen seiner »Sippe« und für die amourösen Heldentaten eines jungen Lebemannes, den er als »Libertiner« verdammte.

»Doch hat er Charme und Geist«, hatte Joséphine sich für Flahaut eingesetzt.

»Geist?!« rief Napoleon aus, »brr! Wer hätte die Art von Geist nicht? Er singt gut? Schöne Eigenschaften für einen Soldaten, der von Berufs wegen immer heiser ist. Ein hübscher Junge ist er, und das geht euch Weibern zu Herzen ... Sei's drum! Für mich ist er durchaus nichts Außergewöhnliches.« Und Napoleon richtete es so ein, daß der hübsche Adjutant immer in sicherer Entfernung von Paris seinen Dienst versah. Zu jener Zeit, wo Europa zum Großteil aus französischen Departements und Vasallenstaaten bestand, war dies durchaus nicht schwierig ...

Ein Ereignis aber verändert Hortenses Leben von Grund auf: Sie wird Königin!

Die »Ernennung« von Louis und Hortense auf den holländischen Thron beschleunigt den Lauf der Dinge. Während Louis sich am Ziel seiner Wünsche wähnt, ist Hortense erschüttert. Joséphine hört sie seufzen: »Ich möchte in Paris holländische Königin sein!«

Tränenüberströmt fleht sie Napoleon an, sie nicht mit diesem Thron zu »bestrafen«.

»Diese Auszeichnung ist ehrenvoll«, ruft der Kaiser aus, »tragen Sie Gefühle zur Schau, die einer solchen Erhöhung würdig sind.«

»Ach, Sire!« schreit Hortense heraus, »Ihre Mühe ist vergeblich. Ich werde immer bürgerliche Gefühle hegen, wenn man so die Liebe zu seinem Land, zu seinen Freunden, seiner Familie nennt.«

Aber Napoleon lachte nur... Und in einem Brief an ihren Bruder legt Hortense Zeugnis ab von ihrem überwältigenden Schmerz: »Ich kann nicht daran denken, ohne daß mir die Tränen in die Augen steigen. So viele Frauen gibt es, die glücklich wären, Königinnen zu sein!... Weshalb sollte man ihnen nicht dieses Glück gewähren, das mein Unglück ist! Immer noch hoffe ich, doch dem Kaiser scheint daran zu liegen, und ihm geht die Politik über alles. Mein Gott, ich glaube, ich werde vor Kummer sterben!«

Joséphine ihrerseits begann blasiert zu werden und tat Holland und seine Krone als »Präfekturkönigreich« ab. Für sie hatte nur eines Gewicht: Von Eugène war sie bereits getrennt, und nun sollte auch ihre Tochter fern von ihr leben.

»Mama ist nicht vernünftig, und ich«, schreibt Hortense an Eugène, »die ich die Unglücklichste von allen bin, muß noch alle trösten.«

Dies erinnert an den Ausspruch Talleyrands, den dieser Désirée Clary gegenüber tat; denn auch Désirée war gegen ihren Willen Königin geworden: »Die Monarchien nehmen ein so böses Ende!«

»Zweifellos, Madame, aber für den Anfang ist's ganz hübsch.«

Als Hortense nach dem Haag abgereist ist, brauchte Joséphine »eine geraume Weile, um sich zu trösten«, wie sie ihrem Sohn schreibt. Sie sei »zu erschüttert und zu leidend«, um Eugène häufiger Nachricht zu geben. Ihr Kummer vertieft sich, als sie erfährt, daß ein neuer Feldzug in Vorbereitung ist, eine doppelte Kampagne, zunächst gegen Preußen, dann gegen Rußland, die den Kaiser im folgenden Jahr nach Tilsit führt: ein ruhmreicher, blutiger Weg mit den Stationen Jena, Potsdam, Warschau, Eylau und Friedland.

Mittwoch, den 24. September 1806, empfängt Napoleon in Saint-Cloud einen Brief von Berthier, der ihm mitteilt, »die Preußen hielten mit ihren Absichten nicht mehr hinter dem Berg« und wollten Krieg mit Napoleon. Schon marschierten ihre Armeen gegen Vorposten der *Grande Armée.*

Der Kaiser beschließt – übrigens mit Widerwillen –, sich schon in der folgenden Nacht nach Mainz zu begeben und Joséphine weder mitzunehmen noch ihr etwas davon zu sagen. Doch die Kaiserin kommt dahinter und – es ist vier Uhr morgens – »springt aus dem Bett«, wie Constant erzählt, »wirft das erste Kleidungsstück über, das ihr unter die Hände gerät, und eilt, in Pantoffeln und ohne Strümpfe, aus dem Schlafzimmer. Laut weinend wie ein kleines Mädchen, das man gegen seinen Willen ins Pensionat zurückbringt, läuft sie durch die Appartements, die Treppen hinab und stürzt sich dem Kaiser in die Arme, just in dem Augenblick, da er sich anschickt, den Wagen zu besteigen ...«

Nun muß er sie wohl oder übel mitnehmen.

Und darüber ist sie umso glücklicher, als ihr Rittmeister, der schöne vierunddreißigjährige Sigismond-Frédéric de Berckheim, mit von der Partie ist. Der Kaiser nimmt ihn mit sich in den Krieg ... Joséphine aber hegt für ihren schönen Rittmeister mit den blauen Augen, den blonden Haaren und dem frischen Teint einer jungen Elsässerin eine zärtliche Neigung ...

Im achtspännigen Schlafwagen des Kaisers rollt man durch den Tag und die Nacht. Am 26. September trifft man am frühen Nachmittag in Metz ein. Die acht Stunden Aufenthalt geben dem Geleite der Kaiserin – sechs sechsspännigen Berlinen, drei dreispännigen Lastwagen, zwei Karren und einer Kalesche – Gelegenheit, ihre Herrin einzuholen. Damen und Offiziere sind seit Paris ununterbrochen gefahren, doch auch nun haben sie keine Aussicht, sich zu erholen. Noch am selben Abend geht die Reise weiter. Und wieder fährt man einen Tag und eine ganze Nacht hindurch, um Donnerstag, den 28., im Morgengrauen in Mainz anzukommen. In drei Tagen haben sie 83³/₄ Poststationen hinter sich gebracht!

Das Kaiserpaar bezieht das kurfürstliche Schloß, doch Napoleon bleibt nur wenige Tage, da die Armee seiner harrt. Joséphine ist in Tränen aufgelöst. Ihr Schmerz ist so heftig, daß sie sich erbrechen muß. Der Kaiser hält seine Frau in den Armen. Auch er weint, und als sich Talleyrand ihm nähert, drückt er ihm die Hand und seufzt – zumindest berichtet dies Monsieur de Rémusat: »Es tut doch weh, die beiden geliebtesten Menschen zu verlassen.«

Am Abend des 1. Oktober 1806 reist der Kaiser ab. Die Kaiserin weint sehr viel in dieser Zeit. Sie hat üble Nachrichten von der armen Hortense erhalten. »Ich weiß nicht, weshalb Du weinst«, schreibt Napoleon seiner Frau. »Du sollst Dir nicht alles so sehr zu Herzen gehen lassen. Hortense ist ein wenig zimperlich und schulmeisterlich, sie gefällt sich darin, Ratschläge zu erteilen. Sie hat mir geschrieben, ich antworte ihr. Sie müßte glücklich sein und fröhlich. Lebensmut und Fröhlichkeit, das ist das Rezept ...« Ein allzu einfaches Rezept! Louis bildet sich ein, seine Frau habe eine Verschwörung gegen ihn in Szene gesetzt. Er läßt sie von seinen Bedienten bespitzeln und schleicht wie ein Detektiv durch das Schloß. Glücklicherweise muß auch er mit der Armee ins Feld ziehen, und Hortense erhält die Erlaubnis, ihrer Mutter in Mainz einen Besuch abzustatten. Der kleine Napoleon kommt mit. »Du würdest ihn gar nicht wiedererkennen«, hat sie Eugène geschrieben, »wenn Du wüßtest, wie lieb er ist! Er ist schon ein rechter Mann; er geht mir nie von der Seite, leistet mir immer Gesellschaft; es schmerzt mich, daran zu denken, daß ich mich von ihm trennen muß, sobald er sieben Jahre alt ist; denn Du weißt, daß unsere Kinder nach dem Erlaß des Kaisers in Meudon erzogen werden müssen; doch bis zu sieben Jahren läßt man sie uns. Ich glaube, wenn es einmal so weit ist, werde auch ich mich im Internat aufnehmen lassen ...«

Auch Stephanie konnte aus Mannheim zu Besuch kommen, und nun sind die Beauharnais wieder vereint. Joséphine hat Tochter, Enkel und Nichte bei sich,

»eine Menge Gesellschaft«, wie der Kaiser ihr schreibt. Sie müßte Ablenkung, Zerstreuung finden, und doch lastet es ihr zentnerschwer auf der Seele. »Talleyrand kommt an«, schreibt der Kaiser, »und sagt mir, meine Freundin, daß Du unablässig weinst. Was willst Du eigentlich? Du hast Deine Tochter, Deine Enkel und gute Nachricht von mir; da müßtest Du doch glücklich und zufrieden sein!« Bislang sei ihm alles »wunderbar geglückt«, schreibt er am 13. Oktober. »Seit meiner Abreise habe ich bereits zugenommen; und doch bringe ich täglich zwanzig bis fünfundzwanzig Meilen hinter mich, zu Pferd, mit dem Wagen, auf jede nur erdenkliche Weise. Um acht Uhr gehe ich schlafen, um Mitternacht bin ich bereits wieder auf den Beinen; manchmal denke ich daran, daß Du noch nicht zu Bett bist.« Nach dreiwöchigem Feldzug hat er die Preußen bei Jena geschlagen, besetzt Potsdam und Berlin. Eine Siegesnachricht jagt die andere, doch Joséphines Augen sind immerzu von Tränen verschleiert.

»Nichts vermag sie aufzuheitern«, schreibt Frédéric Masson, »während der drei Monate der Reise quält sie eine Angst, die sie nicht bekriegen kann, eine Traurigkeit, die sie selbst nicht erklären könnte, quälen sie Sorgen, die noch der Grundlage entbehren und die Frucht jener seltsamen und undeutlichen Vorahnungen sind, welche auf jenem Gipfel, den Joséphine erklommen hat, den Sturz fürchten, ahnen und voraussehen lassen. Was hat sie aus ihren Karten gelesen, mit denen sie vertraut ist und die ihr schon so vieles verkündet haben?« Denn in den Karten forscht Joséphine nach ihrer Zukunft, und ihr Kammerdiener, Douville, mußte ihr jüngst 148 Spiele besorgen. Tagtäglich legt sie Patiencen. Eines Abends ist eben die »große Patience« »aufgegangen«, und da bringt ihr, da sie die letzte Karte auf den Tisch legt, Cambacérès einen Brief des Kaisers.

Wie sollte sie da nicht an die Karten glauben?

Es greift ihr ans Herz, als sie mitansehen muß, wie hart Napoleon in seinen Kriegsbulletins mit der preußischen Königin verfährt. »Ich habe Deinen Brief erhalten, wo Du mir grollst, weil ich schlecht von den Frauen spreche«, antwortet er ihr am 6. November aus Berlin; »es ist wahr, daß ich die Intrigantinnen unter den Frauen abgrundtief hasse. Ich bin an gute, sanfte und nachgiebige Frauen gewöhnt; und diese liebe ich. Wenn sie mich verwöhnt haben, so ist es nicht meine, sondern Deine Schuld. Im übrigen wirst Du sehen, daß ich eine, die Vernunft und Sanftmut bewies, Madame Hatzfeld*, mit großer Güte behandelte.

* Nach der Kapitulation von Spandau (am 25.) zieht Napoleon am 27. in Berlin ein. Als die preußische Hauptstadt geräumt werden mußte, übernahm Fürst Franz Ludwig von Hatzfeld aus den Händen seines Schwiegervaters, des Gouverneurs Graf von der Schulenburg-Kehnert, das provisorische Kommando der Stadt. Kurz vor Eintreffen der Franzosen sandte Hatzfeld dem König Friedrich Wilhelm III. einen genauen Bericht über den Zustand der napoleonischen Truppen. Sein Schreiben wurde von Napoleons Geheimagenten abgefangen und Hatzfeld verhaftet. Vor der Erschießung rettete ihn die Fürbitte seiner Frau. (Anm. d. Übers.)

Als ich ihr den Brief ihres Gatten zeigte, meinte sie schluchzend, voll tiefen Gefühls und mit kindlicher Naivität: ›Ach ja, das ist wirklich seine Schrift!‹ Ich sage: ›Nun, Madame, werfen Sie den Brief ins Feuer, ich werde nicht die Kraft haben, Ihren Mann bestrafen zu lassen.‹

Sie verbrannte den Brief und schien überglücklich. Ihr Mann hat nichts mehr zu befürchten: Zwei Stunden später wäre er verloren gewesen. Du siehst also, daß ich die guten, naiven und sanften Frauen liebe; denn allein diese gleichen Dir.«

Mit roten, verschwollenen Augen empfängt Joséphine die deutschen Fürsten – die Nassau, Sachsen-Gotha, Sachsen-Weimar, Hessen-Darmstadt, Hohenlohe, Hessen-Rothenburg. Sie langweilt sich auf Bällen, in der Oper, bei Diners, in botanischen Gärten, bei Feuerwerken und Festbeleuchtungen, geistesabwesend, schweren Herzens ... Doch vergißt sie darüber keineswegs ihre Pflichten als Patronesse, Gattin des Siegers und Mutter einer zusehends wachsenden Familie Rund um sie regnet es Tabatièren und Uhren. Die Schwiegertochter, die ihr ans Herz gewachsen ist, bedenkt sie zu Weihnachten mit »Bettwäsche, deren außerordentliche Schönheit man rühmt.«

Augustes erste Schwangerschaft verläuft zufriedenstellend. »Ich kann es kaum erwarten, zu erfahren, daß meine liebe Tochter niedergekommen ist«, schreibt sie Eugène, »diese Freudenbotschaft kann mich gar nicht früh genug erreichen, und ich hoffe, Du schickst mir eigens einen Kurier. Trage ihm auf, sich zu beeilen. Ich weiß um Deine Ängste wohl Bescheid, aber ich habe überhaupt keine Angst und bin sicher, daß alles nach meinem Wunsch verlaufen wird.«

Einzig der kleine Napoleon läßt Joséphine ihre quälenden Sorgen vergessen. Hortenses Sohn ist für sein Alter sehr gut entwickelt; am vergangenen 1. Januar hat er bereits, ohne sich die Hand führen zu lassen, ein Glückwunschbillet für seine »Großmama« geschrieben.

Aus ganzem Herzen liebt er den Kaiser, den er seinen »Oncle Bibiche«* nennt ... und man sieht ihn weinen, als vor seinen Augen ein Schuhmacher mit Fünf-Francs-Stücken bezahlt wird: »Ich will nicht, daß man das Bild von *Oncle Bibiche* herschenkt.«

Joséphine lacht ... aber kaum ist das Kind aus dem Zimmer, überfällt sie wieder der Schmerz. Ein Mittel nur gäbe es, ihre Qualen zu lindern: *Oncle Bibiche* nachzureisen. Im übrigen erweckt er immer neue Hoffnungen in ihr, daß er sie bald zu sich rufen werde. »Der Gedanke, daß Du Dich in Mainz langweilst, betrübt mich zutiefst«, schreibt er ihr am 16. November. »Wenn die Reise nicht so lang wäre, könntest Du hierherkommen, denn der Feind steht nicht mehr hier;

* Kosename, abgeleitet aus »la biche«, »die Hirschkuh«, ein Wort, das im Französischen als etwa »Schätzchen« verwendet wird. Verdoppelungen erster Silben oder einsilbiger Worte sind der Kindersprache eigen. (Anm. d. Übers.)

er ist jenseits der Weichsel, mehr als 120 Meilen fern von hier. Ich warte, daß Du mir mitteilst, was Du darüber denkst.«

Was sie darüber denkt?

So schnell als möglich zu ihm reisen! Mainz verlassen! Und Madame de La Rochefoucauld, der es in der Seele weh tut, Preußen mit Füßen getreten zu sehen, treibt sie dazu, sich wieder einmal bitterlich zu beklagen. »Es ärgert mich, daß Du traurig bist«, antwortet er ihr, »und doch hast Du nur Grund zur Fröhlichkeit. Du tust unrecht daran, Leuten, die dessen unwürdig sind, so viel Gutes zu tun. Mme. L... (La Rochefoucauld) ist eine blöde Person, so dumm, daß Du sie eigentlich schon kennen und ihr kein Gehör schenken müßtest. Sei zufrieden, sei glücklich über meine Freundschaft, über alles, was Du an Gefühlen in mir erregst. In einigen Tagen werde ich mich entscheiden, ob ich Dich hierher rufe oder Dich zurückschicke nach Paris. Adieu, meine Freundin; im Augenblick kannst Du nach Darmstadt und Frankfurt fahren; das wird Dich auf andere Gedanken bringen.« Und so fährt sie denn, ohne das geringste Vergnügen dabei zu empfinden, nach Frankfurt zum Fürstprimas, der zu Ehren der Kaiserin Empfänge, Konzerte, Maskenbälle gibt. Es entlockt ihr nur ein schwaches Lächeln, als sie einen Pagen des Kaisers »als Königin Hortense« verkleidet sieht, ein Double, das es Joséphines Tochter, die zu jener Zeit leidenschaftlich mit den jungen Offizieren flirtet, gestatten soll, unbehelligt ihrer Wege zu gehen.

Die Weltuntergangsstimmung hält an.

Und doch empfängt sie Briefe vom Kaiser, in denen die alte Zärtlichkeit wieder anklingt: »Posen, am 2. Dezember 1806. Heute ist der Jahrestag von Austerlitz. Ich war auf einem Ball, den die Stadt gab. Es regnet. Ich bin wohlauf. Ich liebe Dich und begehre Dich. Meine Truppen sind in Warschau. Es ist noch nicht kalt. All diese Polinnen sind Französinnen, aber für mich gibt es nur eine einzige Frau. Kennst Du sie vielleicht? Ich würde sie Dir gerne schildern; doch müßte ich Dir zu viele Schmeicheleien sagen, damit Du Dich wiedererkennst; wahrhaftig, mein Herz weiß nur das Schönste von Dir. Lang sind diese Nächte, ganz allein . . .«

Sie träumt, ihr Mann sei einer Frau begegnet, die er lieben könnte . . . und sie schreibt es ihm. »Ich empfange Deinen Brief vom 26. November; zweierlei ersehe ich daraus: Du sagst mir, ich läse Deine Briefe nicht; Du denkst also schlecht von mir. Für eine so schlechte Meinung weiß ich Dir auch einen schlechten Dank. Du sagst mir weiters, ein Traum könne Dir das eingegeben haben, und Du seist nicht eifersüchtig. Seit langem schon bemerke ich, daß jähzornige Menschen behaupten, nicht jähzornig zu sein, daß jene, die sich fürchten, vorgeben, keine Angst zu haben; somit bist Du der Eifersucht überführt. Wie mich das freut! Im übrigen irrst Du; an nichts denke ich weniger, und in den Einöden Polens träumt man selten von schönen Frauen . . . Gestern gab mir der Provinzadel einen Ball; ziemlich hübsche, ziemlich reiche Frauen, schlecht gekleidet, obschon nach Pariser Mode.«

Sie gibt nicht auf, dringt weiter in ihn. Eines nur könnte ihr neue Lebensfreude schenken: das Wiedersehen mit ihm.

»Ich empfange Deinen Brief vom 27. November, aus dem ich ersehe, daß Du Dir hartnäckig etwas ins Köpfchen gesetzt hast«, schreibt er ihr am 3. Dezember. »Ich habe mich an den Vers erinnert: Der Wunsch einer Frau ist verzehrender Brand. Doch mußt Du wieder zur Ruhe kommen. Ich habe Dir geschrieben, daß ich in Polen bin und daß Du zu mir kommen kannst, sobald das Winterquartier bezogen ist; also mußt Du Dich noch einige Tage gedulden. Je größer man ist, desto weniger Willen darf man sich leisten; man ist Sklave der Umstände und der Ereignisse. Du kannst nach Frankfurt und nach Darmstadt fahren. In wenigen Tagen hoffe ich, Dich rufen zu können. Aber die Ereignisse müssen dies befürworten. Die Glut Deines Briefes beweist mir, daß ihr hübschen Frauen keine Schranken kennt; was ihr wollt, muß geschehen; ich aber bekenne, der am tiefsten versklavte unter allen Männern zu sein: Mein Gebieter hat kein Herz, und dieser Gebieter ist die Natur der Dinge. Adieu, meine Freundin, lasse es Dir wohl ergehen ...« Und dann hält er sie einen ganzen Monat lang in Atem. 9. Dezember: »Mit Freude sehe ich, daß Du heiterer bist; daß Hollands Königin Dich begleiten will; ich kann es kaum mehr erwarten, den Befehl zu erteilen; doch müssen wir uns noch ein paar Tage gedulden.« 10. Dezember: »Ich liebe Dich und begehre Dich mit ganzer Kraft. Adieu, meine Freundin; wenn ich Dir schreiben kann, Du mögest kommen, werde ich zumindest ebenso glücklich sein wie Du, zu mir zu eilen.« 12. Dezember: »Ich kann es nicht mehr erwarten, von den Umständen dazu ermächtigt zu werden, Dich zu mir kommen zu lassen.« Am 15. Dezember jedoch spricht er zum ersten Mal von der für sie bestehenden Möglichkeit einer Rückkehr nach Paris: »Ich fahre nach Warschau. In etwa vierzehn Tagen werde ich zurück sein. Dann hoffe ich, Dich rufen zu können. Jedenfalls aber wäre ich, sollte es zu lange dauern, froh, wenn Du nach Paris zurückkehrtest, wo man Dich sehnlichst erwartet.«

Nach Paris zurückkehren?

Jetzt, da sie seit drei Monaten einzig von der Hoffnung lebt, endlich zu ihm fahren zu können? Joséphine schreibt ihm einen herzzerreißenden Brief und fleht ihn an, sie nach Polen kommen zu lassen. Der Brief trifft in den ersten Januartagen des Jahres 1807 in Warschau ein. Zehn Tage zuvor hatte er noch keine Entscheidung gefällt. »Ich sehne mich sehr danach, Dich wiederzusehen«, hatte er noch am 20. Dezember geschrieben, »und ich hoffe, Dir in fünf bis sechs Tagen das Zeichen zum Aufbruch geben zu können.«

Doch am 31. Dezember hat ihn in Pultusk eine Freudenbotschaft erreicht: Mlle. Dénuelle hat einen kleinen Jungen zur Welt gebracht. Ist das Kind von ihm? Man beschwört es. Im übrigen gleicht ihm der künftige Graf Léon aufs Haar. So ist er also zeugungsfähig! Und Joséphine unfruchtbar!

Nun denkt er wohl immer wieder an die unvermeidliche Scheidung. Und sträubt sich dagegen, sich von seiner Frau rühren zu lassen. Am 3. Januar antwortet er ihr denn auch: »Ich habe Deinen Brief erhalten, meine Freundin. Dein Schmerz rührt mich; doch muß man sich wohl oder übel den Ereignissen fügen. Der Weg von Mainz nach Warschau führt durch allzu viele Länder. So müssen es mir also die Umstände gestatten, mich nach Berlin zu begeben, auf daß ich Dir schreiben kann, Du mögest dorthin kommen. Mittlerweile zieht sich der geschlagene Feind zurück; doch habe ich hier noch eine ganze Menge zu regeln. Meiner Meinung nach wäre es am besten, Du kehrtest nach Paris zurück, wo Du gebraucht wirst.« Wieder schreibt sie, dringt in ihn, wobei sie nicht die richtigen Worte findet, fleht ihn an und argumentiert so ungeschickt, daß er umso hartnäckiger auf seinem Entschluß beharrt. »Meine Freundin, alles, was Du mir sagst, rührt mich; doch ist die Jahreszeit kalt, sind die Straßen elend schlecht und unsicher; unmöglich kann ich Dich so vielen Strapazen und Gefahren aussetzen. Kehre nach Paris zurück, um dort den Winter zu verbringen. Geh in die Tuilerien, empfange und führe jenes Leben, das Du gewohnt bist, wenn auch ich dort bin; dies ist mein Wille. Vielleicht werde ich bald schon Dir nachfolgen; doch mußt Du unter allen Umständen darauf verzichten, 300 Meilen weit in dieser Jahreszeit zu reisen, quer durch feindliches Gebiet, in der Nachhut der Armee. Glaube mir, daß es mir noch schwerer fällt als Dir, einige Wochen lang das Glück hinauszuzögern, Dich zu sehen, doch wollen es die Ereignisse und das Wohl meiner Geschäfte. Adieu, meine gute Freundin; sei heiter und beweise Charakter. Dies ist mein Wille . . .«

Am 8. Januar schreibt er noch folgende Zeilen: »Dein Leben in Mainz ist allzu traurig; Paris ruft nach Dir; fahre hin, dies ist mein Wunsch. Ich bin verdrossener als Du; wie gerne hätte ich die langen Nächte dieser Jahreszeit mit Dir geteilt; doch muß man sich den Umständen beugen.«

Sie weint und schreibt es ihm. »Alles, was Du mir über Deinen Schmerz sagst, schmerzt mich«, antwortet er. »Weshalb Tränen, Kummer? Hast Du denn keinen Mut mehr? Bald werde ich Dich wiedersehen; zweifle niemals an meinen Gefühlen; und wenn Du mir noch lieber sein willst, zeige Charakter und Seelenstärke.«

In ihrem Brief hat sie Zweifel an der Zukunft geäußert. Würde er in schlechten Zeiten nicht ihrer bedürfen? Auch dann, wenn das Glück ihn verließe, wolle sie seine Gefährtin sein . . . Er bäumt sich auf: »Der Gedanke, daß meine Frau meinen Gedanken mißtraut, demütigt mich.« Doch schließt er zärtlich: »Adieu, meine Freundin, ich liebe Dich, ich sehne mich danach, Dich zu sehen, ich will Dich zufrieden und glücklich wissen.«

Glücklich?

Wie könnte sie es ferne von ihm sein? Diesmal ist sie gebrochen und gesteht es ihm. Er verliert die Geduld und antwortet ihr unwillig am 18.: »Ich verlange, daß Du mehr Kraft aufbringst. Man sagt mir, Du weintest immerzu: pfui! wie häßlich das ist! Dein Brief vom 7. tut mir weh. Sei meiner würdig und beweise mehr Charakter. Benimm Dich in Paris, wie es der Anstand will, und sei vor allem zufrieden. Mir geht es sehr gut, und ich liebe Dich zutiefst; doch wenn Du immer weinst, glaube ich am Ende, Du habest weder Mut noch Charakter: Feige Menschen mag ich nicht; eine Kaiserin muß Herz haben.«

Herz? Sie hatte mehr, als es brauchte, um alle in ihrer Umgebung glücklich zu machen. Was ihr fehlte, war ein tapferes Herz, und dies wollte auch der Kaiser zum Ausdruck bringen. Mut! Ja, der verließ sie völlig, wenn sie an ihren Traum dachte! Ihren prophetischen Traum . . .

Napoleons gereizter Brief ist vom 18. datiert. Nun war es Duroc an eben diesem Tag gelungen, die junge Bäuerin – eine bezaubernd schöne Blondine, deren Teint makellos aus dem schwarzen Pelz ihres Häubchens strahlte – wiederzufinden, die am 1. Januar 1807 – dem Tag, nachdem er die Geburt des kleinen »vaterlosen« Léon erfahren hatte – in Bronie, der letzten Poststation vor Warschau, vor den Franzosen hintrat und errötend murmelte: »Seien Sie willkommen, Sire, auf unserer Erde, in unserer Heimat, die Sie erwartet, um sich wieder zu erheben.«

Es hatte ihn selbst überrascht, daß er das zarte und noch kindliche Gesichtchen nicht vergessen konnte. Dieses Bauernmädchen, das Französisch sprach, schien ihm seltsam, rätselvoll . . . Und welche Zärtlichkeit strahlte dieses Wesen aus! War es Liebe auf den ersten Blick? Vor solch jähem Entflammen glaubte er sich doch mit Grund gefeit! Dennoch hatte er angeordnet: »Duroc, ich beauftrage Sie, mir die Kleine wiederzufinden.«

Duroc hatte sie wiedergefunden. Sie war kein Bauernmädchen, sondern die blutjunge neunzehnjährige Gemahlin des siebzigjährigen Grafen Walewski. Sie hieß Maria. Und am 18. Januar hatte Bonapartes »Mädchen für alles«, General Duroc, ihr die Einladung zum Ball beim Fürsten Poniatowski überbracht. Zunächst wollte sie nicht annehmen, aber dann hatte sie sich – wohl hoffend, der Korse werde »die Heirat retten« – in den Palast begeben. Am Abend empfing sie von Napoleon folgendes Billet: »Ich habe nur Sie gesehen, habe nur Sie bewundert, begehre nur Sie. Antworten Sie sogleich, stillen Sie die unruhvolle Sehnsucht von N.«

»Sei meiner würdig und beweise mehr Charakter«, hatte er Joséphine am selben Tag geschrieben . . .

Maria in Warschau widerstand. Er flehte sie an: »Sie rauben mir die Ruhe! Oh! schenken Sie einem armen Herzen, das bereit ist, Sie anzubeten, ein wenig Freude, ein wenig Glück . . .«

»Sei meiner würdig...« Und um sein Ziel zu erreichen, um diese Frau, die sich ihm versagt, in sein Bett zu zwingen, wendet Napoleon verabscheuungswürdige Methoden an. Zunächst die Erpressung: »Kommen Sie! Alle Ihre Wünsche werden erfüllt. Ihr Vaterland wird mir umso teurer sein, wenn Sie sich meines armen Herzens erbarmen.« Sie war gekommen. Er hatte sich vor ihr wie ein Wahnsinniger gebärdet, seine Uhr mit dem Stiefelabsatz zertreten und gedroht, ebenso werde er mit Polen verfahren, »stoße sie sein Herz zurück«. Zu Tode erschrocken ob seines »wilden Blickes« sinkt die Walewska in Ohnmacht. Und als sie wieder zu sich kommt, ist sie des Kaisers Geliebte...

Am 23. Januar, als die Polin beginnt, ihren Schänder zu lieben, und als dieser seiner Leidenschaft ebenso viel Zeit widmet, wie es möglich ist, wenn man ganz Europa am Halse hat, lacht er über einen Brief Joséphines, wo sie naiv meint: »Ich habe mir einen Gatten genommen, um mit ihm zu leben.« »In meiner Unwissenheit«, antwortet er spöttisch und überlegen, »dachte ich, die Frau sei für den Mann geschaffen; der Mann für das Vaterland, die Familie und den Ruhm; verzeih meine Ignoranz; von unseren schönen Damen kann man immer noch was dazulernen.«

Dieser Brief wird ihr auf die große Reise nachgesandt, denn Sonntag, den 15. Januar 1807, hat Joséphine Mainz verlassen, um nach Paris zurückzukehren.

»Maulend und weinend«, wie es ihr der Kaiser in Beantwortung eines Briefes vorwirft, den sie ihm noch aus Deutschland geschrieben hat, beugte sie sich dem Wunsche ihres Gatten. Er hatte ihn schmerzlich berührt, dieser Brief. »Er ist zu traurig. Dies ist der Nachteil, wenn man kein bißchen demütig ist. Du sagst mir, Dein Glück sei auch Dein Ruhm; dies ist nicht großherzig; es müßte heißen: Das Glück der anderen ist mein Ruhm; dies ist nicht im Sinn der Ehe; es müßte heißen: Das Glück meines Mannes ist mein Ruhm; das ist nicht mütterlich; es müßte heißen: Das Glück meiner Kinder ist mein Ruhm; nun aber können die Völker, Dein Gatte, Deine Kinder nur dann glücklich sein, wenn auch ihnen ein wenig Ruhm beschieden ist, und deshalb darf man ihn nicht eitel nennen! Joséphine, Ihr Herz ist Goldes wert und Ihr Verstand schwach; auf Gefühle verstehen Sie sich wunderbar, doch das Denken gelingt Ihnen weniger. Jetzt aber genug des Streites. Ich will, daß Du fröhlich bist, mit Deinem Schicksal zufrieden, und daß Du gehorchst, nicht maulend und weinend, sondern frohen Herzens und mit ein wenig Glücklichsein.«

Einige Tage später erhält sie folgendes Billet vom Schlachtfeld Eylau: »Meine Freundin, gestern wurde eine große Schlacht geschlagen; der Sieg ist mein, doch habe ich viele Leute verloren; die Verluste, die der Feind erlitten hat und die noch beträchtlicher sind, trösten mich nicht. Diese wenigen Zeilen schreibe ich Dir selbst, obwohl ich erschöpft bin, um Dir zu sagen, daß ich wohlauf bin und Dich liebe.« Am selben Tag – dem 9. Februar, um 6 Uhr abends – berichtet er ihr genauere Einzelheiten: »Ganz kurz nur schreibe ich Dir, damit Du nicht in Sorge bist. Der Feind hat die Schlacht verloren, ebenso 40 Kanonen, 10 Fahnen, 12 000 Gefangene; er hat grauenvoll gelitten. Ich habe Leute verloren, 1600 Tote, 3 bis 4000 Verwundete. Dein Cousin Tascher ist wohlauf; ich habe ihn als Ordonnanz-offizier zu mir berufen. Corbineau wurde von einer Granate getötet; zu diesem verdienstvollen Offizier hatte ich eine besondere Zuneigung gefaßt; ich trauere um ihn. Meine berittene Garde hat sich mit Ruhm bedeckt. D'Allemagne ist gefährlich verwundet. Adieu, meine Freundin. Ganz der Deine.«

Am 14. März kommt in Mailand Eugènes Töchterchen zur Welt, das sogleich nach der Großmama Joséphine genannt wird und den Titel einer Prinzessin von Bologna erhält. Eine Nachricht, welche die Kaiserin vorübergehend mit Freude erfüllt, die freilich nur von kurzer Dauer ist. Denn in Hortenses Ehe steht es zum schlimmsten. Den Haag – wo der Königin »weder die Annehmlichkeiten der Stadt noch jene des Landes, sondern einzig die Unannehmlichkeiten der Größe« beschieden sind – erscheint ihr als der trostloseste Ort der Welt. Auch ihrem Volk, den Holländern, kann sie keinen Geschmack abgewinnen: »stocksteif« erwiesen sie ihr die Reverenz, »mit langen Gesichtern«. Vor ihren Souveränen scheinen sie Angst zu haben! Und zu allem Überdruß gebärdet sich Louis in immer unerträg-licherem Maße als grauenhafter Tyrann. Hortense schreibt: »*Man* – soll heißen: Louis – hat alles so eingerichtet, daß wir hier in einem wahrhaftigen Gefängnis leben. Nach sechs Uhr abends kann niemand mehr hinein oder hinaus. Alle wer-den zu Spionen, und wenn man hustet oder sich schnaubt, wird es unverzüglich hinterbracht.«

Joséphine ahnt, daß Hortense eine Tragödie durchleidet, und schwer lastet ihr der Kummer auf dem Herzen. Auch ihre Umgebung ist keineswegs dazu ange-tan, sie zu beglücken. Die Kaiserin lebe »in einem wahren Schlangennest« – der Ausspruch stammt von Mme. d'Abrantés –, inmitten von Frauen, »die in unser-eins Leben schnüffeln, um alles ans Licht zu zerren, selbst einen längst verges-senen Fehltritt, und die dann ohne Gnade sind und einen mit ihrer Verachtung verfolgen«. Zudem kolportieren einige der Damen, die im Grunde ihres Herzens königstreu geblieben sind und zu welchen auch Mme. de La Rochefoucauld zählt, üble Gerüchte. Die Schlacht von Eylau sei ein einziges Gemetzel gewesen! Fast wäre Napoleon geschlagen worden! Schon beginne sein Stern zu sinken! Vor Joséphine begnügen sich die Damen mit Anspielungen, doch tragen sie Beileids-mienen zur Schau.

Natürlich ist Napoleon über alles genauestens unterrichtet: »Wie ich höre, meine Freundin, hebt das üble Gerede, das in Deinem Salon in Mainz im Schwang war, von neuem an; bring doch die bösen Zungen zum Schweigen. Wenn Du die

Sache nicht abstellst, werde ich es Dir heimzahlen. Du läßt Dich von den Worten jener betrüben, die Dich eigentlich trösten sollten. Ich empfehle Dir, Dich ein wenig in Charakterstärke zu üben und endlich zu lernen, wie man sich Respekt verschafft.«

Er hat leicht reden! Weiß er denn überhaupt, daß die Sippe ihr nach wie vor die kalte Schulter zeigt? Daß Madame Laetitia sich weigert, ihre Schwiegertochter zu besuchen? Gewiß, Napoleon weiß auch dies und schreibt seiner Mutter: »Madame, ich bin sehr dafür, daß Sie nach Ihrem Wunsch aufs Land fahren, doch solange Sie in Paris sind, gehört es sich, daß Sie sonntags stets bei der Kaiserin speisen, wo das Familiendiner stattfindet. Meine Familie ist eine politische Familie. In meiner Abwesenheit ist die Kaiserin immer noch Familienoberhaupt.«

Joséphine hat er »Charakterstärke« empfohlen, er selbst aber zieht sich einige Tage später – am 1. April – für mehr als zwei Monate auf das schöne Schloß Finckenstein zurück, »wo es offene Kamine gibt«, an denen es sich mit der Geliebten träumen läßt. Denn Maria Walewska ist ihm nachgereist. Ahnt Joséphine, daß Napoleon für seine »polnische Frau« wieder Bonaparte wurde? Der junge Liebende mit dem leidenschaftlichen Herzen? »Wie gewohnt«, schreibt er der Kaiserin am 18. April, »setzest Du Dir plötzlich etwas in Dein Kreolinnenköpfchen und bist zu Tode betrübt. Sprechen wir doch nicht mehr davon.« Sie aber spricht weiter davon, und am 10. Mai verfaßt er folgenden Brief: »Ich verstehe nicht, was Du mir von den Damen erzählst, die angeblich mit mir in Verbindung stehen. Ich liebe doch nur meine kleine Joséphine, gut, leicht gekränkt und launenhaft, wie sie eben ist, die es versteht, mit jenem Charme, der ihr in allem eigen ist, einen Streit vom Zaun zu brechen; denn sie ist immer liebenswert, außer freilich, wenn sie eifersüchtig ist; dann wird sie zur Teufelin. Doch kommen wir auf die gewissen Damen zurück. Wenn ich mich tatsächlich mit einer von ihnen abgeben sollte, müßten sie tatsächlich liebreizend wie Rosenknospen sein. Ist dies bei jenen, von welchen Du sprichst, der Fall?«

Immerzu fürchtet er, seine Frau könnte nun, da sie sich selbst überlassen ist, aus jener Rolle fallen, die er ihr vorgezeichnet hat: »Ich wünsche, daß Du nur mit Leuten dinierst, die bereits mit mir diniert haben; daß Du dieselbe Personenliste für alle Cercles beibehältst; daß Du in Malmaison, in Deinem engsten Kreis, niemals Botschafter und Ausländer empfängst. Falls Du zuwiderhandelst, ziehst Du Dir meinen Unwillen zu; lasse Dich schließlich nicht allzu sehr mit Leuten ein, die ich nicht kenne und die in meiner Anwesenheit auch nicht zu Dir kämen.«

Mme. de Chastenay sagt einmal: »Die Kaiserin glaubte ans Hellsehen, an alles, was Wunder, Traum, Erscheinung ist.« In der Nacht des 5. Mai hatte sie einen Traum. Sie sah ihren Enkel – Napoléon-Charles – vor einer Bronzesäule knien, plötzlich entfaltete die Erscheinung »Engelsflügel, um vor ihren Augen zu entschweben«. Gewiß war dem kleinen Napoléon etwas zugestoßen! Drei Tage später traf die furchtbare Nachricht ein: Das Kind war im Haag an der Kehlkopfdiphtherie gestorben.

Am 10. Mai reist Joséphine, in Tränen aufgelöst, Hortense entgegen. Im Schloß Laeken vor den Toren Brüssels, im »Seeschloß«, fließen die Tränen beider Frauen ineinander. Hortense gleicht einer Toten, und bei ihrem Anblick wird Joséphine »von Schmerz und Furcht« ergriffen. Die Kaiserin hat nur ein kleines Gefolge bei sich und speist – wie aus den Rechnungsbüchern hervorgeht – allein mit Louis und Hortense. Das Mittagessen kostet nicht mehr als 12 Francs, für das Abendessen werden 24 Francs aufgewendet. Joséphine ist gebrochen. Auf der Rückreise nach Saint-Cloud schreibt sie ihrem Sohn: »Ich habe sehr gelitten, mein lieber Eugène, und Dein Herz hat wohl mit mir gelitten. Du weißt, in welchem Zustand meine arme Hortense im Schloß Laeken ankam. Tagelang bangte ich um sie, doch als sie nach Malmaison kam, hat sie endlich geweint ... Die Tränen taten sehr wohl, und ich glaube Dir versichern zu können, daß wir jetzt imstande sind, sie zu retten. Arme Hortense! Welch liebes Kind hat sie doch verloren ... Seit diesem Unglück lebe ich nicht mehr; ich leide nur und weine. Sonntag ist sie zur Kur nach Bagnères gereist. Corvisart (der Arzt) verspricht sich viel von einem Ortswechsel, und nur deshalb habe ich ihrer Reise zugestimmt. Gesunden wird sie, doch ihr Herz wird sich niemals wieder trösten. Dies weiß ich aus meinem eigenen Leid. Auch der König ist tief unglücklich; er beweinte seinen Sohn und fürchtete um seine Frau. Sechs Stunden lang war sie gelähmt.«

Von der Fahrt nach Bagnères – in Orléans – schreibt Hortense folgende Zeilen an ihren Bruder: »Ich empfinde nichts mehr. Er ist tot, ich habe ihn gesehen; Gott wollte nicht, daß ich mit ihm ginge. Und doch hätte ich mich nicht von ihm trennen dürfen; jetzt werde ich nicht mehr sterben, denn ich fühle nichts mehr, und so bin ich wohlauf. Du weißt nicht, was ich verloren habe; er war mir schon ein Freund, niemand wird mich mehr lieben als er. Als ich ihn eine Stunde vorher küßte, waren seine Augen schon geschlossen, er sagte: ›Bonjour, Maman‹; er atmete kaum mehr. Hättest Du gesehen, wie er erstickte! Immer noch höre ich sein Röcheln! Jetzt aber bin ich fern, ich fahre zur Kur, und er ist dort geblieben! Ich bin in Orléans. Eines weißt Du nicht: Früher habe ich geweint; jetzt weine ich nicht mehr. Meinen Verstand habe ich behalten, das einzige, was mir geblieben ist, doch empfinde ich nichts mehr; ich habe kein Herz mehr; es ist mit ihm gegangen, und ich bin geblieben, um jedermann zur Last zu fallen, von niemandem geliebt zu werden, da ich ja nichts mehr fühle; Du siehst wohl, daß ich besser daran getan hätte, mit ihm zu gehen. Ich werde Dir alles erzählen, was er gesagt hat, alles, was er zu werden versprach, wie er mich liebte; oft sah ich ihn an und meinte bei mir: ›Er wird mein einziger Trost.‹«

Den Kaiser hat der Schlag schwerer getroffen, als er es Joséphine eingesteht: »Ich begreife das ganze Ausmaß Deines Leids, das Dir der Tod des armen Napoléon bereiten muß«, schreibt er ihr am 14. Mai; »meinen Schmerz kannst Du wohl nachfühlen.« Doch hat sich *Oncle Bibiche* schnell wieder gefaßt: »Ich möchte bei Dir sein, auf daß Du Dich mäßigest und vernünftig seist in Deiner Trauer ... Hortense ist nicht vernünftig und verdient es nicht, daß man sie liebt, denn sie selbst liebte einzig ihre Kinder ... Angesichts des Unabänderlichen muß man sich zu trösten wissen.« Am 2. Juni fragt er erstaunt: »Wie, Du brachtest es nicht fertig, sie (Hortense) ein wenig zu zerstreuen? Du weinst? Ich hoffe, Du nimmst Dich zusammen, damit Du nicht immer noch todtraurig bist, wenn wir uns wiedersehen.«

Doch ehe es soweit ist, muß er vorerst noch die Russen schlagen. Er tut es in Friedland und kann Joséphine am 15. Juni seinen Sieg künden. Wie schon so oft, fügt er hinzu: »Sei ohne Sorge und zufrieden.« Jetzt ist sie es tatsächlich ein wenig. Das Ende des Feldzugs scheint nahe. Im übrigen hat das gemeinsame Leid Tochter und Schwiegersohn einander näher gebracht. Hortense ist skeptisch, fragt sich, »ob es denn dauern werde«, doch Louis — Joséphine freut sich in einem Brief an Eugène darüber — »nimmt sich aufs zärtlichste der Königin an. Ach leider! Diese Lektion kommt uns teuer zu stehen, doch wird sie, hoffe ich, nützen. Sie werden erkennen, daß nichts auf der Welt kostbarer ist als gegenseitige Zuneigung und ein Glück wie das Deine«.

Die Frucht des Waffenstillstandes ist Napoleon III., der neun Monate später zur Welt kommt ... Louis scheint in dieser schweren Zeit sich selbst zu übertreffen: Er behandelt seine Schwiegermutter mit ausgesuchter Zuvorkommenheit und übergibt ihr, da er selbst seine Frau zur Kur begleitet, den zweiten Sohn, Napoléon-Louis, zur Pflege: »Er ähnelt stark dem armen Brüderchen«, schreibt die Kaiserin an Eugène, »er hat dessen Benehmen und Stimme, doch die Freude, ihn bei mir zu haben, tröstet mich nicht über den Verlust, den wir erlitten.«

Dieser Verlust ist für die Kaiserin mehr als nur eine Quelle des Schmerzes. Er ist ihr Ruin. Alle Hoffnungen, die sie in das Kind der Tochter setzte, sind zunichte. Solange der Enkel lebte, bestand für sie die Aussicht, nicht verstoßen zu werden. Betrachtete Napoleon nicht Hortenses Sohn als seinen Thronerben? Er liebte ihn; und sein — bewußt nicht zur Schau getragener — Schmerz gibt Louis Anlaß, böswillig auszurufen: »So war es doch sein Sohn!« Ein Verdacht, der sich in Louis umso mehr erhärtet, als Napoleon nicht im geringsten daran denkt, den Jüngeren in seinem Herzen wie auf seinem Thron die Nachfolge des Älteren antreten zu lassen. Weiß er doch seit dem 31. Dezember, daß auch er einen Sohn hat. Sechs Monate, nachdem er »in großer Rührung« diese Nachricht empfing, ist der präsumptive Thronerbe dahingegangen, doch nun weiß er sich sehr wohl imstande, einen leiblichen Nachfolger zu zeugen.

Diese Geburt und dieser Tod zerstören das Schicksal der Kaiserin.

Am 27. Juli 1807 trifft der Sieger von Tilsit in Saint-Cloud ein. Seit Mainz hat die Kaiserin den Gatten fast sechs Monate nicht gesehen. Nun spricht er ihr zur Begrüßung »von der möglichen Notwendigkeit, eines Tages eine Frau zu nehmen, die ihm Kinder schenken könnte«. Die Kaiserin hat es geahnt. Dennoch erbleicht sie, aber ungerührt fährt der Kaiser fort: »Wenn es so weit käme, Joséphine, dann müßtest du mir helfen, dieses Opfer zu bringen. Ich zähle auf deine Freundschaft, um mir die Qualen dieser gewaltsamen Trennung zu ersparen. Dann ergreifst du die Initiative, nicht wahr? Und wenn du dich in meine Lage versetzt, wirst du auch den Mut aufbringen, aus freien Stücken abzutreten?«

Sie belehrt ihn eines Besseren, indem sie ruhig antwortet: »Ich werde deinem Befehl gehorchen, doch niemals zuvorkommen.«

Dies wurde »in einem ruhigen und würdevollen Ton gesagt, den sie Bonaparte gegenüber wohl anzuschlagen wußte und der niemals seine Wirkung verfehlte«, berichtet Madame de Rémusat.

Kurz darauf bespricht Napoleon dasselbe Thema mit Hortense. Die Königin hat ihrem Stiefvater einen Besuch abgestattet, denn Louis besteht darauf, daß der kleine Napoléon-Charles in den Haag zurückkehre. Der Kaiser seufzt: »Sein Vater verlangt es; er ist noch keine sieben Jahre alt; ich habe kein Recht, ihn hier zu behalten. Er ist der einzige Sohn der Familie; wenn er nach Holland zurückkehrt, stirbt er wie der Ältere, und dann zwingt ganz Frankreich mich dazu, mich scheiden zu lassen. Frankreich vertraut meinen Brüdern nicht, die im übrigen allesamt ehrgeizig sind. Eugène trägt nicht meinen Namen, und obgleich ich mir alle Mühe gebe, Frankreichs Ruhe zu sichern, würde nach mir die völlige Anarchie herrschen. Einzig ein Sohn von mir kann alles in Einklang bringen, und wenn ich mich bislang noch nicht scheiden ließ, so hinderte mich einzig meine Liebe zu Eurer Mutter daran, denn Frankreich bedarf meines Nachfolgers, wünscht ihn. Dies hat sich anläßlich des Todes Ihres Sohnes gezeigt, den man auch für den meinen hält. Sie selbst wissen, wie unsinnig eine solche Irrmeinung ist. Nun ja, und doch ist es nicht gelungen, ganz Europa von dem Gedanken abzubringen, daß dieses Kind von mir war! Ihr Ruf«, fährt der Kaiser fort, »wurde dadurch nicht beeinträchtigt; man bringt Ihnen allgemeine Wertschätzung entgegen; aber man glaubte es.« Nach kurzem Schweigen setzt er hinzu: »Vielleicht war es ein Glück, daß man es glaubte; wie ich seinen Tod als großes Unglück betrachte.«

Hortense ist über diese Worte zutiefst schockiert – und daß sie die Unterredung mit dem Kaiser in ihren Memoiren wortwörtlich wiedergibt, beweist wohl, daß es sich um eine schändliche Verleumdung handelte. Ihrer Mutter gegenüber ließ sie nichts von dem Gespräch verlauten, und Joséphine schöpft neue Hoffnung. Aber wieder einmal hat sie die Rechnung ohne die »Sippe« gemacht, die den Kaiser bei jeder nur sich bietenden Gelegenheit »bearbeitet«. Das Verhältnis mit

Maria Walewska liefert Murat reichlich Stoff, und Joséphine kommt bald hinter seine Schliche.

»Ich habe Beweise«, schreibt sie ihrem Sohn, »daß er (Murat) alles nur Erdenkliche unternahm, um den Kaiser, während dieser bei der Armee war, zu einer Scheidung zu bewegen. Ich war großherziger als er, denn zu eben dieser Zeit setzte ich meine ganze Kraft ein, um seine Frau zu verteidigen, er aber mag mich nicht, und wenn er Dich auch veranlaßt, energisch dagegen zu protestieren, so kannst Du sicher sein, daß er Dir keineswegs freundlichere Gefühle entgegenbringt ... Unglücklicherweise ist der Kaiser zu groß, als daß man ihm die Wahrheit sagen könnte: Seine gesamte Umgebung schmeichelt ihm, als werde sie dafür bezahlt. Was mich betrifft, so weißt Du, daß mein Ehrgeiz einzig nach seinem Herzen steht. Wenn es gelänge, uns zu trennen, dann würde ich nicht meinem Rang nachweinen; dann wollte ich nichts als die tiefste Einsamkeit, und früher oder später würde er dahinterkommen, daß alle um ihn in erster Linie an sich selbst denken, und er würde erkennen, wie man ihn getäuscht hat. Doch habe ich, mein lieber Eugène, nicht über ihn zu klagen und baue auf seinen Gerechtigkeitssinn und seine Liebe.«

Von der gesamten »Sippe« tanzt einzig Jérôme aus der Reihe. Für den letztgeborenen Bruder ihres Gatten ist Joséphine die »teure und vielgeliebte, kleine Schwester«. Er bedenkt sie mit innigen Briefen und Geschenken, während die übrigen Bonapartes sie unter sich immer noch »die Beauharnais« nennen und jetzt auch schon »die Alte«!

Noch von Tilsit aus hatte der Kaiser seinem Bruder Jérôme stolz mitgeteilt, er habe ihn an die Spitze eines Königreiches gestellt, »welches alle jene Staaten umfaßt, die nachstehend aufgezählt werden«. Für dieses neugeschaffene Königreich Westfalen muß Talleyrand ein Wappen ersinnen. Wozu er sich einer Handvoll Löwen bemächtigt, die er den Wappen der deutschen Zwergfürstentümer und Herzogtümer entnimmt, um sie mit einem Adler – im oberen Feld – und einem Pferd, das seitlich Platz findet, zu vereinen. Nun bedarf das Königreich noch einer Königin, denn Jérôme ist wieder frei, seit er sich auf Befehl des Kaisers von Elisabeth Patterson, die er ohne Zustimmung des großen Bruders geheiratet hatte, scheiden ließ. Unverzüglich wird er mit Katharina, der Tochter des Königs von Württemberg, verlobt. Die Prinzessin ist keine Schönheit, doch hat sie mit gefälligen Rundungen – die später zur Fettleibigkeit ausarten –, einem hübschen Mund und zarten Händen aufzuwarten. Als Katharina zum ersten Mal Jérômes ansichtig wird, ist sie geblendet von der antiken Schönheit seines Antlitzes. Sie entbrennt in leidenschaftlicher Liebe auf den ersten Blick, erliegt einer Verzauberung, die sie bis zu ihrem Tode umfängt. Joséphine hat es übernommen, die junge Deutsche seit ihrer Ankunft am französischen Hof zu betreuen, und entledigt sich dieser Aufgabe mit besonderer Liebenswürdigkeit. Immer wieder belebt sie das Schweigen zwischen diesen Brautleuten, die einander nichts zu sagen haben.

Die Hochzeit – die zivile Trauung findet am 22. August 1807 statt, die kirchliche am 23. – geht mit märchenhaftem Prunk in Szene. Inmitten all der Prachtentfaltung brilliert Joséphine umso leichter und augenfälliger, als sich die kleine Württembergerin, deren Familie freilich mit allen europäischen Höfen verwandt ist, gar nicht darauf versteht. Auch mit ihrer Eleganz ist es nicht weit her. Als sie aus Stuttgart kam, trug sie kein Hemd unter dem Kleid! Katharina ihrerseits kann sich mit der neuen Umgebung kaum abfinden. Besonders lästig sind ihr die Abende bei der Kaiserin mit Kartenspiel und »Cercle«, und sie hofft, in Rambouillet, wohin sich ein Großteil des Hofes in der Zeit vom 7. bis 17.September zurückzieht, ein einfacheres und annehmlicheres Leben führen zu können. Aber auch in dieser Hoffnung wird sie enttäuscht. Das Schloß ist kalt und feucht. »Hier ist Franz I. gestorben«, schreibt Katharina ihrem Vater, »und man wähnt sich in einem Gefängnis. Jeder hat eine winzige Kammer, wo man sich auch nur zum Ankleiden und Schlafen aufhält, letzteres wenig, denn die ganze Zeit über, von elf Uhr vormittags bis zwei Uhr nachts, ist man mit dem Kaiser beisammen. Mittagessen, Handarbeiten, hierauf Jagd, so gegen sechs, sieben Uhr; Diner im Galopp, Spiel, Musik und schöngeistige Konversation mit der Kaiserin. Für gewöhnlich tanzen die Prinzen und Prinzessinnen. Ich, die Gesetzteste und Älteste, bleibe sitzen, sehe ihnen zu und sterbe vor Langeweile und Müdigkeit.«

Vom 21. September bis zum 26. November 1807 residiert der Hof in Fontainebleau. Und dort trifft auch die Nachricht ein, daß Mme. de La Pagerie am 2. Juni des Vorjahres auf Trois-Ilets verstorben war. Am 10. hatte man ihr das prunkvollste Begräbnis bereitet, das die Insel bieten konnte. Die traurige Nachricht hätte jedoch die im Schloß herrschende Atmosphäre keineswegs verdüstern können: Sie war bereits abgrundtief trostlos!

Die Langeweile rieselt von den Mauern. Man gähnt bei den endlosen Theateraufführungen, die unweigerlich jeden Montag, Mittwoch und Freitag in Szene gehen, solange sich der Hof in Fontainebleau aufhält. An zwölf von insgesamt achtzehn Abenden gibt man Tragödien – »diese ewigen Tragödien«, wahre Schlafmittel, die man ertragen muß und dabei noch tun, als sei man entzückt. Den Hof finden sie zum Sterben öde, wie Mme. de Rémusat bestätigt. Die jungen Frauen entschlummern sanft, ohne fürchten zu müssen, durch Applaus aus ihrer Ruhe gerissen zu werden, denn in Gegenwart des Kaisers ist der Applaus untersagt. Sogar den Kaiser selbst wandelt der Schlaf an, vornehmlich an den Abenden nach einer Jagd, und Joséphine weckt ihn erst, wenn sich der Vorhang zum letzten Mal gesenkt hat. Dann geht man auseinander, »traurig und gereizt«.

»Der Kaiser« berichtet Mme. de Rémusat weiters, »merkte, welchen Eindruck die Tragödien hinterließen; darüber ärgerte er sich, rügte heftig den Ersten Kämmerer, tadelte die Schauspieler, forderte, man möge eine andere Truppe engagieren . . .« Zuweilen verlangte er am Vormittag, man möge am Abend ein anderes Stück spielen als jenes, das auf dem Programm stand.

»Ich will es«, sagte er.

»Kaum hatte der Kaiser sein unwiderrufliches *Ich will es* ausgesprochen, ging der Befehl im ganzen Schloß von Mund zu Mund. Duroc und vor allem Savary erteilten ihn im selben Tone wie der Kaiser. M. de Rémusat wiederholte ihn den Schauspielern, die entsetzt waren, weil sie nun eilends andere Rollen memorieren mußten oder weil ihnen plötzlich das gesamte Programm über den Haufen geworfen wurde. Kuriere galoppierten Hals über Kopf davon, um in höchster Eile weitere Schauspieler oder notwendig gewordene Requisiten herbeizuschaffen.«

Keine Mittel hat der Kaiser gescheut, um Fontainebleau als Residenz neuen Glanz zu verleihen. Die Appartements werden neu möbliert, der Park entfaltet wieder die Pracht seiner Jugend, und den Teich haben Kriegsgefangene saniert. Schwäne sollen dafür sorgen, »daß die Wasserpflanzen nicht wieder um sich greifen«, und wieder werden die berühmten Karpfen angesetzt, die man schon während der Revolution herausfischte und verkaufte. Doch ungeachtet seines glanzvollen Rahmens wird das Schloß mit einer wahren Galeere verglichen, wo unter dem ungerührten Blick des Kaisers »ein jeder nach Befehl rudert«. Das »Rudern« freilich lindert weder am Denken noch am Witzeln, und dies vor allem, sobald sich die Gebieter in ihr »Intérieur« zurückgezogen haben, in die ehemals königlichen Appartements im Erdgeschoß und im ersten Stock mit Blick auf den Diana-Park.

Man lacht – denn man ist boshaft –, als man sieht, daß Jérôme bereits seine rundliche Ehehälfte vernachlässigt und mit der hübschen Stéphanie flirtet, die es nicht verwinden kann, jetzt nur mehr Prinzessin von Baden zu sein, während sie noch vor kurzem als Adoptivtochter des Kaisers den Vortritt vor allen anderen hatte. Am üppigsten rankt sich der Klatsch um die Amouren des Kaisers. Man findet es ganz natürlich, daß Napoleon Gefallen am schönen Antlitz von Joséphines Vorleserin, der Italienerin Carlotta Gazzani findet, die bereits seit dem Aufenthalt des Kaiserpaares in Genua darauf wartet, endlich bemerkt zu werden. Das Antlitz der Gazzani ist das schönste des Hofes: ein klarliniges Gesicht, aus dem dunkle Augen strahlen, herrliche Zähne und ein als »hintergründig« definiertes Lachen. Obwohl Joséphine mit Sicherheit annehmen kann, daß der Kaiser eine Liaison mit der Gazzani unterhält, ist sie diesmal nicht übertrieben eifersüchtig. Die neue Mätresse macht von ihren Beziehungen zum Kaiser »keinerlei Aufhebens« und stellt auch »keinerlei Ansprüche«. Ihrer Herrin ist sie weiterhin in Hochachtung und zärtlicher Verehrung ergeben, während der Kaiser seinen

»Seitensprung« in der Öffentlichkeit geradezu brüskiert . . . Joséphine »findet sich umso bereitwilliger damit ab, großzügig gewisse Amüsements ihres Gatten zu dulden, die sie ihm auf die Dauer nicht hätte verwehren können«, als Napoleon ihr selbst gesteht, es handle sich um »ein kühles Verhältnis«. Außer, was Maria Walewska betrifft, erzählt Napoleon seiner Gattin jetzt des öfteren von seinen »Galanterien«, denen er nicht die geringste Bedeutung zumißt. Und die Kammerzofe der Kaiserin weiß zu berichten, daß er »ihr sogar viel mehr erzählte, als sie hören wollte, daß er ihr selbst körperliche Mängel entdeckte, welche die Kleidung der Damen für gewöhnlich verbarg, und es geschah, daß er einen Seitensprung gestand und dabei ungefragt noch diese oder jene Dame des Hofes nannte, von der gar nicht die Rede gewesen war; auch diese, meinte er, habe ihm nichts verwehrt«. Joséphine hütet sich davor, ihm klarzumachen, daß dieses Protzen mit seinen Eroberungen vielleicht im Feldlager und unter Männern, nicht aber im Boudoir am Platze sei. Auf eine solche Bemerkung hätte er sie »mein dickes Dummerchen« genannt, wie er es gerne tut, und sie auf den Hals und auf die Wangen geküßt . . .

Sie versucht Eugènes Rat zu folgen; erst am 10. September hat er ihr aus Monza geschrieben: »Schikaniere den Kaiser nicht und versuche, Deine Finanzgebarung zu regeln. Gehe mit Deiner Umgebung nicht allzu gutmütig um, man würde Dich bald an der Nase herumführen . . .«

Joséphine hat ihrem Sohn versprochen, auf ihn zu hören und vernünftig zu sein, doch Fouché stürzt die arme Frau Hals über Kopf in die Tragödie . . . Und dann ist es wahrhaftig nicht ihre Schuld, wenn sie den Gatten von neuem »schikaniert«.

Es geschah an einem Sonntag nach der Messe. Der Hof war noch in Fontainebleau. Joséphine lehnte am Fenster, als sie Fouché auf sich zukommen sah. Er grüßte und wagte übergangslos mit scheinheiliger Stimme zu erklären, daß »das öffentliche Wohl und vor allem die Festigung der gegenwärtigen Dynastie es erforderten, daß der Kaiser Kinder habe, weshalb sie sich an den Senat wenden müsse, auf daß er ihr Beistand leiste und sie bei ihrem Gatten in der Bitte unterstütze, er möge das seinem Herzen schwerste Opfer bringen«.

Joséphine war es, als schwankte der Raum um sie. Fouché berichtet, welche Veränderungen an der Kaiserin vorgingen: »Zunächst schoß ihr das Blut ins Gesicht, dann erbleichte sie, ihre Lippen schwollen an, in allem zeigte sie Anzeichen, die mich eine Nervenkrise befürchten ließen oder sonst einen Anfall. Als sie mich ansprach, konnte sie nur stammeln: ›Haben Sie Order vom Kaiser, ein solches Ansinnen an mich zu stellen?‹

›Ich habe keine Order, Madame, doch ahne ich die zukünftigen Notwendigkeiten voraus.‹

Fast heftig rief sie aus: ›In diesem Punkt halte ich mich nur an die Weisungen meines Mannes.‹«

Fouché fühlte sich unbehaglich, schützte »eine Besprechung mit einem seiner Kollegen vor«, verneigte sich und ging.

Der Minister hatte keine Order vom Kaiser erhalten, doch mit ihm gesprochen und ihm sogar ein Memorandum vorgelesen. »Ich führte ihm die Notwendigkeit vor Augen«, erzählt er, »seine Ehe aufzulösen, sogleich, mit Rücksicht auf sein Kaisertum, eine neue, passendere und annehmlichere Bindung einzugehen und jenem Thron, auf den ihn die Vorsehung erhoben hatte, einen Erben zu schenken. Meine Schlußfolgerung war die natürliche Konsequenz der Überlegungen und der stärksten und stichhaltigsten Argumente, welche die Erfordernisse der Politik und die Notwendigkeiten des Staates eingehen können . . .«

Napoleon »äußerte sich hierzu nicht«, doch ließ er »durchblicken, welche Gefühle er hege«. Vom politischen Standpunkt aus sei gewiß »die Auflösung seiner Ehe schon beschlossene Sache«.

»Anderseits aber«, habe er »berichtigt«, »hänge ich außerordentlich an Joséphine, sowohl auf Grund meiner Gewohnheiten als auch eines gewissen Aberglaubens. Der Schritt, der mich am schwersten ankäme, wäre, ihr die Scheidung nahezulegen.«

In Erkenntnis der Bedeutung dieser »einsilbigen Worte« entschließt sich Fouché, »von übermäßigem Eifer getrieben«, wie er selbst sagt, »eine Bresche zu schlagen und Joséphine auf den Boden jenes großen Opfers zu führen, nach welchem die Sicherheit des Reiches und das Glück des Kaisers gleichermaßen verlangten«.

Dem heuchlerischen Minister lag in Wahrheit herzlich wenig am »Glück des Kaisers«, doch fürchtete der Königsmörder und Schlächter von Lyon, Napoleon könne eine Erzherzogin heiraten, eine Großnichte Marie-Antoinettes. Da ihm selbst an einer Verbindung mit Rußland gelegen war, zog er es vor, Schicksal zu spielen, die Scheidung herbeizuführen, und damit genügend Autorität zu gewinnen, um in der Folge die Heirat Napoleons mit der Schwester des Zaren zu propagieren.

Vorerst läßt Fouché es sich angelegen sein, die »Bresche« noch breiter zu schlagen.

Einige Tage später, um Mitternacht, wird Monsieur de Rémusat eiligst zu Joséphine gerufen. Er findet sie »mit wirrem Haar, halb entkleidet und verstörtem Gesicht« vor. Eben hat sie einen langen Brief Fouchés erhalten. Diesmal führt ihr der Minister vor Augen, wie schön ihr die Rolle einer Märtyrerin stünde; Frankreichs Zukunft liege bei ihr: »Man darf sich nicht darüber hinwegtäuschen, Madame, die politische Zukunft Frankreichs ist gefährdet, da es einen Erben des Kaisers entbehren muß. Als Polizeiminister ist es mir gegeben, die öffentliche Meinung zu kennen, und ich weiß, daß man sich um die Erbfolge eines so großen Reiches sorgt. Führen Sie sich vor Augen, welche Macht heute der Thron Seiner Majestät besäße, stützte er sich auf die Existenz eines Sohnes!«

Fouché schließt mit der Beteuerung, Seine Majestät der Kaiser wüßte nichts von seinem Schritt. »Ich denke sogar, daß er ihm mißfiele«, führt der gute Apostel aus und empfiehlt der Kaiserin deshalb »strengste Geheimhaltung«. Joséphine wendet sich an Rémusat um Rat. Ihre Worte sind vom Schluchzen unterbrochen: »Was soll ich tun?«

»Madame, ich rate Ihnen sehr, noch in diesem Augenblick zum Kaiser zu gehen, falls er nicht zu Bett ist, oder es morgen in aller Frühe zu tun. Denken Sie daran, daß Sie auf keinen Fall den Anschein erwecken dürfen, als hätten Sie sich mit jemandem besprochen. Lassen Sie ihn diesen Brief lesen, beobachten Sie ihn dabei, wenn Sie können; doch wie dem auch sei, zeigen Sie sich empört über diesen heimlichen Wink und erklären Sie ihm wieder, daß Sie nur einem direkten Befehl gehorchen werden, den er selbst ausspricht.«

Madame de Rémusat zufolge stürzt Joséphine zeitig am nächsten Morgen zum Kaiser. Hortense wieder gibt an, Joséphine habe sich an Fouchés Empfehlung, strengstes Stillschweigen zu bewahren, gehalten und abgewartet, bis Napoleon selbst hinter die Umtriebe seines Ministers kam. In beiden Versionen reagiert Napoleon daraufhin empört, deckt Fouché nicht und tadelt ihn, weil er »ohne Auftrag« gehandelt habe: »Dies ist übertriebener Eifer, und im Grund darf man ihm den so übel nicht nehmen. Es genügt, daß wir fest entschlossen sind, gegen seine Ansichten aufzutreten, und daß du mir glaubst, daß ich ohne dich nicht leben kann.«

»Fouchés Verhalten erschütterte mich zutiefst«, wird Napoleon auf Sankt-Helena erklären. »Ich hätte ihn fristlos abgesetzt, weil er sich in das einmengte, was in meinem Bett vor sich ging, hätte ich damit nicht den Anschein erweckt, eine Meinung von mir zu weisen, die mehr oder minder zu teilen mir wichtig war.«

Und in der Tat, fragt er nun, da der Boden mit oder ohne sein Wissen bereits geebnet ist, seine Frau, »wie sie darüber denke«. Joséphine kann nur wiederholen, was sie ihm einige Wochen zuvor gesagt hat: »Niemals würde ich den ersten Schritt tun und etwas verlangen, was mich von dir entfernen könnte. Unser gemeinsames Schicksal ist zu außergewöhnlich, als daß die Vorsehung es nicht vor allen anderen auszeichnete, und ich müßte fürchten, uns beiden Unglück zu bringen, wenn ich aus eigenem Willen mein Leben von deinem trennte.«

Wieder hat sie mit ihren Worten ins Schwarze getroffen, denn abergläubisch ist der Korse, wenn auch sein Aberglaube zuweilen schlummert. Freilich ersieht Joséphine aus dieser Unterredung, daß Fouché nicht völlig eigenmächtig, sondern mit dem schweigenden Einverständnis des Kaisers gehandelt hat. Bezeichnenderweise weigert sich Napoleon, seinen Minister »davonzujagen«. »Für mich war es offensichtlich«, bemerkt Fouché, »daß er mich geopfert hätte, anstatt nur einen Tadel ob meiner Eigenmächtigkeit auszusprechen, wäre die Scheidung für ihn nicht schon im geheimen beschlossene Sache gewesen.«

Also schlägt der künftige Herzog von Otranto die »Bresche« noch breiter. Dienstag, den 17. November – am Vortag ist Napoleon nach Italien abgereist und Joséphine, die er nicht mitnehmen wollte, nach Paris zurückgekehrt –, verfaßt Fouché folgendes Bulletin für den Kaiser:

»Paris. In allen Gesellschaftsschichten fragt man nach den Gründen der Abreise Seiner Majestät aus Fontainebleau und seiner Fahrt nach Italien. Jeder erklärt sich die Gründe und Motive auf seine Art. – Mit Staunen vermerkte man die Abwesenheit Ihrer Majestät der Kaiserin bei der Aufführung von *Trajan*, die am Dienstag stattfand. Manche gaben an, sie sei unpäßlich, die Mehrzahl aber sprach von der Auflösung ihrer Ehe und einer Verbindung des Kaisers mit der Schwester des Zaren Alexander. Diese Nachricht liefert ganz Paris Gesprächsstoff, und alle Klassen der Gesellschaft haben sie als Garantie für einen baldigen Frieden und dauernde Ruhe im Staat aufgenommen ...«

Schon zwei Tage später, Donnerstag, den 19., greift Fouché, bereits in Übung, neuerlich zur Feder:

»Paris. Lokales. – Bei Hof, bei den Fürsten, in allen Gesellschaftskreisen spricht man von der Auflösung der Ehe der Kaiserin. Bei Hof herrschen darüber geteilte Meinungen. Die Vertrauten der Kaiserin scheinen überzeugt, daß der Kaiser sich niemals zu einer Auflösung entschließen werde; sie sagen, die Kaiserin erfreue sich in Frankreich allgemeiner Verehrung; ihre Beliebtheit komme dem Kaiser und dem Reich zugute; das Glück des einen wie des anderen sei untrennbar mit der Dauer dieser Verbindung verknüpft; die Kaiserin sei des Kaisers Talisman; ihre Trennung bedeute das Ende seines Wohlergehens und dergleichen Ammenmärchen mehr, die dem Gefasel von Wahrsagern gleichen; sie bestätigen die Kaiserin in ihrer Meinung, hindern sie daran, jedweden gegenteiligen Entschluß zu fassen, veranlassen sie, sich in der Öffentlichkeit zu zeigen, um durch ihre bloße Anwesenheit die Gerüchte, welche im Umlauf sind, zu dementieren. Die andere Partei bei Hof, welche die Auflösung der kaiserlichen Ehe als unabdingbare Voraussetzung für die Erhaltung der Dynastie betrachtet, versucht, die Kaiserin auf dieses Ereignis vorzubereiten, und erteilt ihr Ratschläge, die als für den Anlaß passend erachtet werden. In der kaiserlichen Familie herrscht nur eine einzige Meinung: *Sie ist einstimmig für die Scheidung.* In den Pariser Adelskreisen, welche den dynastischen Gedanken vertreten, gibt es nicht zwei Meinungen, sondern nur eine: Einzig Kinder des Kaisers können der Dynastie die Dauer sichern. Als gleichgültig erweisen sich lediglich die Egoisten und die Leichtsinnigen. Die Unzufriedenen ergehen sich in heuchlerischen Wehklagen ob des Schicksals der Kaiserin, das ihnen ans Herz rühre, wobei sie für die Kaiserin nunmehr

Gefühle an den Tag legen, die im Widerspruch stehen zu allen bislang zur Schau getragenen.«

Nichts hat Fouché vergessen! Ja, im selben Bulletin, wo des weiteren von den »einander widersprechendsten Gerüchten« die Rede ist, liefert der Minister dem Kaiser ganz beiläufig eine Idee, wie sich das künftige Schicksal Joséphines gestalten ließe: »Die einen verkünden ... die Kaiserin werde Königin von Neapel« ... Donnerstag, den 3. Dezember, hat er die Stirne zu behaupten, »die Öffentlichkeit«, welche die Italienreise des Kaisers beschäftige, vertrete die Ansicht, »der Monarch sei hingefahren, um den königlichen Ruhesitz der Kaiserin Joséphine vorzubereiten«.

Tags darauf, Freitag, den 4. Dezember, widmet Fouché sein Bulletin neuerlich Joséphine: »Die allzu moralischen Damen des Faubourg Saint-Germain stoßen spitze Schreie gegen die Scheidung aus. Mme. Hamelin versorgt die Öffentlichkeit mit vertraulichen Mitteilungen, die ihr angeblich Ihre Majestät, die Kaiserin, höchstpersönlich gemacht hat. Diese Frau und ein paar andere ihres Schlags haben es übernommen, tagtäglich die Klagen und die Sorgen der Kaiserin zu kommentieren, zu provozieren und zu übertreiben, behaupten, sie wüßten ganz genau, was der Kaiser der Kaiserin an diesem oder jenem Tag gesagt habe, seien bestens informiert über ihre Gespräche vor und nach der Krönung, über Zwistigkeiten in der kaiserlichen Familie, Intrigen, die man gegen Ihre Majestät, die Kaiserin, gesponnen habe, Intriganten, die diese verschuldeten usw. Weiters wüßten sie, daß die Kaiserin keine Schuld an der Unfruchtbarkeit ihrer Ehe treffe; daß der Kaiser niemals gezeugt habe; daß die Verhältnisse, die Seine Majestät mit mehreren Frauen unterhielt, niemals Resultate zeitigten, während diese Frauen, kaum verheiratet, auch schon schwanger wurden, insbesondere eine Meldedame (Félicité de Longroy, verehelichte Riessner), über welche Mme. Hamelin die erstaunlichsten Details zum besten gibt. Der Minister hat dieser Frau bestellen lassen, daß er sie, sollte sie ein einziges Mal noch den Namen des Kaisers oder der Kaiserin aussprechen, unverzüglich verhaften und in die Salpêtrière abführen lasse.«

Mitten im schönsten Intrigieren muß Fouché sich selbst zum Rückzug blasen. Am 30. November richtet Napoleon von Venedig aus, wo ihn die Lektüre der ersten beiden Bulletins in heftige Mißstimmung versetzt hat, folgende strenge Zeilen an seinen Minister:

»Ich habe Ihnen bereits meine Meinung über das Wahnwitzige der Maßnahmen, die Sie in Fontainebleau, mein Privatleben betreffend, unternommen haben, zur Kenntnis gebracht. Wenn Sie sich so verhalten, verwirren Sie die öffentliche Meinung und verlassen den Pfad, auf dem sich jeder anständige Mensch bewegen muß.«

Napoleons Rückkehr – am 1. Januar 1808 – bedeutet für Joséphine zunächst ein wenig Erleichterung. Am 4. Januar besichtigt das Kaiserpaar gemeinsam Davids Gemälde von der Krönung, das nicht die Krönung des Kaisers, sondern jene Joséphines darstellt. Die Gestalt der Kaiserin bildet tatsächlich das Zentrum der Komposition, eine Gefälligkeit, zu welcher sich der Maler auf Grund einer »kleinen Intrige« mit der Kaiserin herbeiließ. Zumindest vertritt Napoleon später diese Ansicht.

»Das gibt ein hübscheres Bild ab«, meinte der Maler. Als Napoleon das Gemälde in Augenschein genommen hat, gibt er seiner Befriedigung Ausdruck. Joséphine schöpft neuen Mut. Angesichts seiner Freude, sie so hübsch dargestellt zu sehen, kniend, unvergleichlich in ihrer Anmut, während er sich anschickt, ihr die Krone aufs Haupt zu setzen, glaubt sie beruhigt sein zu können.

Doch Fouché schläft nicht und unterbreitet dem Kaiser am 29. Januar folgendes Bulletin: »Die Frau des Malers Isabey verrät Details aus dem Privatleben der Kaiserin; sie gibt an, die Kaiserin sei immerzu und ohne Unterlaß in Tränen aufgelöst; sie hege Zweifel über die Ursache ihres jüngst aufgetretenen Leidens, die sie zutiefst bekümmern; sie wünsche die Scheidung, wage jedoch nicht, dies einzugestehen; Mlle. Tascher sei derzeit die einzige Vertraute, der sie ihr Herz eröffne. – Heute spricht man wenig von einer Scheidung; doch denkt man an eine solche, seit man die Gewißheit zu haben glaubt, daß die Kaiserin fürderhin unfähig sei zu gebären.«

Auch Murat »bearbeitet« weiterhin seinen standhaften Schwager, Seite an Seite mit Fouché und nun auch Talleyrand. Der unglücklichen Frau bleibt dies keineswegs verborgen, und am 10. Februar 1808 schreibt sie ihrem Sohn: »Du kannst Dir leicht vorstellen, daß ich vielfachen Anlaß hatte, traurig zu sein, und immer noch quälen mich Sorgen; die Gerüchte, die während der Abwesenheit des Kaisers im Schwange waren, sind bei seiner Rückkehr nicht verstummt und finden heute mehr Anwälte denn je. Freilich wurden ihre Urheber nicht bestraft; man bemerkte im Gegenteil, daß jene, die versuchten, sie zu dementieren, eine frostigere Aufnahme fanden. Im übrigen überantworte ich mein Schicksal der Vorsehung und dem Willen des Kaisers; meine einzige Verteidigung ist mein Lebenswandel, auf dessen Untadeligkeit ich achte.

Wie unglücklich machen doch die Throne, mein lieber Eugène! Morgen schon würde ich leichten Herzens den Verzicht auf all die meinigen unterschreiben. Das Herz des Kaisers ist mir alles. Muß ich es verlieren, weine ich all dem übrigen nicht nach; so sieht mein Ehrgeiz aus, so spricht mein Herz. Ich weiß wohl, daß solche Aufrichtigkeit nicht von Erfolg gekrönt ist, und wenn ich es, wie viele andere, zustande brächte, nichts weiter als raffiniert zu sein, dann erginge es mir sehr viel besser, doch ziehe ich es vor, meinem Charakter die Treue zu halten. So bleibt mir wenigstens die Achtung vor mir selbst.

Du nun, mein lieber Sohn, sollst immer sein, was Du immer warst; erweise

Dich weiterhin der Freundschaft des Kaisers würdig, was auch die Zukunft bringen mag. Niemals werde ich über mein Schicksal klagen, solange Du glücklich bist und ich Deiner zärtlichen Liebe sicher sein darf.«

In diesem Spätwinter entflammte einmal noch ein heftiger Streit zwischen den Gatten. Der russische Botschafter, Graf Tolstoi, gibt an, Napoleon habe »in einem Wutanfall« seiner Frau erklärt, »er werde sie schließlich doch noch dazu zwingen, seine Bastarde zu adoptieren«. Joséphine habe diese Lösung »ohne einen Augenblick zu zögern« gutgeheißen, doch war der Vorschlag des Kaisers nur seiner heftigen Erregung zuzuschreiben und am nächsten Tag schon vergessen ...

Auf Sankt-Helena äußert Napoleon an einem Januartag des Jahres 1819 Marschall Bertrand gegenüber, der Vorschlag habe nicht von ihm, sondern von Joséphine gestammt. Die Kaiserin habe an ihn das Ansinnen gestellt, »irgendeiner Demoiselle ein Kind zu machen, das sie für das ihre ausgeben könne. Als sie mir dies unterbreitete«, fährt der Kaiser fort, »lehnte ich rundweg ab und hatte dann auch keine Schwierigkeiten, sie eines Besseren zu belehren«.

Sicher ist eines: Napoleon denkt unablässig an das seiner Meinung nach bereits Unvermeidliche. Als die hochschwangere Hortense am 1. April dem Kaiser einen Besuch abstattet – noch im selben Monat wird sie Napoleon III. gebären –, sieht der Stiefvater sie traurig an und seufzt: »Es tut mir weh, Sie so zu sehen. Wie liebte ich Ihre Mutter, wäre sie in diesem Zustand!«

»In meiner Position . . .«

Am 2. April 1808 verließ Napoleon mit einem Gefolge von 36 Wagen Saint-Cloud unter dem Vorwand, die Departements im Süden zu inspizieren. In Wahrheit aber sollte er sich nach Bayonne begeben, um dort den politischen Meuchelmord an Spanien zu verüben, eine Schandtat, welche der erste Spatenstich zum Grabe des Napoleonischen Empire war. Ungeachtet ihres Flehens hatte sich der Kaiser nicht bereit erklärt, Joséphine mitzunehmen, doch da es zu seinem Plan gehörte, die spanische Königsfamilie an die Grenze zu locken und ihr die Komödie eines gastlichen Empfangs vorzuspielen, bedurfte er einer Dame des Hauses.

»Ich weiß nicht, wo ich all die Leute unterbringen soll«, hatte er ihr geschrieben und sie in seiner Ratlosigkeit am Ende doch noch aufgefordert, zu ihm ins Schloß Marrac vor den Toren von Bayonne zu kommen, »ein kleines Landhaus«, wie er sagte, das er dem Besitzer, M. Marcqfroy, erst noch abhandeln mußte.

Joséphine bleibt einige Tage in Bordeaux, um, wie der Kaiser sie beauftragt hatte, »sich allgemein beliebt zu machen, denn seine Geschäfte hatten es ihm verwehrt, sich irgend jemands Gunst zu erringen«, eine Aufgabe, der sich die Kaiserin gewiß mit dem größten Geschick entledigte. Worauf sie den Weg nach Bayonne einschlägt. Auf der Fahrt durch die endlose Heidelandschaft der *Landes* – deren Sand noch nicht durch Föhrenpflanzungen befriedet ist – droht der zwölfspännige Reisewagen zu wiederholten Malen steckenzubleiben. Endlich – am Abend des 27. April – erreicht Joséphine Marrac. Man hat ihr ein hübsches Appartement eingerichtet, mit Badezimmer und hölzerner Wanne . . .

Ferdinand, Prinz von Asturien, ist bereits in Bayonne eingetroffen. Aus Madrid hat ihn Savary hergeschleppt, der »Gendarm« des Kaisers, hat den Spanier mit List und Tücke und falschen Versprechungen seinem Herrn und Gebieter vor die Füße gelockt. Bereitwillig geht »Ferdinand VII.« ins Spinnennetz, das Napoleon für ihn, der sich »König aller Spanien« nennt, da sein Vater zu seinen Gunsten abtreten mußte, gesponnen hat. Diesen Vater hatte Napoleon im übrigen niemals als König anerkannt. Karl IV. seinerseits zog sich zurück, da er glaubte, der Gewalt der Ereignisse weichen zu müssen. »Auf die Großherzigkeit und das Genie des großen Napoleon völlig vertrauend«, wollte er den Konflikt zwischen sich und seinem Sohn durch den Kaiser entschieden sehen. Deshalb hat auch er den Weg nach Bayonne eingeschlagen, wo er in Begleitung seiner Frau und des gemeinsamen Günstlings Godoy eintrifft. Zwei Tage nach Joséphines Ankunft kommen die drei in einer altersschwachen Karosse des Weges gezogen.

»Mit ihrer gelben Haut«, berichtet der Kaiser seiner Frau, »gleicht die Königin einer Mumie. Sie sieht falsch und bösartig aus und unvorstellbar lächerlich.« Letzteres trifft auch auf Karl IV. zu. Stets begleitet von seinem Beichtvater, »den er gleich einem Hund herbeipfeift«, läßt er sich ein rundes Dutzend Uhren von seinem Kammerdiener nachtragen und paradiert selbst mit einer nicht geringen Anzahl, wozu er versichert, »den Taschenuhren schadete es keineswegs, wenn sie getragen würden«.

Als er seines Sohnes ansichtig wird, stürzt sich die königliche Witzfigur wie ein Berserker auf den Unglücklichen: »Hast du meinem weißen Haar nicht schon genug Schmach angetan? Geh! Ich will dich nicht mehr sehen.« Und zu Napoleon gewandt, seufzt er: »Majestät wissen nicht, was es heißt, einen Sohn zu haben . . ., der Anlaß zu Klagen gibt.«

Das Diner verläuft daraufhin denkbar frostig. Selbst das seltsame Benehmen des Königs von Spanien kann die Tischgesellschaft nicht aufheitern. Und doch gäbe es wahrlich Grund genug zum Lachen: Der Monarch hat drei Karaffen vor sich stehen, deren erste eisgekühltes Wasser, die zweite heißes Wasser und die dritte Wasser von normaler Temperatur enthält. Aus allen dreien mischt er sich sorgfältig ein Getränk, das seinem Temperaturempfinden entspricht. An diesem Abend aber beschäftigt ihn vorerst nur eines: Man hat seinen geliebten Godoy an die Domestikentafel gesetzt. Und erst, als der »Friedensfürst« einen Platz in der Nachbarschaft des Monarchen angewiesen bekommt, findet dieser wieder seine Ruhe. Hingebungsvoll widmet er sich darauf seinen Wasserspielen und ißt mit sichtlich gutem Appetit. Zwischendurch macht er Konversation. Unüberhörbar meint er zu seiner Frau: »Jetzt sind die Nachfahren Ludwigs XIV. auf Gedeih und Verderb einem Napoleon ausgeliefert.«

Am selben 30. April schreibt der Kaiser an Murat: »Es ist nötig, daß ich die Sache innerhalb dieser beiden Tage erledige.« Zwei Tage später richtet Karl IV. tatsächlich einen Brief an seinen Sohn, in welchem er erklärt, auf Grund seiner Verbrechen sei Ferdinand unwürdig, ihm auf dem Thron nachzufolgen, und »einzig der Kaiser könne Spanien noch retten.« Godoy wird gezwungen, Napoleon Schützenhilfe zu leisten, und am 4. Mai ernennt der alte König Murat zum Generalleutnant des Königreiches. Es ist, wie Jaques Chastenet sehr richtig bemerkt hat: »Nunmehr ist die Brücke zwischen der Dynastie der Bourbonen und jener der Bonapartes geschlagen.« Tags darauf tritt Karl IV. Napoleon sein Königreich unter der einzigen Bedingung ab, »die territoriale Integrität des Königreiches zu respektieren und darin kein anderes Bekenntnis zu dulden als das katholische.« Zur Entschädigung erhalten Karl und Marie-Luise Compiègne, Chambord und 6 Millionen Francs jährlich.

Nun gilt es noch Ferdinand unschädlich zu machen, denn dieser, der sich rechtmäßig immer noch als König aller Spanien betrachten kann, leistet hartnäckigen

Widerstand. Da trifft plötzlich die Nachricht vom blutigen Aufstand in Madrid ein, dem berühmt-berüchtigten *dos de mayo*, den Murat schonungslos niederschlägt. Unmöglich kann Ferdinand hier die Hand im Spiel gehabt haben, doch Napoleon stürzt sich begierig auf den willkommenen Vorwand! Die Nachricht hat ihn auf einem Spazierritt erreicht. Unverzüglich galoppiert er nach Bayonne, wo er – wie er am selben Abend noch Joséphine erzählt – den Prinzen von Asturien zu seinem Vater zitiert und ihn in Gegenwart des alten Königs und der Königin beschuldigt, den Aufstand angezettelt zu haben.

»Das Blut meiner Untertanen ist geflossen«, heulte Karl IV. auf, »wie jenes der Soldaten meines großen Freundes Napoleon! Du bist mitschuldig an dem Gemetzel!«

Einer Furie gleich, stürzte sich die Königin auf den Sohn, beschimpfte ihn, hieß ihn einen Bastard und forderte, man möge ihn köpfen. Doch Napoleon steht der Sinn nicht nach des Spaniers Kopf. Er gibt sich mit weniger zufrieden: »Wenn Sie bis Mitternacht Ihren Vater nicht als legitimen König anerkannt haben und ihm den Weg nach Madrid freigeben, dann behandle ich Sie als Rebellen!«

Jetzt endlich sinkt Ferdinand der Mut, läßt er sich in die Knie zwingen. Er ist nur noch ein Gefangener. Als sich der Vorhang über das Drama von Bayonne gesenkt hat, kann *Don José primero* – Joseph, der Bruder Napoleons – unterzeichnen: »Ich, der König!« und von seinem Vorgänger Ferdinand folgende Zeilen erhalten: »Ich bitte Eure Katholische Majestät, den Treueschwur gnädig anzunehmen, den ich schulde, sowie den Schwur der Spanier, die um mich sind.«

Bis zum 21. Juli bleiben Joséphine und Napoleon in Marrac, um sich von den bewegten Tagen zu erholen. Napoleon ist gegenwärtig bester Laune. Das Kaiserpaar scherzt und vergnügt sich wie junge Eheleute in den Flitterwochen. Napoleon badet im Meer. »Wir wurden dabei«, erzählt ein Zeuge, »von einem Marinespähtrupp begleitet, der uns rechtzeitig vor einem überraschenden Angriff der Engländer warnen sollte. Solange Napoleon im Wasser blieb, suchten Kavalleristen der Garde das Meere ab und wagten sich mit ihren Pferden so weit hinein, wie dies ohne Gefahr möglich war. Nach dem Bad spielte Napoleon mit seiner Frau am Strand, lief ihr nach, stieß sie ins Meer und raubte ihr die Schuhe, um sie ins Wasser zu schleudern. Joséphine lachte glücklich und glaubte, die wunderbaren Zeiten des Konsulats stünden wieder auf.

Die schwerelose Heiterkeit dieser Tage wurde jedoch getrübt, als der Kaiser – um nicht aus der Übung zu kommen – begann, begehrliche Blicke nach einer Vorleserin Joséphines zu werfen, die erst seit kurzem bei Hof war, Mademoiselle Guillebeau. Sie las wenig, doch spielte sie sehr hübsch die Harfe und »erstrahlte in seltener Jugendfrische«. Im übrigen, meint Mlle. d'Avillon nicht ohne Neid, »stöhnte sie unter der Last ihrer achtzehn Jahre«.

Dem Kaiser zufolge hatte Joséphine Mlle. Guillebeau und Mme. Gazzani absichtlich mitgenommen: »Joséphine hoffte, mich mittels einer Mätresse halten zu können«, meint er später, »und die Scheidung zu verhindern. Ehrlich gesagt, billigte ich diese Einstellung durchaus nicht.« Und so atmete der Kaiser beinahe erleichtert auf, als man einen Brief von Mama Guillebeau an ihre Tochter abfing. Man erbrach ihn und entdeckte, daß die Tochter von der Mutter angeleitet worden war. »Man schrieb ihr die Rolle vor, die sie spielen sollte, empfahl ihr, sich geschickt anzustellen, und drang in sie, es unter keinen Umständen zu verabsäumen, sich einen lebenden Beweis der Gunst des Kaisers zu sichern, auf daß diese ihr erhalten bliebe oder sie sonstiger bedeutender Vergünstigungen teilhaftig würde.«

Joséphine konnte nicht umhin, unverzüglich die allzu gefällige Mutter herbeizuzitieren, damit sie ihre Tochter mit sich nähme, ja, sie schickte die Kleine in Begleitung einer Kammerfrau sogar der Mutter entgegen. Mademoiselle Guillebeau wurde hinterher von niemandem vermißt, denn Madame Gazzani war jederzeit bereit, Joséphine aus der Zeitung vorzulesen oder dem Kaiser ein paar schöne Augenblicke zu bereiten . . .

Von Bayonne begab sich der Kaiser nach Toulouse und Agen. Er war ernst und sorgenvoll. In Spanien stand es keineswegs zum besten . . . Talleyrand hatte er geschrieben: »Dies ist der Tragödie fünfter Akt: Der Ausgang ist absehbar.« In Wahrheit war erst das Vorspiel über die Bühne gegangen, und in Baylen hob sich der Vorhang zum ersten Akt.* Als Napoleon in Bordeaux von der Kapitulation erfuhr – »einer Schande«, wie er mit Übertreibung erklärte –, schäumte er vor Wut. »Hier habe ich einen Fleck«, sagte er zu Joséphine und zeigte auf seine Weste.

Er war übelster Laune – wie fern schienen die schönen Stunden von Marrac! – und Joséphine hatte häufig verweinte Augen. Eines Abends, noch in Bordeaux, erlitt sie einen Nervenzusammenbruch . . .

Napoleon drängt es danach, unverzüglich nach Paris zurückzukehren, doch hat er der Vendée seinen Besuch versprochen und muß sein Versprechen halten. »Sonst erwecke ich den Anschein, mein Volk zu mißachten«, meint er, »doch werde ich meine Reise beschleunigen.«

Joséphine ist krank. Doch nicht die Strapazen der Reise haben sie in diesen Zustand versetzt – in dieser Hinsicht ist ihre Widerstandskraft erstaunlich –, sondern die Aufregungen des vergangenen Winters machen sich jetzt bemerkbar. Am selben Tag, als Napoleon nach Erfurt fährt – am 22. September –, erklärt sie

---

* Am 23. Juli 1808 kapitulierten 17 000 Franzosen unter General Dupont bei Baylen in Andalusien vor den spanischen Freiheitskämpfern. (Anm. d. Übers.)

Eugène: »Du weißt, wieviel ich durchzumachen hatte: Dies hat sich nun auf meinen Kopf geschlagen. Letzten Winter mußte ich mir selbst solchen Zwang antun, daß sich davon Körpersäfte ansammelten, die einen Erguß bildeten, welcher sich glücklicherweise nach außen entleerte, was mir unerträgliche Schmerzen verursachte.* Bei dieser Gelegenheit bewies mir der Kaiser seine Zuneigung, denn er zeigte sich ernstlich besorgt; des Nachts erhob er sich, um nach mir zu sehen, und dies häufig bis zu vier Malen. Seit sechs Monaten ist er der vollkommenste Gatte, den man sich denken kann. Heute früh trennte er sich denn auch schwer von mir, doch macht er sich um mich keine Sorgen mehr, obschon ich einige Feinde habe, deren Vorhandensein mich Wunder nimmt, denn ich habe niemandem je etwas zuleide getan; glücklicherweise ist ihre Zahl gering, und mehrere von ihnen sind bereits fern von hier, so etwa Prinz Murat. Seinen Namen zu nennen ist keine Verleumdung; sein Haß gegen mich ist so leidenschaftlich, daß er nicht einmal versucht, ihn geheimzuhalten; seine Äußerungen, die er sich über meine Person erlaubt hat, als er seinem Wunsch nach der Scheidung Ausdruck verlieh, würdest Du einfach nicht für möglich halten. Doch übe ich an ihm dieselbe Rache, die ich an den anderen übe, indem ich sie alle mit überlegener Verachtung strafe und nicht versuche, ihnen zu schaden; der Kaiser ist zu gerecht, als daß er zwischen ihrem und meinem Verhalten nicht zu unterscheiden wüßte ...«

In diesen letzten Monaten schien Napoleon tatsächlich weniger auf die Ratschläge der unermüdlichen Sippe zu hören, die nach wie vor in ihn dringt, er möge »die Alte« zum Teufel jagen. Joséphines »Position«, schreibt sie Eugène, »hat sich seit der ersten Spanienreise Murats, da es dem Kaiser wie Schuppen von den Augen fiel, merklich gewandelt. Diese Familie verabscheut die meine, obwohl ich ihr nur Gutes erwiesen habe. Er (Murat) hat hier einige glühende Anhänger, und alles, was seit einem Jahr geschehen ist, hat mich über vieles und viele aufgeklärt. Über all dies bewahre ich das strengste Stillschweigen; in meiner Position ist man häufig gezwungen, mit seinen Feinden zusammenzuleben, doch ist es immer gut, wenn man sie kennt. Ich menge mich in nichts ein, ich verlange nichts ... Was meine Schulden betrifft, habe ich neue Regelungen und Sparmaßnahmen getroffen, von denen ich mir viel erhoffe!«

Der Kaiser kann also zufrieden sein. Aus Deutschland hat er ihr im übrigen

---

* Es könnte sich bei der Krankheit der Kaiserin um eine Stirnhöhlenvereiterung gehandelt haben, die sich jedoch nicht auf psychische Ursachen zurückführen läßt. Joséphines — und wahrscheinlich auch ihres Arztes — Anschauung ist jene der alten Humoralpathologie (Hippokrates, Galen), welche sich bis ins 19. Jahrhundert erhielt. Die Humoralpathologie leitet alle Krankheiten aus fehlerhafter Zusammensetzung bzw. gestörten Mischungsverhältnissen des Blutes und der Körpersäfte ab. (Anm. d. Übers.)

»wie einst« geschrieben: »Binnen kurzem werde ich bei Dir sein: Sieh zu, daß es Dir wohl ergeht und daß ich Dich bei meiner Rückkehr rund und munter wiederfinde.«

Joséphine lächelt, als sie diese Zeilen liest, und beginnt wieder zu hoffen: Er wird sie nicht davonjagen! Einmal noch lebt sie auf. Sie bleibt Kaiserin! Das Kartenhaus wird nicht stürzen.

Das Urteil

Am Abend des 12. April 1809 trifft ein von Berthier entsandter Kurier in den Tuilerien ein: Die Österreicher haben den Inn überschritten und München besetzt.

»Das bedeutet Krieg«, seufzt der Kaiser.

Krieg – und dabei will er nichts als den Frieden, der ihn bis zur endgültigen Niederlage flieht... Noch vor Morgengrauen will Napoleon aufbrechen. Beim Diner, das diesmal erst um neun Uhr abends aufgetragen wird, bittet ihn Joséphine, er möge sie mitnehmen. Er gewährt es; sie wird in Straßburg bleiben.

Am 14. April halten sie kurz in Nancy und nehmen das Mittagessen im Hôtel Impérial ein. Die Ehrengarde serviert. Bald bricht man wieder auf und erreicht tags darauf Straßburg. In zwei Tagen haben sie 62¹/₂ Poststationen hinter sich gebracht. Erschöpft geht Joséphine zu Bett, während Napoleon die Brücke nach Kehl überschreitet.

»Sire, wir sind verloren«, sagt ihm der bayrische König am folgenden Tag, »wenn Majestät nicht schnell handeln.«

»Mut, bald werden Sie wieder in München sein.«

Er selbst begibt sich, wie er dem König von Württemberg anvertraut, nach Wien.

Seit dem letzten Aufenthalt Joséphines in Straßburg wurden ihre Appartements neu ausgestattet. Der Wartesalon ist in blauem Lampas mit weißem Dessin tapeziert, die Möbel sind weiß und golden gehalten, die Bespannung der Sitzgarnituren »wassergrüner Seidenrips«. Ihr Schlafzimmer, »in Florentiner Grosgrain«, gleicht einer purpurn und golden ausgeschlagenen Schmuckschatulle. Die Ecken des großen Teppichs »nach Art der Manufaktur in der Seifenfabrik zu Chaillot« schmücken vier Schwäne, »welche eine Girlande aus Blumen und Früchten halten«.

Joséphine hat sich eben erst häuslich eingerichtet, als sie zu ihrem Schmerz erfahren muß, daß Eugène sich vom Isonzo bis nach Sacile zurückziehen mußte, wo ihn Erzherzog Johann am 16. April 1809 geschlagen hat. Am 8. Mai gelingt ihm die Revanche an der Piave, und Joséphine beglückwünscht ihn, wobei sie bemerkt, er möge öfter an Napoleon schreiben, »obwohl der Kaiser nur sich selbst braucht und seine Erfolge einzig seinem Genie verdankt; doch mag ihm die Kenntnis von den Bewegungen der Armee unter Deinem Kommando von Nutzen sein, vor allem Dir selbst mag dies helfen, und in diesem wie in allen anderen Fällen mußt Du ihn von allem unterrichten, selbst von einem Fehler«.

Am 23. Mai eilt Stéphanie, von der gesamten badischen Familie gefolgt, nach Straßburg. Zwei Tage später treffen auch der Großherzog und der Erbprinz ein. Aus den westfälischen Staaten vertrieben, flüchtet Katharina zur Schwägerin. Auch Hortense kommt zur Mutter. Sie ist in Begleitung ihrer beiden Kinder, des Älteren, den Napoleon kürzlich zum Großherzog von Berg ernannt hat, und des künftigen Napoleon III., der im April des Vorjahres 18 Tage vor dem Termin zur Welt gekommen war, was Louis wieder einmal zu Zweifeln an der Treue seiner Frau Anlaß gibt . . . Joséphine bestellt sogleich für ihre Enkel einen vierspännigen Wagen mit fünf Holzfiguren, ein »großes Theater« aus Holz, eine Puppenküche und eine große Kiste Zinnsoldaten.

Sobald Hortense fern von ihrem Gatten weilt, lebt sie auf. Napoleon hatte dem Bruder folgenden Verweis gesandt: »Ihre Streitigkeiten mit der Königin dringen in die Öffentlichkeit. Sie behandeln eine junge Frau, als befehligten Sie ein Regiment. Sie haben die beste und tugendhafteste Gattin und machen sie unglücklich . . .«

Louis war zu seiner Frau gerast: »Sie haben sich beklagt? Haben mich verleumdet? Jetzt mengt sich bereits der Kaiser in unsere Ehe ein.«

»Nie im Leben habe ich etwas gesagt.«

»Los, gestehen Sie, daß Sie mich hintergangen haben. Ich will die Wahrheit wissen, und ich werde sie erfahren. Wann haben Sie mich betrogen? Mit wem? Es nützt Ihnen nichts, wenn Sie leugnen, Ränke schmieden, ich habe Beweise, und ich werde sie Ihnen liefern.«

»Wie können Sie mir etwas beweisen, das es nicht gibt?«

Hortense übersiedelt nach Baden, wo ihr das Klima besser dünkt als in Straßburg, doch empfängt sie einen strengen Brief Napoleons: Die Königin, die ohne Erlaubnis das Territorium des Kaiserreiches verlassen habe, möge sich mit ihren beiden Kindern unverzüglich nach Straßburg begeben . . .

Ausflüge nach Mutzy, in die »Orangerie Joséphine« und in den botanischen Garten, vermögen die Kaiserin nicht zu zerstreuen. Schwere Sorgen quälen sie. In Regensburg wurde der Kaiser verwundet, und vergeblich bemüht er sich, Joséphine zu beruhigen: »Die Kugel, die mich streifte, hat mich nicht ernstlich verwundet; sie hat mich kaum über der Achillessehne geritzt.«

Am 9. Mai schreibt er ihr folgende Zeilen: »Meine Freundin, ich schreibe Dir aus Sankt Pölten. Morgen werde ich in Wien sein, genau auf den Tag ein Monat, seit die Österreicher den Inn überschritten und den Frieden gebrochen haben . . . Mein Gesundheitszustand ist gut; das Wetter ist herrlich und der Soldat guter Dinge: Hier gibt es Wein.«

Am 10. Mai ist er in Schönbrunn, am 13. ergibt sich die österreichische Hauptstadt – Méneval berichtet der Kaiserin in allen Einzelheiten über die »Machtergreifung« –, doch Joséphine quält sich in düsteren Vorahnungen.

So brachte denn auch der 21. Mai in Eßling keinen Sieg, und am 22., als Lannes schwer verwundet wurde, mußte die Armee die Front begradigen und die Insellandschaft der Lobau verlassen. Masséna konnte im letzten Augenblick die Katastrophe abwenden. Joséphine ist so pessimistisch, daß sie Metternich, der als Gefangener der Franzosen auf der Durchreise in Straßburg ist, um gegen den französischen Botschafter ausgetauscht zu werden, ihre Sorgen nicht verhehlt. Er habe sie, erzählt der Österreicher später, in heller Aufregung angetroffen, weil sie die Folgen, die das bewußte Ereignis nach sich ziehen mochte, fürchtete. Sie habe ihm die Lage geschildert, wie man sie ihr dargestellt hatte, worauf Metternichs letzte Zweifel an der Bedeutung der französischen Niederlage beseitigt waren. Joséphine wartete mit so präzisen, so konkreten Einzelheiten auf, daß sie selbst meinte, die Friedensverhandlungen wären wohl schon im Gange, wenn Metternich nach Wien zurückkehrte, ja, vielleicht träfe er unterwegs mit Napoleon zusammen, wenn dieser die Reste der Armee nach Frankreich heimführte.

Glaubt sie nicht mehr an Bonaparte? Lannes liegt im Sterben. Die Herzogin von Montebello reist durch Straßburg, lehnt es jedoch ab, sich länger aufzuhalten, und so sucht Joséphine sie höchstpersönlich in der Herberge auf.

Neigt sich das heroische Zeitalter seinem Ende zu? Die Kaiserin weiß in ihrer Verzweiflung kein anderes Mittel als die Wasser von Plombières. »Dieser Reise stimme ich freudigen Herzens zu«, antwortet ihr Napoleon aus Schönbrunn. Und schließt: »Adieu, meine Freundin, Du kennst meine Gefühle für Joséphine. Sie sind unveränderlich. Ganz der Deine.«

»Seine unveränderlichen Gefühle . . .« Kann er sie täuschen? Oder weiß sie, daß Napoleon, kaum in Schönbrunn abgestiegen, Maria, seine »polnische Frau«, die er immer leidenschaftlicher liebt, zu sich kommen läßt? Weiß sie, daß die Rivalin die rue Chantereine – wo sie zwei Schritte nur von Joséphines ehemaligem Kurtisanenschlößchen wohnte – verlassen hat, um zum Kaiser zu eilen? Er bringt sie in nächster Nähe des Schlosses unter, in einem kleinen Haus, das er eigens für den Zweck gemietet hat.

Am 10. Juli weckt ein Page des Kaisers Joséphine: Ferdinand de Lariboisière. Der junge Mann drückt sich beharrlich den Hut »gegen die Hinterfront«. Seit drei Tagen reitet er, was das Zeug hält, und nun hat er keinen Hosenboden mehr . . . Vor Erschöpfung und Müdigkeit schwankend – »bei den Pferdewechseln hob man ihn mit dem Sattel von seinem Tier und trug ihn auf ein frisches Pferd« – überreicht er Joséphine einen Brief Napoleons, darin dieser den Sieg von Wagram verkündet: »Die Armee des Feindes flieht in größter Unordnung, und alles geht mir nach Wunsch . . . Bessières wurde von einer Kugel am Oberschenkel getroffen; die Wunde ist oberflächlich. Lasalle ist gefallen; die Verluste, die ich erlitten habe, sind beträchtlich, aber der Sieg ist entscheidend und vollkommen. Wir haben mehr als 100 Kanonen und zwölf Fahnen erbeutet und viele

Gefangene gemacht. Ich bin verbrannt von der Sonne. Adieu, meine Freundin, ich umarme Dich.«

Überglücklich dankt Joséphine dem Pagen und reicht ihm einen Ring mit einem bekannt schönen Diamanten, dem »petit rosé«. Pauline, welcher Lariboisière ebenfalls die Nachricht überbringt, ist weniger freigebig: Sie schenkt Ferdinand nur ihr Lächeln.

»Das wundert mich nicht«, witzelt der Kaiser, als er davon erfährt, »die läßt nichts aus, außer der Pisse.«

Zwei Tage nach dem Sieg gibt er Joséphine aus Wolkersdorf neue Einzelheiten bekannt: »Hier geht alles nach Wunsch, meine Freundin. Meine Feinde sind besiegt, geschlagen, in wilder Flucht; sie waren sehr zahlreich, ich habe sie zermalmt. Heute erfreue ich mich guter Gesundheit; gestern war ich kränklich und erbrach Galle, was von all den Strapazen kommt; doch tut mir dies gut. Adieu, meine Freundin, ich bin wohlauf.«

Bei ihrer Ankunft in Plombières begrüßt sie eine Deputation aus Géradmer im Dialekt. Von den acht Strophen verstand sie einzig das Wort Madame, welches darin zweimal vorkam ...

Während dieses – letzten – Aufenthaltes in Plombières ist Joséphine von einer zahlreichen Dienerschaft umgeben, doch sucht sie die Abgeschiedenheit. Zurückgezogen lebt sie mit Hortense und Stéphanie, die zu ihr auf Besuch gekommen sind. Sie verwöhnt ihre Enkel und läßt aus Straßburg neues Spielzeug schicken: Soldaten aus Pappe und Holz, Wagen aller Art, die man übers Parkett ziehen kann, und selbst ein riesiges Kriegsschiff auf Rädern.

Wie ihre Rechnungsbücher beweisen, ist sie nach wie vor großzügig. Jedem Pagen, der ihr einen Brief des Kaisers überbringt, schenkt sie Diamanten im Wert von 1200 bis 4000 Francs. Wenn sie ein Bauernhaus betritt – und wär's, um ein Glas Milch zu trinken –, hinterläßt sie ein Geschenk. Zu den Goldhochzeiten der Bauern stellt sie sich mit Uhr und Tabatière ein. Begegnet sie einem Armen, einem Gefangenen oder einem Krüppel, so regnet es Goldnapoleons. Sie hat – obwohl dies gar nicht in ihrer Art liegt – einen Vorrat an Rosenkränzen gehortet, die sie an die Alten verteilt. Unerschöpflich sind ihre Reserven an Tabaksdosen für Unterpräfekten, Postvorstände und Eskortenkommandanten. Eines Tages mustert sie noch in Plombières 37 Kleider aus und verteilt sie unter ihre Zofen und Kammerfrauen.

Am 16. August fährt sie auf der Heimreise nach Paris durch Nancy. Die Obrigkeit stürzt herbei, und »Ihre Majestät geruht, die Herren zu empfangen und die Menge mit ihrem Gruße zu ehren«. Sie lädt den Kommandanten der Ehrengarde zum Diner, doch trägt sie bei Tisch ein sorgenvolles Gesicht zur Schau und ringt sich kaum ein Lächeln ab.

Als sie Saint-Aubin erreicht, findet dort eben die Hochzeit der Postmeisterstochter statt. Man bringt Joséphine den Ehekontrakt an den Wagen, und sie unterzeichnet ihn. Um 7 Uhr abends künden 21 Kanonenschüsse in Bar-le-Duc ihre Ankunft. Sie diniert bei Marschall Oudinot, in dessen Haus sie auch nächtigt, und bricht am nächsten Morgen nach Malmaison auf.

Napoleon schreibt ihr liebevolle Briefe: »Eben erhalte ich Dein Schreiben aus Malmaison. Man hat mir berichtet, Du seist rund, frisch und wohlauf. Ich versichere Dir, Wien ist keine unterhaltsame Stadt. Ich sehne mich schon sehr nach Paris zurück.«

Am 31. August neckt er sie: »Seit mehreren Tagen schon habe ich keinen Brief von Dir; die Freuden von Malmaison, die schönen Heißhäuser, die Parks lassen die in der Ferne Weilenden vergessen; man sagt, dies sei die Regel bei Euch Frauen. Jeder erzählt mir von Deiner blühenden Gesundheit. Das scheint mir sehr verdächtig ...«

Anfang Oktober trifft Hortense in Malmaison ein. Sie sieht ihre Mutter »verzweifelt ob der Liaison des Kaisers mit dieser jungen Polin«, wie die Königin später schreibt. Jetzt weiß Joséphine, daß die Walewska Napoleon nach Schönbrunn nachgereist ist. Aber das für sie Furchtbarste weiß sie noch nicht: daß Maria an einem dieser Septembertage dem Kaiser anvertraut hat, sie erwarte ein Kind von ihm. Es müsse Anfang Mai – 1810 – zur Welt kommen. Die Eröffnung versetzt den Kaiser in einen Freudentaumel. Jetzt kann er der Welt die Wahrheit ins Antlitz schreien: *Er* ist zeugungsfähig, Joséphine aber unfruchtbar. Und dabei hatte sie ihn schon so weit gebracht, daß er die Schuld an der Kinderlosigkeit ihrer Ehe nur mehr bei sich selbst suchte und resignierte. Vielleicht war dies der Preis, den er für sein Genie bezahlen mußte? Der Verzicht auf den Erben der Tribut an den Ruhm? Freilich hatte ihm die Geburt des kleinen Léon neue »Hoffnungen« geschenkt, doch wer Mlle. Dénuelle kannte, wußte, daß sie trügerisch sein mochten. Die Dénuelle war auch zu Murat nicht grausam gewesen, zumindest wollten dies die Gerüchte, denen Napoleon freilich nicht immer Glauben schenkte. Die schöne Pellapra – die kokette und immer muntere Lyoneserin – schwor, die Tochter, die sie am 11. November 1806 zur Welt gebracht hatte, sei Napoleons Fleisch und Blut, aber auch in diesem Fall hegte er Zweifel an seiner Vaterschaft. Zu viele machten der Schönheit aus Lyon den Hof ...

Maria Walewska war über jeden Zweifel, jeden Verdacht erhaben. Und somit hatte ihm seine »polnische Frau« die gültige Gewißheit geschenkt, daß er zeugen konnte, seine eigene Dynastie begründen. Jetzt hatte er es nicht mehr nötig, Eugène oder einen seiner Neffen zu seinem Nachfolger zu bestimmen. Der Erbe des riesigen Kaiserreiches würde sein leiblicher Sohn! Und er mußte sich eilen, diesen Sohn in die Welt zu setzen. Mußte es tun, um endlich jenes Friedens habhaft zu werden, der ihn seit so vielen Jahren schon floh. Bereits vor zwei Jahren hatte Fouché es ihm gesagt:

»Die Engländer lassen sich in ihren Unternehmungen gegen den Kaiser, in ihrer Weigerung, Frieden zu schließen, einzig durch den Gedanken ermutigen, daß der Kaiser, weil er ja der Kinder und somit eines Erben entbehrt, die gesamte Regierung mit in den – jederzeit möglichen – Tod nähme.«

»Der jederzeit mögliche Tod . . .«

Als der Kaiser am 12. Oktober in Schönbrunn die Parade abnimmt, nähert sich ihm ein junger Mann, um ihm eine Bittschrift zu überreichen. Er scheint verdächtig. Man nimmt ihn fest. Er heißt Staaps und ist der Sohn eines Pastors aus Erfurt. Bei der Leibesvisitation fördert man ein Messer zutage. Napoleon beschließt, ihn höchstpersönlich zu verhören.

»Was wollten Sie mit Ihrem Messer?«

»Sie töten.«

»Sie sind verrückt, junger Mann. Sind sie Illuminat?«

»Verrückt bin ich nicht. Und weiß nicht, was ein Illuminat ist.«

»So sind Sie krank?«

»Ich bin nicht krank, ich bin wohlauf.«

»Weshalb wollten Sie mich töten?«

»Weil Sie mein Land ins Unglück stürzen.«

»Habe ich an Ihnen ein Unrecht begangen?«

»Wie an allen Deutschen.«

»Wer schickt Sie? Wer treibt Sie zu diesem Verbrechen?«

»Niemand. Einzig die feste Überzeugung, daß ich meinem Land und Europa, das mir die Waffe in die Hand gab, den größten Dienst erweise, wenn ich Sie töte.«

Und er läßt den »kleinen Schurken«, wie er ihn nennt, erschießen. Den »kleinen Schurken«, der nicht einmal »ein Brutus« ist. Und übersieht die wahren Motive, die Staaps sein Leben opfern ließen; weitaus gravierender sind sie, weitaus stärker, als Napoleon ahnt: Könige und Kaiser hat er in die Knie gezwungen, einen Teil Kroatiens und Kärntens Frankreich einverleibt, doch die Völker hat er nicht besiegt, jene, die mit dem Messer in der Hand kämpfen. Sie sind ihm nicht untertan, ebenso wenig wie die Spanier!

In diesen nationalen Erhebungen sieht der Kaiser kein Vorzeichen für den Sturz eines Gottes. Nur an eines denkt er: Das mißglückte Attentat beweist, daß er auf Gedeih und Verderb dem erstbesten irren Fanatiker ans Messer geliefert ist. Er und sein gigantisches Reich! Er braucht einen Erben . . . Muß Joséphine opfern!

Als er am 15. Oktober heimfährt gen Frankreich, denkt er einzig an seine Scheidung und seine künftige Ehe. Unverzüglich muß Caulaincourt in Sankt Petersburg erheben, ob die bald sechzehnjährige Schwester des Zaren, die Großfürstin Anna, imstande ist, ihn mit der ersehnten Vaterschaft zu beglücken. Denn wozu sollte er eine sterile Frau fortjagen, wenn er sich dafür eine noch nicht mannbare Halbwüchsige einhandelte?

»Gehen Sie von dem Prinzip aus«, läßt er Caulaincourt durch Champagny schreiben, »daß man lediglich Kinder will!«

Daß der Zar einverstanden ist, ihm »diesen Bauch« zu schenken, steht für ihn außer Zweifel. Hat er ihm nicht noch vor seiner Abreise aus Wien seine Zusage gegeben, »daß die Worte ›Polen‹ und ›polnisch‹ nicht nur aus allen Transaktionen, sondern selbst aus der Geschichte gestrichen« würden? War das nicht Honig für Alexander, dem das bloße Wort »Polen« bereits Übelkeit verursachte? Arme Maria, die sich Napoleon nur aus Liebe zu ihrem Land geschenkt hatte, in der Hoffnung, Polen werde nicht von der Landkarte verschwinden . . .

So engstirnig, so verblendet ist die Sippe in ihrem Haß gegen »die Beauharnais« – diese »nichtswürdige Person«, wie *Madame Mère* sie nennt –, daß sie bedenkenlos Napoleons Scheidungsabsichten unterstützt, ohne sich darüber klar zu werden, daß der Kaiser die »Prinzen« und »Prinzessinnen« seiner Familie automatisch von der Erbfolge ausschließen würde, sobald er selbst einen Sohn hätte. Vielleicht glauben auch die Bonapartes, daß nicht allein Joséphine unfruchtbar ist . . . In diesem Herbst 1809 kann die Unglückliche nur wiederholen, was sie bereits 1804, vor der Krönung, oder 1799, als Napoleon aus Ägypten heimkehrte, sagte: »Erst wenn sie mich von Frankreichs Thron gejagt haben, werden sie zufrieden sein. Wie eine Meute Bluthunde sind sie hinter mir her!«

In Malmaison, wo sie der Rückkehr des Kaisers harrt, sieht man häufig ihre Augen feucht vor Tränen. Zuweilen erbleicht sie, erschauert wie im Fieber. »Es ist sehr kalt«, murmelt sie und zieht den Schal fester um die Schultern. Ihr Herz friert. Eines Tages erträgt sie es nicht mehr, schleppt Laure d'Abrantès mit sich in eines der Heißhäuser und spricht sich dort aus, »voll Schmerz«.

»Madame Junot . . . Sie wissen, daß alle mein Unglück wollen . . . Sagen Sie mir, was Sie über mein Los wissen.« Laure weiß nichts oder will einfach nicht reden: Gewiß, alle sprechen von der Scheidung, »und dies so offen, wie es unter Napoleons Herrschaft möglich ist, wenn es um sein Privatleben geht«*.

Joséphine fleht beinahe um eine Antwort: »Sagen Sie mir, ich beschwöre Sie, alles, was Sie über mich gehört haben. Darum bitte ich Sie wie um eine Gnade.« Sie spricht weiter, schüttet ihr Herz aus . . . Ungeachtet der Hitze, die im Glashaus herrscht, sind ihre Hände eiskalt, und ihre Lippen zittern, als sie erbarmungswürdig von neuem anhebt: »Madame Junot, erinnern Sie sich an das, was ich Ihnen heute sage, hier, in diesem kleinen Glashaus, an diesem Ort, der ein Paradies ist und für mich vielleicht bald schon eine Hölle, erinnern Sie sich: Diese Trennung wird mich töten.«

* Laure Junot, Duchesse d'Abrantès: »Mémoires«.

Und im Gedanken an ihre abscheulichen Schwägerinnen, an *Madame Mère*, fügt sie hinzu: »Nun ja, *sie* werden mich getötet haben.«

In diesem Augenblick stürmt das Töchterchen der Junot, die kleine Joséphine, ins Glashaus, um der Taufpatin die Blumen zu zeigen, die es gepflückt hat. Die Kaiserin nimmt das Patenkind in die Arme, hebt es auf und drückt es so fest, daß die Kleine es mit der Angst bekommt. Da sieht sie die Augen der Patin voll Tränen und wirft ihr die Ärmchen um den Hals: »Ich will nicht, daß du weinst.«

»Ach, wenn Sie wüßten«, vertraut Joséphine noch Laure an, »wenn Sie wüßten, wie sehr ich gelitten habe, sooft mir eine von Euch ihr Kind brachte. Mein Gott! ich, die ich nie Neid kannte, fühlte ihn in mir wie ein furchtbares Gift, wenn ich die schönen Kinder sah ... Mich, die Unfruchtbare, jagt man schandvoll aus dem Bett jenes, der mir die Krone gab. Und doch — Gott ist mein Zeuge — liebe ich ihn mehr als mein Leben ... und viel mehr als diesen Thron.«

So oft wiederholt die unglückliche Frau diese Worte, daß sie bereits selbst daran glaubt. Ja, heute liebt sie ihn, heute, da es zu spät ist!

Ihr Glück kennt keine Grenzen, wenn er in einem seiner Briefe den Ton von früher anschlägt: »Ich rate Dir, sieh Dich vor in der Nacht. Denn demnächst wirst Du ein großes Getöse hören.« Schämt er sich, seine Entscheidung gefällt zu haben? Will er ihren Verdacht einschläfern, indem er selbst den Eifersüchtigen spielt?

Am 21. Oktober kündigt er ihr seine baldige Rückkehr an: »Das Wiedersehen mit Dir wird für mich ein Fest der Freude sein, und mit Ungeduld sehne ich diesen Augenblick herbei«: Gewiß werde er am 26. oder 27. in Fontainebleau sein.

Am 26. macht sie sich am späten Vormittag auf den Weg, um auf der Durchfahrt durch Saint-Cloud zu erfahren, daß der Kaiser bereits um neun Uhr morgens in Fontainebleau eingetroffen ist. Ihr Herz schlägt wild ... Eine seltsame Vorahnung befällt sie.

Zur selben Stunde empfängt Napoleon den Erzkanzler Cambacérès.

»Weshalb«, fragt er, »beunruhigte sich die Öffentlichkeit in meiner Abwesenheit? Weshalb übertrieb man die Gefahren, denen ich ausgesetzt sein mochte? Hält man meinen Tod für das Signal zu einer Revolution?«

»Sire«, antwortet der Erzkanzler, »es ist nur natürlich, daß die Nation sich beunruhigt ob der Gefahren, die ihrem Souverän drohen. Wenn auch die kaiserliche Verfassung die Erbfolge regelt, so traut das Land so lange nicht dem Morgen, ehe kein direkter Nachfolger zur Stelle ist.«

Die Nation möge sich in Zukunft nicht mehr »beunruhigen«! Schon habe der Kaiser seine Entscheidung getroffen: Er sei zur Scheidung bereit. Unverzüglich wolle eine Erbmonarchie eingesetzt sein! Europa liege darnieder! Das ausgeblutete, zu einer Macht zweiten Ranges degradierte Österreich sei zur Blockade bereit! In eben diesem Augenblick jagten die französischen Minen die Bastionen von Wien in die Luft, und vom Fenster aus könne Kaiser Franz sehen, wie seine Haupt- und Residenzstadt in Schutt und Asche zerfalle! England habe die in Walcheren erlittene Schlappe nicht überwunden und gehe der endgültigen Niederlage entgegen! Rom werde in nächster Zukunft eine einfache französische Präfektur ... »Er sah aus«, meinte Cambacérès später, »als ginge er in den Gefilden seines Ruhms spazieren.«

Der Erzkanzler verabsäumt es nicht, zur Vorsicht zu raten. Die Franzosen liebten »die gute Joséphine« und würden ihre Verstoßung gewiß nicht günstig aufnehmen. Der Kaiser gedenke doch, eine Prinzessin zu ehelichen? Dies würde das Mißtrauen des Volkes noch vertiefen. Mit einer Geste fegt der Kaiser des Kanzlers »sentimentale« Einwände hinweg. Die Franzosen liebten den Ruhm und würden sich umso williger vor ihm beugen, wenn er erst Schwager des Zaren oder Schwiegersohn des Cäsaren sei. Cambacérès äußert ein weiteres Bedenken: Wenn der Kaiser sich in zweiter Ehe kirchlich trauen lassen wolle, so werde man ihm gewiß die heimlich vollzogene Zeremonie am Vorabend der Krönung entgegenhalten. Napoleon zuckt bloß die Schultern. Eine erzwungene Eheschließung! Eine Geheimtrauung ohne Aufgebot, ohne Zeugen! Unbeirrbar legt der Erzkanzler seinen Standpunkt dar: Nur das Oberhaupt der Christenheit könne eine fürstliche Verbindung trennen ... Da nun aber der Papst heute Gefangener Napoleons sei, werde er sich gewiß zu keiner Gefälligkeit herbeilassen.

Der Kaiser wird ungeduldig ... Da man von Seiner Heiligkeit nichts zu erwarten habe, werde man Seine Heiligkeit eben stillschweigend übergehen! Das Pariser Diözesanoffizialat ließe sich ohne Schwierigkeiten mit den nötigen Vollmachten ausstatten und mit der Angelegenheit befassen! Komme es ihm denn nicht zu, über Gültigkeit und Nichtgültigkeit der kirchlich geschlossenen Ehen zu entscheiden? Der Pariser Official werde wohl keine größeren Schwierigkeiten machen, als ginge es um einen einfachen Bürger! Habe er sich etwa gesträubt, als er 1806, nach der Weigerung des Papstes, aufgefordert wurde, dennoch die Ehe zwischen Jérôme und Elisabeth Patterson zu lösen? Cambacérès verspricht, die Sachlage zu überprüfen ... Man habe es ja nicht eilig. Zunächst genüge die zivile Scheidung, genüge es, Joséphine dahin zu bringen, Verzicht zu leisten, abzutreten und sich dem Schicksal des Kaiserreiches zu opfern.

Die Unterhaltung ist kaum beendet, als ein Wagen im Hof hält. Napoleon stürzt hinaus. Nein, es ist nicht Joséphine, es sind bloß Frauen aus ihrer Dienerschaft.

»Und die Kaiserin?« fragt er.

»Ihre Majestät wird in einer Viertelstunde eintreffen.«

»Das ist ein Glück!« wirft er den verdutzten Frauen an den Kopf und zieht sich in die Bibliothek zurück.

Als sie um sechs Uhr abends vorfährt, »ist stockfinstere Nacht.« Diesmal eilt
Napoleon nicht wie sonst seiner Frau entgegen. Sogleich überfällt sie die Angst.
Sie steigt aus dem Wagen, geht durch das Erdgeschoß, dringt vor bis zur Biblio-
thek, wo »Seine Majestät arbeitet«. Napoleon empfängt sie mit folgenden Wor-
ten: »Ach, da sind Sie ja, Madame! Umso besser, denn ich wollte eben nach
Saint-Cloud!«

Joséphine setzt zu einer Entschuldigung an ... doch ihre Augen füllen sich mit
Tränen, und der Hals ist ihr wie zugeschnürt. Gewiß hat er die Entscheidung
getroffen. Dessen ist sie jetzt ganz sicher.

Noch Schlimmeres erwartet sie in ihrem Appartement: Der Kaiser hat die Ver-
bindungstüre zwischen den beiden Suiten zumauern lassen. Den Befehl hierzu
gab er schriftlich aus Schönbrunn! Dennoch beeilt sie sich mit dem Umkleiden
und läßt sich die Frisur mit Kornblumen und silbernen Ähren schmücken.

»Ich habe nicht lange zur Toilette gebraucht, nicht wahr?« sagt sie, als sie
zurückkehrt in die Bibliothek, wo der Kaiser sich jetzt in Gesellschaft seiner
Minister Montalivet und Decrès befindet.

Er sieht sie an. Sie hat sich große Mühe mit der Toilette gegeben, und das
Polenkleid aus blauem Satin mit Verschnürungen und weißem Schwanenflaum-
besatz steht ihr hinreißend zu Gesicht. Doch verzieht Napoleon keine Miene,
erhebt sich, reicht ihr schweigend den Arm, um ins Eßzimmer zu gehen, und
wirft den Mitarbeitern kurz hin: »In fünf Minuten bin ich zu Ihrer Verfügung.«

»Aber«, meint sie schüchtern, »die Herren haben gewiß nicht zu Abend gegessen, da sie aus Paris gekommen sind.« »Stimmt!« gibt er zerstreut zurück.
Doch kaum sitzt man bei Tisch, steht Napoleon wieder auf, ohne etwas zu sich
genommen zu haben, und begibt sich in sein Arbeitszimmer, wohin ihm die beiden Minister knurrenden Magens zwangsläufig folgen müssen ...

Joséphine nimmt den Kämmerer Bausset ins Gebet: »Wissen Sie, weshalb die
Verbindung zwischen meinem Appartement und jenem des Kaisers unterbrochen
ist?« Der Kämmerer weiß es nicht ... Joséphine scheint sich damit abzufinden,
kann jedoch nicht verhindern, daß Bausset hinterher seine Bemerkungen macht:
»Glaubt mir, da steckt ein Geheimnis dahinter.«

In den drei nun folgenden Wochen – Napoleon und Joséphine kehren erst am
16. November nach Paris zurück – schickt sich die Kaiserin an, ihr Golgatha zu
erklimmen. Sie zwingt sich, ihren Mann auf die Jagd zu begleiten, an den Hatzen
teilzunehmen, schließt vor Grauen die Augen ob der Blutbäder, die der Kaiser
unter den Wildschweinen anrichtet, als könnte er im Amokrausch sich selbst entfliehen ... Erinnert sie sich ihrer galanten Jagdgesellschaften, hier, in eben diesen
Wäldern, zur Zeit Ludwigs XVI., von denen sie »bis auf die Haut durchnäßt«
zurückkam? Wie weit liegt dies alles schon zurück! ...

Des Abends ist sie allein.

Allein in ihrem Schlafzimmer, einer eben erst komponierten Symphonie aus Violett und Weiß, allein in ihrem Bett, dessen Pfosten weiße Federbüsche tragen. Von ihren Fenstern aus sieht sie hinüber ins hell erleuchtete Appartement Paulines. Am Abend gibt der Kaiser Empfänge, zu welchen Joséphine nicht gebeten wird, Feste, zu denen die »kleine Heidin« »sehr schöne und sehr entgegenkommende Frauen« einlädt. Einer unter ihnen wirft Napoleon den Handschuh zu: einer üppigen blonden blauäugigen Italienerin, Mme. de Mathis. Mit ihr fährt er in der Kalesche spazieren, und Schwester Pauline ist als Anstandsdame mit von der Partie. Wenn er mit Joséphine beisammen ist, wird er ungerecht und unausstehlich, »quält« sie mitleidlos, wie Hortense sagt, die »Zeugin der unaufhörlich fließenden Tränen der Kaiserin«. Angesichts der Behandlung, die der Kaiser ihrer Mutter zuteil werden läßt, verzweifelt die Königin. All ihre Bemühungen, der gepeinigten Frau zu helfen, sind vergeblich, und so plädiert sie am Ende selbst für die Scheidung:

»Die Existenz meiner Familie, die Zukunft meiner Kinder bedeuteten uns nichts mehr, da es einzig darum ging, dieser entwürdigenden Situation ein Ende zu machen. Die einzigen, die etwas verlieren können, sind mein Bruder und ich, meinte ich bei mir. Er muß auf die Krone Italiens verzichten, meine Kinder auf jene Frankreichs, deren Erben sie sind. Dies Opfer ist unser würdig, und meine Mutter wird glücklicher sein. Ihre Karriere ist zu Ende. Nun möge sie nicht auch noch mit dem Leben bezahlen! O, könnte sie doch ihr Herz von jenem lösen, der sie leiden läßt! Vergessen wir allen Glanz und alle Größe, die man uns versprach, und denken wir einzig an unserer Mutter Seelenfrieden.«

Das häßliche Spiel wird umso abstoßender, als nun auch Jérôme und Louis auf der Bildfläche erscheinen, herbeigerufen zur Hetzjagd. Anwesend sind weiters die Könige von Bayern, Württemberg und Sachsen sowie der Großherzog von Baden, um dem Besieger Österreichs ihre Glückwünsche darzubringen. Joséphine darf ruhig annehmen, daß sie den »Triumph« des Kaisers aus nächster Nähe miterleben wollen, einen Triumph, dessen Höhepunkt ihr Hinauswurf ist!

Jetzt finden allabendlich Theateraufführungen statt – sinnigerweise stehen Stücke wie »Das eheliche Geheimnis« und »Die Revanche« auf dem Spielplan, aber auch Kurzfassungen italienischer Opern – doch der Kaiser verläßt nicht mehr wie früher während der Pausen seinen Platz, um sich mit ihr zu unterhalten, stützt sich nicht mehr auf die Lehne ihres Sitzes ... Er flieht den Anblick ihrer verweinten Augen. Und der Hof ahmt den Gebieter nach: Man geht der Kaiserin aus dem Wege und nimmt es mit den Ehrenbezeugungen nicht mehr ernst. Wer ist sie denn? Nichts mehr als eine provisorische Souveränin, eine Platzhalterin.

Am 16. November kehrt der Hof nach Paris zurück, aber Joséphine und der Kaiser reisen nicht gemeinsam. Er ist zu Pferd, sie leidet in ihrer Karosse.

In den vierzehn Tagen, welche auf die Rückkehr in die Tuilerien folgen, herrscht atemlose Spannung, die Ruhe vor dem Sturm. Joséphine weint unaufhörlich, und jetzt plötzlich wagt der ansonsten Mitleidlose angesichts der tränenverschleierten, flehenden Blicke seiner Frau, angesichts der Qual, die ihre erloschenen Augen künden, nicht, zum entscheidenden Schlag auszuholen.

Am 22. November diktiert er Champagny einen Brief an Caulaincourt: Im Namen des Kaisers der Franzosen möge dieser beim Zaren um die Hand der Großfürstin Anna anhalten. Am 27. schreibt er Eugène, er möge sogleich Mailand verlassen und nach Paris kommen.

Drei Tage lang wird er noch zögern . . .

Donnerstag, den 30. November, verläuft das Abendessen in beklemmendem Schweigen. Joséphine hat den ganzen Tag lang geweint, und um ihre geröteten Augen zu verbergen, trägt sie nun einen großen weißen Hut mit breitem Kinnband. Bonaparte sieht sie hin und wieder verstohlen an, sagt jedoch kein Wort. Gedankenverloren klopft er mit dem Messer ans Glas. Die Offiziere vom Dienst scheinen ins Parkett gerammt und wagen nicht, sich von der Stelle zu rühren. Nur der Form halber wird serviert. Nichts hört man, berichtet Constant, »als das gleichförmige Geräusch der aufgetragenen und sogleich wieder abservierten Teller, monoton begleitet von den Stimmen der bedienenden Offiziere«. Unvermittelt stößt der Kaiser einen tiefen Seufzer aus und fragt: »Wie ist das Wetter?«

Doch die Antwort scheint er nicht zu hören. Als das Scheindiner beendet ist, erhebt er sich; sie folgt ihm mit kleinen Schritten, das Taschentuch an den Mund gepreßt, um das aufsteigende Schluchzen zu ersticken. Der Maître d'hôtel läßt Joséphine den Kaffee des Kaisers von einem Pagen auf einem Tablett präsentieren, doch zum ersten Mal wohl greift Bonaparte selbst nach der Tasse, gießt sich den Kaffee ein und zuckert ihn, während er unaufhörlich Joséphine anblickt. Wie im Traum sieht sie ihn trinken, die Tasse hinstellen, dann mit einer Handbewegung die Offiziere entlassen.

Er wünscht, mit ihr allein zu sein.

Durch die Tür hindurch hören Constant und der Kämmerer Bausset Joséphines versagende Stimme: »So ist denn alles aus?«

Er spricht . . . Er selbst wird es auf Sankt Helena erzählen, spricht, mit einem Strom von Worten sucht er sie zu überzeugen: »Ich führte ihr vor Augen, daß meine Dynastie jegliche Festigkeit entbehrte, solange ich kein Kind hätte.«

Gewiß . . . aber hatte er nicht Neffen?

»Meine Neffen können mich nicht ersetzen; die Nation würde es nicht verstehen. Ein im Purpur geborenes Kind, eines, das auf dem Thron, in den Tuilerien das Licht der Welt erblickt, ist für Nation und Volk etwas ganz anderes als der Sohn meines Bruders.«

Unbeirrbar legt er seinen Standpunkt dar, während sie sich zwingt, nicht zu weinen.

»Die Staatsräson und die Festigung meiner Dynastie wollen, daß ich Kinder habe... Du hast die deinen, aber als ich dich heiratete, konntest du keine mehr bekommen... Es ist nicht gerecht, daß du mir vorenthältst, wonach sich alle Menschen sehnen.« Ihre Augen füllen sich mit Tränen.

Er tut, als litte er mehr als sie: »Mich selbst trifft es am härtesten.« Jetzt kann sie ihr Schluchzen nicht mehr unterdrücken.

»Nein, nein, du wirst es nicht tun! Du kannst mich doch nicht töten!«

Er aber berauscht sich weiter an seinen Worten, betäubt sich: »Versuche nicht, mich zu rühren. Ich liebe dich nach wie vor, doch die Politik hat kein Herz, sie hat nur einen Kopf. Ich gebe dir fünf Millionen jährlich und ein Fürstentum, dessen Hauptstadt Rom ist.«

Joséphine schluchzt: »Nein... ich beschwöre dich, laß mich in Frankreich... In Frankreich... Nicht fern von dir...«

Unerschütterlich fährt er fort: »Die Scheidung ist eine Notwendigkeit, sie wird vollzogen, weil ich es will. Nun gibt es zwei Arten, sie zu erlangen: mit oder ohne deine Einwilligung. Wähle! Ich glaube, du hast keinen Grund zu zögern.«

Vom Vorzimmer aus hören Bausset und Constant einen durchdringenden Schrei. Der Kaiser erscheint in der Tür, am ganzen Leib zitternd.

»Bausset! Kommen Sie...«

Der Kämmerer stürzt hinein. Joséphine liegt auf dem Teppich. Ein nervöser Anfall hat sie niedergestreckt. Dann verliert sie die Besinnung.

»Bausset, sind Sie stark genug, um die Kaiserin aufzuheben und über die Innentreppe in ihr Appartement zu tragen?«

»Ich denke wohl, Sire.«

»Gut, dann tun Sie es.«

Bausset gehorcht, hebt Joséphine mit Napoleons Hilfe hoch und trägt sie zur Tür, die der Kaiser, einen Leuchter in der Hand, für ihn öffnet. Vom Salon führt ein dunkler Gang zur kleinen Treppe, über die man Joséphines darunterliegendes Appartement erreicht. Bonaparte übergibt den Leuchter dem »Hüter des Portefeuille«, der auf der kleinen Treppe Wache steht.

»Jacquart, leuchten Sie uns auf den Weg!«

Dann faßt er Joséphines Beine, während der Kämmerer die Kaiserin unter den Armen hält. Schon schicken sie sich an, mit ihrer Last die Treppe hinabzusteigen, da droht Bausset über seinen Säbel zu stolpern und drückt Joséphine aus Angst, sie könne ihm entgleiten, fester an sich. Zu seinem großen Erstaunen hört er die unverbesserliche Kreolin, die keinesfalls das Bewußtsein verloren hat und ihrer Natur entsprechend bloß täuschend echt die Komödie spielt, kaum hörbar zischeln: »Nicht so fest!«

Zweifellos war sie der Meinung, die Szene bedürfte der Vollständigkeit halber eines Ohnmachtsanfalles ... Sobald die Kaiserin der Obhut ihrer Frauen anvertraut ist, schleppt der Kaiser den Kämmerer mit sich ins Arbeitszimmer. In höchster Erregung marschiert er auf und ab, während sich seinen Lippen »ohne Unterlaß Worte entringen«.

Der Kämmerer hört, wie er mit vor Bewegung erstickter Stimme ausstößt: »Ach! Das ist grauenhaft ... grauenhaft ... Die Interessen Frankreichs und meiner Dynastie haben mein Herz vergewaltigt. Die Scheidung ist für mich eine absolute Pflicht. Ich bedaure sie aus ganzer Seele. Ich glaubte, ich hätte mehr Charakterstärke. Auf die Ausbrüche ihres Schmerzes war ich nicht vorbereitet ...«

Noch auf Sankt Helena denkt der Kaiser an den furchtbaren Abend zurück, erinnert sich mit folgenden Worten: »Sie war verzweifelt, legte sich zu Bett, und drei Tage litt sie, wobei sie zum Teil nur Komödie spielte und Szenen machte. Mein Entschluß aber war gefaßt. Ich hatte begreiflicherweise nur die Staatsinteressen im Auge und war demnach unnachgiebig. Joséphine konnte nicht sagen, sie habe mir ihre Jugend geopfert, wie eine Frau es gemeinhin dem Gatten vorwerfen kann. Sie war bereits Witwe und Mutter, als ich sie heiratete. Sie hatte mir keine Kinder geschenkt und konnte mir keine gebären. Corvisart (der Arzt) sagte mir, sie hätte seit unserer Hochzeit keine Regel mehr gehabt; sie habe mir diesbezüglich immer eine Komödie vorgespielt; als Kreolin sei sie schon sehr früh gereift, und überdies habe der im Gefängnis erlittene Schock seine Folgen nach sich gezogen; aus all dem möge ich mir selbst ein Bild machen.«

Und noch am selben Tag des Jahres 1820, da die Vergangenheit ihn bedrängt und er sich bei Großmarschall Bertrand das Herz ausschüttet, meint er, als wollte er sich entschuldigen: »Freilich war auch die Kaiserin nicht gänzlich ohne Schuld gegen mich. Sie sagte, ich *taugte nichts*: Ich sei impotent*. Für einen Mann ist das immer ein Armutszeugnis. Folglich, meinte sie, würde auch die Scheidung *zu nichts* führen ...«

Am folgenden Morgen läuft Joséphines »lever« in der gewohnten Weise ab. Als das Personal das Schlafzimmer der Kaiserin betritt, finden die Frauen ihre Herrin bleich und aufgelöst vor. Doch schöpfen sie keinen Verdacht und schreiben das leidende Aussehen Joséphines dem Ohnmachtsanfall vom Vortag und ihrem unruhigen Schlaf zu. Sobald die Toilette beendet ist, läßt sie Hortense rufen.

* Das französische »impuissant« kann sich sowohl auf die impotentia coeundi als auch auf die impotentia generandi beziehen. Zweifellos meinte Joséphine »zeugungsunfähig«. Doch berichten zahlreiche Zeitgenossen, daß sie häufig von der »Impotenz« des Kaisers sprach und versuchte, ihn lächerlich zu machen, um ihre eigene Stellung zu festigen. Überliefert sind diesbezügliche Gespräche Joséphines mit Napoleons Mätresse Mme. Duchâtel. (Anm. d. Übers.)

Die junge Frau eilt herbei, und nun ist es um Joséphines Fassung geschehen. Haltlos schluchzend stößt sie hervor, die Würfel seien gefallen.

»Nun, um so besser!« ruft Hortense aus, »dann verschwinden wir alle von hier, und du hast in Zukunft ein ruhiges Leben.«

»Aber ihr, meine Kinder, was wird aus euch?«

»Wir gehen mit dir, mein Bruder denkt wie ich, und zum ersten Mal im Leben, fernab der Leute und ganz unter uns, werden wir wahrhaft glücklich sein.«

Joséphine beruhigt sich ein wenig. Die Scheidung erscheint ihr erträglicher, wenn sie Hortense und Eugène bei sich hat. Und an diesem Morgen trifft Napoleon seine Frau denn auch »wie gewöhnlich hübsch und kokett herausgeputzt« an.

»Ich habe mich entschieden«, verkündet sie ihm, »ich willige in die Scheidung ein.«

Am Abend ruft der Kaiser Hortense zu sich. Auf dem Wege ins kaiserliche Arbeitszimmer ist sie entschlossen, nicht das geringste Zeichen von Schwäche zu verraten. Napoleon aber glaubt, die Stieftochter werde ihn um Gnade für die Mutter anflehen und versuchen, ihn von seinem Entschluß abzubringen; deshalb empfängt er sie »kühl und kurz angebunden«: »Sie haben Ihre Mutter gesehen. Sie hat mit Ihnen gesprochen. Mein Entschluß steht fest. Er ist unwiderruflich. Ganz Frankreich will die Scheidung; fordert sie lauthals. Seinen Wünschen vermag ich mich nicht zu verschließen. Nichts kann mich umstimmen, weder Tränen noch Bitten.«

»Sie sind Ihr eigener Herr, Sire, und können tun, was Ihnen beliebt«, antwortet Hortense »kühl und ruhig«. »Niemand wird Ihnen etwas in den Weg legen. Es genügt, daß Ihr Glück es so will; wir werden uns dem zu beugen wissen. Die Tränen meiner Mutter sollten Sie nicht Wunder nehmen. Vielmehr sollte es Sie erstaunen, wenn sie nach fünfzehnjähriger Ehe keine vergösse. Doch wird sie sich fügen, davon bin ich überzeugt, und wir alle werden von hier scheiden und die Erinnerung an Ihre Güte mit uns nehmen.«

»Während ich sprach«, erzählt Hortense, »ging in seinen Zügen, in seiner Haltung eine Veränderung vor sich. Kaum hatte ich geendet, da brach ein Tränenstrom aus seinen Augen.«

»Wie!« schreit er auf, »ihr alle verlaßt mich? Laßt mich im Stich? So liebt ihr mich denn nicht mehr? Wenn es nur um *mein* Glück ginge, würde ich es euch opfern, doch es geht um das Glück Frankreichs. Ihr solltet mich bemitleiden, da ich gezwungen bin, dies alles über mich zu bringen und Verzicht auf jene zu leisten, denen mein ganzes Herz gehört.«

Jetzt weint auch Hortense.

»Mut, Sire, den haben auch wir bitter nötig, da wir nicht mehr Ihre Kinder sein dürfen. Aber wir werden ihn aufbringen, das schwöre ich Ihnen. Wenn wir

Sie verlassen, werden wir daran denken, daß wir Ihren Hoffnungen und Plänen nicht mehr im Wege stehen.«

Vergeblich versucht Napoleon, sie eines Besseren zu belehren und zu beteuern, Joséphine werde immer »seine beste Freundin« bleiben und Eugène sein Sohn; die Königin kann nicht umhin zu wiederholen: »Sire, ich gehöre zu meiner Mutter. Sie braucht mich. Wir können nicht mehr bei Ihnen leben. Es heißt ein Opfer bringen; wir werden es tun.«

Am 5. Dezember fährt Hortense ihrem Bruder entgegen, der mit Hilfe des Chappe-Telegraphen, welcher auf der Mailänder Strecke bis Lyon funktioniert, herbeigerufen wird. In Nemours treffen sich Bruder und Schwester. Eugène steigt in den Wagen der Königin.

»Was führt uns zusammen, Gutes oder Schlechtes?« Dies ist sein erstes Wort.

»Schlechtes.«

Sogleich ahnt er alles. »Ist meine Mutter gefaßt?«

»Ja.«

»Um so besser. So werden wir denn unser Leben ruhiger beschließen, als wir es begonnen haben; doch weshalb mußte ich eine Prinzessin heiraten? Einzig meine arme Frau ist zu beklagen. Sie erhoffte sich Kronen für ihre Kinder; auf Grund ihrer Erziehung legt sie auf derlei Wert; sie glaubt, man rufe mich nach Paris, um mich zum französischen Thronerben zu erklären, aber sie wird die Enttäuschung gefaßt hinnehmen. Sie liebt mich so zärtlich und ist als Mensch so vollkommen, daß sie wohl weiß, wenn einer das Gute tut, so ist er nicht unglücklich.«

Der Kaiser empfängt Eugène unverzüglich nach dessen Ankunft in den Tuilerien und begibt sich im Anschluß an ein erstes Gespräch mit ihm zu Joséphine, wo auch Hortense wartet. In den Augen aller vier stehen Tränen. Napoleon findet sich, obwohl es ihn hart ankommt, damit ab, seine Frau zu verlieren, doch jene, die er immer als seine Kinder betrachtet hat, will er bei sich behalten. Dies erscheint sowohl Eugène als auch Hortense ein Ding der Unmöglichkeit:

»Unsere Lage wäre ungut. Meine Mutter fällt Ihnen eines Tages vielleicht zur Last. Man wird glauben, Sie hätten unsere ganze Familie verstoßen, und wird sich erlauben, uns anzugreifen. Was immer wir tun, wird uns als Intrige ausgelegt. Selbst Ihre Feinde werden uns schaden, da sie sich als unsere Freunde ausgeben werden, und Ihnen ungerechtfertigten Verdacht einflößen. Es ist besser, wenn wir einen Schlußstrich ziehen und gehen. Weisen Sie uns einen Ort zu, wo wir fernab des Hofes und seiner Intrigen unserer Mutter helfen können, ihr Unglück zu ertragen.«

Da findet der Kaiser endlich das Argument, das ihren Widerstand bricht: »Eugène, wenn ich in Ihrem Leben eine Rolle spielen durfte, wenn ich Ihnen ein Vater war, dann lassen Sie mich nicht im Stich. Ich brauche Sie. Ihre

Schwester kann mich nicht verlassen. Sie ist ihren Kindern, meinen leiblichen Neffen, verpflichtet. Was ihr vorhabt, geht gegen den Wunsch eurer Mutter. Mit all euren übertriebenen Ideen stürzt ihr sie ins Unglück. Denkt, möchte ich sagen, an die Nachwelt. Bleibt, wenn ihr nicht wollt, daß es dereinst heißt: Die Kaiserin wurde verstoßen, verjagt; vielleicht verdiente sie es. Spielt sie nicht eine würdigere Rolle, wenn sie noch bei mir bleibt, wenn sie ihren Rang und ihre Würden behält, beweisen kann, daß es sich um eine Trennung rein politischer Natur handelt, die sie selbst wollte, wenn sie schließlich weiteres Anrecht auf die Wertschätzung, die Achtung, die Liebe einer Nation erwirbt, um deretwillen sie sich opfert?«

Eugène und Hortense willigen ein, zu bleiben und ihre Rolle weiter zu spielen, er als Vizekönig von Italien, sie als Königin von Holland, zumindest für den Augenblick, denn schon ahnt die arme Frau, deren Martyrium an der Seite ihres Gatten immer unerträglicher wird, daß auch auf sie die Scheidung wartet, freilich aus völlig anderen Gründen. Im übrigen ist Louis bereits seit dem 1. Dezember in Paris, um der »Hinrichtung der Beauharnais« beizuwohnen, doch ist er zu Hortenses großer Freude nicht in der Rue Cerutti, sondern bei Mme. Laetitia abgestiegen. Was der Königin erlaubt, ihrer Mutter nicht von der Seite zu weichen.

»Da das Opfer beschlossen war«, schreibt Hortense später, »mußte es nur noch gelitten werden.«

Doch dauert Joséphines Leidensweg noch bis zum 15. Dezember an, dem Tag, der für die Vollstreckung des Urteils ausersehen ist.

Als wüßte niemand um der Kaiserin Martyrium, dauern die rauschenden Feste bei Hof an. Der bei Napoleon versammelte Fürstenflor, die Könige von Sachsen, Westfalen, Württemberg und Neapel, wollen gefeiert sein.

Am 10. Dezember, einem Sonntag, begibt sich die Legislative in die Tuilerien. Und da endlich spricht der Kaiser offiziell von seinen Intentionen. »Frankreich«, sagt er, »braucht eine gemäßigte, doch starke Monarchie. Ich und meine Familie sind bereit, der Nation zu opfern, was unseren Herzen am teuersten ist.«

Der entscheidende Schritt ist getan.

Am 11. gibt Berthier ein Fest zu Ehren der ausländischen Souveräne. Als Joséphine im Schloß eintrifft, sind bereits alle zur Jagd aufgebrochen. Einzig ein Adjutant empfängt sie, als sie aus dem Wagen steigt, und bietet ihr den Arm. Da begreift Joséphine, daß sie schon nicht mehr zählt, nicht mehr vorhanden ist. So tief ist die Demütigung, daß sie ihren Gefühlen nicht mehr gebieten kann. Der junge Offizier sieht die Augen seiner Kaiserin verräterisch glänzen und stammelt ein paar Worte der Anteilnahme, die ihm das Erbarmen mit der Unglücklichen entreißt. Daran klammert sich Joséphine, dringt in ihn: »Nicht wahr? Was auch immer geschehen mag, *Sie* vergessen mich nicht. Was auch immer geschieht, nicht wahr?«

Dann steigt sie wieder in den Wagen, fährt der Jagdgesellschaft nach. Ihre Augen röten sich immer auffälliger, doch schreibt man dies in geheimem Einverständnis der Rolle zu. Beim Diner sind ihre Augenlider so geschwollen, daß Napoleon einen Skandal zu fürchten beginnt und mit falscher Fröhlichkeit ausruft: »Man möge sich amüsieren! Ich will weder Zwang noch Etikette! Hier sind wir nicht in den Tuilerien!«

Berthier nähert sich mit untertänigem Grinsen. Gewiß, man werde lachen, sich schütteln vor Lachen. Er habe die Truppe aus dem Variété-Theater für heute abend engagiert, man spiele *Cadet-Roussel, der Vortragskünstler,* ein Stück von Aude mit Brunet in der Hauptrolle. Seit einem Jahr schon triumphiere es auf den Boulevards und behaupte sich immer noch auf dem Spielplan.

Die Vorstellung beginnt, und die Zuschauer vermeinen bald auf glühenden Kohlen zu sitzen. Unaufhörlich versichert der Held des Stückes, er wolle sich scheiden lassen, »um für Nachkommenschaft zu sorgen«.

»Es ist schmerzlich für einen Mann wie für mich«, erklärt er, »niemanden zu haben, dem er das Erbe seines Ruhmes übertragen kann. Gewiß ja, ich lasse mich scheiden, um ein junges Weib zu nehmen, mit dem ich Kinder haben kann.«

Die peinlichst berührten, vor Entsetzen wie gelähmten Zuschauer werden hierauf Zeugen einer plötzlichen Sinnesänderung des »Vortragskünstlers«: »Freilich, wie meine Frau ist, weiß ich wohl, nicht aber, wie die andere sein wird.«

Berthier als einziger bemerkt nicht, welch gigantischen Faux-pas er mit der Wahl des Stückes begangen hat. Unaufhörlich stößt er — getreu der Weisung des Kaisers, man möge sich »amüsieren« — ein brüllendes Gelächter aus. Napoleon durchbohrt ihn mit Blicken, und da endlich begreift er und beginnt, wie dies seine Gewohnheit ist, »sich die Nägel bis aufs Blut abzukauen«.

Joséphine »konnte kaum mehr an sich halten« . . .

»Seit wann spielt man das Stück in Paris?« fragt der Kaiser Berthier.

»Seit einem Jahr, Sire.«

»Mit Erfolg?«

»Unwahrscheinlichem Erfolg.«

»Das ist ärgerlich. Hätte ich es gekannt, so hätte ich es verboten. Es scheint, die Herren Zensoren lassen es sich angelegen sein, nichts als Blödsinn zu machen.«

Der Erzkanzler Cambacérès, der Minister des Kaiserhauses Maret und der Staatsminister Regnault de Saint-Jean-d'Angély — der die Funktionen eines Standesbeamten für die Mitglieder der kaiserlichen Familie erfüllt — mühten sich um die Vorbereitung der offiziellen Zeremonie. Artikel 7 des kaiserlichen Statuts führte aus, daß »den Mitgliedern des Kaiserhauses, gleichgültig welchen Geschlechts und welchen Alters, die Scheidung untersagt« sei, doch hielt man sich mit derlei

Details gar nicht erst auf, »gehörten sie doch eher dem politischen als dem Zivilrecht an«. Zur Regelung der Angelegenheit wollte man eine feierliche Sitzung einberufen, in deren Verlauf Napoleon und Joséphine in Anwesenheit des gesamten Kaiserhauses ihren Entschluß bekanntgeben würden, den die Minister hierauf nur mehr zu Protokoll nehmen mußten.

Im Zuge der Vorbereitungen hatte sich Graf Regnault de Saint-Jean-d'Angély, dem die Aufgabe zukam, den künftigen Rang der Verstoßenen zu definieren, in den Archiven vergraben, um nach einem Präzedenzfall zu forschen. Dabei stieß er auf die »heilige« Johanna von Frankreich, die von ihrem Gatten Ludwig XII. hinter Klostermauern vergessen wurde – eine Lösung, die für die Exkaiserin nicht in Frage kam. Ferner entdeckte der »Familienminister« die Königin Margarete von Navarra, erste Gattin Heinrichs IV. und unter dem Namen »Margot« populär, der man nicht nur das Kloster erspart, sondern sogar erlaubt hatte, der Krönung ihrer Rivalin Maria von Medici beizuwohnen.

Auch dies schien kein gangbarer Weg. Und so zog sich Saint-Jean-d'Angély aus der Affäre, indem er dem Kaiser riet, er möge selbst eine Entscheidung treffen, da »die Lösungen je nach Epochen und die Bräuche je nach Herrscherhäusern verschieden seien«.

So ward das Urteil verkündet:
Die kaiserliche Familie wird für den 14. Dezember, um 9 Uhr abends, einberufen. Über Paris geht ein Wolkenbruch nieder. Der Sturm braust um die Dächer. Joséphine sitzt in ihrem Schlafzimmer am Toilettentisch und wirft, während man sie frisiert, von Zeit zu Zeit einen Blick auf das verhängnisvolle Manuskript der Rede, die sie jetzt während der Zeremonie halten soll. Doch die Worte verschwimmen ihr vor den Augen. Im übrigen hat sie selbst den von Cambacérès und Maret konzipierten, kühlen und leidenschaftslosen Text, den man heute noch im Pariser Nationalarchiv lesen kann, abgeändert. Sie weigert sich zu erklären, daß sie »voll Bitterkeit« das Opfer bringe, das man von ihr verlange. Nein! »Stolz« – wolle sie es vollbringen, »zum Wohl des Vaterlandes«.

Im Thronsaal drängen sich bereits die Großoffiziere der Krone und die Fürsten des Kaiserreiches, welche folgende Einberufung erhalten haben: »Ich habe die Ehre, Eurer Exzellenz mitzuteilen, daß der Kaiser wünscht, Exzellenz mögen sich heute, Donnerstag, den 14. Dezember, um 9 Uhr abends, im *Palais des Tuileries* im Thronsaal einfinden.«

Man meldet Ihre kaiserliche Hoheit die Kaiserinmutter . . . Ihre Majestäten den König und die Königin von Holland . . . Ihre Majestäten den König und die Königin von Westfalen . . . Ihre Majestäten den König und die Königin von Neapel . . . Ihre Majestät die Königin von Spanien . . . Seine kaiserliche Hoheit Eugène, Vizekönig von Italien . . . Ihre kaiserlichen Hoheiten Fürst und Fürstin

Borghese. Einzig Joseph, der König von Spanien, konnte der Einladung nicht Folge leisten. Alle nehmen im großen Kabinett Platz und harren der Verurteilten. Die Bonapartes strahlen in eitler Siegesfreude. Die Beauharnais aber kämpfen mit den Tränen.

Kurz nach Napoleon erscheint Joséphine. Sie durchschreitet den Thronsaal und betritt das Kabinett. Ihre Aufmachung ist äußerst einfach: ein weißes Kleid, ein Band im Haar, kein einziges Schmuckstück. »Sie ist bleich, doch gefaßt« und stützt sich auf den Arm von Königin Hortense, die ihr entgegengeeilt ist. Eugène steht neben dem Kaiser, mit überkreuzten Armen, und bebt so heftig, daß man befürchtet, er werde jeden Augenblick zu Boden stürzen.

Napoleon erhebt sich.

»Sie wurden hier versammelt, um den Beschluß zu hören, den zu fassen die Kaiserin und ich gezwungen waren. Wir trennen uns. Gott allein weiß, wie schwer ich meinem Herzen einen solchen Entschluß abgerungen habe. Doch gibt es kein Opfer, das ich nicht über mich brächte, wenn man mir beweist, daß es dem Wohle Frankreichs dient. Ich muß hinzufügen, daß ich niemals im geringsten über meine Gattin zu klagen hatte, daß ich mich im Gegenteil nur glücklich schätzen kann ob der Liebe und Zärtlichkeit meiner innigstgeliebten Gemahlin: Sie hat fünfzehn Jahre meines Lebens verschönt; die Erinnerung daran bleibt auf immer in meinem Herzen eingegraben...«

Joséphine beginnt mit der Verlesung des Textes, den sie selbst vorbereitet hat: »Mit der Erlaubnis Unseres erhabenen und geliebten Gemahls... muß ich erklären, daß...«

Doch bringt sie die folgenden Worte, die ihre Unfruchtbarkeit betreffen, nicht über die Lippen, Schluchzen erstickt ihre Stimme, und sie reicht das Blatt Papier dem Grafen Regnault de Saint-Jean-d'Angély. Der Staatssekretär fährt in der Verlesung der Erklärung fort: »... muß ich erklären, daß ich, fürderhin jeglicher Hoffnung auf Kinder beraubt, welche die Bedürfnisse seiner Politik befriedigen und den Interessen Frankreichs dienen können, mich bestimmt sehe, ihm den größten Beweis der Liebe und der Ergebenheit zu erbringen, der jemals auf Erden erbracht wurde. Alles, was ich habe, verdanke ich seiner Güte: seine Hand hat mich gekrönt, und auf diesem Throne wurden mir die Beweise der Zuneigung und der Liebe des französischen Volkes zuteil. Ich glaube, mich dieser Gefühle würdig zu erweisen, wenn ich der Auflösung einer Ehe zustimme, die fürderhin dem Wohle Frankreichs nur hinderlich ist, die Frankreich das Glück vorenthält, dereinst von den Nachfahren des großen Mannes regiert zu werden, den die Vorsehung so offensichtlich dazu auserkoren hat, die Schrecken einer furchtbaren Revolution zu bannen und Altar, Thron und soziale Ordnung wieder erstehen zu lassen. Doch ändert die Auflösung meiner Ehe nichts an den Gefühlen meines Herzens; in mir wird der Kaiser immerdar seine beste Freundin haben. Ich weiß, wie weh dieser von der Politik diktierte Schritt seinem Herzen tat: doch beide sind wir stolz auf dieses Opfer, das wir zum Wohl des Vaterlandes vollbringen.«

Der Kaiser verharrt regungslos, statuengleich, seine Augen sind starr, sein Blick verloren. Cambacérès spricht ein paar inhaltslose Worte, und dann schreitet man zur Unterzeichnung.

Der Kaiser signiert als erster, verleiht seinem Namen mit einem wild gezogenen Federstrich erdrückendes Gewicht. Unter diesem Querstrich, den Schranken, den der Kaiser über das Blatt geschleudert hat, kritzelt Joséphine ihren Vornamen, als begebe sie sich in den Schutz der kaiserlichen Gewalt. Laetitia schreibt einfach *Madame*, dann wandert die Feder zu Louis, Jérôme, Eugène, dessen komplizierte Schnörkel eines Buchhalters würdig sind, Julie, Hortense, Katharina, Jérômes Frau, Pauline und schließlich Caroline. Die Paraphe von Saint-Jean-d'Angély, der nach Cambacérès als letzter unterzeichnet, ist ebenso lang wie jene des Kaisers.

Es ist vollbracht.

Napoleon ist eben erst zu Bett gegangen, da betritt Joséphine sein Schlafzimmer, mit wirrem Haar und »völlig verstörtem Gesicht«. Schwankenden Schritts geht sie auf ihn zu, hält inne, weint »herzzerreißend«. Constant, welcher Zeuge der Szene ist, sieht sie auf das Bett niederstürzen und die Arme um den Hals des Kaisers schlingen. Auch aus seinen Augen tropfen dicke Tränen. Er umarmt sie, drückt sie fest an sich, wiederholt ein ums andere Mal: »Na, meine gute Joséphine, sei doch vernünftig! Vorwärts, Mut, Mut, ich werde immer dein Freund sein.«

Von Schluchzen erstickt, bleibt sie stumm. Da plötzlich merkt Napoleon, daß Constant immer noch anwesend ist.

»Gehen Sie, Constant...«

Er gehorcht.

Eine Stunde später sieht er Joséphine den Raum verlassen; sie weint immer noch. Mit den Bewegungen einer Marionette lenkt sie die Schritte auf ihr Schlafzimmer zu, wo sie ihre letzte Nacht als Kaiserin verbringt.

Die Vollstreckung

Freitag, den 15. Dezember, regnet es immer noch. Von Saint-Roch schlägt es zwei. Dies ist die Stunde, da das Urteil vollstreckt werden soll: die Stunde der Abreise nach Malmaison.

Im Hof umschwirrt das Gesinde aufgeregt Lastkarren und Wagen. Der Auszug entbehrt einer gewissen exotischen Note nicht, die einer Kreolin würdig ist: Der Lieblingspapagei der Kaiserin krächzt in seinem Käfig, und auf dem Pflaster tummelt sich ein Pärchen Straßburger Wolfshunde mit seinen Welpen ... Just zu dieser Zeit muß der Kaiser eine Parade abnehmen, von der Place du Carrousel aus sieht die Menge die Reisevorbereitungen und den Auszug der Kaiserin mit an ...

Wie steht es um die Kaiserin?

Qualvoll ist dieser letzte Vormittag. Sie sieht ihren Frauen beim Packen zu. Hortense und Eugène sind bei ihr. Seit dem frühen Morgen schon irrt sie ruhelos in ihrem Appartement umher, dieser Suite, die erst zu Jahresbeginn neu ausgestattet worden ist, diesen Räumen, wo bald eine andere Herrin, die künftige Kaiserin, gebieten wird. Bei diesem Gedanken weint sie um so heftiger, und schluchzend wirft sie sich in Napoleons Arme, als dieser mit Méneval über die Geheimtreppe herabsteigt. Er küßt sie wiederholt und »sehr zärtlich«.

Sie verliert das Bewußtsein, und diesmal ist ihre Ohnmacht nicht gespielt ...

Als Joséphine wieder zu sich kommt, ist der Kaiser durch die Salons des Erdgeschosses geflohen. Einzig Méneval, dem die Situation offensichtlich und mit gutem Grund peinlich ist, harrt bei ihr aus. Die Verstoßene will wissen, ob der Kaiser schon nach Trianon gefahren ist. Méneval glaubt es. In Wahrheit wird er die Tuilerien erst zwei Stunden später verlassen ... Er möge ihr wenigstens schreiben, wenn er angekommen ist. Er möge ihr häufig schreiben! Der Sekretär solle ihm von Joséphine erzählen! Ach ja, und dies möge der liebe Méneval ihm bestellen und jenes ausrichten ... Sie könne doch auf ihn zählen, nicht wahr? Sie treibt ihn in die Enge, bestürmt ihn, kann sich einfach nicht von ihm trennen, ist er doch die letzte Brücke, die letzte Verbindung zu Napoleon. Dennoch heißt es Abschied nehmen, sich losreißen, jene Tür durchschreiten, »jenseits derer sie nichts mehr sein wird« ... nichts mehr als eine Kaiserin dem Titel nach.

Es ist so weit.

Tief verschleiert, ein Taschentuch in der Hand, von Hortense begleitet, auf den Arm von Mme. d'Arberg gestützt, durchschreitet sie den Salon, wo sich die Damen drängen, die ihre Tränen nicht zurückhalten können, dann den Salon, »wo sich alle jene eingefunden haben, welche nicht durch Dienstrücksichten daran verhindert sind«. Sie stimmen, wie Constant sagt, »ein Konzert von Wehklagen an«, doch Joséphine wirft keinen Blick zurück und schreitet hinaus in den Hof, den der Regen überflutet.

Dort erwartet sie der »Opal«, ein hoher und über und über vergoldeter Wagen, den der Kaiser selbst auf diesen Namen getauft hat. Ihm, dem Abergläubischen, ist der Opal der »Stein des Unglücks und der Hoffnung«... Auf den Wagenschlägen leuchten die überladenen Wappen des französischen Empire. Wie hoch doch dieser Wagen ist! Die kleine, vierstufige Treppe, die als Trittbrett dient, senkt sich. Vier Stufen, nicht viel weniger als zum Schafott! Hinter den Vorhängen verborgen, mag der Kaiser von einem Fenster aus die Abfahrt mitansehen...

Ungeachtet des Titels, den er ihr gelassen hat, ist sie nicht mehr Kaiserin. Nichts mehr ist sie als ein Name in diesem Staat... Und dieser Gedanke läßt sie während der ganzen Fahrt, auf dieser Straße, die sie so oft mit ihm zurückgelegt hat, herzzerreißend schluchzen. Jetzt muß sie für immer fern von ihm leben! Gewiß, was sie für »Bonaparte« empfand, war Zuneigung, Zärtlichkeit, heute aber hält sie ihre Gefühle für Liebe. Und in diesen schweren Stunden stürmen die Erinnerungen auf sie ein.

Noch immer hat der Himmel seine Schleusen nicht geschlossen, als sie in Malmaison anlangt. Seit Paris hat sie geschwiegen, jetzt aber sagt sie zu Hortense: »Wenn er glücklich wird, bereue ich nichts.«

Blind von Tränen ist sie, als sie aus dem Wagen steigt. Hier erinnert sie alles an die Vergangenheit, an die glücklichen Stunden des Konsulats, da sie ihr Herz für »Bonaparte« entdeckte und den Hanswurst Charles zu vergessen begann... Rund um sie hat die große Flucht eingesetzt. Der erste Almosenier, eine Ehrendame und die Palastdame desertieren, und tags darauf sieht sich der Großmarschall gezwungen, die Wankelmütigen zur Ordnung zu rufen und daran zu erinnern, daß bis zum 1. Januar der Dienst bei Ihrer Majestät, der Kaiserin Joséphine, keine Veränderung erfahre. Nur zwei Besuche stellen sich ein: Königin Hortense in Begleitung ihrer Damen und die Herzogin von Ragusa, Mme. Marmont. Die Damen tragen Beileidsmienen zur Schau. Gesenkten Blicks, das Taschentuch griffbereit, ergehen sie sich in Worten der Anteilnahme. Und Joséphines Tränen fließen um so heftiger...

Auguste liebt ihren Mann – wie sie Joséphine am 7. Dezember geschrieben hat – »viel mehr als sich selbst« und bringt der Schwiegermutter eine aufrichtige Zuneigung entgegen. In Mailand geblieben, kann sie den Schmerz der Kaiserin und die Seelenqualen des Gatten nachfühlen. »Ich vergegenwärtige mir Deine traurige Lage«, schreibt sie Eugène, »und wenn ich auch sehr weit bin, so sehe ich doch die Freude auf den Gesichtern jener, die uns so viel Böses angetan haben.« Als sie diese Zeilen schreibt, glaubt sie immer noch, ihr Mann müsse auf sein Vizekönigtum verzichten, und als wahre Corneillesche Heroine fügt sie hinzu: »Aus der Liste der Großen gestrichen, wird man uns auf jene der Glücklichen setzen, ist dies nicht besser so? Glaube nicht, daß ich mich entmutigen lasse. Nein, mein Eugène, mein Mut ist stark wie der Deine, und ich will Dir beweisen, daß ich würdig bin, Deine Frau zu sein.«

Auguste käme wohl nicht auf den Gedanken, daß Napoleon am Tage nach Joséphines Auszug die Grausamkeit besaß, von Eugène zu verlangen, er möge den Senatoren die Gründe für den Senatsbeschluß erläutern, den man von ihnen erwartete, um die Ehe des Kaisers zu lösen.

Am 16. Dezember um 11 Uhr morgens ersteigt Eugène klopfenden Herzens vor den zeremoniell gekleideten Senatoren und den Königen von Westfalen und Neapel – Murats Lippen umspielt ein hämisches Grinsen – die Tribüne.

»Sie haben eben die Verlesung des Entwurfes zum Senatsbeschluß, über welchen Sie abstimmen sollen, gehört. Bei dieser Gelegenheit halte ich es für meine Pflicht, den Gefühlen, welche meine Familie bewegen, Ausdruck zu verleihen. Wir, meine Mutter und ich, verdanken dem Kaiser alles. Den Kindern der Kaiserin war er ein wahrer Vater; in uns wird er immerdar den Gefühlen leiblicher Kinder begegnen.

Vierzig Jahre alt und in der Vollkraft der Reife, Begründer einer Dynastie, eingesetzt auf den Thron auf Grund der Wohltaten, die er dem Volk erwies, und der mannigfachen Wunder, die er wirkte, soll er, dem inbrünstigen Wunsch Frankreichs gehorchend, im Kreise direkter Nachkommenschaft altern, jener Nachkommenschaft, die einzig seinen Thron, von welchem dem Vaterland schon so viel Gutes kam, zu sichern vermag und Glück und Ruhm zu verbürgen für die Zukunft.

Da es nun erwiesen ist, daß die Bande, welche den Kaiser mit meiner Mutter vereinen, diesem Bedürfnis der Politik und des Staates nicht Genüge tun können, stimme ich als erster dem Entschluß Seiner Majestät zu. Ich schließe mich seinem und Frankreichs inbrünstigen Wunsch nach Söhnen an, die Beschützer unserer Kinder sein mögen ... Ich schätze mich glücklich, daß mir mein Amt als Erzkanzler des Staates, welches mir das Recht verleiht, unter Ihnen meinen Sitz einzunehmen, es mir auch erlaubte, meinen Gefühlen Ausdruck zu verleihen. Unsere Familie wird immer die des Kaisers sein, zumindest auf Grund der Zuneigung, der Ergebenheit und der Liebe.«

Dann schreitet der Senat zur Abstimmung. Mit 76 Stimmen gegen 7 – und 4 Stimmenthaltungen – wird die Ehe gelöst. Der Text des Beschlusses sieht vor, daß »Kaiserin Joséphine ihre Titel und den Rang einer gekrönten Kaiserin beibehält« und daß ihre Alimente mit einer »Jahresrente von 2 Millionen Francs aus der Staatskasse« festgesetzt werden.

Nach Auflösung der Sitzung begibt sich Eugène nach Malmaison, um seine Mutter zu informieren. Bei der Kaiserin lösen die Besucher einander ab ... eine wahre Prozession ... Ein schwaches Lächeln erhellt ihr Antlitz. So hat man sie nicht vergessen! In Trianon hat der Kaiser freilich den ganzen Tag lang unaufhörlich gefragt: »Haben Sie die Kaiserin gesehen? Mit ihr gesprochen?« Und um dem Kaiser einen Gefallen zu erweisen, besucht man die Vertriebene. Die Kaiserin sitzt unter dem Gemälde von Girodet, der große grüne Kapotthut hüllt ihr schmerzverzerrtes Gesicht in barmherzige Schatten, und mit angestrengtem Lächeln dankt sie für die Reverenzen. Verbeugt sich jedoch einer vor ihr, den sie schon aus den Zeiten des Konsulats kennt, dann bricht ihr Herz, und die Tränen fließen. Die »Sippe« freilich läßt sich nicht blicken. Kein einziges Mitglied der Familie ihres Mannes wird sie jemals wiedersehen. Nicht einmal Jérôme ...

Die frostige Nacht des 16. Dezember bricht herein. Da wirft Napoleon in Trianon plötzlich die Spielkarten hin und ruft nach einem Wagen. »Nach Malmaison!«

Der Besuch ist kurz. Ungeachtet der Kälte sitzen sie auf einer Bank im regennassen Park. Zur Begrüßung hat er sie geküßt, zum Abschied berührt er bloß mit den Lippen ihre Hand. Als er nach acht Uhr abends wieder in Trianon eintrifft, setzt er sich sogleich hin und schreibt ihr: »Meine Freundin, ich habe Dich heute schwächer angetroffen, als Du es sein solltest. Du hast Mut bewiesen und mußt ihn auch jetzt finden, um Dich aufrechtzuhalten; Du darfst Dich nicht der unheilvollen Melancholie überlassen und solltest vor allem auf Deine Gesundheit achten, die mir so am Herzen liegt. Wenn Du an mir hängst und mich liebst, mußt du beweisen, daß du stark bist und glücklich. An meiner unverbrüchlichen und zärtlichen Freundschaft darfst Du nicht zweifeln; wahrlich schlecht kennst Du alle die Gefühle, die ich Dir entgegenbringe, solltest Du annehmen, ich könnte glücklich sein, wenn Du nicht glücklich bist, und zufrieden, wenn Du nicht zur Ruhe kommst. Adieu, meine Freundin, schlafe wohl, denke daran, daß ich es will.«

Wie einfach das doch klingt! Doch ungeachtet des kaiserlichen Willens »weint« Joséphine, wie Mme. de Rémusat sagt, »ohne Unterlaß, und ihr Anblick tut einem wahrhaftig weh«. Auch der Himmel trauert, unaufhörlich fällt der Regen. In Trianon ist die Stimmung keineswegs besser. Napoleon langweilt sich, versinkt in schwärzester Melancholie, ist »mörderischer Laune« und denkt immerzu an die Abwesende. Es ist das erste und einzige Mal in seinem Leben als Monarch, daß er drei Tage lang tatenlos hinbringt. Audienzen werden abgesagt, der Ministerrat vertagt, die Korrespondenzen bleiben liegen. Nur an sie schreibt er. Jetzt spielt das Herz wieder die erste Geige! Aber es ist eine traurige Melodie, die durch das Rauschen der vom Himmel stürzenden Wasser dringt.

Sonntag, den 17., zwei Tage nach Joséphines Auszug, soupiert er mit Christine de Mathis, der blonden Italienerin aus dem Piemont, welche Pauline als aufmerksame Schwester mitgebracht und am Vortag im Petit Trianon einquartiert hat. An diesem Abend nun trifft er bei Pauline, die dem Bruder eine Abwechslung bieten will, mit ihr zusammen. Die Gefühle, die er für Mme. de Mathis hegt, bezeichnet er selbst als »kleine Freundschaft«, womit er eine oberflächliche Zuneigung meint, doch bereitet es ihm ausgesprochenes Vergnügen, die Nächte mit der mehr als üppigen Piemonteserin zu verbringen. Das einzige, was er ihr vorwirft, ist das »Fehlen jeglicher Begierde«.

Doch auch über der barocken Fülle der Italienerin vergißt er die Verstoßene nicht, und am 19. sendet der Kaiser, ehe er zur Jagd auf das Plateau von Satory zieht, Savary zur Erkundigung aus. Was Savary hinterher zu berichten weiß, ist alles andere denn erfreulich. So setzt der Kaiser sich hin und schreibt an Joséphine: »Savary berichtet mir, Du weintest immerzu: Das ist nicht recht. Ich hoffe, Du konntest heute ausfahren. Ich habe Dir Wildpret von der Jagd geschickt. Wenn Du mir sagst, daß Du vernünftig bist und wieder guten Muts, dann komme ich Dich besuchen. Adieu, meine Freundin; heute bin ich traurig; ich muß eben wissen, daß Du zufrieden bist und Dich gänzlich erholst. Schlafe gut!«

Schlafe gut!

Die ganze Nacht lang schließt sie kein Auge und verbringt hierauf einen »bejammernswerten Vormittag«, wie Mme. de Rémusat an ihren Gatten, der sich beim Kaiser in Trianon befindet, schreibt: »Sie empfängt Besuche, die ihre Wunden neuerlich aufreißen, und sooft irgendeine Nachricht vom Kaiser eintrifft, bekommt sie ihre fürchterlichen Zustände.« Die Palastdame meint denn auch, man solle dem Kaiser nahelegen, »sich in den Ausdrücken seines Bedauerns zu mäßigen«, wenn er an die Exgattin schreibt. Zweifellos betreue Mme. de Rémusat die Kaiserin nach bestem Wissen und Gewissen, doch Joséphine leide darum nicht weniger. Sie sei »sanft, kränklich, anschmiegsam, ganz so, daß es einem das Herz aus der Brust reißt«. Wenn der Kaiser nun an ihre Gefühle appelliere, so »verschlimmere er ihren Zustand«, obwohl man anerkennen müsse, daß er, wie die Palastdame bemerkt, »bei all dem Jammer eigentlich kein Wort zu viel verliert«.

Als es einmal kurz zu regnen aufhört – denn die Wolkenbrüche halten immer noch an –, schleppt Mme. de Rémusat die arme Frau in den Park, »um zu versuchen, sie körperlich zu ermüden und ihren Geist zu entspannen«. Joséphine läßt es geschehen. »Ich sprach zu ihr, stellte ihr Fragen ... sie war in allem willig, verstand meine Absicht und schien mir bei all ihren Tränen Dank zu wissen.« So geht eine Stunde hin, dann hört Mme. de Rémusat sie murmeln: »Manchmal scheint mir, ich sei tot und nichts mehr sei mir geblieben als die Fähigkeit, ganz undeutlich zu fühlen, daß ich nicht mehr bin.«

Und Mme. de Rémusat bestürmt ihren Mann, er möge dem Kaiser nahelegen, Joséphine nur »Ermutigendes« zu schreiben und vor allem »nicht des Abends«, denn dies bereite ihr »furchtbare und grauenvolle Nächte«.

Auch Eugène versucht auf seine Art, die Mutter zur Vernunft zu bringen. Vergeblich. Und doch schreibt er Auguste, seiner Meinung nach »werde die Kaiserin in ihrer neuen Position glücklicher als zuvor«. »Und wir mit ihr!« fügt er in schöner Aufrichtigkeit hinzu.

Freitag, den 22. Dezember 1809, empfingen Cambacérès und der Kultusminister – denen die ganze Sache unendlich peinlich war – vier geistliche Würdenträger, die sich ebenso unbehaglich fühlten wie die kaiserlichen Beamten. Die vier Priester waren ihrerseits eine Art Beamte und gehörten dem Pariser Diözesanoffizialat an, dem Tribunal, zu dessen Agenden die Nichtigkeitserklärung von Ehen gehörte und an das sich Napoleon – als wäre er einer seiner Untertanen – gewandt hatte, um die Bande, welche ihn vor Gott mit Joséphine einten, lösen zu lassen.

Nur zu sehr waren sich die sechs hohen Herren im Klaren darüber, daß ihnen eine mehr als heikle Aufgabe gestellt wurde, und dementsprechend war auch ihre Laune...

Dem Erzkanzler und dem Kultusminister saßen die beiden Offiziale – der Bischof von Lüttich, François-Antoine Lejeas, und der Kanonikus Pierre Boilesve – sowie die beiden Promotoren – die Hochwürden Corpet und Henry Rudemare – gegenüber. Letzterer, der ehemalige Vikar von Saint-Germain-l'Auxerrois und künftige Pfarrer von Notre-Dame-des-Blancs-Manteaux, hat die Szene überliefert...

Cambacérès eröffnete das Gefecht mit folgenden Worten: »Der Kaiser kann von Kaiserin Joséphine kein Kind erhoffen. Doch kann er als Begründer einer neuen Dynastie auch nicht auf die Hoffnung verzichten, einen Erben zu hinterlassen, der die Ruhe, den Ruhm und die Integrität des von ihm geschaffenen Reiches sichert. Er trägt sich mit der Absicht, sich wieder zu verheiraten, und will eine Katholikin ehelichen; doch muß zuvor seine Ehe mit Kaiserin Joséphine annulliert werden, und meine Absicht ist es nun, den Fall zur Untersuchung und Entscheidung dem Offizialat zu übergeben.«

Cambacérès' Absicht war von dem bündigen Satz inspiriert, den Metternich an den österreichischen Botschafter in Paris geschrieben hatte: »Seine Majestät – Kaiser Franz – wird niemals in eine Heirat einwilligen, die mit den Auffassungen unserer Religion nicht konform ist.«

Dieser Satz beweist, daß Napoleon sich in Anbetracht der mangelnden Bereitwilligkeit des Zaren, seine Schwester dem Franzosen zur Frau zu geben, für die »österreichische Heirat« entschieden hatte. Doch war einzig der Papst befugt, die ehelichen Bande gekrönter Häupter zu lösen. Als Ludwig XII. – unter dem Vorwand, die Ehe sei nicht vollzogen worden – seine Verbindung mit der armen Johanna von Frankreich zerbrechen wollte, hatte er sich an Alexander VI. gewandt. Desgleichen bedurfte Heinrich IV. der Hilfe Klemens' VIII., um die Königin »Margot« verstoßen zu können, wozu er die vielfältigsten Gründe ins Treffen führte. Als die vier Geistlichen nun offiziell das Ansinnen des Kanzlers erfahren, rufen sie denn auch wie aus einem Munde aus:

»Diese *Causa* gehört zu jenen, die, wenn auch nicht *de jure*, so doch *de facto* dem Oberhaupt der Kirche vorbehalten sind.«

»Ich bin nicht ermächtigt«, antwortet Cambacérès kühl, »mich an Rom zu wenden.«

»Es ist nicht nötig«, gab Abbé Rudemare zurück, »sich nach Rom zu wenden, um die Entscheidung des Papstes einzuholen; Seine Heiligkeit ist in Savona.«

Der Abbé warf den Fehdehandschuh hin. Denn jedem war bekannt, daß sich Pius VII. einzig deshalb in Savona und nicht in Rom aufhielt, weil Napoleon ihn von Gendarmen hatte entführen und dorthin verschleppen lassen... Vom Papst war gewiß keine Entscheidung zu erwarten. Der Gefangene war nicht gewillt, seinem Kerkermeister einen Dienst zu erweisen. Den Gegebenheiten der Diplomatensprache gemäß, begnügt sich Cambacérès mit einer ausweichenden Antwort:

»Ich bin auch nicht beauftragt, mit dem Papst zu verhandeln.« Und dann fügte er, ohne sich auf nähere Einzelheiten einzulassen, hinzu: »In Anbetracht der gegenwärtigen Umstände ist dies unmöglich.«

Abbé Rudemare hatte plötzlich einen Einfall: »*Monseigneur*, in Paris gibt es eine Reihe von Kardinälen, denen man die Sache unterbreiten kann.«

»Hier sind sie nicht zur Rechtsprechung befugt«, antwortete trocken der Erzkanzler.

»Doch gibt es hier eine gemischte Kommission von Kardinälen, Erzbischöfen und Bischöfen, welche die Agenden der Kirche wahrnehmen.«

»Sie sind kein Tribunal«, gab Cambacérès zurück. »Wohl aber ist die Offizialität eines und eingesetzt, um über derlei Rechtsfälle zu erkennen.«

»Gewiß, Fürst, unter Privatleuten; doch erlaubt es der allerhöchste Rang der Causa führenden Parteien der Offizialität nicht, sich als kompetentes Tribunal zu betrachten.«

»Weshalb denn nicht?« rief Cambacérès ungeduldig aus. »Steht es Seiner Majestät etwa nicht frei, sich an ein Tribunal zu wenden, welches aus seinen Untertanen besteht und mit seinen Untertanen befaßt ist? Wer kann Majestät dieses Recht streitig machen?«

»Seine Majestät«, mußte Abbé Rudemare beipflichten, »kann es so halten, doch geht dies dermaßen gegen die Gepflogenheiten, daß wir uns das Richteramt nicht anmaßen können, außer, das Komitee befindet über unsere Kompetenz. Da wir jedoch bereit sind, alles in unserer Macht Stehende zu tun, um Seiner Majestät unsere Ergebenheit zu bezeugen, können wir nicht umhin, jedwede Schritte zu unternehmen, um uns in unserer Verantwortung abzusichern und unser Gewissen zu beruhigen. Mit dieser Angelegenheit befaßt, bieten wir der Welt, den Engeln und den Menschen ein Schauspiel.«

»Aber wir wollen doch nicht«, gab Cambacérès mit Recht erschrocken zurück, da die geistlichen Herren »der Welt ein Schauspiel« in Aussicht stellten, »wir wollen doch nicht, daß diese Affäre in die Öffentlichkeit dringt und die englischen Zeitungen sich ihrer bemächtigen. Alle Schriftstücke werden in der Kassette seiner Majestät unter Verschluß gelegt, und wir erwarten von Ihnen die allerstrengste Geheimhaltung.«

Höchste Zeit, zum Thema zu kommen: Welche Gründe führten der Kaiser und die Kaiserin ins Treffen?

Um die Geistlichkeit aus der Reserve zu locken, verlas Cambacérès den Entwurf des kaiserlichen Ansuchens: Napoleon forderte die Annullierung einer Ehe, die in Abwesenheit eines Priesters – des Pfarrgeistlichen – und von Zeugen geschlossen worden war.

»Aber weiß denn nicht ganz Paris«, bemerkte einer der Abbés, »daß die kirchliche Eheschließung formal gültig vollzogen wurde?«

Worauf Cambacérès erklärte, »Seine Majestät habe Samstag, den 1. Dezember 1804, am Vortag vor der Krönung, in Voraussicht des sich heute Ereignenden, der Segnung seiner Ehe durchaus nicht zustimmen wollen, doch am Ende, von den Bitten der Kaiserin zermürbt, dem Kardinal Fesch befohlen, ihnen den ehelichen Segen zu erteilen, was der Kardinal im Schlafzimmer der Kaiserin tat, ohne Zeugen und ohne Pfarrer.«

Verblüfft verlangte Rudemare den Akt über diese Geheimzeremonie zu sehen.

»Es gibt keinen Akt«, antwortete der Erzkanzler.

»Und besitzen Sie die Taufurkunde des Kaisers?«

»Ich besitze sie nicht.«

»Doch ist dies eine der Unterlagen, die wir uns laut Vorschrift verschaffen müssen.«

»Verschaffen kann ich sie Ihnen nicht, aber gesehen habe ich sie«, erklärte Cambacérès, der ein derartiges Dokument gewiß nie im Leben zu Gesicht bekommen hatte, »doch scheint mir, das Wort eines Fürsten müßte Ihnen genügen. Wir wünschen, daß die Sache prompt erledigt werde und wir so bald als möglich den Bescheid des Tribunals erhalten.«

Worauf die vier Abbés verlangten, ihre allfällige Kompetenz möge von einem beim Kardinal versammelten Komitee überprüft werden. »Dann«, schreibt Abbé Rudemare in seinem Bericht, »trennte man sich.«

Am 3. Januar traten ein Erzbischof und vier Bischöfe unter dem Vorsitz von Kardinal Maury, Erzbischof von Montefiascone und Corneto, und Kardinal Caselli, Bischof von Parma, zusammen. Einstimmig und »untertänig« erklärten die Kirchenfürsten, die zwischen Seiner Majestät dem Kaiser und König und Ihrer Majestät der Kaiserin Joséphine geschlossene Ehe sei »null und nichtig«. Worauf sie sich die Hände in Unschuld wuschen und die unangenehme Sache einfach dem Diözesanoffizialat zuschanzten: »Diese Causa fällt unter die gewöhnliche Kompetenz des Diözesanoffizialats.«

Mit diesem Bescheid, »der nichts über die zu verfolgende Verfahrensweise aussagte«, wie Rudemare seufzte, mußte sich das Offizialat begnügen. Zunächst hörte man Kardinal Fesch, der zu Protokoll gab, wie er Joséphine und Napoleon heimlich den ehelichen Segen erteilt hatte, nachdem ihm vom Papst die Dispensen gewährt worden waren. Am 4. Dezember – zwei Tage nach der Geheimzeremonie – habe Joséphine, wie der Kardinal mit einiger Verlegenheit enthüllt, von ihm »ein Zeugnis über die Erteilung des ehelichen Segens« verlangt, und diesem Ersuchen habe er nach zweiundzwanzigtägiger reiflicher Überlegung stattgegeben. »Doch«, fügte Fesch klug hinzu, »war ich ehrlich erstaunt, seitens des Kaisers heftige Vorwürfe auf mich nehmen zu müssen, als ich ihm Mitteilung von meiner Handlungsweise machte; zu meiner Verblüffung enthüllte mir der Kaiser, alles, was er getan habe, sei lediglich in der Absicht geschehen, die Kaiserin zu beruhigen, und so habe er sich denn der Notwendigkeit gebeugt Er erklärte des weiteren, daß er nun, da er ein Kaiserreich begründete, nicht auf direkte Nachkommenschaft verzichten könne.«

Die Untersuchungskommission begab sich hierauf zu Berthier, Prince de Neuchâtel – »ein Vogel, der durch mich Adler ward«, wie Napoleon später sagte –; als Höfling von echtem Schrot und Korn war dieser auf nichts anderes bedacht, als seinem Herrn und Gebieter gefällig zu sein, und beschuldigte in dieser Absicht Napoleon, Joséphine und die Kirche *bewußt* getäuscht und *willentlich* den von Onkel Fesch gespendeten Segen seiner Gültigkeit beraubt zu haben.

Auch Duroc sprang seinem geliebten Kaiser mit einer ähnlichen Aussage bei. Der vierte und letzte Zeuge, Talleyrand, wußte als ehemaliger Prälat besser als Berthier und Duroc um den Wert einer derartigen Erklärung. Doch zögerte er nicht zu versichern, er habe »zu wiederholten Malen vor Seiner Majestät dem Kaiser gesagt, der Segen, den er sich einige Tage vor der Krönung habe erteilen lassen, könne kein Hindernis für das darstellen, was er eines Tages im Interesse seiner Krone werde tun müssen; folglich glaubte sich der Kaiser auch nicht zusätzlich durch eine Zeremonie gebunden, die keine der unabdinglichen, vom kanonischen Recht vorgeschriebenen Konditionen wie die Anwesenheit des eigenen Pfarrherrn und der unerläßlichen Zeugen erfüllte«. Dem Ex-Bischof von Autun war hingegen sehr wohl bekannt, daß die Anwesenheit des Pfarrherrn und selbst der Zeugen durchaus nicht erforderlich war, da Fesch vom Oberhaupt der Kirche selbst jene Dispensen erhalten hatte, um welche der Kardinal als »unerläßlich für die Erfüllung der Pflichten eines Großalmoseniers« ersucht hatte.

So zogen sich die Verhandlungen bis zum 6. Januar hin. Am 7., einem Sonntag, zu Mittag, überbrachte ein Kommissar dem Abbé Rudemare einen Brief des *Sieur* Guieu, des Privatsekretärs der Kaiserinmutter, welchen dieser »mit Genehmigung seiner Hoheit des Fürsterzkanzlers« verfaßt hatte: Der Bescheid des Promotors werde am 8. Januar um 11 Uhr erwartet, »wobei mir angedroht wurde«, wie der Abbé erzählt, »ich zöge mir den Zorn Seiner Majestät zu, falls das Urteil nicht am besagten Tag zur angegebenen Stunde gefällt sei«.

Der Unglückliche verbrachte darüber eine schlaflose Nacht und war auch bereit, doch trat das Tribunal der Offizialität erst am Dienstag (dem 9.) zusammen.

Laut *Bericht* des Abbé »erging sich Guieu mehr als eine halbe Stunde des langen und breiten über die Nichtzustimmung des Kaisers, sagte, dieser habe niemals die Absicht gehabt, eine kirchliche Ehe zu schließen, und führte zugunsten eines Mannes, vor dem wir alle zitterten, einen Nichtigkeitsgrund ins Treffen, der noch nie ein gültiges Argument dargestellt hatte, außer im Falle eines übertölpelten, vergewaltigten Minderjährigen«. Sichtlich verlegen ergriff Rudemare das Wort und gesteht zunächst, daß er »unbedenklicher zugunsten Seiner Majestät entscheiden würde, läge ihm weniger an dessen Gunst«.

Wie nicht anders zu erwarten, hatte der Abbé Folgendes entschieden: »I. Daß die Ehe zwischen Ihren Majestäten als nichtig und nicht rechtsgültig geschlossen betrachtet werden muß und nichtig *quoad foedus* (als Vertrag, vor dem Gesetz), in Ermangelung der Anwesenheit des eigenen Pfarrers und jener der Zeugen gemäß dem Konzil von Trient und den Ordonnanzen…«

Zur Erläuterung dieses Spruches wagte sich Rudemare an eine penible Haarspalterei: »Da Kardinal Fesch nur um jene Dispensen ersucht hatte, welche ihm zuweilen zur Erfüllung seiner Pflichten als Goßalmosenier unerläßlich werden mochten, und nicht im einzelnen und wortwörtlich die außerordentlichen und pfarramtlichen Funktionen, welche er bei Seiner Majestät zu erfüllen vorhatte, bezeichnete, konnte er weder die Dispens von Zeugen noch die Ermächtigung erhalten, den Pfarrer zu vertreten, und erhielt folglich weder Dispens noch Ermächtigung…«

Demnach hatte Pius VII. nicht gewußt, von welcher Dispens ihm der Kardinal sprach, obwohl Joséphine dem Oberhaupt der Kirche selbst gestanden hatte, sie lebe vor Gott im Konkubinat mit Bonaparte; womit der in die Enge getriebene Promotor Seiner Heiligkeit jeden Funken von Verstand absprach!

Des weiteren bedeutete die Interpretation, welche der in die trübe Affäre verstrickte Abbé lieferte, daß der Papst von Kardinal Fesch mit Absicht hinters Licht geführt worden war!

Nun ist die Reihe am Diözesanoffizial, dem Kanonikus Pierre Boilesve, das Urteil zu fällen, was dieser unter ausdrücklicher Betonung »der Schwierigkeit« tut, »sich an das sichtbare Oberhaupt der Kirche zu wenden, dem es immerdar zukam, über derlei Ausnahmefälle zu erkennen und zu bescheiden«. Der Kanonikus »bescheidet« nun seinerseits, Napoleon und Joséphine seien jeglicher Bindung ledig und könnten sich wieder verheiraten, wohingegen eine Fortführung der Lebensgemeinschaft die Strafen der Kirche nach sich ziehen würde.

Hierauf ergriff der Metropolitanpromotor, Abbé Corpet, das Wort. »Aus Achtung für Seine Kaiserliche und Königliche Majestät« weigerte er sich, die Tatsache, daß der »Bräutigam« seinerseits nicht die Zustimmung zur Eheschließung erteilt habe, als gültiges Motiv anzuerkennen, und stützte sich einzig auf die Abwesenheit der Zeugen und des pfarreigenen Priesters. Dies allein seien entscheidende Argumente für die Ungültigkeitserklärung der Ehe.

Dem Abbé Lejeas kam es zu, das letzte Wort zu sprechen, das Urteil des Metropolitanoffizials. Sein Spruch ließ sich am deutlichsten als Gefälligkeitsbescheid erkennen. Der nach Lüttich berufene Bischof – der noch nicht in sein Amt eingesetzt war und auch niemals die Weihen empfangen sollte – fand ein, vielleicht von Cambacérès souffliertes und eines Jesuiten wahrlich würdiges neues Argument: »Da der zivile Ehekontrakt Ihrer Majestäten auf feierlichen Senatsbeschluß vom 16. Dezember vorigen Jahres aufgehoben wurde und für diese Aufhebung Motive höchster Bedeutung, welche notwendigerweise unveränderlich sind, entscheidend waren, erweist es sich in Anbetracht des gegenwärtigen Sachverhaltes als fürderhin unmöglich, die Rehabilitierung der kirchlichen Bande auf das vorangehende Vorhandensein eines zivilen Kontraktes zu gründen, welcher keine Gültigkeit mehr besitzt.« Im übrigen bedeutete das Fehlen der Zeugen und des Pfarrers, daß die kirchliche Eheschließung nicht stattgefunden habe. Hierauf würdigte er »die Gläubigkeit und die Tugenden« des Kardinals Fesch und entlastete ihn mit folgenden Worten:

»Der vom Diensteifer diktierte Wunsch, dem Begehren Ihrer Majestät der Kaiserin stattzugeben, vielleicht die Hoffnung, eines Tages sein Werk rechtsgültig vollenden zu können, die unerwartete Bitte der Kaiserin schließlich mußten ihn, der völlig unvorbereitet war, beeindrucken und ihn daran hindern, Überlegungen anzustellen, die er mit ein wenig Bedenkzeit nicht unterlassen hätte.«

Alles in allem versuchte der Prälat zu beweisen, daß Pius VII. von Fesch betrogen worden war und der Kaiser seinerseits alle Welt betrogen hatte, einschließlich Joséphine.

Damit hatten die Herren ihre Schuldigkeit getan und ein Werk vollendet, dessen sie freilich nicht froh wurden.

Als Joséphine am 14. Januar den *Moniteur* aufschlägt, kann sie lesen, daß »das Diözesantribunal des Pariser Offizialats mit Spruch vom 9. d. M. die vor der Kirche bestehende Ungültigkeit der Ehe zwischen Seiner Majestät dem Kaiser Napoleon und Ihrer Majestät der Kaiserin Joséphine erklärt« und »das Metropolitanoffizialat diesen Spruch am 12. d. M. bestätigt« habe.

Sie schluchzt auf: Das letzte Band ist durchschnitten.

Am 2. Januar 1810 stellt sich Madame Metternich in Malmaison ein. Um diesen Besuch hat Joséphine sie persönlich ersucht. Hortense und Eugène empfangen die Botschafterin, die ihren Ohren nicht traut, als die holländische Königin ihr, sie beiseite ziehend, eröffnet: »Sie wissen, daß wir in unserem Herzen allesamt Österreicher sind, und doch würden Sie niemals erraten, daß mein Bruder es wagte, dem Kaiser zu raten, um die Hand Ihrer Erzherzogin anzuhalten.«

In diesem Augenblick betritt Joséphine den Salon, und zunehmend verblüfft, hört die Gräfin Metternich sie erklären: »Ich habe einen Plan geschmiedet, der mich völlig in Beschlag nimmt und dessen Gelingen allein mich hoffen läßt, das Opfer, das ich eben brachte, sei nicht vergeblich; mein Plan geht dahin, daß der Kaiser eure Erzherzogin heiratet; darüber habe ich gestern mit ihm gesprochen, und er sagte mir, er habe seine Wahl noch nicht getroffen. Doch glaube ich, sie stünde fest, wenn er sichergehen könnte, bei Ihnen akzeptiert zu werden.«

»Ich würde diese Heirat als großes Glück erachten«, antwortet die Botschafterin vorsichtig. Freilich kann sie es sich nicht verkneifen, des Schicksals von Marie-Antoinette eingedenk, zu bemerken: »Vielleicht aber ist es einer österreichischen Erzherzogin peinsam, sich in Frankreich niederzulassen . . .«

»Wir müssen versuchen, die Sache zu arrangieren«, meint Joséphine noch und schließt mit einer Äußerung, die wie eine Erpressung klingt: »Man muß eurem Kaiser vor Augen führen, daß ihm und seinem Land der sichere Ruin droht, wenn er nicht einwilligt, auch mag dies das einzige Mittel sein, den Kaiser daran zu hindern, sich vom Heiligen Stuhl loszusagen.«

Damit hofft Joséphine, ihre Nachfolgerin in die Hand zu bekommen. Ohne es zu wollen, liefert die Kaiserin eines der Motive, an denen die »russische Heirat« scheitert. Auf Grund einer Unterredung mit dem Prinzen von Mecklenburg, dem gegenüber sich Joséphine ebenso geäußert haben soll wie seinerzeit gegenüber Mme. Duchâtel, hält die Zarinmutter Napoleon für impotent.

»Er taugt nicht!« soll sie ausgerufen haben, als Caulaincourt an den Zarenhof kam, »um das Terrain zu sondieren« und im Namen des Kaisers um die Hand von Alexanders Schwester anzuhalten.

Ehe Wien eine Entscheidung fällte, »fiel es Metternich oder irgendeinem anderen Österreicher ein«, sich bei Joséphine über diesen zumindest heiklen Punkt zu informieren. Was auf »so blödsinnige Weise« geschah – wie der Kaiser höchstpersönlich und glaubwürdig berichtet –, daß die Exkaiserin »darüber schockiert war«.

In dieser Zeit, da Napoleon mit mehr oder weniger Erfolg auf Freiersfüßen wandelte, »wurden seine Briefe«, laut Hortense, »spärlicher«, und Joséphine »wartete immerzu. Meine Mutter hatte ein kleines Arbeitszimmer, von welchem sie die Landstraße überblickte. Sooft sie von einer Jagd im Wald von Saint-Germain erfuhr, blieb sie so lange am Fenster, bis sie den Wagen des Kaisers auf Hinweg und Rückweg vorbeifahren gesehen hatte. Ich begann zu fürchten, ihr Opfer käme sie härter an, als ich vorerst geglaubt hatte«.

Wenn Napoleon zu Joséphine auf Besuch kam, was er in diesen ersten Wochen nach der Scheidung des öfteren tat, falls er sich nicht damit begnügte, ihr mehrmals am Tag Kuriere, meist Pagen, zu schicken, um sich nach ihrem Befinden zu erkundigen, spielten sich diese Besuche immer in derselben Weise ab. Sobald Joséphine die Wagen in die Allee einrollen hörte, eilte sie hinaus, um den Kaiser an der Schwelle ihres »Käfigs« zu empfangen. Sie küßten einander nicht zur Begrüßung. War das Wetter schön, so nahm die Kaiserin Napoleon am Arm oder seine Hand und ließ sich von ihm in den Park führen, wo sie sich auf einer Bank niederließen, während die Begleitoffiziere des Kaisers den Damen der Verbannten Gesellschaft leisteten.

Die Qualen der Kaiserin glaubt Napoleon mit Geld lindern zu können. Am 6. Januar, am Tag nach einem Besuch, der ihm enthüllt hatte, wie stark Joséphines Zauber – immer noch – auf ihn wirkte, was er ihr an diesem »Sonntag, 8 Uhr abends« auch brieflich mitteilt, beschäftigt sich der Kaiser ein weiteres Mal eingehend mit den wie gewohnt schier unlösbaren finanziellen Problemen der Kaiserin. Mit Joséphines Schatzmeister geht er die Rechnungsbücher durch, beschließt, die enormen Rückstände zu begleichen, und befiehlt, die Jahreszuweisung für 1810 auszubezahlen, wobei er zusätzlich 400 000 Francs gewährt, nicht nur »für die Sonderausgaben in Malmaison«, damit Joséphine »anpflanzen könne, was sie wolle«, sondern auch zur Bezahlung des kürzlich gekauften Rubinschmucks, welchen er vorsichtigerweise »von der Intendantur« abschätzen läßt, denn er »wolle sich nicht von den Juwelieren bestehlen lassen«.

»Im Tresor von Malmaison« werde sie weitere »500 000 bis 600 000 Francs finden, die sie für ihr Silberzeug und ihre Wäsche verwenden« könne. Eine Summe, die nahezu 3 Millionen neuen Francs entspricht. Schließlich habe er ihr noch ein Porzellanservice bestellt: »Man wird Deine Weisungen einholen, damit es recht schön werde.«

Da Joséphine jetzt frei ist, sieht sie Rousselin wieder, den ehemaligen Sekretär von General Hoche und Bernadotte. Zur Zeit – eine Note Fouchés an den Kaiser beweist es – ist er Konfident der Polizei.

»Dieses Tête-à-tête findet man wenig schicklich«, schließt der Minister. Weshalb die Kaiserin denn überhaupt Rousselins kompromittierende Gesellschaft suche? Auch darüber weiß Fouché Bescheid: »In den Augen der Kaiserin besitzt

Sieur Rousselin das Verdienst, ihr nach dem Tod des Generals Hoche die Briefe ausgefolgt zu haben, die sie seinerzeit an diesen General geschrieben hatte; doch in den Augen vieler Leute ist *Sieur* Rousselin ein Intrigant und schlechter Umgang, der zu Zeiten den Fürsten von Ponte-Corvo – Bernadotte – zum ›Reden‹ brachte und heute die Kaiserin zum ›Reden‹ bringt.«

Rousselin spricht mehrere Male in Malmaison vor und bleibt bis zu zwei Stunden bei Joséphine. Sie lassen die Vergangenheit wieder auferstehen – und nichts in Fouchés Aufzeichnungen verrät, daß der Kaiser dagegen einen Einwand erhoben hätte. Desgleichen empfängt »die Witwe Beauharnais« Mme. Tallien, die inzwischen Princesse de Caraman-Chimay geworden ist. Die beiden ehemaligen Königinnen des Direktoriums sinken einander in die Arme, und wieder fließen Joséphines Tränen, die nunmehr zum Protokoll gehören: So oft sich ein Besuch einstellt, weint sie und erzählt »ihr Unglück«. Neuerdings weint sie auch, wenn sie den Pagen empfängt, der ihr regelmäßig die Briefe des Kaisers bringt, und Napoleon findet berechtigten Grund, sie zu schelten.

Am 17. Januar ruft der Kaiser schon bei Tagesanbruch M. d'Audenarde zu sich und trägt ihm auf, sich mit eigenen Augen vom Befinden der Kaiserin zu überzeugen. Als der Rittmeister ihm Bericht erstattet hat, kritzelt Napoleon folgende unleserliche Zeilen: »Er sagt mir, Du habest keinen Mut mehr, seit Du in Malmaison bist. Und doch ist dieser Ort gänzlich erfüllt von unseren Gefühlen, die sich nicht wandeln können, nicht wandeln dürfen, zumindest, was mich betrifft. Ich empfinde großes Verlangen danach, Dich wiederzusehen, doch muß ich vorerst sicher sein, daß Du stark bist und nicht schwach. Ein wenig schwach bin auch ich, und deshalb leide ich unsäglich.«

Am 21. Januar, dem 17. Jahrestag der Hinrichtung Ludwigs XVI., versammelte der Kaiser die Mitglieder des Staatsrates und befragte sie, welche »Verbindung« ihrer Meinung nach »die den französischen Interessen günstigste sei«. Die Mehrheit spricht sich, Napoleons und Joséphines Wunsch gemäß, für Marie-Louise von Österreich aus, die Großnichte von Marie-Antoinette und Ludwig XVI.

Der »Papst in Banden« »versank« – wie sein Kerkermeister selbst angibt – »in Traurigkeit«, als er erfuhr, daß der in seinen Augen immer noch verheiratete Korse die österreichische Erzherzogin zum Altar führen wolle. Vierzehn Kardinäle beugten sich, doch dreizehn weitere Kirchenfürsten, die sich unvermutet zu »Parteigängern« Joséphines erklärten, beschlossen, »kanonisch« zu protestieren, und weigerten sich, der kirchlichen Trauung des Kaisers beizuwohnen. Man nannte sie die »schwarzen Kardinäle«, denn Napoleon zwang sie, den Kardinalsornat abzulegen und das Gewand der einfachen Priester zu tragen. Unter »polizeilicher Bewachung« führten sie ihr Leben, »der Mildtätigkeit der Gläubigen überantwortet«.

Nimmermehr versiegen die Tränen in Malmaison...

Am 1. Februar schreibt Joséphine an Duroc: »Sie wissen, welches meine Gefühle für den Kaiser sind. Sie können beurteilen, was ich gelitten habe. Sein Glück allein vermag mich über ein so großes Opfer hinwegzutrösten.« Dennoch glaubt Joséphine, es gebe noch ein anderes Mittel gegen den Schmerz: die Rückkehr nach Paris. Hat ihr der Kaiser nicht am 16. Dezember den Elysée-Palast »zur Benützung auf Lebenszeit« überlassen? Die Murats, denen das Palais vor der Scheidung gehörte, haben sich gewiß darin eingenistet, doch haben sie kein Recht, es weiter zu bewohnen. Und im übrigen antwortet Napoleon am 30. Januar Joséphine, die ihn diesbezüglich gefragt hat: »Es wird mich freuen, Dich im Elysée zu wissen, und ich werde wahrhaft glücklich sein, Dich öfter zu sehen, denn Du weißt, wie sehr ich Dich liebe.«

Aber Joséphine ist diesmal Bonaparte gegenüber zu loyal, um seiner herzlichen Einladung ohne Zögern nachzukommen. Von verschiedenen Seiten versichert man ihr, den Tuilerien wäre ihre Anwesenheit in Paris nur hinderlich, und zudem gerieten jetzt, da die bevorstehende Wiedervermählung des Kaisers in aller Munde sei, die hohen Beamten in eine peinliche Lage. Der Kaiser beruhigt sie: »Ich sagte Eugène, Du schenktest lieber den bösen Mäulern einer großen Stadt Gehör als meinen Worten; man dürfe nicht zulassen, daß man Dir Gerüchte und Märchen erzählt, bloß, um Dir Kummer zu bereiten. Ich habe Deine Sachen bereits ins Elysée bringen lassen. Du wirst sofort nach Paris kommen. Doch sei ruhig und zufrieden und habe volles Vertrauen zu mir.«

Der Brief ist von Samstag, 3. Februar, abends datiert. Tags darauf – Sonntag, den 4. – trifft ein zweiter Brief ein und beschert eitel Wonne und Seligkeit in Malmaison. Joséphine hat die Erlaubnis, nach Paris zurückzukehren. Und noch in derselben Woche, da ganz Frankreich im *Moniteur* lesen konnte: »Die Heirat zwischen Seiner Majestät dem Kaiser Napoleon, König von Italien, Protektor des Rheinbundes, Mittler der schweizerischen Eidgenossenschaft, und Ihrer Kaiserlichen und Königlichen Hoheit, der Erzherzogin Marie-Louise, Tochter seiner Majestät des Kaisers Franz, Königs von Böhmen und Ungarn, steht bevor.« Am 7. Februar hat der Kaiser den österreichischen Gesandten zu sich berufen, um ihn von seinem Entschluß in Kenntnis zu setzen, denn jetzt hält er nicht erst um die Hand der Österreicherin an und gedenkt auch nicht, eine Antwort abzuwarten. Sein Wunsch sei Kaiser Franz Befehl!*

* Am 6. Februar 1810 hatte Caulaincourt Napoleon mitgeteilt, daß eine Verbindung mit der Zarenschwester unwahrscheinlich schien. Am 7. Februar wurde dem österreichischen Gesandten Fürst Schwarzenberg von Napoleon eröffnet, er habe beschlossen, Erzherzogin Marie-Louise zu heiraten. Schwarzenberg war entsetzt und versuchte Zeit zu gewinnen, doch Napoleon ließ sich darauf nicht ein. Schwarzenberg erstattete Metternich Bericht, und dieser referierte Kaiser Franz I., der seinerseits die Entscheidung Marie-Louise überließ. (Anm. d. Übers.)

Während Berthier bereits zur Reise nach Wien rüstet, um dort Marie-Louise in Vertretung zu heiraten, bringt Joséphine ihre Tage im Elysée zwischen Bangen und vagem Hoffen hin, umschwirrt von Gerüchten und Nachrichten, die bis zu ihr dringen und ihr beweisen, daß ihre Herrschaft zu Ende ist. Bei Hof nehmen die Festlichkeiten kein Ende, ein Ball jagt den anderen, der Kaiser ist von einer wahren Lebensgier ergriffen, eilt vom Tanz ins Theater, von dort zur Jagd, und denkt, sehnsüchtig, ungeduldig wie ein Jüngling, der er nun wieder geworden ist, an nichts anderes als an die üppige Erzherzogin, die er sich ins Bett legen wird. Dabei wiederholt er immer wieder und wenig galant: »Ich heirate einen Bauch!«

Bereits am 30. Januar 1810 entzieht er seinen Brüdern und deren Nachkommen die Apanagen zugunsten seiner direkten Erben. Er baut das Reich seines Sohnes, jenes Sohnes, den zu bekommen er überzeugt ist, und am 17. Februar teilt er die Staaten des Papstes in die Departements Tiber und Trasimeno auf, über welche der künftige König von Rom herrschen wird.

Mittlerweile rüstet ganz Paris für das bevorstehende große Ereignis. Der kleine Artillerieleutnant von anno dazumal wird Großneffe von Ludwig XVI. und Marie-Antoinette und Schwiegersohn der Cäsaren! Wie kann man es da den Damen bei Hof und den hohen Würdenträgern nachtragen, wenn sie nur an »die Neue« denken, während sie »die Alte« besuchen. Die verstoße Kaiserin lädt die künftigen Kämmerer Marie-Louises zum Diner und »feiert« sie; laut Fouché »gebärden diese sich, als müßten sie die gewesene Kaiserin vor der künftigen schützen«. Welch eine Erniedrigung!

Napoleon kommt immer nur »auf einen Sprung« ins Elysée, denn für die ver-weinten Augen hat er jetzt wenig übrig. Am 20. Februar begibt er sich nach Grignon auf die Jagd und lädt, ohne diesen Schritt zu überlegen, Joséphine ein, mit ihm zu kommen. Mit ihrem bekannten Takt aber verweist sie ihn darauf, daß diese Eskapade jetzt, da Marie-Louise seit zumindest vier oder fünf Tagen um ihr künftiges Schicksal wisse, unschicklich und ihrer unwürdig sei. »Deine Über-legungen mögen ihre Richtigkeit haben«, meint der Kaiser. »Es ist vielleicht un-schicklich, daß wir im ersten Jahr unter ein und demselben Dach übernachten.«

Joséphines Leben wird immer dornenvoller, und die Besucher stellen sich immer seltener ein. Als ein Brand das Appartement der Verlassenen verwüstet, nimmt Paris es nahezu gleichgültig hin. Die Metropole spricht nur vom Braut-schatz, der mit vier Millionen beziffert wird, von der prachtvollen Aussteuer, welche der Erzherzogin harrt und deren einer Teil der Braut nach Braunau ent-gegengesandt wird, wo, in Nachahmung des Zeremoniells, welches der Trauung Marie-Antoinettes voranging, die »Behändigung« stattfinden soll. Joséphine wagt nicht mehr das Haus zu verlassen, aus Angst, den Gaffern ein Schauspiel zu bieten und Anlaß zu rührseligen Szenen zu geben, die sie jetzt nicht ertragen könnte.

Die Presse ergeht sich nach wie vor in Beileidsartikeln und findet Geschmack daran, die Nachrichten über die beiden Kaiserinnen in einen Topf zu werfen.

Der Kaiser ist aufgebracht: »Ich habe Ihnen gesagt«, schreibt er Fouché, »Sie mögen dafür sorgen, daß die Zeitungen nicht mehr von Kaiserin Joséphine schreiben. Und doch tun sie nichts anderes. Der *Publiciste* ist heute wieder voll davon!«

Der *Publiciste* vom 9. März hatte tatsächlich die Rückkehr Joséphines nach Malmaison angekündigt. Am Tag zuvor hatte Marie-Louise ihren Hals mit dem Medaillon, welches die Miniatur ihres künftigen Gatten zierte, geschmückt, und am 10. März schreibt Napoleon der Erzherzogin: »Ich zähle die Augenblicke; die Tage werden mir lang; so wird es sein bis zu jenem, da ich das Glück haben werde, Sie zu empfangen!«

An diesem Tag – Marie Louises Ankunft ist für den 28. (März) in Compiègne vorgesehen – darf Joséphine um keinen Preis mehr in der Nähe sein.

Man muß sie entfernen!

Am 7. Februar hat Napoleon zum ersten Mal an das Schloß von Navarra bei Evreux gedacht, wo der Prinz von Asturien, Ferdinand von Spanien, beinahe eine Bleibe gefunden hätte. Die Domäne verdankt ihren Namen Johanna von Frankreich, Gräfin von Evreux, Königin von Navarra, der einstigen Besitzerin. Sie hatte sich dort ein Schloß gebaut, das zerstört wurde, um Ende des XVII. Jahrhunderts einem häßlichen quadratischen Bau Platz zu machen, welcher für den zweiten Graf von Evreux bestimmt war. Napoleon hatte das Gemäuer nie selbst zu Gesicht bekommen – und dies ist die einzige Entschuldigung dafür, daß er die ästhetisch überaus empfindsame Kreolin, deren guter Geschmack sprichwörtlich war, ausgerechnet in dieses Geviert verbannte, welches gemeinhin als das häßlichste Schloß Frankreichs angesehen wurde.

Die Domäne, die der Familie de Bouillon mehr oder minder legal abgenommen worden war, gehörte seit einem Jahr dem Staat. Am 15. Februar wird Navarra »gemäß Erlaß betreffend die Enteignung der Liegenschaften aus dem Nachlaß Bouillon« zum Verkauf ausgeschrieben, und der Intendant der Domäne ersteigert den Besitz. Am 11. März unterzeichnet der Kaiser – wie in den Zeiten des Ancien Régime – die Patente, welche Navarra zugunsten seiner Exgattin zum Herzogtum erheben, »in der Absicht, Kaiserin Joséphine einen weiteren Beweis seiner Zuneigung zu liefern«.

Nun ist Joséphine Herzogin!

Am 12. März kann er der Verflossenen schreiben: »Meine Freundin, ich hoffe, Dich freut, was ich für Navarra getan habe. Darin kannst Du einen neuerlichen Beweis meines Wunsches erblicken, Dir gefällig zu sein. Nimm Navarra in Besitz; am 27. März kannst Du hinfahren und dort den April verbringen.«

Dienstag, den 20. März, verlassen Kaiser und Hof Paris, um sich nach Compiègne zu begeben, wo Marie-Louise erwartet wird. Napoleon ist trunken vor Ungeduld, fiebert vor Erwartung . . . Um seiner neunzehnjährigen Braut zu gefallen, nimmt er bei Joséphines Tochter Tanzstunden . . . Am 24. März schreibt er Marie-Louise: »Wie groß wird mein Glück sein, Sie zu sehen und Ihnen all das sagen zu können, was ich an Zuneigung für Sie empfinde! Der Telegraph hat mir gestern mitgeteilt, Sie seien erkältet. Ich flehe Sie an, pflegen Sie sich. Heute Morgen war ich auf der Jagd; ich sende Ihnen die ersten vier Fasane, die ich erlegt habe, als Zeichen und Tribut, den ich der Herrin meiner geheimsten Gedanken schulde. Weshalb kann ich nicht Page sein, Lehensmann, der vor Ihnen kniend den Eid leistet, meine Hände in den Ihren; denken Sie sich, es wäre so. Und in Gedanken . . . auch bedecke ich Ihre schönen Hände mit Küssen . . .«

Am 20. März empfängt Joséphine im Elysée ihre sanfte, liebreizende Schwiegertochter, welche der Sohn Eugène aus Italien geholt hat, damit sie bei der Hochzeit des Stiefvaters anwesend sei. Der 27. März, ein Dienstag, rückt näher und geht schließlich vorüber, ohne daß Joséphine nach Navarra aufgebrochen wäre. An diesem Abend ist Napoleon seiner neuen Gattin entgegengeeilt, hat das Programm über den Haufen geworfen und sie nach Compiègne entführt. Das ist keine Hochzeit mehr, sondern ein Frauenraub! In derselben Nacht noch wird sie ohne den Segen der Kirche sein Weib, und am folgenden Morgen meint er befriedigt und genießerisch zu einem seiner Adjutanten: »Mein Lieber, heiraten Sie eine Deutsche, das sind die besten Frauen der Welt, sanft, gut, naiv und frisch wie die Rosen.«

Und erst an diesem Mittwoch, dem 28., da die Nacht einbricht – die zweite Liebesnacht, die Napoleon mit Marie-Louise verbringt –, entschließt sich Joséphine, den Wagen zu besteigen. Jetzt, da im Leben des Kaisers eine andere Frau ihren Platz einnimmt, ist sie wahrhaftig nichts mehr. Wenn man jetzt von der »Kaiserin« spricht, meint man Marie-Louise. Selbst Mme. de Rémusat, deren Gatte mit in Compiègne ist, nennt Joséphine zuweilen »die andere«.

Die Verbannte, die hinausfährt in die Nacht, hat ihre Tränen getrocknet. Sie ist ruhig. Auf ihren Wunsch hat der Kaiser drei Kämmerer ernannt, die sie auf ihren Ruhesitz begleiten: die Herren de Turpin, de Vieil-Castel und Louis de Montholon. Weshalb wird der unverheiratete Turpin vor den beiden anderen genannt? Weil er seit kurzem der Geliebte der Kaiserin ist, Joséphines Tröster.

Graf Turpin-Crissé trägt mit Anstand und Charme den mittelalterlichen Vornamen Lancelot. Ein wahrlich schmucker Kavalier, dieser Sohn des Marquis de Crissé, und zudem ein Zeichner und Aquarellmaler von Talent. Vor allem aber ist er siebenundzwanzig Jahre jung . . . und verführerisch in seiner Männlichkeit. André Gavoty, für den Joséphines Bett keine Geheimnisse birgt, beschreibt ihn folgendermaßen: »Braunes Haar, als Windstoßfrisur in Stirne und Schläfen gekämmt, große lachende Augen unter schön gezeichneten Brauen, eine gerade Nase, ein breiter Mund ohne den Schatten eines Bartes, ein oval geschnittenes Gesicht, dessen rundes Kinn ein Grübchen ziert, verleihen diesem Antlitz etwas unmittelbar Einnehmendes und Sympathisches. Mit seinem sportlich gestählten Körper ist er das Gegenteil eines Stubenhockers, ein Mensch, der in der freien Natur aufgewachsen ist, mit dem offenen Gesicht eines Landjunkers, der ein gebratenes Rebhuhn nicht verschmäht.«

Auch Joséphine verschmäht er nicht. Auf Empfehlung von Hortense hatte ihm die Exkaiserin zunächst drei Bilder abgekauft, die auf einer Italienreise entstanden waren. Sie ist zwanzig Jahre älter als er und fühlt sich sehr bald schon von diesem »Karobuben«* angezogen, der seinerseits voll Verehrung und Bewunderung zu ihr aufblickte. Die Liebe ist ein Jungbrunnen, und als Vetter Maurice Tascher im Mai nach Navarra kommt und Joséphine zwischen den jungen und hübschen Frauen Stéphanie d'Arenberg und Stéphanie von Baden sieht, ruft er aus: »Man könnte sie für die größere Schwester der Grazien halten!«

Aus demselben Jahr stammt das Porträt von Bausset. Der Künstler meint von seinem Modell: »In Manieren und Haltung entfaltete sie eine Anmut wie keine zweite Frau auf der Welt. Ihre Augen, ihr Blick bezauberten, ihr Lächeln war voll von Charme, ihre Züge und ihre Stimme enthüllten die süße Sanftmut ihres ganzen Wesens; vollkommen war ihr Körper, edel und geschmeidig; in ihrer Toilette ließ sie den erlesensten Geschmack und die vollendetste Eleganz walten, und so wirkte sie denn weitaus jünger, als sie in Wirklichkeit war...«

Weitaus jünger wirkte sie tatsächlich. Wenige Tage nach der Scheidung hatte der – ebenfalls von André Gavoty der Vergessenheit entrissene – Friedrich-Ludwig von Mecklenburg-Schwerin, dessen Herzogtum dem Rheinbund angehörte, in aller Form um ihre Hand angehalten. Er war fünfzehn Jahre jünger als sie, was ihn keineswegs daran hinderte, die Kaiserin bereits seit 1807 zu lieben. Damals hatte sich Joséphine sogar herbeigelassen, mit ihm heimlich eine Aufführung im *Vaudeville* zu besuchen, worauf der Kaiser sie zur Ordnung rief und ihr – nach Mme. de Rémusat – eine Strafpredigt hielt, da er »nicht Zielscheibe übler Scherze werden wolle«.

Hierauf erhielt Talleyrand vom Kaiser sämtliche Vollmachten und nützte sie dazu, dem jungen Herzog zu raten, er möge sich schleunigst heimbegeben in sein Herzogtum. Friedrich-Ludwig gehorchte, doch konnte er Joséphine nicht vergessen, und jetzt, da sie frei war, umwarb er sie von neuem ... und wurde abge-

---

* So bezeichnet ihn André Gavoty in seinem Werk über die Liebhaber Joséphines, »Les Amoureux de l'Impératrice Joséphine« mit einem Spitznamen, den ihm wohl die Zeitgenossen gaben, wie Hippolyte Charles »polichinelle« (Hanswurst) oder zuweilen auch »Herzbube« genannt wurde. (Anm. d. Übers.)

wiesen. Die Exkaiserin gedenke nicht, ihren »Witwenstand« um eines Mecklenburg-Schwerin willen aufzugeben. Der wahre Grund aber hieß Lancelot. Zu gut
verstand der »Kämmerer ihres Herzens« die Rolle des Trösters zu spielen.

Weiteren Trostes bedurfte die Kaiserin nicht ...

Der Kochtopf

Als der Präfekt des Departements Eure, Roland de Chambaudoin, erfuhr, daß sich die verstoßene Kaiserin vor den Toren von Evreux niederzulassen gedenke, hätte ihn vor Aufregung beinahe der Schlag getroffen. Seiner fünf Sinne wieder mächtig, erklärte er sodann: »Laßt uns in Wettstreit treten, um unserer Dankbarkeit für eine so hohe Gunst Ausdruck zu verleihen.« Von heiligem Eifer durchglüht, empfing er in der Folge die Jugend von Evreux, die, »einer spontanen Eingebung gehorchend«, zu ihm gekommen war, um die Schaffung einer Ehrengarde anzuregen. Der Vorschlag wurde angenommen, und im Zuge der Vorbereitungen für den hohen Besuch mietete man des weiteren fünf Karossen für die zwölf Ehrenjungfern, die Joséphine entgegenfahren sollten. Hierauf bestellte man für 84 Francs 47 Centimes die Blumen, die man der Kaiserin überreichen wollte, eine Summe, welche die Stadt vorstreckte, um sie hinterher beim Präfekten zu reklamieren. Mittlerweile fragte sich Monsieur de Chambaudoin auf Ehre und Gewissen, was sich die ehemalige Landesherrin wohl von ihm erwartete und wie weit seine Untertanenpflichten gingen. Da er mit sich selbst nicht zu Rate kam, fragte er diesbezüglich mit Schreiben vom 17. März 1810 beim Innenminister an und erklärte nicht ohne Selbstzufriedenheit: »In meiner Haltung will ich die ganze Durchschlagskraft eines Mannes der Regierung und von dreiundvierzig Jahren an den Tag legen.«

Er – samt »Durchschlagskraft« – fiel aus allen Wolken, als der Innenminister, der von der Schaffung der Ehrengarde erfahren hatte, ihm mit einer Rüge antwortete und meinte, er »könne nicht verhehlen«, daß dieser Schritt »formal unzulässig« sei. Er schloß seinen Brief mit einem Satz, der den Präfekten erbleichen ließ: »Ich hoffe daher, dies wird das letzte Mal sein, daß ich von einem derartigen Amtsmißbrauch erfahren muß.« Dabei wußte Chambaudoin nicht einmal, daß der Minister seine Gardinenpredigt unmittelbar nach einer diesbezüglichen Unterredung mit dem Kaiser verfaßt hatte! ...

Fast hätte Napoleon selbst dem Präfekten geschrieben, um ihn anzuweisen, darüber zu wachen, daß die Regionalzeitung Joséphines Ankunft mit keinem Wort erwähnte. Chambaudoins Zerknirschung war umso tiefer, als er Joséphines Brief, mit welchem sie ihre Ankunft mitteilte, öffentlich anschlagen und die Nachricht ins *Journal d'Evreux et de l'Eure* einschalten ließ. Und da das größte Unglück schon geschehen war, gedachte er auch nicht, den Empfang der Kaiserin anders als vorgesehen zu gestalten. Und der »glückhafte Einzug der Herzogin von Navarra« geht in Szene, wie der Präfekt es sich erträumt hat.

Der große Tag, Donnerstag, der 29. März – Mittfasten im Jahre 1810 –, bricht an.

In Begleitung der leitenden Beamten der Präfektur begibt sich Roland de Chambaudoin nach Chauffour, an die Grenze seines Departements.

Als der Konvoi der Exkaiserin in der Ferne sichtbar wird, intoniert die Kapelle sinnigerweise: *Où peut-on être mieux qu'au sein de sa famille?* (»Wo ist es besser sein als im Schoße der Familie?«)

Die Nationalgarde bezieht Position, und die Volksmenge bricht in Jubel aus: »Es lebe die Kaiserin Joséphine«, während die berittene Ehrengarde – 33 Mann und Offiziere – das Spalier bildet. Joséphine neigt sich aus dem *Opal*, empfängt das ihr zugedachte Bukett und hört zerstreut mit an, wie der Präfekt ihr seine lebenslange Ergebenheit versichert. Dann rollt die Kalesche, jetzt von der Ehrengarde umgeben, weiter. Ihr folgen unzählige Wagen und Lastkarren, die 673 Kleider, 73 Korsetts, 400 Schals, 498 Hemden aus Mousseline, holländischem Leinen, Batist und Perkal, 198 Paar Seidenstrümpfe, 685 Paar Schuhe, 980 Paar Handschuhe und 87 Hüte befördern. Des weiteren führt Joséphine ein ganzes Gestüt mit sich.

Umgespannt wird in Pacy, wo die unvermeidlichen jungen Mädchen in Weiß Blumen überreichen. In Evreux steht die Nationalgarde Spalier. Die Musik spielt, die Kanonen donnern, die Glocken der Kathedrale und von Saint-Taurin läuten, und Joséphine vermeint sich in die gute, alte Zeit zurückversetzt. Im Schritt durchfährt der Konvoi die Stadt, während die Kaiserin, laut Rapport des Präfekten, »jedermann auf die anmutigste Weise grüßt«.

Als Joséphine nach drei Kilometern auf der Straße nach Conches ihrer neuen Residenz ansichtig wird, die sich mitten aus Sumpfland, Kanälen und Teichen erhebt, glaubt sie sich vom Spuk eines Albtraumes genarrt: Was vor ihr liegt, ist ein ebenso langes wie hohes würfelförmiges Gemäuer auf einem Sockel mit Treppen und Rasenschragen, einem Flachdach und einer Krone von Schornsteinen; in der Mitte erhebt sich türmchenartig ein Kuppelaufsatz mit sechs Fenstern; die Kuppel ist abgeflacht, da der zweite Graf von Evreux die abscheuliche Konstruktion mit dem Standbild seines Onkels, Turenne, zu schmücken gedachte und die Kuppel deshalb mit einer Plattform abschließen ließ. Glücklicherweise blieb der solcherart entstandene Sockel leer, doch haftete dem Schloß deshalb der Eindruck des Unfertigen an. In Evreux nennt man den architektonischen Albtraum kurz den »Kochtopf«.

Joséphines *Opal* hält.

Auf der Terrasse treten der neuen Schloßherrin »zwei kleine Demoisellen« in Schäferinnenkostüm entgegen, überreichen Blumen und zwei bändergeschmückte Lämmchen und trällern ein Begrüßungslied.

Joséphine nimmt die Buketts in Empfang, küßt die Mädchen und ersteigt eine der vier Steintreppen, von denen der »Kochtopf« auf jeder Seite eine besitzt. Die Treppen führen zu insgesamt vier Vestibülen, durch welche man in einen großen Salon mit Marmorboden gelangt, eine Zentralhalle, welche die ganze Höhe des Baues einnimmt und ihr Licht einzig durch die sechs Fenster des Kuppelaufsatzes empfängt. Eine Ecke des Schlosses ist Joséphine zugedacht, die andere enthält zwei Salons, von denen einer des Sonntags als Kapelle dient, die dritte schließt Hortenses künftiges Schlafzimmer in sich und ein zweifenstriges Eßzimmer mit Blick auf die Avenue, die zum Schloß führt. Über die große Steintreppe in der vierten Ecke gelangt man in den ersten Stock, wo rings um den seltsamen Zentralsalon mit seiner Kuppel, durch welche die Windsbraut heult, die Appartements angeordnet sind: Räume, deren Wände von Feuchtigkeit rieseln, verwahrloste, nahezu unmöblierte Löcher mit faulender Holzverkleidung, rauchenden Kaminen, schlecht schließenden Fenstern. Als Ausweichquartier stünde, zwei Schritte nur vom »Kochtopf« entfernt, das »kleine Schloß« zur Verfügung, doch ist es in einem noch trostloseren Zustand als das große.

Am Abend, da Joséphine unter die feuchten Laken schlüpft, gedenkt sie ihres »glückhaften Einzugs« und seufzt: »Nicht wahr, Mlle. d'Avrillon, sie machten Mienen, als wollten sie mir kondolieren.«

Derweilen sitzt M. de Chambaudoin über seinem Bericht. Dem Präfekten ist sehr wohl bekannt, daß Mme. Gazzani, welche Joséphine begleitet, eine Exmätresse des Kaisers ist, und so kann er es sich als wahrer Speichellecker nicht verkneifen, in einem letzten Satz hinzuzufügen: »Das Urteil über eine Dame, deren Züge so regelmäßig sind und deren Schönheit so vollkommen ist, kann nicht anders als günstig ausfallen.«

Die *Signora* Gazzani ist tatsächlich schön, und »man gibt ihr auch Anlaß«, wie Mme. de Rémusat bemerkt, »dies zu wissen und des wahrhaftig froh zu sein«.

Im festen Glauben, den Herrn und Gebieter auf diese Weise versöhnt zu haben, riskiert es der Präfekt schon am nächsten Tag, die »rue du Département« in »rue de l'Impératrice« umzubenennen; während die »rue Saint-Taurin« fürderhin »rue Joséphine« heißt, und dies bis heute.

Schimpfend, maulend und von heftigem Neid gegen jene erfüllt, die in Paris bleiben durften, um in den Dienst der »Neuen« zu treten, richtet sich das Gefolge schlecht und recht ein. Joséphine verfügt auch in Navarra über eine Hofhaltung, die einer Souveränin würdig ist, und über ein Heer von Bedienten*. Unter den

---

* Joséphines Gefolge umfaßt: eine Ehrendame, einen ersten Almosenier, sechs Palastdamen, einen ersten Kämmerer, einen ersten Rittmeister, einen Intendanten, einen Höfling (»Ehrenkavalier«), fünf Kämmerer, vier Stallmeister, eine Vor-

Mitgliedern des Hofes fanden mehrere vortreffliche Ausflüchte, um nicht nach Navarra übersiedeln zu müssen. Vor allem die Hochzeitsfeierlichkeiten mußten als Entschuldigung herhalten. Am schmerzlichsten berührte Joséphine die Fahnenflucht der Marschallin Ney, Hortenses Spielgefährtin. Ihr Mann hatte ihr geschrieben, er würde die Scheidung einreichen, falls sie als Palastdame nicht demissionierte, und die Ney besaß die Herzlosigkeit, sich unverzüglich nach Malmaison zu begeben, um der Exkaiserin den Brief des »Tapfersten der Tapferen« zu zeigen.

Joséphine riet ihr, dem Wunsch ihres Mannes Folge zu leisten, und kurz darauf wurde Mme. Ney Palastdame der Kaiserin Marie-Louise.

Der »Haushaltsvorstand«, die Ehrendame Mme. d'Arberg, hielt die Treue. Auch im Exil führt sie ihre Herrin mit kluger und starker Hand und behütet sie vor so manchem Fehler, der die unangenehmsten Folgen nach sich hätte ziehen können.

Auch eine andere wichtige Persönlichkeit, der ruhige, sanftmütige »Ehrenkavalier« Graf André de Beaumont, vormals Kämmerer, der in Joséphines unmittelbarer Nähe lebt, seit diese Kaiserin ist, verläßt sie nicht . . . Doch ist er seit kurzem Abgeordneter und wird sich unter Umständen absentieren müssen. Seine Gegenwart ist freilich unerläßlich . . . Sein Eifer, die Verbannte zufriedenzustellen und ihr Freude zu machen, kennt keine Grenzen, und die Galanterie, mit welcher er ihr seine Verehrung beweist, ist noch des Ancien Régime würdig. Die anderen Mitglieder des »Höfchens« rümpfen freilich ob der übertriebenen Ergebenheit des Alten zuweilen die Nase, denn dieser findet es nicht unter seiner Würde, zuweilen den Kammerdiener zu ersetzen. Auch Deschamps, der Rechnungssekretär und »Einkäufer«, ist auf seinem Posten geblieben. Da er gleichzeitig auch Kabinettssekretär des Kaisers war, mußte er letzteres Amt aufgeben, doch weiß Joséphine ihm seine Treue wohl zu lohnen und erhöht seine Bezüge um genau jenen Betrag, den er beim Kaiser verdiente.

Von den drei Kämmerern zog es nur einer – Montholon – vor, in Paris zu

leserin, eine Schmuckbeschließerin, vier Pagen mit Kaplan als Erzieher, zwei Ärzte, zwei Wundärzte, einen Apotheker, zwei Kaplane, einen Konzertmeister mit seinen Musikern, zwei Türsteher für das »Kabinett« (Kanzlei), sechs Kammerdiener, vier Kammerfrauen, einen Garderobediener, zwei Türsteher für das Appartement, einen ersten Bedienten und zwanzig gewöhnliche Bediente. Die Dienerschaft für die Tafel der Kaiserin umfaßt einen leitenden Kontrolleur, einen Unterkontrolleur, zwei Oberkellner, zwei Tranchierer, einen Tischdecker, zehn Köche und Konditoren, einen Anrichtechef, dessen Helfer und zwei Speiseträger, drei Kellermeister und fünf Silberbeschließer. Hinzu kommen drei Wäschebeschließerinnen und vierzehn Heizer und Beleuchter, eine Heerschar von Kutschern, Sattelknechten und Stallburschen, welche die Wagen und fünfzig Pferde betreuen.

bleiben. Hauptsache, der geliebte Lancelot, Turpin de Crissé, ist bei Joséphine! Und desgleichen der Graf de Vieil-Castel, der dem Vernehmen nach im Frühjahr 1791 von der schönen Kreolin erhört worden war. Der Sohn des Exgeliebten behauptet in seinen Memoiren, sein Vater habe in Navarra Joséphine neuerlich getröstet, doch die Gegenwart Turpins läßt dies Wiederaufflammen einer alten Liebe nur als böswillige Verleumdung erscheinen.

Mme. Gazzani, deren Gatte der oberste Steuerbeamte des Departements Eure ist, hat beschlossen zu bleiben. Bei den Garderobefrauen und Kammerdamen, mit welchen Joséphine einen vertraulichen Umgang pflegt, hat sich einiger Wechsel vollzogen, doch bleiben ihr Mlle. d'Avrillon, Mme. Charles, Mme. Fourneau und Mme. Fayary erhalten; desgleichen zwei Kammerdiener, die schon bei Ludwig XVI. im Dienste standen und später bei Ludwig XVIII. dienen werden.

Alle zwei Wochen erscheint der deutsche Pediceur mit Degen, Galarock und Instrumententasche. Den Friseur freilich, den unnachahmlichen Duplan, hat Joséphine verloren, und dieser Verlust erscheint ihr unersetzlich. Jeder Gatte weiß, welche Bedeutung dieser Persönlichkeit in den Augen der Frau zukommt, eine Bedeutung, die mit den Jahren wächst. Duplan nun frisierte Joséphine schon seit sehr langer Zeit – als »Rose« seine Kundin wurde, hieß sie noch »Beauharnais«, und von Bonaparte war keine Rede – und in der Folge wurde er auch der Friseur des Kaisers. Napoleon, der große Stücke auf Duplan hielt, meinte, er sei der einzige, welcher die »neue Kaiserin« frisieren könne, und ließ ihn kommen.

»Wieviel bezahlt Ihnen Kaiserin Joséphine?« fragte er ihn.

»Sire, 12 000 Francs (im Monat).«

»Ich ernenne Sie zum Friseur der Kaiserin Marie-Louise, ich zahle Ihnen dieselbe Summe, aber nur unter der Bedingung, daß Sie ausschließlich die Kaiserin frisieren.«

»Sire, Ihre Majestät die Kaiserin Joséphine gestattete mir, auch andere Leute zu frisieren, und daran verdiente ich noch einmal so viel.«

»Meinetwegen«, schloß Napoleon, »Sie sollen Ihre 24 000 Francs bekommen, vorausgesetzt, daß Sie außer der Kaiserin Marie-Louise keine andere frisieren.«

Als Joséphine von dieser »Gemeinheit« erfährt, ist sie »im Innersten ihrer Seele verletzt« und vergießt heiße Tränen. »Die Sache beeindruckte sie zutiefst«, erzählt Mlle. d'Avrillon, »weil ihr dies nur ein Vorgeschmack jener Opfer schien, die man später von ihr fordern mochte.«

Über dies kleine Universum herrscht der neue Generalintendant, Pierlot, ein aufgeblasener Wichtigtuer, dem die Alteingesessenen das Leben sauer machen . . . Er gedachte einige Sparmaßnahmen zu treffen und setzte sich gehörig in die Nesseln, da er just den streitbaren Kammerzofen den Kaffee nach dem Essen streichen wollte. Die Zofen revoltierten und hetzten den ganzen kleinen Hof gegen den Intendanten auf, der erst wieder Ruhe hatte, als Joséphine ein Machtwort sprach und der Kaffee neuerlich auf der Zofen Tisch erschien.

Der kleine Hof richtet sich schlecht und recht ein. Zu Beginn des Aufenthalts in Navarra lauert man an den Fenstern auf das Eintreffen der Möbelwagen. Jeder stürzt hinaus, versucht, ein passendes Stück zu ergattern und in sein Zimmer zu schleppen. »Navarra«, schreibt Joséphine an Hortense, »mag dereinst vielleicht eine schöne Bleibe werden, doch so, wie es jetzt ist, müßte es von Grund auf renoviert werden ... Die Leute, die ich hierher mitgenommen habe, bewohnen jeweils nur ein kleines Zimmer, dessen Fenster und Tür nicht schließen ...«

»Wenn der Kaiser sich nach mir erkundigt«, schreibt sie des weiteren, »sage ihm, daß meine einzige Beschäftigung darin besteht, an ihn zu denken.« Doch denkt sie weniger an ihn als an Paris und Saint-Cloud, wo die Hochzeitsfeierlichkeiten kein Ende nehmen wollen. Ihre einzige Zerstreuung sind die Händler und Kaufleute, die aus Paris kommen. Weiterhin kann sie jeden Tag ein neues Kleid tragen! Ihre hauptsächliche Beschäftigung besteht darin, mit Unterstützung des »liebenswürdigen, heiteren und überaus gebildeten Bischofs« Almosen zu verteilen, Stipendien für Priesterseminare zu stiften und den Mädchen die Klosterpforten zu öffnen ... Wie öde aber sind die Abende! Ein Glück, daß sie den lieben Lancelot hat, der immer »ruhig, liebenswürdig und ein angenehmer Gesellschafter« ist, wie Laure d'Abrantès sagt, die ansonsten kaum ein gutes Haar an ihren Zeitgenossen läßt ... Aber Joséphine möchte allein sein, mit ihm allein, oder fast allein. So träumt sie davon, mit ganz kleinem Gefolge zur Kur zu fahren. Doch ehe es so weit ist, heißt es im »Kochtopf« schmoren, in seiner Feuchte, den Dünsten, die aus dem Sumpfland aufsteigen, heißt es so manche bittere Pille schlucken: Der Rat von Sceau schickt ihr das neue Wappen, mit goldenem Adler und silbernen Sternen und den Symbolen der Tascher und der Beauharnais, unverkennbar ein herzogliches Wappen mit Felderteilung, während der kaiserlichen Familie der ungeteilte fränkische Schild zusteht.

Und Hortense?

Weshalb kommt sie nicht zu ihrer Mutter? Anläßlich der Scheidung seines Bruders war Louis in heller Aufregung nach Paris geeilt. Da Napoleon »die Beauharnais« verstieß, konnte er selbst vielleicht Hortense loswerden? Dem Kaiser schreibt er: »Sire, ich beschwöre Ihre Majestät, meiner Scheidung von der Königin, meiner Gemahlin, zuzustimmen. Ich bin bereit, ihr das Palais zu überlassen, welches sie bewohnt, und ihr 500 000 Francs aus meinem Privatbudget zuzugestehen. Auf Ihre Gerechtigkeit bauend, hoffe ich, meinen älteren Sohn behalten zu können, während die Königin den jüngeren behält.«

Da der Kaiser fürchtete, die Massenscheidungen bei den Bonapartes könnten die Öffentlichkeit belustigen, ließ er fürs erste durch Cambacérès offiziell einen Familienrat einberufen. Fürs zweite gedachte er dem allzu selbstherrlichen Bruder eine Lektion in Bescheidenheit zu erteilen und sandte ihm ein Briefchen, wo er Holland vorwarf, das französisch-niederländische Abkommen gebrochen und neuerliche Beziehungen zu England aufgenommen zu haben. »Ich verhehle Ihnen nicht«, hatte Napoleon hinzugefügt, »daß es meine Absicht ist, Holland mit Frankreich zu vereinigen und damit den unaufhörlichen Beleidigungen ein Ende zu setzen, mit welchen mich die Rädelsführer in Ihrem Kabinett überschütten. In der Tat müssen die Mündungen des Rheins und der Maas mir gehören. Das in Frankreich geltende Prinzip, wonach das Rheintal unsere Grenze bildet, ist auch uns ein Grundprinzip . . . Der Groll, den ich gegen Holland hege, reicht aus, um ihm den Krieg zu erklären. Doch lasse ich mich zu keiner gütlichen Einigung herbei, kraft derer ich in den Besitz der Rheingrenze gelange.« Louis verstand den Wink mit dem Zaunpfahl. Zutiefst erschrocken bei dem Gedanken, der Bruder könne ihm seine Staaten kurzerhand wegnehmen, schlug er sanftere Töne an und erklärte sich bereit, mit seiner Frau neuerlich eine Art ehelicher Gemeinschaft aufzunehmen. Joséphines Tochter hatte bereits bei dem Gedanken frohlockt, ihren Mann endgültig loszuwerden, und war niedergeschmettert, als sie von der Entscheidung erfuhr, die ihr Folterknecht getroffen hatte.

»Madame«, sagte Louis zu ihr, »seit langem schon möchte ich mit Ihnen sprechen. Der Kaiser hat unserer Trennung, die wir beide gleichermaßen herbeisehnen, nicht zugestimmt. Somit ist Freiheit und Unabhängigkeit von Ihrem Gatten für Sie ein Ding der Unmöglichkeit.«

»Welches Glück erhoffen Sie sich von unserer Wiedervereinigung?«

»Ich weiß, daß eine solche nicht möglich ist; und diese verlange ich auch nicht, doch sind Sie Königin von Holland: *Dort* müssen Sie leben, und ich werde nicht mehr zulassen, daß Sie sich anderswo aufhalten.«

»Weshalb wünschen Sie, daß ich in Holland sei?« gab Hortense zurück. »Wenn Ihnen der Gedanke, mich am Hof des Kaisers zu wissen, unangenehm ist, so bestehe ich nicht darauf, dort zu bleiben. Meine Mutter ist jetzt im Ausgedinge. Ich möchte bei ihr leben. Für Ihr Glück kann ich nichts tun; lassen Sie mich mein Leben in Frankreich beschließen; denken Sie nicht mehr an mich; betrachten Sie mich als gestorben.«

»Das ist etwas völliges anderes; nehmen Sie zum Beispiel den Kaiser von Österreich; er hat sich auf der Stelle wieder verheiratet.«

Hortense verabschiedet sich von ihrem geliebten Flahaut und schickt sich am 6. April an, »als ginge es ans Sterben«, nach Amsterdam zurückzukehren, wo Louis, vom »Wunsch nach Versöhnung« getrieben, alle Verbindungstüren zwischen seinem Appartement und jenem der Königin zumauern ließ. Nach Navarra wagte sie sich nicht. Sie hätte den Abschied von der Mutter nicht ertragen . . .

Doch stellte Eugène sich im »Kochtopf« ein, ehe er mit Napoleon und Marie-

Louise nach Belgien reist, und für kurze Zeit hält ein wenig Fröhlichkeit Einzug in Navarra. Leider fällt Eugènes Besuch nur kurz aus. Seine Frau ist krank und erwartet ihn in Paris; Joséphine vertraut ihm einen Brief an den Kaiser an. Sie möchte nach Malmaison zurückkehren und verlangt wieder einmal Geld, ein paar hunderttausend Francs, um Navarra wohnlicher zu gestalten. Gänzlich von seinem jungen Eheglück in Anspruch genommen, findet Napoleon keine Zeit, an Joséphine zu schreiben, und trägt Eugène eine mündliche Antwort an die Mutter auf. Ergrimmt verfaßt Joséphine hierauf folgenden zeremoniellen Brief an ihren Exgatten, wobei sie zum erstenmal einen formellen Ton anschlägt, den »Bonaparte« von ihr bisher noch nicht vernommen hat:

»Navarra, den 19. April 1810

Sire,

durch meinen Sohn erhalte ich die Zusicherung, daß Ihre Majestät meiner Rückkehr nach Malmaison zustimmen und daß Majestät geneigt sind, mir jene Summen vorzustrecken, um welche ich in der Absicht bat, das Schloß von Navarra soweit instand zu setzen, daß es bewohnbar wird.

Dieser doppelte Beweis Ihrer Güte, Sire, zerstreut zu einem großen Teil die Sorgen und selbst die Befürchtungen, zu welchen ich mich auf Grund des langen Schweigens Ihrer Majestät veranlaßt glaubte. Ich fürchtete, vielleicht schon gänzlich aus Ihrer Erinnerung verbannt zu sein. Ich sehe, daß ich es nicht bin. So fühle ich mich denn heute weniger unglücklich und so weit glücklich, wie ich es derzeit und fürderhin sein kann.

Zu Ende des Monats werde ich mich nach Malmaison begeben, da Ihre Majestät nichts Gegenteiliges anzuführen haben; doch muß ich Ihnen sagen, Sire, daß ich die Freiheit, die mir Ihre Majestät in dieser Hinsicht gewähren, nicht so bald genützt hätte, wenn das Haus in Navarra nicht, aus Rücksicht auf meine Gesundheit und jene der Personen meiner Haushaltung, dringlicher Reparaturen bedürfte. Es ist meine Absicht, mich nur kurz in Malmaison aufzuhalten, um bald schon zur Kur zu fahren. Doch solange ich in Malmaison bin, können Majestät sicher sein, daß ich dort leben werde, als wäre ich tausend Meilen weit von Paris. Ich habe ein großes Opfer gebracht, Sire, und mit jedem Tag fühle ich deutlicher seine Schwere. Doch wird es sein, was es sein soll: vollkommen. In keiner Weise wird mein Schmerz das Glück Ihrer Majestät trüben.

Unablässig will ich meinem Wunsch Ausdruck verleihen, Majestät mögen glücklich sein. Vielleicht auch werde ich mir wünschen, Majestät wiederzusehen; doch sollen Majestät davon überzeugt sein, daß ich Ihre neue Lage immer zu respektieren weiß; schweigend werde ich sie respektieren; im Vertrauen auf die Gefühle, die Majestät mir früher entgegenbrachten, werde ich nicht versuchen, einen neuerlichen Beweis Ihrer Liebe zu erringen, und mir alles von Ihrer Gerechtigkeit und Ihrem Herzen erhoffen.

Ich beschränke mich darauf, eine einzige Gnade zu erflehen, daß Majestät selbst nach einem Mittel suchen mögen, um zuweilen mich selbst und meine Umgebung davon zu überzeugen, daß ich immer noch einen kleinen Platz in Ihrer Erinnerung habe und einen großen Platz in Ihrer Achtung und Ihrer Freundschaft. Was auch immer dies Mittel sein mag, wird es meine Schmerzen lindern, ohne darob, wie mir scheint, beeinträchtigen zu können, was mir vor allem am Herzen liegt: das Glück Eurer Majestät!«

Joséphine brachte es doch immer wieder fertig, ihn zu verblüffen, ihn aus der Reserve zu locken! Verletzt antwortet er: »Meine Freundin, ich empfange Deinen Brief vom 19. April. Sein Ton ist falsch gewählt. Männer meines Schlags sind unwandelbar in ihren Gefühlen. Ich kann mir nicht vorstellen, was Eugène Dir sagte. Ich habe Dir nicht geschrieben, weil auch Du es nicht tatest, und weil ich mit allem, was Dir Freude bereitet, voll und ganz einverstanden bin. Ich freue mich, daß Du nach Malmaison zurückkehren willst und des zufrieden bist. Ich werde dies immer sein, wenn ich von Dir Nachricht erhalte und desgleichen Dir von mir Nachricht geben kann. Mehr sage ich nicht, solange Du nicht Deinen Brief mit dem meinen verglichen hast, und hinterher mögest Du selbst beurteilen, wer von uns beiden des anderen besserer Freund ist. Adieu, meine Freundin, lasse es Dir wohl ergehen und sei gerecht gegen Dich und mich.«

Eugène überbringt diesen Brief, und sogleich greift Joséphine zur Feder: »Tausend- und abertausendmal sage ich Dir zärtlichen Dank, daß Du mich nicht vergessen hast. Mein Sohn hat mir eben Deinen Brief überbracht. Mit welch glühender Ungeduld habe ich ihn gelesen, und dennoch brauchte ich dazu geraume Zeit, denn da war kein Wort, über das ich nicht weinte, doch waren's süße Tränen! Mein ganzes Herz habe ich wiedergefunden, so, wie es für immer sein wird: Es gibt Gefühle, die mein Leben selbst sind und erst mit diesem enden. Daß mein Brief vom 19. Dir mißfiel, stürzt mich in Verzweiflung; ich entsinne mich nicht gänzlich aller Formulierungen, doch weiß ich, welch schmerzliches Gefühl sie mir diktierte; es war der Kummer, ohne Nachricht von Dir zu sein.

Ich hatte Dir bei meiner Abreise aus Malmaison geschrieben und seither, wie oft hätte ich es da tun wollen! Doch ahnte ich die Gründe für Dein Schweigen und fürchtete, Dir mit einem Brief zur Last zu fallen. Der Deine war mir Balsam. Sei glücklich! So glücklich, wie Du es verdienst; dies sagt Dir mein ganzes Herz. Auch hast Du mir mein Teil Glück geschenkt und einen Beweis, für den ich sehr empfänglich bin: Nichts gilt mir mehr als ein Beweis dafür, daß Du Dich meiner erinnerst.

Adieu, mein Freund, ich danke Dir innig, wie ich Dich immer lieben werde.«

Joséphines Worte mögen allzu überschwenglich erscheinen, doch kennt sie Bonaparte und weiß, wie er zu behandeln ist. Zudem muß er ihr wieder einen Gefallen erweisen: Ihre beiden Vettern Tascher wollen verheiratet sein. Eugène fällt die Aufgabe zu, dies dem Kaiser zu unterbreiten. Außerdem muß er den Kaiser über die Pläne und Absichten der Verbannten unterrichten, die neuerlich um ihre Zukunft bangt: »Eugène sagt mir, Du wollest zur Kur«, antwortet der Kaiser aus Brüssel, wo er sich derzeit mit Marie-Louise aufhält. »Erlege Dir keinerlei Zwang auf. Aber höre auch nicht auf die bösen Mäuler in Paris: Sie haben nichts zu tun, und überdies sind sie sehr weit davon entfernt, den wahren Stand der Dinge zu kennen. Meine Gefühle für Dich ändern sich nicht, und ich wünsche mir zutiefst, zu wissen, daß Du glücklich und zufrieden bist.«

Napoleon findet sich bereit, den älteren der beiden Taschers, Louis, der Joséphine im Dezember 1806 von Martinique geschrieben hatte, mit der Prinzessin von der Leyen, der Nichte des Fürstprimas von Dalberg, zu verheiraten. Für den jüngeren freilich, Henri, den »kleinen Schlingel«, könne und wolle er nichts tun. »Einer amourösen Anwandlung folgend, ist er in Madrid den französischen Farben untreu geworden« und hat alle Pflichten gegenüber Kaiser und Vaterland vergessen. »Nun möge er tun, was ihm beliebe, heiraten, wen er wolle«, dies sei dem Kaiser völlig egal ... Im übrigen stimmt der Kaiser »voll und ganz« Joséphines Projekten und »all diesen Ausgaben für Navarra zu«, doch ist er nicht bereit, mehr, als im Budget dafür vorgesehen, auszugeben. Lediglich Vorschüsse gesteht er zu: 600 000 Francs für Navarra, 100 000 für Malmaison.

Am 15. Mai kehrt sie endlich wieder nach Malmaison zurück. Ihr zur Feier hat der Park sein Blütenkleid angelegt. Die Blumenparterres sind Teppiche aus gefüllten Hyazinthen und kostbaren Tulpen. Die purpurblühende Magnolie hat nicht zu sehr unter dem Winter gelitten ... Am glücklichsten ist Joséphine, ihre Gewächshäuser und ihre Vogelhäuser wiederzusehen, wo ein Papagei den ganzen lieben Tag lang *Bonaparte! Bonaparte!* ruft, während ein anderer, dem Vernehmen nach, sehr gut Spanisch spricht und zur Gitarre einen Tanz aufführt ...

Mit Recht kann die Exkaiserin stolz auf ihr Werk sein: Seit dem Konsulat hat sie Malmaison unablässig verschönert. »Ein Feentraum«, nennt es Mme. de Rémusat. Seit 1806 steht der berühmte Berthault, Architekt und »Landschafter«, den manche den neuen Le Nôtre nennen, in den Diensten der Kaiserin, der es gelang, ihn für sich zu gewinnen. Er hat den Park aufgelockert, ihn schwereloser, heiterer gestaltet, ihn zum »Atmen gebracht« und die Landschaft mit einer Überfülle von kleinen Wasserfällen, Teichen und Katarakten belebt. Die Bäche umfangen mit ihren Armen blumenschwere Inselchen. Rund um den Liebestempel prunken riesige Rhododendronbüsche im wasserreichen Wiesenland. Auf dem Kanal »treiben«, einem Besucher zufolge, der Malmaison 1810 besichtigte, »hübsche Barken dahin, schwimmen schwarze purpurschnäbelige Schwäne und vielerlei Wasservögel ...«

Doch ist der Park Malmaisons einziger Stolz nicht. Ungeahnte Schätze birgt das Schloß selbst, das zu einem wahren Museum geworden ist, bergen seine Galerien, Vorzimmer und Salons. Die Gemäldegalerie der Kaiserin, ihre Bücher, Mineralien, Kleinode bilden mit der Domäne selbst eine »Aktivmasse« von über 7,5 Millionen. Vier Jahre später werden sich Hortense und Eugène gezwungen sehen, einen Teil der Schätze zu verkaufen, um die Passiva zu decken: 2,5 Millionen Schulden zuzüglich Zahlungsverpflichtungen, die aus Renten und Aussteuern erwachsen, welche die allzu großzügige Kreolin leichtfertig versprochen hat.

Häufig betrachtet sie ihre Steinsammlungen oder führt Besucher durch ihre mineralogischen Kabinette, durch ihre Antikensammlung, läßt ihre Vasen und ihre Gemäldegalerie bewundern. 110 Meisterwerke nennt Joséphine ihr eigen, von der Hand eines Albanese, Correggio, Raffael, Leonardo da Vinci, Veronese, Dürer, Rembrandt, Teniers, van Dyck, Holbein, Ruysdael, Murillo ... eine repräsentative Sammlung, die bei ihrem Tode jedoch nur auf ganze 27 850 Francs geschätzt – besser: unterschätzt – wird.

Der Kaiser und Marie-Louise weilen in Belgien, und so strömen denn auch in hellen Scharen die Besucher, vor allem aus dem Faubourg Saint-Germain, herbei. Joséphine hat täglich ein rundes Dutzend Gäste zu Mittag, und zum Diner verdoppelt sich ihre Zahl. Des Abends hört man nach Tisch beim Konzert den berühmten Garat singen. Ihren Intimen zeigt die Exkaiserin den Brief, den ihr Napoleon gegen Ende Mai (1810) geschrieben hat: »Ich sehne mich zutiefst danach, Dich wiederzusehen. Ich gedenke am 30. des Monats in Saint-Cloud zu sein. Mein Gesundheitszustand ist vorzüglich. Nichts fehlt mir als das Wissen, daß Du froh und wohlauf bist. Gib mir den Namen bekannt, unter welchem Du reisen möchtest. Zweifle niemals an der völligen Echtheit meiner Gefühle für Dich; sie werden dauern, solange ich lebe. Ungerecht wärest Du, wolltest Du an ihnen zweifeln.«

Doch stellt sich der ersehnte Besucher erst am 13. Juni ein. »Gestern erlebte ich einen Tag des Glücks«, erzählt Joséphine ihrer Tochter. »Seine Gegenwart beseligte mich, wenn auch all meine Qual wieder auflebte ... Freilich, derlei Gefühle will man des öfteren empfinden. Die ganze Zeit über, da er bei mir weilte, war ich standhaft genug, die locker sitzenden Tränen zurückzuhalten; aber als er dann fort war, fühlte ich mich sehr unglücklich. Zu mir war er, wie gewöhnlich, gut und liebenswürdig, und ich hoffe, er hat in meinem Herzen all die Zärtlichkeit und die Ergebenheit gelesen, von denen ich für ihn durchdrungen bin.«

Der Kaiser hat den jüngsten Sohn Hortenses, den die Exkaiserin jetzt bei sich hat, gerührt ans Herz gedrückt. Sie haben vor allem von der Königin gesprochen. Die drei Monate, die sie in der niederländischen Metropole, einer wahren Nekropole, verleben mußte, waren für Hortense eine Zeit der Qualen.

»Die Gottverlassenheit in einem fremden Land ließ mich im Eise des Grauens erstarren«, erzählt die Unglückliche. »Der Tod, der mir zuvor süß geschienen und den ich gerufen hatte, erfüllte mich jetzt mit Angst. ›Was tue ich hier?‹ fragte ich mich. ›Wie? So soll ich denn fern der Heimat sterben, ohne daß mir eine liebende Hand die letzten Augenblicke erleichterte, ohne daß ich allen jenen, die ich liebe, ein zärtliches Lebewohl sagen könnte? Wie konnte man mich fortlassen, wie konnte ich mich zur Abreise entschließen?‹ Ein einziger Gedanke beschäftigte mich: diesem Land zu entfliehen, meine Freiheit wieder zu erringen.« Louis verschwendet keine anderen Worte an sie als ein *Bonjour* des Morgens und ein *Bonsoir* des Abends, ehe er sich in seine Gemächer zurückzieht. Am 1. Juni kehrt Hortense denn auch Amsterdam für immer den Rücken und flieht zu den Quellen von Plombières. Endlich sieht Napoleon ein, daß Louis ein Tyrann ist, und gestattet, daß die beiden Gatten jeder für sich getrennt leben. Drei Wochen später erfährt er, schnaubend vor Wut, daß Louis abgedankt hat und geflohen ist.

»Konnte ich mir«, schreit Napoleon, »eine solche Schmähung von einem Mann erwarten, dem ich ein Vater war? Ich habe ihn großgezogen, ihn mit meinem armseligen Sold eines Artillerieleutnants erhalten; mein Brot habe ich mit ihm geteilt und die Matratze meines Betts. Wo ist er hin?«

Nach Österreich, nach Graz, wo er sein Königreich dem Schutze des Zaren überantworten will. Was Napoleon mit Hohngelächter quittiert. Acht Tage später annektiert er das Königreich Holland und zerteilt es in französische Departements. Dabei kommt endlich auch Hortense — »die vom Unglück verfolgte Tochter«, wie Napoleon sie nennt — zum Zug, denn sie erhält ihre Freiheit und überdies eine Rente von zwei Millionen und das Großherzogtum Berg für ihren älteren Sohn. Die gute Nachricht erreicht sie in Plombières, und überdies trifft ein Brief ihrer Mutter ein, worin diese sie bittet, zu ihr nach Aix-les-Bains zu kommen. Dort sei Mme. de Souza — samt Sohn Flahaut.

»Ich hatte eben den ersten Pferdewechsel hinter mich gebracht«, erzählt Hortense, »da sah ich in der Ferne zwei Reiter auftauchen, die mir in gestrecktem Galopp entgegenstürmten. Was uns ausschließlich beschäftigt, vermeinen wir überall zu sehen. So rief ich denn auch aus: ›Ich hab's geahnt!‹, als ich den einen der beiden erkannte. Das Herz klopfte mir bis zum Halse, doch verbarg ich meine Erregung, um lediglich Erstaunen zu bekunden, als sich M. de Flahaut und der Rittmeister meiner Mutter, M. de Pourtalès, dem Wagen näherten.«

Joséphine, die bereits seit einem Monat in Aix weilt, hat für ihre Tochter ein verschwiegenes Haus »mit braunem pyramidenförmigem Ziegeldach« gemietet. Auf der Terrasse steht Blumentopf an Blumentopf.

Die Exkaiserin ist unter dem Inkognito einer »Comtesse d'Arberg« gereist. Sie ist lediglich in Begleitung ihres Favoriten Lancelot, von Mme. d'Audenarde und deren Liebhaber, dem Rittmeister Pourtalès. Mit ihren beiden Zofen und dem

Hund Askim wohnt sie in Aix im Haus Chevaley, das sich nun stolz »Palais« nennt, da die Exkaiserin es zur Sommerresidenz gewählt hat. Turpin und Pourtalès, die beiden Amanten, haben sich, um den Schein zu wahren, ehe Mme. de Rémusat am 29. Juni ihren Dienst als Anstandsdame antritt, in einem Gartenhäuschen einquartiert.

Joséphine ist glücklich. Keine Uniformen mehr, keine Repräsentationspflichten, keine Etikette. Sie ist, wie Frédéric Masson es ausdrückt, »eine zur Kur weilende Dame, die sich nach russischer Art von ihrer gewohnten Gesellschaft begleiten läßt, und keine Souveränin«. Der Vormittag geht mit Duschen, Bädern und Ruhen hin, worauf das Mittagessen im »Palais« folgt. Des Nachmittags fährt man in der kaiserlichen Kalesche aus, um gegen vier oder erst fünf Uhr heimzukehren. Um sechs diniert der kleine Hof und unternimmt hinterher neuerlich eine Spazierfahrt.

»Um neun Uhr«, erzählt Mme. de Rémusat ihrem Gatten, »spielen wir, nachher singen wir ein wenig; um elf gehen wir zu Bett. Wir führen also, wie Du siehst, ein beschauliches Leben.«

Eugène und Auguste sind in Genf. Bei brütender Hitze unternimmt Joséphine einen Ausflug an die Ufer des Genfer Sees . . . doch Turpin muß diesmal zu Hause in Aix bleiben. Was würden Sohn und Schwiegertochter zu diesem »Kämmerer für alles« sagen?

Nach ihrer Rückkehr nimmt die Exkaiserin die Kurgepflogenheiten wieder auf. »Die hübsche Kalesche«, erzählt Mme. de Rémusat ihrem Gatten, »die schönen Pferde, die Livreen, unsere Eleganz und unser Schmuck, all das macht auf die Leute hier großen Eindruck und vor allem das sanfte und immer liebenswürdige Antlitz meiner Herrin inmitten all dieser Pracht. Nur, um sie zu sehen, kommt man aus Chambéry, Genf, Turin, Grenoble. Man bringt ihr außerordentliches Interesse entgegen. Mich persönlich freut, daß man allem Anschein nach nicht annimmt, sie sei dem Kaiser entfremdet, denn man vertraut ihr viele Bittschriften für ihn an . . .«

Am 26. Juli verbringt die »Kolonie«, wie Mme. de Rémusat sagt, einen fröhlichen Tag in der Abtei von Hautecombe. Lancelot porträtiert seine hehre Geliebte, wie sie im »straußenfederbesetzten Kapuzinermäntelchen« durch das Fernrohr blickt, und auf diese Weise entsteht eine anmutige Bleistiftzeichnung, der sogleich eine zweite, »mit liebender Hand« hingeworfene folgt: Diesmal sitzt die Exkaiserin unter einem Sonnenschirm an der berühmten *Fontaine intermittente*, der nur mit Unterbrechungen fließenden Quelle, die sich ungalanterweise weigert, zu Ehren der hohen Frau zu sprudeln. Auf der Rückfahrt bricht ein Unwetter los. Der Sturm zerrt an den Girlanden, den Draperien und dem Zierat des festlich geschmückten Bootes. Turpin und Pourtalès geben sich mutig und unerschrocken und halten die Hände der Kaiserin, »bereit, sie zu retten«. Flahaut singt Romanzen. Mme. de Rémusat trällert mit, doch »innerlich«, gesteht sie, »empfahl ich meine Seele Gott«. Die Matrosen legen sich in die Riemen, und so erreicht man am Ende den schützenden Hafen, wo sich eine Volksmenge angesammelt hat. »Für eine Bewohnerin ozeanischer Inseln«, kommentiert der Kaiser hinterher, »wäre es ein Hohn des Schicksals gewesen, in einem See umzukommen . . .«

Nach Aix zurückgekehrt, findet Joséphine ihre Tochter »bleich, mager, immer zum Weinen aufgelegt« vor, »ohne daß sie gewußt hätte, weshalb«. Hortense freilich wußte ihren *Spleen* sehr wohl zu erklären: Der bloße Anblick des schönen Obersten de Flahaut »machte mir einen Eindruck, den zu verbergen mir immer schwerer fiel und der für meine schwache Gesundheit allzu lebhaft war. Zum ersten Mal, seit ich ihn liebte, sah ich ihn ständig und ohne Unterbrechungen. Immerzu schwammen meine Augen in Tränen . . .« De Flahaut weinte weniger. Sein Herz schlug nach wie vor in schöner Regelmäßigkeit: »Am Ende liebte ich sie«, gesteht er, »denn sie lieferte mir tausend Beweise ihrer Ergebenheit.« Diese Liebe aus Dankbarkeit ist nicht sehr leidenschaftlich, doch beklagt sich die Königin keineswegs ob der Lauheit der Gefühle ihres Angebeteten. In diesem August 1810 – »der glücklichsten Zeit meines Lebens«, wie sie sagt – blickt Hortense voll Bewunderung zu Charles auf . . .

Dem Thron scheint sie nicht im geringsten nachzuweinen. Dazu bemerkt Joséphine in einem Brief an La Vallette: »Sie ist nicht ehrgeiziger als ich . . .« Im selben Brief vom 15. Juli, den sie auf ihr hübsches Briefpapier mit gewaffeltem Rand schreibt, spricht sie am Ende eine Frage aus: »Vor einigen Tagen haben Sie mir eine große Neuigkeit berichtet. Hat sie sich mittlerweile bestätigt?« Dem Vernehmen nach soll Marie-Louise schwanger sein. Ohne Zeit zu verlieren, wendet sich Joséphine an ihren Exgatten, der es am besten wissen muß. »Tatsächlich ist die Kaiserin im vierten Monat schwanger«, schreibt er ihr, allerdings erst am 14. September 1810, aus Saint-Cloud. »Sie ist wohlauf und mir sehr anhänglich.«

Hortenses Gesundheitszustand zuliebe und um selbst ein paar Tage ungetrübten Glücks mit Lancelot zu verbringen, begibt sich die Kaiserin mit ihrem Favoriten an die Ufer des Genfer Sees, um »Touristik zu treiben« und die Tochter in Aix ihrer Liebe zu überlassen. Das Paar mietet sich in Sécheron inmitten der Weingärten in jenem Hôtel d'Angleterre – auch Hotel Dejean genannt – ein, wo schon Voltaire abgestiegen war und später Byron, Goethe, Chateaubriand und Musset ihr Quartier aufschlagen sollten. Von Sécheron aus unternimmt Joséphine Ausflüge in Begleitung ihres Herzenskämmerers und einiger Intimer, denen die Statistenrollen von Anstandsdamen und Anstandsherren zukommen. Erst am 20. September kehrt sie mit ihrem Gefolge aus den Bergen nach Genf zurück.

Askim, der Hund der Exkaiserin, ist krank. Joséphine füttert ihn beständig mit Hühnerknochen, obwohl Dr. Horeau, »mehr um die Gesundheit des Lieblingshundes als um jene Ihrer Majestät besorgt«, lauthals gegen diese Diät protestiert. In Sécheron läßt man den Tierarzt kommen, der ein schwarzes Pulver verschreibt, wogegen Dr. Horeau sehr berechtigte Einwände erhebt, zumal Askim zwei Stunden nach Einnahme des suspekten Medikaments den Geist aufgibt.

Um die Nachtruhe der Exkaiserin nicht zu stören, verkündet man ihr die traurige Botschaft erst tags darauf beim Erwachen, und tränenüberströmt befiehlt Joséphine, das teure Tier ausstopfen zu lassen, doch zeigt sich der Präparator dieser heiklen Aufgabe nicht gewachsen, und so bleibt von Askim letztlich nichts als die Erinnerung.

Aus Aix, wo sie Flahaut zurückgelassen hat, eilt Hortense herbei, und Joséphine übergibt ihr folgenden, für den Kaiser bestimmten Brief: »Die Königin, die für zwei Tage zu mir kam, verläßt mich morgen, um nach Paris zurückzukehren. Sie hofft, bald schon das Glück zu haben, Dich zu sehen. Erlaube, daß ich sie Deiner Freundschaft empfehle, die unsere einzige Hoffnung ist. Die Königin wird Dir diesen Brief überbringen, den ich unruhigen Herzens schreibe, denn mit jedem Augenblick fühle ich das Verwirrende meiner Situation deutlicher. Je näher der Tag heranrückt, den ich für die Beendigung meiner Reise ausersehen habe, desto unsicherer werde ich und frage mich, was ich tun soll. Bonaparte, Du hast mir versprochen, mich nicht im Stich zu lassen. Dies ist ein Anlaß, da ich Deinen Rat brauche. Ich habe nur Dich auf der Welt. Du bist mein einziger Freund. Sprich offen und ehrlich zu mir. Kann ich nach Paris zurückkehren oder soll ich hier bleiben? Gewiß wäre es mir lieber, ich könnte Dir näherkommen, vor allem, wenn ich hoffen darf, Dich wiederzusehen. Doch ist mir diese Hoffnung nicht zugestanden, so frage ich mich, welche Rolle ich den ganzen Winter über spielen sollte? Bleibe ich Paris aber noch sieben bis acht Monate fern, so entwickelt sich, zumindest hoffe ich dies, die Lage zu meinen Gunsten, denn dann wird die Kaiserin neue Rechte auf Deine Liebe erworben haben.

Ich beauftrage die Königin, über meine Anliegen mit Dir zu sprechen und auch all jene Details zu behandeln, die ich schriftlich nicht erörtern kann. Sie wird Dir sagen, wie lieb Du mir bist und daß kein Opfer mir zu schwer ist, wenn ich es Deiner Ruhe zuliebe bringen muß. Rätst Du mir, hier zu bleiben, so miete oder kaufe ich ein kleines Landgut am See. Ich möchte nur wissen, ob es auch statthaft ist, es mir in der Nähe von Lausanne oder Vevey auszusuchen, falls mir die Lage zusagt. Desgleichen möchte ich nach Italien fahren, um meine Kinder zu besuchen. Im Herbst möchte ich die Schweiz bereisen, denn ich brauche sehr viel Zerstreuung, und die finde ich nur, wenn ich Ortswechsel vornehmen kann. Nächsten Sommer werde ich vielleicht wieder zur Kur nach Aix zurückkehren, die mir heuer sehr gut getan hat. Ein Jahr lang werde ich also in der Ferne sein, ein Jahr, das ich in der Hoffnung ertrage, Dich nachher wiederzusehen, und im Gedanken, daß mein Verhalten Deine Zustimmung findet.

Entscheide somit, was ich tun soll, und beauftrage, falls Du nicht schreiben kannst, die Königin, mich über Deine Absichten in Kenntnis zu setzen.

Ach! ich beschwöre Dich, weigere Dich nicht, mich zu führen und zu leiten! Berate Deine arme Joséphine! Dies soll ein Beweis Deiner Freundschaft sein, und so kannst Du sie über all die Opfer, die sie gebracht hat, hinwegtrösten.«

Die Antwort verfaßt Mme. de Rémusat auf Weisung Napoleons: »Sie erinnern sich, daß Sie es zuweilen mit mir bedauerten, daß der Kaiser zum Zeitpunkt seiner Verehelichung nicht darauf bestand, eine Begegnung zwischen zwei Personen herbeizuführen, welches ihm damals, wie er sich rühmte, leicht gefallen wäre, da er sie in seiner Zuneigung vereinte (Joséphine und Marie-Louise). Sie sagten mir, daß er seither hoffte, eine Schwangerschaft würde die Kaiserin hinsichtlich ihrer Rechte beruhigen und ihm die Möglichkeit bieten, seinen Herzenswunsch zu erfüllen; doch, Madame, wenn ich mich nicht täusche, so ist die Zeit für eine solche Begegnung noch nicht gekommen ... Was täten Sie hier, Madame, inmitten der Freude ob dieser Schwangerschaft, jetzt, da die Geburt eines so ungeduldig erwarteten Kindes bevorsteht, im Festestaumel, der dem Ereignis folgen wird? Was täte der Kaiser, der ob des Zustandes dieser jungen Mutter verpflichtet wäre, sich gewisse Beschränkungen aufzuerlegen, und den doch die Erinnerung an die Gefühle, die er Ihnen nach wie vor entgegenbringt, verwirren und quälen würde? Leiden würde er, obwohl es Ihnen Ihr Feingefühl verbietet, irgendwelche Ansprüche zu stellen; und auch Sie würden leiden; nicht ungestraft würden Sie die inbrünstigen Freudenschreie vernehmen und selbst vielleicht dem Vergessen einer ganzen Nation anheimgegeben sein, oder aber dem Mitleid einiger weniger, die Sie wohl nur aus politischen Gründen bedauern. Nach und nach würde Ihre Lage so unerträglich, daß nur eine völlige Trennung die Ordnung wiederherstellen könnte.«

Joséphine stehen die Tränen in den Augen. Wird Napoleon ihr Paris gestatten? Auf Mailand bestehen? Wieder harrt sie einer Antwort des Kaisers und begibt sich mittlerweile neuerlich auf Reisen. Man erwartet sie für eine Woche in Neuchâtel. Am 27. September quartiert sich Joséphine samt Begleitung im Spitalsviertel, im Haus von Louis de Pourtalès, ein. Von ihrem neu in Rot und Gold tapezierten Schlafzimmer aus überblickt sie den See. Der erste Eindruck ist um so beglückender, als Musiker ihr ein Ständchen bringen. Die Woche in Neuchâtel ist bald zu Ende, und für vierzehn Tage logiert Joséphine im »Gasthof zum Falken« in Bern, einer alten, schon im 15. Jahrhundert bekannten Herberge in der Marktstraße. Joséphine ist Gast der Berner »Regierung«, die diese Geste auf nicht weniger als 5074 Francs 40 Centimes zu stehen kommt. Dort erreicht die Exkaiserin die Antwort des Kaisers: »Besuche diesen Winter Deinen Sohn«, schreibt er ihr, »kehre nächstes Jahr zur Kur nach Aix zurück oder aber bleibe das Frühjahr über in Navarra. Überhaupt würde ich Dir raten, sofort nach Navarra zu fahren, fürchtete ich nicht, daß Du Dich dort langweilst. Meiner Meinung nach kannst Du im Winter schicklicherweise einzig in Mailand oder in Navarra sein. Nachher stimme ich allem zu, was Du tust, denn ich will Dir keinerlei Zwang auferlegen. Adieu, meine Freundin! Die Kaiserin ist im vierten Monat schwanger.

Ich ernenne Mme. de Montesquiou zur Gouvernante der Kinder Frankreichs. Sei glücklich und hänge keinen trüben Gedanken nach. Zweifle nie an meinen Gefühlen.«

Joséphines Entschluß ist rasch gefaßt. Da der Kaiser Paris mit keiner Silbe erwähnt, wird sie sich in Navarra niederlassen!

»Eine Reise nach Italien, vor allem, um dort den Winter zu verbringen, bringt meiner Meinung nach viel Beschwerliches und Unangenehmes mit sich«, schreibt sie Hortense. »Wenn es sich bloß um zwei oder drei Monate handelte, würde ich gern meinen Sohn besuchen, doch ist es mir unmöglich, länger zu bleiben. Im übrigen hat sich mein Gesundheitszustand, der sich bereits gebessert hatte, seit vierzehn Tagen arg verschlimmert; mein Arzt rät mir zur Ruhe, und in Navarra werde ich Zeit und Muße genug haben, um mich zu pflegen ... Ehe ich nach Navarra fahre, möchte ich noch Nachricht von Dir, um zu erfahren, ob der Kaiser es für gut befindet, daß ich den Winter an jenem Ort verbringe. Ich gestehe Dir, daß ich vor Herzeleid stürbe, müßte ich länger als einen Monat fern von Frankreich sein. In Navarra werde ich zumindest das Glück haben, Dich, meine liebe Hortense, zuweilen zu sehen, und dies bedeutet mir so viel, daß ich einfach jenen Ort wählen muß, wo ich meiner geliebten Tochter am nächsten bin. Adieu, ich umarme Dich aus ganzem Herzen; küsse meine Enkel von mir.«

Und als Postskriptum fügt sie das ihr Wichtigste hinzu: »Wenn ich nach Italien ginge, bin ich sicher, daß mehrere mir nahestehende Personen die Kündigung einreichen würden.« Gehört am Ende Turpin zu diesen »Nahestehen-den«? Er hängt mit solcher Liebe an seiner Mutter, daß er es nicht übers Herz brächte, sich für Monate von ihr zu trennen ...

Tags darauf begibt sich die Reisende nach Lausanne, wo sie die Schwägerin des Zaren, die »hübsche Brünette«, Großherzogin Constantin, geborene Coburg, trifft. Ebendort weigert sie sich, Madame de Staël zu empfangen, die zu dieser Zeit auf Befehl des Kaisers im Exil lebt.

»Im ersten Werk, das sie hinterher veröffentlicht«, erklärt Joséphine mit einiger Berechtigung, »würde sie es nicht verabsäumen, über unser Gespräch zu berichten, und weiß der Himmel, was sie mir da nicht in den Mund legt, woran ich nie im Leben dachte.«

Madame de Staël ist eine unerträgliche und gefährliche Person, die man sich, wie es Joséphine berechtigterweise tut, am besten vom Leib hält. Vielleicht weiß sie nicht einmal, daß Mme. de Staël vor Jahren, als Bonaparte noch in der Rue Chantereine wohnte, zu diesem sagte: »Joséphine ist eine dumme Gans und nicht würdig, Ihre Frau zu sein. Zu Ihnen passe einzig ich.«

Ehe Joséphine die Schweiz verläßt, kauft sie sich für 145 000 Francs ein Haus, die Domäne Pregny-la-Tour, in Petit Saconnex, »ein großes Herrenhaus, drei Nebengebäude und diverse kleine Bauten, drei Höfe, drei terrassenartig angelegte Gärten, ein Obstgarten und eine gegen Osten verlaufende Allee, ein Wäldchen, ein Kleefeld, ein Kirschgarten, ein Weinberg und eine große Wiese; am Seeufer ein kleiner ummauerter Hafen und ein Fischerhaus«. Ein einziges Mal nur wird sie dort die Gutsherrin spielen! Sie kauft um des Kaufens willen... vor allem unnütze Dinge.

Obwohl Napoleon ausdrücklich befohlen hat, Joséphine möge Paris fernbleiben, beschwindelt sie ihn in gewohnter Weise und kehrt für einige Tage nach Malmaison zurück, wo sich unverzüglich jene einstellen, die dem Regime die Stirne bieten wollen. In den Tuilerien ist es zur Zeit Mode, Opposition zu spielen, »dagegen« zu sein. Unter irgendeinem Vorwand besucht man die »Ehemalige«, falls man mit der »Neuen« nicht auf gutem Fuß steht. Man heuchelt Mitleid mit der Verstoßenen, setzt bei der Reverenz eine Leichenbittermiene auf und ergeht sich feuchten Auges in Kondolenzen. Da hat's der Kaiser doch tatsächlich fertig gebracht, die Kaiserin Marie-Louise zur Taufpatin von Joséphines letztgeborenem Enkel zu bestimmen! Welch eine Taktlosigkeit! Sie empfängt ihre Lieferanten – »es geht her wie in einem Bazar« –, wählt Kleider, Schals, Strümpfe und Hüte aus und hört sich die Klagen der Kaufleute über »die Andere« an, welche die Auswahl ihrer Kleider der Ersten Dame überläßt.

Napoleon ist in Fontainebleau und wundert sich. Worauf wartet Joséphine denn noch, um Malmaison zu verlassen? Cambacérès soll sie zur Eile antreiben. Im November, zur Regenzeit, müsse die Normandie herrlich grün sein...

Endlich entschließt sich Joséphine zur Abreise.

Ehe sie Malmaison verläßt, schreibt sie ihrem Sohn, um diesem zu erklären, weshalb sie sich Navarra zur Winterresidenz auserkoren hat: »Mailand hätte ich den Vorzug gegeben. Du weißt, wie sehr ich mich darnach sehnte, ein paar Monate bei Dir zu verbringen, doch ahnst Du nicht, welche Gerüchte man darob in Umlauf setzte: Es hieß, ich hätte Order, nach Italien zu gehen und nicht mehr nach Frankreich zurückzukehren. Selbst die Personen meines Hausstandes wurden von Unruhe ergriffen. Alle befürchteten eine Reise ohne Rückkehr, ohne Ende. So war ich denn gezwungen, auf das Schönste zu verzichten und Frankreich nicht zu verlassen, zumindest nicht in diesem Jahr.«

Im selben Brief vom 19. November schreibt sie weiters: »Es scheint, die Kaiserin Marie-Louise hat nicht von mir gesprochen und empfindet auch nicht den leisesten

Wunsch, mich zu sehen. In diesem Punkt stimmen wir völlig überein, und einzig, um dem Kaiser damit einen Gefallen zu erweisen, hätte ich mich bereitgefunden, mit ihr zusammenzutreffen. Ja, sie dürfte für mich sogar mehr als eine bloße Abneigung empfinden, und dafür sehe ich keinen Grund, denn sie kennt mich nur von dem großen Opfer her, das ich ihr gebracht habe. Gleich ihr ersehne ich einzig das Glück des Kaisers, und dieses gemeinsame Gefühl mußte uns einander näherbringen. Doch nichts von alledem wird mich in meinem Verhalten beeinflussen. Ich habe mir die Linie vorgezeichnet, der ich folgen muß, und von dieser weiche ich nicht ab: nämlich in völliger Abgeschiedenheit zu leben, doch mit Würde und ohne anderes zu begehren als die Ruhe. Ich werde mich mit den schönen Künsten und der Botanik beschäftigen, im Sommer zur Kur fahren ... Den Winter werde ich in Navarra verbringen, wohin ich mich diese Woche begebe. Die paar Tage, die ich in Malmaison blieb, brauchte ich, um mich von meiner Schweizer Reise zu erholen. Ich habe nur wenige Leute gesehen. Jene, die mir früher einmal sehr zugetan schienen, haben mir nicht samt und sonders bewiesen, daß sie sich meiner erinnern. So sie mich vergaßen, verzeihe ich ihnen aus Güte. Ich selbst erinnere mich nur jener, die mich nicht vergessen haben, an die anderen denke ich nicht. Das Glück werde und will ich rings um mich finden, in der Zärtlichkeit meiner Kinder, denn ich bin sicher, mein lieber Eugène wird mich immer lieben, wie ich ihn liebe.«

Die Herzogin von Navarra

»Welch köstliches Gut ist die Stille . . .«
Joséphine

Am Morgen des 4. Dezember 1810 glaubte die Nichte von Mme. de Montesson und Mme. de Genlis, Georgette Ducrest de Villeneuve, vor Ungeduld aus der Haut zu fahren. Eine Berline Joséphines sollte das junge Mädchen in Paris abholen, um es mit seiner Mutter nach Navarra zu bringen, wo die beiden Damen für einige Monate eingeladen waren. Als die mit kaiserlichen Wappen gezierte Equipage mit Vorreiter und Bedienten vor dem bescheidenen Hause der Ducrests hielt, schloß Georgette geblendet die Augen. Für gewöhnlich reiste sie, wie sie uns anvertraut, »in schweren und schmutzigen Postkutschen«. Da an den Poststationen schon alles zum Pferdewechsel vorbereitet ist, legt man die 108 km zwischen Paris und Navarra in rasender Eile – mit einem Stundendurchschnitt von 18 km – zurück. Die Damen sind begeistert. So schnell reist sonst nur der Kaiser selbst!

Als die Berline in die große Allee einfährt, ist das Schloß hell erleuchtet. Eine »Truppe Bedienter« – Navarra zählt nun an die hundert Domestiken – stürzt sich auf die Equipage, um die Koffer und Kartons der Damen abzuladen. Mlle. d'Avrillon, die als »Garderobedame« zur »persönlichen Dienerschaft« Joséphines gehört, führt die Gäste in ihre Zimmer. Die Abwesenheit der Hausherrin während deren Reisen gestattete es dem Architekten Berthaut, zahlreiche Renovierungsarbeiten durchführen zu lassen, und so ist der Kochtopf letzten Endes doch noch bewohnbar geworden. Eine großangelegte Heizanlage sorgt für angenehme Wärme im ganzen Schloß, und in den Kaminen gehen wahre Wälder in Flammen auf: täglich 42 Raummeter Holz und 15 Tonnen Kohle.

Mlle. d'Avrillon beruhigt Mme. Ducrest und ihre Tochter. Gewiß werde die Kaiserin sie erst am folgenden Tag willkommen heißen. Vorerst sollten sie sich ausruhen! »Ich atmete auf«, erzählt Georgette, »und dachte, nun hätte ich eine ganze Nacht lang Zeit, um mich auf den Empfang vorzubereiten. In Malmaison, als ich der Kaiserin meine Aufwartung machte, hatte ich mich nicht im geringsten gefürchtet, weil der Salon so voll von Menschen war, daß er allen Cercles glich, denen ich je beigewohnt hatte, und in der Menge fiel ich überhaupt nicht auf; doch sagte ich mir, fern von Paris bedürfe man gewiß einer Zerstreuung, und eine so linkische Person wie ich würde zweifellos eine besonders amüsante für all die Höflinge abgeben, die ich mir samt und sonders spottlüstern und impertinent vorstellte.«

Da plötzlich klopft man an die Tür. Mme. d'Audenarde erscheint. Ihre

Majestät wolle unverzüglich ihre beiden Gäste sehen. »Welch eine Aufregung! Hals über Kopf machen wir Toilette, daß alles nur so fliegt! Glücklicherweise bleibt uns die Qual der Wahl erspart«: Um ihrer Haushaltung und ihren Gästen unnütze Ausgaben zu ersparen, hat Joséphine verfügt, alle Damen hätten »Sattgrün« zu tragen, wobei der Stoff keine Rolle spielte. Jetzt, da sie sich in Sattgrün sieht, scheint Georgette diese Uniform plump und häßlich. »Mit außerordentlicher Güte versuchte Mme. d'Audenarde mir das auszureden, was sie meine Ängste nannte, und meinte, im Salon von Navarra sei man ebenso nachsichtig wie in allen anderen Salons.«

Zitternd wie Espenlaub steigt Mlle. Ducrest die Treppe hinab, gelangt zunächst in ein Vorzimmer, wo dreißig Bediente darauf warten, gebraucht zu werden – Georgette schätzt ihre Zahl vor Angst auf zweihundert –, und sieht sich hierauf in einem Salon vier Kammerdienern in bestickter Livree mit Degen gegenüber; in einem letzten Salon schließlich empfängt sie der schwarzgekleidete Türsteher, dessen Aufgabe darin besteht, seiner Herrin die von ihr Geladenen anzumelden. Georgette, das Unglücksgeschöpf, fürchtet für arrogant gehalten zu werden und versinkt unablässig in tiefen Knicksen, selbst vor den einfachen Bedienten. Auf solcherart beschwerlichen Wegen gelangt sie am Ende in den Spielsalon, wo die Exkaiserin wie üblich den Abend über einer Partie Tric-Trac mit einem »würdigen Greis« hinbringt. Der »würdige Greis« ist immer derselbe – der Bischof von Evreux, Monsieur Bourlier.

Drei weitere Knickse – und Mlle. Ducrest samt Mutter stehen unversehens vor der Ex-Monarchin. Joséphine lächelt sie an – mit jenem Lächeln, das ihr die Herzen erobert. Einige Wochen später gesteht sie der Tochter, sie »weine nur mehr hin und wieder«.

Die Dame neben der Kaiserin ist Mme. d'Arberg. Auch sie flößt Georgette Vertrauen ein, und als die Kleine es endlich wagt, die Blicke im Salon schweifen zu lassen, entdeckt sie zu ihrer Freude neben den »alten« Hofdamen eine Gruppe junger Mädchen, die Leben in die Gesellschaft bringen.

Nur wenige Tage vergehen, und schon hat Georgette Freundinnen und Freunde gewonnen, die sich des Abends, meist von Turpin-Crissé und Pourtalès begleitet, in ihrem Appartement einstellen.

»Das Frühstück, um zehn Uhr morgens«, erzählt Georgette, nun schon in Navarra heimisch geworden, »bestand ebenso wie das um sechs Uhr abends servierte Diner aus einem einzigen Gang außer dem Dessert, das gesondert aufgetragen wurde; die Suppen, die Vorspeisen, die Vorgerichte, die Braten und die warmen Süßspeisen wurden alle gleichzeitig serviert.« Hinter Joséphines Stuhl drängen sich – wie in den Tuilerien – ein Maître d'hôtel, zwei Kammerdiener, ein Speisenträger und ein Läufer. Aus den Gewächshäusern von Malmaison kommen Ananas und Bananen auf den Tisch.

Nach dem Frühstück arbeitet die Kaiserin an einem Gobelin, und einer der Kämmerer – meist Vieil-Castel – liest aus einem jüngst erschienenen Roman vor... Um zwei Uhr besteigt man die drei vierspännigen Kaleschen, und dahin geht's in den Wald von Evreux, mit einem uniformierten Rittmeister zur Rechten, einem Offizier zur Linken des Wagens, während die von der Garnison Evreux abkommandierten vierzehn Reiter vom 8. Kürassierregiment die Nachhut bilden.

Bei trübem Wetter begnügt man sich mit einem kleinen Spaziergang entlang der Kanäle, die den Park durchziehen. Tag für Tag besucht Joséphine die Glashäuser, wo der Gärtner Bonpland die »Doppelgänger« von Malmaison in Navarra akklimatisiert. Eine Kamelie – eine von jenen, die Joséphine in Frankreich einführte – wird Georgette anläßlich eines solchen Rundganges durch die Glashäuser zum Geschenk gemacht, ein Gunstbeweis, der begreifliche Eifersüchteleien auslöst.

Wenn es regnet, wird die Lektüre bis vier Uhr fortgesetzt, und anschließend kann jeder bis zum Abendessen tun, was ihm beliebt. Joséphine benützt diese Zeit, um sich mit Vertrauten auszusprechen. Die Konversationsthemen sind immer dieselben: die Scheidung, die »gute alte Zeit« und »Denkt er noch an mich?« »Mit Maß und Takt« spricht Joséphine vom Kaiser. Die Verlassene versucht, wie es Mme. de Rémusat ausdrückt, »in der besten Absicht und ehrlich bemüht, ihre Neigungen an die Stelle ihrer Erinnerungen treten zu lassen«, versucht also, sich abzulenken, sich zu beschäftigen, mit Dingen, die ihr Freude machen.

»Das Leben, das ich führe«, schreibt sie Eugène, »ist jenes einer Burgfrau. Meine Gesellschaft ist nicht sehr zahlreich. Gegenwärtig habe ich sieben oder acht Damen um mich und bestenfalls ein oder zwei Herren, falls ein Rittmeister zur Stelle ist, was dem Schloß ein wenig die Atmosphäre eines Klosters verleiht ... Die ersten Tage nach meiner Ankunft fühlte ich mich nicht wohl, vielleicht wegen der Feuchtigkeit; man verabreichte mir ein Brechmittel, welches das Fieber coupierte, aber nun bin ich wiederhergestellt, mit Ausnahme einer gewissen Überempfindlichkeit der Augen; doch sind sie noch gut genug, um meinen Enkel zu sehen, so er hier wäre.« Auguste, die Schwiegertochter, hat vor kurzem einem Söhnchen das Leben geschenkt.

Den Klatschgeschichten des kleinen Hofes leiht Joséphine ein williges Ohr. Es amüsiert sie, zu erfahren, daß M. de Pourtalès, bereits Liebhaber von Mme. Gazzani, zartere, romantischere und ernsthaftere Bande mit Louise de Castellane zu knüpfen gedenkt. Sie protegiert andere Liebschaften, die ebenfalls mit einer Hochzeit enden. In Navarra wird die Liebe groß geschrieben, und da die Hausherrin, deren Gefühle für den Favoriten Lancelot nur den Neuankömmlingen ein Geheimnis sind, mit amourösem Beispiel vorangeht, herrschen im Schloß bald lockere Sitten. Auch mit der Etikette nimmt man es nicht so genau. Stallmeister und Kämmerer tragen so wenig als möglich ihre Uniform, und wenn eine junge Zofe hübsch und witzig ist, findet man nichts dabei, sie auf eine Schlittenpartie mitzunehmen. Bei einer solchen geschieht es, daß Mlle. d'Avrillon am 9. Januar vom Schlitten stürzt und sich das linke Bein gleich zweimal bricht. Turpin leistet Assistenz, als die Brüche eingerichtet werden, und berichtet hierauf Joséphine haarklein über den Verlauf des Eingriffs. Die Exkaiserin läßt ein mechanisches Bett kaufen, damit der Invaliden beim Wechseln der Wäsche nicht unnötige Schmerzen bereitet werden.

Von derlei Vorfällen abgesehen, lebt man beschaulich in den Tag hinein. »Vom Leben in Navarra habe ich Dir schon erzählt«, schreibt Joséphine am 20. Januar Eugène, »es ist immer dasselbe, und ich gewöhne mich daran. Welch süßes Gut ist die Stille! Nur der Ehrgeiz könnte sie vergällen, und an dieser Krankheit leide ich gottlob nicht. Nur sehne ich mich danach, Dich öfters sehen zu können. Dann würde mir fast nichts mehr fehlen. Hortense ist seit einigen Tagen hier; morgen kehrt sie nach Paris zurück. Sie ist so mager und so verändert, daß mir das Wiedersehen mit ihr fast ebenso viel Kummer wie Freude bereitet. Ich möchte ihr meine Gesundheit geben, die im Augenblick sehr gut ist. Seit gestern friert es wieder – und so werden wir häufigere Spaziergänge der Lektüre im Salon vorziehen.«

Gelegentliche Feste offiziellen Charakters erinnern daran, daß dies die Bleibe eines gekrönten Hauptes ist, und bringen ein wenig Abwechslung in die Monotonie des Exils. Denn ein solches ist Navarra, eine Strafkolonie fast, ungeachtet der Versuche, den Kochtopf zu einem Schloß umzugestalten. Manchmal fährt man zu Mittag oder zum Abendessen nach Evreux, eine Abwechslung, die alle freudig begrüßen.

Der Komponist Spontini kommt nach Navarra, um dort seine »Vestalin«, die er Joséphine gewidmet hat, in Szene zu setzen. Die Damen und die Offiziere des Hauses, die über eine passable Stimme verfügen – oder dies zumindest glauben –, haben die Chöre der »Vestalin« und von »Fernando Cortez« einstudiert. Angesichts des Komponisten werden die Akteure vom Lampenfieber ergriffen, und so manchem versagt die Stimme … doch Spontini erklärt sich nichtsdestoweniger von der Interpretation seiner Schöpfung begeistert. Als Hortense zu ihrer Mutter zu Besuch kommt, tritt die Etikette wieder in ihre Rechte, und der Hof, bemüht, es dem *Service* der holländischen Exkönigin gleichzutun, prunkt in Seide und Uniformen.

Eugène hingegen sucht in Navarra Zerstreuung und Erholung.

»Es genügt«, meint er, »daß ich in Mailand gezwungen bin, all die tristen Folgen der Macht auf mich zu nehmen; wenigstens hier soll es mir verstattet sein, mich ein bißchen zu amüsieren. Königsein ist ein schwerer Beruf, wenn man ihn nicht gelernt hat.«

Er verbietet den Türstehern, ihn zu melden, damit sich die Damen nicht jedesmal erheben müssen, sooft er den Salon seiner Mutter betritt. »Ich habe ihn gesehen«, erzählt Georgette Ducrest, »wie er bei strömendem Regen lieber durch den Garten lief und die Galerie benützte, nur um die formelle Meldung, die ihm auf die Nerven fiel, zu umgehen.«

Eugène bringt Fröhlichkeit nach Navarra, organisiert Charivari-Partien: Dabei gewinnt man beim Billard oder beim Spiel Kleinigkeiten, die der Vizekönig aus Paris mitbringt, wobei er es so einrichtet, daß er verliert. Dann wieder schleppt er die ganze Gesellschaft mit sich zum Preisfischen. Jene Dame, welche die meisten Fische fängt, erhält Geschenke von allen Konkurrenten. Dann müssen die Köche ihre Arbeit liegen und stehen lassen und auf der Stelle die Fische backen, wobei es sich schickt, lauthals zu verkünden, sie seien »besser als die erlesensten Leckerbissen auf der Tafel Ihrer Majestät«.

Am 18. März bewegt sich ein langer Zug Wagen auf Navarra zu. Es sind die Equipagen »aller Großen von Evreux«, die der Herzogin von Navarra – 24 Stunden zu früh – zum Namenstag, dem heiligen Joseph, gratulieren wollen. Weißgekleidete junge Mädchen mit Blumen in den Händen haben Joséphines Büste mitgebracht, um welche sie Aufstellung nehmen und Gratulationsgedichte hersagen. Am Abend verkleiden sich die Mitglieder des kleinen Hofes als normannische Bäuerinnen und Bauern und bringen ihre Glückwünsche dar, wobei sie eine Art Singspiel aufführen.

Jenes Geschenk, welches Joséphine die größte Freude bereitet, ist gewiß ein von Turpin-Crissé eigenhändig bemaltes Spiel Karten, deren Figuren Poträts der prominentesten Persönlichkeiten des Hofes von Navarra darstellen. Natürlich kann Joséphine nichts anderes als die Herzdame sein und Lancelot der Karobube. Dieser Sohn eines Marquis und bereits Graf ist eben von Napoleons Gnaden kaiserlicher Baron geworden ... Immer darauf erpicht, seiner Herrin und Geliebten Freude zu machen, schenkt Turpin der Exkaiserin kurz darauf eine rote Maroquinledermappe mit den Zeichnungen, die er während ihrer gemeinsamen Reise durch die Schweiz und Savoyen geschaffen hat, ein elegantes, heute noch in Malmaison befindliches Album mit goldenem »J« auf dem Deckel. Joséphine findet alle ihre Erinnerungen darin wieder – Hautecombe, die »Fontaine intermittente«, den Montblanc-Gletscher, das alte Schloß von Aix, den armen Askim ... und in dieses Album läßt sie ein Sträußchen trockener Blumen gleiten, die Turpin ihr auf einem Ausflug in die Berge gepflückt hat. Heute noch findet man sie dort ... Gerührt und begeistert bittet Joséphine ihren geliebten Lancelot, nach einer dieser Zeichnungen eine Malerei anzufertigen. Turpin erklärt sich dazu bereit. »Diese herrliche Landschaft«, erzählt Georgette Ducrest, »wurde der Kaiserin überreicht, die außer sich vor Entzücken war. Nachdem sie das Werk von allen, die zu ihr kamen, hatte bewundern lassen, näherte sie sich dem

Künstler und zog ihn mit sich in eine Fensternische: ›Das ist für Sie‹, sagte sie und ließ ein Bündel Banknoten in seine Hand gleiten, deren Summe den üblichen Preis ausmachte. ›Und das ist für Ihre gute Mutter. Doch wenn ich ihren Geschmack nicht erraten habe, so sagen Sie ihr, daß ich keineswegs verstimmt bin, wenn sie diesen bescheidenen Beweis meiner Freundschaft gegen etwas für sie Passendes eintauscht. Zumindest erkennt sie daran, welch große Freude mir die Kunst ihres Sohnes bereitet.‹

Mit diesen Worten überreichte sie ihm einen Diamanten im Wert von 300 *Louis d'or*.«

Am Abend des 20. März hat der Bürgermeister die Kaiserin – immer noch anläßlich ihres Namenstages – zum Diner in die Stadt geladen, doch Joséphine läßt sich entschuldigen und durch »ihren Hof« vertreten. Allein bleibt sie mit Mme. d'Arberg zurück. Da plötzlich hört sie in der Ferne Kanonenschüsse und Glockengeläute. Was ist geschehen? Feiert man so geräuschvoll ihren Namenspatron? Sie glaubt es, bis der Postvorstand von Evreux in voller Gala vor ihr erscheint. Eben sei ein Kurier eingetroffen, der die Nachricht von der Geburt des Königs von Rom überbracht habe. Der Postvorstand habe hierauf unverzüglich anspannen lassen, und nun steht er da und lauert auf Joséphines Reaktionen. Zunächst bemerkt er, wie sich die Gesichtszüge der Kaiserin leicht verzerren, doch dann scheint sich die hohe Frau sehr schnell wieder gefaßt zu haben. Zweifellos bedeutet diese Geburt, daß ihrer Nachfolgerin jetzt eine noch tragendere Rolle zukommt und der Exkaiserin in Zukunft eine noch bescheidenere; doch beweist die Ankunft eines Erben des großen Reiches auch – wie sie selbst immer wieder betonen wird –, »daß ihr Opfer doch nicht vergeblich war«. Und sie ringt sich ein Lächeln ab, als sie zur Antwort gibt:

»Der Kaiser kann nicht daran zweifeln, daß ich an einem Ereignis, das ihn gänzlich beglückt, den lebhaftesten Anteil nehme; er weiß es, ich bin untrennbar mit seinem Schicksal verbunden, und sein Glück wird immer das meine sein.«

Eine kleine Enttäuschung muß sie noch zusätzlich in Kauf nehmen: Alle Offiziere – mit Ausnahme vielleicht von Turpin-Crissé – sind von der Tafel des Bürgermeisters aufgesprungen, haben nach Pferden gerufen und sind gen Paris galoppiert, um in den Tuilerien ihre Glückwünsche darzubringen.

Tags darauf stellt sich Eugène in Navarra ein. Der Kaiser hat ihn entsandt, auf daß er der Vertriebenen die Entbindung in allen Einzelheiten schildere. Joséphine ist ein wenig getröstet: So hat man sie doch nicht vergessen. Sogleich schreibt sie Napoleon, um ihn zu beglückwünschen, und schon am 22. überbringt ihr der vor Müdigkeit taumelnde Page Leblond de Saint-Hilaire, »Von Seiner Majestät dem Kaiser«, die Antwort des überglücklichen Vaters: »Meine Freundin, ich habe Deinen Brief erhalten. Mein Sohn ist rund und wohlauf. Ich hoffe, er wird gedeihen. Er hat meine Brust, meinen Mund und meine Augen. Ich hoffe, er wird sein Schicksal erfüllen. Mit Eugène bin ich nach wie vor sehr zufrieden. Er hat mir noch nie auch nur den geringsten Kummer bereitet.« Und der junge Page erhält zum Dank für diesen Brief, den Napoleon in seiner Hast »An die Kaiserin in Malmaison« adressiert hat, eine diamantenstarrende Krawattennadel im Wert von 20 bis 25 000 Francs.

Eugène ist es gelungen, seine Mutter aufzuheitern, indem er ihr erzählte, welch lächerliche Komödie Caroline und Pauline aufführten: Vor »Rührung« und »Freude« seien beide in Ohnmacht gefallen.

Joséphines Sohn verläßt Navarra noch vor dem großen Ball, den seine Mutter zur Feier der Geburt des kleinen Königs veranstaltet. Von ihrem ganzen Hofstaat gefolgt, zieht die Kaiserin im Glanz ihrer Diamanten in den großen Salon ein, als wär's ein Fest in den Tuilerien. Sie begrüßt ihre Gäste, die an ihr vorüberdefilieren, und nimmt hierauf in einem Sessel Platz, der einem Thron nicht unähnlich ist.

Über die Fliesen des unwirtlichen Zentralsalons hat man ein falsches Parkett gelegt. Vielleicht wurden die Arbeiten in der Eile nachlässig durchgeführt, vielleicht ist die Zahl der Gäste größer als vorgesehen, jedenfalls bricht der schwergewichtige Monsieur de Clermont-Tonnerre bei einem graziösen Sprung durch die Dielen ein und muß mit Hilfe eines eilends herbeigerufenen Zimmerers befreit werden . . . Die allgemeine Aufregung legt sich erst beim erlesenen Souper, das der Tuilerien würdig wäre.

Dies kostet Geld, und die Kaiserin macht weiterhin Schulden über Schulden, nicht nur für sich, sondern auch − und vor allem − für ihren kleinen Hof, der aus der Tasche der Herrin prächtig lebt und sich nicht scheut, die leichtgläubige Frau gelegentlich übers Ohr zu hauen und auszunützen. Wenn Joséphine dahinterkommt, erregt sie sich, doch hält ihr Zorn nicht lange an. Eines Morgens teilt ihr der Erste Maître d'Hôtel mit, in Navarra müßten der Dienerschaft unbedingt zweiundzwanzig Tische mit getrenntem Service zur Verfügung stehen: »In den unteren Schichten herrscht eine Hierarchie, die weitaus strenger ist als in den Salons Ihrer Majestät.«

Joséphine begibt sich zu Mme. d'Arberg, die unpäßlich zu Bett liegt, und hält an ihrem Lager ein wahres Plädoyer: »Sind Sie, meine Damen, sich dessen bewußt, daß ich das Opfer einer noch nie dagewesenen Verschwendungssucht bin? Wie, die Köche wollen nicht am selben Tisch mit Küchenmädchen und Küchenjungen essen? Die Silberputzer nicht mit den Geschirrtrocknern? Da meine Meldedamen nicht mit mir essen, werden die Damen sich gegen die Gesellschaft der ihrigen wehren. Zum Kuckuck, all diese Vorzimmeretikette ruiniert mich! Mme. d'Arberg, dem Unfug muß ein Ende gemacht werden!« Mme. d'Arberg gelingt es, die Zahl der Tische auf sechzehn zu reduzieren, wobei, wie Georgette Ducrest angibt, »die Bedienten und die Stallknechte nicht im Schloß verköstigt werden«.

Der Kaiser entsendet Mollien, der versuchen soll, die Höhe der Schulden in Navarra zu beziffern. Die Wahrheit übertrifft die schlimmsten Befürchtungen: 1 159 494 Francs 65 Centimes. Ein Teil des Defizits läßt sich mit dem Verkauf von Holz aus den Wäldern um Malmaison und Navarra decken; vom Kaiser hat Joséphine nichts zu erhoffen. Mollien gegenüber hat er erklärt: »Auf mich kann sie nicht mehr zählen, daß ich ihre Schulden begleiche. Ich habe nicht mehr das Recht, noch etwas Zusätzliches für sie zu tun; unmöglich kann ich allein für ihre Familie sorgen, die Verantwortung für alle tragen ... Ich bin sterblich, und sterblicher als ein anderer.«

Mollien versichert, Joséphine habe unter Tränen geschworen, sie werde 1812 die Dreimillionengrenze gewiß nicht überschreiten.

»Aber zum Weinen durfte man sie doch nicht bringen!« ruft der Kaiser hierauf »ehrlich erschüttert« aus. Und sogleich setzt er sich hin und schreibt an sie: »Ich habe mich über Dich geärgert wegen Deiner Schulden; ich will nicht, daß Du welche machst. Ich hoffe im Gegenteil, Du ersparst jedes Jahr eine Million für Deine Enkelinnen, wenn sie heiraten. Wie dem auch sei – zweifle niemals an meiner Freundschaft und *mache Dir deshalb auch nicht die geringsten Sorgen!*«

Bis zum Ende bleiben sie dieselben, ändern sich nicht.

Im April erlaubt Napoleon seiner Exgattin, nach Malmaison zurückzukehren. Nach Navarra kommt sie in diesem Sommer 1811 nur gelegentlich, um dann bis Frühjahrsende 1812 ganz in Malmaison zu bleiben und sich auf ihren Sitz in der Normandie erst mit Einbruch der kalten Jahreszeit zurückzuziehen.

Joséphine ist glücklich, ihr geliebtes Schloß wiederzusehen. Die Ausstattung ist vielleicht ein wenig zu bunt, zu zufällig geraten, ein Sammelsurium der verschiedensten Stile, doch Joséphine liebt dieses Sammelsurium. Ihr Schlafzimmer ist neu möbliert und dekoriert worden. Besonders begeistert ist sie von ihrem neuen – von Jacob Desmalter – kreierten Bett, einem Meisterwerk mit ovalem Baldachin, den vier Füllhörner tragen, während zwei vergoldete geschnitzte Schwäne das Betthaupt flankieren. Tapezierung und Bespannung des Prunkgemachs sind purpurfarben, die Fenster und das Bett mit Musselin drapiert, alle Stoffe mit Gold bestickt.

Die feuervergoldete Toilettegarnitur, das Krönungsgeschenk der Stadt Paris, prunkt zwischen zwei Fenstern. Joséphine hat ausdrücklich Befehl gegeben, »im schönsten Schlafzimmer, das man sich vorstellen kann«, nämlich jenem des Kaisers, alles im ursprünglichen Zustand zu belassen. Napoleons römisches Ruhelager thront auf einer mit Tigerfellen bedeckten Estrade, ein Möbelstück »von antiker, einfacher und makelloser Form«. Hin und wieder verirrt sich Joséphine auf der Suche nach ihren Erinnerungen in dieses Gemach mit seiner großzügigen zeltförmigen Draperie, deren Seitenteile die Vorhänge an den Fenstern ersetzen. Auf dem Schreibtisch des Kaisers harrt die Feder neben dem Tintenfaß seiner Hand... Alles ist hier »wie früher«. Immer noch trägt der Globus »die Spuren jäher Anwandlungen von Ungeduld«.

»Meine Reliquien«, sagt sie und wischt eigenhändig den Staub von diesen Dingen, die ihr vertraut sind und sie an die Vergangenheit erinnern.

Ist diese »Totenverehrung« nicht ein wenig gewollt? Hegt und pflegt sie nicht einen Schmerz, den sie kaum mehr leidet? Zwingt sie sich nicht gewaltsam, an den Mann zu denken, den sie verloren hat, obwohl sie in Wahrheit viel eher dem Glanz ihrer kaiserlichen Vergangenheit nachtrauert?

In Malmaison ist sie wieder in jenem Element, das sie liebt – einem Leben der Repräsentation, der Empfänge. Um von der Exkaiserin empfangen zu werden, wendet man sich an die Ehrendame, welche Tag und Stunde vormerkt; die erste Audienz schließt immer mit einer Einladung zum Mittagessen oder Diner an einem der nächstfolgenden Tage. Wofür man, um sich zu bedanken, neuerlich einen Besuch abstattet. Hier weht ein anderer Wind als in Navarra, die Etikette wird groß geschrieben, und darüber scheint einzig Joséphine froh. Ihr Hofstaat freilich dürfte anderer Meinung sein. Schon um neun Uhr morgens müssen die Damen des Hofstaates und jene, die im Schloß wohnen – wie Georgette Ducrest und ihre Mutter –, »geschmückt und frisiert« in voller Gala erstrahlen, und die Männer erhalten den Befehl, Uniform oder bestickten Frack anzulegen, um die Gäste zu empfangen. Diese sind selbstverständlich gezwungen, ebenso formell gekleidet schon geraume Zeit vor dem Mittagessen ihre Aufwartung zu machen. Nach dem Essen, welches eine Dreiviertelstunde dauert, spielt man in gewohnter Weise die nun schon klassische Partie Billard, welche unfehlbar der Ehrengast gewinnt... Bald strömen scharenweise die für den Nachmittag geladenen Gäste herbei.

Hier wollen wir Georgette Ducrest das Wort erteilen: »Wenn es das Wetter gestattete, besuchte man die Glashäuser; tagtäglich begab man sich durch dieselbe Allee dahin, sprach über dieselben Dinge, über die Botanik, die Vorliebe Ihrer Majestät für diese so interessante Wissenschaft, Ihrer Majestät fabelhaftes Gedächtnis, welches ihr gestattete, jede Pflanze bei ihrem Namen zu nennen, kurz, man gab immer dieselben Phrasen von sich, zur selben Zeit, und so wurden diese Spaziergänge langweilig und ermüdend. Wenn die Kaleschen Ihrer Majestät vorfuhren, wußten die Vormittagsgäste, daß sie verabschiedet waren. Nur selten geschah es, daß Ihre Majestät die Damen zurückbehielt und auf die Spazierfahrt mitnahm. Wie in Navarra wählte sie ihre Begleitung unter den Mitgliedern des Hofstaates. Wir stiegen in die anderen Wagen; man fuhr durch den Park und erging sich hierauf zwei Stunden lang im Wald von Butard; ein anderes Ziel kannten wir nicht. Gegen Abend kehrten wir ins Schloß zurück, um fürs Diner, zu welchem immer zwölf bis fünfzehn Gäste geladen waren, sorgfältig Toilette zu machen.«

Es gehört zum guten Ton, mit verzückter Miene zu versichern, niemals bessere Milch und Butter verkostet zu haben als an der Tafel in Malmaison. Die Molkereiprodukte liefert eine aus der Schweiz importierte Kuhherde, welche ein Berner Sennerpaar in der Tracht ihres Heimatkantons betreut. Im übrigen versteht sich die Frau des Portiers von Malmaison, eine gebürtige Engländerin, vortrefflich auf die Zubereitung von Chesterkäse und englischem Teegebäck, das Joséphine besonders zusagt. Aus Italien läßt sich die Schloßherrin »gute Käse« durch ihren Sohn schicken. Wird sie am Ende genäschig, den Tafelfreuden zugeneigt? Es hat den Anschein, denn die bislang legendär schlanke und geschmeidige Frau wird zusehends dick – ausgerechnet dort, wo sie es nicht will. Mme. d'Abrantès verrät, vor allem um die Hüften sei die Unglückliche geradezu aufsehenerregend stark geworden.

»Um Mitternacht«, fährt Georgette fort, »zog sich Ihre Majestät zurück, und wir begaben uns hinauf in unsere Schlafzimmer. Am nächsten Tag ging das Ganze wieder von vorne an, und wenn nicht etwas ganz Außergewöhnliches geschah, glich ein Tag völlig dem anderen. Es gab nichts Traurigeres als diese Art von *Zwitterleben*, wenn man es so ausdrücken kann. Für einen richtigen Hof fehlte es uns an Format, andererseits legten wir zu großartige Allüren an den Tag, um uns und den anderen eine erfreuliche Gesellschaft zu sein. Ein jeder war bemüht, sich so steif und gezwungen als nur möglich zu geben. An Privatleben war nicht zu denken. Da wir immerzu nur repräsentieren mußten, konnten wir keine zwei Worte mit Leuten wechseln, die uns sympathisch waren; in Navarra hatten wir uns an interessanten Lektüren ergötzt, unterhaltsame Gespräche geführt, hier aber mußten wir regelmäßig jene Gemeinplätze über uns ergehen lassen, wie sie in der mondänen Welt gang und gäbe sind und von denen hinterher nichts bleibt als das Bedauern für die verlorene Zeit, da man sie von sich geben oder anhören mußte ...«

Worüber konnte man sich tatsächlich unterhalten, wovon sprechen? Weder vom Kaiser noch von der »Anderen«, weder von den Tuilerien noch vom Krieg ... Auch die Pariser Theater, die Joséphine nicht besucht, geben keinen Gesprächsstoff ab. So bleiben nur die Hochzeiten und Geburten. Joséphines Lieblingsbeschäftigung ist das Stiften von Ehen. In ihrem engsten Kreis festigen sich die in Navarra geknüpften Bande: Annette de Mackau heiratet General Wattier, und Mlle. d'Avrillon ihren »Flirt« M. Bourgillon. Natürlich schenkt »Ihre Majestät« Aussteuer und Mitgift. Die Trauung eines Paares, welches ihr besonders am Herzen liegt – Louise de Castellane und M. de Pourtalès –, hätte Joséphine gerne in Malmaison vollziehen lassen, und um die diesbezügliche Genehmigung ersucht sie den »Großen Richter und Herrn Justizminister«, welcher sich jedoch –

was Joséphine baß erstaunt und verletzt – hinter dem bürgerlichen Gesetzbuch des »Code Napoléon« verschanzt und seine Zustimmung mit der Begründung verweigert, die Trauung müsse »im Standesamt jener Gemeinde vollzogen werden, wo einer der beiden Gatten seinen ordentlichen Wohnsitz hat«. Über dies sei es dem Standesbeamten verwehrt, seine Funktionen außerhalb der Amtsräume zu erfüllen. Dieser Bescheid beweist einmal mehr, daß die »Herzogin von Navarra« zu einer ganz gewöhnlichen Staatsbürgerin und Untertanin degradiert ist.

Die Heiratswut ergreift auch Dienerschaft und Gesinde, und in gewohnter Großzügigkeit stellt Joséphine sich mit Brautgaben, Aussteuern, Mitgiften und fürstlichen Geschenken ein. Nur mit Worten ist sie sparsam. Daß es auch anders sein könnte, fällt ihr nicht im Traum ein.

»Welch hübsches Kleid tragen Majestät heute«, ruft M. de Pourtalès entzückt aus. »Aus dem Kaschmir ließen sich trefflich Gilets anfertigen!«

Joséphine ruft nach einer Schere, und – hast du nicht gesehen – zerschneidet sie lachend den Rock und verteilt die Stoffstücke an die sie umstehenden Herren. Unzähligen Damen hat sie auf Spaziergängen Schals geschenkt, die sie eben trug: »Ihnen steht er zu Gesicht! Behalten sie ihn zur Erinnerung an mich!«

In einem Brief an Eugène zählt sie auf, was sie für die Taschers, die La Pageries, die Vergers de Sanoix' tut: »Mit Bedauern erkenne ich, daß man Dir bezüglich meiner Vettern Tascher nicht die Wahrheit gesagt hat. M. Niepce, welcher ihre finanzielle Gebarung über hat, bat mich, für Louis, als dieser sich verheiratete, eine Bürgschaft über 60 000 Francs zu übernehmen, was ich getan habe. Zum Fälligkeitstermin habe ich die gesamte Summe bezahlt.

Daß auch Henry Tascher Geld brauchte, war mir nicht bekannt, da ihm der König von Spanien anläßlich seiner Verheiratung eine Million schenkte. Für Henrys Frau habe ich Diamantenschmuck um 30 000 Francs gekauft. Vergangenen Januar habe ich für ihn beim Modewarenhändler Leroy eine offene Rechnung über 32 000 Francs beglichen. Dem Jüngsten zahle ich eine Rente von 6000 Francs, die ausreichen muß, da er bei seiner Schwester Unterkunft und Verpflegung hat, und überdies bekommt Abbé Halna, welcher ihn unterrichtet, 100 Louis von mir. Sanoix (Gabriel des Vergers de Sanoix) bezieht 1000 Gulden Rente aus meiner Kasse, M. Dugué (sein Onkel, Gatte einer Schwester von M. de La Pagerie) 12 000 Francs, M. de Copons (der eine Base Joséphines geheiratet hatte) 3000 Francs; ich erhalte und stipendiere die drei Kinder von M. Sainte-Catherine (Gatte einer weiteren Cousine), zahle 1000 Gulden Rente an Mme. Duplessis aus, welche die Herzogin von Arenberg nach Frankreich begleitete, weiters 2000 Francs Rente an eine Mme. de Tascher, deren Gatte bei der Armee ist, und 1000 Francs an eine weitere Tascher, Nonne in einem Frauenkloster. Du siehst also, mein lieber Eugène, eine so schlechte Verwandte, wie man Dir einreden will, bin ich nun wieder auch nicht.«

Joséphine weilt vorübergehend in Navarra, als sie Ende August folgenden Brief des Kaisers empfängt: »Bring endlich Ordnung in Deine Angelegenheiten; gib (jährlich) nicht mehr als 1 500 000 Francs aus und lege ebenso viel zur Seite; dies ergibt in zehn Jahren eine Reserve von 15 Millionen für Deine Enkelkinder; es ist schön, ihnen etwas schenken und ihnen helfen zu können; hingegen sagt man mir, Du habest Schulden. Falls dem so ist, wäre es abscheulich von Dir. Kümmere Dich also um Deine Finanzen und schenke nicht jedem, der etwas haben will. Wenn Dir an meinem Wohlwollen liegt, so lasse mich wissen, daß Du einen ansehnlichen Schatz hortest. Du selbst kannst Dir ausrechnen, welch schlechte Meinung ich von Dir haben müßte, wärest Du bei Deinen drei Millionen Einkünften verschuldet.«

Joséphine verteidigt sich und schreibt an Eugène: »Der Kaiser spricht mit Nachsicht von meinen Schulden; es scheint, man hat sie ihm reichlich übertrieben dargestellt; jedenfalls hoffe ich, daß er darüber bald nichts mehr hören wird: Ich führe meinen Haushalt mit der peinlichsten Genauigkeit und gestatte mir überhaupt keine neuen Ausgaben mehr . . .« Ausgenommen, ihre Kleider.

Immer noch trägt Joséphine selten ein und dasselbe Kleid, dies gehört fast schon zur Etikette. Seit dem Tag, da Bonaparte die Kreolin zum ersten Mal sah, hat sich die Mode kaum verändert. Man trägt bloß keine transparenten Gewebe mehr und läßt sich die Toiletten jetzt aus schweren Dekorationsstoffen anfertigen. Die bis zur Hüfte geschlitzten Röcke sind verschwunden, doch nach wie vor herrscht die Empirelinie mit der Taille unter der Brust, die halb entblößt im hohen formgebenden Mieder ruht; Joséphines kleiner und immer noch fester Busen kommt in den »Balkönchen« des Empiremieders ideal zur Geltung.

Hin und wieder zeigt die Exkaiserin pädagogische und moralische Anwandlungen. Eines Tages läßt sie ihren gesamten Schmuck auf einem großen Tisch zur Schau stellen und versammelt davor die jungen Mädchen des Hofes, deren Entzückensschreie sie »nachsichtig« unterbricht: »Ich will euch die Verwerflichkeit der Putzsucht vor Augen führen, und deshalb habe ich euch meinen Schmuck gebracht. Da ihr nun so herrliche Juwelen gesehen habt, wird euch fürder nicht der Sinn nach Tand stehen. Vor allem, wenn ihr bedenkt, wie unglücklich ich wurde, obschon ich solche Kleinode mein eigen nenne.«

Im Zuge der Einsparungsmaßnahmen will sie selbst mit gutem Beispiel vorangehen, sich »kasteien«. Sie verzichtet darauf, ein Gemälde – »einen wunderbaren Teniers« – zu kaufen. Guten Willens, ehrlich bemüht, verschiebt sie ihre Reise nach Mailand, um »Ordnung in ihre Angelegenheiten zu bringen«. – »Sei gewiß«, schreibt sie Eugène, »daß mir dieser Verzicht sehr schmerzlich war, doch beginne ich bereits die Früchte zu ernten, denn dank meiner Bemühungen werden Ende des Monats alle meine Schulden beglichen sein, und darüber bin ich glücklich, weniger, weil ich selbst dann beruhigt sein kann, sondern vielmehr in der

Hoffnung, damit den Beifall des Kaisers zu erringen. Ich hätte mir die schwere Aufgabe erleichtern können und einen Teil der Zahlungen erst nächstes Jahr leisten, doch wären dann die Wünsche des Kaisers nicht so vollkommen erfüllt worden, und der Gedanke, daß er mit mir zufrieden sein wird, gibt mir den Mut und die Kraft, die Opfer zu ertragen.«

Des ungeachtet beschließt sie, Malmaison ausbauen und vergrößern zu lassen, und um in den Besitz der dafür nötigen Summe zu gelangen, will sie dem Kaiser das Elysée verkaufen. Napoleon nimmt das Anerbieten, welches ihm der Architekt Fontaine im Namen der Exkaiserin macht, begeistert an, doch gedenkt er nicht, bar zu bezahlen. Vielmehr schlägt er einen Tausch vor: Für das Elysée könne Joséphine das herrliche Schloß Laeken bei Brüssel haben, welches Bonaparte noch als Erster Konsul kaufte. Vor wenigen Jahren erst ist es völlig renoviert worden, und in diesem Jahr, 1811, gab der kurze Aufenthalt Marie-Louises Anlaß für die Neugestaltung der Appartements. Das Schlafzimmer ist eine Symphonie in rosa und weißem Satin. Außerdem kann Laeken mit Gewächshäusern aufwarten, die den berühmten Anlagen in Malmaison in nichts nachstehen.

Joséphine willigt in den Tauschhandel ein, obwohl sie auf diese Weise nicht in den Besitz der für den Umbau von Malmaison benötigten Summe kommt. Als die Damen und Herren ihres Hausstandes von diesem Geschäft erfahren, stoßen sie lautes Protestgeschrei aus – und der Protest der Höflinge klingt enervierender als das Geheul von Tobsüchtigen: Joséphine verjagt! Siebenunddreißig Poststationen fern von Paris im Exil! Der Terrorakt eines Tyrannen!

Und so kommt es, daß Joséphine sich niemals nach Laeken begeben wird, daß Malmaison bleibt, was es war ... Joséphines Heim, wo wir heute noch dem Schatten der Schloßherrin begegnen.

Bevor er Marie-Louise persönlich kannte, hatte Napoleon nicht ohne Naivität daran gedacht, ein Treffen zwischen seinen beiden Frauen zu arrangieren, und insgeheim gehofft, es könnte sich daraus ein dauernder Kontakt ergeben. Dieses Projekt jedoch gab er auf, als er mit einiger Befriedigung feststellte, daß die Erzherzogin ebenso eifersüchtig war wie die Ex-Vicomtesse. Bei der bloßen Erwähnung von Joséphines Namen wurde Marie-Louise von »fliegender Hitze« befallen ... dabei war sie ursprünglich der Meinung gewesen, »die vorherige Kaiserin sei achtzig Jahre alt!« Als der Kaiser eines Tages mit seiner jungen Gemahlin auf dem Weg von Saint-Cloud die Abzweigung nach Malmaison erreichte, schlug er ihr vor – Joséphine weilte gerade in Navarra –, das Haus der Vorgängerin zu besuchen. »Der Park ist schön.«

Anstatt zu antworten, brach »die Neue« in Schluchzen aus. Napoleon beruhigte sie: »Ich schlug Ihnen bloß einen kleinen Ausflug vor. Sie wollen nicht hin, damit ist die Sache erledigt; aber zu weinen brauchen Sie deshalb nicht!«

Die verbannte Kaiserin hingegen hatte ihre Meinung geändert und wäre gerne mit der üppigen Erzherzogin zusammengetroffen. Napoleon gelang es, sie davon abzubringen: »Du würdest einen entscheidenden Fehler begehen. Sie glaubt, du seist eine alte Frau, und deshalb denkt sie nicht weiter an dich. Sähe sie aber, wie reizvoll du bist, könnte sie sich Sorgen machen und von mir verlangen, daß ich dich wegschicke. Das müßte ich dann auch tun. Jetzt hast du das schönste Leben; gib also Ruhe!« Joséphine ist geschmeichelt und besteht nicht weiter auf ihrem Vorhaben. Doch als Napoleon sie eines Tages »heimlich« besucht, ohne Wissen der »Anderen«, bittet sie ihn um die Erlaubnis, den kleinen König zu sehen. Der Kaiser antwortet ausweichend, bespricht sich aber hinterher mit Madame de Montesquiou, der Gouvernante des Königs von Rom: »Ich kann mich nicht dazu entschließen, Ihnen einen diesbezüglichen Auftrag zu erteilen, denn die Kaiserin (Marie-Louise) würde es empfindlich schmerzen.«

»Überlassen Sie das mir, Sire«, antwortet Maman Quiou, »erteilen Sie mir bloß im Nachhinein Ihre Zustimmung.«

»Ich erteile sie Ihnen auf der Stelle, doch nehmen Sie sich in acht. Sie riskieren alles!«

Worauf die Gouvernante den Ersten Rittmeister des Königs von Rom, Baron de Canisy, zu Joséphine entsendet und sie wissen läßt, sie werde Sonntag darauf mit dem König von Rom eine Spazierfahrt nach Bagatelle unternehmen.

»Um unser Geheimnis zu wahren, hatte ich mit M. de Canisy vereinbart, ich würde ihm beim Einsteigen in den Wagen sagen, er selbst möge das Ausflugsziel bestimmen. Kurz darauf rief ich ihn wieder zu mir und meinte, wir sollten in Bagatelle Station machen, falls das Kind die Fahrt unterbrechen müsse. Und dahin kamen wir tatsächlich. Als wir in den Hof einfuhren, meldete mir M. de Canisy — der aus Sicherheitsgründen vorausgeritten war — mit gespieltem Erstaunen, Kaiserin Joséphine sei hier. Ich antwortete ihm: ›Wir haben uns schon zu weit vorgewagt, um jetzt umzukehren. Das wäre ein Affront gegen die Kaiserin.‹

Sie war im kleinen Hinterzimmer und ließ uns sofort ein. Vor dem Kinde kniete sie nieder, zerfloß in Tränen und küßte ihm die Hand, wobei sie sagte: ›Mein liebes Bübchen, Sie werden einmal begreifen, welch großes Opfer ich Ihnen gebracht habe; ich vertraue Ihrer Gouvernante. Sie wird Sie so erziehen, daß Sie es schätzen lernen.‹

Nachdem sie eine Stunde mit dem Kind und mir verbracht hatte, begehrte sie alle Diensthabenden zu sehen, welche den kleinen König begleiteten. Sie gab sich liebenswürdig wie immer und war es vor allem zu der Amme, so daß diese meinte, als wir wieder in den Wagen stiegen: ›Meiner Treu, ist die aber nett! In einer Viertelstunde hat sie mehr mit mir gesprochen als die Andere in einem halben Jahr!‹«

»Arme Joséphine! . . .«
Napoleon

Mai 1812.

Das große Kaiserreich hat seinen Zenit erreicht. Doch verhüllt die prunkvolle Fassade morsches Gebälk. Es ist fünf Minuten vor zwölf. Ehe das Kartenhaus zusammenbricht, versprüht Napoleons Glorie ihren letzten Glanz. In Dresden, wo Napoleon des Aufbruchs nach Rußland harrt, drängen sich Könige, Fürsten und Herzöge mit den Befugnissen von Souveränen um zwei Kaiserpaare: die gekrönten Häupter von Frankreich und Österreich. Und als man zu Tisch geht, behält Napoleon den Hut auf dem Kopf. Alle anderen tragen ihn in der Hand, selbst Kaiser Franz – freilich geleitet er Frankreichs Kaiserin, seine Tochter Marie-Louise . . .

Ehe er das Kommando über das IV. Korps der Großen Armee übernimmt, stellt sich Eugène zum Abschiedsbesuch bei seiner Mutter ein und erreicht endlich, daß sie sich zur Reise nach Mailand bereit erklärt. Hat sie es ihm nicht so oft versprochen? Auguste ist wieder in der Hoffnung. Da der Kindesvater in der Ferne weile, könne die Großmutter sich der jungen Frau annehmen. Ohne Begeisterung erklärt sich Joséphine dazu bereit. In Malmaison fühlt sie sich wohl, während sie in Mailand, im Palast des Vizekönigs, alle Lasten und Unannehmlichkeiten eines Hofes, und noch dazu eines fremden, auf sich nehmen muß. Eine einzige Bedingung stellt sie: unter einem anderen Namen reisen zu können.

Als »Mme. d'Arberg« erreicht Joséphine nach zwölf beschwerlichen Reisetagen am Abend des 27. Juli 1812 Mailand, wo sie ihr Quartier in der Villa Bonaparte bezieht, in jenem Appartement, welches für gewöhnlich Eugène bewohnt. Sie findet ihre Schwiegertochter – wie sie dem Sohn schreibt – »in großartiger Verfassung«, die Enkelkinder »bezaubernd«, »es gibt keine hübscheren und lieberen«. Auguste-Napoléon, der spätere Herzog von Leuchtenberg und künftige Gemahl der portugiesischen Königin Maria II., sei ein »kleiner Herkules«, die ältere der Enkelinnen, Joséphine, Täufling der Kaiserin – sie heiratet 1823 Oskar I., Regent über Schweden und Norwegen –, »eine Schönheit«, und das »lebhafte und witzige Gesichtchen« der kleineren Eugénie – dereinst regierende Prinzessin von Hohenzollern-Hechingen – versetzt ihre Großmutter immer wieder in Entzücken.

Am 31. Juli bringt Auguste – die Entbindung gestaltet sich unvorhergesehen schwierig – die kleine Amélie zur Welt, »das Kätzchen«, wie Eugène seine Jüngste nennt, die einmal Kaiserin von Brasilien sein wird und für den Augenblick »in Gestalt und kräftiger Gesundheit zu den schönsten Hoffnungen berechtigt«. »Von Deinen Kindern bin ich immer mehr begeistert«, fügt Joséphine in diesem an den Vizekönig gerichteten Brief hinzu, »Dein Sohn ist sehr kräftig, sehr fröhlich und leicht lenkbar; wir verstehen uns bereits ausgezeichnet. Als ich gestern abend meinen Brief an Dich geschrieben hatte, gab ich ihn dem Kleinen, damit er ihn dem Rittmeister überbringe, und sagte dazu, das sei für Papa; worauf er den Brief küßte und damit zum Rittmeister lief. Joséphine (die größte der Enkelinnen) bewies, daß sie ein empfindsames Herzchen hat, was mir an ihr gefiel. Sie sagte, sie wolle ihre Mutter sehen, und als man ihr dies verweigerte, begann sie zu weinen, um sich erst zu trösten, als man sie zur Mutter brachte.«

Doch kann die Freude über ihre Enkelkinder Joséphine nicht dazu bewegen, länger in Mailand auszuharren. Das Leben bei Hof zerrt an ihren Nerven. Gewiß sei Auguste »charmant, schön und munter«, doch die Augusthitze in Mailand unerträglich. Kurz – nach einmonatigem Besuch tritt die Exkaiserin die Rückreise an. Joséphine schluchzt der Großmutter nach, deren Wagen gegen Norden rollt, über die Alpen, nach Aix-les-Bains. Dort erwarten sie Briefe Augustes, und zutiefst gerührt liest sie, Eugènes Sohn bete jeden Abend für seine Eltern »und für die andere Mama«.

»Lieb ist das«, antwortet Joséphine, »und jetzt kann ich ihn nicht mehr küssen, weder ihn noch seine Schwestern, aber ich denke oft an sie.«

Aix scheint ihr dieses Jahr öde, und viel lieber wäre sie in Plombières. Jeden Morgen nimmt sie Bäder und Duschen in der Kuranstalt. Jetzt läßt sie sich nicht mehr wegen ihrer Unfruchtbarkeit behandeln, sondern erhofft sich Heilung von ihren eingebildeten Krankheiten. Auch die beiden Schwestern Clary weilen zur Kur, die Königin Julie, »wie immer nett und liebenswürdig«, und die »sehr gut aussehende« Prinzessin Désirée, wie Joséphine nach dem Wiedersehen mit den Damen vermerkt. Von Aix begibt sie sich für drei Wochen nach Pregny, der im Vorjahr gekauften Domäne. Das Herrenhaus prangt im üppigsten Blumenschmuck, doch läßt die Einrichtung zu wünschen übrig, da es »sehr in Eile möbliert« wurde. Man richtet sich schlecht und recht ein und hat somit den willkommenen Vorwand, um es mit der Etikette nicht allzu genau zu nehmen. Joséphine leistet lediglich ein paar offiziellen Einladungen Folge und begibt sich am 4. Oktober in die Präfektur von Genf, um am Empfang zu Ehren des Sieges Napoleons über die russischen Armeen teilzunehmen.

4. Oktober 1812! Ein paar Tage später beginnt der Kaiser den mörderischen Rückzug.

Am 21. Oktober verläßt Joséphine die Gestade des Genfer Sees. Die Genfer stoßen einen Seufzer der Erleichterung aus, und einer von ihnen spricht allen Mitbürgern aus dem Herzen, wenn er meint: »Die Kaiserin reist ab, und wenn sie sich auch Sympathien erringen konnte, so ist man jetzt allgemein erleichtert; das Leben, das wir führen, seit sie hier ist, entspricht nicht unserer Gewohnheit.«

Am 23. Oktober fährt Joséphine nichtsahnend gegen Paris. Zur selben Zeit versuchen der aus einer Irrenanstalt ausgebrochene General Malet, zwei Komplizen und ihre unfreiwilligen Helfer — die nicht wußten, daß Malet die Nachricht vom Tod des Kaisers in Rußland nur erfunden hatte —, das Kaiserreich zu stürzen.

In Malmaison angekommen, schreibt sie sogleich an ihren Sohn: »Meine Reise wäre glücklich verlaufen, hätte ich nicht beim Umspannen in Melun von den Unruhen erfahren, welche am Morgen des Vortages in Paris um sich griffen. Ich war umso betroffener, als ich keinerlei Anlaß hatte, auf derlei vorbereitet zu sein, denn unterwegs herrschte überall die schönste Ruhe. Der Wagemut oder der Wahnsinn der drei Ungeheuer (die Generäle Malet, Lahorie und Guidal), welche den Aufruhr verursachten, ist unfaßbar. Tröstlich ist einzig, daß Paris sich keineswegs daran beteiligte. Allgemein herrschte Entsetzen, doch dauerte dies nicht lange an. Innerhalb von wenigen Stunden gelang es, die Ruhe wieder völlig herzustellen. Wenn die geringste Gefahr für den König von Rom und die Kaiserin bestanden hätte, so wäre ich gewiß — ohne zu überlegen, ob ich so auch richtig handelte — meiner ersten Eingebung gefolgt: Mit meiner Tochter wäre ich zu ihnen geeilt.«

Joséphine hat die ganze Tragweite des Ereignisses keineswegs erfaßt oder zumindest nicht gewußt, welche Schlüsse sich daraus ziehen ließen. Dem Kaiserreich läutet die Sterbeglocke...

Zweifellos war dieser Operettenverschwörung von vornherein nur geringer Erfolg beschieden, doch gelang es immerhin, dieses überdimensionierte, hybride, von krankhafter Gefräßigkeit befallene Reich in seinen Grundfesten zu erschüttern. Vor allem hatte Malet bewiesen, daß die erbliche Kaiserwürde nichts war als ein ideales Hirngespinst. Keiner der Präfekten, der hohen Beamten, der Offiziere, welchen er den Tod des Kaisers verkündete, dachte einen Augenblick an den König von Rom und daran, auszurufen: »L'Empereur est mort, vive l'Empereur!«

War also Joséphines Opfer sinnlos? Auf diesen Gedanken verfällt sie umso weniger, als die russische Katastrophe noch nicht eingetreten ist. Auch weshalb Moskau in Flammen aufging, hat sie nicht erfaßt, ebenso wenig wie ihre Tochter, die am 28. Oktober dem Bruder schreibt: »Euer Brand von Moskau und alles übrige scheint mir nicht sehr klar.« Joséphine ihrerseits weiß nur eines: daß der Kaiser und die Große Armee in der russischen Hauptstadt eingezogen sind, und diese Nachricht überrascht sie nicht mehr als seinerzeit der Einzug Napoleons in Wien, Kairo und Madrid. Von der Affäre Malet hat Joséphine nur eines behalten: daß des Kaisers Leben gefährdet sein könnte. »Wache gut über seine Sicherheit«, dringt sie in Eugène, »denn die Schurken sind zu allem fähig. Bestelle dem Kaiser von mir, daß er übel daran tut, sich in Schlössern einzuquartieren, ohne sich zu vergewissern, ob nicht Minen gelegt sind.«

Und da bricht plötzlich die Nachricht von der russischen Katastrophe in das Leben von Malmaison, bricht ein in die tausend Nichtigkeiten, den immer gleichförmigen Tagesablauf, die Banalitäten, die geruhsamen Spaziergänge zu den Schwänen, den Glashäusern, im Park. Die Annalen der Weltgeschichte wissen keinen an Grauen reicheren Rückzug zu verzeichnen. In der paradiesischen Domäne vor den Toren von Paris harrt man bangen Herzens der Kuriere. »Jeder Tag«, berichtet Mlle. d'Avrillon, »brachte uns unheilvolle Nachricht, Einzelheiten, die uns erschauern machten. Unsere Erschütterung war umso tiefer, als zwanzig Jahre ununterbrochener Erfolge in uns den Glauben gefestigt hatten, Rückschläge und Niederlagen gehörten in den Bereich des Unmöglichen. Und so läßt es sich auch nicht beschreiben, welche Wirkung jenes Bulletin auf uns ausübte, das die grauenvollen Tragödien von Moskau kündete.«

Joséphine bangt um den Kaiser, doch mehr noch um Eugène. Als sie endlich einen zwei oder drei Wochen alten Brief empfängt, atmet sie auf.

»Bislang von tiefster Sorge zerquält, empfinde ich nun eine große Freude: endlich – mein Sohn lebt!«

Am 19. Dezember erfährt sie, daß der Kaiser am Vorabend unrasiert, unkenntlich, in einen Pelz gemummt und nur in Begleitung von Caulaincourt nach vierzehntägiger Odyssee in Paris eingetroffen ist. In Malmaison läßt er nicht lange auf sich warten. Was haben die beiden schwergeprüften Menschen einander zu sagen? Man weiß es nicht. Vielleicht fragt Joséphine ihn gleich Hortense, ob die Katastrophe tatsächlich so vollkommen sei, wie aus dem 20. Bulletin hervorginge.

»Ich habe die ganze Wahrheit gesagt«, gibt Napoleon Hortense zur Antwort.

»Doch haben nicht einzig wir gelitten, unsere Feinde mußten wohl empfindliche Verluste hinnehmen?«

»Gewiß, doch ist mir dies kein Trost.«

Murat, dem Napoleon das Kommando über die kläglichen Reste der Großen Armee übergeben hat, wirft seinen Heroismus über Bord und läßt – vom heulenden Elend gepackt – seine Truppen im Stich, wobei er sich hinter den Anzeichen für »eine beginnende Gelbsucht« verschanzt. Zutiefst beunruhigt muß Joséphine erfahren, daß nunmehr die schwere Bürde des Oberkommandos ihrem Sohn zufällt. Ihm, den Intelligenz, echtes Bemühen, Gewissen und Berufsethos, Integrität, ein wenig Musterschülerehrgeiz und wahrhaft männlicher Mut wie keinen zweiten zu dieser Nachfolge prädestinieren, gelingt es tatsächlich, die Operation zu einem relativ guten Ende zu führen und die volle Anerkennung des Kaisers zu erringen. »Wir alle haben Fehler gemacht«, meint der Kaiser später. »Eugène als einziger hat nie welche begangen.«

Joséphine ist nun weitaus mütterlicher – oder großmütterlicher – geworden als früher. Es gibt für sie kein größeres Glück, als ihre Kinder bei sich in Malmaison zu haben. Ihr Mutterinstinkt treibt sie sogar dazu, Maria Walewska und deren kleinen Alexander zu empfangen und zu verwöhnen . . . Als die Königin Hortense in den Monaten Juni und Juli 1813 in Aix-les-Bains zur Kur weilt, hütet Joséphine als überglückliche Großmutter ihre beiden Enkel Napoleon und Louis. Letzteren nennt man *Oui-Oui*. Haben die kleinen Jungen die Woche über brav gelernt, so dürfen sie sonntags mit Joséphine zu Mittag und zu Abend essen. Aus Paris läßt die Großmutter mechanisches Spielzeug für ihre Lieblinge kommen: zwei kleine goldene Hühner, welche silberne Eier legen. Jeder der Enkel erhält eines, und hinterher schreibt Joséphine ihrer Tochter: »Ich habe ihnen gesagt, es seien Geschenke von Dir. Du habest sie aus Aix geschickt.«

Mehr als ein halbes Jahrhundert später erinnert sich *Oui-Oui*, mittlerweile Kaiser Napoleon III., gerührt der in Malmaison verbrachten Zeit: »Immer noch sehe ich«, schreibt er, »Kaiserin Joséphine vor mir, in ihrem Salon im Erdgeschoß, wie sie mich mit Zärtlichkeiten überhäufte und meinem Stolz schmeichelte, indem sie meine Aussprüche nicht genug loben konnte. Denn meine Großmutter verwöhnte und verhätschelte mich, während sich meine Mutter von meiner frühesten Kindheit an bemühte, die Entwicklung meiner Fehler zu hemmen und meine guten Anlagen zu fördern. Ich entsinne mich, daß wir, mein Bruder und ich, tun und lassen konnten, was wir wollten, waren wir erst einmal in Malmaison. Die Kaiserin, die ihre Pflanzen und ihre Glashäuser leidenschaftlich liebte, erlaubte es uns dennoch, das Zuckerrohr abzuschneiden, um daran zu saugen, und sie sagte uns immerzu, wir sollten alles verlangen, was wir wollten. Eines Tages, als sie uns neuerlich aufforderte, unsere Wünsche zu äußern, begehrte Louis, der um drei Jahre älter war als ich und folglich gefühlvoller, eine Uhr mit dem Porträt unserer Mutter. Ich aber meinte, als die Kaiserin in mich drang: »Louis, sag mir alles, was du willst!«, ich wolle viel lieber im Morast umherlaufen und mit den Gassenjungen spielen. Man sage nicht, dies sei ein lächerliches Begehren, denn in Frankreich, wo ich bis zum Alter von sieben Jahren lebte, bereitete es mir den größten Kummer, daß ich immerzu im vier- oder sechsspännigen Wagen ausfahren mußte . . .«

Die beiden Enkel sind noch in Malmaison, als Joséphine erfährt, daß Adèle de Broc, Hortenses unzertrennliche Freundin und Internatsgefährtin bei Madame Campan, deren Nichte sie war, vor den Augen der Königin im Katarakt von Crésy ertrank. Sogleich schreibt Joséphine ihrer Tochter: »Ich bin so besorgt, daß ich Dir meinen Kammerherrn, M. de Turpin, schicke, damit er sich über Deinen Zustand erkundige und mir Nachricht gebe . . . Falls ich Dir mit meiner Gegenwart und meiner Fürsorge helfen kann, komme ich unverzüglich zu dir.«

Lancelot entledigt sich seiner Aufgabe in Blitzesschnelle und kann, zurückgekehrt, Joséphine beruhigen: Hortense leide zwar unsäglich, doch sei ihr Leben nicht in Gefahr. Die Königin habe lediglich beschlossen, ihren Kuraufenthalt zu verlängern. Und Joséphine kann nun ihre Enkel noch ein wenig für sich haben.

»Gesundheitlich sind sie in prächtiger Verfassung: Frischer und munterer waren sie nie. Der kleine *Oui-Oui* ist zu mir immer charmant und zärtlich. Vor zwei Tagen, als er sah, daß Mme. de Tascher uns verließ, um ihrem Gatten zur Kur nachzureisen, meinte er zu Mme. de Boucheporn: ›Die muß ihren Mann schon sehr gerne haben, daß sie von Großmama wegfährt!‹ Findest Du das nicht lieb? Am selben Tag machte er einen Spaziergang im Wald von Butard; in der großen Allee warf er plötzlich seinen Hut in die Luft und rief: ›Ach! Wie liebe ich die schöne Natur!‹ Es vergeht kaum ein Tag, daß die beiden mich nicht amüsieren und mich, der eine wie der andere, mit ihrer Zärtlichkeit rühren. Sie beleben alles rings um mich; urteile selbst, wie glücklich Du mich machst, da Du sie mir läßt.«

Die erhoffte Wendung zum Besseren läßt auf sich warten — wer aber ahnte, daß das Ende so nahe ist? Joséphine widmet sich nun vorzugsweise ihrer Domäne, die sie vergrößert. So bereichert sie Malmaison um den Teich von Saint-Cucufa, welcher ihre Wasserfälle speist, kauft Land gegen die Côte d'Or zu und wird Besitzerin der Anhöhen von Buzenval. Die glücklichste Arrondierung gelingt ihr mit dem Erwerb der zwanzig Hektar von Bois-Préau.

Das Empire stürzt. Frankreich wird zum Schlachtfeld. Bernadotte tritt der Koalition bei, und die Alliierten — Rußland, Preußen, England, Österreich und nun auch Schweden — drängen Eugène zum Anschluß. Sei nicht sein Schwiegervater, der bayrische König, ihm mit gutem Beispiel vorangegangen? Dieser schickt ihm am 22. November 1813 den Fürsten von Thurn und Taxis, um ihn zum Überlaufen zu bewegen. Seiner Familie sei ein »vorteilhaftes Schicksal in Italien sicher«. Man bot ihm selbst die Königskrone eines Landes »nach Vereinbarung«. Eugène informiert unverzüglich den Kaiser: »Es brauchte kein langes Überlegen, um dem König von Bayern zu versichern, sein Schwiegersohn sei ein zu ehrenhafter Mann, um eine derartige Gemeinheit zu begehen; bis zum letzten Atemzug würde ich den Eid halten, den ich geleistet und den ich hiermit erneuere, nämlich, Ihnen treu zu dienen. Das Schicksal meiner Familie sei jetzt und in alle Zukunft in Ihre Hände gegeben, und schließlich schätzte ich den bayrischen König so sehr, daß ich jetzt schon wüßte, er würde, käme das Unglück über uns, es vorziehen, seinen Schwiegersohn als Bürger und Ehrenmann, anstatt als König und Verräter, wiederzusehen.«

In diesen letzten Monaten des Kaiserreiches, da die Verräter mit fliegenden Fahnen zum Gegner überlaufen, nötigen diese Zeilen Hochachtung ab.

Augustes Haltung ist bewundernswert. Die gebürtige Wittelsbacherin übermittelt ihrer Schwiegermutter, auf daß diese auf den Sohn ebenso stolz sei wie sie selbst auf den Gatten, alle Beweisstücke der Transaktion und fügt hinzu:

»Nichts, was gut, edel und groß ist, kann uns von Seiten unseres vortrefflichen Eugène Wunder nehmen, doch seit gestern bin ich des ungeachtet noch glücklicher und stolzer, die Frau eines solchen Mannes zu sein, und um Sie teilhaben zu lassen an meiner Freude, beeile ich mich, Ihnen die Abschrift eines Briefes zu übersenden, den er mir schrieb, nachdem er eine Krone abgelehnt hatte, welche man ihm unter der Bedingung anbot, sich als Undankbarer, als Feigling zu erweisen, kurz, gleich dem König von Neapel den Kaiser zu verraten.«

Auguste ist wieder gesegneten Leibes, und Eugène glaubt sich dazu berechtigt, den österreichischen Marschall um die Genehmigung zu ersuchen, daß seine Frau in Mailand oder Monza bleiben kann, um dort zu entbinden. Der Marschall erklärt, er werde nach Wien berichten.

Zu dieser Zeit ist ein Brief von Paris nach Mailand fast eine Woche lang unterwegs, und ebenso lang braucht es, bis die Antwort eintrifft. Aus dieser Zeitspanne von rund zwölf Tagen ergeben sich nun die verhängnisvollsten Mißverständnisse. Napoleon dürfte sich über den Gegenstand von Eugènes Ersuchen im unklaren oder unzulänglich informiert gewesen sein. Ja, er scheint überhaupt nur eines erfaßt zu haben: daß Eugène, der Adoptivsohn, den Kontakt zum Feind suche. Sogleich schreibt er Joséphine, um einem eventuellen Verrat seitens des Vizekönigs zuvorzukommen. Ohne Zeit zu verlieren, verständigt die Exkaiserin den Sohn:»Verliere keinen Augenblick, mein lieber Eugène, welche Hindernisse sich Dir auch in den Weg stellen mögen, und vermehre Deine Anstrengungen, um die Order des Kaisers auszuführen. Er hat mir diesbezüglich geschrieben. Er will, daß Du Dich in die Alpen zurückziehst und in Mantua und überhaupt in Italien nur die italienischen Truppen beläßt.«Ihr Brief schließt mit folgenden Worten:»Frankreich über alles! Frankreich braucht seine Kinder. Komme also, mein lieber Sohn, eile herbei. Niemals war Dein Eifer dem Kaiser dienlicher als jetzt. Ich kann Dir versichern, jeder Augenblick ist kostbar. Ich weiß, daß Deine Frau sich anschickte, Mailand zu verlassen. Sage mir, ob ich ihr helfen kann. Adieu, mein lieber Eugène, ich habe gerade noch die Zeit, Dich zu umarmen und Dir noch einmal einzuschärfen, ja recht schnell zu kommen.«

Wenige Tage später erfährt der Kaiser die Wahrheit durch Eugènes Adjutanten, Tascher, und ist völlig beruhigt. Er beschränkt sich darauf, dem Vizekönig am 18. Februar, dem Tag der Schlacht von Montereau, von Nangis aus zu schreiben:»Mein Sohn, es ist nötig, daß sich die Vizekönigin unverzüglich nach Paris begebe, um dort niederzukommen; ich wünsche, daß sie unter keinen Umständen im vom Feind besetzten Lande bleibt.« Dann verläßt Napoleon Nangis und schlägt sich in Montereau. Bei diesem Anlaß schmiedet er eine Phrase, die den Kupferstechern, den Bildberichterstattern jener Zeit, ein ergiebiges Motto liefert:»Vorwärts, meine Freunde, die Kugel, die mich tötet, ist noch nicht gegossen.« Er hat ganz Europa auf dem Hals, sein Brief an Eugène entstand zwischen zwei

Schlachten, und der Ton des lakonischen Schreibens wäre entschuldbar . . . Dennoch ist Eugène verletzt, vor allem, weil er über seine Mutter die Befehle des Kaisers entgegennehmen mußte. Zum ersten Mal erteilt ihm Napoleon nicht persönlich die Order! Und zudem hat er es immer noch nicht verwunden, daß der Kaiser Eugènes Antwort an den Fürsten von Thurn und Taxis lediglich mit den Worten quittierte: »Daran erkenne ich Österreichs Politik, auf diese Weise wirbt es so viele Verräter.«

In seiner Enttäuschung schreibt Eugène der Mutter: »Dein Brief hat mich in Verwirrung gestürzt . . . Bis jetzt glaubte ich mich nicht so tief gefallen, als daß ich dem Kaiser für meine Treue und meine Ergebenheit erst Beweise erbringen müßte: Aus all dem ersehe ich nur eines, nämlich daß ich Feinde habe und daß sie eifersüchtig sind, weil ich in – wenn ich so sagen darf – ehrenhafter Weise die schwierigsten Situationen gemeistert habe.«

Und am 27. Februar läßt er dem Kaiser mit demselben Kurier einen Brief zukommen, in welchem er seinem schmerzlichen Erstaunen darüber Ausdruck verleiht, daß der Stiefvater annimmt, er müsse »angespornt werden«, um »sich« Frankreich »wieder zu nähern«.

Der Verrat Murats, der zum Feind übergelaufen ist, berechtigt ihn abschließend zu der Versicherung, er glaube nicht, sich die Vorwürfe des Kaisers und »dessen mangelndes Vertrauen« verdient zu haben.

Als er endlich Napoleons Brief vom 19. Februar erhält, wo dieser »seinem Sohn« Order gibt, Auguste zur Entbindung nach Paris zu schicken, ist Eugène »zutiefst verletzt und bekümmert über die Form dieses Befehls« – und dies schreibt er auch dem Stiefvater. Zweifellos ist Eugène in dieser Zeit ein wenig larmoyant, Auguste aber beweist, daß sie aus anderem Holz geschnitzt ist. Sie denkt nicht daran, die Demütigungen einfach hinzunehmen. Als Tochter eines – echten – Königs reagiert sie mit einem Brief, wie ihn der Kaiser wohl noch nie empfangen hat: »Ich war nicht darauf gefaßt, daß Sie nach all den Beweisen seiner Anhänglichkeit, die Eugène Ihnen ohne Unterlaß liefert, darauf bestehen, daß er nun auch die Gesundheit und selbst das Leben seiner Frau und seiner Kinder aufs Spiel setze, obwohl diese sein einziges Gut, sein einziger Trost auf dieser Welt sind . . . Wir spinnen keine Intrigen, und nichts leitet uns als Ehre und Tugend. Es ist traurig, sagen zu müssen, daß wir zum Lohn nur mit schmerzlichen Beleidigungen und Demütigungen überschüttet wurden, die wir jedoch schweigend und in Geduld ertrugen . . . Was habe ich getan, um einen so brüsken Befehl zur Abreise zu erhalten? Als ich heiratete, dachte ich nicht, daß es mit uns einmal so kommen würde. Der König, mein Vater, der mich zärtlich liebt, hatte mir angeboten, ich solle, solange die Lage so schlimm sei, zu ihm kommen, damit ich in Ruhe entbinden könne. Doch habe ich sein Anerbieten zurückgewiesen, da ich befürchtete, Eugène könne dadurch in ein schiefes Licht geraten, obwohl seine

Taten für ihn aussagten, und so rechnete ich damit, in Frankreich zu bleiben. Mittlerweile aber erkrankte ich, und die Ärzte sagten, eine so lange Reise in diesem Augenblick, da ich bereits im achten Monat der Schwangerschaft bin, bedeutete für mich eine ernste Gefahr . . .«

Auguste lehnt es ab, sich nach Paris oder Malmaison zu Joséphine zu begeben. Sie will bei Eugène bleiben, der immer noch in Italien ist!

»Ich werde Mailand verlassen, falls der Feind hierherkommen sollte, doch gebieten mir meine Pflicht und mein Herz, die mir Gesetz sind, meinen Mann nicht zu verlassen, und da Sie schon von mir fordern, daß ich mein Leben aufs Spiel setze, so will ich zumindest den Trost haben, in den Armen jenes zu verscheiden, dem meine ganze Liebe gehört und der mein ganzes Glück ist.«

Von der »schönen Seel« und dem »schönen Charakter« seiner Gattin zutiefst beeindruckt, fertigt Eugène zwei Abschriften des Briefes an und sendet sie seiner Mutter und seiner Schwester. Es ist eine Tatsache, daß Joséphines Schwiegertochter von Napoleon des öfteren schlecht behandelt wurde. Als Gattin des kaiserlichen Adoptivsohnes hätte sie den Vortritt vor den anderen Prinzessinnen der Familie gehabt. In Wahrheit aber mußte sie – eine Wittelsbacherin! – immer zurückstehen. Bei ihrer Heirat hatte Napoleon dem jungen Paar die Erbfolge in Italien versprochen. Jetzt ist nur mehr vom Großherzogtum Frankfurt die Rede. Doch einige Tage später, am 15. März, erhält Caulaincourt beim Kongreß von Châtillon die Order, den Alliierten zu verkünden, der Kaiser habe zugunsten des Prinzen Eugène-Napoleon auf die italienische Krone verzichtet.

Es war hoch an der Zeit!

Kaum zwei Wochen später werden Österreicher, Russen, Preußen und Schweden in Paris sein. Doch ehe es so weit ist, findet der Kaiser noch Zeit, Augustes bittere Worte zu überdenken. Und sich zu schämen. Am 12. März schreibt er der Schwiegertochter aus Soissons, um sich zu entschuldigen und sein Verhalten zu erklären, doch wieder findet er nicht den rechten Ton: »Ich dachte, daß Sie auf Grund Ihres Charakters in einem Land, das Kriegsschauplatz und vom Feinde überflutet ist, eine schlechte Niederkunft hätten, und so hielt ich es im Hinblick auf Ihre Sicherheit für am besten, wenn Sie nach Paris kämen. Sehen Sie Ihr Unrecht ein! Ich baue auf Ihr Herz, daß es Sie dafür bestrafe!«

Auch Eugène gegenüber setzt er sich neuerlich ins Unrecht, als er ironisch meint: »Ein schlechtes Zeichen für unser Jahrhundert, daß Ihnen Ihre Antwort an den König von Bayern die Achtung ganz Europas eingetragen hat. Ich selbst habe Ihnen gar nicht erst dafür gedankt, denn was Sie taten, war einzig Ihre Pflicht und nichts Besonderes. Immerhin sind Sie bereits belohnt worden, denn selbst der Feind schätzt Sie, wohingegen er Ihren Nachbarn zutiefst verachtet.«

Der Nachbar! Das ist natürlich der unglückselige Murat. Doch hat all dies kaum mehr Gewicht: Frankreich ist besiegt. Ludwig XVIII. packt bereits seine

Koffer zur Rückkehr, der künftige Karl X. folgt – in einiger Entfernung – den Armeen der Alliierten, und in den Hofhaltungen der beiden Kaiserinnen – Marie-Louise und Joséphine – konspiriert man beim Charpiezupfen. So manche Dame, so mancher Höfling setzt sich ab, was einem Verrat gleichkommt. Die Vieil-Castels, die Rémusats, die Pourtalès', die Montalivauts und selbst ein Turpin denken nur mehr an der Lilie neue Blüte, die Rückkehr der Bourbonen ... und so manch einer leistet hierzu seinen Beitrag, ohne Wissen Joséphines.

Dienstag, der 29. März 1814.

Es regnet.

Von den Tuilerien aus bewegt sich ein langer Zug Kaleschen der Loire zu. Marie-Louise, der König von Rom, die Minister fliehen und führen den Kron-schatz mit sich und die Krönungskarossen.

In Malmaison besteigt Joséphine ihren schicksalhaften Wagen, den *Opal*, um sich nach Navarra in Sicherheit zu bringen. Die Schloßwache besteht aus ganzen sechzehn Mann, einer Abordnung der Garde. Es wäre Wahnsinn, länger noch hier auszuharren, da die Kosaken bereits in Bondy liegen. Die Exkaiserin hat nicht einmal die Möglichkeit, Napoleon um Rat zu fragen. Wo ist er? Irgendwo *hinter* den Armeen des Feindes! Und so verläßt sie denn brechenden Herzens Malmaison. Wann – und wie – wird sie ihr geliebtes Schloß wiedersehen?

Sie weint.

Es ist zu Ende. Nach ein paar Wochen der Agonie erliegt das Kaiserreich seinen tödlichen Wunden. Was soll nun, da alles in Stücke fällt, aus Joséphine werden? Wie soll sie weiterleben? Sie, die nichts als Schulden hat? Hortense hat ihr 24 000 Francs gebracht, die Herzogin d'Arenberg 25 000 und Henri Tascher 7500. Joséphine läßt Diamanten und Perlen in die Säume ihres »wattierten Unterrocks« einnähen. Da sie fürchtet, an den Poststationen keine Gelegenheit zum Umspannen zu finden, hat die Fliehende alle ihre Pferde und Equipagen mitgenommen, einen gigantischen Troß, der nur im Schneckentempo vorankommt. Pro Tag legt man nicht mehr als fünfzig Kilometer zurück.

Zehn Meilen hinter Malmaison bricht die Achse des *Opal*. Der Schaden muß auf der Stelle repariert werden. Da plötzlich sieht die Exkaiserin in der Ferne einen Reitertrupp auftauchen, den sie für preußische Kavallerie hält. Panischer Schrecken erfaßt sie. Wie von Sinnen läuft sie davon, stolpert querfeldein. Drei-hundert Schritte von der Straße gelingt es einem Bedienten – er trägt den schönen Namen »Espérance«, »Hoffnung« –, die Flüchtende einzuholen. Es seien nicht die Preußen, bloß französische Husaren vom 3. Regiment! Unter dem Eindruck des Schocks besteigt Joséphine »immer noch fast von Sinnen« wieder den Wagen, doch kommt man an diesem Tag nicht weiter als bis Mantes, wo man nächtigt. Tags darauf, am 30. März, erreicht die Exkaiserin endlich Navarra, als Paris kapituliert und Napoleon in Juvisy ausruft: »Wäre ich früher gekommen, wäre alles gerettet!«

Davon erfährt Joséphine erst zwei Tage später, am 1. April, als ihr Hortense einen Kurier sendet. Im übrigen kommt nun auch Hollands Exkönigin mit den beiden Söhnen nach Navarra, da sie sich geweigert hat, Marie-Louise – nunmehr Regentin – und Louis zu gehorchen, die ihr befahlen, sich an den Hof in der Notresidenz Blois zu begeben.

Erst in der Nacht vom 2. auf den 3. April erfahren Joséphine und ihre Tochter durch ein Mitglied des Staatsrates, M. de Maussion, von Marmonts Verrat und Caulaincourts Intervention im Namen Napoleons bei den Alliierten. Die ganze Woche vom 2. bis zum 9. April treffen pausenlos Nachrichten in Navarra ein. »Über all dem Geschehen«, schreibt Joséphine einer befreundeten Dame, »und vor allem über der Undankbarkeit der Franzosen bricht uns das Herz. Die Zeitungen sind voll von den abscheulichsten Schmähungen. Sollten Sie sie noch nicht gelesen haben, so nehmen Sie sich gar nicht erst die Mühe, Sie würden nur leiden.«

Joséphine erfährt von der Weigerung der Alliierten, mit den Besiegten zu verhandeln, hierauf von der Schaffung einer provisorischen Regierung, der ersten Abdankung Napoleons, wo er die Rechte Napoleons II. sicherstellt, der Zuerkennung der Regentschaft über die Insel Elba, wo er, bislang Herr über 32 französische Departements, sein Gnadenbrot fristen soll, erfährt von der Szene mit den Marschällen: »Sie wollen Ruhe? Sie können sie haben!«, von der zweiten Abdankung und dem Verzicht seiner selbst und seiner Erben auf die Kronen in Frankreich und Italien und schließlich von der bevorstehenden Rückkehr des Comte d'Artois nach Paris . . .

Am 9. April schreibt Joséphine an Eugène: »Welch eine Woche habe ich hinter mir, mein lieber Eugène! Wie sehr hat mich die Art geschmerzt, wie man den Kaiser behandelte! Welche Schmähungen mußte man in den Zeitungen lesen, welche Undankbarkeit bewiesen jene, die er mit seinen Wohltaten am meisten überhäuft hatte! Jetzt aber hat er nichts mehr zu erhoffen. Alles ist zu Ende; er dankt ab. Du aber bist frei und jeglichen Treueids entbunden; was immer Du fürderhin in seiner Sache tätest, wäre nutzlos; handle im Sinne Deiner Familie . . . ich lebe in tausend Ängsten . . .«

Gewiß hatte Joséphine den *Moniteur* vom 6. April gelesen, der die Briefe der Generäle Napoleons an König Ludwig XVIII. abdruckte, worin diese ihm ihre Ergebenheit versicherten. Es wäre Wahnsinn gewesen, die französische Armee in Italien zu weiterem Widerstand zu bewegen. Und Eugène war ein solcher Wahnsinn zuzutrauen.

Am 11. April wird der Vertrag von Paris unterzeichnet.

Artikel VII regelt das Schicksal der Kaiserin: »Die Jahresbezüge der Kaiserin

Joséphine werden auf eine Million in Liegenschaften oder eine dauernde Rente aus der Staatskasse Frankreichs herabgesetzt. Sie genießt weiterhin das Nutzrecht aus ihrem gesamten privaten beweglichen und unbeweglichen Besitz und kann über diesen gemäß den geltenden französischen Gesetzen verfügen.«

Jetzt, da sie weder für einen »Ehrendienst« noch für eine Unzahl von Pensionen aufzukommen hat, könnte Joséphine mit fünf Millionen neuer Francs immer noch fürstlich leben. Königin Hortense und ihre Kinder beziehen ihrerseits Einkünfte von 400 000 Francs, während »dem Prinzen Eugène, Vizekönig von Italien, außerhalb der französischen Staatsgrenze ein seinem Rang angemessenes Territorium zuerkannt werden wird«.

Joséphine fragt sich nun mit Recht, weshalb sie sich in Navarra versteckt hält, vor allem jetzt, da sie erfahren hat, daß die Russen ihr äußerst günstig gesinnt sind. Will nicht der Zar nunmehr die Beauharnais gegenüber den Bonapartes begünstigen? Heißt es etwa nicht, Eugène sei aussichtsreicher Bewerber um den italienischen Thron? . . . Letzteres ist zwar übertrieben, doch kann nicht bestritten werden, daß Russen und Österreicher Joséphine und ihren Kindern ihre besondere Gunst schenken. Alexander will unbedingt Hortense kennenlernen, »da sie seinen Interessen dient, als wären es die ihren«. Metternich erinnert sich seinerseits, »welche Wohltaten« Hortense und ihre Mutter seiner Frau erwiesen haben, und erkundigt sich angelegentlich nach dem Ergehen der »Damen von Navarra«. Selbst Prinz Leopold, Marie-Louises Onkel, benimmt sich »untadelig« gegen Joséphine und ihre Tochter: »Er hegt nur einen Wunsch, nämlich der einen wie der anderen nützlich sein zu können . . .« Schließlich rät Caulaincourt im Namen des Kaisers zur Rückkehr nach Malmaison, und so begibt sich Joséphine am Mittwoch, dem 13. April, einen Tag nach der Rückkehr des Comte d'Artois nach Paris, auf den Weg in ihr geliebtes Schloß. In der vergangenen Nacht hat Napoleon in Fontainebleau versucht, sich zu vergiften, und am selben Tag trifft Marie-Louise in Fontainebleau ein, wo sie auf ihren Vater wartet.

Am 16. April meldet das *Journal des Débats:* »Die Mutter des Prinzen Eugène ist nach Malmaison zurückgekehrt.«

Wenn die neue Regierung nicht weiß, wie sie die Exkaiserin nun nennen soll, so sieht sich Kaiser Alexander, der am 16. April Joséphine seine Aufwartung macht, keineswegs in derselben Verlegenheit. Er spricht sie im Gegenteil mit allen ihren Titeln an und ist bezaubert von ihrer »Sanftmut« und ihrer »Hilflosigkeit«. Noch während des Besuches des Siegers trifft Hortense ein und begibt sich zu ihrer Mutter und Alexander in den Park.

»Meine Tochter und meine Enkelsöhne«, stellt Joséphine sie dem Zaren vor und seufzt: »Ich lege sie Ihnen ans Herz.«

Alexander scheint an Hortense großen Gefallen zu finden, sprüht Liebenswürdigkeit und Charme, »liebkost« die Kinder und fragt mit bezwingendem Lächeln: »Was wollen Sie, daß ich für sie tue? Gestatten Sie mir, ihr bevollmächtigter Vertreter zu sein.«

Worauf Hortense frostig und würdevoll zur Antwort gibt: »Ich danke Eurer Majestät, ich weiß das mir bezeugte Interesse zu würdigen, doch wünsche ich nichts für meine Kinder.«

Als Alexander gegangen ist, schilt Joséphine die Tochter ob »ihrer kühlen Miene«.

»Es wäre deplaciert gewesen«, erwidert Hortense, »einem Mann gegenüber liebenswürdig zu sein, der sich zum persönlichen Feind des Kaisers erklärt hat und überdies die Existenz meiner Kinder und jener Familie, deren Namen ich trage, erschüttert.«

Von derlei Skrupeln ist Joséphine zweifellos nicht belastet. Sie »manövriert«, wie es Paul Fleuriot de Langle ausdrückt, und versucht, »ihr Schäfchen ins Trockene zu bringen«. Wie immer ist sie sich dabei der Tragweite ihres Handelns nicht bewußt. Es berührt peinlich, mitansehen zu müssen, wie sie sich nun den Siegern an den Hals wirft, doch muß man ihr zugute halten, daß sie als Souveränin – und viel weniger als Französin – handelte. Sie bediente sich also jenes Tons, der damals unter gekrönten Häuptern üblich war, sobald der Krieg, den sie als Gegner ausgefochten hatten, zu Ende war. Hatte sie es nicht selbst mitangesehen, zu jener Zeit, da sie noch die Krone trug, wie Könige und Königinnen, Kaiser oder Kaiserin, eben erst von Napoleon besiegt, sich als Gäste an seiner Tafel niederließen und den Sieger mit »lieber Bruder« ansprachen? Hatte Napoleon nicht selbst einen Mann um die Hand seiner Tochter ersucht, den er zweimal gezwungen hatte, seine Hauptstadt zu verlassen? Und als Napoleon den Zaren schlug, umarmte ihn dieser nicht in Tilsit? Aber hatte Alexander nicht dazu beigetragen, den Kaiser zu entthronen? Gewiß. Aber vor mehr als vier Jahren hatte er sie verstoßen, und sie war nicht mehr seine Frau.

Ebenfalls an diesem 16. April schreibt Napoleon aus Fontainebleau, wo er sich noch weitere vier Tage aufhält, an Joséphine; es ist der letzte Brief, den er an sie richtet, und er spricht sie mit »Sie« an – aus Angst vielleicht, der Feind könne den Kurier abfangen. Ist hierfür nicht auch die schmeichelhafte Anspielung auf Ludwig XVIII. ein Beweis? »Sie« – wie im ersten Brief, den er ihr am 28. Oktober 1795 schrieb, vor achtzehneinhalb Jahren.

»Ich habe Ihnen am 8. dieses Monats geschrieben, und vielleicht haben Sie meinen Brief nicht erhalten. Da war ja noch Krieg, und es ist möglich, daß man ihn abgefangen hat; jetzt dürften die Verbindungen wieder hergestellt sein. Ich bin sicher, daß dieses Billet Sie erreicht. Was ich Ihnen (in meinem vorhergehenden Brief) sagte, werde ich niemals wiederholen; damals beklagte ich meine Lage, heute heiße ich sie willkommen; Kopf und Geist sind von einer schweren Last befreit; mein Sturz ist tief, doch zumindest, wie es heißt, nützlich. An jenem Ort, an den ich mich zurückziehe, werde ich den Degen mit der Feder vertauschen. Die Geschichte meiner Herrschaft wird kurios ausfallen: Man hat mich nur vom Profil gesehen, ich werde mich im Ganzen zeigen. Wieviel habe ich doch zu sagen! Wieviele Menschen, von denen man eine falsche Meinung hat, (muß ich jetzt im rechten Licht zeigen)! Tausende Elende habe ich mit Wohltaten überschüttet! Und was haben sie jetzt, am Ende, für mich getan?

Verraten haben sie mich, ja, alle; den guten Eugène nehme ich aus, der Ihrer und meiner so würdig ist! Möge er glücklich werden unter einem König, der geschaffen ist, die Gefühle der Natur und der Ehre zu schätzen.

Adieu, meine liebe Joséphine, resignieren Sie so wie ich und verlieren Sie niemals die Erinnerung an jenen, der Sie nie vergessen hat und Sie niemals vergessen wird. Napoleon.

P.S.: Auf Elba erwarte ich mir Nachricht von Ihnen; ich fühle mich nicht wohl.

Am Tag der Rückkehr Ludwigs XVIII. nach Paris kommt der General de Lawoestine zum Déjeuner nach Malmaison und malt ein so komisches Porträt des podagrageplagten Königs und seines Einzugs, daß Joséphine und ihr kleiner Hof wieder das Lachen lernen. Da Alexander versprochen hat, wiederzukommen, ruft Joséphine Leroy zu sich und bestellt in dieser zweiten Aprilhälfte weiße Kleider und bestickte Mousseline für 6209 Francs 75 Centimes. Tatsächlich stellt sich der Zar auch ein, doch gilt sein Besuch in erster Linie Hortense. Sie hat ihm die kalte Schulter gezeigt, und nun will er sie erobern. Mit Joséphine wechselt er kaum ein Wort, sondern widmet sich fast ausschließlich der Exkönigin und ihren Kindern; er ist zärtlich zu den Kleinen, läßt sie auf seinen Knien reiten und bewegt Hortense schließlich doch zu einem Seufzer wider Willen: »So wird ein Feind denn ihre einzige Stütze.«

»Ich gab meine anfängliche Zurückhaltung auf«, gesteht sie, »und benahm mich ungezwungener.« Einige Tage später will der Zar Saint-Leu besuchen. Hortense lädt ihn gemeinsam mit Tschernischeff ein. Joséphine macht die Honneurs, doch Alexander hat nur Augen für ihre Tochter, und bei der Mittagstafel, der er an der Seite der Exkönigin präsidiert, gesteht er ihr: »Sie wissen nicht, daß heute in Paris ein Hochamt zu Ehren des Königs Ludwig XVI. und der Königin Marie-Antoinette zelebriert wird. Alle ausländischen Souveräne müssen anwesend sein, und als wir herausfuhren, meinte ich zu Tschernischeff, daß meine Situation denn doch merkwürdig sei: Der Haß gegen Ihre Familie hat mich nach Paris getrieben, und nun sind ausgerechnet Sie die einzigen, zu welchen ich mich hingezogen fühle. Ihnen füge ich Leid zu, anderen erweise ich Wohltaten, und bei Ihnen begegne ich der Zuneigung; heute nun müßte ich bei den anderen Souveränen in Paris sein. Und wo bin ich? In Saint-Leu!«

Nach dem Essen hält Joséphine, die sich müde fühlt, Siesta im Schloß, und der Zar ergeht sich mit der Königin im Park. Sie sind allein und eröffnen einander ihre Herzen. Sie spricht ihm von den »grausamsten Qualen ihres Lebens«, gesteht, daß sie seit dem Tode ihres Erstgeborenen immerzu vor neuem Unglück bangt, nur darauf wartet, daß neue Schläge sie treffen . . .

»Doch haben Sie Freunde«, meint er zu ihr. »Sie sind ungerecht gegen die Vorsehung.«

Wollte Alexander diese »Vorsehung« sein? Gewiß . . . Und nun schüttet auch er sich das Herz aus, geht so weit, daß Hortense ihn fragt, weshalb er die Zarin verlassen habe.

»Unmöglich kann ich Ihnen all die Einzelheiten schildern«, gibt er zur Antwort. »Ich flehe Sie an, sprechen wir nicht mehr davon. Meine Frau hat keinen besseren Freund als mich, doch unsere Wiedervereinigung wird niemals stattfinden.«

Wie weit ging diese Freundschaft? Gewiß nicht ganz so weit, wie es die bösen Zungen verbreiteten. Doch machte der Zar kein Hehl aus seinen Gefühlen für die Königin und war auch bereit, Beweise seiner Zuneigung zu liefern: Auf seine Intervention gesteht ihr der König, Ludwig XVIII., den Titel einer Herzogin von Saint-Leu zu. Prinz Eugène wird vom Bruder Ludwigs XVI. »huldvollst« empfangen, wie Joséphines Sohn Auguste hinterher erzählt. Fast unglaublich scheint es, daß der alte König sich aus seinem Fauteuil erhob und Napoleons Schwiegersohn herzlich die Hand reichte. Noch weniger glaubhaft klingt die Fortsetzung: »Ich werde Ihnen ein Vater sein und trachten, jenen zu ersetzen, den Sie das Unglück hatten im Verlaufe der Revolution zu verlieren.«

»Nach allem, was ich erfahren habe«, schreibt Eugène kurz nach seiner Ankunft in Paris der Gattin, »dürften wir uns nicht der Hoffnung hingeben, allzu gut behandelt zu werden. Ein jeder will jetzt den Rahm abschöpfen; es ist unvorstellbar, welche Ansprüche jeder einzelne stellt, und es ist nur zu wahr, wenn es heißt, in der Politik gelten selbst die geheiligtesten Familienbande nichts. Man wollte uns mit Genua abfinden, bloß, um uns nichts am Rhein geben zu müssen . . .«

Und am Ende wird der einstige Vizekönig Italiens Herzog von Leuchtenberg, einem Zwergfürstentum, das sich der Schwiegervater von seinen Staaten abschnipseln ließ.

Unvermittelt brütete Mme. de Rémusat einen seltsamen Gedanken aus: Joséphine müsse »der zur Herrschaft über Frankreich berufenen Familie einen Beweis ihrer Ergebenheit« liefern. Doch wie konnte sie dies, gab Hortense zu bedenken, ohne sich als Parteigängerin der Bourbonen zu deklarieren? Worauf man einen geradezu dämlichen Brief konzipierte. Man ließ die Exgattin des »Herrn Ursurpators« schreiben, »daß sie nicht mehr wisse, wer sie sei, noch, wer sie gewesen«, und sie somit den König bitte, »ihr eine Existenz zuzuweisen«. Joséphine erkannte das Unpassende eines solchen Schrittes und fragte Alexander um Rat; seine Antwort lautete: »Ein solcher Brief wäre eine Schande für Sie. Jagen Sie die Intriganten und Unterhändler zum Teufel! Ich bin sicher, daß sich der König von Ihnen nichts Derartiges erwartet. Niemand denkt daran, Sie aus Frankreich zu vertreiben und Ihre Ruhe zu stören. Sollte es nötig sein, so übernehme ich die Rolle Ihres Anwalts.«

Die Freundschaft des Zaren mit Joséphine und ihrer Familie lockt die Sieger nach Malmaison. Großfürst Konstantin stellt sich ein, auch der König von Preußen, und mit ihnen kommen all die deutschen Fürsten, auch Friedrich-Ludwig von Mecklenburg-Schwerin, der immer noch in Joséphine verliebt ist, sich jedoch, da er das Aussichtslose seines Begehrens eingesehen hat, mit Karoline von Sachsen-Meiningen vermählte. Seit drei Monaten ist er nun Vater eines kleinen Mädchens, das dereinst den Duc de Chartres heiraten wird, den Enkel des Bürgerkönigs Louis-Philippe und Ururgroßvater des jetzigen Grafen von Paris.

Eine zusammengewürfelte Schar gibt sich nun in Malmaison Stelldichein, ein Kunterbunt von Uniformen, Heimkehrern von allen Schlachtfeldern dieser Zeit, und sie alle drängt es danach, dem Pomp der Tuilerien zu entfliehen und »bei Napoleons Frau« Zerstreuung und neue Freunde zu finden. Denn in Malmaison wird die Fraternisierung groß geschrieben.

Die Exkaiserin aber wird von düsteren Schatten heimgesucht.

»Ich kann meine Traurigkeit nicht bezwingen«, sagte sie eines Tages Mlle. Cochelet zufolge, »ich tue alles, um sie vor meinen Kindern zu verbergen, doch quält sie mich nur um so mehr . . . Wissen Sie, was geschieht, sobald der Zar fort ist? Nichts von dem, was man ihm verspricht, wird geschehen, meine Kinder werde ich unglücklich sehen, und diesen Gedanken kann ich nicht ertragen, er bereitet mir einen furchtbaren Schmerz. Ich leide schon so sehr um Napoleon, der von solcher Größe stürzte und der nun verbannt ist auf eine Insel, fern von Frankreich, das ihn im Elend ließ. Muß ich nun auch noch meine Kinder heimatlos sehen, in Elend? Ich fühle es: Dieser Gedanke ist mein Tod . . .«

Als der Zar am 14. Mai Saint-Leu besuchte, ist Joséphine in der Kalesche ausgefahren. Noch im Wagen überkommt sie ein Frösteln. Sie kehrt ins Schloß zurück, trinkt heißen Orangenblütenaufguß und legt sich ein wenig aufs Bett, ehe sie sich hinunter in den Speisesaal zum Diner begibt; doch ißt sie keinen Bissen. Nach einer ruhig durchschlafenen Nacht glaubt sie sich wieder wohlauf und tritt die Heimfahrt nach Malmaison an.

In den folgenden Tagen sagt sie keinen der vorgesehenen Besuche ab und empfängt Mme. de Staël. Als diese gegangen ist, hat Joséphine hochrote Wangen und scheint gereizt und erregt.

»Ich habe eine unangenehme Unterredung hinter mir«, vertraut sie Mme. de Saint-Aulaire und der Herzogin von Reggio an. »Hielten Sie es für möglich, daß Mme. de Staël sich unter anderem einfallen ließ, mich zu fragen, ob ich den Kaiser noch liebte? Offensichtlich analysierte sie meinen Seelenzustand und wollte herausfinden, wie sich das große Unglück auf mich auswirkte ... In seinem Glück habe ich nie aufgehört, den Kaiser zu lieben, sollten ausgerechnet jetzt meine Gefühle für ihn erkalten?«

Am 23. Mai fühlt sich die Kaiserin schlechter, doch empfängt sie dessen ungeachtet den Großfürsten Konstantin, den König von Preußen und dessen Familie. Mit ihren Gästen unternimmt sie die nun schon klassischen Spaziergänge im Park und führt die Besucher in die Glashäuser und den kleinen Zoo. Eugène, der den Tag in Malmaison verbracht hat, berichtet am Abend der Schwester, die Mutter sei beim Abschied »erschöpfter, leidender« gewesen als zuvor.

Eine Zeitungsmeldung, wonach die sterblichen Reste des kleinen Napoleon, Hortenses ersten Sohnes, exhumiert und von Notre-Dame auf einen öffentlichen Friedhof überführt werden sollten, hat Joséphine zutiefst erschüttert ...

Hortense begibt sich nach Malmaison und trifft die Mutter in tiefster Niedergeschlagenheit an. Immer noch steht sie unter dem Eindruck des Schocks, den der am Vortag gelesene Artikel bei ihr ausgelöst hat.

»Man wagt es, Hand an die Gräber zu legen!« stöhnt sie. »Wie zur Zeit der Revolution! ...«

Das Sprechen bereitet Joséphine Schmerzen, doch hat sie kein Fieber, der Puls ist normal, und der Arzt, der eine einfache Erkältung diagnostiziert hat, beruhigt die Königin.

»Majestät haben keinen Anlaß, sich zu beunruhigen.«

Tags darauf – am 24. Mai – wird der Husten trocken, doch besteht die Schloßherrin von Malmaison darauf, die Großfürsten Nikolaus und Michael zu empfangen. Als sie erkennt, daß sie ihre Kräfte überschätzt hat, läßt sie sich durch Hortense vertreten.

Am 25. beginnt die Exkaiserin zu fiebern, doch Dr. Horeau sieht noch immer keinen Anlaß zur Beunruhigung. »Der Arzt«, schreibt Eugène seiner Frau, »sagt, es sei bloß ein Katarrh, aber mir will ihr Zustand gar nicht gefallen.« Der Körper seiner Mutter hat sich mit einem Ausschlag bedeckt, der jedoch am selben Abend wieder verblaßt. Man schöpft neue Hoffnung, aber Joséphine verbringt eine schlechte Nacht, und Hortense setzt es durch, daß man der Kranken ein Zugpflaster »am Hals« anlegt.

Am nächsten Morgen, Donnerstag, den 26. Mai, zeigt sich die junge Frau »erstaunt«, daß das von ihr verordnete Mittel keinen Heilerfolg zeitigte, und besteht darauf, einen anderen Arzt zu rufen. Dagegen erhebt Joséphine Einspruch: »Mein Doktor wäre beleidigt ...«

Freitag, den 27., trifft der erste Wundarzt des Zaren – der schottische Chirurg Sir James Wylie – in Malmaison ein, um den Besuch seines Herrn für den nächsten Tag anzukündigen. Joséphine trifft sofort ihre Anordnungen für das Diner, doch ihre Betriebsamkeit kann den erfahrenen Arzt nicht täuschen. Als er das Schlafzimmer der Kranken verläßt, zeigt er sich ernstlich besorgt. Der »keuchende« Atem, der immer trockene Husten, der »flackernde« Puls veranlassen ihn, Hortense gegenüber zu äußern: »Ich finde den Zustand Ihrer Majestät bedrohlich, man müßte ihr Zugpflaster auflegen.«

Auch Dr. Horeau kommen endlich Bedenken; er erklärt, das Bewußtsein der Kranken sei getrübt wie im Zustand der Berauschung. »Von Angst ergriffen« ruft Hortense die besten Pariser Ärzte herbei: Die Doktoren Bourdois de La Motte, Lamoureux und Lasserre begeben sich am 28. Mai hinaus nach Malmaison. Sie diagnostizieren eine eitrige Angina und verordnen drastische Mittel, doch die Krankheit ist bereits verhängnisvoll weit vorangeschritten... Nun stellt sich auch Alexander in Malmaison ein und wird vom ebenfalls erkrankten Eugène empfangen. Man einigt sich darauf, den Besuch des Zaren vor der Kranken geheimzuhalten. »Der Zar hat abgesagt«, teilt man ihr mit, obwohl Alexander den ganzen Samstag im Schlafzimmer Eugènes verbringt.

»Ich bin sicher«, seufzt Joséphine, »es ist ihm peinlich, uns nichts Neues über Eugènes künftiges Los sagen zu können, und deshalb auch zieht er es vor, gar nicht erst herauszukommen.«

Am Abend bringt ihr Hortense die beiden Enkel ans Bett. Doch Joséphine verabschiedet sie bald: »Die Luft hier ist nicht gut«, meint die Kranke, »sie könnte ihnen schaden.«

Die Nacht ist qualvoll. Joséphines Atem wird immer keuchender, das Fieber steigt. Hortense hat sich ein wenig hingelegt, und die Kammerfrau, die am Krankenlager wacht, hört die Exkaiserin flüstern: »Bonaparte... Elba... der König von Rom...«

Es sind Joséphines letzte Worte. Zumindest die letzten, die man verstehen kann. Am darauffolgenden Morgen, Pfingstsonntag, den 29. Mai, breitet sie Hortense und Eugène die Arme entgegen, doch die Worte, die sie erstickend aussprechen will, sind unverständlich. Das Antlitz ist entstellt.

Abbé Bertrand, der Hauslehrer der Enkel, versieht die Sterbende mit den Sakramenten. Hortense stürzt ohnmächtig zu Boden. Man trägt sie in ihr Zimmer. Als sie wieder zu sich kommt, ist Eugène bei ihr. Er schließt die Schwestern in die Arme und bricht in Schluchzen aus... »Es ist zu Ende.«

Joséphine war einundfünfzig Jahre alt... so alt wie Napoleon bei seinem Tode.

Es ist Mittag.

Zur selben Stunde verläßt Napoleon die Kirche zu Porto-Ferraio, wo er dem

Hochamt beigewohnt hat. Am Abend besucht er den Ball, welcher zu Ehren des Namensfestes des Schutzherrn seiner neuen Hauptstadt im Rathaus gegeben wird. »Arme Joséphine. Jetzt ist sie glücklich!« seufzt er, als er durch einen Brief Caulaincourts an Madame Bertrand von ihrem Tod erfährt.

Weder Hortense noch Eugène haben daran gedacht, ihn zu verständigen. Und zwei Tage lang weigert sich der Verbannte, sein Haus zu verlassen.

In rosenfarbenem Satinmorgenrock und anmutigem Négligéhäubchen ruht sie unter den Bettvorhängen aus weißer Seide und goldbesticktem Musselin. Ein Lächeln liegt über ihrem Antlitz.

Béclard, Vorstand des anatomischen Instituts an der medizinischen Fakultät, der Pharmakologe Cadet-Gassicourt und der Leibarzt der Kaiserin, Dr. Horeau, führen die Obduktion durch. Die Membranen der Luftröhre sind purpurn verfärbt und so brüchig, daß sie unter der Berührung zerreißen. Die mit dem Brustfell verklebten Lungen und die Bronchien scheinen stark in Mitleidenschaft gezogen, während alle anderen Organe laut Obduktionsbefund »völlig gesund« sind. Joséphine war an einer Pneumonie und einer »nekrotisierenden Angina« gestorben.

Der Magistratsbeamte in der Bürgermeisterei zu Rueil ist ratlos. Wie soll er den Text des Totenscheines abfassen? Schließlich ringt er sich zu einer erstaunlichen Formulierung durch und bestätigt »das Ableben der Kaiserin Joséphine, Ehefrau von Napoleon Bonaparte, Oberbefehlshaber über die Italienarmee«.

Am 30. Mai schrieb der Herzog von Mecklenburg-Schwerin an Mlle. Cochelet: »Mademoiselle, mein Schmerz ist zu heftig, als daß ich ihn in Worte fassen könnte. Zu gut kennen Sie meine Gefühle, um nicht zu wissen, was ich leide. Nach jener, welche wir beweinen, gilt mein erster Gedanke unserer vortrefflichen Königin. Dieser Schicksalsschlag wird sie, des bin ich sicher, zutiefst treffen. Ich wage es nicht, ihr zu schreiben, doch bitte ich Sie ergebenst, in meinem Namen mit Ihrer Majestät sprechen zu wollen und ihr den Ausdruck meines tiefst empfundenen, aufrichtigsten Beileids zu übermitteln. Es gibt, glaube ich, außer ihrer Familie keinen, welcher der Königin inniger verbunden ist als ich. Und so beweine ich denn aus ganzer Seele ihren Verlust . . .«

Daß diese Worte keinesfalls Floskeln waren, bewies Mecklenburg-Schwerin bei der Beerdigung am 2. Juni: »Er verströmte sich in Tränen«, berichtet ein Augenzeuge, »betete zu Füßen des Katafalks und küßte den Saum des Leichentuches.«

Der Hofetikette entsprechend können Hortense und Eugène weder der Überführung des Leichnams noch der Beerdigung beiwohnen.

Joséphine verläßt Malmaison.

In einem vergoldeten Schrein trägt ein Diener in langem Trauertalar Herz und Eingeweide der Verblichenen vor dem Sarg einher.

Vom Schloß zur Kirche wollen die Trauernden ihrer Kaiserin zu Fuß folgen, und leer fahren die Trauerkarossen hinterdrein. An der Spitze marschiert – letzter Freundschaftsbeweis des Zaren – eine Abteilung russischer Kaisergarde mit florverhängten Trommeln, deren dumpfer Wirbel nimmermehr verhallt. Die Nationalgarde von Reuil steht Spalier. Die beiden Enkel der Verstorbenen – Hortenses Söhne, die nun zehn und fünf Jahre alt sind – führen die Trauergemeinde an. General Sacken vertritt den Zaren. Ihm folgen der Herzog von Mecklenburg, der Großherzog von Baden, die Beauharnais' und die in Paris anwesenden Taschers, Marschälle, Generäle, französische und alliierte Offiziere

Die Kirche von Rueil, wo Joséphine bestattet wird – und bis auf den heutigen Tag ruht –, ist über und über mit Trauerdraperien behängt, doch keine von ihnen zeigt ein Wappen, eine Initiale, eine Krone. Die Insignien des Empire? Das Wappen der Beauharnais? Die Herzogskrone von Navarra? Ein schlichtes »J«? Keines davon hätte befriedigt. Und doch kommen die Bestattungsfeierlichkeiten Eugène auf nicht weniger als 15 703 Francs 75 Centimes zu stehen. Die Geistlichkeit von Notre-Dame hält die Totenmesse. Der Madrigalchor der Madeleine-Kirche singt. Der Erzbischof von Tours, Monsignore de Barral, vormals erster Almosenier des Kaiserhofes, hält die Grabrede, eine heikle Aufgabe, deren er sich zur vollsten Zufriedenheit Ludwigs XVIII. entledigt:

»Wie viele Unglücke, deren Treue zum hehren Bourbonenblut sie dazu verdammte, fern der Heimat zu leben, verdanken es ihrer (Joséphines) unermüdlichen und rührenden Hilfsbereitschaft, ihren Familien wiedergeschenkt zu sein, dem Boden, auf dem sie das Licht der Welt erblickten! Wie vielen öffnete sie die Gefängnispforten, die Unvorsichtigkeit und häufig ungerechtfertigter Verdacht hinter ihnen geschlossen hatten! Wie viele rettete sie vor dem Richtschwert, da es schon über ihnen schwebte!«

Schon einen Tag später rufen die Straßenhändler in Paris die Titel der noch druckfeuchten Broschüren aus: »Leben und Tod der seligen Kaiserin Joséphine, Napoleon Bonapartes erster Frau«; »Das Testament der Kaiserin Joséphine, heute früh in Malmaison entdeckt«; »Die kuriosen Anekdoten aus dem Leben der Kaiserin Joséphine, erstmals im Druck« . . .

In Tausenden Exemplaren verkaufen sich die Romanze »Prinz Eugène an seiner Mutter Grabe« und ein Stich, welcher Joséphines Sohn in trauernder Gebärde an einer Säule, die eine mit dem Buchstaben »J« geschmückte Urne trägt.

Das »Haus des Königs« bezahlte der ersten Gattin des »Monsieur de Bounaparte« die zuerkannte Pension über den Tod hinaus. Eine in den Archiven erhaltene Zahlungsbestätigung beweist, daß noch am 6. Juni eine Summe von 83 333 Francs 33 Centimes auf das Konto der Toten gebucht wurde . . . Seit vier Tagen ruhte Joséphines sterbliche Hülle provisorisch bestattet im Friedhof zu Rueil und mußte dort noch elf Jahre lang warten, ehe sie in der Kirche selbst, unter dem

Grabmal, das Hortense und Eugène 70 482 Francs 20 Centimes kostet, zur letzten Ruhe findet, unter dem steinernen Abbild ihrer selbst. Der Bildhauer Cartellier stellt sie mit gefalteten Händen dar. Ins Gebet versunken? Sie betete so wenig! Ihre Gebärde gemahnt vielmehr an jenen Morgen, da sie vor dem Kaiser in Notre-Dame niederkniete, die Kaiserkrone zu empfangen ...

Am Abend des 26. April 1821, wenige Tage vor seinem Tode, spricht Napoleon auf Sankt-Helena den Wunsch aus, an Joséphines Seite begraben zu werden, falls ihm die Bourbonen die letzte Ruhe in Saint-Denis* verweigerten.

Montag, 20. März 1815.

Der Kaiser ist heimgekehrt nach Paris. Von allen Kirchtürmen rufen die Glocken die Botschaft ins Land. Und am Abend des folgenden Tages fährt Napoleon hinaus nach Malmaison. Am Morgen hatte er sich Hortense angekündigt: »Wenn ich des Nachts komme, kann ich meinen Gefühlen freien Lauf lassen, ohne befürchten zu müssen, von jemandem gestört zu werden ...«

Kaum aus dem Wagen gestiegen, sagt er zu Hortense: »Ich möchte das Schlafzimmer der Kaiserin Joséphine sehen ... Nein, Hortense, bleiben Sie hier unten, ich gehe allein, es würde Sie zu sehr erregen.«

Und er stieg die Treppe in den ersten Stock hinauf.

Elf Tage nach Waterloo sieht ihn Malmaison wieder. Ein zweites Mal hat er abgedankt und Hortense ersucht, ihm Gastfreundschaft zu gewähren. Der Park steht in Blüte.

»Die arme Joséphine!« murmelt er, als er aus dem Wagen steigt, der ihn vom Elysée hierher gebracht hat, »ich vermeine, sie immer aus einer Allee hervortreten zu sehen und die Rosen zu pflücken, die sie so sehr geliebt hat!« Und er wiederholt: »Arme Joséphine!«

Hortense vermag ihren Tränen keinen Einhalt zu gebieten. »Freilich, jetzt wäre sie sehr unglücklich«, hebt er von neuem an. »Wir haben immer nur aus einem Grund Streit gehabt: wegen ihrer Schulden, und da habe ich sie genug gescholten!«

Tags darauf hört Hortense ihn seufzen: »Wie schön ist Malmaison! Welch ein Glück wär's, hier bleiben zu können.«

Doch die provisorische Regierung hat seinen Vorschlag abgelehnt, als *Général Bonaparte* das Kommando über die Armee zu übernehmen.

»Macht er sich denn lustig über uns?« fährt Fouché auf.

Jetzt ist alles zu Ende.

»Mir bleibt nichts mehr übrig, als zu gehen ...«

* Saint-Denis im Norden von Paris (Département Seine) mit Basilika aus dem XI.–XIII. Jahrhundert, war die angestammte Begräbnisstätte der französischen Könige. (Anm. d. Übers.)

Schleppenden Schritts entfernt er sich von Joséphines Tochter und begibt sich über die kleine Geheimtreppe, welche Arbeitszimmer und Schlafzimmer verbindet, hinauf in den ersten Stock. Dort legt er die Uniform und den Degen ab, und im braunem Frack, den runden Hut in der Hand, lenkt er die Schritte nach Joséphines Appartement.

Er will allein sein . . .

Bei seiner Rückkehr in die Tuilerien – genau hundert Tage zuvor – hatte er Dr. Horeau befragt: »Sie haben die Kaiserin während ihrer Krankheit nicht verlassen?«

»Nein, Sire.«

»Was war, Ihrer Meinung nach, die Ursache dieser Krankheit?«

»Die Sorgen . . . der Kummer . . .«

»Glauben Sie? Und weshalb dieser Kummer?«

»Sie litt unter all den Ereignissen, unter der Situation Ihrer Majestät. Was geschah . . . was mit Ihnen geschehen sollte, bereitete ihr Schmerz.«

Dann hatte er gefragt: »So? Sie sprach von mir?«

»Oft . . . sehr oft . . .«

»Gute Frau. Gute Joséphine! *Die* liebte mich wirklich, nicht wahr?«

»O gewiß, Sire . . . Einmal sagte sie, daß sie als Kaiserin der Franzosen im achtspännigen Wagen und mit ihrem Hausstand in voller Livree durch ganz Paris zu Ihnen nach Fontainebleau hinausgeeilt wäre, um Sie nie mehr zu verlassen.«

»Das hätte sie getan, Monsieur; sie war imstande, es zu tun.«

Ehe er seinen Weg ins Exil antritt, stößt er ein letztes Mal die Tür zum runden Schlafzimmer auf mit seinen Draperien aus amarantrotem, mit Gold besticktem Kaschmir.

Joséphine harrt seiner . . .

Die Trennung von ihr hatte ihm kein Glück gebracht. Die Legende sollte recht behalten: Da er die Gefährtin seines Lebens verstieß, beraubte er sich seines guten Sterns . . . Jenes Sterns, der ihm leuchtete, seit er an ihrer Seite war, jenes Gestirns, das zu Beginn des Jahres 1812 noch letzten Glanz versprühte, um zu verlöschen, als Joséphine nichts mehr war als eine Vertriebene.

Als das Kriegsglück Napoleon verließ, meinte einer seiner getreuen Haudegen: »Er hätte *seine Alte* nicht verlassen dürfen; sie brachte uns Glück und ihm auch!«

Mit der Scheidung und ihren Folgen – der Heirat mit einer Erzherzogin und der Geburt des Königs von Rom – hatte der Stern seines übermenschlichen Glücks den Zenit erreicht, um bald – unvermittelt bald – zu stürzen.

Am 26. Juni 1813 meinte Napoleon zu Metternich, wohl wissend, daß er zu viel erreicht: »Da ich eine Erzherzogin heiratete, habe ich eine sehr große Dummheit begangen; einen unverzeihlichen Fehler.«

In Joséphine verstieß er sein Glück.

Denkt er auch daran, daß er sie kalt, grausam, zynisch betrog, vor ihren Augen, ohne danach zu fragen, welche Qualen er ihr bereitete? Daß er sogar noch wütend wurde, wenn sie ihn ansah, die Züge vom Leid gezeichnet, vorwurfsvollen Blicks, tränenfeuchten Auges? Gewiß, auch sie hatte ihn betrogen – damit angefangen . . .

Denkt er an all dies, an diesem Donnerstag, dem 29. Juni 1815?

Nun träumt er, hängt vor diesem Bett, das zwei Schwäne mit gefalteten Schwingen bewachen, seinen Gedanken nach.

»Voll Anmut war sie, voll Grazie, wenn sie zu Bett ging, sich ankleidete. Ich wollte, ein Albani hätte sie so gesehen, sie gezeichnet . . . Frau war sie im stärksten Sinn des Wortes, wandelbar, lebhaft und der Welt bestes Herz . . . Sie ist die Frau, die ich am tiefsten liebte.«

Als er das Zimmer verläßt, sind seine Augen blind vor Tränen. Dann steigt er in den Wagen, die Räder rollen, rollen gen Sankt-Helena.

Und einen Tag, ehe er ausgelitten hat, hört ihn einer seiner letzten Gefährten *ihren* Namen aussprechen, den Namen der Unvergleichlichen, der sich ihm auf die Lippen drängt: *Incomparable Joséphine* . . .

Ende

Reinhold Rauh

Lola Montez
Die königliche Mätresse
240 Seiten

Vor 150 Jahren kam sie nach München, wo sie
als gefeierte „spanische Tänzerin" ihr Debüt gab:
Eliza Gilbert (1820–1861), berühmt geworden
unter dem Künstlernamen Lola Montez.
Ihre Liebschaft mit König Ludwig I. löste Unruhen
in der bayerischen Hauptstadt aus und führte
schließlich zum Sturz des Wittelsbachers.
Diese erste deutschsprachige Biographie
enthält zahlreiche seltene Aufnahmen der
„Dame in Schwarz".

DIEDERICHS

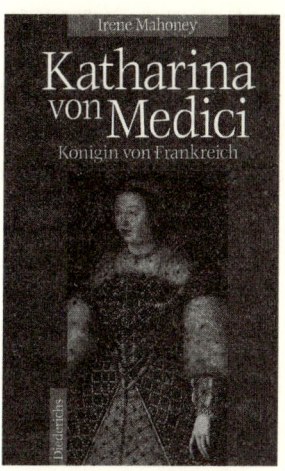

Irene Mahoney

Katharina von Medici

Königin von Frankreich
Aus dem Englischen von Christian Zinsser
447 Seiten

[Die Biographie] ist ein Genuß für denjenigen,
der noch echte historische Arbeiten
zu schätzen weiß und sich nicht mit der
pseudo-historischen Massenproduktion
unserer Tage anfreunden kann.
Rheinische Post

Das Buch läßt den Leser so richtig in Geschichte
und Geschichten wühlen.
Welt am Sonntag

DIEDERICHS